芸香閣叢書

趙万里文集

李羨林

第二卷

冀淑英　張志清　劉波　主編

上海科學技術文獻出版社

國家圖書館出版社

圖書在版編目（CIP）數據

趙萬里文集. 第2卷 / 趙萬里著；冀淑英，張志清，劉波主編 . —北京：國家圖書館出版社，2012.11

（芸香閣叢書）

ISBN 978-7-5013-4810-7

Ⅰ.①趙…　Ⅱ.①趙…②冀…③張…④劉…　Ⅲ.①趙萬里（1905~1980）—文集　Ⅳ.①G256.2-53

中國版本圖書館CIP數據核字（2012）第140160號

芸香閣叢書

書　名　趙萬里文集·第二卷
著　者　趙萬里著　冀淑英　張志清　劉波主編
責任編輯　孫　彥

出　版　國家圖書館出版社（100034 北京市西城區文津街7號）
發　行　（010）66139745，66175620，66126153
　　　　66174391（傳真），66126156（門市部）
E-mail　cbs@nlc.gov.cn（投稿）
Website　www.nlcpress.com→投稿
經　銷　新華書店
印　刷　河北三河弘翰印務有限公司
開　本　710×1000（毫米）　16开
印　張　40.75
版　次　2012年11月第1版　2012年11月第1次印刷

書　號　ISBN 978-7-5013-4810-7
定　價　160.00圓

序

卷一

宋崑山襲明之帝仲佗　陳本慈崑山襲
明之

〔許〕　神鎮長丞　陳本神上有
同　　　山字　修本同

〔子瞻〕　傚川長安孫　陳本傚字作字

〔兒謝〕　　　　傚字善何
陳本安作字

〔陳君〕　煙駕尚徜羊　陳本尚作芳
時本同

〔子夜〕　　　　　時本尚作芳

〔半夜〕　夜半鍾聲到客船　陳本夜半
鍾聲如客船　作半夜　時本日

〔句經〕　　　　陳本繼作繼　修本日

〔闕記〕　嚴維之　陳本繼作繼　修本日

〔題名〕　未嘗作楷書　陳本書作字

〔庚寅覽〕　未嘗作楷書　陳本書作字

奴赦刁肅而威　陳本刁作刄

公嘗贊文於兄　陳本贊作贄　修本日

〔丁夢〕　公嘗贊文於兄　陳本贊作贄　修本日

鬼神夢中　陳本鬼上有至於二字　中作卜　時本日

篇宋有荆氏者宜楸柏桑三圍四圍求高名之麗者斬之陸氏釋文引司

馬彪注麗小船也又作櫺莊子秋水篇梁麗列子湯問篇作梁櫺 下文注小櫺

艫櫺古通用張氏从王篇改訓大舟非是

十八下七 櫺江中大舩名 張本名下有亦作櫺三字宋本無今據刪廣韵據方言以

小船訓艫又據說文以江中大舩訓櫺明艫櫺非一字張既改櫺字注又

於櫺字下增亦作櫺三字 櫺韵 艫韵 為一合殊肯廣韵原旨

十九上一 卯事之制也 諸本卯譌夘段改卯與說文合今據正

十九上五 嫋楚人呼母 切韵楚作夷

十九上七 鞥彎垂 王韵作靮與玉篇合

十九上九 晵說文云雨而晝姓也 張本姓改作晴宋本姓與說文合今據正

十九上十 脟肥腸 王篇同段改腓腸與說文合案段說是也廣雅腓脟也亦出說文

十二蟹

《〈廣韻〉校勘記》手稿

序 一

任繼愈

中華民族創造了五千年綿延不斷的燦爛文化。它不只是中華民族的精神財富，也爲世界文明作出了貢獻。中國幾千年來的文獻典籍就是明證。

文化典籍是人類生產活動、科學實踐的總結。它是千千萬萬、世世代代不斷涌現的作者創造的結果。它凝聚着人類創造的智慧與心血，每一個民族的典籍就是該民族文化成就的一面鏡子。

文化典籍的繁富，還要靠外部條件，這要歸功於我國古代最早發明的造紙術和印刷術。唐代以前，一個勤奮的讀書人可以遍讀群書。宋以後的學者，即使再博學的學者也讀不完所有的書籍，因爲書籍太多，讀不完。

書籍多了，爲了便於藏書者的管理（古代主要藏書集中於皇家、宮廷），有了目錄學、圖書分類學；後來爲了查閱書籍內容，產生了適應不同要求的類書；印刷出版普及後，爲了識別典籍真僞優劣，產生了版本學；爲了保護書籍，裝幀、修整技術應運而生。

中華文化五千年的歷史，隨着社會發展，有高潮有低潮。高潮時期，社會穩定、經濟繁榮、科學發達，文化典籍也相應地大量增多。遇到社會動蕩，戰亂頻繁，經濟生產遭到破壞，不但不能創造新的財富，就連已有的物質財富、文化財富、書籍文物也會遭到損失。我國歷史上幾度文化典籍的聚散都與國運興衰同步。文化典籍的幾次大的散亡，第一次是秦末戰爭，秦始皇焚書有選擇地銷毀一部分典籍，但宮廷內部還保存着大量文獻。項羽一把火把咸陽宮殿化爲灰燼，官家藏書同歸於盡。第二次在東漢末年，董卓占領洛陽後，幾百年宮廷藏書又一次遭劫難。以後每一次農民起義或軍閥混戰，典籍都很難逃厄運。典籍的自然損耗，如水、火、蟲蠹對典籍的破壞也很嚴重，比起兵燹戰亂來說，算是次要的了。中華民族最後一次劫難是19世紀八國聯軍占領北京，焚燒掠奪，大量的文物典籍遭到慘重洗劫，國家的災難這時達到谷底。但中國人從此覺醒了，對外反抗外來侵略，對內反擊封建腐朽勢力。覺醒了的中國人民開始找到革命的道路，走向現代化。我國的典籍興衰史從一個側面反映了中華民族堅韌剛健的偉大品格。

長期以來，有志氣的中國知識分子在不同崗位上爲促進中國現代化盡自己的力量，我們圖書館界的先進知識分子，以他們精湛的專業知識，爲搶救、保護、整理古代文化典籍作出了卓越的貢獻。

今年，國家圖書館、上海圖書館、南京圖書館三館商議，共同編輯出版顧廷龍、趙萬里、潘天禎、冀淑英四先生的學術文集，名曰"芸香閣叢書"。芸香爲複葉香草，古人藏書用以驅書蠹。這四位先生以畢生精力獻身於圖書館事業，他們是當代海內外公認的古籍版本目錄學專家。在他們言傳身教的影響下，爲我國圖書館界培養了大批中青年專家；在他們的關懷下，搶救了不少有價值的典籍，使它們免於流散；又是在他們的指導下，協同全國有關專家，竭數年心力，編成全國善本總書目，完成了我國前人沒有做到的古籍整理的基本建設。他們不僅爲保護古籍作出了貢獻，而且對我國古籍整理專業起着承前啓後的橋梁作用，更可貴的是他們終生孜孜不倦的敬業精神給後來者樹立了榜樣。他們的寶貴經驗留給了後人無價的精神財富，他們的名字和他們的著作，將與中國圖書館事業共存。

序二

王世偉

　　《芸香閣叢書》即將陸續付印了，這真是令人興奮的事情。"芸香閣"古時指藏書、校書之處。唐盧照鄰有《雙槿樹賦》："蓬萊山上，即對神仙；芸香閣前，仍觀秘寶。"叢書所收顧廷龍、趙萬里、潘天禎、冀淑英等版本目錄學家的文集，均與藏書校書相關，用"芸香閣"名書，正相貼切，也十分典雅。

　　2001 年初春，南京圖書館徐憶農同志受馬寧副館長的委託，送來南京圖書館潘天禎先生的文集《陋室存稿》，並告知南京圖書館館方願意資助出版。我感到此書內容豐富，很有學術分量，便計劃在上海圖書館所屬的上海科學技術文獻出版社出版。同時我想到，如果能夠將一些著名的版本目錄學家的文集以叢書的形式一起推出，學術影響會更大一些。上海圖書館正由陳先行同志編輯《顧廷龍文集》，這是1998 年 8 月顧老去世時就計劃編纂的；中國國家圖書館的趙萬里、冀淑英先生也有很多學術成果可以彙編成集。於是我與徐憶農以及上海科學技術文獻出版社文獻編輯室主任陳寧寧同志共同策劃，提出了《芸香閣叢書》編輯策劃書，並積極落實各項編輯出版事宜。與此同時，《芸香閣叢書》得到了國家圖書館孫蓓欣副館長、陳力副館長和北京圖書館出版社郭又陵社長的積極響應和支持，並商定《芸香閣叢書》由上海科學技術文獻出版社和北京圖書館出版社分別組稿編輯，共同出版。叢書計劃先收錄顧廷龍、趙萬里、潘天禎、冀淑英四人文集，這幾位先生均爲當代古籍版本目錄學界的宗師和泰斗。

顧廷龍（1904—1998），字起潛，號匋誃。1904年出生於江蘇蘇州，1998年在北京去世。1931年畢業於上海持志大學，1932年畢業於北京燕京大學研究院國文系。先後擔任哈佛燕京圖書館駐北平採訪處主任、上海私立合衆圖書館總幹事（主持館務）、上海歷史文獻圖書館館長、上海圖書館館長等職。著有《吳愙齋先生年譜》、《古匋文舂錄》、《章氏四當齋藏書目》、《明代版本圖錄初編》（與潘景鄭合著），主編《中國叢書綜錄》、《中國古籍善本書目》、《續修四庫全書》。

趙萬里（1905—1980），字斐雲，號芸庵、舜庵。1905年出生於浙江海寧，1980年在北京去世。1925年畢業於南京東南大學中文系，先後擔任清華學校國學研究院助教，北海圖書館（北京圖書館前身）中文採訪組組長、善本考訂組組長、善本部主任，北京圖書館善本特藏部主任等職。著有《校輯宋金元人詞》、《漢魏南北朝墓誌集釋》，從《永樂大典》中輯出《元一統志》、《析津志輯佚》，主編《北平圖書館善本書目》、《北京圖書館善本書目》、《中國版刻圖錄》。

潘天禎（1919—2004），1919年出生於四川榮昌，曾就讀於成都府屬聯立中學（現爲石室中學）、國立中央大學歷史系，畢業留系任助教五年。建國後，先後擔任南京圖書館閱覽部主任、書目參考部主任、古籍部主任，南京圖書館副館長、研究館員等職。曾擔任《中國古籍善本書目》副主編，著有《明代無錫會通館印書是錫活字》、《揚州詩局雜考》、《談中國近代第一份女報——〈女學報〉》、《毛扆第五次校改〈說文〉說的考察》。

冀淑英（1920—2001），1920 年出生於北京，2001年在北京去世。1942 年畢業於輔仁大學中國文學系，曾先後擔任北京大學圖書館編目工作，北京圖書館善本部助理研究員、研究館員等職。曾擔任《中國古籍善本書目》副主編。著有《北京大學圖書館藏李氏書目》、《北京圖書館善本書目》（與趙萬里合作主編）、《西諦書目》、《自莊嚴堪善本書目》、《影印常熟翁氏所藏古籍善本書說明》、《中國古籍版本鑒別》。

古籍版本目錄學是古籍整理的一項基礎性學問，而幾位先生的文集是這方面不可多得的長期寶貴經驗的積纍、概括和總結，這對於繼承和發揚老一輩圖書館古籍整理工作者的精神和傳統具有重要的意義。值此刊印之際，國家圖書館館長任繼愈先生欣然命筆作序，在此表示衷心的感謝。相信國內外的廣大讀者一定會歡迎這套將傳之久遠的學術叢書。

目　錄

斐雲詞錄 ……………………………………………………… （1）

談柳詞 ……………………………………………………… （10）

詞概 ………………………………………………………… （15）

王子高芙蓉城故事考 …………………………………… （81）

崇高的友誼
　　　——記蘇聯政府贈送的《劉知遠諸宮調》
　　　和《聊齋圖說》 ……………………………… （85）

《天寶遺事諸宮調》校輯 ……………………………… （88）

舊刻《元明雜劇》二十七種序錄 …………………… （152）

《元明雜劇》之新發現 ………………………………… （160）

關漢卿史料新得 ………………………………………… （168）

一點補正 ………………………………………………… （171）

關漢卿散曲輯存 ………………………………………… （173）

寫在《琵琶記》之後 …………………………………… （219）

金元素事蹟考 …………………………………………… （226）

散曲的歷史觀 …………………………………………… （229）

談談振鐸同志搜集和收藏的戲曲書 ………………… （240）

記長樂鄭氏影印明刻《新編南九宮詞》 …………… （244）

金石學綱目 ……………………………………………… （245）

北魏江陽王元繼墓誌跋 ………………………………… （247）

元龍墓誌跋 ……………………………………………… （248）

彭城王元勰妃李瑗華墓誌跋 …………… （250）

洛陽新出爾朱敞父子墓誌考證 …………… （252）

跋館藏盧文構李月相夫婦墓誌 …………… （257）

古誌新證 …………………………………… （260）

跋洛陽近出陳叔明墓誌 …………………… （270）

俄境伊爾庫次克所出唐鏡二品跋 ……… （273）

洛陽出土古象棋盤 ………………………… （274）

《校輯宋金元人詞》序 …………………… （275）

《校輯宋金元人詞》跋 …………………… （278）

《漢魏南北朝墓誌集釋》序 ……………… （279）

《薛仁貴征遼事略》後記 ………………… （283）

《元一統志》前言 ………………………… （286）

《元明樂府套數舉略》序 ………………… （289）

《西諦書目》序 …………………………… （290）

《太平清調迦陵音》跋 …………………… （297）

宋刻《淮海居士長短句》跋 ……………… （298）

宋槧《周禮鄭注》跋 ……………………… （300）

明本《野菜博錄》跋 ……………………… （302）

明萬曆本《華陽集》跋 …………………… （303）

影宋鈔本《默堂先生文集》跋 …………… （305）

明嘉靖本《莆陽黃仲元四如先生文稿》跋 ……… （306）

明永樂本《蚓竅集》跋 …………………… （307）

稿本《今樂考證》跋 ……………………… （308）

元延祐刻《東坡樂府》跋 ………………… （314）

元大德刻《稼軒長短句》跋 ……………… （317）

元適適子本《董解元西廂記》跋 ………… （319）

明鈔本《錄鬼簿》跋 …………………………………………（322）

宋司馬光《通鑑》手稿跋 …………………………………（324）

宋龍舒本《王文公文集》題記 ……………………………（327）

《四部叢刊》影印明弘治刻本《秋澗先生大全集》跋 …（332）

金刻版畫跋 …………………………………………………（333）

跋向滈《樂齋詞》 …………………………………………（335）

古寫本《戰國策》殘卷跋 …………………………………（336）

陳元靚《歲時廣記》跋 ……………………………………（338）

記明如韋館刻本《硯箋》 …………………………………（341）

《澠水燕談錄佚文輯補》序 ………………………………（342）

《貴陽陳氏書目》跋 ………………………………………（344）

明鈔本《晁氏寶文堂書目》跋 ……………………………（345）

胡適舊藏磧砂藏本《大般涅槃經》卷第二十九跋 ………（346）

跋明鈔本《糖霜譜》 ………………………………………（348）

跋湯舜民《筆花集》 ………………………………………（352）

校勘學綱要 …………………………………………………（357）

唐寫本《文心雕龍》殘卷校記 ……………………………（358）

《說苑》斠補 ………………………………………………（386）

唐寫本《說苑·反質篇》讀後記 …………………………（404）

《李孝美墨譜》校記 ………………………………………（408）

《淮南子》札記 ……………………………………………（412）

《中吳紀聞》校記 …………………………………………（430）

《廣韻》校勘記卷之三 ……………………………………（439）

《蘭亭續考》校記 …………………………………………（464）

《常建詩集》校記 …………………………………………（466）

重整范氏天一閣藏書記略 ……………………………（470）

從天一閣說到東方圖書館 ……………………………（479）

談談北京的古舊書業 …………………………………（484）

皖南訪書記 ……………………………………………（488）

南行日記 ………………………………………………（494）

古刻名鈔待訪記 ………………………………………（537）

莆田藏書家述概

　　——福建書林漫話之一 …………………………（542）

泉州藏書家述概

　　——福建書林漫話之二 …………………………（545）

福州藏書家述概

　　——福建書林漫話之三 …………………………（547）

閩南閩西各地藏書家述概

　　——福建書林漫話之四 …………………………（550）

閩東閩北的藏書家述概

　　——福建書林漫話之五 …………………………（551）

從新發現的鈔本《紅樓夢》說到楊繼振的收藏 …………（553）

展覽《趙城藏》的說明 …………………………………（555）

一部稀世典籍的真實故事

　　——《趙城金藏》獲救記 ………………………（557）

論商務印書館出版之《四部叢刊》 ……………………（560）

《四部叢刊續編》的評價 ………………………………（566）

評《叢書書目彙編》 ……………………………………（581）

《叢書集成初編》樣本觀後感 …………………………（585）

評《夢坡室獲古叢編》 …………………………………（588）

評陶鴻慶《老莊札記》 …………………………………（593）

評陳延傑《詩品注》 ……………………………………（595）

評趙景深《中國文學小史》 …………………………（598）

評朱師轍《清史稿・藝文志》 ………………………（602）

評《河南金石志圖》第一集 …………………………（606）

中國通史綱要 …………………………………………（610）

悼內藤虎次郎氏 ………………………………………（624）

跋 …………………………………………… 宿白（629）

......（508）

......（602）

......（606）

......（610）

......（623）

......（629）

斐雲詞錄

大聖樂 莫春書懷 四月十九日作

千里愁心，一天風絮，倚春無據。自翠花飄落雲東，夢語秋燈，空老歲華如雨。莫唱斷魂江南怨，漫遙想，明璫箏自語。鵑啼後，更幾度採蘭，年芳輕負。　琴心不歸最苦，況鶯燕天涯紛似霧。寄舊情難問，華堂殘照，西風何許。怕見玉簫來時路，只青鏡菱波還在否。羅衣冷，又江上淚雲吹暮。

柳梢青 春盡日作，用趙汝愚体（一作"病中作"）

故國雲飛，天涯春去，幾日登樓。水縱無情，一江花落，應解西流。　玉琴何處綢繆，淚盡處、楊枝渡頭。老了微波，東風不管，吹夢成秋。

鵲踏枝

一握雲鬟梳復掠。寸寸絲絲，未比楊枝弱。乍見新鶯如有約，無端胡蝶花前落。　鏡水華年猶是昨，玉笛飛聲，枉自思量著。千里孤鴻何處託，輕軀願化遼陽鶴。

又

聞把金鍼消永晝。綠舞紅怡，妝點歡時候。不信東風從此又，一池春水爲君皺。　天外三山青幾岫，非霧非煙，依約津門柳。已是腰肢容易瘦，長條願入他人手。

玉漏遲 四月十九日作

玉箏心影老。西涯重見，亂雲天渺。婉晚東風，一枕夢華多少。江上潮回時候，愁已在、微微斜照。空自惱，與君還是垂髫年少。　江南幾度逢春。對月冷香沉，又多懷抱。落葉妝臺，應有歸魂重到。回首燕臺□遠，但廢綠成煙秋早。幽恨悄，傷心佩環聲杳。

醉翁操

瑤箏，雲屏，曾聽。夢無聲，空庭，香爐月明秋冥冥。玉絃誰鼓湘靈，愁正橫。不見短長亭，怕酒醒負他舊盟。　閣中燕冷，前約難憑。素娥天遠，還有微波送迎。雲有時而長征，草有時而留馨，江頭潮未平。封書寄神京，帶淚過西陵，危闌流水何處憑。

鷓鴣天　癸亥春感

暫藉花陰作翠屏，未須金彈打流鶯。那知雪夜瓊宮裏，已有霜天曉角聲。　風悄悄，雨泠泠，洞簫零亂可曾聽。絕憐衾冷闌干熱，春佔窗紗第幾櫺。

又

未負燈華劃地寒，夢回翠羽說春殘。尊前還有飄裙路，袖底終無息影闌。　明鏡裏，兩眉彎，紅桑不許度屏山。餐霞休問人間世，到處斜陽作意難。

浣溪沙

昨夢雲翹未是真，一牀花雨記還魂，水香亭子易斜曛。　爲問靈襟非昔伴，重尋環珮數前塵，不知何處寄羊裙。

臨江仙

依約雲高思婉轉，夢中多少蘭因。玉階猶自起秋魂。闌紅長冷落，拾翠太殷勤。　閒笑心期難作信，嚼梅誰道酸辛。忍將歌管度青春。千花愁月上，著意夕陽溫。

驀山溪

陰陰飛翠，落盡南天杏。花霧一燈涼，悵夢與碧（作平）雲俱冷。殢香歸去，双漿繞春山，閒唱到，惜紅衣，波斷雲生影。　月輪還是，千古滄桑鏡。莫道不相思，看後日、陰晴不定。幽情漫寄，琴意似秋心，曾幾度，換東風，涼葉飄金井。

又

玉樓試望，一雁和雲去。芳草鎮無聲，又綠到怡紅庭宇。瑤箏逗起，幽恨化清風，看燕子，入簾櫳，檻外深深雨。　畫闌十二，難道無憑處。凝想碧羅天，笑十載、春心無主。絲楊如許，倦眼幾曾青，夢冉冉，過江南，不見橫塘樹。

鷓鴣天　甲子二月稿

一片笙歌散綺塵，孤明樓角也曾春。誰知翠錦簾前水，辜負紅羅夢裏人。　雲有信，月無痕，東風難得小温存。明朝陌上花應發，知否斜陽直到門。

菩薩蠻

千花落向篷窗底，東風吹得閒門閉。楊柳又如眉，玉樓人起遲。　鴛機無氣力，密緒知端的。春到寄征衣，夢中相見稀。

又

一簾花影相思薄，空庭微雨秋聲作。迢遞畫堂陰，絮飄何處尋。　屏山留一半，消息行雲遠。只有兩眉彎，可憐深淺難。

又

薄寒知是清明節，隔年紅沒羅衣濕。芳草費君思，池塘風雨時。　游絲花外軟，簾捲青山短。不夢不分明，玉郎何處行。

又

相思相見桃花水，一江惟有征人淚。笑著玉羅裙，幾多春夢痕。　中塘雲欲度，煙草渾如故。寄語莫關情，今朝梅子青。

齊天樂　高麗紙　四月二十二日作

番風輕負狂香夢，年年錦魂腸斷。蕉影先秋，墨華似雨，只覺海天春短。吟芳未暖。認遼鶴歸來，幾番塵浣。卸了殘陽，澄心往事翠雲遠。　微波休問尚在。蓬萊何處是，誰證斑管？東閣鶯花，西州景物，畫裏滄桑又換。鮫綃淚滿。更莫賦王孫，玉樓天半。映雪簾櫳，一箋和夢捲。

鵲踏枝　五月八日作

漫說行春春事誤。此去江南，此恨重重數。落盡楊花新燕乳，回頭不少青青樹。　長記花江潮外路。換了春衫，一霎闌干莫。如此年華容易度，綠窗風雨誰辛苦。

又　仝上

支枕平明無一淚。百草千花，禁慣東風累。羅袂匆匆前日事；樓高又見紗窗閉。　數到夢中心上字。江北新鴻，偏向尊前起。只恨家山春夢裏，闌干不向東南倚。

踏莎行　仝上

眼底千山，落紅如海，舊家新燕分明在。羅衣生怕冷香侵，春風消息無人耐。　逝水東關，落霞西塞，不辭花月傷心改。翠屏一笛夢中飛，碧雲長繞斜陽外。

浣溪沙　仝上

如此年華未許停，幾回倦眼向誰青，有人和夢說鷗盟。　一卷丹鉛消午夢，半天畫角淡秋星，客懷似許話林鶯。

菩薩蠻

瓊華不駐遥山景，月明幾度蕭心冷。起舞換新聲，重來無此情。　一枝和淚送，煙雨秦鬟重。羅襪託微波，鏡天人奈何。

又

晚鶯消息愁如霧，東風豈是繁華主。柳線繫斜陽，一絲春夢長。　漫憐芳草色，不減羅衣碧。雲影欲平池，倚闌君未知。

又

十三箏雁雙飛去，回頭綠到屏山樹。不信落花飛，西園春未歸。　生憎江上水，斷送尊前淚。難得夕陽温，鏡臺山外雲。

又

畫堂舊有銷魂地，衘花燕子真知未。悵望玉簾衣，日高風又微。　翠屏天共遠，月氣和愁亂。空谷惜香心，費他長短吟。

玉京秋　用草窗韻

鷗恨濶。層陰度流水，亂魂淒切。雲欄弔影，星橋聽葉。還念西涯草色，歎青襟、空惹塵雪。燕來別，畫堂春遠，舊愁慵說。　莫道微波應怯，怕連環、如今漸缺。半鬟斜陽，一簾秋氣，詩情難歇。翠被先涼，夢只夢、兒女燈昏時節。枕潮咽，無那南江淡月。

虞美人　　甲子正月稿

闌干西北浮雲起，四面春聲裏。一江花氣淡成秋，似有西風相約要登樓。　夕陽飛絮涼如水，水味濃於淚。側身天地費相思，無那斷腸終是女兒詞。

浣溪沙

紙帳春寒夢不平，今年只聽落花聲，夕陽何似淚長生。　隔院楊華微送景，中庭燕子不須驚，一雙飛起已飄零。

琴調相思引

么鳳桐華劇可憐，羅衣換盡拜飛仙，人間惟有鬢景葬華年。　夜月綵雲天樣遠，柳絲拖水濕嬋娟，東風從此暖，不到啼鵑。

踏莎行　　湖上弔小青

擁髻門荒，皺裙水老，吟香誰道蘼蕪少。琴絲不慣試西風，斷腸花是紅心草。　楊柳婆娑，行雲縹緲，黃金好鑄相思調。五更月落女郎潮，可憐惟有啼鵑悄。

鵲踏枝

消息春魂知遠近。綠萼華年，莫向西園問。楊柳梢頭煙幾寸，濛濛已作相思引。　為報琴聲吹淚粉。艷想滄洲，轉眼無憑準。渡口斜陽還是恨，番風何止桃花汛。

又

一桁湘簾塵四倚。誰識禪心，袖底相思子。攜到綠窗春夢裏，可能銷得英雄氣。　隔鏡呼燈窺月姊。依樣眉彎，舊恨難料理。今夜嬋娟千萬里，空庭花影知無地。

又

乞與翠雲庭院住。已是惜花，人去無風雨。悵望瑤琴誰寄語，西陵松柏同心樹。　簾底空江簾外霧。弱絮飄零，淚盡天難補。斜日不關芳事莫，綠箋忘卻剛三五。

又

百尺晴絲青倒景。碧樹無情，容易天涯近。卅六銀屏長背鏡，一般顏色和雲冷。　塵滿闌干鶯滿徑，聽到鵑聲，換到傷春病。幾日南園花落定，思量此恨何人省。

虞美人

青絲流夢東風重，歧路行雲送。只因花与月相將，簾外有人和淚認斜陽。　鵑枝許是瓊妃竹，顛倒傷春局。水堂疏影自成行，看取山前山後盡啼妝。

甘州

問玉環心事又誰知，斷腸不須箋。奈雲東簫信，海西箏景，思落愁邊。可惜薔蕪春冷，未踏畫橋煙。爭忍凌波去，此恨緜緜。　看徧江南眉萼，便闌干紅盡，不似當年。識螺香庭院，彈淚弔湘絃。還是共翠陰新夢，看月華如水幾分圓。高樓遠送飛花去，剩有啼鵑。

高陽臺　用畹春韻

偃月樓頭，眠雲庭宇，重來猶有魂消。枉費垂楊，新鶯不度亭皋。東風未了銅駝怨，奈題襟心事迢迢。自箏聲，吹落西陵，驛路飄蕭。　玉京秋到人間世，對青燈凝淚，合染征袍。散入錢塘，舊情一枕江濤。斜陽搖夢成煙後，歎年年花雨無聊。向天涯何處登臨，斷羽重拓。

解連環　用清真韻

寸書難託。招賓鴻故國，翠雲遼邈。悵恨裏、花近高樓，怕春到柳梢，畫中煙薄。聽雨前番，又忘了夕陽絃索。待盈盈話得，等是賦情，想寄紅藥。　飄零可憐海若。數相思萬一，香在簾角。漫歎息、當日分襟，把如此華年，只有消卻。打疊羅衣，還重照秋燈眉萼。奈飄裙，大隄夢冷，問誰淚落。

浣溪沙

秋草江南起莫砧，不分憔悴舊羅襟，年時姊妹惜初心。　那有閒情迷紫曲，更無流水怨青琴，夕陽樓閣欲銷金。

戚氏

笛聲還，望中鸞鶴過江難。意花蟲，翠涼吟戶，可曾閒？眉彎，恨難攀，銀屏一夢解連環。淒迷客裏春色，不堪青柳徧江關。寶瑟秋零，珠燈煙霽，天涯自在紅欄。對清尊未滿，殘花殘淚，如此塵寰。　低枕，莫聽啼鵑。簫管此日，已是念家山。芳菲了，素娥無恙，畫意闌珊。思華年。惟有錦樣花箋，紫陌到處成煙。好天良夜，慘綠秦箏，空向簾底纏綿。　追想西陵路，柔絲黏地，不似從前。未要寒山片石，撲輕衫飛絮兩相憐。滄洲須著夕陽邊，舊情那處，還有狂香捲。舊青山、色減驚塵涴，滄桑影、千里嬋娟。笑夢雲，身世無端。剩紅心、草長奈人看。數橫塘畔，玉梅向曉，依舊清寒。

夢揚州　擬淮海

玉簾收，正淡煙吹夢成秋。莫雨試燈，忍記題襟湖樓。倚欄人渺東風冷，問水楊猶繫扁舟。琴思遠，南雲短，傷心還對枝頭。　消息珍重征郵，看淚盡斜陽，那處淹留。賴有翠鬟，重見鷗盟芳洲。亂紅千點蘭情老，倚鏡屏明月空流。裙草路，孤鴻有意，偏向西州。

石州慢　十九感懷

陌上西風，吹老鏡絲，珍重吟力。琴花夢入南朝，惟有畫屏知得。零箏欲語，還是墜影滄波，鷗邊今後紅情窄。攜淚看斜暉，正蘆中人寂。　休憶，莫天衰草，故國狂香，自憐遙夕。唱徹橫塘，流水蘋洲如昔。微雲不見，誰信一夜高樓？新妝消與愁千尺。雁影滿天涯，問銅仙消息。

買陂塘

困新煙、滿庭涼碧，春痕留上眉淺。鵑枝原是飄花筆，畫取錦禽天遠。雲半暖，正十萬、紅衣香佔池塘滿。琴邊帶緩。任喚起梨魂，不教風起，同爇絳心篆。　愁無岸，閣住銀箏翠管。屏山消得人倦，斜陽燕子來時節，道有玉釵敲斷。天莫泫，算此日、風光容易成秋苑。砧馨又轉。更一樣啼妝，幾回笑眼，哀樂夢中短。

蝶戀花

支枕平明無一淚。百草千花，禁慣東風累。羅袂匆匆前日事，樓高又見窗紗閉。　莫到黃塵歌哭地。問訊華年，猶有傷心幾。只恨家山春夢裏，闌干不向東南倚。

壽樓春　和維釗

招西園客魂，歎嫣香落盡，空翠煙昏。休旁烏衣歸去，夢秋先春。還記否，搴芳人，寄絳裙、天邊王孫。怎燕草微茫，楚雲狼藉，心事一氤塵。　西洲恨，飄青尊。問廻波可念，風雨當門。前度香蘭如笑，玉瑲誰溫。流不盡，襟題痕。況白蘋，瀟湘愁恨。甚杜宇聲聲，斜陽半身，紅滿巾。

鷓鴣天　用元韻奉答維釗

迢遞春程憶別時，玉瑲緘札護新詞。而今思與花俱發，西北高樓夢豈知。　塵漠漠，淚絲絲，夕陽琴語下簾遲。荒江杜若無聲老，空谷靈均莫自癡。

　　附原詞：

　　舊帕淒涼記別時，調箏聲厭鷓鴣詞。自從秋冷鈿車路，花落江湖祇自知。　塵歷歷，雨絲絲，閉門絃索上燈遲。此身不分分明在，底事靈蕤又入癡。

壽樓春　思伯自揚州來，余與維釗、雨廷、江清小敍莫愁湖上。昔年朋舊，今日主賓，江南江北，落絮飛花，無限惆悵也。倚此題壁，並送思伯歸。

拍湖心閒鷗（思伯）。共平量棋局，淒宴層樓（維釗）。檻外垂楊如許，有誰臨流（雨廷）。春老矣，春知否（江清）？況故人煙花揚州（萬里）。早試酒情荒，調鶯語澀，猶自暗綢繆（思伯）。　長堤路，今淹留（維釗）。指雕梁燕子，曾伴清遊（雨廷）。可念落梅風裏，笛中西洲（江清）。君欲去，思悠悠（萬里）。更夕陽，三山雲浮（思伯）。空目斷江南，青青陌頭（維釗）。無莫愁（雨廷）。

浣溪沙　雞鳴寺聯句

片石支機欲化霞（萬里），心香一瓣座前花（維釗），青衫何必笑袈裟（祥瑗）。　漫向人間窺色相（祥瑗），要從天外握靈蛇（萬里），眾生成佛即成家（維釗）。

又

　　樓外青山似畫裙（萬里），夕陽鐘定上方雲（維釗），香添佛國又成春（祥瑗）。　未必慈航能普渡（祥瑗），也曾觀世作情僧（維釗），拈花草草是塵根（萬里）。

浣溪沙　衫青閘与維釗聯句

　　泉曲闌干燕景涼，層層花雨濕斜陽（釗），玉河清淺是他鄉。　梧井西風人似雁（里），雲亭秋夢月如霜（釗），舊家池館欵樓香（里）。

　　　（據稿本整理。其中《鷓鴣天·癸亥春感》二闋載《學衡》第四十六期，1925 年 10 月；《菩薩蠻》"瓊華不駐遙山景"等四闋載《學衡》第四十九期，1926 年 1 月；《鵲踏枝》"消息春魂知遠近"等四闋載 1928 年 9 月 17 日《大公報·文學副刊》第三十七期）

談柳詞

　　近幾年我特別愛讀柳耆卿詞。遇見比較舊一點的柳詞寫本，如明季紫芝漫鈔本、吳文恪百名家詞本、趙清常寫本，必設法借來，與汲古閣六十家詞本細細比勘，以求其真。有時又從宋以來選集，如《梅苑》、《花庵詞選》、《花草粹編》裏，搜集所引柳詞，作比勘之助。因此讀了又校，校了又讀，前後不下十數次。愈讀愈覺得柳氏寫景言情，俱是超人一等。而意境之高妙，辭采之駿發，又迴非他人可及。有人如問宋詞當先看那一家，我總勸人於歐、晏、清真外，當先讀柳詞。又有人問，合乎宋人心目中宋詞的代表作是那一家，我又推舉柳詞。下面便是我個人一點點意見，匆匆寫出來，讓大家指教指教。

　　宋詞本是中唐以後民間新興的時曲。唐五代北宋人，直稱之為曲子，如敦煌所出之《雲謠集雜曲子》，石晉時和凝契丹人尊之為曲子相公，北宋時孔方平等組織蘭畹曲會，楊元素編輯詞話為《本事曲子集》，下至南渡後姜堯章《白石道人歌曲》，無不以曲子為名。就體裁論，其不同於詩者，祇在句法之不固定，不一律，而以牌名為準，不失為一種新的解放，故宋人名之曰長短句，或又名近體樂府，以別於五言、六言、七言之舊樂府，如歐陽永叔之《近體樂府》，周必大之《平園近體樂府》，均是。其初不過行於教坊樂師與歌妓間，有新調未必有新辭，有新辭未必即有動人的曼妙文字。自來文人，每喜作狎邪遊，易與歌妓接近，喜其新聲，而嫌其文辭之不雅馴。如溫飛卿、韋端己及其他《花間》、《尊前》集裏的作家們，下至北宋時歐、晏之流，在歌妓前無不賣弄才情，捉刀代筆，努力染指於新樂曲之創作。故早期文人所作的長短句，大抵模倣著歌妓或自身的口吻，而爲描寫現實之作，幾乎全部是兩性間的戀歌情歌。及至後來，文人學士紛起倣顰，利用詞調來發揮一切情感，以做詩的方式來填詞。詞與詩同化，而悉數流爲廟堂文學，或案頭文藝，去歌妓樂師們的意識及大衆的需要日益遼遠。新興時曲如諸宮調、賺詞、北散曲、南散曲，乃先後起而代之。如此，新陳代謝，兔起鶻落，形成了一部中國純文學史裏，各種不同時間和空間的時曲的熱鬧場面。

我們試看柳耆卿的《樂章集》，除了少數應制之作，如《傾杯樂》（禁漏花深）、《醉蓬萊》（漸亭臯葉下）之外，幾乎全數是眞摯的情歌。不必說是合乎上邊所說時曲的資格的，葉夢得《避暑錄話》說得好：

> 柳永爲舉子時，多遊狹邪，善爲弦辭，教坊樂工每得新腔，必求爲辭，始行於世。

可知柳之爲詞，多數是應教坊樂工而作的，故集中前所未見之新調，即所謂"新腔"者，亦最多。編集者又恐歌者不易尋知其新調之隸於何宮何調，故編時即以宮調爲次，與周邦彥《片玉詞》編法正同。集名樂章，而不冠以他名，亦甚新奇。宋時長短句曲子，亦可通稱"樂章"，如謝懋之《靜寄居士樂章》，即其一例。"樂章集"猶言"曲子集"，在當時的歌場裏，想是一種流行的小唱本。其集出他人所輯，已在柳氏身後，隨輯隨補，故集後又附續添曲子多首。凡此稱名與編次之異於他集，亦可據以推知在宋時樂師與歌妓間傳播之普遍了。

柳詞在宋時不僅風靡國內，即在邊境，亦頗流行。《避暑錄話》又稱：

> 西夏歸朝官云：凡有井水處，即能歌柳詞。

寥寥二語，柳詞流行之廣與愛好者之多，已可概見。《錢塘遺事》說：

> 孫何帥錢塘，柳耆卿作《望海潮》詞贈之，有"三秋

桂子，十里荷香”之句。此詞流播，金主亮閱之，欣然有投鞭渡江之意。

《望海潮》一詞，見於今本《樂章集》卷下。其全文如下：

> 東南形勝，江吳都會，錢塘自古繁華。煙柳畫橋，風簾翠幕，參差十萬人家。雲樹繞隄沙，怒濤捲霜雪，天塹無涯。市列珠璣，戶盈羅綺，競豪奢。　重湖疊巘清嘉。有三秋桂子，十里荷花，羌管弄晴，菱歌泛夜，嬉嬉釣叟蓮娃。千騎擁高牙，乘醉聽簫鼓，吟賞煙霞。異日圖將好景，歸去鳳池誇。

可見南渡後的北方，尚有柳詞流行。一闋《望海潮》，曾引起兩國無端以兵戎相見，這是柳耆卿生前所萬想不到的。這還不算出人意外。最可異的，宋時向高麗輸出的樂曲中，亦有柳詞在內。宋元間高麗有少數柳詞流行，這和楊朝英《陽春白雪》卷首收著十首大樂，中有柳詞《雨霖鈴》：

> 寒蟬淒切，對長亭晚，驟雨初歇。都門帳飲無緒，方留戀處，蘭舟催發。執手相看淚眼，竟無語凝噎。念去去，千里煙波，暮靄沉沉楚天闊。　多情自古傷離別，更那堪、冷落清秋節。今宵酒醒何處，楊柳岸、曉風殘月。此去經年，應是良辰好景虛設。便縱有千種風情，更與何人說。

可認爲元時中土尚能歌唱柳詞的情形差不多。柳詞歷久不衰，於茲可見。明初朝鮮鄭麟趾纂修的《高麗史·樂志》裏，收著柳詞三首：

> 傾杯樂
>
> 禁漏花深，繡工日永，蕙風布暖。漸（今本《樂章集》卷上“漸”作“變”）韶景都門十二，元宵三五，銀蟾光滿。連雲複道凌飄觀。聳皇居麗，嘉氣瑞煙蔥蒨。翠華宵幸，是處層城閬苑。　龍鳳燭，交光星漢。對咫尺鼇山，開雉（《集》作“羽”）扇。會樂府兩籍神仙，梨園四部絃管。漸（《集》作“向”）曉色都人未散。盈萬井山呼鼇

抃，願歲歲天仗裏，鎮（《集》作"常"）瞻金（《集》作
"鳳"）輦。

　　浪淘沙令

　　有箇人人，飛燕精神。急將（今本《樂章集》卷中作
"鏘"）環佩上華茵（《集》作"裀"）。促拍盡隨袖紅
（《集》作"紅袖"）舉，風柳腰身。　　籔籔輕裙，妙盡尖
新。曲終獨立歛香塵。應是四肢（《集》作"西施"）嬌困
也，眉黛雙顰。

　　臨江仙

　　夢覺小庭院，冷風漸漸（今本《樂章》卷下"漸漸"
作"淅淅"），疏雨瀟瀟。綺窗外秋聲敗葉，狂飄心搖。奈
寒漏永，孤幃悄，燭淚（《集》作"淚燭"）空燒。無端
處，是繡衾鴛枕，閒過清宵。　　蕭條。牽情惹（《集》作
"繫"）恨，爭向年少，偏覺新來憔悴，舊日風標。魂消。
念歡娛事，煙波阻，後約方遙。還經歲，問怎生奈（《集》
作"禁"）得如許無聊。

以上第一首當是應制之作，二三兩首均係情景交融的時曲。
《高麗史》所收樂曲數十首，例不著原撰人姓名，茲據《樂章
集》定此三詞爲柳詞。《高麗史》又稱：

　　高麗睿宗朝，宋賜新樂，又賜大晟樂。

疑此三詞宋時入大晟樂，故得輸入高麗。《高麗史·樂志》
所載諸詞，除柳詞外，絕無北宋諸大家之作在內，可見宋詞中惟
柳詞流播爲最廣，而柳詞乃宋季樂曲的代表作，於此亦可加以肯
定了。

　　但南渡後亦有不甚贊成柳詞者。我想第一人許是曾慥。曾氏
於南宋初選輯北宋詞爲《樂府雅詞》一書，獨於柳詞末見專章
稱引。大約他認爲柳詞中側艷居多，算不得雅詞的緣故吧。徽宗
朝以作俚詞出名的曹元寵，曾氏尚選及他，對於柳詞置之不理，
未免太主觀了（至《樂府雅詞》裏不收東坡詞，則因曾慥曾輯

有全部《東坡樂府》，故不複見以重其人，與不選柳詞原因不同）。第二當是《花庵詞選》的編者黃叔暘。黃氏《詞選》共選柳詞十一首，態度比曾氏緩和得多。但也說："耆卿長於纖艷之詞，多近俚俗，故市井之人悅之。"此外孫敦立也說："耆卿詞雖極工，然多雜以鄙語。"二氏所云，當指集中帶有色情狂的諸作而言，如《鳳棲梧》（酒力漸濃春思蕩）、《法曲第二》（青翼傳情，香徑偷期）、《晝夜樂》（秀香家住桃花徑）及《木蘭花》詠心娘、佳娘、蟲娘、酥娘諸妓皆是。這些，本沒有什麼了不得，後來南北散曲和明季流行的《傍妝臺》、《羅江怨》、《掛枝兒》等等時曲，無不以此類題材爲其骨幹。花庵所云"市井之人悅之"，正是柳詞在宋詞中具有時曲資格的良好現象。或者如以此言太過，不妨大膽地引詩三百篇爲例。三百篇裏如《曹風·候人》"維鵜在梁，不濡期味"一類的詩，不一而足，說穿了無非男女相悅之辭。聖人刪詩時尚捨不得丟開它，那我們又何必以嚴正的態度來指責柳詞呢。

（原載《藝文雜誌》第二卷第一期，1944 年 2 月）

詞　概

目　次

第一章　唐人詞概

第二章　五代十國人詞概

第三章　宋人詞概上

第四章　宋人詞概下

第五章　金人詞概

第六章　元人詞概

第七章　明人詞概

第八章　清人詞概上

第九章　清人詞概下

第十章　論詞韻

第十一章　論詞律

附錄　詞學書目略

第一章　唐人詞概

張氏皋文《詞選》以太白居首，誠以太白以前，詞體未定。《因話錄》云："唐初柳範作《江南折桂令》。"雖在青蓮《憶秦娥》、《菩薩蠻》前，然其辭久佚，當與隋唐人樂府相近，未必如後世所謂曲子也。觀崔令欽《教坊記》所載，教坊曲名多至三百六十有五。據《唐書·宰相世系表》推之，令欽乃玄肅二宗間人。知青蓮之世，教坊新聲早已盛行，然大都不過破五七言詩爲之，或且如《楊柳枝》、《竹枝詞》，與七絕無異。中唐以後，始多傑構。敦煌所出《雲謠集雜曲子》與溫韋所作，均一時之選。新樂府與漢晉六朝間舊樂府之分野，至茲始大明。其詳當於拙撰《兩宋樂府考》論之。茲撮述唐人諸家詞如左。

（一）李白　白字太白，山東人，或云蜀人。事蹟詳兩《唐書》及《唐才子傳》。錄《憶秦娥》一闋：

　　簫聲咽，秦娥夢斷秦樓月。秦樓月，年年柳色，灞陵傷別。　樂游原上清秋节，咸道古道音塵絕。音塵絕，西風殘照，漢家陵闕。

太白此詞，氣象萬千，似非後人所能僞託。《尊前集》載太白詞凡十二首，獨未及此闋，僅引見黃昇《花庵詞選》。《尊前集》所載諸闋，除《清平調》乃七絕，太白詩集中已載外，餘則《菩薩蠻》"遊人盡道江南好"一首明見《花間集》，乃韋莊作；餘則"平林漠漠煙如織"一首，《湘山野錄》云見於《古風集》，乃知太白所撰。其他七首，均不類太白作。即吳曾《能改齋漫錄》所載"桂殿秋河漢女"一闋，亦尚在疑似之間。其中真確之可能性最多者，當推此首與《菩薩蠻》一闋耳。劉融齋《藝概》謂此二首足抵杜陵《秋興》，想其情境，殆作於明皇西幸之後。說雖穿鑿，亦非無見也。

（二）張志和　志和字子同，金華人。擢明經，肅宗命待詔翰林，坐貶不復仕。自稱煙波釣徒。錄《漁歌子》一首：

　　西塞山前白鷺飛，桃花流水鱖魚肥。青蒻笠，綠蓑衣，斜風細雨不須歸。

志和詞今存者，僅《尊前集》所載《漁歌子》五首。《唐代名畫記》謂其性高邁，自爲漁歌，便畫之，甚有逸思。是志和又善畫。《羅湖野錄》云："張松齡以《漁歌子》招其弟志和，其詞云：樂在風波釣是閑，草堂松檜已勝攀。太湖水，洞庭山，狂風浪起且須遠。"句法與志和同，殆係一時所作。其與七絕異者，僅第三句改爲六字拆腰句耳。意當時或即就絕句變化歌之，故句法與七絕相近。然此詞曲度至宋代已亡。《樂府雅詞》卷中徐師川《鷓鴣天》詞跋引東坡云："元真語極麗，恨其曲度不傳，加數語以《浣溪沙》歌之。"可知唐時曲度，宋時已不盡可徵。則詞譜零落，不能依聲而歌之歎，固非張玉田時爲然也。

（三）韋應物　應物京兆人。官左司郎中，歷蘇州刺史。錄《調笑》一首：

　　　　河漢，河漢，曉掛秋城漫漫。愁人起望相思，塞北江南別離。離別，離別，河漢雖同路絕。

應物詞僅《調笑》、《三臺》四首，並見《尊前集》。唐人作《調笑》者，尚有戴叔倫之"邊草"詞，王建之"團扇"詞，句法並與此同。宋人如秦觀、鄭僅所作，係傳踏，以一曲連續歌之，其法恐唐時已濫觴。詞名《調笑》，句法又重疊出之，必係歌舞相兼也。

（四）白居易　居易字樂天，其先太原人，徙下邽。貞元十四年進士，歷官中書舍人，出知杭州，以刑部尚書致仕。卒贈僕射，諡文。有《長慶集》。錄《宴桃源》一首：

　　　　前度小花靜院，不比尋常時見。見了又還休，愁卻等閒分散。腸斷，腸斷，記取釵橫鬢亂。

樂天詞見於《尊前集》、《花庵詞選》者，有《楊柳枝》、《竹枝詞》、《浪淘沙》、《憶江南》、《宴桃源》、《長相思》等二十八首。除《憶江南》、《宴桃源》、《長相思》乃長短句外，餘率與七絕無異。而《宴桃源》實即《如夢令》。詞意縟麗可愛如《子夜歌》，非後世作者可及，亦一時風會使然也。

（五）溫庭筠　溫庭筠本名岐，字飛卿，太原人。官方山尉。有《握蘭》、《金荃》等集。錄《菩薩蠻》一首：

　　　　寶函鈿雀，金鴻鸂鶒，沉香閣上吳山碧。楊柳又如絲，驛橋春雨時。　畫橋音信斷，芳草江南岸。鸞鏡與花枝，此情誰得知。

溫詞載《花間集》者凡六十六首，王觀堂先生又從《尊前集》補一闋，《草堂詩餘》補一闋，《詩集》補二闋，共得七十闋。錢唐丁氏舊藏吳訥《四朝名賢詞》本《金奩集》，中雜韋莊、歐陽炯、張泌諸家詞，雖題名與《渭南文集·跋金奩集》語合，然未必為溫氏一人作也。溫詞最著者，當推《菩薩蠻》十四首，以瑰麗見勝。陳氏廷焯曰："溫詞全祖風騷，所以獨絕千古。"又云："所謂沈鬱者，意在筆先，神餘言外。寫怨夫思婦之懷，寫孽子孤臣之感，凡交情之冷淡、身世之飄零，皆可於一草一木發之。而發之又必若隱若現，欲露不露，反復纏綿，終不許一語道破。匪獨體格之高，亦見性情之厚。"飛卿詞"懶起畫蛾眉，弄妝梳洗遲"，無限傷心，溢於言表；又"春夢正關情，鏡中蟬鬢輕"，淒涼哀怨，真有欲言難言之苦；又"花落子規啼，綠窗殘夢迷"，又"鸞鏡與花枝，此情誰得知"，皆含深意。余謂飛卿詞於唐詩中可當青蓮，於元劇中可當白仁甫、王實甫，同為萬世不祧之祖。其出語真摯，行辭疏宕，直寫景物，不事雕繢，實非南渡諸子所能及也。譚復堂《蝶戀花》"一握鬢雲梳復裹，半庭殘日匆匆過"、納蘭成德《菩薩蠻》"楊柳又如絲，故園春盡時"，均從溫詞中得來。以視《花間集》專以雕繢堆砌見勝，便覺得天然人工之別矣。

　　（六）皇甫松　松一作嵩，字子奇，睦州人，工部湜之子。錄《天仙子》一首：

　　　　晴野鷺鷥飛一隻，水蕢花發秋江碧。劉郎此日別天仙。登綺席，淚珠滴，十二晚峰青歷歷。　躑躅花開紅照水，鷓鴣飛繞青山觜。行人經歲始歸來。千萬里，錯相倚，懊惱天仙應有以。

　　元遺山云："松以《竹枝》、《採蓮》排調擅場，而才名遠遜諸人，《花間集》所載亦止小令短歌耳。"按：唐詞皆短歌，《花間》、《尊前》所載小令居多，豈獨子奇為然。元氏之言未確。《詞苑萃編》云："皇甫松以《天仙子》摘得新著名，然總不如《夢江南》二闋為勝。其詞曰：'蘭燼落，屏上暗紅蕉。閑夢江

南梅熟日，夜船吹笛雨瀟瀟。人語驛邊橋。’‘樓上寢，殘月下
簾旌。夢見秣陵惆悵事，桃花柳絮滿江城。雙髻坐吹笙。’”此
二詞爲《尊前集》所未載，情味深長。以較白樂天、劉夢得所
作，殊有上下牀之別也。

　　右唐詞凡六家。外此尚有劉夢得之《憶江南》、《抛球樂》、
《楊柳枝》諸闋，李景伯、裴談之《回波詞》，崔液之《踏歌
詞》，劉長卿之《謫仙怨》，大都與五六七言詩相近。又若楊妃
之《阿那曲》，柳姬之《楊柳枝》，劉采春之《羅嗊曲》，杜秋
娘之《金縷曲》，王麗真之《字字雙》，均不得謂之曲子也。至
敦煌所出《雲謠集雜曲子》及唐寫本《春秋後語》背記所記之
《望江南》、《菩薩蠻》諸詞，其用韻與句法，較《花間》、《尊
前》各異，而詞意深峭隱秀，實堪與飛卿、端己抗行。其詞律
之寬，猶其餘事也。茲校錄二闋如左：

　　　　鳳歸雲

　　征夫數載，萍寄他邦。去便無消息，累換期霜。月下愁
聽砧杵，擬塞雁□行。孤眠鸞帳裏，枉勞魂夢，夜作飛颺。

　　想君薄行，更不思量。誰爲傳書，與表妾衷腸。倚牖無言
垂血淚，闇祝三光。萬般無那處，一爐香盡，又更添香。
（《雲謠集雜曲子》）

　　　　天仙子

　　燕語啼時三月半，煙蘸柳條金線亂。五陵原上有仙娥，
攜歌扇，香爛漫。留在九華雲一片。　　犀玉滿頭花滿面，負
妾一雙偷淚眼。淚珠若得似珍珠，拈不散，知何限。串向紅
絲應百萬。（同上）

　　　　　　第二章　五代十國人詞概

　　五代十國人詞，除南唐二主詞、馮延巳《陽春集》有宋人
輯本傳世外，餘並見於《花間集》。按《花間集》爲蜀人趙崇祚

所選，據卷首歐陽炯序，知成於廣政三年。是時孟氏立國，僅有七載，故其中頗多感傷故國之音，讀鹿虔扆《臨江仙》“暗傷亡國，清露泣香紅”一詞可知。然所選諸家亦有與趙氏同時者。歐陽炯曾爲孟蜀宰相，蜀亡入宋爲翰林學士。蘇易簡《續翰林志》謂學士放誕則有王著、歐陽炳。又云炳以僞蜀順化，旋召入院，嘗不巾不韤見客於玉堂之下，尤善長笛。是炳即歐陽炯。其人至宋乾德中尚存。《學士年表》云，歐陽炯乾德三年八月以左散騎常侍拜。後蜀自孟氏稱號至宋太祖滅蜀，前後凡三十年，則炯撰序文時尚年少，而所作已入選。以是推之，其他諸人除溫飛卿、皇甫松外，其時代蓋可知矣。詞於唐代，不過爲近體詩之附庸或變體而已，至五季始與詩分疆。蓋此種新樂府，經其時君臣肆力提倡後，已非昔比。其時所作均短調。前人謂五代時已有慢詞，則非探本之論也。

（一）唐莊宗　錄《陽臺夢》一首：

　　　薄羅衫子金泥縫，困纖腰怯銖衣重。笑迎移步小蘭叢，輭金金翹玉鳳。　　嬌多情脈脈，羞把同心撚弄。楚天雲雨卻相和，又入陽臺夢。

莊宗詞可考見者，僅《憶仙姿》、《一葉落》、《歌頭》及此首而已，均見《尊前集》。《北夢瑣言》亦云，《一葉落》、《歌頭》、《陽臺夢》，皆後唐莊宗所製。《憶仙姿》即《如夢令》。《一葉落》詞意婉約，當係自度曲。《陽臺夢》取末三字爲調名，意境極似飛卿。至《歌頭》則分詠四季，頗似宋人大曲，殆係優人進御行樂之詞，未必爲莊宗作也。五代君主之能詞者，《北夢瑣言》記蜀主衍有《醉妝》詞，《溫叟詩話》載蜀主孟昶有《玉樓春》詞，昔人均疑贗作，茲從略。

（二）和凝　凝字成績，鄆州人。舉進士，仕後唐知制誥、翰林學士。晉天福中，拜中書侍郎。歸後漢後，拜太子太傅，封魯國公。事蹟詳新舊《唐書》本傳。有《紅葉稿》。錄《何滿子》一首：

寫得魚箋無限，其如花鎖春暉。目斷巫山雲雨，空教殘夢依依。卻愛薰香小鴨，羨他長在屏幃。

凝詞載《花間集》者凡二十首，《尊前集》者凡五首。《全唐詩》所錄二十五首，即據《花間》、《尊前》言之。合以《歷代詩餘》所載《解紅》、《拋球樂》二詞，共得二十七首（《拋球樂》與《尊前集》、《花庵詞選》所錄之《喜遷鶯》，別見《陽春集》）。凝詞傳世者蓋盡於此矣。《詞綜》云，凝有《紅葉稿》。江山劉毓盤先生云，親見其書於秀水杜小舫家。然《宋史·藝文志》僅云有和凝《演論集》三十卷，《游盤集》五十卷，《紅藥編》五卷，不云有《紅葉稿》。《紅藥編》至明代猶存，焦竑《國史經籍志》以之入制誥類，則非長短句可知。《詞綜》云凝《紅葉稿》，《歷代詩餘》遂以爲凝詞之稱。杜氏藏本既不傳，此疑終不能決矣。和氏在當時有曲子相公之稱。沈存中《夢溪筆談》卷十六云，和魯公凝有豔詞一編，名《香匲集》。凝後貴，乃嫁名爲韓偓。今世傳韓偓《香匲集》，乃凝所爲也。李沇《樂府紀聞》所云略同。今觀凝所撰江城五支，爲言情之祖，與《香匲》一集意境相近，沈存中所云當非無據也。

右五代凡二家。

（三）南唐嗣主　　錄《浣溪沙》一首：

菡萏香銷翠葉殘，西風愁起綠波間。還與韶光共顦顇，不堪看。　　細雨夢回雞塞遠，小樓吹徹玉笙寒。多少淚珠無限恨，倚闌干。

中宗詞見於南詞本《南唐二主詞》者，僅《應天長》、《望遠行》、《浣溪沙》三首而已。《草堂詩餘》載《浣溪沙》二首，均題中主作。其實"一曲新詞酒一杯"闋乃晏殊詞，餘則"風壓輕雲貼水飛"一闋，氣弱亦不似他作，蓋誤題也。《南唐書》稱嗣主美容止，有文學。又云，王感化善謳歌，嗣主嘗乘醉命感化奏《水調詞》，感化唯歌"南朝天子愛風流"一句，如是數四，元宗輒悟。嘗作《浣溪沙》二闋，手寫賜之。是此詞乃賜

樂部王感化而作。然讀其詞，低回掩抑，若不勝感傷者。一則曰
“還與韶光共顦顇”，再則曰“風裏落花誰是主”，何哀慕之深
耶。嗣主殆所謂傷心人歟。其頓挫空靈處，全在情景融洽，純用
賦體而不用比興，此後人所不能學到者也。

　　（四）南唐後主　　錄《浪淘沙》一首：

　　　　簾外雨潺潺，春意闌珊。羅衾不耐五更寒。夢裏不知身
　　是客，一晌貪歡。　　獨自莫憑欄。無限江山，別時容易見時
　　難。流水落花春去也，天上人間。

　　後主詞載南詞本《二主詞》，凡三十一首。見於《花庵詞
選》、《草堂詩餘》等書爲南詞本未載者，亦得十首。如《翰府
名談》所引之《漁父》二首，筆意凡近，不似後主詞，蓋僞作
也。後主詞直抒胸臆，而復宛轉纏綿。《破陣子》之“垂淚對宮
娥”，《浪淘沙》之“獨自莫憑闌”，此中情景，安得不以眼淚洗
面。坡老謂其不能痛哭九廟，以謝黎民，直迂論耳。夫中主詞哀
而不傷，若後主則近傷矣。處境各異，詞情亦別。《鐵圍山叢
談》謂後主詞含思悽惋，洵確論也。

　　（五）馮延巳　　延巳字正中，其先彭城人，唐末徙家新安。
事南唐爲左僕射、同平章事。有《陽春集》傳世。錄《清平樂》
一首：

　　　　雨晴煙晚，綠水新池滿。雙燕飛來垂柳院，小閣畫簾高
　　捲。　　黃昏獨倚朱欄，西南初月眉彎。砌下落花風起，羅衣
　　特地春寒。

　　正中詞極沈鬱之致，窮頓挫之妙，纏綿忠愛，與溫韋相伯
仲。其《蝶戀花》數章，情詞悱惻，宛然騷辨之象，如“日日
花前常病酒，不辭鏡裏朱顏瘦。”又云：“淚眼倚樓頻獨語，雙
燕來時，陌上相逢否。”忠厚惻怛，藹然動人。如此用筆，則一
切叫囂纖冶之失，自無從犯其筆端。此種境界，猶可於北宋大家
晏歐集中見之，清代詞家如納蘭成德、譚復堂、王半塘、莊中白
諸君，所作雖亦雅近正中，讀之殊有貌合神離之感。此正中之所

以千古獨絕者，明眼人當能辨之。正中他作，如《菩薩蠻》、《羅敷歌》諸篇，溫厚亦如溫韋。如“憑仗東流，將取離心過橘州”，又“殘日尚彎環，玉箏和淚彈”，又“玉露不成圓，寶箏悲斷弦”，又“紅燭淚闌干，翠屏煙浪寒”，又“雲雨已荒凉，江南春草長”，均極悽婉之致。其《謁金門》一首，據楊湜《古今詞話》，知爲成幼文所作。幼文江南人，仕唐爲大理卿。此詞世多傳爲馮作，然《陽春集》不載，當是成作無疑。《陽春集》有侯刻名家詞本及四印齋刻本，然譌誤殊甚，未爲佳本。今年夏，偶得趙梅泉星鳳閣鈔本，改正不少。余瓣香正中久矣，得此佳本，允爲欣幸。

（六）張泌　泌字子澄，江南人。仕南唐爲内史舍人。隨後主歸宋，仍入史館，遷郎中。有集一卷。錄《浣溪沙》一首：

獨立寒堦望月華，露濃香泛小庭花，繡屏愁倚一燈斜。

雲雨自從分散後，人間無路到仙家，但憑魂夢訪天涯。

泌詞收入《花間集》者共二十七首。《全唐詩》據《花庵詞選》增入《江城子》一闋。然與前一闋俱見《陽春集》，未知究爲誰作。其詞極幽艷纏綿之致。《古今詞話》謂泌以《江城子》二詞得名。且云其少時與鄰女浣衣善，後女別字，泌寄以詩云：“多情祇有春庭月，猶爲離人照落花。”則集中《浣溪沙》諸詞殆其本事詞矣。沈文愨賞泌“綠楊花撲一溪煙”爲晚唐名句，然如“露濃香泛小庭花”諸句，其幽艷亦無多讓也。

右南唐人詞凡四家。

（七）韋莊　莊字端己，杜陵人。乾寧元年進士。入蜀，王建辟掌書記，累官吏部尚書。卒謚文靖。有《浣花集》十卷。錄《浣溪沙》一首：

夜夜相思更漏殘，傷心明月憑闌干，想君思我錦衾寒。

咫尺畫堂深似海，憶來唯把舊書看，幾時攜手入長安。

韋端己詞見於《花間集》者凡四十八首，見於《尊前集》者五首，見於《草堂詩餘》者一首。《應天長》第一首，亦見

《陽春集》。《宋志》載《浣花集》十卷，卷數與今世傳本同。《歷代詩餘·詞人姓氏》謂莊集有二十餘卷，殆誤記也。今莊集不附詞，其長歌如《秦婦吟》亦不載集中，知其散佚多矣。其詞似直而紆，似達而鬱。《菩薩蠻》四章，惓惓故國之思，與庾子《哀江南賦》可稱異曲同工。而意婉詞直，以視飛卿之芊麗動人者迥別，然消息正自相通。《菩薩蠻》云“未老莫還鄉，還鄉須斷腸”，又云“凝恨對斜暉，憶君君不知”，《歸國遙》云“別後祇知相愧，淚珠難遠寄”，《應天長》云“夜夜綠窗風雨，斷腸君信否”，似皆留蜀後思鄉之作。《古今詞話》謂莊有寵人爲王建強奪去，莊追念作《荷葉杯》、《小重山》詞，情意淒怨，人相傳播。蔣氏《堯山堂外紀》並云，莊姬聞之，不食死，不知何據。

（八）薛昭蘊　昭蘊，前蜀侍郎。錄《小重山》一首：

　　春到長門春草青。玉階華露滴，月朧明。東風吹斷紫簫聲。宮漏促，簾外曉啼鶯。　愁極夢難成。紅妝流宿淚，不勝情。手將裙帶繞花行。思君切，羅幌暗塵生。

昭蘊字里無考。《唐書·薛廷老傳》：“廷老子保遜子昭緯，乾寧中至禮部侍郎，性輕率，坐事貶磎州刺史。”《北夢瑣言》云：“唐薛澄州昭緯，恃才傲物，亦有父風。每入朝弄笏而行，旁若無人。好唱《浣溪沙》詞。”今《花間集》載薛詞共十九首，其中八首爲《浣溪沙》詞。則昭蘊殆即昭緯矣。果爾，則昭蘊由唐入蜀，實與端己相類也。

（九）牛嶠　嶠字松卿，一字延峰，隴西人。唐宰相僧孺後。乾符五年進士，歷官拾遺，補尚書郎。王建鎮蜀，闢爲判官，後仕蜀爲給事中。錄《江城子》一首：

　　鵁鶄飛起郡城東。碧江空，半灘風。越王宮殿，蘋葉藕花中。簾捲水樓魚浪起，千片雪，雨濛濛。

嶠詞收入《花間集》凡三十二首。其《望江南》二首，一詠燕，一詠鴛鴦，姜堯章謂是詠物而不滯於物者，詞家當法此。

陸放翁謂其所作《定西番》爲《塞下曲》，《望江怨》爲《閨中曲》，是盛唐遺音；及讀其"翠娥愁，不擡頭"，"莫信彩箋書裏，賺人腸斷字"，又刻細似晚唐矣。以盛唐晚唐詩喻五代人詞，未免失之過泥。

（十）毛文錫　文錫字平珪。唐進士，事蜀爲翰林學士，遷內樞密使，歷文思殿大學士、司徒。錄《醉花間》一首：

> 深相憶，莫相憶，相憶情難極。銀漢是紅牆，一帶遙相隔。　金盤珠露滴，兩岸榆花白。風搖玉佩清，今夕爲何夕。

毛氏詞收入《花間集》凡三十一首，合《尊前集·巫山一段雲》一首計之，實得三十二首。葉石林謂"文錫詞以質直爲情致，殊不知流於率露。諸人評庸陋詞者，必曰此仿毛文錫之《贊成功》而不及者。逮覽其全集，有《巫山一段雲》詞，細心微詣，直造蓬萊頂上"云云。實則《巫山一段雲》一詞亦率直無甚餘意，殊不如《古今詞話》所稱《紗窗恨》一詞爲婉約可歌也。

（十一）牛希濟　希濟，嶠兄子。仕蜀爲御史中丞，後降於後唐。錄《謁金門》一首：

> 秋已暮，重疊關山歧路。嘶馬搖鞭何處去，曉禽霜滿樹。　夢斷禁城鐘鼓，淚滴枕檀無數。一點凝紅和薄霧，翠蛾愁不語。

希濟詞收入《花間集》者十一首，《詞林萬選》者凡三首，然《十國春秋》所云次牛嶠《女冠子》四闋不在內，未知其審。

（十二）魏承班　承班字里無考，仕至太尉。錄《玉樓春》一首：

> 寂寂畫堂樑上燕，高捲翠簾橫數扇。一庭春色惱人來，滿地落花紅幾片。　愁倚錦屏低雪面，淚滴繡羅金縷線。好天涼月盡傷心，爲是玉郎長不見。

承班詞《花間集》載十三首。《全唐詩》復從《尊前集》、

《花庵詞選》補六首，其《菩薩蠻》"羅裙薄薄秋波染"一首，諸本俱未載。魏氏詞頗有俊語，遜於薛昭蘊、牛嶠而高於毛文錫，亦一時作手也。

（十三）尹鶚　鶚，成都人。事王衍爲翰林校書，累官參卿。錄《滿宮花》一首：

月沉沉，人悄悄，一炷後庭香嫋。風流帝子不歸來，滿地禁花慵掃。　離恨多，相見少，何處醉迷三島。漏清宮樹子規啼，愁鎖碧窗春曉。

鶚詞收入《尊前集》者凡十一首。其《金浮圖》一闋多至九十四字，五代人詞除唐莊宗《歌頭》外，以此爲最長。

（十四）李珣　珣字德潤，先世本波斯人，王衍昭儀李舜絃兄也。爲蜀秀才。錄《定風波》一首：

簾外煙和月滿庭，此時閒坐若爲情。小閣擁爐殘酒醒，愁聽，寒風落葉一聲聲。　惟恨玉人芳信阻，雲雨，屏帷寂寞夢難成。斗轉更闌心杳杳，將曉，銀缸斜照綺琴橫。

"珣"《花間集》明覆宋本作"洵"。《鑑誡錄》、《茅亭客話》均稱珣本蜀名士，生波斯。《碧雞漫志》稱珣有《瓊瑤集》。其所舉《倒排甘州》、《河滿子》、《長命女》、《喝馱子》諸詞，均不見《花間》、《尊前》二集。則其散佚多矣。

右前蜀人詞凡八家。

（十五）歐陽炯　炯，益州人。事孟知祥及昶，累官翰林學士，進侍郎、門下同平章事。後歸宋。錄《鳳樓春》一首：

鳳髻綠雲叢，深掩房櫳。錦書通，夢中相見覺來慵，勻面淚臉珠融。因想玉郎何處去，對淑景誰同。　小樓中，春思無窮。倚闌凝望，暗牽愁緒，柳花飛趁東風。斜日照簾櫳，羅幌香冷粉屏空。海棠零落，鶯語殘紅。

炯即首敍《花間集》者。每言愁苦之音易好，懽愉之語難工。然其所爲詞，大抵婉約輕和，不欲強作愁思，讀上舉《鳳樓春》詞可知。炯詞悉載《尊前》、《花間》二集。《全唐詩》

收"柳枝軟碧搖煙"一首，則係和凝作，非炯詞也。炯弟彬亦善詞，有《生查子》一首，載《尊前集》。

（十六）顧敻　敻字里不傳。前蜀時官刺史，後事孟知祥，累遷至太尉。錄《訴衷情》一首：

　　　　永夜抛人何処去，絕來音。香閣掩，眉斂月將沉。爭忍不相尋，怨孤衾。換我心爲你心，始知相憶深。

顧詞載《花間集》凡五十五首，其詞境在牛給事、毛司徒間。《浣溪沙》"春色迷人"一闋，亦見《陽春集》。與《河傳》及上舉《訴衷情》詞，當爲敻佳之什。其《醉公子》二闋，其一道本事，其一似秋閨，有"衰柳數聲蟬，魂銷似去年"句，頗清麗可誦。

（十七）鹿虔扆　虔扆事孟昶爲永泰軍節度使，進檢校太尉，加太保。錄《臨江仙》一闋：

　　　　金鎖重門荒苑靜，倚窗愁對秋空。翠華一去寂無蹤。玉樓歌吹，聲斷已隨風。　煙月不知人事改，夜闌還照深宮。藕花相向野塘中。暗傷亡國，清露泣香紅。

鹿詞收入《花間集》者，僅六首，在五代諸家中爲最少。《十國春秋》稱其工小詞，與歐陽炯、韓琮、閻選、毛文錫同爲後主供奉。其《思越人》詞有"雙帶繡窠盤錦薦，淚侵花暗香消"句，詞家推爲絕唱。《樂府紀聞》謂其國亡不仕，詞多感慨之音，則指《臨江仙》一調言之。然《花間集》輯於蜀廣政間，首載此詞。此時後蜀未亡，若云傷前蜀，則虔扆固仕於昶矣。《紀聞》之言，實無所據。倪雲林稱鹿公高節，偶爾寄情倚聲，而曲折盡變，有無限感慨淋漓處，則又衍《紀聞》之說爲之矣。

（十八）閻選　選字里無考，《花間集》但稱閻處士。錄《臨江仙》一首：

　　　　十二高峰天外寒，竹梢輕拂仙壇。寶衣行雨在雲端。畫簾深殿，香霧冷風殘。　欲問楚王何處去，翠屏猶掩金鸞。

猿啼明月照空灘。孤舟行客，驚夢亦艱難。

選詞收入《花間》、《尊前》二集僅十首。惟《臨江仙》一詞，有軒鬃之意，餘無足稱。

（十九）毛熙震　熙震官秘書監。錄《菩薩蠻》一首：

梨花滿院飄香雪，高樓夜靜風箏咽。斜月照簾帷，憶君和夢稀。　小窗燈影背，燕語驚愁態。屏掩斷香飛，行雲山外歸。

熙震詞收入《花間集》凡二十九首。周密《齊東野語》稱其詞新警而不爲儇薄。今觀其《後庭花》云：“傷心一片如珪月，閑鎖宮闕。”《清平樂》云：“正是銷魂時候，東風滿院花飛。”《南歌子》云：“嬌羞愛問曲中名，楊柳杏花時節幾多情。”均清麗可喜，則草窗之論良是。

右後蜀凡五家。

（二十）孫光憲　光憲字孟文。陝州人。游荊南，高從誨署爲從事，仕南平，累官檢校秘書。後入宋。宋太祖授以黃州刺史，即卒。有《荊臺》、《筆傭》、《橘齋》、《鞏湖》諸集。錄《浣溪沙》一首：

蓼岸風多橘柚香，江邊一望楚天長，片帆煙際閃孤光。目送征鴻飛杳杳，思隨流水去茫茫，蘭江波碧憶瀟湘。

《花庵》稱孟文“一庭花雨濕春愁”爲佳句，然其佳句不止此。如《清平樂》云“掩鏡無語眉低，思隨芳草淒淒。”《菩薩蠻》云：“碧煙輕嫋嫋，紅戰燈花笑。”《思越人》云：“渚蓮枯，宮樹老，長洲廢苑蕭條。想像玉人空處所，月明獨上溪橋。”均極婉麗俊逸之致，非毛文錫輩所可及也。其詞悉見《花間》、《尊前》二集，共八十四首。江山劉君稱費文恪公家有宋本《荊臺備稿》□冊，然冊中無有出《花間》、《尊前》外者，疑所記非實也。

右南平一家。

第四章　宋人詞概上

　　言詞者必曰詞至北宋而大，至南宋而精。然南北之分，亦至難言。如周紫芝、王安中、向子諲、葉夢得輩，皆生於北宋而沒於南宋者。自來以周王屬北，向葉屬南，衹以得名之遲早而已。茲之所論，一遵斯例。蓋混而不分，無以明流變。如約略言之，爲立一界限，固無害乎史例也。宋人論北宋人詞最詳贍者，莫如王灼《碧雞漫志》。其言曰：

　　　王荆公長短句不多，合繩墨處自雍容奇特。晏元獻公、歐陽文忠公風流蘊藉，一時莫及，而溫潤秀潔，亦無其比。東坡先生以文章餘事作詩，溢而作詞曲，高處出神入天，平處尚臨鏡笑春，不顧儕輩。或曰長短句中詩也。爲此論者，乃是遭柳永野狐涎之毒。詩與樂府同出，豈當分異。若從柳氏家法，正自不分異耳。晁無咎、黃魯直皆學東坡，韻製得七八。黃晚年間放於狹邪，故有少疏蕩處。後來學東坡者，葉少蘊、蒲大受亦得六七，其才力比晁黃差劣。蘇在庭、石耆翁入東坡之門矣，短氣踠步，不能進也。趙德麟、李方叔皆東坡客，其氣味殊不近，趙婉而李俊，各有所長。晚年皆荒醉汝潁京洛間，時時出滑稽語。賀方回、周美成、晏叔原、僧仲殊各盡其才力，自成一家。賀周語意精新，用心甚苦。毛澤民、黃載萬次之。叔原如金陵王謝子弟，秀氣勝韻，得之天然，將不可學。仲殊次之，殊之贍，晏反不逮也。張子野、秦少游俊逸精妙。少游屢困京洛，故疏蕩之風不除。陳無己所作數十首，號曰語業，妙處如其詩，但用意太深，有時僻澀。陳去非、徐師川、蘇養直、呂居仁、韓子蒼、朱希真、陳子高、洪覺範，佳處亦各如其詩。王輔道、屨道善作一種俊語，其失在輕浮。輔道誇捷敏，故或有不縝密。李漢老富麗而韻平平。舒信道、李元膺思致妍密，要是波瀾小。謝無逸字字求工，不敢輒下一語，如刻削通草人，都無筋骨，要是力不足。然則獨無逸乎？曰：類多有之，此最著者爾。宗室中，明發、伯山，久從汝洛名士遊，下筆有逸韻，雖未能一一盡奇，比國賢聖，襃則過之。王逐客才豪，其新麗處與輕狂處皆足驚人。沈公述、李景元、孔方平、處度叔姪、晁次膺、万俟雅言皆有佳句，就中雅言又絕出。然六人者，源流從柳氏來，病於無韻。……次膺亦間作側豔。田不伐才思與雅言抗行，不聞有側豔。田中行極能寫人意中事，雜以鄙俚，曲盡要妙，當在万俟雅言之右，然莊語輒不佳。……

其後李清照亦爲論，評議當代人詞。

逮至本朝，禮樂文武大備。又涵養百餘年，始有柳屯田永者，變舊聲作新聲，出《樂章集》，大得聲稱於世。雖協音律，而詞語塵下。又有張子野、宋子京兄弟，熙豐而降，晁次膺輩繼出，雖時時有妙語，而破碎何足名家。至晏元獻、歐陽永叔、蘇子瞻及魏夫人作爲小歌詞，直如酌蠡水於大海，然皆句讀不葺之詩爾。少後，晏叔原、賀方回、秦少游、黃魯直出。晏苦無鋪敍。賀苦少典重。秦則專主情致而少故實，譬如貧家美女，非不妍麗而終乏富貴。黃即尚故實而多疵病，如良玉有瑕，價自減半矣。（以上引見《苕谿漁隱叢話》）

雖多中肯語，然微傷尖刻。平心論之，北宋詞人繼往開來，影響於當時者，以晏、歐、柳、張、賀、蘇、兩晁、秦、周爲最。一嘗試論之：承正中之緒爲晏歐，肇慢詞之祖爲柳永，具溫韋之遺爲張先，洗綺羅之習爲蘇軾，得騷雅之意爲賀鑄，以質直見長爲兩晁，開婉約之風爲秦觀，集古今之大成、歷百世而不祧者，則惟清真能當之無愧色。

此外則“城上風光”，希聖之俊語堪傳。

錢惟演，字希聖，吳越王俶子。歸宋仕至崇聖軍節度使。有

《玉樓春》一首：

　　　城上風光鶯語亂，城下煙波春拍岸。綠楊芳草幾時休，
淚眼愁腸先已斷。　　情懷漸變成衰晚，鸞鏡朱顏驚暗換。昔
年多病厭芳樽，今日芳樽惟恐淺。

“天際征鴻”，元之之牢愁獨絕。

王禹偁，字元之，鉅野人。入翰林爲學士，出守黃州，徙蘄
州。有《點絳脣》一首：

　　　雨恨雲愁，江南依舊稱佳麗。水村漁市，一縷孤煙細。
　　　天際征鴻，遙認行如綴。平生事，此時凝睇。誰會憑
欄意。

尚書紅杏。

宋祁，字子京，安陸人。官至知制誥、工部尚書、翰林學
士。有《玉樓春》一首：

　　　東城漸覺風光好，縠皺波紋迎客棹。綠楊煙外曉寒輕，
紅杏枝頭春意鬧。　　浮生長恨歡娛少，肯愛千金輕一笑。爲
君持酒勸斜陽，且向花間留晚照。

學士華桐。

聶冠卿，字長孺，新安人。慶曆中入翰林爲學士。有《多
麗》一首：

　　　想人生，美景良辰堪惜。向其間、賞心樂事，古來難是
並得。況東城鳳臺沁苑，泛晴波淺照金碧。露洗華桐，煙霏
絲柳，綠陰搖曳，蕩春一色。畫堂迥，玉簪瓊佩，高會盡詞
客。清歡久，重燃絳蠟，別就瑤席。　　有飄若驚鴻體態，暮
爲行雨標格。逞朱脣緩歌妖麗，似聽流鶯亂花隔。慢舞縈
回，嬌鬟低嚲，腰肢纖細困無力。忍分散彩雲歸後，何處更
尋覓。休辭醉，明月好花，莫漫輕擲。

蓋力非專詣，或僅工片言，要非諸家之敵也，茲略而不論。

（一）宋徽宗　錄《聲聲慢》一首：

　　　欺寒沖暖，佔早爭春，江梅巳破南枝。向晚陰凝，偏宜

映月臨池。天然瑩肌秀骨，笑等閒、桃李芳菲。勞夢想，似玉人羞嬾，弄粉妝遲。　長記行歌聲斷，猶堪恨無情，塞管頻吹。寄遠丁寧，折贈隴首相思。前村夜雪裏，孖東君須索饒伊。爛漫也，算百花猶自未知。

此思陵詠梅詞也。見《樂府雅詞・拾遺》上。思陵以天縱之才，處斷續之交，其境遇視李後主猶不及焉。此詞雍容華貴，蓋作於宣和全盛之日。御筵觀燈，千門張火，大晟府廣製新聲，衆詞臣共慶令節，何其盛也。曾幾何時，亳州寫和淚之吟，燕山興瓊樓之感。千載之下，讀之猶有餘痛。《燼餘錄》云"徽宗北狩後，賦《燕山亭・杏花》一闋，哀情哽咽，令人不忍多聽"云云，蓋記實也。

（二）晏殊　殊字同叔，臨川人。官至樞密使。謚元獻。有《殊玉集》一卷，《晏元獻遺文》一卷。錄《踏莎行》二首：

> 碧海無波，瑤臺有路。思量便合雙飛去。當時輕別意中人，山長水遠知何處。　綺席凝塵，香閨掩霧。紅箋小字憑誰附。高樓目盡欲黃昏，梧桐葉上瀟瀟雨。

> 小徑紅稀，芳郊綠遍。高臺樹色陰陰見。春風不解禁楊花，濛濛亂撲行人面。　翠葉藏鶯，珠簾隔燕。爐香靜逐遊絲轉。一場愁夢酒醒時，斜陽卻照深深院。

北宋人詞類皆祖述二主，瓣香正中。同叔去古未遠，馨烈所扇，得之最先。劉攽《中山詩話》謂元獻尤喜馮延巳詞，其所自作，亦不減延巳。此言甚是。然細閱全詞，其幽咽處實非延巳所能及。如《清平樂》云"雙燕歸來時節，銀屏昨夜微寒"，《蝶戀花》云"昨夜西風凋碧樹，獨上高樓，望盡天涯路"，《浣溪沙》云"滿目山河空念遠，落花風雨更傷春"，無限感慨，於有意無意間出之，此元獻特有之境界也。至晁無咎評元獻詞，謂其不蹈襲人語而風調閒雅，如"舞低楊柳樓心月，歌盡桃花扇底風"，則誤以小晏《鷓鴣天》詞爲元獻作矣。

（三）范仲淹　仲淹字希文，吳縣人。大中祥符八年進士。

仕至樞密副使、參知政事，卒贈兵部尚書、楚國公，謚文正。有
《文正公集》。錄《蘇幕遮》一首：

> 碧雲天，紅葉地。秋色連波，波上寒煙翠。山映斜陽天
> 接水，芳草無情，更在斜陽外。　　黯鄉魂，追旅思。夜夜除
> 非，好夢留人睡。明月樓高休獨倚，酒入愁腸，化作相
> 思淚。

此文正經略西陲時有感而作也。文正尚有《漁家傲·秋思》
一闋，有“千嶂裏，長煙落日孤城閉”句，精警無匹，與此闋
可稱異曲同工。今所傳元本《范文正集》皆無詩餘，歲寒堂本
補編附錄《憶王孫》、《蘇幕遮》、《漁家傲》、《御街行》各一
闋，而《中吳紀聞》引《剔銀燈》、《敬齋古今黈》引《定風
波》，俱不在內。蓋補編所載者均從《花庵詞選》、《草堂詩餘》
輯出，非全帙也。文正詞旨蒼涼，多道邊鎮之苦。惟《御街行》
云：“紛紛墜葉飄香砌，夜寂靜，寒聲碎。珍珠簾捲玉樓空，天
淡銀河垂地。年年今夜，月華如練，長是人千里。　　愁腸已斷無
由醉，酒未到，先成淚。殘燈明滅枕頭欹，諳盡孤眠滋味。都來
此事，眉間心上，無計相迴避。”此詞頗有風致。與韓琦《點絳
唇》、司馬光《西江月》，昔人歎爲“人非太上，未免有情”，誠
非偶然也。

（四）歐陽修　修字永叔，廬陵人。歷官禮部侍郎，兼翰林
侍讀學士，拜樞密副使、參知政事，以太子少師致仕卒。謚文
忠。有《文忠公集》，附長短句三卷。錄《少年游》一首：

> 闌干十二獨憑春，晴碧遠連雲。千里萬里，二月三月，
> 行色苦愁人。　　謝家池上，江淹浦畔，吟魄與離魂。那堪疏
> 雨滴黃昏。更特地，憶王孫。

永叔詞今傳世者有二本。一曰宋吉州本《歐陽文忠公近體
樂府》，凡三卷，附吉州本《文忠公集》。汲古閣本《六一詞》
即從之出，已併爲一卷矣。二曰《醉翁琴趣外篇》，凡六卷。以
《山谷琴趣外篇》刊工體勢觀之，乃宋南渡後閩中書肆所編。徐

釽《詞苑叢談》卷十云，"近有《醉翁琴趣外篇》六卷，鄙褻之語往往而是，前題東坡序八九語，詞氣卑陋，不類坡作"云云，是清初人已及見之（雙照樓影刻本卷首並無蘇序）。今以《琴趣》本與《近體樂府》校，《樂府》本二百一闋，《琴趣》本二百三闋，爲數雖略相稱，然內容乃絕異。諸詞兩本俱有者僅百十一闋，《樂府》本有而《琴趣》失載者八十八闋，反之《琴趣》本有而《樂府》本無者百十六闋。合兩本去其重複，共得三百十五闋。此南渡後所傳歐詞之總數也。然吉州本《文忠公集》羅泌跋及蔡絛《西清詩話》均言歐詞有劉輝僞作羼入。《名臣言行錄》且云："修知貢舉，爲下第舉子劉輝等所忌，以《醉蓬萊》、《望江南》誣之。"今集中各詞除《琴趣》本所載《醉蓬萊》、《望江南》外，何者爲劉作，固不可確知。然如《歸自謠》、《阮郎歸》、《蝶戀花》與馮延巳《陽春集》互見，《應天長》與《花間集》互見，其他各闋亦有與張先、柳永所作互見者。凡諸家互見之作，在當時必最爲盛行，如後人欲據以一一考定，勢必流於武斷，吾人於此惟有過而存之而已。歐詞馨香幽逸，在北宋中葉詞人中最爲出色。寫眼前景物，抒眼前情緒，不假雕績，不事堆垛。清麗處沁人心脾，幽咽處動人魂魄。其中《蝶戀花》諸作尤爲傑構，如云"梨葉初紅蟬韻歇。銀漢風高，玉管聲淒切。枕簟乍涼銅漏徹，誰教社燕輕離別"；又云"獨倚危樓風細細，望極離愁，黯黯生天際。草色山光殘照裏，無人會得憑欄意"；又云"畫閣歸來春又晚，燕子雙飛、柳軟桃花淺。細雨滿天風滿院，愁眉斂盡無人見"；又云"遙夜亭皋閑信步，乍過清明、漸覺傷春暮。數點雨聲風約住，朦朧淡月雲來去"。此種境界，豈宣和以後人所能到。其中消息，非細細咀嚼後不能知也。《京本時賢曲子集》云："公小詞尤膾炙人口。有十二月詞，調寄《漁家傲》。"鼓子詞未知果公作否。昔人謂鼓子詞肇於趙德麟《商調蝶戀花》，據楊元素所記，則歐公時已有之，且已盛行矣。

（五）晏幾道　幾道字叔原，殊幼子。監潁川許田鎮。有
《小山詞》一卷。錄《臨江仙》一首：

　　　夢後樓臺高鎖，酒醒簾幕低垂。去年春恨卻來時，落花
　　人獨立，微雨燕雙飛。　　記得小蘋初見，兩重心事羅衣。琵
　　琶絃上說相思，當時明月在，曾照彩雲歸。

案：小山此詞，乃追憶歡遇而作。今本小山詞跋云，"始時
沈十二廉叔、陳十君寵家有蓮、鴻、蘋、雲，品清謳娛客。每得
一解，即以草授之，吾三人持酒聽之，爲一笑樂。已而君寵疾廢
臥家，廉叔下世。昔之狂篇醉句，遂與兩家歌兒俱流轉人間"
云云。此序語氣乃小山自撰，則此詞當是追憶蘋、雲矣。故一則
曰"記得小蘋初見"，再則曰"曾照彩雲歸"。別有《玉樓春》
詞，亦有"小蘋若解愁春暮"、"小蓮未解論心素"之句，均可
證也。小山詞黃山谷評之云："叔原樂府寓以詩人句法，精壯頓
挫，能动搖人心，合者《高唐》、《洛神》之流，下者亦不減
《桃葉》、《團扇》。"最爲確論。如《蝶戀花》云"日日露荷凋
綠扇，粉塘煙水澄如練"，《菩薩蠻》云"香在去年衣，魚牋音
信稀"，《玉樓春》云"碧樓簾影不遮愁，還似去年今日意"，
《清平樂》云"醉弄影娥池水，短簫吹落殘梅"，曲折幽婉，淺
處皆深，其高處直逼《花間》，睨視正中。他如《六么令》三
首，乃令中較長者，幽咽婉麗，開慢詞之先聲。詞曰："雪殘風
信，悠颺春消息。天涯倚樓新恨，楊柳幾絲碧，還是南雲雁少，
錦字無端的。寶釵瑤席。彩絃聲裏，拼作尊前未歸客。　遙想疏
梅此際，月底香英坼。別後誰繞前溪，手揀繁枝摘。莫道傷高念
遠，付與臨風笛。盡堪愁寂。花時往事，更有多情箇人憶。"風
流灑脫，餘子不能及也。小山詞本名《樂府補亡》。自序云：
"《補亡》一編，補樂府之亡也。浮沈酒中，作五七言語，期以
自娛。己巳七月，爲高平公綴輯成篇。"據此似此集乃叔原手
編。宋人書中所引小山詞，罕有出集外者，職是故也。
　（六）張先　先字子野，吳興人。爲都官郎中。有《張子野

詞》二卷。錄《漁家傲》一首：

　　　巴子城頭青草暮，巴山重疊相逢處。燕子佔巢花脫樹。杯且舉，瞿塘水闊舟難渡。　　天外吳門清雪路，君家正在吳門住。贈我柳枝情幾許。春滿縷，爲君將入江南去。

　　王明清《玉照新志》卷一云：“本朝有兩張先，皆字子野。一則樞密副使遜之孫，與歐陽文忠同在洛陽幕府。一乃與東坡先生遊，東坡推爲前輩，詩中所謂‘詩人老去鶯鶯在，公子歸來燕燕忙’，能爲樂府，號張三影者。”此即號張三影之張子野也。子野詞傳世有三本。一曰乾隆間安邑葛鳴陽輯刻之《安陸集》，附詞凡六十八首。一曰侯亦園刻十名家詞本。三曰鮑廷博校刻本，此本刊入《知不足齋叢書》，《彊村叢書》本從之出，凡二卷。原出菉斐軒鈔本，詞共一百六首。鮑氏謂其區分宮調，猶屬宋時編次，其說至確。以與侯本詳校，去其重複，又得六十三首。又從《花庵詞選》得二首，《梅苑》得一首，《草堂詩餘》得五首（中《滿庭芳》一首實乃淮海詞），《花草粹編》得五首，《西湖志》得一首，次爲補遺二卷。共得詞百八十四首。此傳世張詞之確數也。然余檢《永樂大典》，見寄字韻引子野詞三首，均他本所未見。其中《塞垣春》一首尤勝，詞曰：“野樹秋聲滿，對雨壁、風燈亂。雲低翠帳，煙銷素被，籤動重幔。甚客懷先自無消遣，更籬落秋蟲歎。歎樊川風流減，舊歡難得重見。

　停酒說揚州，平山月、應照棋觀。綠綺爲誰彈，空傳廣陵散。但光紗短帽，窄袖輕衫，猶記竹西庭院。老鶴何時去，認瓊花一面。”詞境與子野酷似，確爲子野作無疑。《大典》所引乃宋時又一刻本，其本與鮑本異源，故有出鮑本外者，非誤引也。子野詞李端叔謂其才不足而情有餘。晁無咎謂子野韻高，是柳耆卿所乏處。實則子野詞意境宛似美成，如《山亭宴》云“落花蕩漾愁空樹，曉山靜、數聲杜宇。天意送芳菲，正黯淡疏煙淡雨”，《木蘭花》云“行雲去後遙山暝，已放笙歌池院靜。中庭月色正清明，無數楊花過無影”，《醉垂鞭》云“朱粉不深勻，閑花淡淡春"，又云"昨日亂山昏，來時衣上雲"。蓋子野上結晏歐之局，下開秦周之風，以婉約含蓄爲勝，別具一種風格，非初學者所易到也。

（七）柳永　永字耆卿，初名三變，崇安人。官屯田員外郎。有《樂章集》三卷。錄《卜算子慢》一首：

> 江楓漸老，汀蕙半凋，滿目敗紅衰翠。楚客登臨，正是暮秋天氣。引疏砧、斷續殘陽裏。對晚景、傷懷念遠，新愁舊恨相繼。　脈脈人千里。念兩處風情，萬重煙水。雨歇天高，望斷翠峰十二。盡無言、誰會憑高意。縱寫得離腸萬種，奈歸鴻誰寄。

北宋時詞名之盛，無有過於耆卿者。葉夢得《避暑錄話》云："嘗見一西夏歸朝官云，凡有井水處，即能歌柳詞。"《錢塘遺事》云："孫何帥錢塘，柳耆卿作《望海潮》詞贈之，有'三秋桂子，十里荷香'之句。此詞流播，金主亮聞之，欣然起投鞭渡江之志。"《高麗史·樂志》錄樂曲數十闋而柳詞占其三，其歌曲流播之廣可知。柳詞長處，全在寫景之工，言情之厚。胸中佗傺無聊之氣，無不細細寫出。曲處能直，密處能疏，憂處能平，狀難狀之景，達難達之情，而出之於自然，無叫囂粗魯之病，自是北宋巨擘。如《雨霖鈴》云："寒蟬淒切，對長亭晚，驟雨初歇。都門帳飲無緒。方留戀處，蘭舟催發。執手相看淚眼，竟無語凝咽。念去去、千里煙波，暮靄沉沉楚天闊。　多情自古傷離別，更那堪、冷落清秋節。今宵酒醒何處，楊柳岸、曉風殘月。此去經年，應是良辰好景虛設。便縱有千種風情，更與何人說。"《夜半樂》下疊云："到此因念，繡閣輕拋，浪萍難駐。歎後約丁寧竟何據。慘離懷、空恨歲晚歸期阻。凝淚眼、杳杳神京路。斷鴻聲遠長天暮。"《玉蝴蝶》云："水風輕、蘋花漸老，月露冷、梧葉飄黃。遣情傷。故人何在，煙水茫茫。"覊旅行役之苦，無不躍然紙上，不假色澤，不事雕繢。此千古獨有之境界，惟柳氏乃能當之。至《八聲甘州》云："對瀟瀟暮雨灑江天，一番洗清秋。漸霜風淒緊，關河冷落，殘照當樓。是處紅衰綠減，苒苒物華休。惟有長江水，無語東流。　不忍登高臨遠，望故鄉渺邈，歸思難收。歎年來蹤跡，何事苦淹留。想佳人妝樓長望，誤幾回、天際識歸舟。爭知我，倚闌干處，正恁凝愁。”其中“漸霜風淒緊”句，蘇東坡謂於詩句不減唐人高處，蓋其淒警幽咽讀之令人黯然神傷，其感人之深，非尋常淺語可及。《後山詩話》云：“柳三變游東都南北二巷，作新樂府，天下詠之，遂傳禁中。仁宗頗好其詞，每對宴必使侍從歌之。”《藝苑雌黃》云：“柳喜作小詞，薄於操行。當時有薦其才者，上曰：‘得非填詞柳三變乎？’曰：‘然。’上曰：‘且去填詞。’由是不得志，日與儇子縱游倡館酒樓間，無復檢率。自稱云‘奉聖旨填詞柳三變’。”《獨醒雜志》云：“柳耆卿風流俊邁，聞於一時。既死，葬於棗陽縣花山。遠近之人，每遇清明日，多載酒肴飲於耆卿墓側，謂之弔柳會。”說與《歲時廣記》引《古今詞話》略同。明人撰《風流塚》雜劇，亦即本此。故集中留連聲伎之作爲多。除上節外，如《引駕行》云：“幾許、秦樓永晝，謝閣連宵奇遇。算贈笑千金，酬歌百琲，盡成輕負。”《彩雲歸》云：“別來最苦，襟袖依約，尚有餘香。算得伊、鴛衾鳳枕，夜永爭不思量。牽情處，惟有臨歧一句難忘。”《御街行》云：“朦朧暗想如花面，欲夢還驚斷。和衣擁被不成眠，一枕萬回千轉。惟有畫樑新來雙燕，徹曙聞長歎。”雖係遊冶之什，亦皆溫柔沉著，絕不似郭頻伽輩專以挑撻輕率見長也。蓋柳氏生當汴宋全盛時，得悠閒肆力歌曲。首創慢詞，下開二晁、清真先聲。黃裳《演山集》卷三十五《書樂章集後》評之曰，“予觀柳氏樂章，喜其能道嘉祐中太平氣象，如觀杜甫詩，典雅文華，無所不有。是時予方爲兒，猶想見其風俗，歡聲和氣，洋溢道路之間，動植咸若。今人歌柳詞，聞其聲，聽其詞，如丁斯時，使人慨然有感”云云，斯言蓋得之矣。

（八）賀鑄　鑄字方回，衛州人。元祐中通判泗州，又倅太平。退居吳下，自號慶湖遺老。有《東山寓聲樂府》二卷。錄《柳色黃》一首：

> 薄雨收寒，斜照弄晴，春意空闊。長亭柳色纔黃，倚馬何人先折。煙橫水漫，映帶幾點歸鴻，平沙銷盡龍沙雪。猶記出關來，恰而今時節。　將發，畫樓芳酒，紅淚清歌，頓成輕別。回首經年，杳杳音塵都絕。欲知方寸，共有幾許閑愁，芭蕉不展丁香結。憔悴一天涯，兩厭厭風月。

又錄《橫塘路》一首：

> 凌波不過橫塘路，但目送、芳塵去。錦瑟華年誰與度。月橋花院，瑣窗朱戶。祇有春知處。　碧雲冉冉蘅皋暮，彩筆新題斷腸句。若問閒情都幾許。一川煙草，滿城風絮，梅子黃時雨。

　　鑄嘗爲武弁，元祐中通判泗州，又倅太平州。退居吳下，築室橫塘，自號慶湖遺老。葉夢得爲作傳，見《建康集》。略云：“長七尺，眉目聳拔，面鐵色。喜劇談天下事，可否不略少假借。雖貴要權傾一時，小不中意，極口詆之無遺詞，故人以爲近俠。自哀其所爲詞名《東山樂府》。”《直齋書錄》著錄《東山寓聲樂府》三卷，解題云：“以舊譜塡新詞而別爲名以易之，故曰寓聲。”案：寓聲云者，摘詞中二字或三字別創調名，今武進陶氏影刻宋本《東山詞》上卷尚存其跡。例如最有名之“梅子黃時雨”一闋，本《青玉案》舊調，今本標題《橫塘路》，以首句“凌波不過橫塘路”命名也。其他如《滿庭芳》作《瀟湘雨》，《定風波》作《卷春空》，《木蘭花》作《呈纖手》，《一落索》作《窗下繡》皆是。後此張輯之《東澤綺語債》，即仿此例爲之。原書中下二卷並缺，上卷亦有漫滅處。汲古毛氏得之較遲，故未刻入《六十名家詞》中。其本後歸常熟瞿氏，今《彊村叢書》本是也。同時侯氏亦園亦得一本，篇數與編次皆與瞿本同，刻入《十名家詞》中。惟調名多改用原名，非復原本之舊矣。道光間錢塘王迪惠庵得知不足齋手鈔校本二種。其一與侯本同；其一已失其原次矣，分爲二卷。同侯本者僅八首，惠庵合三本編之，共得二百四十五首。四印齋王氏刻《東山詞續補》據之。此外鮑鈔二卷本唐樓勞氏錄有副冊，近人吳伯宛復於勞鈔外別輯補遺一卷，彊村並據以附刻瞿本後。兩本中複見之詞甚多，不復校芟，蓋存真也。賀詞《寓聲樂府》中下卷，世恐無傳本。則彊村所刻三本，終當爲首選矣。賀詞宋時張文潛評之曰："方回樂府，妙絕一世。盛麗如游金張之堂，妖冶如攬嬙施之袪，幽索如屈宋，悲壯如蘇李。"此數語蓋盡之矣。今觀集中如《望湘人》云："厭鶯聲到枕，花氣動簾，醉魂愁夢相半。被惜餘薰，帶驚賸眼。幾許傷春春晚。淚竹痕鮮，佩蘭香老，湘天濃暖。記小江、風月佳時，屢約非煙遊伴。　須信鸞絃易斷。奈雲和再鼓，曲終人遠。認羅韤無蹤，舊處弄波清淺。青翰棹艤，白蘋洲畔。盡目臨皋飛觀。不解寄、一字相思，幸有歸來雙燕。"此所謂幽索如屈宋也。《行路難》（即《小梅花》）云："縛虎手，懸河口，車如雞棲馬如狗。白綸巾，撲黃塵，不知我輩可是蓬蒿人。衰蘭送客咸陽道，天若有情天亦老。作雷顛，不論錢，誰問旗亭美酒斗十千。　酌大斗，更爲壽，青鬢常青古無有。笑嫣然，舞翩然，當壚秦女、十五語如絃。遺音能記秋風曲，事去千年猶恨促。攬流光，繫扶桑，爭奈愁來一日卻爲長。"此所謂悲壯如蘇李也。《東吳樂》云："勝游地。信東吳絕景饒佳麗。平湖底，見層嵐。涼月下，聞清吹。人如穠李。泛襟袂、香潤蘋風起。喜凌波、秦襪逢迎，領略當歌深意。　鄂君被，雙鴛綺。垂楊蔭，夷猶畫舫相艤。寶瑟絃調，明珠佩委。回首碧雲千里。歸鴻後、芳音誰寄。念懷縣、青鬢今無幾。枉分將、鏡里華年，付與樓前流水。"此所謂盛麗也。《踏莎行》云："急雨收春，斜風約水，浮紅漲綠魚文起。年年遊子惜餘春，歸歸不解招遊子。　留恨城隅，關情紙尾。闌干長對西曛倚。鴛鴦俱是白頭時，江南渭北三千里。"此所謂妖冶也。餘如《訴衷情》云"秦山險，楚山蒼，更斜陽。畫橋流水，曾見扁舟，幾度劉郎”，《御街行》云“更逢何物可忘憂，爲謝江南芳草。斷橋孤驛，冷雲黃葉，想見長安道”，《下水船》云“燈火虹橋，誰尋弄波微步”，俱沈鬱可法。張炎《詞源》云：“賀方回、吳夢窗皆善於煉字面者，多於李長吉、溫庭筠詩中來。”誠確論也。

（九）秦觀　觀字少游，一字太虛，高郵人。舉進士，蘇軾薦於朝，除秘書省正字，兼國史院編修。坐黨籍遣戍，後放還，至藤州卒。有《淮海詞》三卷。錄《滿庭芳》一首：

> 山抹微雲，天粘衰草，畫角聲斷譙門。暫停征棹，聊共引離尊。多少蓬萊舊事，空回首、煙靄紛紛。斜陽外，寒鴉數點，流水繞孤村。　消魂。當此際，香囊暗解，羅帶輕分。漫贏得青樓、薄倖名存。此去何時見也。襟袖上、空染啼痕。傷情處，高城望斷，燈火已黃昏。

《苕谿漁隱叢話》引《藝苑雌黃》云：“程公闢守會稽，少游客焉，館之蓬萊閣。一日席上有所悅，自爾眷眷不能忘情，因賦長短句。所謂‘多少蓬萊舊事，空回首、煙靄紛紛’，極爲東坡所稱道，取其首句呼之爲山抹微雲君。”《能改齋漫錄》云：“杭之西湖有一倅，閑唱少游《滿庭芳》，偶然誤舉一韻‘畫角聲斷斜陽’。一妓爲改陽字韻云：‘山抹微雲，天連衰草，畫角聲斷斜陽。暫停征棹，聊共飲離觴。多少蓬萊舊侶，空回首、煙靄茫茫。孤村裏，寒鴉萬點，流水繞空墻。　魂傷。當此際，輕分羅帶，暗解香囊。漫贏得青樓、薄倖名狂。此去何時見也。襟袖上、空有餘香。傷心處，高城望斷，燈火已昏黃。’東坡聞而賞之。”則此詞流播之廣可知。故晁無咎亦評之曰：“近來作者，皆不及少游。如‘斜陽外，寒鴉數點，流水繞孤村’，雖不識字人，亦知是天生好言語。”此言最爲確切。秦詞宋以後人每以之與蘇柳並舉。如蔡伯世云：“子瞻辭勝乎情，耆卿情勝乎辭，辭情相稱者，唯少游而已。”張綖云：“少游多婉約，子瞻多豪放，當以婉約爲主。”蓋子瞻胸襟寬大，故隨筆所之，如怒瀾飛空，不可一世。少游格律精細，故運思所及，如幽花媚春，自成馨逸。觀集中諸闋，大抵被逐後所作，雖棲遲歌館之中，流轉江湖之上，然故國之思時溢於言表。如《鵲橋仙》云"兩情若是久長時，又豈在朝朝暮暮"，《千秋歲》云"春去也，落紅萬點愁如海"，《水龍吟》云"花下重門，柳邊深巷，不堪回首"，《畫堂春》云"柳外畫樓獨上，憑闌手撚花枝，放花無語對斜暉，此恨誰知"，諸作寄情之遠，措語之工，殆非耆卿、子瞻輩可及也。少游諸詞，類有本事。如《水龍吟》乃寄營妓姜婉婉作，《南柯子》乃贈陶心兒作，《虞美人》乃贈達官寵姬碧桃作，《御街行》乃思劉太尉家姬人作。有時且有俚俗語，如《望海潮》云"奴如飛絮，郎如流水，相沾便肯相隨"，《迎春樂》云"怎得香香深處，作箇蜂兒抱"，《品令》云"簾兒下時把鞋兒踢，語低低，笑咭咭"，又云"人前強不欲相沾識，把不定、臉兒赤"，此等詞雖率爾爲之，然當時極通行，蓋倉卒間所作以授歌者。北宋人詞人如曹組、晁端禮輩集中多有之，無足怪也。秦詞附見宋乾道本《淮海集》後，近番禺葉氏有校本最精。集外詞如《陽春白雪》引《木蘭花慢》，《古今詞話》引《御街行》，《青泥蓮花記》引不知名詞，均氣弱不似他引。至《冷齋夜話》所引《醉鄉春》，謂少游在黃州，飲於海棠橋，橋南北多海棠，有書生冢於海棠叢間，少游醉宿於此，題詞壁間，或確似秦氏集外詞。錢泰吉《曝書雜記》謂嘗見《淮海琴趣》，與山谷、醉翁《琴趣》並稱。毛斧季校《淮海詞》亦引及《琴趣》，知宋時尚有單刻本。至毛氏汲古閣本，不特改易舊本面目，且據《類編草堂詩餘》、《草堂詩餘續集》、《別集》、《古今詞統》等書雜屬他作，調名下亦妄增題目，於諸本中爲最劣。今宋本行則毛本可立廢矣。

（十）蘇軾　軾字子瞻，眉山人。嘉祐二年進士，除中書舍人、翰林學士，歷端明殿學士、禮部尚書。紹聖初坐訕謗安置惠州，徙昌化。徽宗立，赦還，提舉玉局觀。建中靖國元年卒於常

州。高宗朝贈太師，謚文忠。有《東坡樂府》二卷。錄《永遇
樂》一首：

> 明月如霜，好風如水，清景無限。曲港跳魚，圓荷瀉
> 露，寂寞無人見。紞如三鼓，鏗然一葉，黯黯夢雲驚斷。夜
> 茫茫，重尋無處，覺來小園行徧。　　天涯倦客，山中歸路，
> 望斷故園心眼。燕子樓空，佳人何在，空鎖樓中燕。古今如
> 夢，何曾夢覺，但有舊歡新怨。異時對、黃樓夜景，爲余
> 浩歎。

東坡詞宋時毀譽頗不一。晁無咎云：“居士詞，人多謂不諧
音律，然橫放自是曲子內縛不住者。”陳無己云：“東坡以詩爲
詞，如教坊雷大使之舞，雖極天下之工，皆非本色。”陸放翁
云：“世言東坡不能歌，故所作樂府辭多不協。晁以道謂紹聖初
與東坡別於汴上，東坡酒酣自歌古陽關。則公非不能歌，但豪放
不喜裁剪以就聲律耳。試取東坡諸詞歌之，曲終，終覺天風海雨
逼人。”周煇云：“居士詞豈無去國懷鄉之感，殊覺哀而不傷。”
胡元任云：“東坡詞皆絕去筆墨畦徑，直造古人不到處，真可使
人一唱而三歎。”胡致堂云：“眉山蘇氏一洗綺羅香澤之態，擺
脫綢繆宛轉之度，使人登高望遠，舉首高歌，而逸懷浩氣，超乎
塵垢之外。於是《花間》爲皁隸，而耆卿爲輿臺矣。”張叔夏
云：“東坡詞清麗舒徐處，高出人表，周秦諸人所不能到。”大
抵譽多而毀少。實則坡詞豪放與婉麗各極其長。世人第就豪放處
論之，遂有鐵板銅琶之誚，不知其縝密處亦何讓歐晏。如《祝
英臺近》云：“掛輕帆，飛急槳，還過釣臺路。酒病無聊，欹枕
聽鳴艣。”《浣溪沙》云：“彩索身輕長趁燕，紅窗睡重不聞鶯，
困人天氣近清明。”《詞荃》云：“如此風調，令十七八女郎歌
之，豈在‘曉風殘月’之下。”實則坡詞妙處，全在以尋常口
吻，運自然之筆，寫景言情，不假雕飾。此境非他人所易到。如
《浣溪沙》云：“山下蘭芽短浸溪，松間沙路淨無泥，瀟瀟暮雨
子規啼。　　誰道人生難再少，君看流水尚能西，休將白髮唱黃

雞。"《阮郎歸》云："綠槐高柳咽新蟬，熏風初入絃。碧紗窗下水沈煙，棊聲驚晝眠。　微雨過，小荷翻，榴花開欲然。玉盆纖手弄清泉，瓊珠碎又圓。"《臨江仙》云："夜飲東坡醒復醉，歸來髣髴三更。家童鼻息已雷鳴，敲門都不應。倚杖聽江聲。　長恨此身非我有，何時忘卻營營。夜闌風靜縠紋平，小舟從此逝，江海寄餘生。"即思君懷舊之作，亦哀而不傷。如《水調歌頭》云："我欲乘風歸去，又恐瓊樓玉宇，高處不勝寒。"《西江月》云："中秋誰與共孤光，把盞凄然北望。"《蝶戀花》云："小院黃昏人憶別，落紅處處聞啼鴂。"均其例也。他如乳燕華屋、缺月疏桐，絕無危苦之辭，大抵風情之作。以視辛稼軒、劉龍洲輩，集中多變徵聲，與公詞不可同日語矣。坡詞行世者，惟汲古、四印、彊村三本，此三本各有所長。汲古本自紹興間曾慥輯本出，然妄加刪補，各詞題序亦大加芟除。四印齋本自元延祐本出，與曾輯本互有出入。彊村本據詩集編年本爲主，亦以編年爲次，惜徵引不富，未爲精到。此外南陵徐氏藏寫本宋傅榦注東坡詞十二卷，從天一閣明寫本出。注雖庸俗，亦不無可取處，與陳元龍之注清真詞可媲美也。

（十一）晁端禮　端禮字次膺，其先壇州清豐人，徙家彭門。熙寧六年進士。兩爲縣令，忤上官坐廢。晚以承事郎爲大晟府協律。有《閑齋琴趣外篇》六卷。錄《綠頭鴨》一首：

　　晚雲收，淡天一片琉璃。爛銀盤、來從海底，皓色千里澄輝。瑩無塵、素娥淡竚，靜可數、丹桂參差。玉露初零，金風未凜，一年無似此佳時。露坐久、疏螢時度，烏鵲正南飛。瑤臺冷，欄干憑暖，欲下遲遲。　念佳人、音塵別後，對此應解相思。最關情、漏聲正永，暗斷腸、花影偷移。料得來宵，清光未減，陰晴天氣又爭知。共凝戀、如今別後，還是隔年期。人強健，清尊素影，長願相隨。

端禮與補之爲諸父行，據晁補之集中贈答諸作知之。然則端禮亦當爲鉅野人矣。今所傳《閑齋琴趣外篇》影宋本，撰人題

“濟北晁元禮次膺”。案：元禮爲漢李膺字，則次膺當爲元禮。諸書作端禮者，殆元禮一名端禮耶。影宋本缺卷六《醉蓬萊》至《滴滴金》凡二十一首，余據趙氏星鳳閣鈔本補全。趙本雖多譌脱，然大致不離。至卷後新填徵調七闋，則趙本亦缺。新填徵調下注“逐唱中腔踏諸目”，又注“與前腔不同”字樣，當是歌塲新製。次膺以曉暢音律入大晟府，與清真齊名。此新填徵調爲詞學過程上一重要史料，傳本適缺，甚可惜也。次膺以應制詞名，端麗沉厚，一時無兩。如《竝蒂芙蓉》云：“太液波澄，向鑑中照影，芙蓉同蒂。千柄綠荷深，竝丹臉爭媚。天心眷臨聖日，殿宇分明獻嘉瑞。弄香顆蕊，願君王、壽與南山齊比。　池邊屢回翠輦，擁群仙醉賞，憑闌凝思。蕚綠攬飛瓊，共波上游戲。西風又看露下，更結雙雙新蓮子。鬭妝競美。問鴛鴦、向誰留意。”此等詞最難工，惟北宋詞人如次膺、万俟詠官大晟府製撰者能之。南渡後如康與之、曹勛、張掄輩，則瞠乎後矣。次膺短令亦妍麗馨逸，如《踏莎行》云“洞房消息有誰知，幾回欲問樑間燕”；《浣溪沙》云“十里閒情憑蝶夢，一春幽怨付鯤絃，小樓今夜月重圓。”有時且以俚語入詞，如《一落索》云：“道著明朝分袂，早眉頭攢翠。不言不語祇偎人，滿眼裏、汪汪地。

向道不須如此，轉吞聲飲氣。一團兒肌骨不禁春，甚有得、許多淚。”《醉蓬萊》云：“無緒無聊，向誰分訴，獨語獨言，自家摧挫。夢也多磨，更那堪真個。暗數殘更，半欹孤枕，對夜深燈火。怨淚頻彈，愁腸屢斷，伊還知麼。”讀此等詞，如讀馬致遠、關漢卿輩散曲，宋詞中所罕見也。

（十二）周邦彥　邦彥字美成，錢塘人。元豐中獻《汴都賦》，召爲太學正。徽宗朝仕至徽猷閣待制，提舉大晟府，出知順昌府。晚居明州卒。自號清真居士。有《片玉詞》。錄《瑞龍吟》一首：

　　章臺路，還見褪粉梅梢，試華桃樹。愔愔坊陌人家，定巢燕子，歸來舊處。　黯凝竚，因念箇人癡小，乍窺門户。

侵晨淺約宮黃，障風映袖，盈盈笑語。　前度劉郎重到，訪
鄰尋里，同時歌舞。唯有舊家秋娘，聲價如故。吟箋賦筆，
猶記燕臺句。知誰伴、名園露飲，東城閒步。事與孤鴻去。
探春盡是，傷離意緒。官柳低金縷。歸騎晚，纖纖池塘飛
雨。斷腸院落，一簾風絮。

　　清真詞自來版刻獨多。近人鄭叔問撰《清真集校後錄要》
及王靜安先生《清真先生遺事》，考證綦詳。今欂括折衷其說如
下。周詞古本，今可考見者，宋刻凡九。其一《清真詩餘》，見
《景定嚴州續志》及《花庵唐宋諸賢絕妙詞選》。其二曰《清真
集》二卷《後集》一卷，見《直齋書錄解題》。其三曰《圈法
美成詞》，見張炎《詞源》。其四與方千里、楊澤民《和清真詞》
合刻者，號曰《三英集》，見毛晉《方千里和清真詞跋》。其五
曰曹杓《注清真詞》，亦見《直齋解題》。其六曰《周詞集解》，
見《樂府指迷》。其七毛晉所藏《清真集》，詞不滿百闋。其中
《氐州第一》作《熙州摘遍》，此宋人語，非元以後人所能知，
其爲宋刻無疑。其八溧水本，即晉陽強煥所輯刻，毛晉稱爲
《片玉集》者。其九則漳江陳元龍少章注本十卷，今有陶氏影宋
刻本及彊村重校本。又《宋史·藝文志》著錄《清真集》十一
卷，不知附有詞集否。今檢《永樂大典》引《清真集》有詩餘，
則必附詞集矣。合上舉九種，當得十刻矣。元刻有一巾箱本，即
臨桂王氏舊藏刊入《四印齋所刻詞》者。此外毛子晉尚藏一本，
題曰《美成長短句》，不知何時所編刻。今諸本僅存宋元本各
一，餘皆無傳本。其詞數與強煥序所言百八十二闋者相近，或即
從溧水本出。靜安先生疑其實爲《直齋書錄解題》之三卷本，
自卷首至《滿路花》一調爲前集二卷，而《綺寮怨》以下三十
一調爲後集，其言亦近是。至本集名稱，鄭叔問謂宋時祇名清
真，片玉之名實其後劉必欽所命，戈順卿言片玉爲強煥命名，實
屬謬誤。其說確切不可易。叔問所校清真詞，參合諸本及宋人選
集與方、楊、陳三家和詞，細校其文句及腔律定之，可謂善矣。

茲將清真行事列表如左：

紀　年		時　事	出　處
宋仁宗嘉祐二年丁酉	一歲		
神宗元豐二年己未	二十四歲	增太學生千人爲二千四百人。	入都爲太學生當在是歲。
六年癸亥	二十八歲		七月進《汴都賦》，自諸生一命爲太學正。
哲宗元祐二年丁卯	三十二歲		教授盧州。
七年壬申	三十七歲		此數年當在荊州。
八年癸酉	三十八歲		春，知溧水縣。
紹聖三年丙子	四十一歲		尚在溧水任，作《插竹亭記》。
四年丁丑	四十二歲		還爲國子主簿當在此數年。
元符元年戊寅	四十三歲		六月十八日召對崇政殿，重進《汴都賦》。
徽宗建中靖國元年辛巳	四十六歲		除秘書省正字，遷校書郎。
崇寧四年乙酉	五十歲	八月，置大晟府。	
大觀元年丁亥	五十二歲	置議禮局於尚書省。	歷考功員外郎、衛尉、宗正少卿兼議禮局檢討當在此數年。
政和元年辛卯	五十六歲		遷衛尉卿，又以直龍圖閣知河中府，帝留之，當在此年。
四年甲午	五十九歲	以大晟樂頒天下。	
五年乙未	六十歲		徙知明州。
六年丙申	六十一歲		入爲秘書監，進徽猷閣待制，提舉大晟府。
重和元年戊戌	六十三歲		出知真定府，改順昌府。
宣和元年己亥	六十四歲	方臘反。罷大晟府。	居睦州，適方臘反，還杭州，又絕江居揚州。
三年辛丑	六十六歲		正月至南京，卒於鴻慶宮齋廳。

　　此清真一生之經歷也。以集中諸詞證之，則《少年遊》"南都石黛掃晴山"一闋，下注"荆州作"。《渡江雲》云"晴風低楚甸"，《風流子》云"楚客慘將歸"，皆先生知溧水縣前所作也。至《齊天樂》"綠蕪凋盡一城路"一首，作於金陵，亦當在知溧水前後數年間。換頭云"荆江留滯最久，故人相望處，離思何限"，與《瑣窗寒》"似楚江暝宿，風燈零亂，少年羈旅"，皆清真嘗西遊荆楚之證。至上舉《瑞龍吟》一闋，當係紹聖四年後還至京師，重憶前歡，感懷而作，其沈鬱頓挫處直無人能及。究其本意，不過在"傷離意緒"一語。至入手先指明地點曰章臺路，卻不從目前景物直寫，而云"還見"，此即沈鬱處也。首疊末句云"定巢燕子，歸來舊處"，言燕子可歸舊處，而前度劉郎則欲歸舊處而不得，徒蹀躞於惜惜坊陌之間，是又沈鬱處也。第二疊"黯凝竚"一語爲正文，而下文又曲折不言其人已不在，反追想當時相見時情景，用"因念"二字領起，則通體空靈圓活，此頓挫處也。第三疊"前度劉郎"至"聲價如故"，言個人不見，但見同里秋娘未改聲價，用側筆襯正文，此又頓挫處也。"燕臺句"用李義山柳枝故事，情景恰合。"知誰伴"三字，無限幽情，一齊湧出，可謂沈鬱之至矣。"事與孤鴻去"方說到本題，末以"飛雨"、"風絮"作結，寓情於景，倍覺黯然。頓挫纏綿，空靈沈鬱，此清真獨具之境界。清光緒間陳廷焯草《白雨齋詞話》時始發其奧，持此說以細參清真詞，斯得之矣。清真別有《蘭陵王》詞，文曰：

　　　　柳陰直，煙裏絲絲弄碧。隋堤上、曾見幾番，拂水飄綿送行色。登臨望故國，誰識京華倦客。長亭路，年去歲來，應折柔條過千尺。　　閑尋舊蹤跡，又酒趁哀絃，燈照離席。梨花榆火催寒食。愁一箭風快，半篙波暖，回頭迢遞便數驛，望人在天北。　　悽惻，恨堆積。漸別浦縈廻，津堠岑寂，斜陽冉冉春無極。念月榭攜手，露橋聞笛。沈思前事，似夢裏、淚暗滴。

張端義《貴耳集》謂清真此詞爲李師師作，徽宗微行得聞之。考《宋史·徽宗紀》，帝微行在宣和間，其時清真年逾五十，應無冶遊之事。《貴耳集》所記當非事實。以《瑞龍吟》例之，殆亦重到京國後追憶前事之作。時清真年正三十餘，尚不失年少風態，故其詞沈鬱處，亦如《瑞龍吟》。他如《風流子》"新綠小池塘"、《意難忘》"衣染鶯黃"，均直抒所見，視前所舉稍遜矣。清真詞宋人評之者推崇備至。如陳郁云："美成自號清真，二百年來以樂府獨步，貴人學士、市儈妓女皆知美成詞爲可愛。"樓攻媿云："清真樂府播傳，風流自命，顧曲名堂，不能自已。"強煥云："美成詞橅寫物態，曲盡其妙。"陳質齋云："美成詞多用唐人詞，隱括入律，混然天成。長調尤善鋪敍，富艷精工，詞人之甲乙也。"沈伯時云："作詞當以清真爲主，蓋清真最爲知音，且下字用意，皆有法度。"實則詞至清真，殆如詩之有少陵，元詞之有關、馬，前收蘇、秦之終，下開姜、史之始。南渡後方千里、楊澤民有《和清真詞》，陳元平有《西麓繼周集》各一卷，無不一步一趨。自有詞人以來，清真殆爲萬世不祧之祖。學詞者能熟參清真詞，庶得詞中三昧矣。

（十三）万俟詠　詠字雅言。官至大晟府製撰。有《大聲集》五卷。錄《卓牌兒》一首：

> 東風綠楊天，如畫出、清明院宇。玉艷淡泊，梨花帶月，胭脂零落，海棠經雨。單衣怯黃昏，人正在、珠簾笑語。相並戲蹴秋千，共攜手、同倚闌干，暗香時度。　翠窗繡戶，路繚繞、潛通幽處。斷魂凝佇，嗟不似飛絮。閑悶閑愁，難消遣、此日年年意緒。無據，奈酒醒春去。

雅言於宣和間與美成同官大晟府，美成提舉，雅言則官製撰。《碧雞漫志》稱雅言請以盛況大業及祥瑞事迹製詞實譜，有旨依月用律，月進一曲，自此新譜稍傳。今考《花庵詞選》、《歲時廣記》所引《雪明鳷鵲夜慢》、《明月照高樓慢》、《戀芳春慢》、《安平樂慢》、《三臺》諸闋，皆應制詞之最佳者，蓋即依月用律時所進矣。《漫志》又云：雅言初自分集兩體，曰雅詞，曰側艷，目之曰《勝萱麗藻》。後召試入官，以側艷體無賴太甚，削去之。再編集分五體，曰應制，曰風月脂粉，曰雪月風花，曰脂粉才情，曰雜類，周美成目之曰《大聲》。說與《直齋書錄解題》所云五卷合，一體爲一卷。今惟應制詞略傳一二。《脂粉才情》諸作，除《鳳皇枝令》外無一傳者，至可憾也。

第四章　宋人詞概下

南宋詞人輩出。黃叔暘《中興以來絕妙詞選》十卷，始康與之，終洪瑹。周密《絕妙好詞》七卷，始張孝祥，終仇遠。合計不下二百餘家。此外趙聞禮《陽春白雪》多錄江湖詩人之作，陳景沂《全芳備祖》專收閩嶠詠物之詞，可謂盛矣。茲選述稼軒、龍洲、漱玉、白石、梅溪、夢窗、玉田、草窗、小雲、碧山十家之作，聊以見南宋詞人之一斑焉。

（一）辛棄疾　棄疾字幼安，歷城人。耿京聚兵山東，節制忠義軍馬，留掌書記。紹興中奉表南歸，高宗召見，授承務郎。累官浙東安撫使，進樞密都承旨。有《稼軒詞》四卷。錄《賀新郎·別茂嘉十二弟》一首：

綠樹聽鵜鴂，更那堪、鷓鴣聲住，杜鵑聲切。啼到春歸無啼處，苦恨芳菲都歇。算未抵、人間離別。馬上琵琶關塞黑，更長門翠輦辭金闕。看燕燕，送歸妾。　　將軍百戰身名裂。向河梁、回頭萬里，故人長絕。易水蕭蕭西風冷，滿座衣冠似雪。正壯士、悲歌未徹。啼鳥還知如許恨，料不啼清淚長啼血。誰共我，醉明月。

案：稼軒詞集傳世有二。一曰甲乙丙丁四卷本，今刊入陶氏《景刊宋元明本詞》及趙氏《校輯宋金元人詞》中。其本新會梁氏謂有編年意味，說頗中肯。茲檃括其說如次。甲集首有淳熙戊申正月元日門人范開序，稱開久從公遊，暇日裒集冥搜，繞逾百首，皆親得於公。以近時滿布海內多贋本，吾爲此懼，故不敢獨閟，將以袪傳者之惑焉。范開貫歷無考。考元信州本稼軒詞有酬送范先之詞數十首，而此本凡先之皆作廓之，蓋一人而有兩字者。戊申爲淳熙十五年，稼軒年四十九歲，知甲集所載皆四十八歲前所作。稼軒年壽雖難確考，但六十八歲尚存，則集中有明證。乙丙丁三集所收，則戊申後十餘年間作也。其是否出於范開袞錄，則不可知矣。考稼軒以二十九歲通判建康府，三十一歲知滁州，三十五歲提點江西刑獄，三十七歲知江陵府，三十八歲移帥建興，旋出爲湖北轉運副使。四十歲移湖南，旋知潭州，兼湖南安撫。四十二三歲時，轉知隆興府兼江西安撫。五十間落職，主管冲佑觀。五十二歲起福建提點刑獄，旋知福州，兼福建安撫。五十四歲被召還行在，五十六歲落職家居，五十九歲復職奉祠。六十一二歲間起知紹興府兼浙東安撫，六十五歲知鎮江府，明年乞祠歸。六十七歲差知紹興府，又轉江陵府，皆辭免。未幾卒。其生卒仕歷如此。此本甲集編成於戊申元旦，所收諸作皆四十八歲前官建康、滁州、湖北、湖南、江西時作。乙集於宦閩時詞未見收，可推定編輯年當在紹興二年辛亥以前，所收詞以戊申、己酉、庚戌等年爲大宗，間亦補收乙未以前之作。丙集自宦閩詞收起，末一首爲辛酉生日，蓋壬子至辛酉十年間五十三歲至六十二歲之作，中間强半爲落職家居時也。丁集所收時代最廣，似是補前三集之遺。稼軒晚年帥越、帥鎮江諸名作，如《登會稽蓬萊閣》、《京口北固亭懷古》諸篇皆未收，此決非棄而不收，實緣編集時尚未有此諸詞耳，然則丁集之編當與丙集略同時。要之四集皆在稼軒生存時編成，則可斷言也。案：梁說極是。余嘗據《花庵詞選》、《陽春白雪》、《全芳備祖》、《草堂詩餘》諸書所引辛詞以校四卷本多合，而與元信州本合者絕少，足徵四卷本乃當時通行本，而信州本爲晚出，無可疑也。二曰元延祐信州刊本。《直齋書錄解題》、《宋史·藝文志》並著錄。此本明以後流傳最廣，明嘉靖大梁李濂重刻之，毛氏汲古閣再刻之。毛本已併爲四卷。其章次合於信州本，而沿誤與李本同，蓋即重刊李本。其原本之延祐本，至光緒間四印齋王氏校刊宋元人詞時始得據以重刊。共得詞五百七十二首，以較四卷本，增出甚多。然其中亦有二十首爲信州本所無者。丙集有《六州歌頭》一首，丁集有《西江月》一首，皆諛頌韓平原作，實皆僞詞。刪重去僞，則定本之作不可緩矣。

辛詞佳處全在有真性情，筆墨飛舞跳蕩，與晏歐柳秦之冶逸作態者色澤全異。從此宋詞中別創一新境界，後之劉龍州、劉後村，金之元遺山，元之白仁甫及清初之陳其年皆承稼軒衣鉢。王觀堂先生謂南宋詞人堪與北宋人頡頏，唯幼安一人而已。其推挹也如此。陳亦峰云：“稼軒詞自以《賀新郎》一篇爲冠，沈鬱蒼凉，跳躍動蕩，古今無此筆力。”實則稼軒詞大筆力者不僅《賀新郎》一首而已，如《水龍吟·登建康賞心亭》云：“楚天千里清秋，水隨天去秋無際。遙岑遠目，獻愁供恨，玉簪螺髻。落日樓頭，斷鴻聲裏，江南遊子。把吳鈎看了，欄干拍遍，無人會、登臨意。”《摸魚兒》云：“長門事，準擬佳期又誤。蛾眉曾有人妒。千金縱買相如賦，脈脈此情誰訴。君莫舞，君不見、玉環飛燕皆塵土。閑愁最苦。休去倚危闌，斜陽正在、煙柳斷腸處。”均沈鬱蒼凉，如讀杜陵《兵車行》諸作，學稼軒詞者宜熟玩此等處。如不多讀書，徒事叫囂，如鄭板橋、蔣心餘，去沈鬱二字遠矣，此不可不慎也。辛詞如《破陣子·爲陳同甫賦壯詞以寄之》、《瑞鶴仙·南澗雙溪樓》等作，不免劍拔弩張，非初學者所宜取資。至如《祝英臺近·晚春》云：“寶釵分，桃葉渡，煙柳暗南浦。怕上層樓，十日九風雨。斷腸片片飛紅，都無人管，更誰勸啼鶯聲住。　鬢邊覷。應把花卜歸期，纔簪又重數。羅帳燈昏，哽咽夢中語。是他春帶愁來，春歸何處。卻不解帶將愁去。”《臨江仙》云：“別浦鯉魚何日到，錦書封恨重重。海棠花下去年逢。也應隨分瘦，忍淚覺殘紅。”孰謂稼軒不工綺語？劉後村撰稼軒集序，評其樂府曰：“公所作大聲鐙鎝，小聲鏗鍧，

横絕六合，掃空萬古。其穠麗綿密者不在小晏、秦郎下。"斯言
最爲公允。至毛子晉跋辛詞云，"稼軒多撫時感事之作，絕不作
妮子態。宋人以東坡爲詞詩，稼軒爲詞論，善評也"云云。就
詞論詞，隱湖此論尚不失爲稼軒知己也。

（二）劉過　過字改之，吉州盧陵人。有《龍洲詞》一卷。
錄《賀新郎》一首：

　　　　老去相如倦，向文君、說似而今，怎生消遣。衣袂京塵
　　　曾染處，空有香紅尚輭。料彼此魂消腸斷。一枕新涼眠客
　　　舍，聽梧桐疏雨秋聲顫。燈暈冷、記初見。　樓低不放珠簾
　　　捲。晚妝殘、翠鈿狼藉，淚痕凝面。人道愁來須殢酒，無奈
　　　愁深酒淺。但寄興焦琴紈扇。莫鼓琵琶江上曲，怕荻花楓葉
　　　俱悽怨。雲萬疊、寸心遠。

此詞龍洲自跋云："壬子春，余試牒四明，賦贈老倡，至今
天下與禁中皆歌之。江西人來，以爲鄧南秀詞，非也。"案：龍
洲一生落落寡合，嘗客辛稼軒幕，至稼軒帥閩時，始以母病辭
歸，故詞境亦酷似稼軒。集中《賀新郎》八首，無一不佳。如
《贈張彥功》云："青樓回首家何處。早山遙水闊天低，斷腸煙
樹。誰念天涯牢落況，輕負暖煙濃雨。記酒醒香銷時語。客裏歸
轤須早發，怕天寒、風急相思苦。應爲我、翠眉聚。"《春思》
云："佳人無意拈針線。繞朱闌六曲徘徊，爲他留戀。試把花心
輕輕數，暗卜歸期近遠。奈數了依然重怨。把酒問春春不管，枉
教人祇憑空腸斷。腸斷處怎消遣。"又一首云："彈鋏西來路，
記匆匆、經行十日，幾番風雨。夢裏尋秋秋不見，秋在平蕪遠
樹。雁信落家山何處。萬里西風吹客鬢，把菱花、自笑人如許。
留不住、少年去。"筆意靈活跳蕩，較辛詞尤爽利。其《沁園春
・寄稼軒承旨》一首，設想至奇，當時人極稱之，實則貌似稼
軒，不及龍洲他作遠甚。龍洲盧陵人，歐陽永叔爲其鄉先輩，故
詞境亦間與六一相似。如《浣溪沙》云"楊柳小橋人遠別，梨
花深巷月斜暉，此情惟我與君知"，《玉樓春》云"春風祇在園

西畔，薺菜花開蝴蝶亂。冰池晴綠照還空，香徑落紅吹已斷"，驟視之幾與六一無別。南渡人詞托體清越，堪與北宋人頡頏者，除稼軒外惟龍洲一人而已。至龍洲《沁園春》詠指甲、詠足二闋，陶南村、毛隱湖雖極稱之，開後世刻畫纖巧之漸，托體最卑，在龍洲爲一時游戲之作，吾人存而不論可也。

（三）李清照　清照自號易安居士，濟南人。李格非女，趙明誠妻。有《漱玉詞》一卷。錄《鳳凰臺上憶吹簫》一首：

　　　　香冷金猊，被翻紅浪，起來慵自梳頭。任寶奩塵滿，日上簾鉤。生怕離懷別苦，多少事、欲說還休。新來瘦，非干病酒，不是悲秋。　　休休。這回去也，千萬遍陽關，也則難留。念武陵人遠，煙鎖秦樓。惟有樓前流水，應念我、終日凝眸。凝眸處，從今又添、一段新愁。

易安詞疏俊可喜。如《如夢令》云："昨夜雨疏風驟，濃睡不消殘酒。試問捲簾人，卻道海棠依舊。知否，知否，應是綠肥紅瘦。"《一剪梅》云："紅藕香殘玉簟秋。輕解羅裳，獨上蘭舟。雲中誰寄錦書來。雁字回時，月滿西樓。"皆絕妙好詞也。他如《壺中天》之"被冷香消"，《醉花陰》之"簾捲西風"，清麗疏宕，開南北宋未有之境界。蓋易安天才獨擅，其所撰《金石錄序》亦層次井然，有條不紊。然則謂易安僅工倚聲，固不足以盡之長也。易安詞舊本分卷不一，《直齋書錄》作一卷，《花庵詞選》作三卷，《宋史·藝文志》作六卷。至元以後均佚，今所見虞山毛氏《詩詞雜俎》本、臨桂王氏四印齋本俱非宋世之舊。毛本自云據洪武三年鈔本入錄。然如《浣溪沙》"繡面芙蓉一笑開"一闋詞意僝薄，不似女子作，與易安他詞境界全別，疑所據非實。道光中錢塘閨秀汪玢始據《樂府雅詞》、《陽春白雪》、《詞林萬選》諸選本輯得四十四首，事屬草創，徵引未備。光緒間王鵬運重輯時，當時未見汪本，雖視王毛諸本加詳，然亦真贋雜出，未爲佳本。余別有輯本，刊入《校輯宋金元人詞》中，凡前人誤收誤引諸詞，悉加疏證，擯入附錄。自此本出，汪王諸本皆可廢矣。

（四）姜夔　夔字堯章，鄱陽人。寓居吳興之武康，與白石洞天爲鄰，因自號白石道人。慶元中曾上書乞正太常雅樂。有《白石詩》一卷《詞》五卷。錄《慶宮春》一首：

> 紹熙辛亥除夕，予別石湖歸吳興，雪後夜過垂虹，嘗賦詩云：“笠澤茫茫雁影微，玉峰重疊護雲衣。長橋寂寞春寒夜，祇有詩人一舸歸。”後五年冬，復與俞商卿、張平甫、銛樸翁自封禺同載詣梁溪，道經吳松，山寒天迥，雲浪四合。中夕相呼步垂虹，星斗下垂，錯雜漁火，朔吹凜凜，危酒不能支。樸翁以衾自纏，猶相與行吟，因賦此闋，蓋過旬塗稿乃定。樸翁咎予無益，然意所耽，不能自已也。平甫、商卿、樸翁皆工于詩，所出奇詭，予亦強追逐之。此行既歸，各得五十餘解。

> 雙槳蓴波，一蓑松雨，暮愁漸滿空闊。呼我盟鷗，翩翩欲下，背人還過木末。那回歸去，蕩雲雪、孤舟夜發。傷心重見，依約眉山，黛痕低壓。　採香徑裏春寒，老子婆娑，自歌誰答。垂虹西望，飄然引去，此興平生難遏。酒醒波遠，政凝想、明璫素襪，如今安在。唯有闌干，伴人一霎。

白石於學無所不通，嘗欲正頌臺樂律。又擅書法，趙子固目爲書家申韓。詩亦清俊疏秀如其詞，嘗學詩於蕭德藻，琢句精工。有絶句云：“夜暗歸雲繞柁牙，江涵秋影雁團沙。行人悵望蘇臺柳，曾與吳王掃落花。”楊萬里喜誦之，謂其子長孺曰：“吾與汝弗如也。”其推重如此。其詞集名《白石道人歌曲》，凡六卷。明人如陳耀文輯《花草粹編》、卓人月輯《古今詞統》時，均未見其全書。崇禎中，毛子晉始據宋末陳元龍選本刊入《六十名家詞》中，然抹去陳氏名，故迄莫詳所由來。清初江都陸鍾輝始據陶宗儀鈔本傳錄付刊，是爲姜詞重見於世之始。華亭張氏繼之，刊本益多。有清一代詞人，莫不家清真而戶白石，且以之與玉田並稱，一洗明季盛尚花草陋習，實浙派詞人提倡之功也。姜之長處全在以清虛爲體，而以疏儁語副之，故格調亦最高。沈伯時譏其生硬，真不知白石者也。趙子固謂爲詞家之申韓，可謂一語中的。其《揚州慢》云："自胡馬窺江去後，廢池喬木，猶厭言兵。漸黃昏、清角吹寒，都在空城。"寫兵燹後情景逼真。"猶厭言兵"四字，包括無數傷亂語。所謂詞家之申韓，即指此等處也。至《暗香》、《疏影》二章，或者謂爲發二帝之幽憤，傷在位之無人，蓋寄慨全在虛處，特無跡可尋耳。厥後汪水雲亦以《暗香》、《疏影》二詞寄亡國之感，可爲白石寫照。如以美成比白石，美成於渾灝流轉中，下字用意皆有法度，白石則如白雲在空，隨風變滅，實各有獨到處。蓋美成頓挫之妙、理法之精，千古詞人當推獨步。而氣體之超妙，則白石獨有千古。如《點絳脣·丁未過吳淞作》一闋，通首衹寫眼前景物，結處云："今何許，憑欄懷古，殘柳參差舞。"感時傷事，衹用"今何許"三字提唱，"憑欄懷古"下僅以"殘柳"五字詠歎了之，無窮哀感，都在虛處，此所謂超妙也。又如《翠樓吟·武昌安遠樓成》後半闋云："此地，宜有詞仙，擁素雲黃鶴，與君遊戲。玉梯凝望久，歎芳草萋萋千里。天涯情味，仗酒祓清愁，花消英氣。西山外，晚來還捲，一簾秋霽。"一縱一操，筆如遊龍，而意味深長，自是白石最高之作。白石詞集內有自度腔十七闋，每闋均註明宮調，並樂譜亦附列，與王驥德《曲律》所載《樂府渾成集》旁譜相似。宋代詞譜今不可見，惟此十七闋尚留歌詞之法於一線。蓋宋人歌詞皆用舊譜，有一定版式，如今之南曲然，故白石於舊詞宮調概不申說，而於自度諸曲，則不殫詳錄也。何以證之？白石《滿江紅》序云："《滿江紅》舊詞用仄韻，多不協律，如末句云'無心撲'三字，歌者將'心'字融入去聲，方諧音律……末句云'聞珮環'，則協律矣。"蓋白石知舊譜"心"字不協，乃改"珮"字以就歌譜，故此詞不注旁譜，以見韻雖用平而歌則依舊，不似南北曲隨字音清濁而挪移音節。曲律異於詞律者，惟此而已。吳夢窗亦有自製腔九闋，以不附旁譜，故元明以來賡和者絕少。其《西子妝》一闋，張玉田雖喜其聲調嫺雅，然已有舊譜零落不能倚聲而歌之歎。距夢窗成此詞尚未久，其譜已不傳，則無怪乎宋詞之漸次銷沉矣。姜詞十七譜悉附集中，故當時繼姜而作者至多。譜之存佚有關於詞之隆替者如此，此不可不察也。至姜氏旁譜，張文虎《舒藝室隨筆》、鄭文焯《詞源斠律》中已詳考之，茲不復贅述。

（五）史達祖　達祖字邦卿，汴人。有《梅溪詞》一卷。錄《綺羅香》一首：

> 做冷欺花，將煙困柳，千里偷催春暮。盡日冥迷，愁裏欲飛還住。驚粉重、蝶宿西園，喜泥潤、燕歸南浦。最妨他、佳約風流，鈿車不到杜陵路。　沉沉江上望極，還被春潮晚急，難尋官渡。隱約遙峰，和淚謝娘眉嫵。臨斷岸、新綠生時，是落紅、帶愁流處。記當日、門掩梨花，剪燈深夜語。

梅溪詞宋人輒稱道不置。張功甫云：“史生詞織綃泉底，去塵眼中，妥帖輕圓，辭情俱到。有瓌奇警邁、清新閑婉之長，而無淟蕩汙淫之失，端可分鑣清真，平睨方回。”姜白石云：“邦卿詞奇秀清逸，蓋能融情景於一家，會句意於兩得。”其推挹也如此。然其人品實不足取。《四朝聞見錄》云：“韓侂胄爲平章，專倚省吏。史達祖奉行文字，擬帖擬旨，俱出其手，侍從束札，至用申呈。”樓敬思深惜之，爲論曰：“史達祖南宋名士，不得進士出身。以彼文采，豈無論薦。乃甘作權相堂吏，至被彈章，不亦降志辱身之至耶。”讀其“書懷”《滿江紅》詞，“好領青衫，全不向詩書中得”，“三徑就荒秋自好，一錢不值貧相迫”，亦自怨自艾者矣。又讀其“出京”《滿江紅》詞，“更無人、攜笛傍宮牆，苔花碧”，“老子豈無經世術，時人不預平戎策”，亦善於解嘲者矣。乃以詞客終其身，史臣亦不屑道其姓氏。科目之困人如此，不禁三嘆。由此觀之，梅溪之於韓平原，亦如夢窗之於賈秋壑。文人出處不慎，千載之下，猶有遺憾。然則詞人立格爲尤要矣。戈順卿選宋人詞，謂"清真善運化唐人詩句，最爲詞中神妙之境，而梅溪亦擅其長，筆意更爲相近。"又云："若仿張爲作詞家主客圖，周爲主，史爲客，未始非定論也。"實則白石、梅溪皆祖清真，白石冲淡高超，梅溪則稍遜耳。然其至者亦未嘗不化入神妙。如《湘江靜》云："碧袖一聲歌，石城怨、西風隨去。滄浪蕩晚，菰蒲弄秋，還重到、斷魂處。"換頭後云："三年夢冷，孤吟意短，屢煙鐘津鼓。屐齒厭登臨，移燈後、幾番涼雨。"居然美成格調。又《臨江仙》結句云："枉教裝得舊時多，向來歌舞地，曾見柳婆娑。"慷慨生哀，極盡悲鬱。又如《玉蝴蝶》云："一笛當樓，謝娘懸淚立風前。"幽怨似少游，清切如美成，皆梅溪獨到處也。

（六）吳文英　文英字君持，四明人。有《夢窗甲乙丙丁稿》四卷。錄《高陽臺》一首：

> 修竹凝妝，垂楊駐馬，憑闌淺畫成圖。山色誰題，樓前有雁斜書。東風緊送斜陽下，弄舊寒，晚酒醒餘。自消凝，能幾花前，頓老相如。　傷春不在高樓上，在鐙前欹枕，雨外熏鑪。怕艤遊船，臨流可奈清臞。飛紅若到西湖底，攪翠瀾，總是愁魚。莫重來，吹盡香綿，淚滿平蕪。

夢窗詞堆垛雕繢，失之晦澀，與北宋人詞大聲鏜鎝、小聲鏗鏰者迥不相同。蓋昔人填詞重在意境，而詞藻之修飾初不斤斤計較，秦柳蘇黃之詞皆如此。至南渡後人始斤斤於尋章摘句，陸輔之《詞旨》即此時代之産物。有時一闋中雖有二三名雋之筆，然通全篇觀之，罕見一氣呵成圓活靈妙者，觀於夢窗詞即可知矣。故張玉田評之云："夢窗如七寶樓臺，眩人眼目。折碎下來，不成片段。"斯言蓋得之矣。然有時亦綿麗幽邃，極盡鍊字鍊句之妙。超逸處仙骨珊珊，洗脫凡艷，幽索處孤懷耿耿，別締古觀，如李長吉詩，如湯顯祖曲。《高陽臺·落梅》云："宮粉雕痕，仙雲墮影，無人野水荒灣。古石埋香，金沙鎖骨連環。南樓不恨吹橫笛，恨曉風、千里關山。半飄零，庭上黃昏，月冷闌干。"《瑞鶴仙》云："怨柳淒花，似曾相識。西風破屐，林下路，水邊石。"《祝英臺近·除夜立春》云："剪紅情，裁綠意，花信上釵股。殘日東風，不放歲華去。"《水龍吟·惠山酌泉》云："艷陽不到青山，淡煙冷翠成秋苑。"《滿江紅·淀山湖》云："對兩蛾猶鎖，怨綠煙中。秋色未教飛盡雁，夕陽長是墜疏鐘。"《點絳脣·試燈夜初晴》云："情如水，小樓薰被，春夢笙歌裏。"又云："征衫貯，舊寒一縷，淚濕風簾絮。"《金縷曲·陪履齋先生滄浪看梅》云："華表月明歸夜鶴，問當時花竹今如此，枝上露，濺清淚。"《蝶戀花·題華山女道士扇》云："睡重不知殘酒醒，層城幾度啼鴉暝。"俱妙越入神。夢窗詞刊入毛氏六十家詞，以甲乙丙丁分卷，當亦南渡後江湖詩人風氣。惟卷中脫誤甚多，未爲佳本。同光後吳縣杜文瀾、臨桂王鵬運俱有校本付刊，杜本多臆改處，不及王本遠甚。歸安朱氏繼之，又有刊正，所校夢窗詞付刊者凡三次。最後得明鈔不分卷本，始據以寫定。並撰《夢窗詞小箋》一卷附焉。朱氏詞境，全學夢窗，故校刊夢窗詞亦最勤，不愧爲覺翁功臣矣。夢窗與賈秋壑交善，集中有壽秋壑詞。劉毓崧《通義堂集》爲之辨正，云秋壑歸朝後，夢窗即與之斷絕，且舉數證以明之，以文冗不復贅。

（七）張炎　炎字叔夏，號玉田，居臨安，自號樂笑翁。有《山中白雲》三卷，鄭思肖爲之序。錄《八聲甘州》一首：

　　　庚寅歲，沈堯道同余北歸，各處杭越。踰歲，堯道來問寂寞，語笑數日，又復別去。賦此曲，並寄趙學舟。

　　　記玉關踏雪事清遊，寒氣脆貂裘。傍枯林古道，長河飲馬，此意悠悠。短夢依然江表，老淚灑西州。一字無題處，落葉都愁。　載取白雲歸去，問誰留楚佩，弄影中洲。折蘆花贈遠，零落一身秋。向尋常野橋流水，待招來，不是舊沙鷗。空懷感，有斜陽處，最怕登樓。

玉田詞宋元間人推譽備至。戴劅源云："玉田酒酣氣張，取平生所爲樂府詞自歌之，噫嗚宛抑，流麗清暢，不唯高情曠度，不可藝企，而一時聽之，亦能令人忘去窮達得喪所在。"仇仁近云："《山中白雲》詞意度超元，律呂協洽，當與白石老仙相鼓吹。"又云："鉛汞交鍊而丹成，情景交鍊而詞成，指迷妙訣，吾將從叔夏北面而事之。"舒閬風云："叔夏詞有周清真雅麗之思，未脫承平公子故態。"樓敬思云："南宋詞人姜白石外，唯張玉田能以翻筆側筆取勝。集中諸闋，一氣捲舒，不可方物。信乎其爲山中白雲也。"實則玉田長處，全在工於造句。如《憶舊遊·大都長春宮》云"古臺半壓琪樹，引袖拂寒星"，《壺中天·夜渡古黃河》云"扣舷歌斷，海蟾飛上孤白"，《渡江雲·山陰久客寄王菊存》云"山空天入海，傍樓望極，風急暮潮初"，《湘月·山陰道中》云"疏風迎面，濕衣原是空翠"，《甘州·餞草窗西歸》云"料瘦筇歸後，閑鎖北山雲"，《臺城路·爲湖天賦》云"夜氣浮山，晴暉蕩目，無尋秋處"，又《寄陳又新》云"虛河動月，歗千里悲歌，唾壺敲缺"，《長亭怨》云"記橫笛玉關高處，萬疊沙寒，雪深無路"，《西子妝·江上》云"楊花點點是春心，替風前萬花吹淚"，《憶舊遊·登蓬萊閣》云"海日生殘夜，看臥龍和夢，飛入秋冥。還聽水聲東去，山冷不生雲"，此類皆精警無匹。又如《三姝媚·送舒亦山》云"賀監猶存，還散迹、千巖風露"，又云"莫趁江湖鷗鷺，怕太乙鑪煙，暗銷鉛虎"。《長亭怨·餞菊泉》云："同去，釣珊瑚海樹，底事便成行旅。煙迷斷浦，更幾點、戀人飛絮。如今又、京國尋春，定應被、薇花留住。且莫把孤愁，說與當時歌舞。"君國之恨，離索之感，言外自見。時菊泉將至薊北，寥寥數語，微而多諷，玉田之品格可知矣。竊嘗論之，玉田詞皆雅正，故集中無俚鄙語，且別具忠愛之忱。玉田詞皆空靈，故集中無拙滯語，且又極婉麗之致。清初人厭於明季花草陋習，一見玉田詞，驚爲詞林星鳳。然學之者多效其空靈，立意不深，即流於空滑之弊，此不可不慎也。玉田詞近有江賓谷疏證本，最精審。玉田又別撰《詞源》二卷，述詞學源流及作法譜法甚詳，可與《山中白雲》

互參也。

（八）周密　密字公謹，號草窗，濟南人。流寓吳興，居弁山。自號弁陽嘯翁，又号蕭齋，又號四水潛夫。淳祐中爲義烏令。有《草窗詞》二卷，一名《蘋洲漁笛譜》。錄《一萼紅》一首：

> 步深幽。正雲黃天淡，雪意未全休。鑑曲寒沙，茂林煙草，俛仰今古悠悠。歲華晚、飄零漸遠，誰念我、同載五湖舟。磴古松斜，厓陰苔老，一片清愁。　回首天涯歸夢，幾魂飛西浦，淚灑東州。故國山川，故園心眼，還似王粲登樓。最負他、秦鬟妝鏡，好江山、何事此時遊。爲喚狂吟老監，共賦銷憂。

此草窗《登蓬萊閣有感》詞也。草窗詞盡洗靡蔓，獨擅清麗，有蕙蒨之色，有綿渺之思，有時色澤過重，與夢窗旨趣相侔，二窗並稱，蓋有由矣。草窗詞律極精嚴，實得之楊守齋。守齋名纘，字繼翁，又号紫霞翁。善彈琴，明宮調，詞法周美成。嘗撰《作詞五要》，於填詞按譜、隨律押韻二條詳言之，守律甚細。草窗與之善，宜其詞律之細矣。草窗生當斷續之交，宋社既屋，不無禾黍西風之感。其所作《法曲獻仙音·弔雪香亭梅》云：“一片古今愁，但廢綠平煙空遠。無語銷魂，對斜陽衰草淚滿。又西泠殘笛，低送數聲春怨。”即杜詩“回首可憐歌舞地”之意，以詞發之，倍覺悽惋。又《水龍吟·白蓮》云：“擎露盤深，憶君涼夜，暗傾鉛水。想鴛鴦正結，梨雲好夢。西風冷，還驚起。”詞意兼勝，極似中仙。草窗詞刻本甚多。乾隆間江都江昱字賓谷有疏證本，最精審。《彊村叢書》中重刻之。彊村於未刻江本前，亦有箋注本。集後見江本，即以己所見者附於江箋後，較江氏原本尤爲詳核。草窗別有《韻語》六卷，乃詩集，清雋高妙，一如其詞。學者應互參也。

（九）汪元量　元量字大有，號水雲，錢塘人。以善琴事謝太后、王昭儀，隨三宮留燕，後南歸。有《水雲詞》一卷。錄

《鶯啼序》一首：

金陵故都最好，有朱樓迢遞。嗟倦客、又此憑高，檻外已少佳致。更落盡梨花，飛盡楊花，春也成憔悴。問青山、三國英雄，六朝奇偉。 麥甸葵邱，荒臺敗壘，鹿豕銜枯薺。正潮打孤城，寂寞斜陽影裏。聽樓頭、哀笳怨角，未把酒、愁心先醉。漸夜深，月滿秦淮，煙籠寒水。 悽悽慘慘，冷冷清清，燈火渡頭市。慨商女不知興廢，隔江猶唱庭花，餘音裊裊。傷心千古，淚痕如洗。烏衣巷口青蕪路，認依稀、王謝舊鄰里。臨春結綺，可憐紅粉成灰，蕭索白楊風起。 因思疇昔，鐵索千尋，漫沉江底。揮羽扇、障西塵，便好角巾私第。清談到底成何事。回首新亭，風景今如此。楚囚對泣何時已，歎人間、今古真兒戲。東風歲歲還來，吹入鍾山，幾重蒼翠。

此水雲南歸後重過金陵詞也。可抵一篇《桃花扇·哀江南》套數。蓋水雲目擊心傷，發而為詞，故悽惋沈鬱，直追中仙，迥非二窗、玉田輩可及。集中又有《憶王孫》集唐詩數闋，亦淒麗動人。如云："漢家宮闕動高秋，人自傷心水自流。今日晴明獨上樓。恨悠悠，白盡梨園子弟頭。"又云："吳王此地有樓臺，風雨誰知長綠苔。半醉閑吟獨自來。小徘徊，惟見江流去不回。"又云："離宮別苑草萋萋，對此如何不淚垂。滿檻山水漾落暉。昔人非，惟有年年秋雁飛。"又云："五陵無樹起秋風，千里黃雲與斷蓬。人物蕭條市井空。思無窮，惟有青山似洛中。"俛仰低徊，如鶴唳猿啼，真絕妙好詞也。《永樂大典》梅字韻引水雲《暗香》、《疏影》二詞，題云："西湖社友有千葉紅梅，照水可愛。問之自來，乃舊內有此種，枝如柳梢，開花繁艷，兵後流落人間。對花泫然承臉而賦。"殆亦水雲南歸後與中仙、草窗輩同時所作。中有句云："風韻自迥別，漫記省故家，玉手曾折，翠條裊娜，猶學宮妝舞殘月。腸斷江南倦客，歌未了，瓊壺敲缺。更忍見，吹萬點滿庭絳雪。"又《疏影》云：

"寂寞孤山月夜，玉人萬里外，空想前約。雁足書沉，馬上絃哀，不盡寒陰砂漠。"沈鬱似中仙，凄麗近草窗，故國之思，溢於言表。前人謂有宋藎臣惟水雲一人而已，斯言信不誣也。

（十）王沂孫　沂孫字聖與，號碧山，又號中仙，會稽人。有《花外集》二卷。錄《齊天樂》一首：

> 一襟餘恨宮魂斷，年年翠陰庭樹。乍咽涼柯，還移暗葉，重把離愁深訴。西窗過雨，怪瑤珮流空，玉箏調柱。鏡暗妝殘，爲誰嬌鬢尚如許。　銅仙鉛淚似洗，歎移盤去遠，難貯零露。病翼驚秋，枯形閲世，消得斜陽幾度。餘音更苦。甚獨抱清商，頓成凄楚。漫想熏風，柳絲千萬縷。

此碧山詠蟬詞。言外之旨，灼然可見。大抵碧山之詞，皆發於忠愛之忱，無刻意爭奇之筆，而自然雅正，人莫能及。兩宋詞品之高，當以碧山爲巨擘矣。集中《眉嫵》、《高陽臺》、《慶清朝》三闋，古今絶構。張皋文《詞選》錄之，確有特識。《眉嫵·新月》云："漸新痕懸柳，淡彩穿花，依約破初暝。便有團圓意，深深拜，相逢誰在香徑。畫眉未穩，料素娥、猶帶離恨。最堪愛、一曲銀鈎小，寶簾掛秋冷。　千古盈虧休問。歎慢磨玉斧，難補金鏡。太液池猶在，凄涼處、何人重賦清景。故山夜永。試待他、窺户端正。看雲外山河，還老桂花舊影。"《高陽臺》後半云："江南自是離愁苦，況遊驄古道，歸雁平沙。怎得銀箋，殷勤與說年華。如今處處生芳草，縱憑高不見天涯。更消他，幾度東風，幾度飛花。"《慶清朝·榴花》云："惟在舊家殿閣，自太真仙去，掃地春空。朱旛護取，如今應誤花工。顛倒絳英滿徑，想無車馬到山中。西風後，尚餘數點，還勝春濃。"《詞選》於每詞下加注，云"各有所寄"，未免過於穿鑿。然碧山一片熱腸，無窮哀怨，讀其詞者，類能知之。《小雅》怨誹不亂之旨，碧山有焉。碧山"贈秋崖道人西歸"《齊天樂》云"冷煙殘水山陰道，家家擁門黃葉，一起便卓絶"，又云"換盡秋芳，想渠西子更愁絶"，後疊云"短褐臨流，幽懷倚石，山邑重逢都別”，黍離麥秀之悲，徐徐寫出。又如《慶宮春‧水仙》云“歲華相誤，記前度湘臯怨別，哀絃重聽，都是淒涼，未須彈徹”，後疊云“國香到此誰憐，煙冷沙昏，頓成愁絕”，結云“試報仙魄，怕今夜瑤簪凍折，攜盤獨出，空想咸陽故宮落月”，意近言遠，必有所指。或謂爲王清惠輩作，未可知也。碧山詞僅有知不足齋、四印齋兩刻本，王本較勝。嘗見明末文淑容女史鈔本，較各本爲長。安得好事者爲之重校印行，以結兩宋三百年詞人之局焉。

第五章　金人詞概

金人詞有專集者，僅吳激《東山樂府》、蔡松年《明秀集》二書耳。顧吳書久亡而蔡詞亦非完帙，遂使金源正聲除遺山《中州樂府》二卷外，未由考見，是可憾事也。綜其傳作言之：海陵南征之作，豪邁無二；章宗聚骨之詞，一時絕唱；段氏二妙，發亂世之雅音；遺山一老，寄感慨於滄桑。要皆汴宋之遺緒，擱彈之別調也。茲論述如下：

（一）吳激　激字彥高，建州人。宋宰相栻子，米芾婿。使金，留不遣，官翰林待制。皇統初，出知深州卒。有《東山樂府》一卷。錄《滿庭芳》一首：

　　千里傷春，江南三月，故人何處汀洲。滿簪華髮，花鳥莫深愁。烽火年年未了，清宵夢，定繞林丘。君知否，人間得喪，一笑付文楸。　幽州。山偃蹇，孤雲何事，飛去還留。問來今往古，誰不悠悠。怪底眉間好色，燈花報、消息刀頭。看看是，珠簾暮捲，天際識歸舟。

此彥高寄友人詞也。引見《永樂大典》寄字韻。故國之思，溢於言表。同時尚有一首云：“柳引青煙，花傾紅雨，老來怕見清明。欲行還住，天氣弄陰晴。是處吹簫巷陌，衫襟漬，春酒如餳。溪橋畔，涓涓流水，雞犬靜柴荆。　高城。天共遠，山遮望斷，草喚愁生。等五湖煙景，今有誰爭。淒斷湘靈鼓瑟，寫不盡、楚客多情。空惆悵，春閨夢短，斜月曉聞鶯。”較上闋尤工麗靈活，真大手筆也。《中州樂府》引《風流子》詞，首云“書劍憶遊梁”，即指使金事，故有“寄書鴻雁潮信潯陽”之語。彦高以《人月圓》一詞得盛名，詞見《中州樂府》，宋人所作《貴耳集》、《容齋題跋》、《中興以來絕妙詞選》亦載之，其傳播之廣可知。劉郁《歸潛志》云：“先是，宇文叔通主文盟，視彦高爲後進，止呼爲‘小吳’。會飲酒間，有一婦人，宋宗室子流落，諸公感嘆，皆作樂章一闋。宇文作《念奴嬌》有云：‘宗室家姬，陳王幼女，曾嫁欽慈族。干戈浩蕩，事隨天地翻覆。’次及彦高，彦高作《人月圓》詞云：‘南朝千古傷心事，猶唱後庭花。舊時王謝，堂前燕子，飛向誰家。恍然一夢，仙肌勝雪，宮鬢堆鴉。江州司馬，青衫淚濕，同是天涯。’虛中覽之大驚。自後人求樂府者，叔通即云：‘吳郎近以樂府名天下，可徑求之。’”實則彦高此詞僅引用幾許前人語耳，而遍體空靈，自是佳構矣。《東山樂府》余有輯本，最詳核。

　　（二）蔡松年　松年字伯堅，真定人。累官至吏部尚書、參知政事，卒封吳國公。有《明秀集》六卷。錄《石州慢》一首：

　　　　東海蓬萊，風鬟霧鬢，不假梳掠。仙衣捲盡雲霓，方見宮腰纖弱。心期得處，世間言語非真，海犀一點通寥廓。無物比情濃，覓無情相博。　　離索。曉來一枕餘香。酒病賴花醫卻。灩灩金尊，收拾故愁重酌。片帆雲影，載將無際關山，夢魂應被楊花覺。梅子雨疏疏，滿江干樓閣。

　　此詞爲伯堅使高麗還日作。故事，上國使至，設有伎樂，此即爲伎作也。先是，趙獻之亦嘗奉使海東，作《望海潮》贈使爲別。詞云：“離觴草草同傾。記靈犀舊曲，曉枕餘醒。海外九州，郵亭一別，此生未卜他生。江上數峰青。悵斷雲殘雨，不見高城。二月遼陽芳草，千里路傍情。”與伯堅此作可稱無獨有偶。此闋結處數句，尤有言外之妙，賀梅子不能專美於前矣。元人以雜劇北散套見長，然楊朝英撰《陽春白雪》集，別有大樂一門，以東坡《念奴嬌》、失名《蝶戀花》、晏叔原《鷓鴣天》、鄧千江《望海潮》、吳彥高《春草碧》、辛稼軒《摸魚兒》、柳耆卿《雨霖鈴》、朱淑真《生查子》、張子野《天仙子》及伯堅此詞實之，蓋其時此詞尚盛稱於歌者之口。宋金人詞至元代其譜尚存在，惟此而已。元人李文蔚有《蔡籬閒醉寫石州慢》雜劇，即演此事，今雖不傳，而其詞之聲價可知矣。伯堅別有《尉遲杯》云：“華年共有好願。何時定，妝鬟暮雨零亂。夢似花飛，人歸月冷，一夜小山幽怨。劉郎興、尋常不淺。況不似、桃花春溪遠。覺情隨、曉馬東風，病酒餘香相半。”又有《江城子》云：“半年無夢到春溫，可憐人。到黃昏，想見玉徽，風度更清新。翠射娉婷雲八尺，誰爲寫，五湖春。”俱幽蒨圓潤，不減史梅溪，可想見此老風情。《明秀集》六卷，今僅存前三卷，原藏常熟瞿氏，四印齋有刻本。余嘗於《中州樂府》、《陽春白雪》等書中輯出十三首，乃後三卷佚詞，刊入《宋金元名家詞補遺》中，學者應互參也。

（三）元好問　好問字裕之，太原秀容人。興定五年進士，歷官左司都事，轉行尚書省左司員外郎。金亡不仕。有《遺山樂府》三卷。錄《鷓鴣天》四首：

　　　　十步宮香出繡簾，惱人簾底月纖纖。五花驕馬垂楊渡，孤負仙郎側帽簷。　秋澹澹，酒厭厭。新詩和恨入香匳。相思恰似鴛鴦錦，一夜新涼一夜添。

　　　　候館燈昏雨送涼，小樓人靜月侵牀。多情卻被無情惱，今夜還如昨夜長。　金屋暖，玉鑪香。春風都屬富家郎。西園無限相思樹，辛苦梅花候海棠。

　　　　玉立芙蓉鏡裏看，鉛紅無地著邊鸞。半衾幽夢香初散，滿紙春心墨未乾。　深院落，曲闌干。舊歡新恨苧衣寬。幾時忘得分攜處，黃葉疏雲渭水寒。

　　　　著意尋春苦未遲，無情風雨妒芳期。青樓天遠無書到，繡被寒多祇夢知。　雲澹濘，月低迷。洛陽山色見愁眉。何時重解香羅帶，細看春風玉一圍。

遺山《鷓鴣天》宮詞《妾薄命辭》等三十八闋，哀感頑豔，
怨悱莫測，極往復低徊、掩抑零亂之致。有云"麀裘孤坐千峰
雪，耐與青松老歲寒"，又云"長安西望腸堪斷，霧閣雲窗又幾
重"，無非故國之思。所謂託興房帷，寄懷家國，蓄豔於外，醇
至於內，遺山殆近之矣。遺山晚年以著作自任，以金源氏有天
下，典章法度，庶幾漢唐，國亡史作，己所當任。時《金實錄》
在順天張萬戶家，乃言於張，願爲撰述，既而爲樂夔所沮。遺山
曰："不可令一代之跡，泯而不傳。"乃構亭於家，著述其上，
因名曰野史。凡金源君臣遺言往行，採摭所聞，至百餘萬言。今
所傳者，僅《中州集》十卷《樂府》一卷。金人文獻得未盡亡
者，皆遺山之力焉。遺山樂府當時名振南北。張叔夏評之曰：
"遺山詞深於用事，精於鍊句，風流蘊藉處不減周秦。"實則遺
山詞亦渾雅，亦博大，有骨幹，有氣象，確從北宋人境界中得
來，其高處酷似東坡，其淺處亦不減劉龍洲。《樂府》自序云，
"歲甲午，予所錄遺山新樂府成。客有謂予曰：'子故言宋人詩
大概不及唐，而樂府歌詞過之，此論殊然；樂府以來東坡爲第
一，以後便到辛稼軒，即不論。且問遺山得意時，自視秦晁賀晏
諸人爲何如?'予大笑，拊客背云：'那知許事，且噉蛤蜊。'客
亦笑而去"云云，是遺山平昔之旨趣可見也。玉田所云，蓋指
《浪淘沙》、《鷓鴣天》諸詞言之，實非探本之論。遺山又別有
《鷓鴣天》一闋述志云："華表歸來老令威，頭皮留得姓名非。
舊時逆旅黃粱飯，今日田家白板扉。　沽酒市，釣魚磯。愛閑真
與世相違。墓頭不要征西字，原是中原一布衣。"其襟懷灑落，
氣節凜然，視稼軒爲何如也。

第六章　元人詞概

元人以北詞擅場，詞譜大半無傳。《董解元西廂》及無名氏

《劉知遠傳》皆諸宮調體，成書遠在元滅宋以前。中如《醉落魄》、《點絳脣》、《哨徧》、《沁園春》、《滿庭芳》之類，皆以詞名入曲，而格調已略有出入。元人雜劇套數，仍而不變，每有名稱如舊而歌法句法全非者。作家雖多，亦如唐人之於漢魏樂府，宋人之於近體詩，未必悉能付之管絃，登之歌場。蓋已形成紙上之文藝，而非樂工之腔律矣。解語花歌《驟雨打新荷》，陳鳳儀歌《一絡索》，真如空谷足音，殊不多見。綜而論之，開國之初，許魯齋之《滿江紅》，張弘範之《臨江仙》，不過餘技及之，非復專門之業。他如劉太保之《乾荷葉》，馮子振之《鸚鵡曲》，皆北曲小令，非宋詞舊調。程鉅夫、盧疏齋輩出，咸有述作，然名過於實，無多足稱。及乎仇仁近振聲於錢唐，張仲舉飇舉於河北，一則從清俊婉孌之筆，寄故國之遐思，一則以軼塵拔俗之才，紹兩宋之絕業，斯道不替，實深賴之。其後張埜、倪瓚、顧阿瑛、陶宗儀，雖行歌贈答，賡續雅音，然興會未舉，文采不隆。邵復孺出，如雞中之鶴，冠絕當時，論者謂殿步一朝，非溢美也。茲分論如左：

（一）趙文　文字儀可，號青山，盧陵人。嘗任東湖書院山長。有《青山詞》一卷。錄《鶯啼序》一首：

　　　東風何許紅紫，又匆匆吹去。最堪惜、九十春光，一半情緒聽雨。到昨日、看花去處，如今盡是相思樹。倚斜陽、脈脈多情，燕子能語。　自怪情懷，近日頓懶，憶劉郎前度。斷橋外、小院重簾，那人正柳邊住。問章臺、青青在否。芳信隔、夢魂無據。想行人，折盡柔條，滾愁成絮。閑將杯酒，苦勸羲和，攬轡更少駐。怎忍把、芳菲容易委路。春還倒轉歸來，爲君起舞。寸腸萬恨，何人共說。十年暗灑銅仙淚，是當時、滴滴金盤露。思量萬事成空，祇有初心，英英未化爲土。　浮生似客，春不怜人，人更憐春暮。君不見、青樓朱閣，舞女歌童，零落山丘，便房幽戶。長門詞賦，沈香樂府，悠悠誰是知音者，且綠陰多處修花譜。殷勤更倩啼鶯，傳語風光，後期莫誤。

青山詞皆故國之思，今散見於《大典》本《青山集》、鳳林書院本《草堂詩餘》及《翰墨大全》者，僅得三十一首。《鶯啼序》二闋自是壓卷之作，沈厚老蒼，古今來所未有也。其第二闋首疊云："秋風又吹華髮，怪年光暗度。最可恨、木落山空，故國芳草何處。看前古、興亡墮淚，誰知歷歷今如古。聽吳兒唱徹庭花，又翻新譜。"一起便有無限感慨。次章云："腸斷江南，庾信最苦，有何人共賦。天又遠，雲海茫茫，鱗鴻似夢無據。怨東風、不如人意，珠履散、寶釵何許。想故人、月下沈吟，此時誰訴。"傷往念遠，情見乎詞。三章云："吾生已矣，如此江山，又何懷故宇。不恨賦歸遲，歸計大誤。當時祇合雲龍，飄飄平楚。男兒死耳，嚶嚶呢呢，丁寧買履分香事。又何如、化作胥潮去。東陵豈是無能，成敗紛紛，歸來手種瓜圃。"與前闋"祇有初心，英英未化爲土"同一用意。末章云："膏殘夜久，月落山寒，相對耿無語。恨前此、燕丹計早，荊卿才疏。易水衣冠，總成塵土。鬪雞走狗，呼盧蹴鞠。平生把臂江湖舊，約何時、共話連牀雨。王孫招不歸來，自採黃花，醉扶山路。"一結尤令人神往，作者蓋有禾黍秋風之感矣。元初盧陵多隱君子，鄧中齋、劉將孫皆以詞名，與青山鼎足而三。前人謂鳳林書院《草堂詩餘》所收皆勝國遺民詞，恂確論也。青山別有《大酺·感春》詞，亦淒麗，亦沉厚，可與《鶯啼序》同讀之。

（二）白樸　樸字太素，又字仁甫，真定人。有《天籟詞》二卷。錄《奪錦標》一首：

　　霜水明秋，霞天送晚，畫出江南江北。滿目山圍故國，三閣餘香，六朝陳迹。有庭花遺譜，慘哀音，令人嗟惜。想當時天子無愁，自古佳人難得。　惆悵龍沉宮井，石上啼痕，猶點胭脂紅濕。去去天荒地老，流水無情，落花狼籍。恨青溪猶在，渺重城，煙波空碧。對西風、誰與招魂，夢裏行雲消息。

此太素青溪弔張麗華、孔貴嬪詞也。太素少時鞠養於元遺山，故詞境亦沖淡壯潤，有蘇辛遺風。元白原爲中州世契，兩家子弟每舉長慶故事，以詩文相往還。太素爲廌齋仲子，於遺山爲通家姪。甫七歲遭壬辰之難，廌齋以事遠適。明年春，京城變，遺山遂挈以北渡。自是不茹葷血，人問其故，曰："俟見吾親即如故。"嘗罹疫，遺山晝夜抱持，凡六日，竟於臂上得汗而愈，蓋視親子弟不啻過之。讀書穎悟異常兒，日親炙遺山，聲欬談笑，悉能默記。數年廌齋北歸，以詩謝遺山云："顧我真成喪家狗，賴君曾護落巢兒。"居無何，父子卜居於溽陽。律賦爲專門之學，而太素有能聲。遺山每過之，必問爲學次第。嘗贈之詩曰："元白通家舊，諸郎獨汝賢。"未幾，生長見聞，學問博覽。然自幼經喪亂，倉皇失母。便有山川滿目之歎。逮亡國，恆鬱鬱不樂，以故放浪形骸，期於適意。中統初，開府史公將以所業力薦於朝，再三遜謝，棲遲衡門，視榮利蔑如也。其詞音節協和，輕重穩愜，凡當歌對酒，感事興懷，皆自肺腑中流出，真如天籟，故以天籟名集。江陰孫大雅序之曰："先生少有志於天下，已而事乃大謬。顧其先爲金世臣，既不欲高蹈遠引以抗其節，又不欲使爵祿以干其身，於是屈己降志，玩世滑稽，徙家金陵，從諸遺老放情山水間。"是太素身世與遺山相若，可謂不負遺山矣。集中《咸陽懷古》、《感南唐故宮》諸作，頗多故國之思。賦詠金陵名勝，亦廌荄童禾黍之意。《沁園春·辭謝辟召》一詞，竟擬嵇康山濤絕交故事，仁甫之志向固非同時諸子所可及也。後之人徒知仁甫以《梧桐雨》北劇名，目之曰詞人，豈足以盡仁甫之長哉。

（三）仇遠　遠字仁近，號山村，錢塘人。官溧陽州儒學教諭。有《無絃琴譜》一卷。錄《八聲甘州》一首：

　　　歛雙蛾、冷雨立甀車，離思上青楓。想天階辭輦，長門分鏡，征騎西東。應被嬋娟早誤，誰遣出深宮。鸞袖不堪綰，前事成空。　獨掩琵琶無語，恨主恩太薄，淚臉彈紅。

又爭如漢月，深夜照簾櫳。草青青、年年歸夢，算北來、應
自有征鴻。還堪笑，玉關何事，不鎖春風。

　　此詞疑爲王昭儀輩而作，故國之思，溢於言表。仁近又有
《齊天樂·詠蟬》云：「夕陽門巷荒城曲，清音早鳴高樹。薄剪
綃衣，涼生鬢影，獨飲天邊風露。朝朝暮暮，奈一度淒吟，一番
淒楚。尚有殘聲，驀然飛過別枝去。」下疊云：「雨歇空山，月
籠古柳，彷彿舊曾聽處。離情正苦，甚懶拂冰箋，倦拈琴譜。滿
地霜紅，淺莎尋蛻羽。」淒麗動人，與中仙「一襟餘恨宮魂斷」
一闋殆爲同時所作。詞見《樂府補遺》。所收皆宋遺民唱和之
作，共十三人，中如王沂孫、張炎、唐珏，爲尤著稱。遠有
《金淵集》，皆官溧陽日所作詩，故取投金瀨事爲名。其詞集名
《無絃琴譜》，久佚，嘉靖間孫爾準自《永樂大典》錄出，馮登
府爲之校刊行世。彊村朱氏據鈔本重雕，然亦轉自馮本出，非別
見足本也。遠在元初與白珽齊名，號曰仇白。其後張翥、張羽以
詩詞著稱於元代者，皆出其門。與之唱和者，如周密、趙孟頫、
吾丘衍、鮮于樞、方回、黃溍輩，皆當時知名之士。故仁近所作
詩格調高雅，往往頡頏古人，詞亦清俊疏宕，與中仙、草窗相
近。論元詞者，當自遠始也。

　　（四）張翥　翥字仲舉，晉寧人。至正初，以薦爲國子助
教，累官至河南行省平章政事，兼翰林學士承旨。有《蛻巖詞》
三卷。錄《多麗》一首：

　　　晚山青，一川雲樹冥冥。正參差、煙凝紫翠，斜陽畫出
南屛。館娃歸、吳臺游鹿，銅仙去、漢苑飛螢。懷古情多，
憑高望極，且將尊酒慰飄零。自湖上、愛梅仙遠，鶴夢歲時
醒。空留得，六橋疏柳，孤嶼危亭。　待蘇堤歌聲散盡，更
須攜妓西泠。藕花深、雨涼翡翠，菰蒲軟、風弄蜻蜓。澄碧
生秋，鬧紅駐景，採菱新唱最堪聽。□一片、水天無際，漁
火兩三星。多情月，爲人留照，未過前汀。

　　此《多麗》之正格也，用韻最嚴，可爲吾人效法。仲舉少

時負才不羈，好蹴踘，喜音樂。一旦翻然悔悟，受業於李存之門，又學於仇仁近，由是以詩文名於南北。嘗薄遊揚州，衆聞其名，爭延致之。仲舉肢體昂藏，行則偏竦一肩。韓介玉以詩嘲之曰："垂柳陰陰翠拂簷，倚闌紅袖玉纖纖。先生掉臂長街上，十里朱簾盡上簾。"坐中皆失笑。晚年嘗集兵興以來死節之人爲一編，曰《忠義錄》，識者韙之。仲舉詞爲元代之冠，託體既高，寓意亦遠，其高處在玉田、西麓之間，非同時諸家可及。《綺羅香·雨中舟次洹上》云："水閣雲窗，總是慣曾經處。曾信有、客裏關河，又怎禁夜深風雨。"刻意爲白石，沖味雖減，姿態卻饒。《水龍吟·詠蓼花》云："船窗雨後，數枝低入，香零粉碎。不見當年，秦淮花月，竹西歌吹。"以感慨語出之，意境便厚。此等處皆仲舉特色。卓人月評仲舉《六州歌頭·孤山詠梅》爲集中絕作，然終不及"船窗"數語爲得蓼之神味也。

（五）倪瓚　瓚字元鎮，無錫人。有《雲林詞》一卷。錄《人月圓》一首：

> 傷心莫問前朝事，重上越王臺。鷓鴣啼處，東風草綠，殘照花間。　悵然孤嘯，青山故國，喬木蒼苔。當時明月，依依素影，何處飛來。

此詞沈鬱悲壯，可與吳彥高抗衡。他如《江城子》、《柳梢青》諸作，亦疏俊可誦。元鎮以畫名，所作詩無塵垢氣。句曲張雨、錢唐俞和嘗繕錄其稿。論者謂如白雲流天，殘雪在地，其高潔可知矣。元鎮與陸友仁善，集中有懷友仁詩云："歸掃松陰苔，遲君踐幽約。"可見二人交誼。友仁嘗撰《詞旨》，深得詞中三昧。元鎮之能詞，殆受友仁之薰陶歟。

（六）張可久　可久號小山，慶元人。以路吏轉首領。有《小山樂府》二卷。錄《殿前歡》二首：

> 夜啼烏，柳枝和月翠扶疏。繡鞋香染莓苔露，搔首踟躕。燈殘瘦影孤，花落流年度，春去佳期誤。離鸞有恨，過雁無書。

月籠沙，十年小事付琵琶。相思懶看幃屏畫，人在天涯。春殘荳蔻花，情寄鴛鴦帕，香冷荼蘼架。舊遊臺榭，曉夢窗紗。

小山以北散套小令見稱於時。《太和正音譜》評小山詞如瑤天笙鶴，既清且新，華而不艷，有不食煙火氣味，又如披太華之仙風，招蓬萊之海月。譽之可謂備至。散曲作法與詞似近而略異，詞以渾厚爲主，曲以尖新見長；詞以沈鬱爲佳，曲以淺顯爲上。此其大較也。元人輒於劇曲外兼擅散曲，小山則專以散曲名，其劇曲世無傳者，所作散曲亦以小令爲多。疏淡清麗，與詞之格調相近。故並著之以見元人散曲之一斑焉。

（七）邵亨貞　亨貞字復孺，號清溪，華亭人。有《蛾術詞選》四卷。錄《蘭陵王》一首：

暮天碧，長是登臨望極。松江上、雲冷雁稀，立盡斜陽耿相憶。憑闌起太息，人隔吳王故國。年華晚，煙水正深，難折梅花寄寒驛。　東風舊游歷。記草暗書簾，苔滿吟屐。無情征斾催離席。嗟月墮寒影，夜移清漏，依稀曾向夢裏識。恍疑見顏色。　空惜。鬢毛白。恨莫趁金鞍，猶誤塵跡。何時弭棹蘇臺側。共漉酒紗帽，放歌瑤瑟。春來雙燕，定到否，舊巷陌。

此詞尚有清真風味。其所作《擬古》十首，凡清真、無住、順庵、白石、梅溪、稼軒、遺山、龍洲之作，學之靡不神似，可見其詞學之深。復孺有詠眉目《沁園春》二首，皆側艷語。一則曰：“填來不滿橫秋。料著得、人間多少愁。記魚箋緘啓，背人偷斂，雁鈿膠併，運指輕揉。有喜先占，長顰難效，柳葉輕黃今在否。雙尖鎖，試臨鸞一展，依舊風流。”再則曰：“困酣時倚銀屏。強臨鏡、挼抄猶未醒。憶帳中親覷，似嫌羅密，尊前斜注，翻怕鐙明。醉後看承，歌時鬬弄，幾度孜孜頻送情。難忘處，是香羅搵透，別淚雙零。”蓋仿劉龍洲詠指甲及足而作。然龍洲此二詞亦非其集中最佳之作，而世獨盛譽之。世人竟以此二詞概復孺，真不知詞爲何物者也。清人朱竹垞《茶煙閣體物集》又詠及腰肩諸題，乾隆間新安朱昂有《百緣語業》一卷，分性、相、地、水、火、風、空、有、迷、悟十部以詠美人，悉以《沁園春》調出之。此皆改之、復孺之罪人，不足以語於大雅也。

第七章　明人詞概

詞至明代，可稱中落之期。考其原委，有二端焉。開國之初，沿胡元餘緒，青田、青邱尚能接步騷雅。永宣以後，才士寫情，不離乎閨閫。藝苑定論，無取乎忠愛。託體不高，難言大雅。此一蔽也。中葉以後，李于鱗跋扈於前，汪伯玉簸播於後，詩道既卑，詞更無稱。"衣香百合"，祇《花間》之餘音；"落英千片"，亦《草堂》之墜響。升庵《詞品》，無非囈語；弇州《卮言》，竟號當行。此二蔽也。況乎嘉隆以還，南詞遍於海內，新謳傳於吳下。湯義仍祇工回文，阮圓海惟長綺語。謎辭尊於中麓，掛枝倡於子猶。樂府既絕，繁響滋多，詞道不振，有由來焉。自劉青田迄萬年少，略論如下。

（一）劉基　基字伯溫，青田人。洪武初官至御史中丞，封誠意伯。爲胡惟庸所害。有《寫情集》四卷。錄《千秋歲》一首：

> 淡煙平楚，又送王孫去。花有淚，鶯無語。芭蕉心一寸，楊柳絲千縷。今夜雨，定應化作相思樹。　憶昔歡遊處，觸目成前古。良會知何許，百盃桑落酒，三疊陽關句。情未了，月明潮上迷津渚。

青田詞翰爲明初冠冕，詩餘亦清麗工整，得宋人神味。如《轉應曲》云"秋雨秋雨，窗外白楊自語"，《青門引》云"相憐自有明月，照人肺腑清如水"，《漁家傲》云"亂鴉啼破樓頭鼓"，《花犯》云"餘香怨繡被"，《踏莎行》云"愁如溪水暫時平，雨聲一夜依然滿”，《謁金門》云“風嫋嫋，吹綠一庭春草”，《渡江雲》云“定巢新燕子，睡起雕樑，對立整烏衣”，《山鬼謠》云“離亂尚在郊樹，月深星暗蒼梧遠，化作杜鵑歸去”，皆妙超入化。王元美評之云：“伯溫穠纖有致，去宋尚隔一塵。”此不獨青田爲然，元以來人非無名作，然終覺氣息太薄，欲求一史梅溪、陳西麓尚不可得，遑論周秦晏柳耶？青田出語清奇，非後來馬浩瀾輩所可及。自是以後，每況愈下，《花間》、《草堂》爲獨得之秘，蓋當時文人心思才力，競尚南曲，詞非當行，無怪其流爲淫辭穢語也。《寫情集》四卷，有洪武小字刊本，嘉靖後編入全集者已多譌字矣。

（二）高啓　啓字季迪，長洲人。隱於吳淞江之青邱，自號青邱子。洪武初召入纂修《元史》，授編修，擢戶部侍郎。坐魏觀罪腰斬。有《扣舷詞》一卷。錄《天仙子》一首：

> 憶共當年遊冶伴，愛聽秦娥青玉案。瑣窗春曉酒初醒。鶯也喚，人也喚，不問誰家花好看。　舊事那知回首換，畫舫空閒楊柳岸。相思日暮隔梁園。山一半，水一半，望眼別腸齊欲斷。

青邱與楊基、張羽、徐賁友善，四人皆吳産，皆妙於詩，世以之擬初唐四傑。實則青邱詩錚錚獨造，遠勝於詞。《扣舷》一詞，纔數十首，不過餘藝爲之耳。詞以疏曠見長，與青田相近。《石州慢·春思》一首，爲集中壓卷之作。詞云：“妖冶。憶曾攜手，鬭草闌邊，買花簾下。看鹿盧低轉，秋千高打。如今何處，總有團扇輕衫，與誰更走章臺馬。回首暮山青，又離愁來也。”疏朗圓潤，脫口而出，泂才人筆調也。他如《沁園春·詠雁》、《多麗·弔七姬》、《行香子·詠芙蓉》諸作，亦清麗可誦。青邱以撰蘇州府《上梁文》爲御史張度所劾，與知府魏觀同棄市。明祖猜疑群下，雖青田尚不免，青邱之死，固又因題宮女圖。假令觀建府治不在張氏故基，雖有讒者，亦未必罪至死，惜乎其竟以《上梁文》罹禍也。

（三）楊基　基字孟載，嘉州人，家吳中。洪武初知滎陽縣，歷山西按察副使。有《眉庵詞》一卷。錄《燭影搖紅》一首：

　　　　花影重重，亂紋匝地無人捲。有誰惆悵立黃昏，疏映宮妝淺。祇有楊花得見，解匆匆、尋芳覓便。多情長在，暮雨廻廊，夜香庭院。　　曾記揚州，紅樓十里東風軟。腰肢半露玉娉婷，猶恨蓬山遠。閒悶如今怎遣，看草色、青青似剪。且教高揭，放數點春，一雙新燕。

此孟載詠簾詞也，頗有史梅溪格調。孟載以詩名。少時見楊廉夫，命賦鐵笛。詩成，廉夫喜曰："吾意詩境荒矣，今當讓子一頭地。"當時有老楊小楊之目，其詩之名重可知。詞特其餘技耳。詞饒有新致，以工麗見長，開明人競尚花草之先聲。如《清平樂》云："當時纖手琵琶，東風小雨窗紗。今夜相思何處，月明滿樹梨花。"《浣溪沙》云："軟玉鏤成鸚鵡架，泥金鐫就牡丹牌，明朝相約看花來。"殊傷纖巧。明人詞大抵如此，此風殆自孟載《眉庵詞》始也。

（四）夏言　言字公謹，貴溪人。歷官吏部尚書，諡文愍。有《桂翁詞》六卷。錄《鶴衝天》一首：

　　　　臨水閣，倚風軒。細雨熟梅天。一池春水碧荷圓，榴花紅欲燃。　　薄羅裳，輕紈扇。睡起綠陰滿院。曲闌斜轉正閒憑，何處玉簫聲。

貴溪相國喜爲長短句，其所作《玉堂餘興》，初刻於吳郡，再刻於鉛山，三刻於閩中，四刻於畿南，五刻於金陵。前後三十年，凡數付剞劂，古今詞家所未有也。有明一代，樂府道衰。《寫情》、《扣舷》，尚有宋元遺響。仁宣以後，茲事幾絕。獨文愍以魁碩之才，起而振之，豪壯典麗，與于湖、劍南爲近。王元美評其詞最號雄爽，且以擬諸稼軒，自是不刊之論。方其入正郊廟，出扈禁蹕，一詞朝傳，萬口暮誦。同時諸公，皆摹擬其體格。門生故吏，爭相傳刊。雖居勢使然，抑其風流文采自有以發之也。及乎白首對獄，朝赴東市，未及百年，黯然無聞。或謂求如前代所謂曲子相公亦不可得，是可慨也。文愍尚有《鷗園新曲》一卷，乃小令散套集，附詞集後，亦壯麗如其詞。

（五）陳鐸　鐸字大聲，下邳人，徙家南京。官指揮使。有《坐隱先生草堂餘意》一卷。錄《浣溪沙》一首：

　　波映橫塘柳映橋，冷煙疏雨暗亭皋，春城風景勝江郊。
花蕊暗隨蜂作蜜，溪雲還伴鶴歸巢，草堂新竹兩三梢。

大聲詞全明不能有二。樂章之敷腴，清真之沈著，漱玉之縝麗，大聲兼而有之。所撰《草堂餘意》，傳世至罕見。臨桂況周頤嘗得一本，爲王幼遐假去，擬付手民，即遭遺失，至可惜也。大聲小令、套數名《秋碧樂府》、《梨雲寄傲》，今尚有傳本，典麗高妙如其詞，爲有明中葉曲家冠冕。能詞者不能工曲，能曲者不能工詞，古今來詞曲兼工者，白仁甫外僅大聲一人而已。

（六）楊慎　慎字用修，號升庵，新都人。正德六年進士，授修撰。嘉靖甲申兩上議大禮疏，廷杖謫戍雲南永昌衛，卒於戍所。天啓初追諡文憲。有《升庵詞》二卷。錄《滿江紅》一首：

　　露重風香，韶華淺、玉林無葉。誰剪碎、遍地瓊瑤，滿園蝴蝶。嬌淚一枝春帶雨，粉英千片光凝雪。伴鞦韆、影裏月明中，傷離別。　　花在手，腸如結。人對酒，情難說。憶故園遊賞，清明時節。今日相逢滇海上，驚看爛熳開正月。更收燈、庭院峭寒天，啼鵑歇。

此用修謫戍滇南日所作梨花詞也。用修著書數百卷，號爲博洽。嘗輯《百琲明珠》、《詞林萬選》，真贗不分，古今雜糅，不及後此陳耀文《花草粹編》遠甚。《詞品》一編，札錄諸家傳記選集爲之，間下考語，亦多偏駁。率爾操觚，騰笑後世，無足道也。在永昌日，曾紅粉傅面作雙丫髻插花，令諸妓扶觴遊行，了不愧怍。吳江沈自晉後爲譜《簪花髻》雜劇，詞塲艷稱之，實則無聊之至，徒貽後人口實而已。又嘗草《太和記》傳奇，雜採古今逸事，各爲起訖，譜之管絃，開詞家未有之格式。沈寧庵

《博笑記》即仿用修而作，其散曲集號《陶情樂府》，古頑蒼勁，有元人風格。如"費長房縮不盡相思地，女媧氏補不完離恨天"，又"傲霜雪鏡中紫髯，任光陰眼前赤電，仗平安頭上青天"，皆未經人道語。其夫人亦善曲，有《楊夫人詞餘》傳世。

（七）張綖　綖字世文，高郵人。正德癸酉舉人。官武昌通判，遷知光州。有《南湖集》，附詞一卷。錄《風流子》一首：

> 新陽上簾幌，東風轉、又是一年華。正駞褐寒侵，燕釵春裊，句翻詞客，簪鬬宮娃。堪娛處、林鶯啼煖樹，渚鴨睡晴沙。繡閣輕煙，剪燈時候。青旌殘雪，賣酒人家。　此時應重省，瑤臺畔、曾遇翠蓋香車。惆悵塵緣猶在，密約還賒。念鱗鴻不見，誰傳芳信。瀟湘人遠，空採蘋花。無奈疏梅風景，碧草天涯。

南湖詞不及廿闋，此爲其壓卷之作。風流蘊藉，不類明人手筆。嘗著《詩餘圖譜》，取宋人歌詞擇聲調和諧者一百十首，彙而譜之，各圖其平仄於前，而綴詞於後。有當平當仄、可平可仄二例，往往不據古詞，意爲填注，與清季舒夢蘭《白香詞譜》體例正同。於古人故爲拗句以取抗墜之節者，多改諧詩句之律，其妄謬可知矣。南湖嘗學詞於王西樓。西樓名磐，亦高郵人，爲南湖外舅。今集中《西樓樂府弁言》所謂"不肖甥張守中"者，即綖自稱也。綖嘗校刊《秦淮海全集》，爲世推重。

（八）陳子龍　子龍字臥子，青浦人。崇禎十年進士，官至兵部侍郎。明亡殉節。有《湘真閣詞》一卷。錄《山花子》一首：

> 楊柳淒迷曉霧中，杏花零落五更鐘。寂寂景陽宮外月，照殘紅。　蜨化彩衣金縷盡，蟲銜畫粉玉樓空。惟有無情雙燕子，舞東風。

《湘真閣詞》風流婉麗，意內言外，非用修、弇州輩所能到。如《江城子》云："楚宮吳苑草茸茸，戀芳叢，繞遊蜂。料得來年相見畫屏中。人自傷心花自笑，憑燕子，罵東風。"《蝶

戀花》云："今夜霜花樓外滑，一曲屏山，遮過燈明滅。幾陣紗
窗聲不歇，夢中又到愁時節。"《天仙子》云："北望音書迷故
國，一江春水無消息。強將此恨問花枝。嫣紅積，鶯如織，我淚
未彈花淚滴。"《千秋歲》云："章臺西弄，纖手曾攜送。花影
下，相珍重。玉鞭紅錦袖，寶馬青絲鞚。人去後，簫聲永斷秦樓
鳳。　菡萏雙燈捧，翡翠香雲擁。金縷枕，今誰共。醉中過白
日，望裏悲青冢。休恨也，黃鶯啼破前春夢。"柴虎臣所謂華亭
腸斷，宋玉魂消，惟臥子有之，洵不誣也。

（九）夏完淳　完淳一名復，字存古，江南華亭人。允彝
子。官中書舍人。年十七，以明亡殉節。有《玉樊堂詞》一卷。
錄《燭影搖紅》一首：

辜負天工，九重自有春如海。佳期一夢斷人腸，靜倚銀
釭待。隔浦紅蘭堪採，上扁舟，傷心欸乃。梨花帶雨，柳絮
迎風，一番愁債。　回首當年，綺樓畫閣生光彩。朝彈瑤瑟
夜銀箏，歌舞人瀟灑。一自市朝更改，暗銷魂、繁華難再。
金釵十二，珠履三千，淒涼千載。

夏節愍年十七殉國難，詞人中所未有也。謝枚如詞話稱其所
作如猿唳，如鵑啼，略得其似，唯所舉《鵲踏枝》、《千秋歲》
二闋及《一斛珠》、《憶王孫》斷句則猶非其至者。《魚游春水·
·春暮》云："離愁心上住，捲盡重簾推不去。簾前青草，又送一
番愁句。鳳樓人遠簫如夢，鴛枕詩成機不語。兩地相思，半林煙
樹。　猶憶那回去路，暗浴雙鷗催晚渡。天涯幾度書回，又逢春
暮。流鶯已爲啼鵑妒，蝴蝶更禁絲兩誤。十二時中，情懷無
數。"《柳梢青》云："瞑宿吳江，風燈零亂，一晌相思。"《鵲
橋仙》云："猛然聽得杜鵑啼，又早是、一輪明月。"慷慨淋漓，
聲哀以思，殿步一朝，非梅村、秋岳輩所可同日語也。

（十）萬壽祺　壽祺字年少，銅山人。有《遯渚唱和集》一
卷。錄《蝶戀花》一首：

港口鱗鱗風乍起。三尺籬門，擺住孤邨尾。落盡午潮漁

岸圮，推窗一片黃梅水。　　香入回廊花幾里，僧殿無聲，燈影紗龕紫。展罷藥闌人獨倚，疏鐘暗度空江裏。

《遯渚唱和集》所收萬年少詞不及二十首，無一非故國之思，一種清剛之氣，直不可及。如《望江南》云：“江上王孫悲暮雨，天涯客子憶秋風，離思寄芙蓉。”《漁家傲》云：“雨漬藕塘紅欲釀，雙籬垂葉青相向。亭外夕陽黃竹杖，閒來往，一聲啼鳥千谿響。”《浪淘沙·荷花》云：“秋瘦晚妝殘，欲語無言。明朝一葉到人間。錯認相思題不得，紅淚偷傳。”皆脫盡煙火氣。

（據北京大學出版組印行講義整理。此稿又名《詞史》，現僅存第一至第七章）

王子高芙蓉城故事考

宋王子高芙蓉城遇周瓊姬事，幽艷絕奇，與《雲溪友議》玉簫女事頗相類似。自胡徽之爲之傳：

《芙蓉城傳》：王迴子高，初遇一女，自言周太尉女，冥契當侍巾幘。既去，衾枕之屬，餘香不散。由此倏忽去來。一夕，夢周道服而至，謂王曰："我居幽僻，君能一往否？"喜而從之，但覺其身飄然。須臾過一嶺，珍禽佳木，清流怪石，殿閣金碧相照。遂與王自東廂門入，循廊至一殿庭，甚雄壯。下有三樓，相對而聳，亦甚雄麗。廊門半開，周忽入，王少留。須臾，周與一女郎至。周曰："三山之事息乎？"女曰："雖已息，奈情何！"於是拊掌而去。遂巡東廊之門，門啓，有女流道妝而出者百餘人，立於庭下。俄聞殿上捲簾，有美丈夫一人朝服憑几，而庭下之女循次而上。少頃，憑几者起，簾復下，諸女流亦復不見。周遂命王登東廂之樓。梁上題曰"碧雲"，其字則《真誥》八龍雲篆。王未及下，一女郎登，年可十五，容色嬌媚，亦周之比。周謂王曰："此芳卿也。"夢之明日，周來。王語以夢，周笑曰："芳卿之意甚勤也。"王問何地，周曰："芙蓉城也。"曰："憑几者誰？三山之事何謂？"周皆不對。王問："芳卿何姓？"曰："與我同。"王感其事，作詩遺周。周臨別，留詩云："久事屏幃不暫閑，今朝離意尚闌珊。臨行惟有相思淚，滴在羅衣一半斑。"

蘇東坡、王荊公爲詩記之。

《芙蓉城》詩序："世傳王迴子高與仙人周瑤英遊芙蓉

城。元豐元年三月，余始識子高，問之，信然，乃作此詩，極其情而歸之正，亦變風止乎禮義之意也。”（荆公有和詩，說見《避暑錄話》、《能改齋漫錄》及《東坡詩集注》）

而孔毅父、張右史輩與子高投贈之作，亦道及子高遇豔事。

孔毅父集《呈王子高殿丞絕句》一首：“天上人間事不同，相思何日卻相逢。芙蓉城在蓬萊外，海闊波深千萬重。”

《張右史文集》卷十《王子開朝散早年以疾病謝事還江陰求詩爲別》：“避祿免危疾，棄鉛得黃金。鬚眉藹如漆，便覺老難侵。江湖足幽遯，市卒或可尋。莫思芙蓉子，丹田亂君心。”（三首錄一）

宋人傳記如王明清《玉照新志》、趙彦衛《雲麓漫鈔》、葉夢得《避暑錄話》亦各有記述，而以王氏《新志》爲最詳。

趙彦衛《雲麓漫鈔》卷十云：“王迥字子高，族弟子立爲蘇黃門婿，故兄弟皆從二蘇遊。子高後受學于荆公。舊有周瓊姬事，胡徽之爲作傳，或用其傳作《六么》，東坡復作《芙蓉城詩》以實其事。迥後改名蘧，字子開，宅在江陰。予曩居江陰，常見其行狀，著受學荆公甚詳。紹興間，其家盡裒東坡兄弟往來簡帖示人，然散失亦多矣。”

王明清《玉照新志》卷一云：“王子高遇芙蓉仙人事，舉世皆知之。子高初名迥，後以傳其詞遍國中，於是改名蘧，易字子開。與蘇、黃遊甚稔，見於尺牘。東坡先生又作《芙蓉城詩》。訣別之時，芙蓉授神丹一粒，告曰：‘無戚戚，後當偕老于澄江之上。’初所未喻。子開時方十八九，已而結婚向氏，十年而鰥居。年四十，再娶江陰巨室之女，方二十矣。合巹之後，視其妻，則倩盼冶容，修短合度，與前所遇無纖毫之異。詢以前語，則惘然莫曉。而澄江，江陰之里名也。子開由是遂爲澄江人焉。服其丹，年八十餘，康強無疾。明清壬午歲從外舅帥淮西，子開之孫明之譓在幕府，相與遊從，每以見語如此。此事與《雲溪友議》玉簫事絕相類。子開，趙州人，忠穆馥之孫（案：王馥《宋史》有傳），虞部員外郎正路之子，仕至中散大夫，晚守濡須，祠堂在焉。賀方回爲子開挽詩，詞云：‘我昔官房子，嘗聞忠穆賢。’又云：‘和璧終歸趙，干將不葬吳。’今乃印在秦少游集中。明之子即爲和寧也。少游沒于元符末，子開大觀中猶在，其誤明矣。”（案：賀詩今仍在《淮海後集》卷三，凡五律五首）

葉夢得《避暑錄話》卷上云：“世傳王迥芙蓉城鬼仙事，或云無有，蓋託爲之者。迥字子高，蘇子瞻與迥姻家，爲作歌，人遂以爲信。俞澹清老云：王荆公嘗和子瞻歌，爲其兄紫芝誦之。紫芝請書于紙，荆公曰：‘此戲耳，不可以誦。’故不傳，猶記其首語云：神仙出沒藏杳冥，帝遣萬鬼驅六丁。”（案：今《臨川集》無此詩）

蓋胡氏所傳，今惟於施注蘇詩中見之，其有刪節與否不可知。東坡亦僅序子高遇艷及泣別事，於偕老澄江云云，不提一字。蓋東坡與子高爲同時，其見子高時，子高尚未重婚也。明清於子高爲後輩，且與子高之子孫相謚，故記之特詳。厥後陳元靚《事林廣記》（十）亦襲其文。而《武林舊事》（十）官本雜劇段數中，有《王子高六么》一目，則南宋時亦演入大曲。故吳夢窗詠木芙蓉《惜秋華》詞中，亦引爲典實，則當時傳播之廣可知。

吳文英《惜秋華》（木芙蓉）詞云：“路遠仙城，自王郎去後，芳卿憔悴。錦段鏡空，重鋪步障新綺。凡花瘦不禁秋，幻膩玉、腴紅鮮麗。相攜，試新妝乍畢，交扶輕醉。長記斷橋外，驟玉驄過處，千嬌凝睇。昨夢頓醒，依約舊時眉翠。愁邊暮合碧雲，倩唱入、六么聲裏。風起舞，斜陽，闌干十二。”（原注：大曲六么，王子高芙蓉城事，有樓名碧雲）

　　原芙蓉城之爲仙境，當時已早有傳說。歐陽文忠《六一詩話》載："石曼卿卒後，有人見之，云主芙蓉城。"又《能改齋漫錄》卷十七、《錦繡萬花谷》卷二十六引張師古《括異志》載："諸女御迎丁度爲芙蓉館主。"故東坡《芙蓉城》詩首有"芙蓉城中花冥冥，誰與主者石與丁"之句。此外《輟耕錄》中金人院本名目有《鬧芙蓉城》一本，恐其本事或早在王子高前。則世有芙蓉之名，實不自子高遇豔事始。《避暑錄話》載："有言韓宗武年二十餘時，有所遇如子高。"則爲此傳說者，又不止子高一人。意者，子高懷才莫識，或少時有此豔遇，而當時適以芙蓉城爲美談，遂爲此說以寄其所思，而非實有其事。故王荊公以爲不足爲訓，亦有由來矣。往觀明李詡《戒庵隨筆》，患其所考引證未詳，因旁稽他書，爲記之如次。

（原載《國立中山大學語言歷史學研究所週刊》第二集第二十四期，1928 年 4 月）

崇高的友誼

——記蘇聯政府贈送的《劉知遠諸宮調》和《聊齋圖說》

1958 年 4 月，蘇聯政府把多年來寶藏的金刻本《劉知遠諸宮調》四十二葉和繪圖本《聊齋圖說》四十六冊，送還我駐蘇大使館。這批珍貴的文物，已於同年 7 月由中央人民政府文化部撥交北京圖書館庋藏。這是繼 1951 年蘇聯列寧格勒大學東方學系圖書館送還《永樂大典》十一冊和 1955 年蘇聯列寧圖書館送還《永樂大典》五十二冊之後，再一次贈送我們的珍貴文物。這不是泛泛的物質的贈予，而是崇高的偉大的國際主義精神的具體表現，祇有蘇聯纔能這樣熱情地慷慨地把自己歷年搜集到的最珍貴的中國古典文學遺產贈送給我們，我們謹在此表示萬分的欽佩和感謝！

"諸宮調"相傳是北宋末年澤州孔三傳創造的一種新的說唱文學形式。它是唐朝的"變文"，宋朝的"大曲"、"鼓子詞"的繼承者，同時又是後代"寶卷"、"彈詞"、"大鼓書"的祖先。北宋時趙德麟的《西廂會真記鼓子詞》，是用商調中的《蝶戀花》曲牌反復做了十二首，中間夾敘著《會真記》原文寫成的。宋朝"大曲"的編組形式，也和"鼓子詞"相類似。所以，"鼓子詞"和"大曲"，祇能算是"單宮調"而不是"諸宮調"。"諸宮調"，則是根據隸屬於同一宮調中的某些曲牌採用簡單的或和元雜劇相類似的複雜的聯套方式來敘著一些故事情節寫成的。因為故事情節錯綜複雜，聯套的方式也就多種多樣。採用的宮調少則十四種（《劉知遠諸宮調》），多則十五種（《董解元西廂記》），所以這種新的說唱文學，當時人就叫它"諸宮調"。

　　"諸宮調"在 12 世紀到 14 世紀民間流行的說唱文學中最負盛名，也最能吸引群眾。有不少無名作家經常創作着很多脚本來供應藝人們"做場"時說唱。當時說唱"諸宮調"的女藝人像《水滸傳》描寫的白秀英說唱"雙漸趕蘇卿"那樣，又像元人石君寶寫的《諸宮調風月紫雲亭》雜劇中韓楚蘭說唱的"三國志"、"五代史"、"七國志"、"雙漸臨川令"那樣，在勾欄瓦舍中，廣大人民都非常喜愛這種富有現實主義傳統的新興文學。"諸宮調"雖然風行了一個時期，但因爲受到統治階級的御用文人的輕視和排斥，到元以後多數失傳了，幸而流傳下來的，也殘缺了。《劉知遠諸宮調》就是現存的最早的一種，是 12 世紀中葉的作品，稍後董解元作《西廂記諸宮調》，元人王伯成又把唐明皇楊貴妃的故事寫成《天寶遺事諸宮調》，現在我們還能讀到董作的全部和王作的一部分，天壤間流傳的"諸宮調"，目前祇此三種而已。

　　《劉知遠諸宮調》，我們定它爲金刻本，而且肯定它是山西平陽一帶書坊刻本，即所謂"平水本"（"平水"是平陽附近一條水名）。這是因爲這書的紙質、版式、刊工刀法和字體，和故宮天祿琳琅舊藏的金刻本《曾子固先生集》、潘氏滂喜齋舊藏的金刻本《雲齋廣錄》、內閣大庫舊藏的《五音集韻》等書都非常相似，和元初平水本《證類本草》、《通鑑詳節》也相彷彿。和它同時發現的還有一幅極負盛名的金代大型版畫平陽姬氏刻的"四美人圖"。"四美人圖"既是平水本，那末《劉知遠諸宮調》，也該是同時代的作品了。

　　《劉知遠諸宮調》的原作者，爲了藝人們說唱時劃分段落方便起見，把故事劃成十二段。今僅存殘本五段：

　　　知遠走慕家莊沙陀村入舍第一
　　　知遠別三娘太原投事第二
　　　知遠充軍三娘剪髮生少主第三
　　　知遠投三娘與洪義廝打第十一

　　君臣弟兄子母夫婦團圓第十二

　　其中第三段的大半和第四段至第十段的七段，都已缺失。劉知遠故事，宋以後市井間說書人和曲藝界、戲劇界認爲是一個很好的講史體的題材，大家都歡喜寫作它、說唱和排演它。《五代史平話》詳載其事，元人《白兔記》傳奇則專門描繪劉知遠投軍和他的妻李三娘在家"汲水推磨，磨房中產下嬰兒，當時痛苦咬兒臍"等情節，但在《劉知遠諸宮調》中，因爲原書佚去了大部分，其中有無三娘"咬兒臍"情節，現已無從肯定了。

　　《劉知遠諸宮調》的原作者，和董解元一樣，是一個富有現實主義傳統的有經驗的作家。他具有詩人的天才和非常豐富的想象力，他比董解元更能熟練地運用極樸素本色的大眾語來編寫這個動人的民間故事。有些方言俚語，還需要從各方面收集材料來進行分析研究，系統地加以注釋，纔能徹底地了解它的意義。

　　《劉知遠諸宮調》，二十多年前北京琉璃廠來薰閣書店出版過一個影印本，1935 年鄭振鐸先生又把它加了標點編入《世界文庫》第二冊。這兩個本子，都是直接或間接從蘇聯傳來的。但是原本面貌究竟怎樣，大家都無法知道。現在這本書已保藏在國家圖書館的書庫裏，古典文學和古典文學史的研究工作者，都能夠從這裏吸取營養來豐富他們的研究成果，而物質文化史的研究工作者，也可以從這裏看到平水本的真正面貌，那喜悅和激動的心情，是難以言語形容了。

　　《聊齋圖說》前二冊已缺失，今僅存四十六冊。一百年前的畫工們，把《聊齋》故事畫成很工緻的五彩冊頁，也是研究《聊齋》和繪畫史的人們很值得注意和參考的。

（1958 年 7 月 20 日）

（原載《文物參考資料》1958 年第 7 期）

《天寶遺事諸宮調》校輯

目　錄

天寶遺事引

天寶遺事

遺事引

一、明皇寵楊妃

二、明皇御苑賞花

三、楊妃澡浴

四、楊妃出浴

五、楊妃梳妝

六、太真悶酒

七、楊妃病酒

八、玄宗捫乳

九、楊妃胜腰

一〇、媾歡楊妃

一一、楊妃鞋

一二、楊妃藏鈎會

一三、楊妃上馬嬌

一四、長生殿慶七夕

一五、十美人賞月

一六、明皇探月宮

一七、明皇遇妖魔

一八、妖魔擋明皇

一九、明皇哀告葉靖

二〇、明皇飛上月宮

二一、明皇觀月宮天仙起舞

二二、明皇喜月宮

二三、明皇遊月宮

二四、明皇擊梧桐

二五、楊妃翠荷葉

二六、窈窕楊妃

二七、祿山偷楊妃

二八、祿山戲楊妃

二九、楊妃捧硯

三〇、楊妃剪足

三一、楊妃繡鞋

三二、漁陽十題

三三、貶祿山漁陽

三四、祿山憶楊妃

三五、祿山夢楊妃

三六、祿山謀反

三七、祿山叩潼關

三八、祿山叛

三九、楊妃上馬嵬坡

四〇、明皇哀告陳玄禮

四一、明皇代楊妃求情

四二、明皇告代楊妃死

四三、楊妃乞罪

四四、楊妃訴恨

四五、明皇哀詔

四六、楊妃勒死

四七、馬踐楊妃

四八、埋楊妃

四九、踐楊妃

五〇、祭楊妃

五一、力士泣楊妃

五二、明皇哭楊妃

五三、陳玄禮駁赦

五四、祿山憶楊妃

五五、祿山泣楊妃

五六、玄宗幸蜀

五七、明皇望長安

五八、明皇憶楊妃

五九、哭香囊

六〇、明皇夢楊妃

附錄

天寶遺事引

【仙呂・八聲甘州】開元至尊，爲舞按《霓裳》，失政君臣。雲鬟霧鬢，那其間別是個乾坤。亡家若無安祿山，傾國誰知楊太真？雨露九天恩，難洗妖氛。

【混江龍】繁華將盡，嬌鶯啼破六宮春。長安融日，蜀道連雲。富貴一場鴛枕夢，是非千古馬蹄塵！君休問，嵬坡古迹，都付與涿郡閒人。

【六么遍】據先生俊多評論，書讀萬卷，筆掃千軍。按《唐書》監本，歐陽節文，曲兒㮏，關兒嚴[①]，句兒勻，清新，筆尖招聚海棠魂。

【賺煞尾】[②]杜工部賦哀詩，白樂天《長恨歌》，都不似《通鑑》後史回頭兒最緊。將天寶年間遺事引，與楊妃再責遍詞因。剔胡倫，公案全新，與諸宮調家風創立個教門。若說到兩頭話分，六軍不進，您敢替明皇都做了斷腸人！

（《雍熙樂府》卷四）

校箋：

① "嚴"原誤"嵓"，今正。

② "賺煞尾"下原有"聲"字，今刪。

天寶遺事

【仙呂・八聲甘州】中華大唐，四海衣冠，萬里梯航，太平有象。玉環選入昭陽，梧桐樹邊舞《羽衣》，天寶年中侍玉皇，取媚倚新妝，偏寵恩光。

【混江龍】自九齡免相，君王盤樂失朝綱。巢玉樓翡翠，鎖金殿鴛鴦，揚子江南取荔枝，廣寒宮裏舞《霓裳》。誰承望，樂極鳳闕，兵起漁陽。

【六么遍】①馬嵬坡上楊妃喪，龍驤劍閣，鹿入宮牆。妖氛掃蕩，皇基再昌，海晏河清迴天仗，三郎歸來，剗地哭香囊。

【元和令】將繁華夢一場，都挽在筆尖上，編成《遺事》潤文房，仗知音深贊賞。敲金擊玉按宮商，剔胡倫衡四行。

【後庭花煞】煥星斗新樂章，燦珠璣古錦囊，據此段風流傳奇，喧傳旖旎鄉。判興亡，諸宮調說唱，便是太真妃千古返魂香。

（《雍熙樂府》卷四）

校箋：

① "遍"原誤"篇"，今正。下套同。

遺事引

【般涉・哨遍】天寶年間遺事，向錦囊玉罇新開創。風流醞

藉李三郎，殢真妃日夜昭陽姿色荒。惜花憐月寵恩雲，霄鼓逐天
杖。繡領華清宮殿，尤回翠輦，浴出蘭湯。半酣綠酒海棠嬌，一
笑紅塵荔枝香。宜醉宜醒，堪笑堪嗔，稱梳稱妝。

【么篇】銀燭熒煌，看不盡上馬嬌模樣。私語向七夕間，天
邊織女牛郎，自還想。潛隨葉靖，半夜乘空，遊月窟來天上。切
記得廣寒宮曲，羽衣縹渺，仙珮玎璫。笑攜玉筯擊梧桐，巧稱彫
盤按《霓裳》，不隄防禍隱蕭牆。

【牆頭花】無端乳鹿入禁苑，平欺詿，慣得個祿山野物，縱
橫恣來往。避龍情子母似恩情，登鳳榻夫妻般過當。

【么篇】如穿人口，國醜事難遮當。將祿山別遷爲薊州長。
便興心買馬招軍，合下手合朋聚黨。

【么篇】恩多決怨深，慈悲反受殃。想唐朝觸禍機，敗國
事，皆因偃月堂。張九齡村野爲農，李林甫朝廷拜相。

【耍孩兒】漁陽燈火三千丈，統大勢長驅虎狼。響珊珊鐵甲
開①金戈，明晃晃斧鉞刀鎗，鞭彪剪剪搖旗影。衡水粼粼射甲
光。憑驍健，馬椎如獬豸，人劣似金剛。

【四煞】潼關一鼓過元平蕩，哥舒翰應難堵當。生逼得車駕
幸西蜀，馬嵬坡險抑君王。一聲閫外將軍令，萬馬蹄邊妃子亡。
扶歸路，愁觀羅襪，痛哭香囊。

【三煞】好似火塊般曲調新，錦片似關目強，如沙金璞玉逢
良匠。愁臨阻險頻搔首，曲到關情也斷腸。雖脂妝，不比送君南
浦，待月西廂。

【二煞】遇奸邪惡折罰，逢忠直善播揚，合人情剖判的無偏
讜。也是那鶯歌鳳舞雙行樂，也是那虎鬪龍爭百戰場，能編綴，
零裁錦繡，碎剪冰霜。

【一煞】俺曾列詩書几案邊，下工夫燈火傍，日營搜用盡平
生量。怨東風桃李嫌春短，恨秋雨梧桐值夜長。請才思，翰林風
月，吏部文章。

【煞尾】俺將這美聲名傳萬古，巧才能播四方，歎行中自此

編絕唱，教普天下知音盡心賞。

（《雍熙樂府》卷七）

校箋：

① 《北詞廣正譜》無"開"字。

一、明皇寵楊妃①

【雙調·夜行船】一片行雲天上來，捧入柳腰花態。料想東風精神，近蒙寵愛，印頰臂蕙香獨在。

【掛玉鈎】顯瑩白，生光彩，猶恐芳恣污染塵埃。去首飾，鬆腰帶，乍離君懷。恰纔用不勝，嬌無奈。掩雙襟款脫宮鞋，褪凌②波襪壓香羅窄，翠幙高懸，錦帳齊開。

【收尾】③阿環早是風流殺，又添出些溫柔分外，膩玉生嫩霞，酥胸間弄色。

（《雍熙樂府》卷十二）

校箋：

① 《雍熙樂府》未注出處，以下諸套同。
② "凌"原誤"綾"，今正。
③ "收尾"原誤"道煞尾"，今正。

二、明皇御苑賞花①

【黃鐘·雙鳳翹】②奏說春嬌，爲頭兒引見根苗，喉舌運機巧。奉③教書箏，綽染豐標，如還不暗約。猛現④天顏，便顯妖嬈，宮嬪也失⑤色，朝臣也驚訝，東君也懊惱。

【么篇】吾皇爲要花開早，上林見嫩黃著柳梢，催花曲著調。開元羯鼓，臨軒笑擊，感動青霄。皇都呈瑞巧⑥，桃杏花⑦

匀，蘭蕙香飄。良辰乍過[8]，韶華怡笑，東君[9]正好。

　　　　（《太和正音譜》卷上、《九宮大成北詞宮譜》卷七三）

校箋：

① 原無此題，今擬。

② 《雙鳳翹》前後，疑有佚曲。

③ "奉"上，《九宮大成譜》有"連蜷眉嫵"四字。"奉"，《九宮大成譜》作"從"字。

④ "現"，《九宮大成譜》作"見"字。

⑤ "失"，《九宮大成譜》作"笑"字。

⑥ "呈瑞巧"，《北詞廣正譜》作"忽變却"。

⑦ "花"，《北詞廣正譜》作"光"。

⑧ "過"，《北詞廣正譜》作"遇"字，《九宮大成譜》同。

⑨ "君"，《九宮大成譜》作"月"字。

三、楊妃澡浴

　　【仙呂·袄神急】髻收金珞[1]索，珮解玉玎瑺[2]。褪盡雲霓，只有春相從[3]。迎將月窟仙，引入桃源洞。楚腰怎離錦繡叢[4]，茜羅幃半幅，隔斷憮瑢[5]。

　　【憶帝京】一片丹霞簇浪峯，浴中半露酥胸。澡[6]井落明輝，蕩影搖金鳳，似觀洛水神[7]，似謁凌波夢。側列宮嬪侍奉，內望君王愛寵。素體生香[8]滕[9]通，髻[10]髮堆光雲鬢脫[11]，顏色自然嬌，朱粉皆無用。

　　【賺煞尾】雲雨又偏，恩澤又重，洗出天真玉容。小顆顆朱脣檀氣從，暖溶溶雙臉潮紅。不[12]費春工，天上人間第一種。溫泉水湧，蘭麝[13]飄動，便似半池暖綠浸芙蓉。

　　　　　（《雍熙樂府》卷四、《九宮大成北詞宮譜》卷六）

校箋：

① "珞"，《九宮大成譜》作"絡"字。

② "玎瑺"，《九宮大成譜》作"丁東"。

③ "從"，疑當作"送"字。

④ "叢"，原誤"囊"，據《九宮大成譜》正。

⑤ "憮瑢"，《九宮大成譜》作"芙蓉"二字。

⑥ "澡"，《九宮大成譜》作"藻"字。

⑦ "似觀洛水神"，原誤"似蜆落水精神"，據《九宮大成譜》正。

⑧ "香"下，《九宮大成譜》有"更"字。

⑨ "縢"字誤，《九宮大成譜》作"瑩"字。

⑩ "髻"，《九宮大成譜》作"鬢"字。

⑪ "脫"，《九宮大成譜》作"鬆"字。

⑫ "不"上，《九宮大成譜》有"暢道"二字。

⑬ "蘭麝"，《九宮大成譜》作"麝蘭"二字。

四、楊妃出浴

【黃鐘·醉花陰】①膩水流清漲新綠，洗盡胭凝粉聚。斗幛錦重圍，只恐東君，窺見濃勻聚②。

【么篇】③對銀屏，因無語，一點春心未足。動④不勝嬌，偏䂊雲鬢⑤，擁破⑥衣金縷。

【神杖兒】塵清洞府，風生桂窟，夢斷瑤池，魂離洛浦，雁行鴛序，鶯雛燕乳，侍晨妝翠圍紅簇。恐要侍兒扶，宜寫在懶妝圖。

【神杖兒煞】雲窗繡戶，光凝⑦綺窟，春暖冰肌，香溫玉骨。芳姿新浴，蘭湯乍出，汗溶溶潤徹瓊酥，似梨花一枝春帶雨。

（《雍熙樂府》卷一、又卷十，《九宮大成北詞宮譜》卷七四）

校箋：

① 《九宮大成譜》云："《雍熙樂府》誤將南呂調《楊妃梳妝》套《梁州第七》從第四句起至末，及《三煞》、《二煞》、《煞尾》接于《醉花陰》首闋之下，蓋因同用一韻，以致張冠李戴。"今據正。

② "聚"，《九宮大成譜》作"處"字。

③ 《醉花陰》原無《么篇》，《九宮大成譜》把"對銀屏，因無語"二句改爲"坐對銀屏，困無語"，與《醉花陰》句法強求一律，恐誤。以下疑是《喜遷鶯》前半闋，觀《北詞廣正譜》，《喜遷鶯》第三格引明人唐以初套數，句法自明。

④ "動"上，《九宮大成譜》有"舉"字。

⑤ "鬢"，《九宮大成譜》作"鬟"字。

⑥ "破"字誤，《九宮大成譜》作"被"字。

⑦ "凝"，《北詞廣正譜》作"疑"字。

五、楊妃梳妝

【南呂·一枝花】蘇合香蘭蕊膏，瓊花粉薔薇露，繡幃中春睡①足，綠窗下起妝梳。香水銀壺，簇向金盆注，玉纖纖春笋舒，嫩紅似搊破瓊珠，淡白似梨花帶雨。

【梁州第七】②蠟滴軟燒殘鳳燭，密脂香和就蜂鬚，更添宮粉人如玉③。淡白淺傅，微抹輕浮，玉搓咽④頸，雪膩肌膚。媚春風半露胸酥，對鸞臺恣⑤意妝梳。錦梔香宮額塗黃，蘭麝煙蛾⑥眉掃綠，玉蓮嬌香腮⑦施朱，巧將鬢鋪，高盤鳳髻堆雅⑧羽，七寶鈿盒取，斜插犀梳雲半吐，風韻⑨誰如？

【三煞】細看⑩了⑪妃子新妝束，休說昭君舊畫圖。襯銀錢黃串滿金爐。香霧縈紆，妝⑫點就銀屏金屋。翠圍逶錦遮護，舉止輕盈，那些濟楚，天上應無！

【二煞】六宮粉黛生嫉妒，五月榴花照眼初，語言恰似囀鶯雛。翠女高呼，揭繡幪⑬忙開朱戶，下瑶階進蓮步，前殿上君王快報與，半霎兒工夫。

【尾聲】沉香亭上歌金縷，花萼樓前擊翠梧，按舞《霓裳羽衣曲》。有嬪妃綵⑭女，有鳳簫羯鼓，教那會受用君王看不足。

（《雍熙樂府》卷一、又卷十，《九宮大成北詞宮譜》卷五三）

校箋：

① "春睡"，《九宮大成譜》作"睡未"二字。

② 《九宮大成譜》云：《楊妃梳妝》套，《雍熙樂府》於《梁州第七》第三句下誤接黃鐘調《楊妃出浴》套，《醉花陰》之又一體，及《神杖兒》、《神杖兒煞》等曲，反將此套《梁州第七》之第三句以下及《三煞》、《二煞》、《煞尾》接入《楊妃出浴·醉花陰》套內，蓋因同用一韻，以致錯誤如是。今據正。

③ "淡白淺傅"至"風韻誰如"一段調名，《北詞廣正譜》作"神杖兒犯"，臆說無據。

④ "咽"，《北詞廣正譜》作"嘛"字。

⑤ "恣"，《北詞廣正譜》作"自"字。

⑥ "蛾"，原誤"娥"，據《北詞廣正譜》、《九宮大成譜》正。

⑦ "腮"，《北詞廣正譜》作"臉"字，《九宮大成譜》作"頰"字。

⑧ "雅"，《北詞廣正譜》作"鴉"字，《九宮大成譜》同。

⑨ "風韻"原誤"風雅"，據《北詞廣正譜》正。《九宮大成譜》作"豐韻"二字。

⑩ "看"，《北詞廣正譜》作"有"字。

⑪ 《北詞廣正譜》無"了"字。

⑫ "妝"，《九宮大成譜》作"裝"字。

⑬ "幙"，《九宮大成譜》作"幃"字。

⑭ "綵"，《九宮大成譜》作"彩"字。

六、太真閉酒

【仙呂·翠裙腰】香閨捧出風流況，水靜年芳，梳雲掠月嬌相向。怨東皇，忍教辜負李三郎。

【六么遍】據他模樣從天降，桃紅李白，蝶粉蜂黄，珠明夜光，花開艷陽，一片香魄春無恙。飄揚，被東風邀入綺羅鄉。

【醉扶歸】因立在花煙上，剛離却鏡奩傍，小小弓鞋蹙鳳凰。一步個妖嬈像，行歇行行半晌，不付能突磨出芙蓉帳。

【後庭花煞】春纖側玉觸，柔腸怯桂漿，暖暈增新艷，溫紅助曉妝。忙呼萬歲謝君王，朱脣啓放，海棠心噴出荔枝香。

（《雍熙樂府》卷四）

七、楊妃病酒

【黄鐘·拋毬樂】[①]雨雲新擾，那更宿酒禁虐，儘侍兒催促晨妝，任鸞鏡空照。手支頤枕并珊瑚，衣褪體衾擁鮫綃，懶收零落花鈿。寶髻籠鬆，金釵彈[②]鳳翹，倚春風不展眉尖。一點春心，怕春愁多少，睡思愈[③]粉光縈[④]損，人間花目妖嬈，紅愁綠慘，粉悴胭憔[⑤]。

【么篇】忽聞報，羊車欲起，玉環[⑥]休別樣嬌。君王俏[⑦]，極困也休動勞。剛啓鶯脣呼噪，孜孜的覷著，越添旖旎妖嬈。龍情頓發，荒婇嬺[⑧]簌下鴛幃，宮嬪盡去却。向懷中款款溫存，只恐真妃厭寵，心緒無聊，未敢疎狂，陪笑陪言耳畔焦，君王悄喚，玉環低諾。

【尾聲】顔容漸消弱，不向枕衾偎抱，著箇呆病酒臉兒都瘦了。

（《雍熙樂府》卷一、《九宮大成北詞宮譜》卷八十）

校箋：

① “拋毬樂”，《九宮大成譜》作“綵樓春”。案：“綵樓春”即“拋毬樂”別名。

② “彈”，《北詞廣正譜》作“躭”字，誤。

③ "愈"下，《九宮大成譜》有"添"字。

④ "縈"，《太和正音譜》作"瑩"字。

⑤ "憔"原誤"焦"，據《太和正音譜》、《北詞廣正譜》、《九宮大成譜》正。

⑥ "環"原誤"鬟"，據《北詞廣正譜》、《九宮大成譜》正。下"玉環低諾"句同。

⑦ "俏"，《北詞廣正譜》作"悄"字。

⑧ "荒婇爐"，《北詞廣正譜》作"荒滛"二字。

八、玄宗捫乳

【南呂·一枝花】掌中白玉珪，樹底紅芽筋，都不如被頭上如何生，枕上夜明珠。玉并①雙渠，濃滴胭脂露。世間甜總不如，包藏盡夜月春風，醞釀出朝雲暮雨。

【梁州第七】圍繡帶衣襟款束，透香囊蘭麝模糊，汗溶溶宜在華清浴。溫柔易暖，潤澤難枯，撲凹相對，涅色仍姝。兩塢兒妖艷當浮，半星兒粉垢全無，顫巍巍剛顯香溫，膩團團潛攢玉粟，軟耨耨輕漲雲腴。錦叢乍出，於身最是生情處。廮應帝王福，染指濃薰自有餘，更壓著帶雨蜂鬚。

【二煞】輕盈溫透胸中物，瑩滑新來塞上酥。風流特似破瓜初，素娥②流光，隔斷紅鴛白鷺，常惹得錦鸞妒。則不宜將手摩弄，脣吻也堪嗚。

【收尾】對若初熟雞頭肉，亂國私招燕子雛。懷中抱，緊遮護，牽腸惹肚，知心可腹，左右，教明皇做不得主。

　　　　　　　　　　　　　　（《雍熙樂府》卷十）

校箋：

① "王并"疑當作"玉井"二字。

② "娥"原誤"蛾"，今正。

九、楊妃脏①腰

【般涉調·哨遍】千古風流旖旎，束纖腰偏稱君王意，翠盤中妃子逞妖嬈，舞春風楊柳依依。喜子喜深兜玉腹，淺露酥胸，拘束的宮腰細。一幅錦或挑或繡，金妝寶砌，翠遶珠圍。臥鋪繡褥釀春光，睡展香衾暗花溪，妝汗香溶，被底無雙，懷中第一。

【耍孩兒】帳中偏惹情郎殢，特遣人勞心費力。選二色青紅相配，揀四時錦繡稀奇。剪行時蜀錦分花萼，針過處吳綾聚繡堆。倒勾金針刺，刺得絲絲密密，裁得整整齊齊。

【五煞】恁看那摺經兒似剪雲，針腳兒如布蟻，縫成倒鳳翻鸞勢。見穿花鸂鶒偏斜落，出水鴛鴦顛倒飛，絡繡得繁華異，高低不剩，寬窄伏肌②。

【四煞】紅蓮紅似晚霞照楚山，青蓮青如春雲射渭水，玉纖手款款當胸繫，帶頭拎十二蝴蝶舞，牙子對一雙翡翠飛。望得些風流意，拘鈐的寂寞，抑勒的孤悽。

【三煞】常常的靠著柳腰，緊緊的貼著素體，同行同坐同衾被。本待遮藏秋水肌膚瘦，顛倒包弄出春光玉一圍，先泄了春消息。縱不鬆開羅扣，管瘦損了③香肌。

【二煞】你不肯遮蓋咱，咱須當遮蓋你。不索褪香肌出落著相思諱，最宜錦帳懷君手，可惜鬼坡襯馬蹄。你不比別衣袂，都是有法度針綫，不比無納攢情衣。

【一煞】不索搵香肌轉轉裁，伸纖腰細細比。不離了按帶經衫兒褙裙兒褉，紅羅沿寬掩過三兩指，翠當頭橫攙過少半圍，若見俺風流婿，便知清減，不索先題。

【煞尾】知心腹倚仗伊，誰承望半腰裏不得齊，早知你無情不管人憔悴，俺怎肯心坎兒上單單繫著你。

（《雍熙樂府》卷七）

校箋：

① "胜"，音柱，身直貌，見《集韻》。"胜腰"猶言"直腰"。
② "伏"字，疑誤。
③ "管瘦損了"，疑當作"管教瘦損"。

一〇、媾歡楊妃

【大石·青杏子】① 和氣擁衾裯，醉魂如蝶夢悠悠。芳心不耐東風耨，香温玉暖，煙融粉聚，綠慘紅愁。

【歸塞北】味清厚，眉皺不勝愁。蓓蕾小桃增曉媚，褪苞纖柳舞春柔，不放彩雲收。

【么篇】春色透，時復閉星眸。舌咂半尖香噴噴，乳捫雙顆軟耨耨，無物比風流。

【好觀音】赤樓定明皇低聲兒奏，似初聞嬌囀鶯喉，越遣君王戀未休。道："聖壽綿綿萬年久，省可裏勞尊候。"

【隨煞】天子道："娘娘休虛謬，譬如怕寡人生受，把似你描不成畫不就。"

（《雍熙樂府》卷十五、《九宮大成北詞宮譜》卷四十）

校箋：

① "大石"原作"小石"，今正。《青杏子》隸大石調，又隸小石調，但《歸塞北》、《好觀音》均隸大石調曲，故此處應題《大石·青杏子》爲妥。

一一、楊妃鞋

【雙調·夜行船】一對金蓮寄與伊，結束得事事相宜，表段兒堅，裏帛兒細，針綫兒幾曾失配。

【喬牌兒】繡工高，花樣奇，針脚小，綫行密，些兒大小堪人意，瘦如蔥，尖似錐。

【雁兒落】堪藏在鴛鴦帳裏，堪顯在珠簾外，堪踏在寶鐙上，堪舞在翠盤內。

【得勝令】堪作送行盃，堪襯綠金衣，堪印在沙痕路，堪沾柳絮泥，堪隨羅襪蒼苔立，堪宜湘裙簌地垂。

【沉醉東風】但宿處雙雙韻美，但行處步步相隨，就裏情，其中意，權時間把足下收拾，好姻緣常川要整齊，是必休胡行半米。

【鴛鴦煞尾】[1]殷勤莫忘張良意，丁寧休染玄宗淚，想難撇下恩情，全不似纏上佳期。你若是蹧踏處無心愛惜，踐污拋棄，想著你可喜娘的模樣兒下不得。

（《雍熙樂府》卷十二）

校箋：

[1] “鴛鴦煞”三字原脫，今補。

一二、楊妃藏鈎會

【仙呂·瑞鶴仙】小杯橙釀淺，繡簇齊分。袂幕重懸，國色絕嫣[1]然。綠嫩紅柔，香嬌玉軟。時停管絃，作戲同歡帝王前。似春風花柳[2]爭妍，望東君長養無偏。

【憶帝京】銀燭熒煌不夜天，列兩行[3]見世神仙。偷降蕊珠宮，私出清雲[4]殿，雙按碧雲軒[5]，對[6]蟠桃宴。欲使[7]心暗牽，各把精神鬥顯。一賭輸贏先共言，數款規條盡寫全，拈下紫霜毫，磨下端溪硯。

【醉扶歸】仙裳[8]深難見，纖指共相連，素腕齊擎竝玉肩，微露黃金釧。恰便似未折得瓊葩半捲，掩映著宮妝面。

【醉中天】鳳嘴明珠顯，荷蓋露瑲圓，再拈起輕將翠袖搊，來往都行遍。解引嬌姿慢轉，些兒機變，更勝如暗裏偷傳。

【賺煞尾】將錦籌堆⑨，把芳樽徧⑩，一顆圓光中選，那的是真妃堪愛處，那片亂宮⑪心並不遷延，可知道偏得恩憐。則見那得勝描金彩旗兒偃，春織盡展，玉鈎兒難辨⑫，向玳筵間奪盡美人權。

（《雍熙樂府》卷四、《九宮大成北詞宮譜》卷六）

校箋：

① “嫣”原誤“嬌”，據《太和正音譜》、《北詞廣正譜》、《九宮大成譜》正。

② “花柳”，《太和正音譜》作“桃李”二字，《北詞廣正譜》、《九宮大成譜》並同。

③ “行”，《太和正音譜》作“邊”字，《北詞廣正譜》、《九宮大成譜》並同。

④ “雲”，《九宮大成譜》作“虛”字。

⑤ “私出清雲殿，雙按碧雲軒”，《太和正音譜》作“私出碧雲軒”五字。

⑥ “對”下，《北詞廣正譜》有“飲”字，《九宮大成譜》同。

⑦ “使”下，《北詞廣正譜》有“人”字，《九宮大成譜》同。

⑧ “裳”，《九宮大成譜》作“掌”字。

⑨ “堆”原誤“雖”，據《九宮大成譜》正。

⑩ “芳樽徧”原誤“方欲偏”，據《九宮大成譜》正。

⑪ “亂宮”，《九宮大成譜》作“轉關”二字。

⑫ “辨”原誤“辯”，據《九宮大成譜》正。

一三、楊妃上馬嬌

【仙宮·六么序】①烹龍炮鳳，香滿禁樓中。調音品律，彩雲低拂綺羅叢。俄爾分開錦簇，捧出醉芙蓉。翠簾高捲，玉梯扶下，素娥謫降廣寒宮。

【么篇】先已停鞭按勒，朱漆枕繡復蒙。羅襪塵香，欲遶還軟無蹤。天子忻然駐待，芳意任從容。春纖凭暖，金蓮立困，付能催上玉華驄。

　　【賺煞尾】錦衣籠，宮人馳騁，盡溫柔萬種。強駐剛乘嬌欲滴，顫巍巍篏翠遺紅。暢道真恁疎慵，寶鐙深藏足半弓，金嗍慢鬆，玉鞭不動，馬蹄兒懶趁海棠風。

（《雍熙樂府》卷四）

校箋：

① 《六么序》句法與北曲譜不合，不知何調之誤。

一四、長生殿慶七夕

　　【南呂·一枝花】細珠絲穿繡針，暗昧如人機巧，小金盆種五生，榮旺似禍根苗。彩障新描，羅綺重圍遶。長生殿慶此宵，雖然布花果香燈，那裏肯虔心暗禱。

　　【梁州第七】待強扭揑些蹊蹺旖旎，別施量些分外妖嬈，就中醞釀更多少。衣冠錦繡，裙擺鮫綃，枕邊縱臥，口內頻招。恰扶起玉骨香嬌，總翻成鬼負神看①，或緯或織或描，或畫或裁或絞，或縫或繡或挑，恁的做作，更著得針指皆絕妙，於國有何報？隨坐隨行鎮宴賞，沒半步曾拋。

　　【二煞】既能逐日同鴛幄，何必經年羨鵲橋？宮娃嬌，少甚苗條？從入宮圍，女工上何曾少？靠只靠欣歡笑，夢裏難將百藝呈，開眼忘却。

　　【黃鐘尾】②枉將織女牛郎告，閒使宮嬪彩甃學。元來低，本性濁，既無成，便怎高？那裏曾留些小，赤緊的太真妃至死也難教，一片亂宮心，從起初兒直屈到了。

（《雍熙樂府》卷十）

校箋：

① "看"疑當作"瞧"字。

② "黃鐘"二字原脫，今補。

一五、十美人賞月

【仙呂·點絳唇】爲照芳妍，有①如皎練分明顯。恰便似寶鏡臺前，一樣蛾眉淺。

【混江龍】月窺人面，玉人明月鬪嬋娟。月當良夜，人正芳年，華表月移無柄扇，錦宮人列並頭蓮，喜今宵人月皆酬愿。月輪滿足，人物十全。

【油葫蘆】滿袖天香惹瑞煙，風力軟，九龍獨趁五雲軒。誰承望開元天子昭陽殿，生扭做蕊珠王母蟠桃宴。預先爭游廣寒，沒來由拋禁苑，恰來恁早些兒與朕②疾相見，怎肯去月宮裏覓神仙。

【天下樂】既看③這十五團圓照滿天，待把箇堪憐，親自選。將這可喜娘臉兒都覷遍，兀的④那个合疎？那一箇偏⑤？寡人⑥則索告青天，乞少年。

【那吒令】莫不他厭守皇宮內院⑦？莫不他懶駕鸞車鳳輦⑧？莫不他却趁⑨蓬萊閬苑⑩？多應他顯些氣分，施些機變。那裏問天子三宣？

【鵲踏枝】恰正是急煎煎，意懸懸，厭得⑪仙袂飄飄，綬帶翩翩，衝一團兒香嬌玉軟，更輕如玉液浮蓮。

【寄生草】貌⑫把光輝映，身宜⑬縞素穿。則見彩雲隨出梧桐院，恰便似錦池捧出芙蓉面。只疑是武陵泛出桃花片，那裏見大唐家歌舞太真來？分明是洛伽山水月觀音現！

【六么序】相陪奉，謹顧戀，攜春纖笑憑瓊肩，紅翠相連，音律俱全，正乾坤風露涓涓，啓朱唇一點聲嬌顫，似朝元玉女傳言。此一杯朕⑭索慇懃勸，誰敢分文怠慢，頃刻俄延！

【么篇】忻然，若不當筵，親捧金船，又道是吾當厭倦，意不專。折末鹿走中原，海變桑田，鎮日⑮同行同坐同眠。儘翰林院⑯編作荒婬傳，任清風萬古流傳，願一年一度中秋宴，則這碧天似水，良夜似⑰年。

【醉扶歸】則爲你占斷風流選，奪盡可憎權，萬里江山正朗然。爲甚忽地浮雲顯？爲你強如他萬千，因此上怕見你那羞花面。

【金盞兒】他夜無眠，共同緣，也學世態雲千变。桂花點破鏡中天，銀河明綺宴⑱，如瀑布落長川，素娥映酒影⑲，西子在溫泉。

【醉中天】我想這文武朝金殿，不熱樂如妃子列華筵。簾捲蝦鬚吐翠煙，不風⑳韻如雲影隨歌扇。捲的是那剪霹靂似三聲㉑靜鞭，聒的寡人㉒心驚膽戰，煞不如太真妃品竹調絃。

【雁兒】俺㉓在前受了些㉔焚御㉕香宮人怨，往常教他都間阻，今夜總團圓，想你箇㉖天也受香煙。

【么篇】各位下隨宮院，誰不道楊妃行最偏。省可教一心兒埋怨，也強如兩下裏受熬煎㉗。

【後庭花】碧桃花樹前，青鸞妝㉘鏡邊，去歲人無恙，今秋月正圓。爲甚寡人㉙重留連？過中秋雖見，則怕漸如弓不上絃㉚。

【賺煞尾】平地鳳車行，銀漢冰輪轉。迴首流光漸遠。卿呵㉛！你各向深宮輦路邊，列雙雙白鷺紅鴛。忽天然舞袖垂肩，只向冰雪堂中圖畫展。和寡人㉜同游上苑，共臨寢殿，抵多少月移花影綠㉝窗前。

（《雍熙樂府》卷四、《詞林摘艷》卷四）

校箋：

① "有"，《詞林摘艷》作"故"字。

② "朕"，《詞林摘艷》作"咱"字。

③ "看"，《詞林摘艷》作"著"字。

④ 《詞林摘艷》無"兀的"二字。

⑤ "那一箇偏"，《詞林摘艷》作"那個合偏"四字。

⑥　"寡人，《詞林摘艷》作"我"字。

⑦　"莫不他厭守皇宮內院"，《詞林摘艷》重一句。

⑧　"莫不他懶駕鸞車鳳輦"，《詞林摘艷》重一句。

⑨　"却趁"，《詞林摘艷》作"趁却"二字。

⑩　"莫不他却趁蓬萊閬苑"，《詞林摘艷》重一句。

⑪　《詞林摘艷》無"厭得"二字。

⑫　《詞林摘艷》無"貌"字。

⑬　《詞林摘艷》無"身宜"二字。

⑭　"朕"，《詞林摘艷》作"則"字。

⑮　《詞林摘艷》脫"日"字。

⑯　《詞林摘艷》無"院"字。

⑰　"似"，《詞林摘艷》作"如"字。

⑱　"宴"原誤"偃"，據《詞林摘艷》正。

⑲　"影"，《詞林摘艷》作"面"字。

⑳　"風"，《詞林摘艷》作"豐"字。

㉑　"聲"，《詞林摘艷》作"下"字。

㉒　"寡人"，《詞林摘艷》作"我"字。

㉓　《北詞廣正譜》無"俺"字。

㉔　"些"下，《北詞廣正譜》有"不遭遇"三字。

㉕　《北詞廣正譜》無"御"字。

㉖　《北詞廣正譜》無"箇"字。

㉗　《詞林摘艷》引此套，無《雁兒》和《么篇》二曲。

㉘　"妝"，《詞林摘艷》作"舞"字。

㉙　"寡人"，《詞林摘艷》作"我"字。

㉚　"則怕漸如弓不上絃"，《詞林摘艷》重一句。

㉛　《詞林摘艷》無"卿呵"二字。

㉜　"寡人"，《詞林摘艷》作"咱"字。

㉝　"綠"，《詞林摘艷》作"到"字。

一六、明皇探月宮

【仙呂·六么令】冰輪光展，皎潔正團圓。人間天上，不知今夕是何年？當①夜空中宴賞，因問廣寒仙，天師奏却，明皇聽罷，便將密旨暗中傳。

【么篇】把柱杖隨時擲起，奪盡鬼神權。俄爾瞅窺，虹橋千丈碧空懸。月色如銀燦爛，隱隱遠相連。急令天子，緊瞑雙眼，恍然相②近斗牛邊。

【賺煞】寒蟾明，飛龍現，翠擁紅遮漸遠。玉帝私游離上方，似紫微星半夜朝元，唱道瑞氣飄然，隨至仙宮葉法善，清風半軒，秋雲一片，趁寒光飛上月明天。

　　　　（《雍熙樂府》卷五、《九宮大成北詞宮譜》卷六）

校箋：

① "當"，《北詞廣正譜》作"長"字。

② "相"，《北詞廣正譜》作"將"字。

一七、月宮遇妖魔①

【雙調·快活年】②爲貪眼底情，引起身邊禍，因尋月裏仙，頓開門上鎖。起陣狂風，迸道寒光，見箇妖魔，世相逢也怎生奈何？

【么篇】似飛梭，乘霞膽氣麤，跨霧威風惡，扶雲長臂展，騰空健足那。壯貌難描，英勇誰如！器械橫拖，明颩颩不知是甚麼？

【柳葉兒】早則不思量那鳳幃同臥，早則不思量月枕雙歌，早則不思量琴瑟和諧，早則不思量那談笑酬和。

【離亭宴帶歇指煞】③

　　　　（《北詞廣正譜》、《九宮大成北詞宮譜》卷七三）

校箋：

① 原無此題，今擬。

② 《雙調·快活年》句法與此不合，《北詞廣正譜》引作《雙調·快活年》第二格，《九宮大成譜》此調改隸黃鐘宮，未知孰是。

③ 《柳葉兒》、《離亭宴帶歇指煞》二曲已佚。《北詞廣正譜》"雙調套數分題"引《天寶遺事》有此套格式，今據補。

一八、妖魔擋明皇①

【大石·玉翼蟬】②似仙闕，若帝居，截斷青霄路。至近也重規，見龍樓共雉宇，上瑤階欲侵朱戶。

【么篇】③猛驚御，聽一人大叫呼，清似雷霆怒，壯④貌魁梧。有一千般歹鬬處，氣昂昂九天來彪軀。

【么篇】總威嚴結束，覰絕時教人怕怖。披副黃金凱⑤甲，穿領蜀錦征服，龍皮干跨，鳳翅金盔纓亂拂。

【么篇】緊控著弓鏃，順掛著昆吾⑥，帶束著素玉，靴穿著抹綠。走向前來覷著君主，搠定那柄短頭輕的金月斧。

【隨煞尾】⑦這許來大蟾宮是神仙府，須不同恁那塵世皇都，惹早晚行沙待那裏去！

（《雍熙樂府》卷十五）

校箋：

① 原題"游月宮"，今改擬。

② "蟬"下原衍"煞"字，今刪。

③ 原無"么篇"二字，據《北詞廣正譜》補。

④ "壯"，《北詞廣正譜》作"狀"字。

⑤ "凱"，《九宮大成譜》卷二十作"鎧"字。

⑥ "昆吾"，《九宮大成譜》作"錕鋙"字。

⑦ 原無"隨煞"二字，據《北詞廣正譜》"大石調套數分題"增。

一九、明皇哀告葉靖

【仙呂·點絳屑】人世塵清，海外潮靜，金盤擁。飛上晴空，萬里寒光迸。

【混江龍】素娥情重，夜深私出廣寒宮。玄霜泡露，丹桂迎風，却正是天上四蹄[①]玉兔，來見這人間八爪紫金龍。當夜明皇躬著身，施著禮，向葉靖行忙陪奉。情懷冗冗，心緒匆匆。

【油葫蘆】你更比巫山十二峰，又添出三四重。恨不得高燒銀燭用錦圍封，更難如落花流水桃源洞，更慳如朝雲暮雨陽臺夢。光輝輝列開綺筵，媚孜孜覷著玉容，自恁教一杯未盡笙歌送，寡人待挤却醉顏紅。

【天下樂】抵多少翠袖殷勤捧玉鍾，誰想你箇仙翁却不放鬆，出家兒怎恁般無始終！俺待教酒作媒，你却道都是空，何似休教遊月宮！

【金盞兒】信難通，恨無窮，晃天衢咫尺東方動，却索歸五雲樓觀日華宮。恁時節銅壺催曉角，朝馬鬧晨鐘，對半窗千里月，一枕五更風。

【賺煞】全不肯似周方佯擁擁，他劃地把吾當快悰。若是無緣成配偶，怎生向九霄雲外相逢？索甚停同，世見如何不用功[②]？這幽歡密寵，如雛鸞嬌鳳。師父！爭忍教一般瀟洒月明中！

（《雍熙樂府》卷四）

校箋：

① "蹄"下，疑脫"白"字。
② "索甚停同，世見如何不用功"，二句疑有誤字。

二〇、明皇飛上月宮[①]

【雙調·新水令】駕著五雲軒，飛上月宮來，別是[②]重境界，却便似春冰籠宇宙，秋水滿樓臺。虛說一座閬苑蓬萊，便有也難賽。

【風入松】瑞簾[3]丹桂冷風篩，掃盡纖埃。水晶簾晃珍珠額，迸寒光玉砌瑤階。爲惜中秋夜色，微雨淨天街。

【萬花方三臺】忽然金闕門開，奏樂聲一派。素娥仙袂兩邊排，莫將舞袖輕擡。雖無百寶妝腰帶，趁《霓裳》節奏[4]和諧。帝王默記心懷，見精神有情無奈。

【尾】廣寒一見神仙態，把六宮中許多恩愛，都撇在九霄雲外。

（《雍熙樂府》卷十一）

校箋：

① 此題原誤"祿山夢楊妃"，與曲文不合，今擬。
② "是"下，《九宮大成譜》卷六五有"一"字。
③ "簾"，《九宮大成譜》卷六六做"蓮"字。
④ "奏"原誤"轉"，據《九宮大成譜》卷六六正。《太和正音譜》做"膝"字，《北詞廣正譜》同。

二一、明皇觀月宮天仙起舞[1]

【般涉·瑤臺月】香風乍起，曲譜纏調，舞袖初齊。君王覷罷，口兒中不住頻提。最可戲除是天仙，天仙內偏他可戲。你也忒風[2]韻，忒捻扤，可也忒瀟洒，忒孤悽。思憶，偏妃難稱，中宮正宜。

【么篇】莫非天地暗持攜，特地把姻緣配對？猛然割捨，執迷心更不疑惑。匹[3]如向塵世爲君，爭如就月宮做贅！趨[4]進，却[5]退，色欲願戀，却徘徊避[6]，別選良夜[7]權[8]歡會。

（《太和正音譜》卷下、《九宮大成北詞宮譜》卷七三）

校箋：

① 原無此題，今擬。《么篇》後，疑尚有佚曲。
② "風"，《九宮大成譜》作"豐"字。

③　"匹"，《九宮大成譜》作"譬"字。

④　"趨"上，《九宮大成譜》有"欲"字。

⑤　"却"上，《九宮大成譜》有"又"字。

⑥　"色欲願戀，却徘徊避"，《九宮大成譜》作"色慾心，暫須已，迴避"。

⑦　"夜"下，《九宮大成譜》有"再"字。

⑧　"權"，《九宮大成譜》作"奉"字。

二二、明皇喜月宮

【大石·青杏兒】①一片玉無瑕，弄晴暉不染煙霞，廣寒宮裏人如畫。皆穿素袂，全憑膩色，豈用鉛華。

【歸塞北】天地事，暗處不能達，月裏記全新曲調，宮中按與禍根芽，音律並無差！

【么篇】唐天子只辦笑容加，恰舉袖舞侵丹桂樹，又想凭肩醉賞碧桃花，葉靖險②忙煞。

【好觀音】西沒東生無閒暇，直經由至海角天涯。不可遷延久戀他，咫尺墜山巖，何處回鑾駕？

【么篇】仙子仙娥情難掛，休看承似宮女宮娃！休道吾遲住半霎，到白頭休想有半句兒無情話！

【隨煞】一曲《霓裳》纔觀罷，執迷性不想還家，爲天上一時間忘了天下。

（《雍熙樂府》卷四、《九宮大成北詞宮譜》卷四十）

校箋：

①　此套《九宮大成譜》誤入小石調，據《太和正音譜》、《北詞廣正譜》正。

②　"險"原作"嶮"，據《九宮大成譜》正。

二三、明皇遊月宮

【仙呂·點絳脣】玉豔光中，素衣叢裏，偏拖煞。柳腰一搦，舞徹妖嬈態。

【么篇】未會留情，只會催行色，愁無奈。此心不解，只恁嗔人愛。

【金盞兒】師父！你也快差排，莫推捱，此間配對權寧奈。教宮內取些金帛，寡人待自手纏上錦，親插鬢邊釵。欲求天外事，須動世間財！

【醉扶歸】準擬多情債，還與可憎才。龍體多應鬼病裏，只願得休痊瘥。若晏駕了吾當大采，早能勾鳳返丹霄外。

【賺煞】且寄此宵情，只從明朝害。整整的相思一載，到來歲中秋顯素色，休等閒教霧鎖雲埋。卻早離了妝臺，準備迎風戶半開，則向那初更左側，我試等待，看月明千里故人來。

（《雍熙樂府》卷四）

二四、明皇擊梧桐

【仙侶·勝葫蘆】朝罷君王宣玉容，排筵在御園中，那得是官家能受用。宮嬪侍奉，閹嬌簇捧，列兩行綺羅叢。

【么篇】動一派簫韶飲玉鍾，把貴妃攛斷在翠盤中。仙音院一班兒甚謹躬，寧王玉笛，花奴羯鼓，天子擊梧桐。

【賺煞尾】可憎娘，風流種，嬌滴滴紅遮翠擁。想天上《霓裳》初按舞腰動，險歡喜煞玄宗。暢道體態輕盈，恍疑是姮娥離月宮，湘裙慢颭①，楚腰微②動，有如楊柳裊春風。

（《雍熙樂府》卷四）

校箋：

① "颭"，《北詞廣正譜》作"展"字。

② "微"字原脫，據《北詞廣正譜》補。

二五、楊妃翠荷葉

【南呂·一枝花】攏髮雲滿梳，舒黛月生指，玉肌凝瑞雪，檀口注胭脂。出浴多時，鸞鏡慵窺視，厭妝盒麝污指，爲甚麼懶設設敷①粉施朱？怕差落嬌滴滴姚黃魏紫！

【梁州第七】旖媚臉海棠灼灼，舞纖腰楊柳絲絲。高盤鳳髻銷雅翅，綠雲堆裏，初月參差，南威絕代，西子傾城。蒙東君花正當時，恍疑猜洛浦天姿。錦燦爛繡織仙裳，金錯落瓊垂鳳子，玉瓏璁寶嵌鈿兒。噴香荔枝，蛾②眉巧笑謝唐天子，承厚意，重恩錫，御手輕輕鬢邊插，賞讚無辭。

【二煞】翠荷痛愛名禽翅，綠葉成林子滿枝，良工巧匠用心施。翠壘紅疊，異樣珍花難似，耀日色，碧青紫，玉砌珠攢百寶粧，包含情思。

【黃鐘尾】豈知根本淤泥刺，誰解源流引禍絲？招風聲，惹脣齒，囊明皇，暗憐子。六宮中攙奪盡玉葉金枝，這花兒擼斷的太真妃，運休也，憔悴死。

（《雍熙樂府》卷十）

校箋：

① "敷"原誤"付"，今正。

② "蛾"原誤"婉"，今正。

二六、窈窕楊妃①

【大石調·攧拍子】明皇且休催花柳，束舞衣特差時候。艷陽晴晝，出世間未夏至春歸，宮內已綠肥紅瘦。錦圍依舊，施逞盡窈窕，馳騁妖嬈，醞釀風流。徜遲他後，若存謹意，降人貽福厚。但舉別心，折人陽壽，若思胡種，向蒙寵愛，始信私情，不論妍醜，夜連明枕鴛衾繡。

【么篇】雲雨懶收，歡娛未休。當日把玳筵排就，按《梁州》羯鼓高明，習《水調》玉笛齊奏。酒擎纖手，絳脣頻吸，粉面雙熏②，醉目暈重榴。軟紅心耨，杏花包③暖，小桃春重，楊柳情嬌，荔枝香透。翠鬢偏嚲，玉肩斜倚，星眼微朦，黛眉輕皺，忍教奉世人箒④。

【隨煞尾】⑤年小三郎雖能勾⑥，休倚著帝福厚，這種恩情要人消受。

（《雍熙樂府》卷十五、《九宮大成北詞宮譜》卷二一）

校箋：

① 原題“楊妃”，今增補“窈窕”二字。
② “熏”，《九宮大成譜》作“醺”字。
③ “包”，《九宮大成譜》作“苞”字。
④ “箒”，《九宮大成譜》作“帚”字。
⑤ “隨煞”二字原脫，今補。
⑥ “勾”，《九宮大成譜》作“彀”字。

二七、祿山偷楊妃

【般涉·牆頭花】玄宗無道，把兒婦搶奪要，直上①天嚛不高。自從親子行攜來，已有他人候著。

【么篇】後庭深夜，絳蠟明相照。滿席春風宴碧桃。軟耨耨玉簇香攢，嬌滴滴朱②圍翠遶③。

【么篇】琵琶趁錦瑟，銀箏間玉簫，龍笛鳳管共笙篁。攛斷私情第一遭，彩雲收飲興將闌，明月轉歌聲漸渺。

【麻婆子】寢殿裏從今夜，玳筵前自此宵，隱匿著漁陽變，包藏著蜀道遙！宮中始長亂萌芽，人間初動④禍根苗。祿山本虛推醉，太真妃實醉倒！

【么篇】則等的人分散，剛揾的夜靜悄。又不曾通芳信，又不曾許密約，潛身緊匿著，蠢形骸盜偷入鳳巢！款款把酥胸襯，輕輕把玉臂搖。

【要孩兒】鴛衾揭翠錦，仙衣分絳綃，海棠折破胭脂萼，碜將他這細裊裊纖腰搊，忍把他曲弓弓羅襪蹺。狂爲做，枕磨盡粉暈，鬢簇下金翹。

【二煞】夢覺回，酒漸消，雲雨方惡繾疑覺。驚聞太喘淫聲氣，乍受無情痛扭作，大道是君王抱，却怎不香腮緊搊？玉臂相交？

【一煞】眼倦開，心暗約，十中九多是那肥才料。我猛呼陛下遮我這醜，偶喚丫鬟掩映我那嬌。施些兒機和巧，雖然允順，豈顯分毫。

【煞尾】我只得內忍著羞，外弄著嬌，明知那胖廝圖謀，却他佯道君王行應依了。

（《雍熙樂府》卷七）

校箋：

① "上"下，《北詞廣正譜》有"青"字
② "朱"，《北詞廣正譜》作"珠"字。
③ "遙"，《北詞廣正譜》作"繞"字。
④ "動"，《北詞廣正譜》作"種"字。

二八、祿山戲楊妃

【黃鐘·醉花陰】羨煞尋花上陽路，芳草斜風細雨，隨分到皇都，恰正青春初，放入深宮去。

【么篇】宵夜鴛幃暗銀燭，可體紅圍翠簇，酒力漸蹙，繡枕溫香，錦被裏偎紅玉。

【出隊子】朦朧雙目，不勝婬態度，唾黏涎緊貼口相嗚，送甜津頻將舌半吐，胖肚子百忙的廝間阻。

【么篇】靈犀一點嬌凝聚，不由人眉暗蹙。軟溫潤香汗似溶酥，旖旎留情花解語，正是風流美愛處。

【柳葉兒】驀然有人發怒，連珠兒叫道十句餘。則教恁壓子嗣義爲兒母，誰教恁背君王做妻夫！

【么篇】唐明皇也不曾痛關腸肚，也不曾似恁重牽情緒，也不曾似恁鎮日追逐，也不曾似恁連夜歡娛。

【隨煞】一自明皇轉廊廡，便不肯暫離了娘娘皮膚，這廝也蠢，則蠢到大如皇帝福。

（《雍熙樂府》卷一）

二九、楊妃捧硯

【南呂·一枝花】金瓶點素痕，寶翰磨香暈，春纖藏玉笋，羅帕襯白雲。鳳沼無塵，滿眼寒光潤。洒松風，拂面新，露華涼暗浥玄霜，香臉嫩重加醉粉。

【梁州第七】紅錦繡擎離月窟，紫霜點透雲根[1]，轉秋波俯視愁無盡。比金盃難舉，比鈿金難親，比玉笛難弄，比如意難溫。啓鶯脣麝氣輕噴，透酥胸蘭蕙濃薰，照鬢項霧靄濛濛。射腮斗煙霞隱隱，晃釵鸞金碧鏗鏗。那些可人，對明皇不免強隨順，他早一搦柳腰困，半扎金蓮立不穩，素腕剛伸。

【二煞】[2]這硯能添傾國眉尖恨，難印開元指甲痕。蓋因天子重賢臣，這物太無情。也助得神仙風韻，越勉淹潤，比省那相抱相偎痛怕惜，他到太殷勤。

【收尾】[3]著他那翰林院宮錦香成陣，助的[4]那醉筆新詩思不群。心無聊，意轉嗔，量[5]這些輕沉不忍禁[6]。把那亂宮賊掌上溫存，生壓的⑦玉容憔悴損。

（《雍熙樂府》卷十）

校箋：

① “根”下原衍“豪”字。“豪”當作“毫”，應在“霜”字下，原文當
　　作“紫霜毫點透雲根”。
② “煞”下原有“尾”字，今刪。
③ 原無“收尾”二字，據《北詞廣正譜》補。
④ “的”，《北詞廣正譜》作“得”字。
⑤ “量”，《北詞廣正譜》作“亮”字。
⑥ “禁”，《北詞廣正譜》作“奈”字。
⑦ “的”，《北詞廣正譜》作“得”字。

三〇、楊妃剪足

【南呂·一枝花】脫鳳頭宮樣鞋，褪錦勒吳綾襪，破胭脂紅
袴色，擁金縷翠裙紗。帶溫霜華，款解放，輕鬆下，並春葱指密
匝，軟耨耨堪襯雙蓮，瘦怯怯剛迭半扎。

【梁州第七】可知道登鳳輦朱梯倦跳，上雕鞍寶鐙慵踏，無
拘縛越顯的些娘大。眼前可玩，膝上堪誇，掌中鬆托，被底輕
答。引鴛幃雲雨情加，使龍庭父子心差，則見那素尖微慢偃銀
鈎，雙縫裂輕分玉瑕，嫩趺圓細捲瓊葩。暗香潤撒，恰金盆蘭麝
湯濯罷，堪賽過善菩薩，只恐怕嬪娥誤觸，纖手親拏。

【二煞】分開兩股金刀叉，剪破雙頭玉蕊花，纖柔壓盡小宮
娃。帶接連枝，一抹的相迭相迓，微顯出半痕甲，癮痛處寧心兒
盡去卻，忒滋膩光滑。

【黃鐘尾】①喜則喜瑩如銀炬初凝蠟，愛則愛嫩似蓮根恰吐
芽。重收拾，越緊恰，偏憎嫌地窄狹，祿山兒，恰似他。早則向
後宮中大儺的蹺踏，常則把親骨肉幾遭兒痛殺。

（《雍熙樂府》卷十）

校箋：
①　【黃鐘尾】原作“收尾”，今正。

三一、楊妃繡鞋

【南呂·一枝花】傾城忒可憎，絕國施機巧，麝蘭噴皓齒，鶯柳囀篁嬌，綵燄低昭，玉井泉金盆要，滌香纖粉垢挑。開綫貼蕊綻香包，剪奇樣瓊葩謝蕚。

【梁州第七】鳴寶釧自裁自絞，墜金翹親點親描，回眸百媚明窗靠。重補穩當，減襯輕薄，包藏旖旎，醞釀風騷。蕙姿天付群超，補方刺繡誰學？一扇扇番的堪誇，一行行衲的是好，一針針縫的絕高。布蟣線腳，花兒葉子無差錯，遍根上盡貼落，彩綫蒙金妬魏姚，蝶引蜂招。

【二煞】能教鸂鶒清沼，善配鸞鳳戲碧桃。鴛鴦菡萏池嬌，殘菊秋蟬蘆雁，冬梅寒鵲，春蛾杏，夏萱草，對務連針底上却，星目分毫。剛半扎越顯吳綾小，一百錢看價不高，鳳頭偏稱絳裙綃，寰宇無雙。六宮嬪妃難著，風流處痛絕妙，太液池蓮兩葉好，足下堪消。

【黃鐘尾】翠盤可按回鸞樂，寶鐙宜踏上馬嬌，那祿山兒怎不喬①！窄弓弓惹禍苗，這鞋面上海棠花，繡得來分外妖嬈，到後來土塵中少不的馬踐了。

（《雍熙樂府》卷十）

校箋：
①　“喬”，疑當作“驕”字。

三二、漁陽十題

【越調·踏陣馬】天上少，世間無，風流共許，聰俊皆伏。

舉止非俗，建座祠堂親供養，奈何艷質①難描塑。倒鳳顛鸞，落雁沉魚。

【鬥鵪鶉】玉自生香，花能解語。蓮步輕移，蛾眉掃綠。《水調》習歌，《霓裳》按舞。俏模樣，好做處，宴罷瑤池，人歸月窟。

【紫花兒序】恰正是春心飄蕩，色膽疏狂，醉眼模糊。半團香玉，兩點瓊酥，誰知盡日君王看不足。似玉顆神珠，俺也曾被擁鮫綃，枕並珊瑚。

【青山口】翠簾低簌碧蝦鬚，銀臺明畫燭。繡屏圍簇錦芙蓉②，紅粉倒金壺。無間阻，生嫉妬，就中醖釀機謀。御筆親差領軍卒，懶離長安，便上漁陽路。送到長亭，坐散離筵，似畫就陽關暮，出塞圖。飲乾別酒，唱徹驪駒，各分去路。痛懷衘悒③快，開口是長呼④，更怎禁一弄兒凄涼，不曾離寸步。

【雪裏梅】蜂共蝶緊相逐，鶯與燕鬥喧呼，碧草綠楊，落花飛絮，歸鴻杜宇。往常時恁助歡娛，今日便躊躇，把這一應一答，堪憎堪恨，從頭兒盡數。

【麻郎兒】這芳草自新春長出，到暮秋凋疏，受天氣風霜雨露，似人生得失榮枯。也通世途委曲，直穿連海角天隅，不接引游春翠車，却妝點斷腸詩句。

【綿搭絮】這落花滿地，殘紅起有餘，一樹鉛華蕾不成。恰⑤俺深閨鳳幃中錦繡鋪，把賞心漸消除，教醉魂越糊突。誰是主？半入池塘半塵污，倦凝佇⑥，春色共情緣，到頭來總是虛！

【金蕉葉】這柳絮廝牽惹輕香暗撲，相戀顧春衫倦拂；細看來不是楊花亂舞，却是（箇）征夫淚簌。

【小桃紅】這楊柳帶煙披霧，嫩條舒，不繫征鞍住。簇滿紅塵灞陵路，曉風疎，溫柔正是春將護。纖纖瘦損，依依渾似人立翠盤初。

【天淨沙】這燕子翅翩翩，遶遍雲衢。語呢喃驚破華胥，休笑俺分飛子母，曾占綠窗朱戶，掖庭中來往攜雛！

【醉扶歸】這歸雁恰向愁邊絮，早促望中無，一片歸心何太速？您⑦已無憂慮，數點青山隱隱，更勝如萬里人南去！

【調笑令】這黃鶯一從上喬木，更整金衣來帝都，飛入杏桃花深處，啼煞畫樓風物，送此行歌舊曲，也不似他一串香珠！

【絡絲娘】這粉蝶勾遣，莊周間阻，不在東君管束。邀請得香魂模糊去，則向俺夢兒中完聚！

【鄆州春】⑧這遊蜂忙煞尋芳小翅羽，一日花香都採足，沒添貨⑨甜薺薺⑩，蜜釀出，全不顧俺苦淹淹⑪情緒！

【東原樂】這杜宇，偏情理，最狠毒，趄定別離人欺負！攔斷得俺區區活受苦，見今日在長途，尚然叫道："不如歸去！"

【看花回】休道是愁腸肚，相思肺腹⑫，假若便⑬鐵打成，銅鑄就，石鐫出，也難擔負！早是分張丹鳳隻，彩鸞孤，那堪更遭逢著恁般景物！

【眉兒彎煞】⑭懶設設隨軍吏，矻蹬蹬⑮信馬足，遙望著錦宮高處，行一步回頭覷一覷！眼兒裏閣不定淚如珠，是他仰著面嚎咷⑯放聲哭！

（《雍熙樂府》卷十六、《九宮大成北詞宮譜》卷二八）

校箋：

① 《太和正音譜》卷下無"質"字，《北詞廣正譜》同。

② "蓉"，《九宮大成譜》作"蕖"字。

③ "悒"《北詞廣正譜》作"抑"字。

④ "長呼"，《北詞廣正譜》作"是呼"，《九宮大成》作"長吁"。

⑤ "恰"，《北詞廣正譜》作"怡"字，即"恰"字之誤，《九宮大成譜》作"苦"字，屬上文爲句。

⑥ "佇"，《北詞廣正譜》作"停"字，《九宮大成譜》作"竚"字。

⑦ "您"，《九宮大成譜》作"恁"字。

⑧ "鄆"原誤"鄭"，據《太和正音譜》、《北詞廣正譜》、《九宮大成譜》正。

⑨ "貨"，《太和正音譜》作"和"字，《北詞廣正譜》同。

⑩ "薺薺"，《太和正音譜》作"絲絲"二字，《北詞廣正譜》同。

⑪ 《北詞廣正譜》無下"淹"字。

⑫ "腹"，《九宮大成譜》作"腑"字

⑬ "便"，《九宮大成譜》作"是"字。

⑭ "彎"原誤"賺"，據《北詞廣正譜》、《九宮大成譜》正。

⑮ "矻蹬蹬"，《北詞廣正譜》作"圪登登"三字。

⑯ "咷"，《北詞廣正譜》作"喞"字。

三三、貶祿山漁陽

【仙呂·勝葫蘆】則爲我爛醉佳人錦瑟傍，則①爲我金殿宿鴛鴦，則爲我殢殺風流睡海棠。宰臣明謗，弟兄陰講，生送在漁陽。

【么篇】常則是一曲悲歌淚兩行，近日越怏怏，有甚心情習戰場。衆凶徒惡黨，虎賁狼將，那一個不慚惶。

【遊四門】四邊荆棘遶城墻，靜悄悄的沒人鄉，風流繫囚邊庭上。我不是孝兒郎，應恁②甚好爺娘。

【後庭花煞】往③常時喫的兩圍來麄，十分得胖，如今全不似當時壯旺。受用處寰中奪第一，別離後世上無雙，這模樣若到他行，便指與他，孜孜得④認了半晌！珍饈⑤倦餉⑥，從教滋味長，馬乳還濃釅，羊羔兒更香。當日恰纔湯，猛想起太真妃情況，萬斛愁先滿九廻腸！

　　　　（《雍熙樂府》卷四、《九宮大成北詞宮譜》卷六）

校箋：

① "則"，《九宮大成譜》作"只"字。

② "恁"原誤"您"，據《九宮大成譜》正。

③ "往"原誤"枉"，據《北詞廣正譜》、《九宮大成譜》正。

④ "得"，《北詞廣正譜》作"的"字。

⑤ "饈"，《北詞廣正譜》作"羞"字。

⑥　"餉"，《北詞廣正譜》作"享"字。

三四、祿山憶楊妃

【雙調·新水令】舞腰寬褪弊貂衣，害得人死臨侵一絲兩氣。您那裏雲作垛，繡成堆，每日家眼迷奚，全不想洗兒會。

【駐馬聽】想今日別離，少半是君王多半是你。你舊時標息，九分來消瘦一分肥。秋風空使景狼藉，青天不管人憔悴，光陰雖去急，俺歸心更緊似西風日。

【落梅風】往常時胖得來無把背，如今瘦得來忒恁地。想繡幃中一番家喬勢，具濃時，最嫌的是迻①肥財皮，若是再相逢，早得百無阻滯。

【雁兒落】再幾時偷斟鸚鵡杯？再幾時重配鸞凰對？再幾時同偎孔雀屏？再幾時共擁鴛鴦被？

【得勝令】恨別鳥替人悲，思鄉馬頻嘶，寄信魚難到，傳情雁不歸！別離，夜月人千里。相偎，春風玉一圍！

【七煞】胡笳韻起聞知醉，玉簫聲斷尋無跡。

【太平歌】琵琶曲盡彈絕淚，歎零落棲遲，觸目總堪傷②，迥野荒陂。誰知，你在那神仙化樂天宮內，遣俺入③煙邊塞週迴。何日銷金帳底，得赴隔年期？

【三煞】俺無緣赴④私情龍虎風雲會，有分擁離愁金鼓旌旗隊。

【川撥棹】恰到日平西，對長安一歎息，見霜草淒迷，煙樹依稀。望不盡千山萬水，恨不得上青霄登玉梯。

【鴛鴦煞尾】⑤彩雲縱赴槐安國，早黃塵依舊《陽關曲》。見目下縈損，枕上禁持，唱道有始無終，多虛少實，據任無心成佳配，白甚驅馳，把似一就休來夢兒裏！

（《雍熙樂府》卷十一）

校箋：

① "逡"，疑當作"朘"字。

② "傷"，《九宮大成譜》作"悲"字。

③ "人"下，《九宮大成譜》有"荒"字。

④ "赴"下原有"穩"字，據《九宮大成譜》刪。

⑤ "煞尾"原誤"尾煞"，今正。

三五、祿山夢楊妃①

【般涉調·瑤臺月】形容盡改，飲饌難加，鬼病剛捱，若不是肌膚肥盛，從半年骨瘦如柴。誰承望拍塞脂囊，忽變作郎當皮袋。關山恨，煙水隔，魚鳥盡，信音乖。邊寨，憂愁的行陣，淒涼的今痎。

【么篇】當朝正想可憎才，見一人直臨座側，頎然高臥，太真妃遠涉塵埃。悮相逢行喜行驚，乍廝見偏親偏愛。恰煩惱至，早愁悶解，恰眉字鎖，早笑顏開。忒煞，腰兒一搦，腳兒半拆。

【三煞】②比舊日豐姿更紅白，可喜臉兒越稔色，那堪更可意梳妝，高蟠著鳳髻，半塗著宮額，輕勻著翠蛾，淺暈著香腮。

【么篇】相抱相偎欲作態，此間又無人捉獲。那得分淺緣薄，又不曾征鼙怒凱，銅鑼響處。又不曾胡笳韻噎，畫角聲哀。

【尾聲】記不得自殘害，哈嘍嘍恰赴陽臺，則被那一嗓氣悟然不覺來。

（《北詞廣正譜》）

校箋：

① 原無此題，今擬。

② 《三煞》、《尾聲》又引見《九宮大成譜》卷七三，文同。

三六、祿山謀反

【南呂·一枝花】蒼煙擁劍門，老樹屯雲棧，西風吹渭水，落葉滿長安。近帝都景物凋殘，傷感起人愁歎，只合在邊塞間，則見那白茫茫莎草連天，甚的是嬌滴滴鶯花過眼。

【梁州第七】不幸遣東歸薊北，更勝如西出陽關，看幾時捱徹相思限？怕的是孤燈熒暗，殘月弓彎，戍樓人靜，梅帳更闌①。思量玉砌雕闌，消磨盡綠鬢朱顏。

【四煞】②再幾時染濃香翡翠衾溫？迷醉魂芙蓉帳暖？解餘醒荔枝漿寒？這近間，敢病番，舊時的衣裯頻頻攢。瘦證候，何經慣？那的是從來最稀罕，單出落著廢寢忘餐。

【三煞】動無喘息行無汗，坐也昏沉睡不安，兩行淚道漬③成斑。每日家做伴的胡友胡兒，胡舞胡歌，胡吹胡彈，知他是甚風範？偏恁一曲《霓裳》寵玉環，羯鼓聲乾。

【二煞】拼了教匆匆行色催征雁，止不過拍拍離愁滿戰鞍。驅兵早晚到驪山，若奪了娘娘，教唐天子登時兩分散，休想再能勾看一看！四件事分明緊調犯，勢到也怎撝攔。

【尾聲】把六宮心事分明④的慢，將半紙音書儻⑤閉的慳，教千里途程阻隔⑥的難，我⑦因此上一點春心醞釀的反！

（《雍熙樂府》卷十）

校箋：

① "梅帳更闌"下，依北曲譜，似脫去數句。
② "四"字原脫，今補。
③ "漬"，《北詞廣正譜》作"積"字。
④ "明"，《北詞廣正譜》作"張"字。
⑤ "儻"，原誤"黨"，據《北詞廣正譜》正。
⑥ "阻隔"，《北詞廣正譜》作"間阻"二字。
⑦ 《北詞廣正譜》無"我"字。

三七、祿山叩潼關①

【越調·耍三臺】②殢風流的明皇駕，倒險被風流殢煞。貪歡宴不隄防野鹿，暗偸垣衙出宮花。致令的今朝起禍端，番部隊壘臨關下。却是些戰場中開道凶神，人海內飛天夜叉。

【么篇】恰早哥舒翰不合用狂言謗他，便似親引領著侵疆入界，便似自擅斷敗國亡家。身已覺微分在先，一氣早中風亡化。滿頭怒髮爭生，變③體寒毛乍煞！

（《北詞廣正譜》、《九宮大成北詞宮譜》卷二七）

校箋：

① 原無此題，今擬。

② 《耍三臺》前後，疑有佚曲。

③ "變"，《九宮大成譜》作"遍"字。

三八、祿山叛

【仙呂·賞花時】擾擾氊車慘霧生，黯黯虛空殺氣增，天地也離情。西風鼓角，總是斷腸聲！

【么篇】敗國兒郎捨性命，捲地干戈起戰爭，豈肯暫消停，一時半霎，恨不的走兩三程。

【賺煞尾】①甲籠愡，袍寬剩，三停豐肥減了二停，瘦損郎當淹肚子，全不似舊日膨脖，病縈縈，爲首先行，怎見的三郎瘦不勝，絲韁慢稱，彫鞍緊憑，蕩征塵西去馬蹄輕。

（《雍熙樂府》卷五）

校箋：

① "賺煞"二字原脫，今補。

三九、楊妃上馬嵬坡

【黃鐘·醉花陰】愁據雕鞍翠眉鎖，一聲聲煎煎絮聒，情淚落秋波，瀟灑長途，抆目天涯闊。

【出隊子】離情坦坦，聽征鼙愁越多，西風白草陣雲合，落日牛羊下遠坡，煙水淒迷血淚多。

【么篇】玉容寂寞，料今生愁越多，一場寵幸起干戈，朝內君王沒奈何？閫外將軍管甚麼？

【尾聲】拈甲紅裙也索言破，翰林院學士行評跋，凌煙閣①上只堪圖畫著我。

（《雍熙樂府》卷一）

校箋：

① "閣"原誤"閤"，今正。

四〇、明皇哀告陳玄禮

【仙呂·村里迓鼓】①六軍不進，屯滿馬嵬坡下。干戈遍野欺鑾駕，那裏問武士金瓜？氣焰焰列虎兵，嗔忿忿驅狼將，一個個惡勢煞！齊臻臻雁翅排，密匝匝魚鱗砌，鬧垓垓映日霞，呀！雄赳赳披袍擐甲。

【元和令】陳將軍怒轉加，真個敢變了卦？龍泉三尺手中拏，把吾當險唬殺！道貴妃荒淫敗國禍根芽，按《霓裳》起士馬。

【上馬嬌】主意兒差，故意待殺，將國舅重刑加。喊一聲地裂天摧塌，壞了他，慘②磕嗑屍首臥寒沙。

【遊四門】可憐身死野人家，二罪盡俱發。元戎，你做取當今駕，把妃子肯饒麼？呵！不妨野鹿走交加。

【勝葫蘆】唧却宮中第一花，不得地弱官家，哀告他渾同咬定沙。臣強主弱，兵權獨霸，誅斬則由他！

【後庭花】休教硬邦邦軍健拏，則使軟嫩嫩娜孋壓。貴妃上馬嬌無力，回鸞舞困乏，藉不得鬢堆鴉，屹皺定蛾眉難畫，眼睜

睜怎救拔？哭啼啼沒亂煞，料他家埋怨咱。高力士，你去他貴妃
行詳道咱。

【柳葉兒】可憐見唐朝天下，教寡人獨立難加。將條素白練
急早安排下，把娘娘咽喉掐。他是嬌滴滴海棠花，卿呵！怎下
的③千軍萬馬踏。

（《雍熙樂府》卷四）

校箋：

② "皷"原作"古"字，今正。

③ "慘"原誤"磣"字，今正。

④ "的"下，疑脫"教"字。

四一、明皇代楊妃求情①

【黃鐘·傾盃序】蜀道中間，馬嵬側近，討根討苗絕地。帥
首獨專，衆心皆悅，軍政特聽，將令頻催，弟兄死別，郎舅絕
親，夫妻生離②，偏愁荒是不知死③太真妃。

【么篇】何濟！寶髻鬇鬆，玉容寂寞，惜芳姿不勝憔悴。似
太皞春歸，艷陽時過。白帝風搖，青女霜欺。急淹淚眼，忙啓櫻
脣，緊皺蛾眉，似鶯吟鳳語，悄悄奏帝王知。

【么篇】陛下！著哀告敢爲敢做的陳玄④禮，更不弱如當世
當權郭子儀。又不曾背叛⑤朝廷，篡圖⑥天下，有不曾違犯國
法⑦，誤失軍期。平白地處死，無罪⑧遭誅，性命好容易！君王
聽道罷，屈即便依隨。

【么篇】將軍！大爲天子欣然退，要轉告吾當不敢違。施
些存恤之心，減些雷霆之怒，生些惻隱之心，罷些虎狼之威。
脣亡則齒寒，龍鬥魚傷，兔死狐悲！陳將軍聽道罷，出語忒
忠直。

【隨尾】娘娘若依條斷遣怕連三妹，陛下若按法施行忌八

姨。有句話明白索奏知，免致得遷延捱時刻。楊國忠如今若斬
訖，更有個親人不伶俐。萬馬千軍踏踐畢，恁時舒心領戈戟，慢
慢驅兵滅反賊，說破微臣昧死罪。妃子娘娘問道："是誰？遠在
兒孫近在你！"

（《北詞廣正譜》）

校箋：

① 原無此題，今擬。

② "弟兄死別，郎舅絕親，夫妻生離"，《太和正音譜》卷上作"雁行失
群，瓜葛絕藤，鸞鳳分飛"，《九宮大成譜》卷七九同。

③ "是不知死"，《太和正音譜》作"傾城國的"。"不知死"，《九宮大成
譜》作"傾城國"。

④ "玄"，《九宮大成譜》避清康熙名玄燁諱改作"元"字。

⑤ "背叛"，《九宮大成譜》作"觸忤"二字，

⑥ "篡圖"，《九宮大成譜》作"得罪"二字。

⑦ "違犯國法"四字原缺，據《九宮大成譜》補。

⑧ "罪"，《九宮大成譜》作"故"字。

四二、明皇告代楊妃死

【黃鐘·醉花陰】有句衷言細詳察，是不是將軍莫怒發，先
斬了國忠則休，莫待要踐了娘娘，則勒死吾當呵罷！

【興龍引】重權獨霸，久養威轉加，致教主弱臣強，內外
忒①差。其間事節，莫不也干連著鑾駕？賜一條素練，攛三尺
黃沙！

【么篇】斟量口氣，見得將他難救拔。教娘娘速赴轅門，早
受刑罰。非干易捨，便告②半霎③嚴假，枉與他廣增些怨望，剩
添些驚怕。

【么篇】鴛幃咫尺黃昏也，陡斷懷中不見他，猛攛上心來，
則你道疼麼？蘭魂蕙魄，願④早向皇宮托化！又無甚六親，又無

甚根芽。

【尾聲】若能勾⑤地久天長葬黃沙，但有人奠酒澆茶，情願向一個套兒裏教恁雙勒殺！

（《雍熙樂府》卷一、《九宮大成北詞宮譜》卷七四）

校箋：
① "忒"，《北詞廣正譜》作"特"字。
② "告"下，《北詞廣正譜》有"的"字。
③ "半霎"，《北詞廣正譜》作"霎兒"二字。
④ "願"上，《北詞廣正譜》有"如"字，《九宮大成譜》同。
⑤ "勾"，《九宮大成譜》作"豰"字。

四三、楊妃乞罪

【黃鐘·願成雙】一壁廂屍猶熱，血未乾，休將那①取次相看，怯愁②顏，強將嬌滴滴忙離繡鞍。

【么篇】仙衣欲枕難迭辦，把不定膽戰心寒，怕的是白練套頭栓，剛打迭起愁眉淚眼。

【出隊子】驚慌無限，啓朱脣噴麝蘭！既教臣妾受摧殘，必定阿環有破綻，向陳將軍乞罪犯？

【么篇】陳玄禮火速言公案，定興亡頃刻間，休嗔將令不鬆閒，見有親人來指攀，敢把娘娘快證翻！

【尾聲】常言道九族遭誅爲一人反，許多軍撞過潼關，說道爲首的是您③兒安祿山。

（《雍熙樂府》卷一）

校箋：
① "那"，《北詞廣正譜》作"他"字。
② "愁"，《北詞廣正譜》作"容"字。
③ "您"原誤"恁"字，今正。

四四、楊妃訴恨

【商調·集賢賓】似飛花落絮無定止，風外趁遊絲。聳兩葉眉顰淺黛，混千行淚濕凝脂，見一團戰戰兢兢，越十分媚媚姿姿。一個可喜娘臉兒可喜到死，看承得如同草刺。已留身後名，猶訴口中詞。

【上京馬】心毒害更誰人似恁①，四下裏一齊併我猶自恁②，早則稱了平生志。

【後庭花】一壁廂是怒楊妃的軍政司，一壁廂③是送楊妃的節度使，一壁廂是棄楊妃的唐皇帝，一廂壁是怨楊妃的高力士。自尋思，這賤人不是送屍骸撇在外，料因來④祭祀。

【金菊香】早忘了長生殿夜參差，悄悄無人私語時，枕邊誓約中甚使，鈿盒金釵放著證明師！

【么篇】早則耳乾眼淨棄嬌姿，早則意斷恩絕兩姓子。有句話再三囑咐你，若得⑤見君王，卻道俺傳示！

【隨調煞】⑥把我生勒死，不知為何事？若施行了已後，卻休教死骨頭上揣與我個罪名兒！

（《雍熙樂府》卷十四、《九宮大成北詞宮譜》卷六十）

校箋：
① "恁"，《九宮大成譜》作"你"字。
② "恁"，《九宮大成譜》作"死"字。
③ "廂"字原脫，據《九宮大成譜》補。
④ "來"下，《九宮大成譜》有"沒"字。
⑤ 《北詞廣正譜》無"得"字。
⑥ "隨調煞"原作"尾"，據《北詞廣正譜》、《九宮大成譜》正。

四五、明皇哀詔

【雙調·夜行船】不覺天顏珠淚簌，道："陳玄禮負我何事？

雖是欺主上有千般諫，則這揀宮娥的一句，更勝似弒君殺父！"

【沉醉東風】嬌滴滴嬰兒幼女，軟癡癡姊妹承羣，盡是他舊班行，終有些親腸肚。施行間快然難覷，恰到半死不活處，氣力無，倒大來教娘娘受苦！

【么篇】特向那雄赳赳征徒戰夫，選幾個氣昂昂惡黨凶徒，莫遷延，休猶豫，疾忙教速歸冥路。左右來，少不的今朝一命殂，早與他娘娘個快取。

【鴛鴦煞尾】①驚魂不挽行雲住，暗雲已逐西風去。藏去②玉骨冰肌，埋盡怨紅愁綠，蛾眉宛轉難爲主，馬蹄踏③蕩無尋處。有一事將軍索再三躊躇。不敢望似山陵般修④墳墓，想著曾扶⑤侍鸞衾⑥，你却少贈與楊妃半堆兒土。

（《雍熙樂府》卷十二）

校箋：

① "鴛鴦煞"三字原脫，據《北詞廣正譜》補。
② "去"，《北詞廣正譜》作"却"字。
③ "踏"，《北詞廣正譜》作"蹅"字。
④ "修"下，《北詞廣正譜》有"做"字。
⑤ "扶"，《北詞廣正譜》作"伏"字。
⑥ "衾"，《北詞廣正譜》作"舉"字，"舉"即"輿"字。

四六、楊妃勒死

【大石調·六國朝】那裏問衣妝帶緊？首飾鉛華？將素體立驅翻，把咽喉生勒塌！折挫了傾城色，改變盡鼻凹。及竟得如雲鬢鬆了紺髮，偏摘旎形骸偃臥，忒溫柔手足揉搓。止不過是昭陽殿裏受深恩，怎下的教馬嵬坡生勒殺！

【歸塞北】傳宣處，倖①與個怒②容加。將帥本無嚴號令，君王勅賜重刑罰，因你是禍根芽！

【么篇】高力士！好歹寡人差，親厚更誰親似我？愛來那個愛如他？故意兒咱家。

【尾聲】怨氣的娘娘身亡化，更叫千軍萬馬蹋踏！到免了臨時惡驚怕。

（《雍熙樂府》卷十五、《九宮大成北詞宮譜》卷二一）

校箋：

① "佯"原誤"徉"，據《九宮大成譜》正。

② "怒"，《九宮大成譜》作"恕"字。

四七、馬踐楊妃

【正宮·端正好】傳將令馬休行，排隊伍軍休鬧，定唐朝只在今朝。將一個太真妃馬上端詳了，端的是傾國傾城貌。

【滾繡毬】鳳頭鞋將寶鐙挑，龍袍袖①玉鞭裊，玉纖手則將這紫絲韁緊揉，那馬兒行的疾魄散魂消。俺這裏軍行似出連雲棧，使不的你傈落君王上馬嬌，一簇兒妖嬈。

【倘秀才】六宮中冥冥悄悄，四海外荒荒鬧鬧，你一日亂俺十年不定交，我憑著垓心裏戰。你倚仗著翠盤中嬌，你開筵俺這裏戰討。

【滾繡毬】你那裏銀箏間玉簫，俺這裏長槍對短刀。你那裏列宮人，俺這裏密排軍校。你②那裏笙歌響，俺這裏戰鼓齊敲。俺臨軍不死傷，你登筵不醉飽。且休問兩下裏俸錢多少。俺這裏戰軍回，你那裏早宴罷臣寮。你那裏醉醺醺酒淹濕宰相春羅袖，俺這裏血瀝瀝濕浸透將軍錦戰袍，天數難逃。

【倘秀才】三月三九龍池鬥草，七月七長生殿乞巧，搬的箇唐天子親擊梧桐按《六么》，這的是國興天子志，家富小兒嬌③，從今後罷却。

【呆骨朵】④太真妃養著一個家生哨⑤，則在那翠盤中惹起兵刀，見如今臣負君心，怎肯教鴉奪了[6]鳳巢。微臣可便上不的凌煙閣[7]，娘娘也立不的楊妃廟，臣今日不盡孝能盡忠，你可甚養小來防備老？

【貨郎兒】也不索君王行請詔，也不索娘娘行取招，我則見鐵統[8]軍圍了一週遭。一個按不住心頭怕，一個擎淚眼搵濕鮫綃。

【脫布衫】高力士絮絮叨叨，陳玄[9]禮懺懺焦焦，太真妃煩煩惱惱，唐天子攘攘[10]勞勞。

【小梁州】則聽的蓁蓁的鼓敲，忽忽的旗搖，那裏取江梅豐韻海棠嬌，把娘娘軟兀剌諕倒。

【尾聲】[11]見娘娘聖主行忙哀告，見陛下摩拳擦掌心焦惆[12]，見踏霧騰雲那[13]馬兒越咆哮[14]，可惜將一個嬌滴滴楊妃馬踐了。

（《雍熙樂府》卷二、《九宮大成北詞宮譜》卷三四）

校箋：

① "袖"下，《九宮大成譜》有"把"字。

② "你"原誤"恁"字，今正。下同。

③ "嬌"，《九宮大成譜》作"驕"字。

④ "呆骨朵"，《九宮大成譜》作"靈壽杖"。案："呆骨朵"又名"靈壽杖"。

⑤ "哨"，《九宮大成譜》作"俏"字。

⑥ 《九宮大成譜》無"了"字。

⑦ "閣"原誤"閤"，據《九宮大成譜》改。

⑧ "統"，《九宮大成譜》作"桶"字。

⑨ "玄"，《九宮大成譜》避清康熙玄燁諱作"元"字。

⑩ "攘攘"原誤"穰穰"，據《九宮大成譜》改。

⑪ "尾聲"原誤"么篇"，今正。

⑫ "惆"，《九宮大成譜》作"躁"字。

⑬ 《九宮大成譜》無"那"字。

⑭ "咆哮"，《九宮大成譜》作"㤘然"二字。

四八、埋楊妃

【仙呂·袄神急】霧昏秦嶺日，塵暗馬嵬坡，傾國傾城，到底成何用？挽回壯士心，絕却君王寵，驚魂已逐虎狼叢，把咽喉緊匝①，素練難鬆。

【寄生草】肌膚變，氣血擁，淚行亂落珍珠迸，腮霞雙擁臙脂重，舌尖半吐丁香送，溜刀刀一對鳳眸藏，曲彎彎兩葉蛾眉縱！

【么篇】妖年盡，艷限窮，海棠已斷三春種，梅花已赴三生夢，素娥已返三山洞。芙蓉帳裏有誰同？鴛鴦枕上無人共！

【六么篇】思當日，選玉容，正雙棲②鴛鴦，素體香溫，醉魂情濃。弄春嬌星眼朦朧，夜連夜、春與春相從，弟兄皆列土侯封。惜明皇如此親陪奉，猛然愁絕慮遠，衣足食豐。

【么篇】好難容，好難容！祿山何人？比之為兒，往來私情暗通，便亂宮。差離長安，使鎮漁陽，恨輕別。氣沖沖，忽然反國驅兵，撞破潼關，自作元戎。一朝命盡身雖痛，蓋因爾罪，莫怨天公。

【賺煞尾】除了禍根苗，絕却親昆仲，為子為臣盡忠。當下消磨了軍旅恨，即時險諕殺玄宗。暢道驀見個英雄，搓玉揉香甚威勇，似風雷性猛，鐵石般心硬，把一個醉姮娥拖入地穴中。

（《雍熙樂府》卷四）

校箋：
① "匝"，《北詞廣正譜》作"咂"字。
② "棲"下原有"枕"字，今刪。

四九、踐楊妃

【仙呂·勝葫蘆】是去君王不奈何，盡分得淚痕多，《羽衣曲》翻成《薤露》歌。玉溝空闊，玉人偃臥，沒撚指早填合！

【么篇】戰馬也如將怨氣豁，比及排甲胄列干戈，料想嗔人緊勒他，騁精神惡，打盤桓突磨，鬮嘶喊要奔波！

【賺煞尾】撞出虎狼叢，堪上凌煙閣①，天意與人情暗合，幾曾使鞭稍兒觸抹著，蕩香魂健足頻那。唱②道相唧，不離了楊妃那禍，荔枝塵閃脫，將海棠根過，撇風也似飛上馬嵬坡。

（《雍熙樂府》卷五）

校箋：

① “閣”原誤“閣”，今正。

② “唱”，《北詞廣正譜》作“暢”字。

五〇、祭楊妃

【商調·集賢賓】人咸道太真妃，禁宮中養出禍胎，今日苦痛如血光災。折剉盡桃李三春風物，阻隔斷荔枝千里塵埃。太陰星空照昭陽，紫微宮虛列三臺，早子不翠袖舞嫌天地窄，再不聽簫韶一派。往常時錦雲籠面目，爭忍這慘霧罩屍骸！

【逍遙樂】因甚干戈侵界？致使文武專權？子爲國家重色，雖是掌扇齊開，都是半凋殘杏臉桃腮，少不的侶峨嵋下閣①道，爲甚寵三千粉黛，偏你不朝遊南陌，晝宴蘭堂，夜訪金釵。

【上京馬】想創業興兵日，幾層著至尊無奈？歎保駕臨蜀的大元帥，好把穩如唐十宰。

【後庭花】雲時間也難離摘，夢兒中也無間隔。他到那枕頭兒上須偎落，教寡人被兒中越定害。每日家不離懷，可正是心肝兒般惜愛，偏然臨虎狼垓，忽然間鴛鳳拆②！

【柳葉兒】却死在陳將軍閫外，眼睜睜淺土培埋，挾權的也不似陳元帥，你挾權的煞到把帝王差，今番去幾時回來？

【梧葉兒】青霄外，棧道開，疑似上蓬萊。觀嶺尖高難到，黑龍江深莫測，更添巨浪接巔崖，也是低淺如俺盟山誓海！

【醋葫蘆】俺向碧霞，迎著翠靄，六丁神將巧安排，抵多少立金梯倚空十二階，更壓著雁門紫塞，一層層子辦著好心兒捱。

【尾聲】早是俺人意堅，更合著馬蹄兒耐，從嵬坡直下，喀噔噔的捽將來！

（《雍熙樂府》卷十四）

校箋：

① "閣"原誤"閤"，今正。

② "拆"原誤"折"字，今正。

五一、力士泣楊妃

【中呂·粉蝶兒】若不是將令行疾，險些個把撮合山連累，沒來由也去臨逼。恰對元戎，休道其中情弊，子道高力士明知，更做巧舌頭怎生支對？

【醉春風】子爲他復望雨雲期，生送得不著墳墓鬼，帝王家妃子要爲妻？祿山賊休好美！美？天子僝僽，衆軍寧帖，自家也伶俐。

【迎仙客】不是我佯孝順，假慈悲，禁宮中起初曾拜識，雖是各爹娘，厮認義，據著覷當追陪，不若如親兄弟。

【石榴花】記得那彩雲成陣錦重圍，恰正是人體態酒爲媒，忽變做落花沾土絮沾泥。怎想這祿山賊統領征轡，一時間險逼迫煞陳玄禮。誰承望正行之際，半霎兒險殀殺唐皇帝，一片聲叫道："宜早不宜遲！"

【鬬鵪鶉】他子待按法依條，那裏問違宣抗勑，倚勢挾權，死一般做頭害底。非是俺心偏向裏迷，恁也待顯正直，據這般剪草除根，那裏是於①家潤國？

【普天樂】阻天顏，從心意，怎息雷霆之怒？罷虎狼之威？施狠切誇鋒利，指歌舞爲名相，羅織其間事，容機密，就裏僥倖。密把宮中禍機，軍前號令，便說法外凌遲。

【乾荷葉】明明是，不曾題，暗暗地早任誰知，做多少英雄勢，見放著亂宮賊，不敢與他做頭敵。既然教奸婦一身虧，你却須合問那奸夫罪！

【上小樓】每月家干請俸給，經年常閒著兵器，恰見戰馬奔騰，早教幸蜀迴避。你可早路途中，保護得無疏無失，兀的是大唐家養軍千日。

【么篇】他爲什麼痛未休？爲甚麼去便回？子爲他龍鬪魚傷，兔死狐悲。三十年弟兄般何曾相棄，早是俺眼睜睜物傷其類！

【滿庭芳】恰得個風恬浪息，他剗地昂昂而已，却教俺怏怏而歸，好教那白練把你十分勒死後正合宜。每日居禁苑豐衣足食，誰教你背君王落道爲非？臣當日，若不看娘娘的面皮，怎容過這蠢東西！

【六么令】今日對你，從實分析，不是見喫閃著虧你勸不的，把俺死央及，對面又難爲，因此上不免的依隨。偷方覓便雖做美，得迴避，恁偎香抱玉無了期，世著迷子管著迷，直到落便宜。

【紅繡鞋】那廝生得來矮罷，下緒來寬膀臂，粗古魯恁來闊腰圍，項圓蠢，腮啉唔胖容儀，胸凸報，肚壘垂，却是那些兒引動你？

【快活三】猛生怕涉疑，詐爲兒廝瞞昧，雖不懷胎十月得分離，却有乳哺二年意。

【鮑老催】誰想恁悄悄冥冥，預先做下張鴛鴦被，誰教你喜喜歡歡，正美裏，自拆散鸞鳳隊，特然遣趕漁陽鎮守，防護夷狄。忽然變亂，把潼關攻擊，篡皇基！

【六么令】早子都你東我西，恁平地葬送三不歸。却教父南子北無前事，間隔在兩下裏。到黃泉見壽王迎禮，第一句說甚的？是子是皇妃情理？却也受煞你將軍氣！

【么篇】那催兵吏鬆征轡，子聽馬過處，哭聲悲，辭軍壘，投蜀國，更壓著人和凱歌回。怕的是還朝日，翰林院那管無情筆，休想道半星兒不完備！暗想風流形勢，到今日成何濟！

【堯民歌】也曾風流霞洗，也曾粉耨香偎，也曾華攢錦簇，也曾翠遶珠圍。如此般夫榮婦貴，今日個瓦解星飛。恰便似野風吹散紙錢灰，劍嶺崒羨路人稀，碧桃花下月平西，笑煞蜀禽也難迴。狼藉狼藉，殘紅襯馬蹄，休想花有重開日。

【尾聲】娘娘呵！你使些躁暴，方減些是非！自通傳曉諭長安內，道他無罪，強向那馬嵬坡下踐了楊妃！

（《雍熙樂府》卷七）

校箋：

① "於"，疑"利"字之誤。

<h1 align="center">五二、明皇①哭楊妃</h1>

【中呂·粉蝶兒】玉骨香肌，臥荒郊塚蒙塵昧，塞空冗草擁沙培。繡簾垂，鴛幕簌，重門深閉，常想著懶出宮圍。卿呵！早則不怕鶯花笑人憔悴！

【醉春風】氣結就嶺頭雲，淚湮著泉下水，雖然不得便生天，也是寡人個禮！禮？空伴著三尺魂幡，一軸影幀，半間靈位！

【迎仙客】急煎煎難忍耐，痛煞煞怎禁持？割捨了痛哭一場，便子待甚的，欲噤咷却又後悔，只恐怕軍政司條例，又有俺這難棄捨渾家罪。

【石榴花】恰長安西望繡成堆，子②見滿目擁旌旗。向馬嵬東畔血沾衣，怎知有這場拋擲③。半生錦帳恩情棄，馬頭前蹙損蛾眉，一條素練把咽喉繫。消不得高塚瑞煙迷。

【鬬鵪鶉】子向這淺土裏浮丘，盡都是行蹤過跡，你是隨霧也隨那雲？你却是做神也那做鬼？非是吾當肯棄擲，只般狠做爲，都只因他虎鬬龍爭，生拆得鸞孤鳳隻。

【普天樂】④誰承望正行裏六軍圍，閒仗劍，月輝輝，嚇帝主，除兄妹，捲地胡塵潼關失！倚仗用人之際⑤，抵多少狐假虎威，子揪父髻，臣扯君衣！

【乾荷葉】往常時，小娃隨，侍兒扶⑥起嬌無力，輾塵移，暗香襲，所爲兒偏稱帝王機，却元來只不可將軍意！

【上小樓】子⑦爲韶華暗催，把春光空費。恰正綠嫩紅嬌，早葉落花飛。似恁得⑧杜鵑啼，鷓鴣鳴⑨，林鶯嚦嚦，再休想驚破海棠春睡！

【么篇】寡人勸力士，省可裏哭叫起。不爭你信口開合，放聲悲啼，倘或間走將來，道楊妃和⑩咱同例，你⑪和我也⑫無葬身之地！

【滿庭芳】吾當命裏，值災星照耀，惡限臨逼。區區鞍馬空勞役，劍閣崔嵬，早是我亡家敗國，更那堪害子傷妻。早知道逢今日，折莫兵屯萬里，寧可我去待自迎敵！

【紅繡鞋】早子⑬恁功成各遂，生教俺財散人離，戰騎沖雲猛跨馳，情已斷，淚雙垂，六宮中誰第一？

【快活三】止不過梧桐樹下按《羽衣》，又不曾蓮花帳上悮了軍期，臨危不敢共他相持，倒反做了個國舅娘娘罪！

【鮑老兒】未殺他人先損了自己，怎做得後取那潼關計。見放著邊庭上造反的，怎做的禍起蕭牆內？從新革故，擎王保駕，統領軍回，誰知道依前似舊，欺君做事，却向蜀西！

【么篇】想俺那廝嗔廝持，忒溫柔性兒再誰似的？是他但嗔但喜，可喜娘臉兒再誰襯的？向懷中抱，座上偎，樽前立，不由人不愛惜！不幸上值著風流迭配，半路裏教軍人勒！

【么篇】將凶年避登蜀地，列戈戟。九重圍遶賊兵退，還宮位，對文武兩班齊。削了權兵，去了爪牙，除了官職。恁時節俺近的翰林院，有俺功臣每，《史記》裏，不須用文意。

【煞尾】寡人親將古跡標，須當教後代知。半行兒褒貶盡陳玄禮，寫詔不由皇帝，強向那馬嵬下踐了楊妃！

（《雍熙樂府》卷七）

校箋：

① 原無"明皇"二字，今增。

② "子"，《北詞廣正譜》作"則"，《九宮大成譜》卷十三同。

③ "擲"，《北詞廣正譜》作"離"字。

④ "普"原誤"齊"，據《北詞廣正譜》、《九宮大成譜》正。

⑤ "際"原誤"濟"，據《北詞廣正譜》、《九宮大成譜》正。

⑥ "扶"原誤"攜"，今正。

⑦ "子"，《北詞廣正譜》作"則"，《九宮大成譜》同。

⑧ "得"，《九宮大成譜》作"的"字。

⑨ "鳴"，《北詞廣正譜》作"啼"字。

⑩ "和"，《北詞廣正譜》作"合"字。

⑪ 《北詞廣正譜》無"你"字。

⑫ "也"下，《北詞廣正譜》有"死"字。

⑬ "子"，《北詞廣正譜》作"則"，《九宮大成譜》同。

五三、陳玄禮駁赦

【南呂·一枝花】錦宮除禍機，青史標名列，黃塵暗羅綺，白練損花傑。十數載脣舌，爾爲人爲娘業，則這一朝還報徹。眼見得芙蓉帳暮雨朝雲，都作了楊柳岸曉風殘月！

【梁州第七】辭丹鳳九重禁闕，臥黃沙三尺深穴，除寡人更有誰疼熱？自推自歎，難當難遮，無情無緒，如醉如呆。唐明皇棄捨無些，陳將軍決斷忒別，也是楊國忠月值年災，安祿山時乖運拙，太真妃祿盡衣絕！帝情慘切，攢著眉閣著淚，躬著身叉著手，分付與陳玄禮，兀的是手詔早寧帖。他便頓首誠惶，却回奏據辨利有誰迭？

【三煞】這詔是重興宇宙郊天赦，早是復救生靈奉救牒。見許多軍馬怎攔遮，撞過潼關壁，指干戈排列，這一番爲誰設？早是區區蜀道難，那堪更煙水重疊。

【二煞】則爲你鸞歌鳳舞明連夜，直引的虎鬭龍爭了併耶，若相待休想肯饒些！戰馬交時，手到處將旗颭拽，兵刃不粘血，折末兩搜來人，肥骨唔胖肚皮，則那就鞍子上活挾。

【尾聲】這欺君冤枉難分說，反國緣由怎漏泄？直等拏住賊臣，恁時節，教那廝自分說。階下聽者，臣是臣非見去也！

　　　　　　　　　　　　　　　（《雍熙樂府》卷十）

五四、禄山憶楊妃

【雙調·行香子】被一紙皇宣，和三品軍權，創開萬劫情緣，想青綾被底，紅燭窗前，甚時曾整我裝？歌番曲，按《胡旋》。

【喬木查】歎平生分淺，何日重相見？爲盼行雲眼睫穿，淚珠兒搵，血流遍秦川！

【撥不斷】再幾時幸溫泉？寵梨園？彩鸞已赴蟠桃宴，鸚鵡難迴碧玉輦，鴛鴦不鎖黃金殿。千般旖旎，萬種妖嬈，怎下的①教馬嵬坡蹅②踐③。

【離亭宴帶歇指煞】麝香一污春風面，鸞膠無分紅纖片，身歸九泉，把個可意小名兒題，將傾城模樣兒想，望屈死的冤魂兒現！明牽子母情，暗隱別離怨，無心過遣，慢徒勞，乾大鬧，空經變。至長安京兆府，從薊州漁陽縣，一掇氣走喏來近遠，竭竭的趕場憂，剛剛的落聲喘！

　　　　　　　　　　　　　　（《雍熙樂府》卷十二）

校箋：

① "的"，《北詞廣正譜》作"得"字。

② "蹅"，《北詞廣正譜》作"踏"字。

③ "踐"下原有"殄"字，據《北詞廣正譜》刪。

五五、祿山泣楊妃

【中呂·粉蝶兒】雖是我肌體豐肥，豈辭憚路途迢遞，不曾分星夜驅馳。馬行乏，人走困，劃地開旗拽隊，暗想歸疾，全不似去時節容易。

【醉春風】滿腹斷腸愁，一聲長歎息，夜來由自說活人，今日早做鬼！鬼？怎不教怨氣沖天，落的惡名留世，早則都死心塌地。

【迎仙客】若不殺了國忠，滅了皇妃，平白那裏有背君作亂的！雖是不爭鋒，尋對壘，子是待強帝宮圍，委實無葬送娘娘的意！

【喜春來】①天香國色辭人世，玉骨冰肌襯馬蹄。淒涼孤枕助鴛幃，聞戰鼙，抵多少更漏促，曉鐘催。

【石榴花】憶惜花憐月暗偷期，常則春早起夜眠遲。六宮中即漸裏有人知，只恐怕敗露帝王疑，敢故然取笑為兒戲，到教咱盡歡了三日，夜筵從此無疑滯，恰便似親子母不相離！

【鬥鵪鶉】常子在翡翠鴛衾，芙蓉帳底，恰正是楊柳情嬌，海棠睡美。想著那旖旎溫柔俊所為，怎忘得，並不是暫煞兒歡娛，盡都是通宵況味。

【普天樂】近裏話也不合題，說著早森森地。俺受盡嗔持地，撒盡迷奚，別勢樣無巴壁。雨雲期間諸餘裏，更親如大唐皇帝，看了些斜堆鳳髻，微瞑秋水，輕皺峨眉。

【乾荷葉】沒揣的，使心機，擁旌旗火速離皇宮內，生喀嚓兩分離，痛支沙怎禁持，教俺便得死後倒是便宜，誰曾那般活受風流罪？

【上小樓】金盃未吸，人心先醉，恐臨長安，送路樽席，則辦下左一行右一行，別離情淚，全不似後宮中洗兒筵會。

【么篇】不覺的變了面色，沒揣的鬆了肚皮，未到漁陽，早添憔悴！則想久而間却依，圓肥啉啈的，誰想我一日瘦如一日！

【滿庭芳】特來探爾，實指望衣遮彩鳳，聽俺金雞。這場歹鬬成何濟？則落的虎倦龍疲。一個乾引的漁陽禍起，一個空教留萬代人知。國史內名標記，縱不編謀反大逆，也寫做亂宮賊！

【紅繡鞋】再不見[2]侍晚宴塵清寶地，再不見浴春泉香滿溫池，再不見桃李花開繡成堆。趁枯蓬奔古道，隨落葉蕩荒陂，伴西風吹渭水。

【快活三】比及我起屍骸離馬嵬，比及我選山陵置靈位，比及我引靈魂排僧道列威儀，權時向軍伍中先遙祭！

【鮑老兒】欲酌香醪奠一盃，百忙的傾不盡我關情淚，枉使丹青染像儀，畫不出傾情意。百年恨絕，三生夢斷，半路身虧，數層欲合，一聲鼎沸，六道輪迴！

【六么序】一壁廂人軍見緊急，唐皇帝避災離故國，忙裏問禍根苗又是誰？陳玄禮損人安自己。一壁廂哥哥喪，妹妹亡，把娘娘來勒！恁的他躲甚的？誰不道安祿山無恩義，這公更壓著三千倍！

【么篇】據臣威勢，將君抑勒，合該九族盡誅夷。想他情理，將咱拋棄，教人一任痛凌遲。有一日相逢處，戰間如虧失，恁時節休後悔！比及還報了終身釁隙，敢愁的這心如碎！

【啄木兒煞】[3]娘娘呵！莫怨咱，我也堪恨你，但留心休想貞元備，恰來將音書頻寄，怎到馬嵬坡下踐了楊妃！

　　　　　　　　　　　　　　（《雍熙樂府》卷七）

校箋：

① "來"原誤"風"，今正。

② "見"字原脱，今補。

③ "啄木兒煞"原誤"隨煞"，今正。

五六、玄宗幸蜀①

【正宮·端正好】正團圓成孤零，陳元帥隨坐隨行，他那裏是幸西蜀特保駕親將領，則是怕走失監收定！

【么篇】雖離了戰爭場，却貶入悽惶境。坡岡峻馬足難停，當則是短兜玉勒挑金鐙，緊緊的把雕鞍凭！

【滾繡毬】連雲棧翠靄生，劍門關冷氣增，那吐虹霓太陽掩映，亂雲重溝澗層層。地不平，客②怎行？窄峽峽玉龕石磴，則不路人愁，烏也倦飛騰！至輕去國三千里，恰是傷心第一程，膽戰心驚。

【倘秀才】沖落葉穿巖過嶺③，趁衰草登山邁④嶺，却甚綠暗紅稀出鳳城？龍虎將，御林兵，好無些兒面情。

【滾繡毬】想長生殿裏⑤慶七夕，碧梧桐下過三⑥更，正深沉夜闌人靜，各私言海誓山盟。學連理枝比翼鳥，對牽牛郎織女星，說真誠⑦指天爲證，誰知道你⑧落塹拖坑。我棄了三千粉黛孤身過，你向那十二瑤臺獨自行，送得俺⑨有影無形。

【倘秀才】我不似⑩納諫如流般⑪聖明，恁可甚觸⑫樹攀欄的⑬諫諍？都子⑭會硬厮併，乾厮撑，壯厮挺，越哀告越施逞⑮氣性！

【伴讀書】磨滅盡風流興，增置出相思證。六年不聞穿聯定，一言既出須教⑯應，分毫誰敢違軍令，則索喏喏麼連聲！

【貨郎兒帶醉太平】⑰又不敢和他致爭，半路裏把平人要施行。止不過愛梨園内樂聲，止不過戀金屋銀屏，止不過舞腰纖細掌中擎，却不⑱那些兒是罪名？惡嗷嗷早傳將軍令⑲，眼睜睜險逼了君王命，痛煞煞割斷貴妃情，怎生教娘娘屈當了重刑！

【四煞】再不看篆煙曉色焚金鼎，再不嫌銀燭秋光冷畫屏，再不過永巷長門，再不到紫垣椒壁，再不上玉殿朱樓，再不坐鳳閣龍庭。再不聽溫泉歷歷，宮漏遲遲，則索聽山溜零零。再不看禁街燈火，則索看林影度流螢！

【三煞】[20]如今翠盤失却青鸞影，玉笛吹殘彩鳳聲。有一日早選座山陵，大建座丘塚，寬展所祠堂，高立統碑銘，廣安排齋供，剩讀些經文，早超度亡靈。非是朕過言，則願得早回程。

【二煞】[21]我滿懷宿酒經年病，你一枕餘香甚日醒？劃地向雲外登臨，月邊勞落，天際驅馳，海角飄零。降頭華表，開眼煙霞，側耳雷霆，不堪回首，盡是短長亭！

【黃鐘尾】[22]眼見的人離西閣秋天淨[23]，月照椒房夜不扃。心難安，意不寧，愁如珠，淚似傾，惡風光鬭馳騁。雅閃殘陽背日明，雁列西風行不成，嗚噎蟬聲分外清，啾唧蛩吟刁厥鳴。怪石巉巖臥虎形，老樹槎牙倒龍影，檜[24]柏蒼松細古藤，夾道黃花開短徑。一弄兒淒涼廝刁蹬，越教[25]人鑽心入髓疼。想俺敗國亡家[26]無權柄[27]，不獨[28]似這仗勢欺人的暮秋景！

（《雍熙樂府》卷三、《詞林摘艷》卷六）

校箋：

① "玄宗幸蜀"，《詞林摘艷》作"唐明皇幸蜀"。

② "客"，《詞林摘艷》作"人"字。

③ "嶺"，《詞林摘艷》作"頂"字。

④ "邁"，《詞林摘艷》作"驀"字。

⑤ "想長生殿裏"，《詞林摘艷》作"常想著長生殿裏"。

⑥ "三"，《詞林摘艷》作"二"字。

⑦ "誠"，《詞林摘艷》作"情"字。

⑧ "誰知道你"，《詞林摘艷》作"誰想你"三字。

⑨ 《詞林摘艷》無"送得俺"三字。

⑩ "不似"，《詞林摘艷》作"可甚"二字。

⑪ 《詞林摘艷》無"般"字。

⑫ "觸"，《詞林摘艷》作"瑣"字。

⑬　《詞林摘艷》無"的"字。

⑭　"子",《詞林摘艷》作"則"字。

⑮　"逞",《詞林摘艷》作"呈"字。

⑯　"教",《詞林摘艷》作"交"字。

⑰　"醉太平"原誤"太平年",今正。案:此係帶過曲,《貨郎兒》首二句下接《醉太平》全曲,因名《貨郎兒帶醉太平》。

⑱　《詞林摘艷》無"却不"二字。

⑲　"惡噷噷早傳將軍令"以下至《四煞》、《三煞》、《二煞》等曲,《詞林摘艷》均失載。

⑳　"三煞"原誤"二煞",今正

㉑　"二煞"原誤"三煞",今正。

㉒　"黃鐘尾"原誤"尾聲",據《詞林摘艷》引作"黃鐘尾聲"正。

㉓　"淨",《詞林摘艷》作"靜"字。

㉔　"檜",《詞林摘艷》作"古"字。

㉕　"教",《詞林摘艷》作"交"字。

㉖　"敗國亡家",《詞林摘艷》作"國敗家亡"四字。

㉗　"無權柄"原誤"得狠權柄",據《詞林摘艷》正。

㉘　"獨",《詞林摘艷》作"毒"字。

五七、明皇望長安

【仙呂·八聲甘州】中秋夜闌,寶篆煙消,玉漏聲殘。湧身一躍駕長橋,遠却塵寰。仰瞻滿輪蟾影孤,俯視橫空斗柄彎。欲近廣寒宮,照耀非凡。

【醉中天】似水通河漢,如鏡掛星壇,萬物渾同掌上看,雲翳無纖毫犯,宜在嫦娥向晚,精神無散,故分明等現天顏。

【醉扶歸】露洗冰輪燦,霜壓桂枝寒,玉窟清秋多殿閒,暗隱昭陽患,若不爲私①遊這番,怎上的連雲棧。

【後庭花煞】恰離禁苑,便將雲路攀。猶恨青天遠,爭知蜀道難!近潼關,靠驪山,五雲隱隱在人間,儘空中眼,向月波深处見長安。

（《雍熙樂府》卷四）

校箋：

① “私”原誤“和”字，據《北詞廣正譜》正。

五八、明皇憶楊妃①

【雙調·新水令】翠鸞無路到南柯，玉簫閒彩雲零落，慵觑和淚灑，懶聽斷腸歌。卿呵！你問今日如何？更愁似夜來個！

【駐馬聽】不爲那楊柳情多，怯暮雨渾同人嬝娜。梧桐葉墮，蕩西風特似命輕薄。荒墳空對馬嵬坡，珠簾已閒朝元閣。恨無聊，看玉容何處添寂寞！

【落梅風】他俺行隨機應變，他行乞命兒活，怎下的活支煞的眼前折挫？那的是寡人承謝它，把個無投奔的帝王饒過。

【雁兒落】您早則斷絕了心上火，您早則剪除了宮中禍，您早則掀騰了枕畔情，俺早抛持了舌尖上唾。

【得勝令】切齒恨干戈，無心選嬪娥，恨望終朝盡，悲啼半夜過。常和妃子同衾臥，我也難和別人擁被窩！

【殿前歡】這煩惱怎消磨？想溫泉直恁是非多。却甚風恬浪靜人亡過，好不分個清濁！一尺水二尺波，鬧攘攘②空惹個，雄纠纠，威風大，則近的三千粉黛，却近不得百二山河！

【七煞】③不問羯鼓習天樂，空驚虎旅鳴宵④臥！

【太平歌】憶當時偶然潼關破，日夜和奪，不免的幸西蜀。劍嶺嵯峨，海棠正暖東風惡⑤，馬頭前蹙損雙蛾，黃塵埋綺羅，兩鬓已成皤。

【三煞】⑥俺也曾香腮偎定芙蓉萼，朱脣溫柔⑦櫻桃顆。

【川撥棹】當夜對銀河，女牛星恰會合，正人態柔和，伴月影婆娑，俏分金釵鈿盒，望博個死生緣無間闊！

【鴛鴦煞尾】近驪山冉冉陰雲磨，暗華清慘慘寒煙鎖。神思昏沉，鬼病纏縛，唱道薄倖堪憎，看承的人小可，這無主倚的君王，雖然想著那好處及多。卿呵！也合夢兒看將節來探覷著我！

（《雍熙樂府》卷十一）

校箋：

① 原無"明皇"二字，今補。
② "攘攘"原誤"穰穰"，今正。
③ "七煞"下原有"尾"字，今刪。
④ "宵"，《九宮大成譜》卷六六作"霄"字。
⑤ "惡"字原脫，據《北詞廣正譜》、《九宮大成譜》補。
⑥ 此套與《祿山憶楊妃》套格式全同，原脫"三煞"二字，今補。
⑦ "溫柔"，《九宮大成譜》作"掐破"二字。

五九、哭香囊

【仙呂·賞花時】據刺繡描鸞巧伎倆，再不出世超凡堪供養，分外教襟袖淚淋浪[①]，則這一時半晌，不弱如犯重喪。

【么篇】離了他行到俺行，滴盡千行萬行，金翡翠，繡鴛鴦，但撞天羅地網，更不抛閃的越孤孀。

【金盞兒】向椒房，對紗窗，是他用心兒親製得風流樣，四停八當將蕙蘭裝。也曾暗懸低帳幕，輕染舞《霓裳》，也曾煖偎香體態，也曾濃撲睡君王。

【醉中天】眼見得添悲愴，枕上都悽惶，縱有音書兩渺茫。別後雖無恙，枉使愁人斷腸！量這些虛囊，怎生盛無限淒涼！

【賺煞尾】抛撒盡死生緣，收捨聚別離[②]況，增製[③]出眠思夢想。染指餘馨猶拂鼻，更勝如印臂殘妝。覷物堪傷，也似[④]人生夢一場！恰教黃塵掩藏，又被西風飄蕩，再幾時隔紅衫相伴著奶兒香！

（《雍熙樂府》卷四）

校箋：

① “浪” 原誤 “琅”，今正。

② “別離”，《北詞廣正譜》作 “離別” 二字。

③ “製”，《北詞廣正譜》作 “置” 字。

④ “似”，《北詞廣正譜》作 “是” 字。

六〇、明皇夢楊妃

【仙呂·賞花時】天寶年間事一空，人說環兒似玉容，爲愛荔枝紅，纖腰如柳，宜捧翠盤中。

【么篇】一曲《霓裳》舞未終，怨殺漁陽戈甲雄，驚出上離宮，馬嵬坡下，塵土慢隨風！

【賺煞尾】①笑明皇，心裏痛，快快歸來恨冗冗。寂寞雲屏秋夜永，恍然間依舊相逢。意匆匆霧鬢鬆鬆，兩葉眉兒淡遠峰。貪歡未罷，驚回清夢，玉階前疏雨響梧桐。

（《雍熙樂府》卷五）

校箋：

① “賺煞” 二字原脫，今補。

附　錄

【黃鐘·出隊子】金盤光輳，拈起傳情表意鈎，輕舒嫩指玉纖柔，新撥雞頭數顆秋，不放宮嬪掌內收。（《北詞廣正譜》、《九宮大成北詞宮譜》卷七三）

【黃鐘·柳葉兒】早則不思量那鳳幃同臥，早則不思量月枕雙歌，早則不思量琴瑟諧和①，早則不思量那談笑酬和。（《北詞廣正譜》、《九宮大成北詞宮譜》卷七三）

【仙呂·六么序】今日個從實，對你分析，不是見喫閃著虧你勸不的。把俺死央及，及對面又難爲，以此上不免的依隨。偷方覓便雖做美，得迴避，您偎香抱玉無了期，世著迷則管著迷，直到落便宜。(《北詞廣正譜》)

　　以上三曲，《北詞廣正譜》、《九宮大成譜》均題"天寶遺事"。以無可附麗，姑錄於此，俟考。

校箋:
① "諧和"，《九宮大成譜》作"和諧"二字。

（據手稿整理）

舊刻《元明雜劇》二十七種序錄

　　舊刻殘本《元明雜劇》二十七種，原藏錢塘惠嘉堂丁氏，今歸金陵江南圖書館①。卷首不著撰輯人姓氏，又無序跋。館自云"宣德（1426—1435）刊本"，蓋因首劇《香囊怨》誠齋自序而誤②。考編中收葉憲祖雜劇二本，則編刻之年，自當與憲祖同時，或更較憲祖爲後。細審是編，刊工精緻，序次人名，往往前後顛倒譌謬，其爲崇禎（1628—1644）中坊中刻本無疑。即經散亂，版刻旋毁，故諸家書目，未有著錄，即目次之多寡，亦不可得知。明季，南中刊曲之風甚盛，金陵之文林閣③、富春堂④，均其著者也；而士大夫如陳與郊⑤、沈林宗⑥、毛子晉⑦輩，亦各有所匯刊；其他教坊傳鈔，俗工編刻，更無論焉。故此編之出，適當全盛時代，亦可得而推也。癸亥（1923）秋，余觀書於江南圖書館，開卷即驚爲秘笈！除同於藏刻⑧者凡十六本外，其他元劇五本，均爲海內孤本；而見於藏刻者又往往文字互異，足資比勘。吾鄉楊梓《豫讓吞炭》一劇亦在焉，即手寫其目以歸。考元劇之顯於世者，藏刻中除明初人作品外，僅見九十四本，加以《西廂》五劇，及元刻《古今雜劇》⑨不見於藏刻中者，凡十七本，共得百十有六本，較之遵王⑩所錄，毳圃⑪所藏，尤相距遠甚。今是編所出，又多五種，由是傳世元劇之完帙者，得驟增至百二十一種矣。即是編所見明劇，其價值雖遠不及元作，而其傳世亦無多，故亦可得而存焉。由是而觀，是編之出，於考元明二代北詞之存亡，所關甚鉅。顧自丁氏藏書志⑫不著錄，世遂少知之者；及歸江南圖書館，又提入善本書中⑬，雖稍稍傳鈔，而見之者獨寡。旅居多暇，亟爲釐定編目，考訂姓氏，錄目如左，世之關心元明通俗文學者，幸垂覽焉。

《唐明皇秋夜梧桐雨》一本

元白樸[14]撰。樸字仁甫，後改字太素，號蘭谷，真定人。父華，字文舉，號寓齋，金樞密院判，《金史》有傳。考《金史·白華傳》云：“華，溾州[15]人。”《錄鬼簿》[16]則以樸爲真定人。蓋仁甫少時曾寄養於遺山處，其後父子卜築於溾陽，嗣成不考，遂以爲真定人，實則非也[17]。樸幼經喪亂，倉皇失母，便有滿目山川之歎，逮金亡，恒鬱鬱不樂。中統（1260—1264）初，開府史公將以所業薦之於朝，再三遜謝。至元（1264—1294）一統後徙家金陵，放情山水，詩詞篇翰在在有之[18]。後以子貴，贈嘉議大夫，掌禮儀院大卿。此劇鍾嗣成《錄鬼簿》、寧獻王《太和正音譜》[19]、錢遵王《也是園書目》並著錄；臧晉叔《元曲選》丙集、無名氏《陽春奏》[20]卷四、陳與郊《古名家雜劇》匏集、童野雲刻《雜劇》[21]並有刻本，今惟臧刻存。

《裴少俊墙頭馬上》一本

元白樸撰。此劇《錄鬼簿》、《正音譜》、錢目並著錄；《元曲選》乙集、《古名家雜劇》土集、童刻《雜劇》並有刻本。《古名家雜劇》作《裴玉俊墙頭馬上》，《錄鬼簿》作《鴛鴦簡墙頭馬上》。今惟臧刻存。

《尉遲恭單鞭奪槊》一本

元尚仲賢撰。仲賢，真定人。江浙行省務官。此劇《錄鬼簿》、《正音譜》、錢目並著錄；《元曲選》及元刻《古今雜劇》並有刻本，而内容互異。《錄鬼簿》、《正音譜》、元刻《古今雜劇》均作《尉遲恭三奪棚》，此與《元曲選》同。

《鄭孔目風雪酷寒亭》一本

元楊顯之撰。顯之，大都人。與關漢卿爲莫逆交。此劇《錄鬼簿》、《正音譜》、錢目並著錄；《元曲選》己集、《陽春奏》卷三、《古名家雜劇》竹集並有刻本。《錄鬼簿》作《蕭縣君風雪酷寒亭》。今惟臧刻存。

《秦翛然竹塢聽琴》一本

元石子章撰。子章，大都人。與元遺山、李顯卿同時。此劇《錄鬼簿》、《正音譜》、錢目並著錄；《元曲選》壬集、息機子《元人雜劇選》、《陽春奏》卷六、《續古名家雜劇》商集並有刻本。今惟臧刻存。

《謝金蓮詩酒紅梨花》一本

元張壽卿撰。壽卿，東平人。浙江省橡吏。此劇即南詞《紅梨記》[22]所自出。《錄鬼簿》、《正音譜》、錢目並著錄；《元曲選》庚集、《陽春奏》卷二、《古名家雜劇》土集、童刻《雜劇》並有刻本。今惟臧刻存。

《醉思鄉王粲登樓》一本

元鄭光祖撰。光祖，字德輝，平陽襄陵人。以儒補杭州路吏。爲人方直，不妄與人交。病卒，葬於西湖之靈隱寺。伶倫輩至稱之爲鄭老先生。此劇《錄鬼簿》、《正音譜》、錢目並著錄；《元曲選》戊集有刻本。

《玉簫女兩世姻緣》一本

元喬吉撰。吉字夢符，號笙鶴翁，又號惺惺道人，太原人。美容儀，能詞章，以威嚴自飭，人敬畏之。居杭州太乙宮前，至正五年（1345）病卒於家。明李中麓輯其所作小令，名《惺惺樂府》，與張可久《小山樂府》並行於世。此劇《錄鬼簿》、《正音譜》、錢目並著錄。《陽春奏》作《玉簫女兩世姻緣會》。《元曲選》己集、《元人雜劇選》、《陽春奏》卷一、《古名家雜劇》鮑集並有刻本。今惟臧刻存。

《杜牧之詩酒揚州夢》一本

元喬吉撰。此劇《錄鬼簿》、《正音譜》、錢目並著錄；《元曲選》戊集、《陽春奏》卷二、《古名家雜劇》鮑集並有刻本。今惟臧刻存。

《李太白匹配金錢記》一本

元喬吉撰。此劇《錄鬼簿》、《正音譜》、錢目並著錄。《錄鬼簿》作《唐明皇御斷金錢記》。《元曲選》甲集、童刻《雜劇》、《續古名家雜劇》商集並有刻本。今惟臧刻存。

《豫讓吞炭》一本

元楊梓撰。梓，海鹽人。至元三十年（1293）元師征爪哇，梓以招諭爪哇等處宣慰司官以五百餘人，船十艘，先往招諭之。大軍繼進，爪哇降，梓引其宰相昔刺難答吒耶等五十餘人來迎[23]。後爲安撫大使，官至嘉議大夫，杭州路總管，致仕卒，贈兩浙都轉運使上輕車騎都尉，宏農郡侯，謚康惠[24]。《樂郊私語》稱澉川楊氏康惠公梓"節俠風流，善音律……今雜劇中有《豫讓吞炭》、《霍光鬼諫》、《敬德不伏老》，皆公自製，以寓祖父之意，第去其著作姓名耳"[25]。據此，則《豫讓吞炭》一劇確爲梓撰。今考《霍光鬼諫》一劇已見元刊《雜劇三十種》中，《敬德不伏老》，惟於《正音譜》及李玄玉《北詞廣正譜》[26]諸書略引兩三闋而已。此劇雖經《正音譜》、錢目著錄，而傳世刻本他處未見。此編一出，則梓劇又多一種，豈非大快！此劇各譜均作無名氏撰。錢目題作《忠義士豫讓吞炭》，《正音譜》與此同，無"忠義士"三字。

《大婦小妻還牢末》一本

元李致遠撰。致遠字里無考。此劇《正音譜》、錢目並著錄；《元曲選》癸集、《古名家雜劇》竹集並有刻本。《元曲選》題作《都孔目風雨還牢末》，《正音譜》、錢目並作無名氏撰。此本原題馬致遠撰，當譌，今以《元曲選》訂正。

《馬丹陽脫度劉行首》一本

元楊景賢撰。景賢字里無考。王先生云："與明初之楊景言或是一人。"[27]此劇《正音譜》、錢目並著錄；《元曲選》辛集、《續名家雜劇》商集並有刻本。今惟臧刻存。《正音譜》、錢目均題無名氏撰。此題楊景賢，與《元曲選》同。

《宋太祖龍虎風雲會》一本

元羅本撰。本字貫中，武林人。此劇《正音譜》、錢目並著錄;《元人雜劇選》、《陽春奏》卷一、《續古名家雜劇》角集並有刻本,今均佚。《正音譜》題作無名氏撰。此劇傳世刻本未見。

《羅李郎大鬧相國寺》一本

元張國賓撰。國賓(《正音譜》作"酷貧",此與《錄鬼簿》並作"國寶",當是形近而譌,今依臧選改正),大都人。即喜時營教坊勾管。此劇《正音譜》、錢目並著錄。《正音譜》、錢目題作無名氏撰。《元曲選》壬集、《續古名家雜劇》宮集並有刻本,今惟臧刻存。

《李雲英風送梧桐葉》一本

元無名氏撰。《正音譜》卷首記知音善歌者三十六人中,有秦梧葉,陝西人。其號梧葉或因撰此劇而得名,誌之待考。此劇錢目著錄;《元曲選》壬集、《古名家雜劇》土集、童刻《雜劇》並有刻本,今惟臧刻存。

《漢鍾離度脫藍采和》一本

元無名氏撰。此劇錢目著錄;《陽春奏》卷三、《續古名家雜劇》宮集並有刊本,今均佚。傳世刻本他處未見。

《龍濟山野猿聽經》一本

元無名氏撰。此劇錢目著錄;《陽春奏》卷五、《續古名家雜劇》角集並有刻本,今均佚。傳世刻本他處未見。

《蘇子瞻醉寫赤壁賦》一本

元無名氏撰。此劇《正音譜》、錢目著錄。傳世刻本他處未見。

《劉晨阮肇誤入桃源》一本

明王子一撰。子一字里無考。此劇《正音譜》、錢目並著錄;《元曲選》辛集、《元人雜劇選》、《續古名家雜劇》角集並有刻本,今惟臧刻存。

《荊楚臣重對玉梳記》一本

明賈仲名撰。仲名或作伸明,字里無考。此劇錢目著錄;《元曲選》壬集、《陽春奏》卷五、《古名家雜劇》土集、童刻

《雜劇》並有刻本。今惟臧刻存。

《李亞仙花酒曲江池》一本

明周憲王撰。憲王名有燉，號錦窠老人，周定王長子，洪熙元年（1425）襲封，景泰三年（1452）薨。憲王遭世隆平，奉藩多暇，勤學好古，留心翰墨，製《誠齋樂府》傳奇若干種，音律諧美，流傳海內，中原絃索多用之。李夢陽《汴中元宵》絕句云："中山孺子倚新妝，趙女燕姬總擅塲。齊唱憲王新樂府，金梁橋外月如霜。"[28]蓋紀實也。考憲王所作雜劇，見於《也是園書目》者凡三十種；合之長洲吳氏所藏《孟浩然踏雪尋梅》一本，今世尚能舉其名者，共得三十有一種。明初作家，所作雜劇之多，當以憲王為冠。此劇《古名家雜劇》匏集、錢目並著錄；《雜劇十段錦》[29]乙集有刻本。長洲吳氏藏宣德（1426—1435）刻本與此同（此本原題"國朝楊誠齋撰"，大誤，今改正，明人不事考釋如此）。

《清河縣繼母大賢》一本

明周憲王撰。此劇錢目著錄；《雜劇十段錦》辛集有刻本。長洲吳氏藏宣德（1426—1435）刻本與此同。

《趙貞姬身後團圓夢》一本

明周憲王撰。此劇錢目著錄；《雜劇十段錦》己集有刻本。長洲吳氏藏宣德（1426—1435）刻本與此同。

《劉盼春守志香囊怨》一本

明周憲王撰。此劇錢目著錄，沈林宗《盛明雜劇》二集有刊本。長洲吳氏藏宣德（1426—1435）刻本與此同。

《灌將軍使酒罵座記》一本

明葉憲祖撰。憲祖字美度，一字相攸，別號六桐，又號槲園居士，餘姚人。萬曆乙未（1595）進士，官工部郎中，以私議魏閹生祠事削籍；崇禎三年（1630）復起，補南京刑部主事，出守順慶，又轉四川參政，繼改廣西按察使；告歸，卒年七十六。黃梨洲云："公之至處，自在填詞……古淡本色，街談巷語，亦化神奇……"吳石渠㉚院本成，"求公詆訶，然後敢出"。
每"花晨月夕，徵歌按拍，一詞脫稿，即令伶人習之，刻日呈
伎，使人獨見唐宋士大夫之風流也"㉛。王伯良亦誇其所作雜劇
工萬摹古㉜。憲祖生當南詞極盛之時，且身居典要，新聲甫出，自
可風靡一時。梨洲所云，未免過譽矣。考存世憲祖雜劇，見於
《盛明雜劇》一、二集者，有《四絕記》、《易水寒》、《團花鳳》、
《北邙說法》七本，獨此劇與《金翠寒衣記》並見《也是園書
目》，而傳世至希。今得此編，由是榔園雜劇得並顯於世矣。

《金翠寒衣記》一本

　　明葉憲祖撰。此劇錢目著錄。傳世刻本他處未見。

注釋：

① 江南圖書館即江蘇省立第一圖書館，在南京城內龍蟠里。

② 自序作於宣德八年（1433），當非此書編刊之年。

③ 明末金陵唐氏文林閣所刊南詞，有傳奇十種，其他未聞。

④ 富春堂所刊南詞傳世較少，僅見傳奇若干種，亦以甲乙名集，每集十
　　種，共有幾集亦不可得知。

⑤ 陳與郊，字廣野，號玉陽仙史，海寧人。官太常寺少卿。刊有《古名
　　家雜劇》八集，《續名家雜劇》五集，共五十二卷。今未見傳本，恐
　　已亡佚。

⑥ 沈林宗，明末人。刊有《盛明雜劇》初、二集六十卷。其初集近代董
　　氏誦芬室有影明刊本。

⑦ 毛晉字子晉，原名鳳苞，明末常熟人。好藏書，有《六十種曲》刊行
　　於世。

⑧ 臧晉叔，明吳興人。刊《元曲選》百種行世。

⑨ 元刻《古今雜劇》三十種，原藏上虞羅氏，今歸烏程張氏。日本西京
　　大學曾藉以影刊，最近上海樸社又影印西京大學本。

⑩ 錢曾字遵王，又號也是翁，清初常熟人。所居述古堂多善本書，其所
　　輯《也是園書目》（《玉簡齋叢書》本）著錄元明雜劇甚眾。

⑪ 黃丕烈字紹武，一字蕘圃，號復翁，清吳縣人。好藏書，所藏南北曲
　　甚多。近出元刊《雜劇三十種》即蕘圃故物，其他所藏曲本均詳見繆

荃孫所輯《士禮居藏書題跋記》。

⑫　丁丙《善本書室藏書志》無之，但近刊《八千卷樓書目》已著錄，敍次多誤，未可依據。

⑬　此書入《續提善本書目》中。

⑭　曲家生卒年月率多無考。

⑮　《金史》第一一四卷第一頁，上海五洲同文書局石印武英殿本，光緒癸卯年（1903）。

⑯　鍾嗣成《錄鬼簿》，有《棟亭十二種》本，及《讀曲叢刻》本。

⑰　白樸《天籟集》第一頁，王博文序，《四印齋所刻詞》本。

⑱　同上王序及孫大雅序。

⑲　《太和正音譜》二卷，明宗室朱權撰，今刊入《涵芬樓秘笈》第九集中。

⑳㉑　二書已佚，其目可見《彙刻書目》。

㉒　《紅梨記》傳奇，明徐復祚撰。復祚常熟人，自號陽初子，又號洛誦生，餘無考。今見毛刊《六十種曲》中。

㉓　《元史》第二一〇卷第八頁，上海五洲同文書局石印武英殿本，光緒癸卯年（1903）。

㉔　見《續漱水志》，原係舊鈔本，客中無此書，不能詳注。

㉕　元姚桐壽《樂郊私語》第一九頁（下）、二〇頁（上），見清曹溶輯《學海類編》集餘八，上海涵芬樓影印六安晁氏聚珍版本，庚申（1920）六月。

㉖　《北詞廣正譜》有原刊本，明李玉著，王字玄玉，吳縣人。

㉗　說見《曲錄》第二卷第三四頁，《晨風閣叢書》本。

㉘　事見清錢謙益《列朝詩集》序傳中。

㉙　《雜劇十段錦》，近代董氏誦芬室有影明刊本。

㉚　吳炳字石渠，明末宜興人，著有《粲花五種》，均傳奇也。

㉛　詳見黃宗羲《南雷續文集》第一卷第六（上）、七（下）頁，上海商務印書館《四部叢刊》本。焦循《劇說》第五卷第二一頁亦引此文。

㉜　王驥德（伯良）《曲律》第四卷第一〇頁，誦芬室《讀曲叢刻》本。

（原載《清華學報》第二卷第二期，1925 年 12 月）

《元明雜劇》之新發現

　　近南中友人來函，述及今年春季滬上有人以《元明雜劇》一書求售。全書共六十四冊，迭經趙清常（琦美）、何小山（煌）校補，名賢手澤，彌可珍視。清初歸虞山錢氏遵王也是園，全部著錄於《也是園書目》。錢氏書散，轉歸泰興季氏，《季滄葦書目》載鈔本元曲三百種一百本者，殆即是書，或是書之副本。是今日所見已非原書全帙。其後又轉入吳縣黃氏丕烈士禮居，黃氏有跋文記其得書經過。其言曰：

　　　　余不喜詞曲，而所蓄詞極富。向年曾見蔡松年詞金刊本，因其未全，失之交臂，後爲抱沖所得。蓋其時猶於古書未能篤好，不免有完缺之見存也。嗣後收得詞本極多，宋刻單行詞本一冊都無，元刻如蘇、辛，極古矣。外此者毛鈔舊鈔，各校都備。往因欲得宋本《太平御覽》而無其資，始有去詞之意，其目稍稍散去，有杭人某幾幾乎欲全得去。幸勉力購得《御覽》，以他書易之而酬其半直，詞本可保守勿失。至曲本略有一二種，未可云富。今年始從試飲堂購得元刊、明舊鈔、名校等種，列目如前，即欲買詞之杭人，亦曾議併售去，今詞議未成，而曲更無論。因思毛氏云，李中麓家詞山曲海，無所不備，而余所藏培塿溝渠也。然世之好書者絕少，好書而及詞曲者尤少，或好之而無其力，或有其力而未能好之，即有力矣，好矣，而惜錢之癖與惜書之癖交戰而不能決，此好終不能專。余真好之者也，非有力而好之者也，故幾幾乎得而復失，皆絀於力以致未能伸所好也。茲幸矣，幸世之有力而不能好者，得遂余之無力而卒能好者也。

擬裒所藏詞曲等種彙而儲諸一室，以爲學山海之居，庶幾可爲講詞曲者卷勺之助乎。甲子冬十一月二十八日讀未見書齋主人黃丕烈識於百宋一廛之北窗。（案：甲子爲嘉慶九年）

觀上跋知黃氏購得是書時，又得元刊雜劇三十種。黃氏每於其題記中自誇其所藏詞曲之富，今讀是跋，始知其言之非誣，其保存古曲之功，誠非他人所可企及矣。此六十四冊（在黃氏時共六十六冊，不知何時佚去二冊）詳目逐錄如左：

元費唐臣

　　蘇子瞻風雪貶黃州

元王實甫

　　呂蒙正風雪破窰記

元關漢卿

　　劉夫人慶賞五侯宴

　　鄧夫人痛哭存孝

　　狀元堂陳母教子

　　山神廟裴度還帶

元白仁甫

　　董秀英花月東牆記

元高文秀

　　保成公竟赴澠池會

　　劉玄德獨赴襄陽會

元鄭德輝

　　立成湯伊尹耕莘

　　鍾離春智勇定齊

　　虎牢關三戰呂布

元李文蔚

　　張子房圯橋進履

　　破苻堅蔣神靈應

元史九敬先

老莊周一枕蝴蝶夢

元秦簡夫

陶母剪髮待賓

元鄭廷玉

宋上皇御斷金鳳釵

元無名氏

鄭月蓮秋夜雲窗夢

劉千病打獨角牛

施仁義劉弘嫁婢

劉玄德醉走黃鶴樓

關雲長千里獨行

孟光女舉案齊眉

降桑椹蔡順奉母

雁門關存孝打虎

狄青復奪襖衣車

摩利支飛刀對劍

閬閬舞射柳蕤丸記

二郎神醉射鎖魔鏡

張公藝九世同居

元明丹邱先生

沖漠子獨步大羅天

卓文君私奔相如

元明黃元吉

黃廷道走流星馬

元明賈仲名

呂洞賓桃柳昇仙夢

明楊升庵

宴清都洞天玄記

明桑紹良

獨樂園司馬入相

春秋故事

　　伍子胥鞭伏柳盜跖

　　十八國臨潼鬥寶

　　田穰苴伐晉興齊

　　後七國樂毅圖齊

　　吳起敵秦掛帥印

　　守貞節孟母三移

西漢故事

　　漢公卿衣錦還鄉

　　運機謀陸何騙英布

　　韓元帥陰度陳倉

東漢故事

　　馬援摑打聚獸牌

　　雲臺門聚二十八將

　　漢姚期大戰邳全

　　寇子翼定時捉將

　　鄧禹定計捉彭寵

三國故事

　　十樣錦諸葛論功

　　曹操夜走陳倉道

　　陽平關五馬破曹

　　走鳳雛龐統掠四郡

　　周公瑾得志娶小喬

　　張翼德單戰呂布

　　莽張飛大鬧石榴園

　　關雲長大破蚩尤

　　關雲長單刀劈四寇

　　壽亭侯怒斬關平

張翼德三出小沛

劉關張桃園三結義

張翼德大破杏林莊

六朝故事

陶淵明東籬賞菊

唐朝故事

長安城四馬投唐

立功勳慶賞端陽

賢達婦龍門隱看

招涼亭賈島破風詩

衆僚友喜賞浣花溪

魏徵改詔風雪會

程咬金斧劈老君堂

徐茂公智降秦叔寶

尉遲公鞭打單雄信

十八學士登瀛洲

唐李靖陰山破虜

五代故事

李嗣源復奪紫泥宣

壓關樓疊掛午時牌

宋朝故事

存仁心曹彬下江南

八大王開詔救忠臣

楊六郎調兵破天陣

焦光贊活拿蕭天祐

趙匡胤打董達

穆陵關上打韓通

宋大將岳飛精忠

十探子大鬧延安府

張于湖誤宿女真觀

雜傳

女學士明講春秋

海門張仲村樂堂

女姑姑說法升堂記

清廉官長勘金環

雷澤遇仙記

若耶溪漁樵問話

徐伯株貧富興衰記

薛包認母

認金梳孤兒尋母

王文秀渭塘奇遇

秦月娥誤失金環記

風月南牢記

慶豐門蘇九淫奔記

釋氏

釋迦佛雙林坐化

觀音菩薩魚籃記

神仙

許真人拔宅飛昇

孫真人南極登仙會

呂翁三化邯鄲店

呂純陽點化度黃龍

邊洞玄慕道昇仙

李雲卿得悟昇真

王蘭卿服信明貞烈

證無爲太平仙記

瘸李岳詩酒玩江亭

太乙仙夜斷桃符記

時真人四聖鎖白猿

猛烈那叱三變化

二郎神鎖齊天大聖

灌口二郎斬健蛟

水滸故事

魯智深喜賞黃花峪

梁山五虎大刧牢

梁山七虎鬧銅臺

宋公明排九宮八卦陣

王矮虎大鬧東平府

明朝故事

奉天命三保下西洋

教坊編演

寶光殿天真祝萬壽

祝聖壽金母獻蟠桃

降丹墀玉聖慶長生

衆神聖慶賀元宵節

祝聖壽萬國來朝

爭玉板八仙過滄海

慶豐年五鬼鬧鍾馗

紫微宮慶賀長春壽

賀萬壽五龍朝聖

衆天仙慶賀長生會

慶冬至共享太平宴

賀昇平群仙祝壽

慶千秋金母賀延年

廣成子祝賀齊天壽

黃眉翁賜福上延年

感天地群仙朝聖

以上都一百三十七種，臧懋循輯《元曲選》、沈泰輯《盛明雜劇》正續編均未及收，除元無名氏《二郎神醉射鎖魔鏡》一種今有明刊陳與郊《古名家雜劇》本，《張公藝九世同居》一種今有明刊《息機子雜劇選》本外，其餘一百三十五種世已久無傳本，誠可稱空前之秘笈矣。案，《也是園書目》藏曲共三百四十三種，此所存雖不及半，然無一與《元曲選》複出，蓋經後人汰去通行易見之本，故所得僅此，是佚者不足貴，而存者彌可珍矣（此就大體言之也，也是園不傳之曲本，亦尚有若干明中葉後人作品在內）。又《也是園書目》屢稱其藏曲出於內府穿關本，此一百三十七種出於內府穿關本者在半數以上。明季內府藏曲非普通學人所得觀覽，宜乎孤本秘笈之多，而臧晉叔、陳玉陽輩皆不及見，其理由或在乎此也。聞此書今春已以巨價收歸公有，又聞將影印以公多士，其詳情以道遠不能備知。至此目所載是否全豹，其中何者為鈔，何者為刻，及其他具體研究，亦以未見原書，無從臆測，祇好俟諸他日矣。

（原載《燕京學報》第二十四期，1938 年 12 月）

關漢卿史料新得

關漢卿誰都知道是元初一個雜劇大作家。他的事蹟，除鍾嗣成的《錄鬼簿》和陶宗儀的《輟耕錄》有一些記載外，1326 年（元泰定三年）臨安人錢孚所作《鬼董》跋文，曾提到"關解元"。近人因推論關解元就是關漢卿。並稱漢卿得中解元，當在金末。其實這一說法，也有可商榷的地方。一般說來，解元一辭有二種意義。一說：漢卿可能真的得中解元。一說：解元是當時文人的通稱，作《西廂記諸宮調》的董解元，就是一個例子。再說《鬼董》提到的關解元，是否就是關漢卿，也無法確切證明。

前幾年，我曾從《永樂大典》尋找有關《析津志》的資料。《大典》卷四六五三天字韻引的《析津志・名宦傳》有下列一段文字：

> 关一齋，字汉卿，燕人。生而倜儻，博學能文，滑稽多智，蘊藉風流，爲一時之冠。是時文翰晦盲，不能獨振，淹於辭章者，久矣。

考元代大都，就是現今首都北京。遼時名叫析津府，宋宣和五年改名燕山府，金天會元年復舊名，仍稱析津府。所以"析津"就是北京的古名，《析津志》就是最古的北京志書。這部志書的纂修官，是江西豐城人熊自得。嘉慶《豐城縣志・人物志》云：

> 熊自得，字夢祥，橫岡人。博學強記，尤工翰墨。元末以茂才異等，授大都路儒學提舉、崇文監丞。著有《析津志》。

　　熊自得纂修《析津志》的時代，已在元順帝時。《元史·百官志》："艺文監，天曆二年置。至元六年十二月改藝文監爲崇文監。"由此可知，熊自得官崇文監丞，當在元順帝至正年間。那時政府中所收到的故籍舊牘具在，《析津志》稱關漢卿爲關一齋，必有所據。《錄鬼簿》作於元至順二年，在《析津志》成書前約十餘年，稱漢卿號已齋叟。已齋、一齋，疑有一誤。或漢卿有二名，《錄鬼簿》和《析津志》各舉一個，這也不是不可能的。

　　《析津志》肯定漢卿是字而非名，這一點也很可注意。元時曲家多以字行，其名反而不甚顯著。例如《西廂記》劇作家王實甫，名德信；《燕子樓》劇作家侯正卿，名克中；散曲作家張小山，名可久；曾瑞卿，名瑞；王日華，名曄。此外《試玉郎》和《金釵剪燭》的劇作者趙天錫，名禹圭，詳見至順《鎮江志》。所以關漢卿以字爲名，也是很自然的事情。

　　關漢卿所處的時代，我們根據《析津志》，也有一點啓發。上邊引的這段文字，《析津志》寫在史秉直之後、粘合中書合達之前。史秉直就是《老莊周一枕蝴蝶夢》的劇作家史九散仙的祖父。散仙名樟，官至武昌万戶，事蹟具見元人王惲《秋澗先生大全集·忠武史公家傳》，又見《元史·史天倪傳》。略云：

　　　　史天倪，燕之永清人。父秉直，讀書尚節義。癸酉，太師、國王木華黎統兵南伐，秉直率里中老稚數千人，詣涿州軍門降。木華黎欲用秉直，秉直辭而薦其子，乃以天倪爲万戶。

　　案：癸酉爲元世祖中統四年，亦即1263年。《析津志·名宦傳》諸人排列次序，雖然未必都很恰當，但大致尚可依據。所以，我們如果肯定漢卿生當十三世紀中葉，就是元世祖中統前後一個時期，看來還是比較確切的。

　　關漢卿是一位生活非常豐富，善於摹寫人情，而又富有才華的偉大作家。他雜劇裏寫的女主角的性格，像趙盼兒之流，尤爲出色當行。《析津志》說他"博學能文，滑稽多智，蘊藉風流，

爲一時之冠”，一點也不過分。《析津志》把他列入《名宦傳》，
但他擔任的究是什麼官職，是不是太醫院戶，未見明文交代，這
不能不說是件憾事了。

（原載《戲劇論叢》1957 年第 2 輯）

一點補正

上期《戲劇論叢》我寫的《關漢卿史料新得》一文，談到《析津志·名宦傳》引著關漢卿一段材料。這段文字，原書寫在史秉直之後、粘合中書合達之前。我說史秉直就是劇作家史九散仙的祖父，事跡見《元史·史天倪傳》：

> 史天倪，燕之永清人。父秉直，讀書尚節義。癸酉，太師、國王木華黎統兵南伐，秉直率里中老稚數千人，詣涿州軍門降。木華黎欲用秉直，秉直辭而薦其子，乃以天倪爲萬戶。

案《元史·太祖本紀》云：

> 八年癸酉秋，命木華黎攻密州，屠之。史天倪、蕭勃迭率衆來降，木華黎承制，並以爲萬戶。

兩相對照，《史天倪傳》的"癸酉"就是《元史·太祖本紀》的"八年癸酉"（1213）。前文誤認"癸酉"爲元世祖中統四年（1263），實是一時疏誤。史秉直既是元太祖鐵木真時的人物，關漢卿的時代，應在史秉直後。說他是金末元初人，當然不會有問題的了。

因此，我們暫定關漢卿生於 1210 年左右，死於 1280 年左右，想來是很有可能的。

《太平樂府》收著關漢卿《南呂一枝花》套曲，題爲《杭州景》而云"大元朝新附國，亡宋家舊華夷"。有人因說這不是金遺民口氣。其實關漢卿如果真是金遺民，也無礙於稱元爲"大元朝"。曾記元初有個學者名叫韓性，《元史》入《儒林傳》。我們讀了他寫的《題瑞應宮次呂復初韻》和其他一些詩篇，他確是亡宋遺民，入元也未出仕。但他爲劉敏中《中庵先生文集》作序文，文中盛稱劉敏中之文 “審中和之音，窺聖人政化之盛”，也不像宋遺民口氣。情況和關漢卿的《一枝花》相似。何況關漢卿這套曲子大概是寫給新附的杭州妓女們歌唱的，妓女們日常應接的大都是騎在人民頭上的達官顯宦，爲適應環境起見，這樣措辭，是最恰當不過的了。這套曲，應是關漢卿晚年作品。

關漢卿大概等不到元成宗大德元年（1297）就死了。《陽春白雪》前集收著關漢卿小令《大德歌》十段，有人認爲 “大德” 二字應是元成宗年號，怕是錯誤的推測。《大德歌》或許是個佛曲，後來拉入北曲，也是很可能的。

最後，我謝謝吳曉鈴先生和胡忌先生，他們把上述 “癸酉” 這個錯誤指出來讓我修正。我能夠得到他們的指教，感到非常榮幸。

（原載《戲劇論叢》1957 年第 3 輯）

關漢卿散曲輯存

目　錄

套曲

　　黃鐘侍香金童

　　大石調青杏子　離情

　　大石調青杏子　騁懷

　　大石調歸塞北

　　仙呂翠裙腰　閨怨

　　中呂古調石榴花　閨思

　　南品一枝花　杭州景

　　南呂一枝花　贈珠簾秀

　　南呂一枝花　不伏老

　　雙調新水令

　　雙調新水令二十換頭　題情

　　雙調喬牌兒

　　越調鬬鵪鶉　女校尉

　　越調鬬鵪鶉　蹴踘

　　　　以上共十四套

小令

　　正宮白鶴子四首

　　仙呂醉扶歸一首　禿指甲

　　仙呂一半儿四首　題情

　　中呂普天樂十六首　崔張十六事

中呂朝天子一首　　書所见

南呂四塊玉一首　　別情

南呂四塊玉四首　　閒適

雙調沉醉東風五首

雙調大德歌四首　　春夏秋冬

雙調大德歌六首

雙調碧玉簫十首

商調梧葉兒一首　　別情

附錄

中呂紅繡鞋二首　　寫懷

中呂喜春來一首　　新得間葉玉簪

中呂喜春來一首　　夜坐寫懷示子

南呂罵玉郎過感皇恩採茶歌一首　　初度述懷

　　以上共五十七首附錄五首

編例

（一）套曲、小令，俱依《太和正音譜》所列北曲宮調先後为次。

（二）各曲所注引用書籍，依成書先後为次。

（三）各曲正文，依引用書籍中第一種書逐錄。各書異文，錄爲校記附後。其字句之顯然謬誤者，逐予改正，而備著其原由於校記中。

（四）引用各書，以收錄全套或全曲者爲限。其摘引套曲中一曲或數曲可作校勘資者，則備載於校記中。

（五）引用各書，須稍加说明者有二：

《太平樂府》，世傳元刻小字本有二。一、瞿氏鐵琴銅劍樓舊藏本，缺第九卷，現藏北京圖書館。一、潘氏滂喜齋舊藏本，全，現藏上海圖書館。此輯據瞿本逐錄，校以明刻本與孫胤伽校本。明刻本影入《四部叢刊》，版式極似元刻本，黃丕烈誤題元本，今改正。孫胤伽校本亦係明刻本，瞿鏞《鐵琴銅劍樓書目》

題明活字本，亦誤。

《陽春白雪》，南京圖書館藏元刻本，與黃丕烈別藏鈔本內容不完全相同。關漢卿《南呂一枝花·贈珠簾秀》套、《雙調喬牌兒》套，均不見於元刻本，此據鈔本輯入。

套　曲

黃鐘侍香金童①

春閨院宇，柳絮飄香雪。簾幙輕寒雨乍歇，東風落花迷粉蝶。芍藥初開，海棠才謝②。

【么篇】柔腸脈脈，新愁千萬疊。偶記年前人乍別，秦臺玉簫斷絕。雁底關河，馬頭明月。

【降黃龙滾】鱗鴻無箇③，錦箋慵寫。腕鬆金，肌削玉，羅衣寬徹。淚痕淹破胭脂雙頰，寶鑑愁臨④，翠鈿羞貼。

【么篇】等閒辜負，好天良夜。玉爐中銀臺上香消燭滅。鳳幃冷落，鴛衾虛設。玉笋頻搓，繡鞋重擲。

【出隊子】聽子規啼血。又西樓角韻咽，半簾花影自橫斜。畫簷間丁當風弄鐵，紗窗外琅玕敲瘦節。

【么篇】銅壺玉漏催淒切，正更闌人靜也。金閨瀟灑轉傷嗟。蓮步輕移呼侍妾，把香桌⑤兒安排打快些。

【神仗兒煞】深沉院舍⑥，蟾光皎潔。整頓了霓裳，把名香謹爇。伽伽⑦拜罷，頻頻禱祝。不求富貴豪奢，只願得夫妻每早早圓備者。

（《陽春白雪》後集卷五）

校箋：

① 《太和正音譜》引此套《侍香金童》、《降黃龍滾》二曲，《嘯餘譜》同。《北詞廣正譜》亦引此二曲，惟未引《么篇》。《廣正譜》又引《神仗兒煞》。

② "才謝"，《太和正音譜》作"纔謝"，《嘯餘譜》、《北詞廣正譜》
並同。

③ "無箇"，《太和正音譜》作"無便"，《嘯餘譜》同。

④ "愁臨"，《北詞廣正譜》作"慵臨"。

⑤ "香桌"原誤"香卓"，從任中敏先生校。

⑥ "院舍"，《北詞廣正譜》作"院宇"。

⑦ "伽伽"，《北詞廣正譜》作"深深"。

大石調青杏子①
離　情②

殘月下西樓，覺微寒輕透衾裯。華胥一枕蹲跧覺③。藍橋路
遠④。吳峰⑤煙漲⑥，銀漢雲收。

【么篇】天付兩風流，番⑦成南北悠悠。落花流水人⑧何處。
相思一點，離愁幾許，撮上心頭。

【荼蘼香】記得初相守，偶爾⑨間因循成就。美滿效綢繆，
花朝月夜⑩同宴賞。佳節須酬，到今⑪一旦休。常言道好事天慳。
美姻緣他娘間阻，生拆⑫散鸞交鳳友。

【么篇】坐想行思，傷懷感舊。各⑬辜負了星前月下深深呪。
願不損，愁不煞⑭，神天還祐。他有日不測相逢話別離，情取一
場消瘦。

【好觀音煞】與怪友狂朋尋花柳。時復間和哄消愁⑮，對著
浪蕊浮花懶回首。快快歸來⑯，元⑰不飲杯中酒。

【尾聲】對著盞半明不滅的⑱孤燈雙眉皺，冷清清沒箇人僽。
誰解春衫紐兒叩⑲。

　　　　（《太平樂府》卷七、《雍熙樂府》卷一五、

　　　《北宮詞紀》卷六、《彩筆情詞》卷九）

校箋：

① 《雍熙樂府》引此套不著撰人。《太和正音譜》引《荼蘼香》一曲，
《嘯餘譜》同。《北詞廣正譜》引《荼蘼香》、《尾聲》二曲。

② “離情”，《雍熙樂府》作“思情”，《彩筆情詞》作“夜懷”。

③ “覺”，《雍熙樂府》作“後”，《彩筆情詞》同。

④ “遠”，《雍熙樂府》作“阻”，《彩筆情詞》同。

⑤ “吳峰”，《雍熙樂府》誤作“玉鋒”，“鋒”當作“峰”。

⑥ “吳峰煙漲”，《彩筆情詞》作“玉峰煙障”。

⑦ “番”，《雍熙樂府》作“翻”，《彩筆情詞》同。

⑧ “人”，《雍熙樂府》作“知”，《彩筆情詞》同。

⑨ “爾”，元刻本《太平樂府》作“耳”，明刻本《太平樂府》作“而”，今據孫毓伽校本《太平樂府》訂正。《太和正音譜》亦作“爾”，《雍熙樂府》、《北宮詞紀》、《彩筆情詞》、《嘯餘譜》、《北詞廣正譜》並同。

⑩ “夜”，《嘯餘譜》作“下”，《北詞廣正譜》同。

⑪ “今”下，《太和正音譜》有“日”字，《北宮詞紀》、《彩筆情詞》、《嘯餘譜》並同。

⑫ “拆”，《雍熙樂府》作“折”，《北宮詞紀》同。

⑬ 《太和正音譜》無“各”字，《北宮詞紀》、《彩筆情詞》、《嘯餘譜》並同。

⑭ “煞”，《雍熙樂府》作“殺”，《北宮詞紀》、《彩筆情詞》、《北詞廣正譜》並同。

⑮ “愁”，元刻本《太平樂府》誤“秋”，據明刻本改正。《雍熙樂府》亦作“愁”，《北宮詞紀》、《彩筆情詞》並同。

⑯ 《彩筆情詞》無“來”字。

⑰ “元”，《北宮詞紀》作“原”，《彩筆情詞》同。

⑱ 《北詞廣正譜》無“的”字。

⑲ “叩”，《彩筆情詞》作“釦”，《雍熙樂府》作“扣”，《北詞廣正譜》同。

大石調青杏子①

騁　懷

花月酒家樓，可追歡亦可悲秋。悲歡聚散爲常事。明眸皓齒，歌鶯舞燕，各逞溫柔。

【么篇】人俊惜風流，欠前生酒病花愁。尚還不撤②相思債。攜雲挈雨，批風切月，到處綢繆。

【摧拍子】愛共寢花間錦鴳，恨孤眠水上白鷗。月宵花晝，大筵排回雪韋娘，小酌會竊香韓壽。舉觴紅袖，玉纖橫管，銀甲調箏，酒令詩酬③。曲成詩就，韻協④聲律，情動魂消，腹稿冥搜，伯⑤恩當受。水仙山鬼，月妹花妖，如還得遇，不許干⑥休，會埋⑦伏未嘗泄漏。

【么篇】群芳會首，繁英故友，夢回時綠肥紅瘦。榮華過可見疎薄，財物廣始知親厚。慕新思舊，簪遺珮解，鏡破釵分，蜂妒蝶羞。惡緣難救，痼疾常發，業貫將盈，努⑧力呈頭。冷湌重餤，口刀舌劍，吻槊脣鎗，獨攻決勝，混戰無憂，不到落人奸觳。

【尾聲】展放征旗任誰走，廟算神謨必應口。一管筆在手，敢搦孫吳兵鬭。

（《雍熙樂府》卷一五、《彩筆情詞》卷五）

校箋：

① 《雍熙樂府》引此套不著撰人。
② "撤"，《彩筆情詞》作"徹"，"撤""徹"字通。
③ "酬"，《彩筆情詞》作"籌"。
④ "協"，《彩筆情詞》作"諧"。
⑤ "伯"，《彩筆情詞》作"美"。
⑥ "干"，《彩筆情詞》作"甘"。
⑦ "埋"原誤"理"，據《彩筆情詞》改正。
⑧ "努"原誤"怒"，據《彩筆情詞》改正。

大石調歸塞北①

人鬧處，忽見一多嬌。一點櫻桃樊素口，半圍楊柳小蠻腰，雲鬢嚲金翹。

【催拍子】碧天上斗柄回杓，牆角畔臘雪纔消。漸日長天道。聽唱賣春燕春雞，雪柳玉梅插好，毿色輕妙。向晚來碧天外萬里無雲，月明風渺，畫竿相照。春紅碧綠，刻玉彫金。像生燈兒，排門兒弔，轉燈兒巧，壁燈兒笑。最喜夜景，水燈紗窗燈兊燈鬧，六街上綺羅香飄。

【隨煞】快快歸來情如悄，燈火闌珊寂寞。高樓上住却笙簫，月轉梅梢天漸曉。

（《北詞廣正譜》）

校箋：

① 此套未全。《北詞廣正譜》注云："關漢卿律管灰飛套數"，知首曲起句係"律管灰飛"四字。又據《北詞廣正譜》"大石調套數格式"，首曲以四字句作起者，有"六國朝"，因疑《歸塞北》前當脫《六國朝》一曲。其後亦尚有奪佚，文獻不足，今已無從校補。此套僅引見《北詞廣正譜》，疑出《樂府群珠》。

仙呂翠裙腰[①]

閨 怨[②]

曉來雨過山橫繡[③]，野水漲汀洲。闌干倚遍空回首，下危樓。一天風物[④]暮傷秋。

【六么遍】[⑤]乍涼時候西風透，碧梧脫葉，餘暑纔收。香生鳳口[⑥]，簾垂玉鈎。小院深閒清晝。清幽，聽聲聲蟬噪柳梢頭。

【寄生草】為甚憂，為甚愁，為蕭郎一去經今[⑦]久。玉臺寶鑑生塵垢，綠窗冷落閒針繡。豈知人玉腕釧兒鬆，豈知人兩葉眉兒皺。

【上京馬】他何處共誰人携手，小閣[⑧]銀瓶[⑨]媫歌酒。早忘了呪，不記得低低耨。

【後庭花煞】掩袖暗含羞，開樽越釀愁。悶把苔牆畫[⑩]，慵將錦字修。最風流，真真恩愛，等閒分付等閒休。

（《太平樂府》卷六、《雍熙樂府》卷四、
《詞林白雪》卷一、《北宮詞紀》卷六）

校箋：

① 《太和正音譜》引此套《翠裙腰》、《六么令》、《上京馬》三曲，《六
么令》即《六么遍》，《嘯餘譜》同。《北詞廣正譜》引上舉三曲外，
又引《後庭花煞》一曲。《雍熙樂府》引此套不著撰人。

② “閨怨”，《雍熙樂府》作“悶怨”。

③ “繡”，《太和正音譜》作“秀”，《雍熙樂府》、《詞林白雪》、《北宮詞
紀》、《嘯餘譜》、《北詞廣正譜》並同。

④ “風物”，《雍熙樂府》作“風霧”。

⑤ “六么遍”，《太和正音譜》作“六么令”，《嘯餘譜》作“六麼今”，
“麼”字誤。

⑥ “鳳口”，《嘯餘譜》作“膩口”，《北詞廣正譜》作“鳳嘴”。

⑦ “經今”，《雍熙樂府》作“今經”，《詞林白雪》作“經年”，《北宮詞
紀》同。

⑧ “閣”原作“閤”，《太和正音譜》作“閣”，《雍熙樂府》、《詞林白
雪》、《北宮詞紀》並同，《嘯餘譜》、《北詞廣正譜》亦作“閣”，今
從之。

⑨ “銀瓶”，《太和正音譜》作“銀屏”，《北宮詞紀》、《嘯餘譜》、《北詞
廣正譜》並同。

⑩ “畫”，《北詞廣正譜》作“劃”。

中呂古調石榴花①

閨　思②

顛狂柳絮撲簾飛，綠暗紅稀。垂楊影裏杜鵑啼，一弄兒斷送
了春歸。牡丹亭畔人寂寞③，惱芳心似醉如癡。慵慵爲他成病
也④。鬆金釧，褪羅衣⑤。拆散燕鶯期，總是傷情別離。則這魚
書雁信，冷清清杳無踪跡。更有誰知，到何時共我成連理。乍離
別玉減香消，俊龐兒亦憔悴。

【酥棗兒】一自相逢，將人來縈繫。樽前席上，眼約心期。
比及道是⑥配合了⑦，受了些⑧閒是閒非。咱⑨各辦⑩一⑪箇堅心，
要博⑫箇終緣⑬活⑭計⑮。想佳期夢斷魂勞，衾寒枕冷，寂寞羅
幃。瘦損香肌，悶慵慵鬼病誰知。同歡會，不隄防半路裏簪折瓶

墜，兩下相拋棄。把腰肢瘦損，廢寢忘食。

【鮑老兒】⑯當初指望成家計，誰想瓊簪碎。當初指望無拋棄，誰想銀瓶墜。煩煩惱惱⑰，哀哀怨怨，哭哭啼啼，悲悲切切⑱，長吁短歎，自跌自撧⑲。

【鮑老兒】⑳故人何處，冷清清染病疾。相思證轉添，受淒涼揲朝夕。細濛濛細雨兒漸漸，颯颯晚風窗兒外吹。撲簌簌的鼓聲，滴滴點玉漏不住催。添愁悶，獨自知。子這心自悔。再團圓，幾時一處共相隨㉑。

【鮑老三臺滾】俺也自知，鸞臺懶傍塵土迷。俺也自知，金釵款㉒鬆雲鬢堆㉓。俺也自知㉔，絕鱗翼斷信息幾時回。乍別來肌如削，早是我㉕多病自愁，正值著困人㉖天氣。

【牆頭花】㉗守香閨鎮日情如醉，悶㉘懊惱離愁㉙教㉚我訴與誰。愁聞的是紫燕關關，倦聽的㉛黃鶯嚦嚦。

【賣花聲煞】㉜愁山悶海却怎㉝當敵，好教㉞我無一㉟箇刮劃。耐㊱心兒多垂㊲下些悽惶淚，呼侍㊳婢將繡簾低放㊴，把㊵重門深閉。怕鶯花笑人憔悴。

　　　　　（《雍熙樂府》卷七、《盛世新聲》卷五、
　　　　《詞林摘豔》卷三、《北詞廣正譜》）

校箋：

① 《雍熙樂府》不注撰人，《盛世新聲》同。

② "閨思"，《詞林摘豔》作"怨別"。《盛世新聲》不著題目。

③ "寞"，《盛世新聲》作"靜"，《詞林摘豔》、《北詞廣正譜》並同。

④ "也"，《北詞廣正譜》作"矣"。

⑤ "褪羅衣"下，《北詞廣正譜》注云："《雍熙樂府》載此詞末還有數句，《群珠》所無，删之。"案：《盛世新聲》、《詞林摘豔》均無"拆散燕鶯期"至"俊龐兒亦憔悴"一段，與《樂府群珠》合。

⑥ 《北詞廣正譜》無"是"字。

⑦ "了"下，《北詞廣正譜》有"時"字。

⑧ "受了些"，《北詞廣正譜》作"受了多少。"

⑨ 《北詞廣正譜》無"咱"字。

⑩ "辦",《盛世新聲》誤"辨",《詞林摘豔》同。

⑪ "一",《盛世新聲》作"著",《詞林摘豔》、《北詞廣正譜》並同。

⑫ "博",《盛世新聲》作"撥",《詞林摘豔》同。《北詞廣正譜》作"卜"。

⑬ "緣",《北詞廣正譜》作"身"。

⑭ "活",《盛世新聲》作"之",《詞林摘豔》、《北詞廣正譜》並同。

⑮ "要博箇終緣活計"下,《北詞廣正譜》注云:"《雍熙樂府》載此末還有數句,《群珠》所無,不錄。"案:《盛世新聲》、《詞林摘豔》均無"想佳期夢斷魂勞"至"廢寢忘食"一段,與《樂府群珠》合。

⑯ "鮑老兒",《盛世新聲》作"催鮑老",《詞林摘豔》同。

⑰ "煩煩惱惱"上,《北詞廣正譜》有"早則不"三字。

⑱ "悲悲切切",《盛世新聲》作"回黃倒皂",《詞林摘豔》、《北詞廣正譜》並同。

⑲ "摧",《詞林摘豔》作"推",《北詞廣正譜》同。《盛世新聲》作"堆",當是"推"之壞字。

⑳ "鮑老兒"與前一曲名同,當是前一曲么篇,《雍熙樂府》分列爲二,疑誤。

㉑ 《盛世新聲》無此曲,《詞林摘豔》同。

㉒ "款",《盛世新聲》作"環",《詞林摘豔》同。

㉓ "俺也自知,金釵款嚲雲鬢堆"二句,《北詞廣正譜》無。

㉔ "俺也自知"句上,《北詞廣正譜》有"道是"二字。

㉕ "我",《北詞廣正譜》作"俺"。

㉖ "人"下,《盛世新聲》有"的"字,《詞林摘豔》同。

㉗ 《牆頭花》隸般涉調,此處借入中呂宮聯套。

㉘ "悶",《北詞廣正譜》作"漫"。

㉙ "愁"下,《盛世新聲》有"空"字,《詞林摘豔》同。《北詞廣正譜》有"却"字。

㉚ "教",《盛世新聲》作"交",《詞林摘豔》同。案:"教"、"交"二字通用。

㉛ "的"下,《北詞廣正譜》有"是"字。

㉜ "愁山悶海却怎當敵"至"多垂下些悽惶淚"三句,《雍熙樂府》引與

上四句銜接，均屬《牆頭花》，《盛世新聲》、《詞林摘豔》並同。茲依《北詞廣正譜》劃歸《賣花聲煞》。

㉝ "却怎"，《盛世新聲》作"不許"，《詞林摘豔》同。《北詞廣正譜》作"怎教人"。

㉞ "教"，《盛世新聲》作"著"，《詞林摘豔》、《北詞廣正譜》並同。

㉟ 《盛世新聲》無"一"字，《詞林摘豔》、《北詞廣正譜》並同。

㊱ "耐"，《盛世新聲》作"奈"，《詞林摘豔》、《北詞廣正譜》並同。

㊲ "垂"，《盛世新聲》作"陪"，《詞林摘豔》、《北詞廣正譜》並同。

㊳ "侍"，《盛世新聲》作"使"，《詞林摘豔》、《北詞廣正譜》並同。

㊴ "放"，《盛世新聲》作"窣"，《詞林摘豔》同。

㊵ "把"，《北詞廣正譜》作"任"。

南呂一枝花[①]

杭州景

普天下錦繡鄉，寰海內[②]風流地。大元[③]朝新附國，亡宋家[④]舊華夷。水秀山奇，一到[⑤]處堪游戲。這[⑥]答兒[⑦]忒富貴，滿城中繡幕風簾，一閧地人煙湊[⑧]集。

【梁州第七】百十里街衢整齊[⑨]，萬餘家樓閣[⑩]參差，並無[⑪]半答兒閒田地。松軒竹徑，藥圃花蹊[⑫]，茶園稻陌[⑬]，花塢[⑭]梅溪。一陀兒一句詩題，行一步[⑮]扇面屏幃。西鹽場[⑯]便似一帶瓊瑤，吳山色千疊翡翠，兀良[⑰]望錢塘江萬頃玻璃。更有[⑱]清溪，綠水，畫船兒來往閒游戲。浙江亭緊相對，相對著險嶺高峰長怪石。堪羨堪題。

【尾聲】家家掩映渠流水，樓閣崢嶸出翠微。遙望西湖暮山勢，看了這壁，覷了那壁，縱[⑲]有丹青下不得筆[⑳]。

（《太平樂府》卷八、《雍熙樂府》卷一〇）

校箋：

① 《雍熙樂府》引此套不著撰人。

② "海內"，《雍熙樂府》作"宇內"。

③ "大元",《雍熙樂府》作"大明",誤。

④ "家",《雍熙樂府》作"代"。

⑤ "到",《雍熙樂府》作"處"。

⑥ "這",《雍熙樂府》作"一"。

⑦ "兒",《雍熙樂府》作"苔"。

⑧ "湊",《雍熙樂府》作"輳"。

⑨ "整齊",《雍熙樂府》作"齊整"。

⑩ "樓閣"原誤"樓閣",今改正。下尾聲"樓閣崢嶸"同。

⑪ "無"下,《雍熙樂府》有"那"字。

⑫ "花蹊",《雍熙樂府》作"蔬畦"

⑬ "稻陌",《雍熙樂府》誤作"稻附"。

⑭ "花塢",原作"竹塢",與上"松軒竹徑"語複,今據《雍熙樂府》改正。

⑮ "行一步",《雍熙樂府》作"一步步"。

⑯ "場"下,《雍熙樂府》有"恰"字。

⑰ "兀良",元曲中習用辭。孫胤伽校《太平樂府》作"兀的",《雍熙樂府》同,"的"字誤。

⑱ "有"下,《雍熙樂府》有"那"字。

⑲ "縱",《雍熙樂府》作"總"。

⑳ "下不得筆",《雍熙樂府》作"難下筆"。

南呂一枝花[1]

贈珠[2]簾秀

輕裁蝦萬鬚,巧織珠千串。金鈎光錯落,繡帶舞蹁躚,似霧非煙。妝點就深閨院,不許那等閒人取次展。搖四壁翡翠濃陰,射萬瓦琉璃色淺。

【梁州第七】富貴似侯家紫帳,風流如謝府紅蓮。鎖春愁不放雙飛燕。綺窗相近,翠戶相連,雕欄[3]相映,繡幙相牽。拂苔痕滿砌榆錢,惹楊花飛點如綿。愁的是抹回廊暮雨蕭蕭,恨的是篩曲檻西風剪剪,愛的是透長門夜月娟娟。凌波殿前,碧玲瓏掩映湘妃面,沒福怎能勾見。千里揚州風物妍,出落著神仙。

【尾聲】恰便似一池秋水通宵展。一片朝雲盡日縣。爾箇守戶的先生肯相戀。煞是可憐。則要你手掌兒裏奇擎著耐④心兒捲。

（《陽春白雪》後集卷三）

校箋：

① 黃氏士禮居舊藏元刻本《陽春白雪》後集卷三，劉時中《正宮端正好》套數後，脫去《南呂一枝花》八套，此套即在其中，今據士禮居別藏黃丕烈校本和張氏愛日精廬藏鈔本合校迻錄。

② “珠”原誤“朱”，今改正。珠簾秀姓朱氏，見《青樓集》，但此處不應作“朱簾秀”，“珠簾秀”蓋其樂名。

③ “櫳”，黃丕烈校本誤“龍”，據愛日精廬藏鈔本改正。

④ “耐”，黃丕烈校本誤“奈”，據愛日精廬藏鈔本改正。

南呂一枝花

不伏老

攀①出牆朵朵花，折②臨路枝枝柳。花攀紅③蕊嫩，柳折翠條柔。浪子風流，憑著我折柳攀花④手，直熬得⑤花殘柳⑥敗休。半生來折⑦柳攀⑧花⑨，一世裏眠花臥柳。

【梁州第七】我是箇普天下郎君領袖，蓋世界浪子班頭。願朱顏不改常依舊，花中消遣，酒內忘憂，分茶攧竹，打馬藏鬮。通五音六律滑熟，甚閒愁到我心頭。伴的是銀箏女銀臺前理銀箏笑倚銀屏，伴的是玉天仙攜玉手並玉肩同登玉樓，伴的是金釵客歌金縷捧金樽滿泛金甌。你道我老也。暫休。占排場風月功名首，更玲瓏，又剔透。我是箇⑩錦陣花營都帥頭，曾翫府遊州⑪。

【三煞】⑫子弟每是箇茅草岡，沙土窩，初生的兔羔兒乍向圍場上走。我是箇經籠罩受索網蒼翎毛老野雞，蹅踏的⑬陣馬兒熟，經了些窩弓冷箭蠟鎗頭，不曾落人後。恰不道人到中年萬事休，我怎肯虛度了春秋⑭。

【黃鐘尾】⑮我是箇⑯蒸不爛煮不熟搥不匾炒不爆響璫璫一粒銅豌豆，恁子弟每⑰誰教你⑱鑽入他鋤不斷斫不下解不開頓不脫慢騰騰千層錦套頭。我翫的是梁園月，飲的是東京酒，賞的是洛陽花，攀⑲的是章臺柳。我也會圍棋，會蹴踘，會打圍，會插科，會歌舞，會吹彈，會嚥作，會吟詩，會雙陸⑳。你便是落了我牙，歪了我嘴㉑，瘸了我腿，折了我手，天賜㉒與我這幾般兒歹症候，尚兀自不肯休㉓。

【尾聲】㉔則㉕除是㉖閻王親自㉗喚，神鬼自來勾，三魂歸地府，七魄喪冥幽㉘。天那㉙，那其間纔不向煙花路兒上走㉚。

　　　　　　　（《雍熙樂府》卷一〇、《彩筆情詞》卷五）

校箋：

① 《北詞廣正譜》引此套《一枝花》、《三煞》、《收尾》（即《黃鐘尾》）、《尾聲》四曲。"攀"下，《北詞廣正譜》有"盡"字。

② "折"下，《北詞廣正譜》有"盡"字。

③ "紅"，《北詞廣正譜》作"香"。

④ "折柳攀花"，《北詞廣正譜》作"折桂攀蟾"。

⑤ "得"，《北詞廣正譜》作"的"。

⑥ "柳"，《北詞廣正譜》作"將"。

⑦ "折"，《彩筆情詞》作"弄"。

⑧ "攀"，《彩筆情詞》作"拈"。

⑨ "折柳攀花"，《北詞廣正譜》作"倚翠偎紅"。

⑩ 《彩筆情詞》無"我是箇"三字。

⑪ "曾翫府遊州"，《彩筆情詞》作"四海遨遊"。

⑫ "三煞"原作"隔尾"，據《北詞廣正譜》"南呂宮套數分題"改正。《三煞》原屬般涉調，聯套時可借入他宮他調。此處惜入南呂宮，《雍熙樂府》、《彩筆情詞》並誤。

⑬ "的"，《彩筆情詞》作"得"。

⑭ 此曲，《北詞廣正譜》作"他是箇初出窩嫩雞兒怎敢向我圍場上走，我是箇經籠罩受網索花翎毛老野雞。端的是戰馬熟，怕什麼窩弓弩箭鐵銛頭。我也曾南北東西走，我正是錦營中花叢內都帥首，我也曾玩府遊州。"末二句和上曲《梁州第七》末二句多同，疑有誤。

⑮ "黃鐘尾"，《雍熙樂府》作"尾"，《彩筆情詞》作"黃鐘煞"。此曲

有增句，實即《太和正音譜》之"黃鐘尾"，今據以改正。

⑯　"是箇"，《彩筆情詞》作"却是"。

⑰　《彩筆情詞》無"每"字。

⑱　《彩筆情詞》無"你"字。

⑲　"攀"，《彩筆情詞》作"扳"。

⑳　"我也會圍棋"至"會雙陸"，《彩筆情詞》作"我也會吟詩，會篆籀，會彈絲，會品竹。我也會唱鷓鴣，舞垂手，會打圍，會蹴踘，會圍棋，會雙陸。"

㉑　"嘴"，《彩筆情詞》作"口"。

㉒　《彩筆情詞》無"賜"字。

㉓　此曲，《北詞廣正譜》作"我正是箇蒸不熟煮不爛炒不爆搥不碎打不破響當當一粒銅菀豆，你是箇揪不折拽不斷推不轉揉不碎扯不開慢騰騰千層錦套頭。我曾玩梁園月，飲渭城酒，簪洛陽花，插章臺柳。會吟詩，會射柳，琴又會操，箏又會搊，會圍棋。會雙了頭，折了手，那其間尚兀自未肯休。"

㉔　"尾聲"一曲，《雍熙樂府》與上曲合併爲一，《彩筆情詞》同，今據《北詞廣正譜》"南呂宮套數分題"訂正。

㉕　"則"，《彩筆情詞》作"只"。

㉖　"則除是"，《北詞廣正譜》作"直等待"。

㉗　"自"，《彩筆情詞》作"令"。

㉘　"喪冥幽"，《北詞廣正譜》作"赴冥州"。

㉙　《彩筆情詞》無"天那"二字，《北詞廣正譜》同。

㉚　"纔不向煙花路兒上走"，《北詞廣正譜》作"收了荸籃罷了斗"。

雙調新水令

楚臺雲雨會巫峽，赴昨宵約來的期①話。樓頭樓燕子，庭院已聞雅。料想他家②，收針指晚妝罷。

【喬牌兒】款將花徑踏，獨立在③紗窗下。顫欽欽④把不定⑤心頭怕。不敢將小名⑥呼，咱只索⑦等候他。

【雁兒落】怕別人瞧見⑧咱，掩映在荼蘼⑨架。等⑩多時不見來⑪，只索⑫獨立⑬在花陰下。

【掛苔鈎】等候多時不見他，這的是約下佳期話，莫不是貪睡人兒忘了那。伏塚在藍橋下，意懊惱却待⑭將他罵。聽得呀的門開，驀⑮見如花⑯。

【豆葉兒】⑰髻挽烏雲，蟬鬢堆雅⑱，粉膩酥胸，臉襯紅霞，嬝娜腰肢更喜恰。堪講⑲堪誇，比月裏嫦娥，媚媚孜孜，那更撑達⑳。

【七弟兄】我這裏覓他，喚他。哎㉑，女㉒孩兒㉓果然道色膽天來大㉔。懷兒裏摟抱著俏冤家，搵香腮悄語㉕低低話。

【梅花酒】兩情濃，興轉佳㉖。地權爲牀榻，月高燒㉗銀蠟㉘。夜深沉，人靜悄。低低的㉙問如花，終㉚是箇女㉛兒家。

【收江南】好風吹綻牡丹花㉜，半合兒揉損絳裙紗。冷丁丁舌尖㉝上送香茶，都不到半霎，森森一向遍身麻。

【尾聲】烏雲欲把金蓮屧㉞，紐回身再說些兒話。你明夜箇㉟早些兒來，我等㊱聽著紗窗外芭蕉葉兒上打。

　　　　　　　（《陽春白雪》後集卷五、《雍熙樂府》卷一二）

校箋：

① “的期”，《雍熙樂府》無“的”字。任中敏先生云：據下文《掛苔鈎》似應作“佳期”。

② “料想他家”，《雍熙樂府》作“料應伊家”。

③ 《雍熙樂府》無“在”字。

④ “顫欽欽”，《雍熙樂府》作“戰兢兢”。

⑤ “不定”，《雍熙樂府》作“不住”。

⑥ “名”下，《雍熙樂府》有“兒”字。

⑦ “只索”，黃丕烈校本《陽春白雪》作“則索”，下曲《雁兒落》“只索”同。

⑧ “瞧見”原誤“照見”，任中敏先生據《雍熙樂府》改正，今從之。

⑨ “荼蘼”原作“釀醿”，據《雍熙樂府》改正。

⑩ “等”下，《雍熙樂府》有“候”字。

⑪ “來”，《雍熙樂府》作“他”。

⑫　《雍熙樂府》無"只索"二字。

⑬　"獨立"，《雍熙樂府》作"獨影"。

⑭　"却待"，《雍熙樂府》作"恰待"。

⑮　"驀"，《雍熙樂府》作"早"。

⑯　"如花"原誤"奴花"，任中敏先生據《雍熙樂府》改正，今從之。

⑰　"豆葉兒"，《太和正音譜》作"豆葉黃"，《嘯餘譜》、《北詞廣正譜》
　　並同。

⑱　"蟬鬢堆雅"，《雍熙樂府》作"鬢蟬烏雅"。

⑲　"講"，《雍熙樂府》作"羨"。

⑳　"撐達"原誤"淨達"，任中敏先生據《雍熙樂府》及《北詞廣正譜》
　　改正，今從之。

㉑　《雍熙樂府》無"哎"字。

㉒　"女"上，《雍熙樂府》有"他是箇"三字。

㉓　"兒"下，《雍熙樂府》有"家"字。

㉔　"果然道色膽天來大"一句，《雍熙樂府》作"雖道我色膽有天來大"。

㉕　"悄語"，《雍熙樂府》作"笑語"。

㉖　"興轉佳"，《雍熙樂府》作"意轉加"。

㉗　"燒"，《雍熙樂府》作"點"。

㉘　"蠟"原誤"燭"，任中敏先生據《雍熙樂府》改正，今從之。

㉙　《雍熙樂府》無"的"字。

㉚　"終"原誤"中"，任中敏先生據《雍熙樂府》改正，今從之。

㉛　"女"下，《雍熙樂府》有"孩"字。

㉝　《雍熙樂府》無"尖"字。

㉞　"屧"，《雍熙樂府》作"靫"。

㉟　《雍熙樂府》無"箇"字。

㊱　"等"，《雍熙樂府》作"專"。

雙調新水令二十換頭①
題　情②

　　玉驄絲鞚③金④鞍鞊⑤，繫垂楊小庭⑥深院。明⑦媚景，豔⑧
陽天。急⑨管繁弦，東⑩樓上恣⑪歡宴。

【慶東原】或向[12]幽窗下，或向曲檻前[13]。春纖相對[14]搖紈扇，閒[15]凭著玉肩。雙歌[16]採蓮，對[17]撫[18]冰弦。遂[19]却少年心，稱[20]了[21]于飛願。

【早鄉詞】九[22]秋天，三逕邊。綻[23]黃花遍[24]撒金錢，露春纖把[25]花笑撚，捧[26]金盃酒頻歡。暢好是[27]風流如五柳莊前。

【掛打[28]沽】淺淺[30]江梅驛使傳，亂[31]剪碎[32]鵝毛片。旋[33]剖溫[34]橙列著[35]玳筵，玉液著[36]金瓶[37]旋。酒暈紅，新妝面。人道是窮冬，我道是虛言[38]。

【石竹子】夜夜[39]嬉遊賽上元，朝朝宴樂賞[40]禁煙。密[41]愛[42]幽歡不能[43]戀，無奈[44]被名韁[45]利鎖牽。

【山石榴】阻鸞鳳，分鶯燕。馬頭[46]咫尺天涯遠，易[47]去[48]難相見[49]。

【么篇】[50]心[51]間，愁萬千，不能言。當時[52]月枕歌聲[53]變[54]，到如今番作[55]陽關怨。

【醉也摩挲】真[56]箇[57]索[58]去也麼[59]天，天[60]，真箇索去也麼天。再要[61]團圓[62]，動[63]是[64]經年。思[65]量煞[66]俺[67]也麼[68]天。

【相公愛】晚宿在孤村悶怎[69]生眠，伴[70]人[71]離愁月當軒。月圓[72]人幾時圓，不似他[73]南樓上[74]鬪嬋娟。

【胡十八】天配合[75]俏姻眷[76]，分[77]拆開[78]並頭蓮。思量席上與樽前，天生的自然，那些兒體面[79]。也[80]是俺[81]心上有[82]，常常的[83]夢中見。

【一錠銀】心友每相邀列著[84]管弦，却子待[85]歡[86]解動[87]淒然[88]。十分酒十分[89]悲[90]怨[91]，却不道[92]怎生般[93]消遣。

【阿那忽】[94]酒歡到[95]根前，只[96]辦[97]的[98]推[99]延。桃[100]花去年人面，偏怎生冷落了今年。

【不拜門】酒入[101]愁腸悶怎生言[102]，疏竹蕭蕭[103]西風戰。如年，如年，似長夜天，正是[104]恰黃昏庭院。

【金盞子】[105]咱[106]無緣，風[107]流十全。儘[108]可憐[109]，芙蓉面。腕鬆[110]著[111]金釧，鬢貼著翠鈿[112]，臉朵[113]著[114]秋蓮[115]。眼去眉來相思[116]

戀。春[117]山[118]搖[119]，秋波轉。

【大拜門】玉兔鶻[120]牌懸，懷揣著帝宣，稱[121]了俺[122]男兒[123]深[124]願。忙加[125]玉鞭，急催[126]駿騕[127]，恨不[127]乘[128]到俺那[129]佳人家[130]門前。

【也不羅】只[131]聽得[132]樂聲喧，列著[133]華[134]筵，聚集諸親眷。首先一盞[135]攔門勸，走[136]馬[137]身勞倦。

【喜人心】[138]人[139]叢裏遙[140]見，半遮著羅扇。可[141]喜[142]的[143]風流[144]業冤，兩葉眉兒未[145]展。百[146]般的陪[147]告，一剗[148]的[149]求和。只[150]管裏熬煎。他越將[151]箇[152]龐兒變，咱[153]百般的難分辨[154]。

【風流體】胡[155]猜咱，胡猜咱居帝輦。和[156]別人，和別人相留戀。上放著，上放著賜[157]福天[158]。你不知，你不知[159]神明[160]見。

【忽都白】[161]我[162]半載來[163]孤眠。信[164]口[165]胡言[166]，枉[167]了[168]把我冤也麼[169]冤。打[170]聽的[171]真實，有人曾見，母親[172]根前，恁[173]兒情願，一任[174]當刑憲，死而心無[175]怨。

【唐兀歹】[176]不付[177]能告求[178]的[179]繡幃裏頭[180]眠，痛惜[181]輕憐。斬眼不得綠窗兒外月明却又早轉[182]，暢好是疾明也麼[183]天[184]。

【鴛鴦煞尾】[185]腰肢困擺垂楊軟，舌尖吐笑丁香喘[186]。繡帳裏無人[187]，並枕[188]低[189]言。暢[190]道美滿姻緣[191]，風流繾[192]綣。天若肯爲[193]人，爲人是今生願[194]。盡老同眠也者[195]，也強如[196]鴈底[197]關河路兒遠。

　　　　　　（《梨園按試樂府新聲》卷上、《盛世新
　　　　聲》卷七、《詞林摘豔》卷五、《雍熙樂府》
　　　　卷一一、《北宮詞紀》卷六）

校箋：

① 《盛世新聲》引此套不著撰人，《雍熙樂府》同，《太和正音譜》、《嘯餘譜》、《北詞廣正譜》俱摘引此套曲文，題關漢卿作。

② 《樂府新聲》無題，《盛世新聲》同。《雍熙樂府》題作"駙馬還朝"，

《北宮詞紀》題作"憶別"，今依《詞林摘豔》題作"題情"。

③　"鞚"，《雍熙樂府》作"控"，《北宮詞紀》同。

④　"金"，《盛世新聲》作"錦"，《詞林摘豔》、《北宮詞紀》並同。

⑤　"粘"，《盛世新聲》作"黏"，《詞林摘豔》、《雍熙樂府》、《北宮詞紀》並同。

⑥　"庭"，《雍熙樂府》作"亭"，《北宮詞紀》同。

⑦　"明"上，《雍熙樂府》有"欣逢"二字，《北宮詞紀》同。

⑧　"豔"上，《雍熙樂府》有"喜遇"二字，《北宮詞紀》同。

⑨　"急"上，《雍熙樂府》有"擺列著"三字，《北宮詞紀》同。

⑩　"東"上，《盛世新聲》有"我向"二字，《雍熙樂府》有"在這"二字，《北宮詞紀》同。

⑪　"恣"，《盛世新聲》誤"姿"，《詞林摘豔》同。

⑫　《盛世新聲》無"或向"二字，《詞林摘豔》、《雍熙樂府》、《北宮詞紀》並同。下句同。

⑬　"前"，《盛世新聲》作"邊"，《詞林摘豔》、《雍熙樂府》、《北宮詞紀》並同。

⑭　"對"下，《盛世新聲》有"著"字，《詞林摘豔》同。

⑮　"聞"上，《雍熙樂府》有"往常時"三字，《北宮詞紀》同。

⑯　"歌"，《詞林摘豔》作"欱"，《雍熙樂府》作"和"，《北宮詞紀》同。"歌"下，《盛世新聲》有"著"字，《詞林摘豔》、《雍熙樂府》、《北宮詞紀》並同。

⑰　"對"，原誤"鬬"，今據《盛世新聲》、《詞林摘豔》、《雍熙樂府》、《北宮詞紀》改正。

⑱　"撫"下，《盛世新聲》有"著"字，《詞林摘豔》、《雍熙樂府》、《北宮詞紀》並同。

⑲　"遂"上，《盛世新聲》有"赤緊的"三字，《詞林摘豔》、《雍熙樂府》、《北宮詞紀》並同。

⑳　"稱"上，《盛世新聲》有"如今早"三字，《詞林摘豔》同，《雍熙樂府》有"如今便"三字，《北宮詞紀》同。

㉑　"了"下，《盛世新聲》有"俺"字，《詞林摘豔》同。

㉒　"九"上，《盛世新聲》有"正值著"三字，《詞林摘豔》、《雍熙樂府》、《北宮詞紀》、《北詞廣正譜》並同

㉓ "綻"上，《雍熙樂府》有"則這"二字，《北宮詞紀》同。

㉔ "遍"，《盛世新聲》作"亂"，《詞林摘豔》、《雍熙樂府》、《北詞廣正譜》並同。

㉕ "把"，《雍熙樂府》作"將"。

㉖ "捧"上，《盛世新聲》有"我這裏"三字，《詞林摘豔》、《北宮詞紀》並同，《雍熙樂府》有"我這"二字，《北詞廣正譜》有"我見他"三字。"捧"下，《雍熙樂府》有"著"字，《北宮詞紀》同。

㉗ "是"，《嘯餘譜》作"似"。"是"下，《雍熙樂府》有"那"字。

㉘ "打"，《太和正音譜》作"搭"。

㉙ "掛打沾"，《盛世新聲》作"掛玉鈎"，《詞林摘豔》、《雍熙樂府》、《北宮詞紀》、《嘯餘譜》並同。

㉚ "淺淺"上，《盛世新聲》有"我則見"三字，《詞林摘豔》、《雍熙樂府》、《北宮詞紀》並同。

㉛ "亂"上，《盛世新聲》有"雪也"二字，《詞林摘豔》、《雍熙樂府》、《北宮詞紀》並同。

㉜ 《太和正音譜》無"碎"字，《北宮詞紀》、《嘯餘譜》並同。

㉝ "旋"上，《盛世新聲》有"我與你"三字，《詞林摘豔》、《雍熙樂府》、《北宮詞紀》並同。

㉞ "溫"，《太和正音譜》作"香"，《嘯餘譜》同，《盛世新聲》作"金"，《詞林摘豔》、《雍熙樂府》、《北宮詞紀》並同。

㉟ 《太和正音譜》無"著"字，《盛世新聲》、《詞林摘豔》、《嘯餘譜》並同。

㊱ 《太和正音譜》無"著"字，《嘯餘譜》同。"著"，《盛世新聲》作"向"，《詞林摘豔》、《雍熙樂府》、《北宮詞紀》並同。

㊲ "瓶"，《太和正音譜》作"壺"，《北宮詞紀》、《嘯餘譜》並同。

㊳ "虛言"，《盛世新聲》作"豐年"，《詞林摘豔》、《雍熙樂府》、《北宮詞紀》並同。

㊴ "夜夜"，《嘯餘譜》作"夜迢迢"。

㊵ "賞"，《北詞廣正譜》作"勝"。

㊶ "密"上，《盛世新聲》有"則俺那"三字，《詞林摘豔》同，《雍熙樂府》有"則俺這"三字，《北宮詞紀》同，《北詞廣正譜》有"則我這"三字。"密"，《盛世新聲》作"美"，《詞林摘豔》、《雍熙樂

府》、《北詞廣正譜》並同。

㊷“愛”下,《雍熙樂府》有“的”字。

㊸“能”下,《太和正音譜》有“勾”字,《北宮詞紀》、《嘯餘譜》並同。

㊹《太和正音譜》無“無奈”二字,《嘯餘譜》同。

㊺“韁”,《嘯餘譜》作“繮”。

㊻“頭”下,《雍熙樂府》有“前”字,《北宮詞紀》同。

㊼“易”上,《盛世新聲》有“今日箇”三字,《詞林摘豔》、《雍熙樂府》、《北宮詞紀》並同。“易”,《盛世新聲》作“意”,《詞林摘豔》、《雍熙樂府》並同。

㊽“去”下,《盛世新聲》有“也”字,《詞林摘豔》、《雍熙樂府》、《北宮詞紀》並同。

㊾“相見”,《盛世新聲》作“留戀”,《詞林摘豔》、《雍熙樂府》並同。

㊿“么篇”,《盛世新聲》誤作“醉娘子”,《詞林摘豔》同。案:《醉娘子》是下曲《醉也摩挲》別名,與此無關。

(51)“心”上,《雍熙樂府》有“你”字。

(52)“時”,《盛世新聲》作“初”,《詞林摘豔》、《雍熙樂府》、《北宮詞紀》並同。

(53)“聲”原誤“眷”,今據《太和正音譜》、《盛世新聲》、《詞林摘豔》、《雍熙樂府》、《北宮詞紀》、《嘯餘譜》改正。

(54)“變”,《太和正音譜》作“轉”,《盛世新聲》、《詞林摘豔》、《雍熙樂府》、《北宮詞紀》、《嘯餘譜》並同。

(55)“番作”,《北宮詞紀》作“生扭做”。“到如今番作”,《盛世新聲》作“今日箇生扭做”,《詞林摘豔》、《雍熙樂府》並同。

(56)“真”上,《太和正音譜》有“莫不”二字,《嘯餘譜》同,下句同;《盛世新聲》有“你莫不”三字,《詞林摘豔》、《雍熙樂府》、《北宮詞紀》、《北詞廣正譜》並同,下句同。

(57)“箇”,《盛世新聲》作“家”,《詞林摘豔》同,下句同。“箇”下,《盛世新聲》有“待”字,《詞林摘豔》、《北詞廣正譜》並同,下句同。

(58)“索”,《盛世新聲》作“要”,《詞林摘豔》、《北詞廣正譜》並同,下句同;《雍熙樂府》作“待”,下有“要”字,下句同。

㊉ "麼",《盛世新聲》作"波",《詞林摘豔》、《雍熙樂府》並同,下句同。

㊀《太和正音譜》無"天"字句,《盛世新聲》、《詞林摘豔》、《雍熙樂府》、《北宮詞紀》、《嘯餘譜》、《北詞廣正譜》並同。

㊁ "要"下,《盛世新聲》有"嗒"字,《詞林摘豔》、《雍熙樂府》、《北宮詞紀》、《北詞廣正譜》並同。

㊂ "團圓"下,《盛世新聲》重"再要嗒團圓"一句,《詞林摘豔》同。

㊃ "動"上,《雍熙樂府》有"咱團圓"三字。

㊄ "是",《盛世新聲》作"歲",《詞林摘豔》、《雍熙樂府》、《北宮詞紀》、《北詞廣正譜》並同。

㊅ "思"上,《北詞廣正譜》有"兀的不"三字。

㊆ "煞"原誤"忪",今據《太和正音譜》改正,《盛世新聲》作"殺",《詞林摘豔》、《雍熙樂府》、《北宮詞紀》、《北詞廣正譜》並同。

㊇ "俺",《嘯餘譜》作"人"。

㊈ "麼",《盛世新聲》作"波",《詞林摘豔》、《雍熙樂府》並同。

㊉《盛世新聲》無"怎"字,《詞林摘豔》同。

㊀ "伴",《太和正音譜》作"照",《盛世新聲》、《詞林摘豔》、《雍熙樂府》、《北宮詞紀》、《嘯餘譜》、《北詞廣正譜》並同。

㊁ "人"下,《雍熙樂府》有"的"字,《北宮詞紀》同。

㊂ "圓"下,《太和正音譜》有"知他是"三字,《北宮詞紀》、《嘯餘譜》並同。《北詞廣正譜》重"月圓"二字。

㊃ "似他",《太和正音譜》作"能勾",《北宮詞紀》、《嘯餘譜》並同;《盛世新聲》作"覺的",《詞林摘豔》、《雍熙樂府》並同;《北詞廣正譜》作"似那"。

㊄ "上",《盛世新聲》作"外",《詞林摘豔》、《雍熙樂府》並同。

㊅ "合"下,《盛世新聲》有"一對兒"三字,《詞林摘豔》、《雍熙樂府》、《北宮詞紀》並同。

㊆ "眷",《盛世新聲》作"緣",《詞林摘豔》作"婚","婚"、"眷"一字。

㊇ "分",《盛世新聲》作"生",《詞林摘豔》、《雍熙樂府》、《北宮詞紀》並同。

㊈ "拆開",《雍熙樂府》作"折散",《北宮詞紀》同。

⑦ "天生的自然，那些兒體面"，《盛世新聲》作"那些兒體面，天生的自然"，《詞林摘豔》、《雍熙樂府》、《北宮詞紀》並同。

⑧ "也"上，《盛世新聲》有"哎"字，《詞林摘豔》、《雍熙樂府》、《北宮詞紀》並同。

⑧ 《雍熙樂府》無"俺"字，《北宮詞紀》同。

⑧ "俺心上有"，《盛世新聲》作"心上有也者"，《詞林摘豔》同。

⑧ "的"下，《盛世新聲》有"在"字，《詞林摘豔》同。《雍熙樂府》無"的"字，《北宮詞紀》同。

⑧ 《太和正音譜》無"著"字，《盛世新聲》、《詞林摘豔》、《雍熙樂府》、《北宮詞紀》、《嘯餘譜》並同。

⑧ 《太和正音譜》無"却子待"三字，《雍熙樂府》、《北宮詞紀》、《嘯餘譜》並同。

⑧ "歡"，《太和正音譜》作"望"，《雍熙樂府》、《北宮詞紀》、《嘯餘譜》並同。

⑧ "動"，《太和正音譜》作"勸"，《雍熙樂府》、《北宮詞紀》、《嘯餘譜》並同。

⑧ "却子待歡解動淒然"，《盛世新聲》作"特的來歡惧一齊欣然"，《詞林摘豔》同。"惧"當作"娛"。

⑧ "分"下，《盛世新聲》有"家"字，《詞林摘豔》同。

⑨ "悲"，《太和正音譜》作"哀"，《盛世新聲》、《詞林摘豔》、《雍熙樂府》、《北宮詞紀》、《嘯餘譜》並同。

⑨ "怨"，《盛世新聲》作"勸"，《詞林摘豔》同。

⑨ 《太和正音譜》無"却不道"三字，《嘯餘譜》同。"却不道"，《盛世新聲》作"端的是"，《詞林摘豔》、《雍熙樂府》、《北宮詞紀》並同。

⑨ 《太和正音譜》無"般"字，《嘯餘譜》同。"般"，《盛世新聲》作"來"，《詞林摘豔》、《雍熙樂府》、《北宮詞紀》並同。

⑨ "阿那忽"，《太和正音譜》作"阿納忽"，《北宮詞紀》、《嘯餘譜》並同，《雍熙樂府》作"阿忽納"。

⑨ "到"下，《雍熙樂府》有"你"字，《北宮詞紀》同。

⑨ "只"上，《盛世新聲》有"你怎生"三字，《詞林摘豔》同；《雍熙樂府》有"你可也"三字，《北宮詞紀》同。

⑨ "辦"，《雍熙樂府》作"管"，《北宮詞紀》同。

⑱ "的"，《太和正音譜》作"得"。

⑲ "推"，《太和正音譜》作"俄"，《盛世新聲》、《詞林摘豔》、《雍熙樂府》、《北宮詞紀》、《嘯餘譜》並同。

⑳ "桃"上，《太和正音譜》有"不見"二字，《嘯餘譜》同；《盛世新聲》有"想"字，《詞林摘豔》、《雍熙樂府》、《北宮詞紀》並同。

⑩ "人"，《雍熙樂府》作"解"。

⑩ "言"，《盛世新聲》作"眠"，《詞林摘豔》同。

⑩ "蕭蕭"，《太和正音譜》作"瀟瀟"，《北詞廣正譜》同；《盛世新聲》誤作"消消"，《詞林摘豔》同。

⑩ "正是"，《盛世新聲》作"這早晚"，《詞林摘豔》同。

⑩ "金盞子"，《盛世新聲》作"慢金盞"，《詞林摘豔》、《雍熙樂府》、《北宮詞紀》並同。《太和正音譜》云："慢金盞即金盞子"，《嘯餘譜》、《北詞廣正譜》說並同。

⑩ "咱"上，《北詞廣正譜》有"都則爲"三字。

⑩ "風"上，《北詞廣正譜》有"想著他"三字。

⑩ "儘"，《盛世新聲》作"願"，《詞林摘豔》同；《雍熙樂府》作"天"，上有"願"字。

⑩ "儘可憐"，《北詞廣正譜》作"楊柳腰"。

⑩ "鬆"原誤"琩"，今據《盛世新聲》、《詞林摘豔》、《北宮詞紀》改正；《太和正音譜》作"愸"，《雍熙樂府》、《嘯餘譜》並同；《北詞廣正譜》作"鳴"。

⑪ "著"，《盛世新聲》作"了"，下有"這"字，《詞林摘豔》、《雍熙樂府》並同。

⑫ "鬢貼著翠鈿"，《盛世新聲》作"裙拖著素練"，《詞林摘豔》、《北詞廣正譜》並同。

⑬ "朵"，《太和正音譜》作"襯"，《盛世新聲》、《詞林摘豔》、《雍熙樂府》、《北宮詞紀》、《嘯餘譜》、《北詞廣正譜》並同。

⑭ 《太和正音譜》無"著"字，《嘯餘譜》同。

⑮ "蓮"下，《太和正音譜》有"裙拖素練"一句，《嘯餘譜》同；《雍熙樂府》有"裙拖著素練"一句，《北宮詞紀》同；《盛世新聲》有"鬢貼著翠鈿"一句，《詞林摘豔》同；《北詞廣正譜》有"額貼著花鈿"一句。

⑯ "思"，《太和正音譜》作"留"，《盛世新聲》、《詞林摘豔》、《雍熙樂府》、《北宮詞紀》、《嘯餘譜》、《北詞廣正譜》並同。

⑰ "春"上，《北詞廣正譜》有"則這"二字。

⑱ "山"，《盛世新聲》作"衫"，《詞林摘豔》同。

⑲ "搖"，《太和正音譜》作"遠"，《北宮詞紀》作"遙"，《嘯餘譜》同。

⑳ "鵑"下，《雍熙樂府》有"上"字。

㉑ "稱"上，《盛世新聲》有"今日箇"三字，《詞林摘豔》、《雍熙樂府》、《北宮詞紀》並同；《北詞廣正譜》有"今日箇早"四字。

㉒ "俺"下，《雍熙樂府》有"這"字，《北宮詞紀》同。

㉓ "兒"下，《盛世新聲》有"每"字，《詞林摘豔》同；《雍熙樂府》有"的"字，《北宮詞紀》、《北詞廣正譜》並同。

㉔ "深"，《太和正音譜》作"心"，《盛世新聲》、《詞林摘豔》、《雍熙樂府》、《北宮詞紀》、《嘯餘譜》、《北詞廣正譜》並同。

㉕ "加"下，《雍熙樂府》有"著"字，《北宮詞紀》、《北詞廣正譜》並同。

㉖ "催"，《盛世新聲》誤"摧"，《詞林摘豔》同。"催"下，《盛世新聲》有"著"字，《詞林摘豔》、《雍熙樂府》、《北宮詞紀》、《北詞廣正譜》並同。

㉗ "不"下，《盛世新聲》有"的"字，《詞林摘豔》、《雍熙樂府》、《北宮詞紀》、《嘯餘譜》、《北詞廣正譜》並同。

㉘ "乘"原誤"聖"，今據《太和正音譜》、《嘯餘譜》改正。"乘"，《盛世新聲》作"行"，《詞林摘豔》、《雍熙樂府》、《北宮詞紀》並同；《北詞廣正譜》作"飛"。"行"下，《盛世新聲》有"來"字，《詞林摘豔》同。

㉙ 《盛世新聲》無"那"字，《詞林摘豔》同。

㉚ "家"，《盛世新聲》作"的"，《詞林摘豔》、《雍熙樂府》、《北宮詞紀》、《北詞廣正譜》並同。"的"下，《雍熙樂府》有"這"字，《北宮詞紀》同。

㉛ "只"，《太和正音譜》作"驀"，《雍熙樂府》、《北宮詞紀》、《嘯餘譜》並同；《盛世新聲》作"則"，《詞林摘豔》同。"則"上，《盛世新聲》有"我"字，《詞林摘豔》同。

⑬ "得",《盛世新聲》作"的",《詞林摘豔》、《雍熙樂府》、《北宮詞紀》並同。

⑬ 《太和正音譜》無"著"字,《盛世新聲》、《詞林摘豔》、《雍熙樂府》、《北宮詞紀》、《嘯餘譜》並同。

⑬ "華",《嘯餘譜》作"畫"。

⑬ "盞",《雍熙樂府》作"盃"。

⑬ "走"上,《太和正音譜》有"道是"二字,《嘯餘譜》同;《盛世新聲》有"他道是"三字,《詞林摘豔》、《雍熙樂府》、《北宮詞紀》並同。

⑬ "馬"下,《太和正音譜》有"也"字,《北宮詞紀》、《嘯餘譜》並同。

⑬ "喜人心",《太和正音譜》作"小喜人心",《嘯餘譜》、《北詞廣正譜》並同。

⑬ "人"上,《盛世新聲》有"我去那"三字,《詞林摘豔》、《雍熙樂府》、《北宮詞紀》並同;《北詞廣正譜》有"我在那"三字。

⑭ "遙",《盛世新聲》作"瞧",《詞林摘豔》、《雍熙樂府》、《北詞廣正譜》並同。

⑭ "可"上,《盛世新聲》有"正是俺"三字,《詞林摘豔》、《北詞廣正譜》並同。

⑭ "喜",《盛世新聲》作"嬉",《詞林摘豔》同。"喜"下,《北詞廣正譜》有"娘"字。

⑭ "可喜的",《太和正音譜》作"正是那",《嘯餘譜》同;《雍熙樂府》作"正是俺",《北宮詞紀》同。"的",《盛世新聲》作"娘",《詞林摘豔》同。

⑭ "流"下,《盛世新聲》有"的"字,《詞林摘豔》同。

⑭ "未",《太和正音譜》作"不",《雍熙樂府》、《北宮詞紀》、《嘯餘譜》並同;《盛世新聲》作"微",《詞林摘豔》同。"未"下,《北詞廣正譜》有"舒"字。

⑭ "百"上,《北詞廣正譜》有"我將他"三字。

⑭ "陪",《盛世新聲》作"哀",《詞林摘豔》、《雍熙樂府》、《北宮詞紀》、《北詞廣正譜》並同。

⑭ "一扴",《太和正音譜》作"只管",《雍熙樂府》、《北宮詞紀》、《嘯

餘譜》並同；《盛世新聲》作"一盞"，《詞林摘豔》同；《北詞廣正譜》作"半晌"。

⑭　《盛世新聲》無"的"字，《詞林摘豔》同。

⑮　"只"，《盛世新聲》作"則"，《詞林摘豔》、《雍熙樂府》、《北宮詞紀》並同。

⑯　"將"，《太和正音譜》作"把"，《盛世新聲》、《詞林摘豔》、《雍熙樂府》、《北宮詞紀》、《嘯餘譜》並同。

⑰　"將箇"，《北詞廣正譜》作"把那"。《太和正音譜》無"箇"字，《盛世新聲》、《詞林摘豔》、《雍熙樂府》、《北宮詞紀》、《嘯餘譜》並同。

⑱　"咱"，《北詞廣正譜》作"我"，上有"空著"二字。

⑲　"辨"，《太和正音譜》作"辯"，《盛世新聲》、《詞林摘豔》、《雍熙樂府》並同。

⑮　"胡"上，《太和正音譜》有"你則麼"三字；《盛世新聲》有"你可要"三字，《詞林摘豔》同；《北宮詞紀》有"你怎麼"三字；《嘯餘譜》有"你則莫"三字。"胡"，《雍熙樂府》作"疑"，下句同，上有"你可休"三字。

⑯　"和"上，《盛世新聲》有"你道我"三字，《詞林摘豔》、《雍熙樂府》、《北宮詞紀》並同。

⑰　"賜"，《太和正音譜》作"陽"，《盛世新聲》、《詞林摘豔》、《北宮詞紀》、《嘯餘譜》並同。

⑱　"賜福天"，《雍熙樂府》作"陽府青天"。

⑲　"知"下，《太和正音譜》有"須有"二字，《北宮詞紀》、《嘯餘譜》並同；《雍熙樂府》有"自有"二字。

⑯　"明"，《太和正音譜》作"靈"，《盛世新聲》、《詞林摘豔》、《雍熙樂府》、《北宮詞紀》、《嘯餘譜》並同。

⑯　"忽都白"，《太和正音譜》作"古都白"，《嘯餘譜》同。

⑯　《太和正音譜》無"我"字，《嘯餘譜》同。"我"下，《盛世新聲》有"受了"二字，《詞林摘豔》、《雍熙樂府》、《北宮詞紀》、《北詞廣正譜》並同。

⑯　"來"，《盛世新聲》作"也"，下有"那"字，《詞林摘豔》、《雍熙樂府》並同。《北詞廣正譜》無"來"字。

⑯　"信"上，《北詞廣正譜》有"你如今"三字。

⑯ "口"下，《盛世新聲》有"也那"二字，《詞林摘豔》同。

⑯ "信口胡言"，《太和正音譜》作"受了些熬煎"，《北宮詞紀》、《嘯餘譜》並同

⑯ "枉"，《雍熙樂府》作"你"。"枉"上，《盛世新聲》有"你便"二字，《詞林摘豔》同。

⑱ 《太和正音譜》無"了"字，《雍熙樂府》、《北宮詞紀》、《嘯餘譜》並同。

⑲ "麼"，《盛世新聲》作"波"，《詞林摘豔》、《雍熙樂府》、《北宮詞紀》並同。

⑰ "打"上，《盛世新聲》有"你若是"三字，《詞林摘豔》、《雍熙樂府》、《北宮詞紀》、《北詞廣正譜》並同。

⑰ "的"，《北宮詞紀》作"得"，《嘯餘譜》、《北詞廣正譜》並同。

⑰ "母親"，《太和正音譜》作"妳妳"，《盛世新聲》、《詞林摘豔》、《雍熙樂府》、《北宮詞紀》、《嘯餘譜》、《北詞廣正譜》並同。

⑰ "恁"，《盛世新聲》作"您"，《詞林摘豔》、《雍熙樂府》、《北宮詞紀》、《北詞廣正譜》並同。

⑰ "任"，《雍熙樂府》作"恁"。

⑰ "無"，《雍熙樂府》作"不"。

⑰ "唐兀歹"，《太和正音譜》作"唐古歹"，《嘯餘譜》同；《盛世新聲》作"倘兀歹"，《詞林摘豔》、《北詞廣正譜》並同；《雍熙樂府》作"倘古歹"。

⑰ "付"，《北宮詞紀》作"甫"。

⑱ "告求"，《盛世新聲》作"哀告"，《詞林摘豔》同；《雍熙樂府》作"求和"，《北宮詞紀》同。

⑲ "告求的"，《太和正音譜》作"求和得"，《嘯餘譜》同。"的"下，《盛世新聲》有"在"字，《詞林摘豔》同；《雍熙樂府》有"他"字，《北宮詞紀》同。

⑱ 《太和正音譜》無"頭"字，《盛世新聲》、《詞林摘豔》、《雍熙樂府》、《北宮詞紀》、《嘯餘譜》並同。

⑱ "惜"原誤"借"，今據《太和正音譜》、《盛世新聲》、《詞林摘豔》、《雍熙樂府》、《北宮詞紀》、《嘯餘譜》改正。

⑱ "斬眼不得綠窗兒外月明却又早轉"，《太和正音譜》作"不覺得紗窗

外月兒轉"，《嘯餘譜》同；《盛世新聲》作"斬眼覷紗窗月明又早轉"，《詞林摘豔》同；《雍熙樂府》作"展眼窗兒外明月轉"；《北宮詞紀》作"不覺的紗窗外月兒轉"。案："斬眼"、"斬眼"，疑"雙眼"之誤。"不"下疑脫"覺"字。字書無"斬"字。

⑱ "麼"，《盛世新聲》作"波"，《詞林摘豔》、《雍熙樂府》、《北宮詞紀》並同。

⑱ "暢好是疾明也麼天"，《盛世新聲》重一句，《詞林摘豔》同。

⑱ "鴛鴦煞尾"，原省作"尾"，今據《盛世新聲》、《詞林摘豔》、《雍熙樂府》、《北宮詞紀》訂正。

⑱ "腰肢困擺垂楊軟，舌尖笑吐丁香喘"二句，《盛世新聲》作"銀臺畫燭輕風剪，戍樓殘角聲音轉"，《詞林摘豔》、《雍熙樂府》、《北宮詞紀》並同。

⑱ "繡帳裏無人"，《盛世新聲》作"錦帳羅幃"，《詞林摘豔》、《雍熙樂府》、《北宮詞紀》並同。

⑱ "並枕"，《樂府新聲》作"情語"，《詞林摘豔》同，《雍熙樂府》作"悄語"，《北宮詞紀》同。

⑱ "低"，《盛世新聲》作"多"，《詞林摘豔》同。

⑲ "暢"，《盛世新聲》作"唱"，《詞林摘豔》、《雍熙樂府》、《北宮詞紀》並同。

⑲ "姻緣"，《盛世新聲》作"夫妻"，《詞林摘豔》、《雍熙樂府》、《北宮詞紀》並同。

⑲ "繼"原誤"譴"，今據《盛世新聲》、《詞林摘豔》、《雍熙樂府》、《北宮詞紀》改正。

⑲ "爲"，《盛世新聲》作"隨"，《詞林摘豔》、《雍熙樂府》、《北宮詞紀》並同。

⑲ "爲人是今生願"，《盛世新聲》作"隨人今生願"，《詞林摘豔》、《雍熙樂府》、《北宮詞紀》並同。

⑲ "盡老同眠也者"，《盛世新聲》作"儘老團圓"，《詞林摘豔》、《雍熙樂府》、《北宮詞紀》並同。

⑲ "也強如"，《盛世新聲》作"索強似"，《詞林摘豔》、《雍熙樂府》、《北宮詞紀》並同。

⑲ "鴈底"，《盛世新聲》誤作"應抵"，《詞林摘豔》同。

雙調喬牌兒[①]

世情推物理，人生貴適意。想人間造物搬興廢。吉藏凶，凶暗吉。

【夜行船】富貴那能長富貴，日盈昃月滿虧蝕。地下東南，天高西北，天地尚無完體。

【慶宣和】算到天明走到黑，緊[②]的是衣食。鳧短鶴長不能齊。且休題，誰是非。

【錦上花】展放愁眉，休爭閒氣。今日容顏，老如昨日。古往今來，恁須盡知。賢的愚的，貧的和[③]富的。

【么篇】到頭這一身，難逃那一日。受用了一朝，一朝[④]便宜。百歲光陰，七十者稀。急急流年，滔滔[⑤]逝水。

【清江引】落花滿院春又歸，晚景成何濟。車塵馬足中，蟻穴蜂衙內，尋取箇穩便處坐閒地。

【碧玉簫】無兔相催，日月走東西。人生別離，白髮故人稀。不停閒歲月疾，光陰似駒過隙。君莫癡，休爭名利。幸有幾盃，且不如花前醉。

【歇指煞】恁則待閒熬煎，閒煩惱，閒縈繫，閒追歡，閒落魄，閒遊戲。金雞觸禍機，得時間早棄迷途。繁華重念簫韶歇，急流勇退尋歸計。採蕨薇，洗是非；夷齊等，巢由輩。這兩箇誰人似得？松菊晉陶潛，江湖越范蠡。

（《陽春白雪》後集卷四）

校箋：

① 元刻本《陽春白雪》後集卷四，《越調梅花引》套數後，脫去《黃鐘醉花陰》等八套，此套即在其中，今據黃丕烈校本迻錄。《太和正音譜》引此套《錦上花》、《碧玉簫》二曲，《嘯餘譜》同。《北詞廣正譜》引《慶宣和》一曲。

② "緊"上，《北詞廣正譜》有"赤"字。

③ "和"，《太和正音譜》作"共"，《嘯餘譜》同。

④ "朝"下，《太和正音譜》有"是"字，《嘯餘譜》同。

⑤　“滔滔”下，《太和正音譜》有“如”字，《嘯餘譜》同。

越調鬬鵪鶉

女校尉①

換步那蹤②，趍前退後，側脚傍行，垂肩軃袖。若說③過論搽④頭，賺苔扐樓。入來的掩，出去的⑤兜。子⑥要⑦論道兒著人，不要無拽樣順⑧紐。

【紫花兒序】打的箇桶子賺特⑨順，暗足窩妝腰⑩，不揪拐回頭。不要那看的每側面，子弟每凝眸。非是我胡搊⑪，上下泛前後左右瞅，過從⑫的員⑬就。三鮑⑭敲⑮失落，五花氣從頭。

【天净沙】平生肥馬輕裘，何須錦帶吳鈎。百歲光陰轉首，休閒⑯生受，歎功名似⑰水上浮漚。

【寨兒今】得自由，莫剛求。茶餘飯飽邀故友，謝館秦樓，散悶消愁。惟蹴踘最風流，演習得⑱踢打温柔，施逞⑲得⑳解數滑熟。引脚躧龍斬眼，擔槍拐鳳搖頭。一左一㉑右，折㉒疊㉓鶻㉔遊。

【尾聲】錦纏腕，葉底桃，鴛鴦叩㉕。入脚面帶㉖黃河逆流，白㉗打賽官場，三場兒㉘盡皆有。

（《太平樂府》卷七、《雍熙樂府》卷一三）

校箋：

① 《雍熙樂府》引此套不著撰人，題作“蹴踘”。元時圓社中踢毬的女藝人號“女校尉”。

② “蹤”，《雍熙樂府》作“踪”。

③ “說”下，《雍熙樂府》有“著”字。

④ “搽”，《雍熙樂府》作“茶”。

⑤ 《雍熙樂府》無“的”字。

⑥ “子”，《雍熙樂府》作“則”。

⑦ “要”下，《雍熙樂府》有“你”字。

⑧ “順”，明人孫胤伽校焦竑家藏元刻本《太平樂府》作“嫩”，《雍熙

樂府》同。

⑨ "特",《雍熙樂府》作"忒"。

⑩ "腰",《雍熙樂府》作"么"。

⑪ "摙"原誤"鄒",今據孫胤伽校本改正,《雍熙樂府》作"謅"。

⑫ "從",《雍熙樂府》作"論"。

⑬ "員",《雍熙樂府》作"將"。

⑭ "鮑",《雍熙樂府》作"抱"。

⑮ "敲",《雍熙樂府》作"巧"。

⑯ "閒",《雍熙樂府》作"嫌"。

⑰ 《雍熙樂府》無"似"字。

⑱ "得",《雍熙樂府》作"的"。

⑲ "逞",《雍熙樂府》作"呈"。

⑳ "得",《雍熙樂府》作"的"。

㉑ 《雍熙樂府》無"一"字。

㉒ "折",《雍熙樂府》作"摺"。

㉓ "疊"下,《雍熙樂府》有"拐"字。

㉔ "勝",《雍熙樂府》作"膝"。

㉕ "叩",《雍熙樂府》作"扣"。

㉖ 《雍熙樂府》無"带"字。

㉗ "白"上,《雍熙樂府》有"閒"字,"閒"疑當作"關",下套尾聲
"關白打官場小踢"可證。

㉘ "兒",《雍熙樂府》作"踢"。

越調鬪鵪鶉①
蹴踘

蹴踘場中,鳴珂巷裏,南北馳名。寰中可意,夾縫堪誇。
抛②聲盡喜,那喚③活煞整齊。款側金蓮,微挪④玉體。唐裙輕
蕩,繡帶斜飄,舞袖低垂。

【紫花兒序】打得⑤箇桶子臁特硬,合扇拐偏疾,有一千來
鄒⑥拾,上下泛云云⑦的。論道兒直,使得箇插肩來可戲⑧。扳
摟⑨巢雜,足窩兒零利⑩。

【小桃红】裝⑪蹺委實用心機，不枉了誇强會，女輩叢中最爲貴。煞曾習，沾身那取著田地。趕起了白踢，諸餘裏快收拾。

【調笑令】噴鼻，異香吹，羅韈长黏⑫見⑬色泥，天生藝性諸般兒會。折末你轉花枝勘豏當對，鴛鴦叩⑭體樣如畫的，到⑮賺⑯得校尉每疑惑。

【秃廝兒】粉汗濕珍珠亂滴，寶髻偏鴉玉斜堆。虛蹬落實拾躧起，側身動，柳腰脆⑰，丸惜⑱。

【聖藥王】甚旖旎，解數兒希⑲，左盤右折煞曾習。甚整齊，省氣力。勞⑳行側腳步頻移，來往似粉蝶兒飛。

【尾聲】不離了花前㉑柳影閒田地，關㉒白打官場小踢。竿網下世無雙，全場兒㉓占了第一。

　　　　　（《太平樂府》卷七、《雍熙樂府》卷一三）

校箋：

① 《雍熙樂府》引此套不著撰人。《北詞廣正譜》引“秃廝兒”一曲。《太平樂府》無題，據《雍熙樂府》補。

② “抛”原誤“胞”，今據孫胤伽校本《太平樂府》改正，《雍熙樂府》亦作“抛”。

③ “唤”，《雍熙樂府》作“换”。

④ “挪”原誤“那”，今改正，《雍熙樂府》作“舒”。

⑤ “得”，《雍熙樂府》作“的”。

⑥ “鄒”，孫胤伽校本作“搊”，《雍熙樂府》同。

⑦ “云云”，孫胤伽校本作“匀匀”，《雍熙樂府》同。

⑧ “戲”，孫胤伽校本作“喜”，《雍熙樂府》同。

⑨ “扳摟”原誤“扳老”，據《雍熙樂府》改正，上套“豏苔扳摟”可證。

⑩ “零利”，《雍熙樂府》作“伶俐”。

⑪ “裝”，《雍熙樂府》作“狀”。

⑫ “黏”，《雍熙樂府》作“沾”。

⑬ “見”，孫胤伽校本作“現”，《雍熙樂府》同。

⑭ "叩"，《雍熙樂府》作"扣"。

⑮ "到"下原衍"啜"字，今從孫胤伽校本刪。《雍熙樂府》亦無"啜"字。

⑯ "賺"，孫胤伽校本作"骗"。

⑰ "脆"原誤"桅"，今據《雍熙樂府》改正。

⑱ "惜"原誤"腊"，今據孫胤伽校本改正，《雍熙樂府》亦作"惜"。《北詞廣正譜》作"膝"。

⑲ "希"，《雍熙樂府》作"稀"。

⑳ "勞"，《雍熙樂府》作"旁"。

㉑ "前"原誤"半"，今據孫胤伽校本改正。《雍熙樂府》亦作"前"。

㉒ "關"，《雍熙樂府》作"閔"。

㉓ "兒"下，《雍熙樂府》有"上"字。

小 令

正宮白鶴子四首

四時春富貴，萬物酒風流。澄澄水如藍，灼灼花如繡。

花邊停駿馬，柳外纜輕舟。湖內畫船交，湖上驊騮驟。

鳥啼花影裏，人立粉牆頭。春意兩絲牽，秋水雙波溜。

香焚金鴨鼎，閒傍小紅樓。月在柳梢頭，人約黃昏後。

(《太平樂府》卷三)

仙呂醉扶歸一首①

禿②指甲

十指如枯筍，和袖捧金尊。搊殺銀箏字不真，搔③癢天生鈍。縱有相思淚痕，索把拳頭搵。

(《詞林摘艷》卷一、《堯山堂外紀》卷六八)

校箋：

① 《詞林摘豔》不著撰人，《堯山堂外紀》題關漢卿作，不知何據。

② "禿"上，《堯山堂外紀》有"嘲"字。
③ "搔"原誤"探"，今據《堯山堂外紀》改正。

仙呂一半兒四首
題　情

雲鬟霧鬢勝堆鴉，淺露金蓮簌絳紗，不比等閒牆外花。罵你箇俏冤家，一半兒難當一半兒耍。

（《太平樂府》卷五、《堯山堂外紀》卷六八）

碧紗窗外靜無人，跪在牀①前忙要親，罵了箇負心回轉身。雖是我話兒嗔，一半兒推辭一半兒肯。

（同上）

銀臺燈滅篆煙殘，獨入羅幃淹淚眼，乍孤眠好教人情興懶。薄設設被兒單，一半兒溫和一半兒寒。

（《太平樂府》卷五）

多情多緒小冤家，迤逗得人來憔悴煞，說來的話先瞞過咱。怎知他，一半兒真實一半兒假。

（同上）

校箋：

① "牀"，明刻本《太平樂府》作"窗"，今從元刻本。

中呂普天樂十六首　崔張十六事
普救姻緣

西洛客說姻緣，普救寺尋方便。佳人才子，一見情牽。餓眼望將穿，饞口涎空嚥。門掩梨花閒庭院，粉牆兒高似青天。顛不刺見了萬千，似這般可喜娘罕見，引動人意馬心猿。

西廂寄寓

嬌滴滴小紅娘，惡狠狠唐三藏。消磨災障，眼抹張郎。便將小姐央，說起風流況。母親呵，怕女孩兒春心蕩，百般巧計關防。倒賺他鴛鴦比翼，黃鶯作對，粉蝶成雙。

酬和情诗

玉宇净無塵，寶月圓如鏡。風生翠袖，花落閒庭。五言詩句語清，兩下裏爲媒證。遇著風流知音性，惺惺的偏惜惺惺。若得來心肝兒敬重，眼皮儿上供養，手掌兒裏高擎。

隨分好事

梵王宮月輪高，枯木堂香煙罩。法聰來報，好事通宵。似神仙離碧霄，可意種來清醮。猛見了傾國傾城貌，將一個發慈悲臉兒朦著葫蘆啼到曉。酩子裏家去，只落得兩下裏獲鐸。

封書退賊

不念法華經，不理梁皇懺。賊人來至，情理何堪。法聰待向前，便把賊來探。險把佳人遭坑陷，消不得小書生一紙書緘。杜將軍風威勇敢，張秀才能書妙染，孫飛虎好是羞慚。

虛意謝誠

東閣玳筵開，不强如西廂和月等。紅娘來請，萬福先生。請字兒未出聲，去字兒連忙應。下工夫將額顱十分掙，酸溜溜螯得牙疼。茶飯未占成，陳倉老米，滿甕蔓菁。

母親變卦

若不是張解元識人多，怎生救咱全家禍。你則合有恩便報，到教我拜做哥哥。母親你忒慮過，怕我陪錢貨。眼睜睜把比目魚分破，知他是命福如何，我這裏軟攤做一垛。咫尺間如同間闊，其實都伸不起我這肩窩。

隔牆聽琴

月明中，琴三弄。閒愁萬種，自訴情衷。要知音耳躲，聽得他芳心動。司馬文君情偏重，他每也曾理結絲桐。又不是黃鶴醉翁，又不是泣麟悲鳳，又不是清夜聞鐘。

開書染病

寄簡帖又無成，相思病今番甚。只爲你倚門待月，側耳聽琴。便有那扁鵲來，委實難醫恁。止把酸醋當歸浸，這方兒到處難尋。要知是知母未寢，紅娘心沁，使君子難禁。

鶯花配偶

春意透酥胸，春色橫眉黛。新婚燕爾，苦盡甘來。也不索將琴操彈，也不索西廂和月待。盡老今生同歡愛，恰便似劉阮天台。只恐怕母親做猜，侍妾假乖，小姐難捱。

花惜風情

小娘子說因由，老夫人索窮究。我只道神針法灸，却原來燕侶鶯儔。紅娘先自行，小姐權落後。我在這窗兒外幾曾敢咳嗽，這殷勤著甚來由。夫人你得休便休，也不索出乖弄醜，自古來女大難留。

張生赴選

碧雲天，黃花地，西風緊白鴈[①]南飛。恨相見難，又早別離易。久已後雖然成佳配，奈時間怎不悲啼。我則厮守得一時半刻，早鬆了金釧，減了香肌。

旅館夢魂

爲功名，傷離別。可憐見關山萬里，獨自跋涉。楚陽臺朝暮雲，楊柳岸朦朧月。冷清清怎地捱今夜，夢魂兒這場拋撇。人去也，去時節遠也，遠時節幾日來也。

喜得家書

久客在京師，甚的是聞傳示。心頭眼底，橫倘鶯兒。趁西風折桂枝，已遂了青雲志。盼得他一紙音書，却是斷腸詩詞。堪爲字史，顏觔柳骨，獻之羲之。

遠寄寒衣

想張郎，空偃僗。緘書在手，寫不盡綢繆。脩時節和淚脩，囑付休忘舊。寄去衣服牢收授，三般兒都有箇因由。這襪兒管束你胡行亂走，這衫兒穿的著皮肉，這裏肚常繫在心頭。

夫婦團圓

爲風流，成姻眷。恩情美滿，夫婦團圓。却忘了間阻情，遂了平生願。鄭恒枉自胡來纏，空落得惹禍招愆。一個賣風流的志堅，一個逞嬌姿的意堅，一個調風月的心堅。

（《樂府群珠》）

校箋：

① "白鴈" 疑當作 "北鴈"。

中呂朝天子一首①
書所見②

鬢鴉，臉霞，屈殺③將陪嫁。規摹全是④大人家，不在紅娘下。笑眼偷瞧⑤，文談回話，真如解語花。若咱，得他，倒了蒲萄⑥架。

（《太平樂府》卷四、《詞林摘豔》
卷一、《堯山堂外紀》卷六八）

校箋：

① 《太平樂府》題周德清作，《詞林摘豔》同。《堯山堂外紀》題關漢卿作，未知何據。
② "書所見"，《堯山堂外紀》作 "從嫁媵婢"。
③ "殺"下，《堯山堂外紀》有 "了" 字。
④ "是"，《堯山堂外紀》作 "似"。
⑤ "笑眼偷瞧"，《堯山堂外紀》作 "巧笑迎人"。
⑥ "萄"，《堯山堂外紀》作 "桃"。

南呂四塊玉一首
別　情

自送別，心難捨，一點相思幾時絕。憑闌袖拂楊花雪，溪又斜，山又遮，人去也。

（《太平樂府》卷五）

南呂四塊玉四首

閑　適

適意行，安心坐。渴時飲，飢時飡，醉時歌[①]，困來時就向莎茵臥。日月長，天地闊，閑快活。

　　　　（《太平樂府》卷五、《太和正音譜》卷
下、《樂府群珠》、《嘯餘譜》卷五）

舊酒投，新醅潑，老瓦盆邊笑呵呵。共山僧野叟閑吟和，他出一對雞，我出一箇鵝，閑快活。

　　　　（《太平樂府》卷五、《樂府群珠》）

意馬收，心猿鎖[②]，跳出紅塵惡風波。槐陰午夢誰驚破，離了利名場，鑽入安樂窩，閑快活。

　　　　（同上）

南畝耕，東山臥，世態人情經歷多。閑將往事思量過，賢的是他，愚的是我，爭甚麼。

　　　　（同上）

校箋：

① "渴時飲，飢時飡，醉時歌"，《太和正音譜》作"渴時飲呵醉時歌"，《嘯餘譜》無"飢時飡"三字。

② "鎖"，《樂府群珠》作"瑣"。

雙調沉醉東風五首

咫尺的天南地北，霎時間月缺花飛。手執著餞行盃，眼閣著別離淚。剛道得聲保重將息，痛煞煞教人捨不得。好去者望前程萬里。

憂則憂鸞孤鳳單，愁則愁月缺花殘，爲則爲俏冤家，害則害誰曾慣，瘦則瘦不似今番，恨則恨孤幃繡衾寒，怕則怕黃昏到晚。

伴夜月銀箏鳳閑，暖東風繡被常慳[①]。信沉了魚，書絕了雁。盼雕鞍萬水千山，本利對相思若不還。只②告與那能索債愁眉淚眼。

　　夜月青樓鳳簫，春風翠鬢金翹。雨雲濃，心腸俏，俊龐兒玉嫩③香嬌。六幅湘裙一搦腰，閒別来十分瘦了。

　　面比花枝解語，眉橫柳葉長疏。想④著雨和雲，朝還暮，但開口只是長吁。紙鷂兒休將人廝應付，肯不肯懷兒裏便許。

　　　　（《陽春白雪》前集卷三（黃丕烈校本見前集卷一））

校箋：

① 此曲首二句相對爲文，“銀箏鳳閒”與“繡被常慳”不協。任中敏先生云：“常慳”疑“鴛慳”之譌。

② “只”，黃丕烈校本《陽春白雪》作“則”。

③ “玉嫩”，元刻殘本《陽春白雪》作“玉軟”，黃丕烈校本同。

④ “想”，元刻本《陽春白雪》誤“相”，今據黃丕烈校本改正。

雙調大德歌四首

春①

　　子規啼，不如歸，道是春歸人未歸。幾日添憔悴，虛飄飄柳絮飛。一春魚雁無消息，只②見雙燕鬭銜泥。

　　　　（《陽春白雪》前集卷四（黃丕烈校本見前集卷三））

夏

　　俏冤家，在天涯，偏那裏綠③楊堪繫馬。困坐南窗下，教④對清風想念他。蛾眉淡了教誰畫，瘦岩岩⑤羞帶⑥石榴花。

　　　　　　　　　　　　　　　　　（同上）

秋

　　風飄飄，雨瀟瀟⑦，便傚⑧陳摶睡不著。懊惱傷懷抱，撲簌簌淚點拋。秋蟬兒噪罷寒蛩兒叫，淅零零細雨打芭蕉。

　　　　　　（《陽春白雪》前集卷四（黃丕烈校本見前集卷三）、《北詞廣正譜》）

冬

雪紛紛，掩重門，不由人不斷魂。瘦損江梅⑨韻，那裏是清
江江上村。香閨裏冷落誰瞅問，好一箇憔悴的凭闌人。

（《陽春白雪》前集卷四（黃丕烈校本見前集卷三））

校箋：

① “春”、“夏”、“秋”、“冬”四題，元刻本《陽春白雪》俱不載，今據
　　黃丕烈校本訂補。
② “只”，黃丕烈校本作“則”。
③ “綠”，黃丕烈校本作“絲”。
④ 任中敏先生云：“教”字待校。
⑤ “岩岩”，黃丕烈校本作“慚慚”。
⑥ “帶”，任中敏先生改作“戴”。案：“帶”“戴”字通。
⑦ “瀟瀟”，《北詞廣正譜》作“蕭蕭”。
⑧ “傚”，《北詞廣正譜》作“做”。
⑨ “江梅”當作“紅梅”，疑涉下句“清江江上村”而誤。

雙調大德歌六首

粉牆①低，景淒淒，正是那西廂月上時。會得琴中意，我是
箇香閨裏鍾子期。好教人暗想張君瑞，敢只②是愛月夜眠遲。

（《陽春白雪》前集卷四（黃丕烈校本見前集卷三））

綠楊堤，畫船兒，正撞著一帆風趕上水。馮魁吃的醺醺醉，
怎想著金山寺壁上詩。醒來不見多姝麗，冷清清空載月明歸。

（同上）

鄭元和，受寂寞，道是你無錢怎奈何。哥哥家緣破，誰著你
搖銅鈴唱挽歌。因打③亞仙門前過，恰便是司馬淚痕多。

（同上）

謝家村，賞芳春，疑怪他桃花冷笑人。著誰傳芳信，強題詩
也斷魂。花陰下等待無人問，只④聽得黃犬吠柴門。

（同上）

雪粉華，舞梨花，再不見⑤煙村四五家。密灑堪圖畫，看疏林噪晚⑥鴉。黃蘆掩映清江下，斜纜⑦著⑧鉤魚艖⑨。

（《陽春白雪》前集卷四（黃丕烈校本見前集卷三）、《太和正音譜》卷下、《嘯餘譜》卷五）

吹一箇，彈一箇，唱新行大德歌。快活休張羅，想人生能幾何。十分淡薄隨緣過，得磨陀處且磨陀。

（《陽春白雪》前集卷四（黃丕烈校本見前集卷三））

校箋：

① "牆"，元刻本《陽春白雪》誤"兒"，今據黃丕烈校本改正。

② "只"，黃丕烈校本作"則"。

③ "打"，元刻本《陽春白雪》誤"把"，今據黃丕烈校本改正。

④ "只"，黃丕烈校本作"則"。

⑤ "見"，《嘯餘譜》作"則"，誤。

⑥ 《嘯餘譜》脫"晚"字。

⑦ "纜"，元刻本誤"攬"，今據黃丕烈校本改正。《太和正音譜》亦作"纜"。《嘯餘譜》同。

⑧ 《嘯餘譜》無"著"字。

⑨ "艖"，元刻本誤"叉"，今據黃丕烈校本改正。《太和正音譜》亦作"艖"，《嘯餘譜》同。

雙調碧玉簫十首

黃召①風虔，蓋下麗春園。員外心堅，使了販茶船。金山寺心事傳，豫章城人月圓。蘇氏賢，嫁了雙知縣。天，稱了他風流願。

（《陽春白雪》前集卷四（黃丕烈校本見前集卷三）、《北詞廣正譜》）

怕見春歸，枝上柳綿飛。靜掩香閨，簾外曉鶯啼。恨天涯錦字稀，夢才郎翠被知。寬盡衣，一搦腰肢細。癡，暗暗的添惟悴。

（《陽春白雪》前集卷四（黄丕烈校本見前集卷三））

盼斷歸期，劃損短金篦。一搦腰圍，寬褪素羅衣。知他是甚病疾，好教②人没理會。揀口兒食，陡恁的無滋味。醫，越恁的難調理。

（同上）

簾外風篩，凉月滿閒階。燭滅銀臺，寶鼎串煙埋。醉魂兒難掙挫，精彩兒强打捱。那裏每來，你取閒論詩才。哈③，定當的人來賽。

（同上）

你性隨邪，迷戀不來也。我心癡呆，等到月兒斜。你歡娱受用别，我凄涼爲甚迭。休謊說，不索尋吳越。嗏，負心的教天識者④。

（同上）

席上樽前，衾枕奈無緣。柳底花邊，詩曲已多年。向人前未敢言，自心中禱告天。情意堅，每日空相見。天，甚時節成姻眷。

（同上）

膝上琴横，哀怨動離情。指下風生，瀟灑弄清聲。鎖窗前月色明，雕闌外夜氣清。指法輕，助起騷人興。聽，玉⑤漏斷人初靜。

（同上）

紅袖輕揎，玉笋挽秋千。畫板高懸，仙子墜雲軒。額殘了翡翠鈿，鬢鬆了柳葉⑥偏。花逕邊，笑撚春羅扇。搧，玉腕鳴黄金釧。

（同上）

秋景堪題，紅葉滿山溪。松逕偏宜，黄菊遶東籬。正清樽斟潑醅，有白衣勸酒杯。官品極，到底成何濟。歸，學取他淵明醉。

（同上）

笑語喧譁，牆內甚人家。度柳穿花，院後那嬌娃。媚孜孜整
絳紗，顫巍巍插翠花。可喜煞，巧筆難描畫。他，困倚在秋
千架。

（同上）

校箋：

① "召"，《北詞廣正譜》作"肇"。

② "教"，黃丕烈校本《陽春白雪》作"交"。

③ "哈"原誤"台"，今據元刻殘本《陽春白雪》改正。

④ "教天識者"，黃丕烈校本作"教天滅"。

⑤ "玉"，黃丕烈校本作"正"。

⑥ "柳葉"，元刻殘本作"荷葉"，黃丕烈校本同。

商調梧葉兒一首
別　情

別離易，相見難。何處鎖雕鞍。春將去，人未還。這其間殃
及殺愁眉淚眼。

（《堯山堂外紀》卷六八）

附　錄

中呂紅繡鞋二首①
寫　懷

望孤雲悠揚遠岫，歎逝水浩渺東流，斡璇璣又復幾春秋。逢
人權握手，遇事強昂頭，老精神還自有。

　　來翻浪工勤禾稼。花落錦斷送韶華，莊生遇此也宜嗟。感時
思結髮，兀坐似僧家，兀的不把先生愁悶殺。

（《樂府群珠》）

中呂喜春來一首

新得間葉玉簪

異根厚托栽培力，間色深資造化機，小園新得甚希奇。魁眾卉，堪寫入詩題。

（《樂府群珠》）

中呂喜春來一首

夜坐寫懷示子

風寒不解憂成病，火煖難溫老去情，佳兒慰我孝心誠。愁何迸，香散暗銀燈。

（《樂府群珠》）

南呂罵玉郎過感皇恩採茶歌一首

初度述懷

對時對景眉頻皺，無才愧列王侯，後持自省己心無疚。坐不偏，立不倚，行不右。　端冕凝旒，輔翊皇猷。尚忠誠，敦孝友，秉宣猶。宗藩世守，百事無求。得康強，到知命，屆千秋。　望前脩，勉潛脩。昔時歡會此難酬，罔極悲思嗟在口，糟糠痛憶淚盈眸。

（《樂府群珠》）

校箋：

① 《紅繡鞋》以下五首，《樂府群珠》俱題一齋作。胡忌先生根據《永樂大典》引《析津志》"關一齋字漢卿"，因謂此五首亦當爲關氏作品。但據《感皇恩》"端冕凝旒，輔翊皇猷"、"宗藩世守，百事無求"等語，似是明時宗藩口吻，疑與漢卿無關。姑錄於此待證。

（原載《關漢卿戲曲集》，中國戲劇出版社 1958 年 4 月出版）

寫在《琵琶記》之後

　　《琵琶記》傳奇是元末永嘉人高則誠寫的，盡人皆知，無須考證。現在所要討論的問題，是那個以蔡中郎、趙貞女爲主角的故事。據徐文長《南詞敍錄》所載，在古老的溫州戲文裏，蔡中郎後來棄親背婦，爲暴雷震死，落得個不忠不孝的罪名。而在高則誠的《琵琶記》，卻盡力地描寫他夫人趙五娘在他上京應考之後，因爲年頭不好，家境困難，背著她公婆，把細米皮糠強自吞咽。朱彝尊《靜志居詩話》說他寫到《孝順歌》"糠和米本是兩倚依，誰人簸揚你作兩處飛"等句時，案上一對燈燭忽然發出光彩，合在一起，一時傳爲異事。這雖是齊東野語，但據此可知當時人對於他那深刻的描寫，所受到的感動之大了。後來五娘的公婆病死，她又剪了頭髮，當街去出賣。又用麻裙裹了泥土，自力營建墳墓。正合那元人岳伯川所作《鐵拐李》雜劇"你學那三貞趙貞女，羅裙包土將墳臺建"的二句話。這且不必細說，單說那蔡中郎上京應考，中了頭名狀元，無端紅鸞星照命，當朝的牛丞相看中了他，選他爲東牀。這在蔡中郎原也有萬般不得已的苦衷，我們且不必過分責難他。但看他一步登天之後，依舊不忘那在家鄉苦度的雙親，和那結髮的愛妻五娘，這已是十分難得的事。終於上表辭官，帶了新夫人和在路途中巧遇的五娘，一同還家，祭掃墳墓，哭泣盡哀。牛丞相得知其事，替他奏明了大漢天子，不僅他本人授官爲中郎將，兩位夫人都封爲郡夫人，連他已去世的父母也都有封贈。於是民間故事和戲劇裏不忠不孝、無情無義爲大衆所唾棄的蔡中郎，到了高則誠生花的筆下，便變成一部忠孝傳裏的主人翁了（《忠孝傳》，即是《琵琶記》的別名，現存的明嘉靖隆慶間刻本，有題爲《蔡中郎忠孝傳》的）。這和溫州戲文《王魁負桂英》，到了明季高濂的《焚香記》傳奇，便變成了王魁不負桂英夫妻團圓的喜劇一樣。高則誠何以忽發雅興，要在千載之下替蔡中郎伸冤雪恨，並且要用十二分的力量去表揚這位吃過糠的蔡夫人呢？

要解答這個問題，最好能見到高則誠的自白。不幸他的《柔克齋文集》，明初以後早已佚去，而現存《琵琶記》無論何種本子，均未見有作者的序跋，或其他同時人有關係的文字。我們至此便不得不側面去觀察作者的思想，和他所處的時代背景，作爲解答這問題的一種嘗試。

我很慚愧，對於這位大戲曲家的傳記材料知道的太少了，所可據的，僅有《溫州府志》和《瑞安縣志》裏短短的一篇傳文。傳的大意說：

> 高明，字則誠，聰敏博學。讀《春秋》，識聖人大義。登至正乙酉第，授處州錄事，有能聲。時監郡馬僧家奴貪殘，明委曲調護，民賴以安。去任，民立碑，青田劉基爲文記之。辟江浙省掾吏，改調浙東閫幕，四明都事，轉江南行省掾，數忤權貴。除福建行省都事，道經慶元，方國珍欲留置幕下，不從，即日解官，旅寓鄞之櫟社沈氏樓，因作《琵琶記》。明太祖聞其名，召之，以老疾辭。所著有《柔克齋集》。

在這裏看不出他寫《琵琶記》的動機來，僅知這部曲本是在他解官後晚年寓居鄞之櫟社時所作而已。《瑞安縣志·藝文志》又引他所作《王節婦》詩，詩云：

> 清清慈溪水，蘋藻被涯涘。昔年修婦職，採擷薦明祀。殷勤執豆籩，齋肅事君子。一朝雙駕鴦，別離隔生死。死者無還期，生者當同歸。奈何姑嬋老，重以膝下兒。升堂奉甘脆，篝燈訓書詩。庶以未亡人，慰彼泉下思。溪水波可竭，妾身不改節。溪水有停污，妾心但明潔。熒熒瑤臺鏡，玄髮

今已雪。孤鷺雖不舞，寒影自澄澈。溪水常流東，餘波總相
從。結髮爲夫婦，永別何由逢。青山有玄寂，百歲須當同。
願言合歡樹，化作瓏上松。葛藟更纏綿，相依無終窮。

在這裏的王節婦，大概就是高則誠的同鄉李孝光《五峰集》
中的王貞婦。王節婦一生的遭遇，似乎比傳說中的趙貞女還不幸
得多，可知高則誠對於有奇行異操的婦人，是樂於加以表揚的。
又《鐵網珊瑚》及《華民傳芳錄》裏都收著高則誠《春草軒》
詩二首，此二詩不見於顧嗣立《元詩選》裏的《柔克齋集》輯
本。茲鈔錄如下：

藿藿庭際草，皜皜陽春輝。淑氣播嘉澤，勾萌悉榮滋。
玄化雖無言，寸草心自知。常恐霜露零，春暉報無時。願言
慈母線，永託遊子衣。衣線有零落，母恩無終期。

築室至近郊，開軒面平岡。前楹列賓友，中房鼓琴簧。
綵服及春日，奉觴升華堂。醴酒既嘉興，肴蔬亦芬芳。流景
雖易邁，春暉豈能忘。竭此寸草心，以慰慈顏康。

上舉二詩的色澤和意境，有點像魏晉六朝人的作品。但所謂
慈母和遊子是說的哪一位呢？據同書《鐵網珊瑚》及無錫人華
幼武《黃楊集》裏所收的張翥《春草軒記》，知此二詩實爲幼武
的太夫人而作。原來華太夫人陳氏，年二十八而寡居，遺下一子
幼武僅三歲，自誓不再嫁人，事公婆極盡敬養之道，終於教子成
立。地方有司聞其事於朝，至正二年中書表其門閭。幼武因構堂
曰貞節，軒曰春草，以奉太夫人。由是可知這位華節母，也是王
節婦一流人物，所以高則誠也願意作詩來歌頌她。又洪武初年纂
修的《無錫縣志》和明人所輯的《惠山集》裏，都收著高則誠
所寫的《華孝子故址記》。華孝子想來許是華幼武的祖先。這篇
散文，音調鏗鏘，是現存高則誠第一篇好文字。茲亦鈔錄如下：

惠山寺之東偏，當泉水之上，有三賢祠。按志書，今此
址華孝子所居宅也。初，祠久廢，吳人王彬始復倡建，既
成，則以三賢事刻諸石，且曰：初址實孝子故居。孝子之

事，不以没而不著。復齧其碑陰以記其事，章善也。按齊史，孝子名寶，晉義熙末，始八歲，父豪戍長安，且行，謂曰：我還爲汝冠。後長安陷，父歿。寶奉命至七十不婚冠，或問之，不忍答，輒號慟彌日。建元三年詔表其門閭，凡史載孝子事若此。蓋自西晉以來，尚玄虛，賤名檢，教弛法斁，波流風靡，而孝子獨能篤至行，終始不渝，其誠意惻怛，可以貫金石、干雲霓，若與宇宙日月同其久。於此見天之降衷，人之秉彝，不以衰世末俗而有異也。孝子晉人，而志謂齊孝子者，蓋孝子生於晉，長於宋，歿於齊，當其一身而天下三易姓。當時居朝廷有爵位者，朝事司馬氏夕事劉，朝事劉夕事蕭，恬不以爲怪。而孝子奉父一言，七十年餘，未嘗斯須忘，以至没身不替。使當時朝廷有爵位者，其奉君命，恪官守，亦咸若華氏子，則晉不當爲宋，宋不當爲齊，而孝子宜不曰齊孝子也。凡遊於兹者，憩幽林，酌清泉，臨風覽古，懷三賢之高風，慕孝子之至行。其素有志者，宜加奮勵，其未能者，則澄思革心，勉追趦趄，是則某所以樹碑之意云爾。

他在此文的結尾，又大聲疾呼地说："夫人性一耳，有爲者亦若是，吾徒宜毋自怠。"他以爲大家都應該去接受華孝子的精神，或摹仿著他的人格做去。其實華孝子的事蹟，僅見於蕭子顯《南齊書·孝義傳》，他的終身不婚不冠的奇特行爲，祇是一種愚孝。但在高則誠的文章裏，卻發揮得有聲有色，淋漓盡致。我們更以《春草軒》、《王節婦》諸詩參讀，他一生維護綱常名教的苦心，便昭然若揭了。

此外我們又在《黄巖縣志》裏，找到一篇高則誠寫的《孝義井記》。一口井爲什麽要以"孝義"二字爲名呢？原來黄巖縣東南境有座方山，山勢雄秀，風景極佳。可惜山底下土壤過於深厚，鑿開不易，過其地者，以無處求飲，大感痛苦。當地鄭氏有鑒於此，在宋理宗朝，獨力出資鑿了一口大井，並在井上修蓋一

亭，以便汲人休憩。又因附近即是鄭氏家塋，所以當時宰相杜清
獻公（即杜範）就題名爲"孝義井"以表彰之。高則誠居台州
時，曾往一遊。後在四明，得晤鄭氏後人永思君，備悉其先人鑿
井始末並永思君補葺經過，因作一文以記。他的結論，要大家本
著必誠必信的精神去服務社會，日子久了，必能博得令名美譽，
和鄭氏的子孫一樣。可見高則誠對於推己及人有犧牲精神的爲善
之士，也是竭力加以鼓吹的。反映在《琵琶記》曲本裏，就變
成趙五娘的恩人張廣才一類人物了。

　　我們再看看高則誠所處那時代的社會情形，正當元順帝至正
年間，其時大河南北以迄江南一帶，到處天災人禍，民不聊生。
即以高則誠的家鄉永嘉、平陽等地而論，因爲地方官吏的失德，
把老百姓壓迫得喘不過氣來，致有種種慘劇發生。劉基是高則誠
的好朋友，二人時有詩篇來往唱和。劉的《誠意伯文集》有
《贈周宗道六十四韻》一詩云：

　　　　永嘉浙名郡，有州曰平陽。面海負山林，實維甌閩疆。
　　閩寇不到甌，倚兹爲保障。官司職防虞，當念懷善良。用民
　　作手足，愛撫勿害傷。所以獲衆心，即此是仞墻。奈何縱淫
　　毒，反肆其貪攘。破廩取菽粟，夷坦刦牛羊。朝出繫空橐，
　　暮歸荷豐囊。丁男跳上山，妻女不得將。稍或違所求，便以
　　賊見戕。負屈無處訴，哀號動穹蒼。斬木爲戈矛，染紫作衣
　　裳。鳴鑼撼巖谷，聚衆守村鄉。官司大驚怕，棄鼓撇旗鎗。
　　竄伏草莽間，股慄面玄黃。窺伺不見人，湍江走悵悵。可中
　　得火伴，約束歸營場。順途刦寡弱，又各夸身強。將吏各有
　　獻，歡喜賜酒觴。民情大不甘，怨氣結腎腸。遂令父子恩，
　　化作蠆與蝗。恨不斬官頭，剔骨取肉嘗。纍纍野田中，拜泣
　　禱天皇。願得賢宰相，飛牋奏嚴廊。先封尚方劍，按法誅
　　奸賊。

這就是當時以海盜起家的方國珍能在溫州慶元據地自恣的根
本原因。《誠意伯集》裏又有《憂懷》一首：

群盜縱橫半九州，干戈滿眼幾曾休。官曹各有營身計，將帥何曾爲國謀。猛虎封狼安薦食，農夫田父困誅求。抑強扶弱須天討，可怪無人借箸籌。

短短的幾句詩，把一切致亂的根由，說得更爲明快。浙東如此，他處情況亦無不在水深火熱之中。誠意伯又有《涇縣東宋編修長歌》，中云：

浙東行人過江左，正值蕤賓之管吹輕葭。陰氣黯默天地閉，仰面不見扶桑鴉。滿路青泥雜隕蘀，局縮畏觸蛭與蛇。破瓦荒畦舊市井，荆榛穢奧巢麏麚。翠眉蟬鬒轉蓬去，頹牆缺甃刦火煅。廢田蔓草結旌旗，農夫盡化爲蟲沙。布穀不知時事異，勸耕終日聲查查。晚來雨歇到涇縣，祇有蒿蕕無人家。蕭條破竈冷灰地，飢童凍口張唅呀。潦沱麥飯那能致，新豐酒醪何處賒。夜深月出照庭樹，鬼燐一似青蓮華。驚魂遁魄稍歸舍，收入志慮無令邪。

可憐誠意伯空有王佐之才，到此也是束手無策。此項動亂繼續蔓延下去，遂有極度飢饉人相食的怪事發生。如張翥《蛻庵集》有《書所見》一詩，讀之令人不寒而凜。詩云：

溝中人啖屍，道上母棄兒。有眼不曾見，無方可療飢。
干戈未解日，風雪正寒時。歸與妻孥說，毋嫌朝食糜。

又如吾邱衍《閑居錄》，有《哀越民》一詩云：

越壤吳江左，州民泰伯餘。田萊空草芥，井邑共蕭條。
相食能無忍，傳聞信不虛。寒沙滿骸骨，掩骼意何如。

極寫越人餓死的慘狀。這些事實，都是高則誠所能耳聞或目擊的。那時一般人要維持最低限度的道德水準，是一件不很容易的事。所以像王節婦、華節母以及歷史上的華孝子，都是高則誠心目中不可多得的偉大人物。高則誠爲要“頑廉懦立”、“諷世警俗”起見，自非加以歌頌不可，而反映在《琵琶記》曲本裏，卻是一幕趙五娘吃糠的場面，高則誠更非盡力渲染烘托不可的了。

　　本來溫州永嘉一帶，是南宋以來南曲戲文的發源地。《趙貞女》戲文出世較早，觀宋人劉克莊《後村詩集》裏，有“身後是非誰管得，滿城爭唱蔡中郎”之句，替蔡中郎報不平的，想來決不止劉後村一人。高則誠素以維護綱常名教爲職志的，當然更看不過去，進一步自非採用有效方法來替這位棄親背婦爲天雷震死，約略在劇壇上做了一百多年的名教罪人平反不可。他又是永嘉人，他以本鄉學人的身份，來改編在本鄉乃至各地流行得很普遍的《趙貞女》戲文，當可一新世人耳目。他又以表揚王節婦、華孝子一貫的作風，來描寫趙五娘的志操，來改造蔡中郎的人格，自然是更有意義的了。到現在，我們在劇臺上，祇看到天打張繼保，而不見有雷震蔡中郎，這不能不算是高則誠的大貢獻、大成功。

　　　　　　　（原載《藝文》第一卷第四期，1943 年 10 月）

金元素事蹟考

金元素在戲曲史裏是一個比較生疏的名字，衹有賈仲名《續錄鬼簿》裏提到他：

> 金元素，康里人氏，名哈喇。故元工部郎中，陞參知政事。風流韞藉，度量寬洪。笑談吟詠別成一家，嘗有詠雪《塞鴻秋》爲世絕唱。後隨元駕北去，不知所終。

在這裏，我們知道元素並非雜劇家，而是一位出色當行的散曲作家。但名曲《塞鴻秋》未見他書引及，大約早已成《廣陵散》了！

元素不僅擅長作曲，他的書法直追康里巙巙，巙巙號正齋，是元代有名的書法大家。陶宗儀《書史會要補遺》云：

> 哈喇字元素，也里可溫氏，登進士第，官至中政使，能文辭，書宗巙正齋。

既稱"也里可溫氏"，可知他是基督教徒了。元素的詩，元末也曾流行，有《南遊寓興集》。此集中土久佚，但日本尚有傳本，可惜我們無由寓目。內閣文庫目錄有《元金哈喇南遊寓興詩集》，即此書。幸而《永樂大典》裏偶爾引到，尚可窺見一鱗半爪。此外元末見心禪師來復搜輯各方投贈詩文爲《澹遊集》，其中也有元素的詩二首，詩前有小傳：

> 哈喇字元素，茀林人，至順庚午篤烈圖榜登進士第，歷仕至監察御史，淮東廉訪副使，江浙行省左丞。有《玩易齋集》、《南遊寓興集》行於世。

與《續錄鬼簿》所載詳略各異。大約賈仲名所謂"參知政事"乃其在元時最後之官，《澹遊集》輯於至正二十五年前後

（據原書各序文爲說），所云“淮東廉訪副使，江浙行省左丞”當在其前。這離事實或不太遠。案：見心禪師曾主慈谿之教忠報德禪寺，元素足跡曾至浙東，故兩人有唱酬之什。詩見《澹遊集》，錄其《奉題見心禪師蒲庵》一首：

> 老師日日念慈親，自種蒲芽向水濱。繞壁翠雲光照目，隔江烽火正愁人。聞香似覺風傳信，顧影宜憑月寫真。天意定須酬素願，緇衣當伴綵衣新。

於此可見二人風誼。他曾到四明育王寺遊覽，郭子章輯的《明州阿育王山志》（卷十）引他一首《遊育王寺》詩，詩云：

> 育王名刹冠東南，中有瞿曇趣味酣。海氣結雲時作雨，山光迎日晝爲嵐。可人白鶴來松逕，聽法蒼龍出石潭。親見金星還寶塔，世尊舍利現珠龕。

他又南去台州，《永樂大典》二六○四臺字韻引《南遊寓興·登台州天寶臺》詩云：

> 唐代寥寥數百年，仙家臺閣尚巍然。憑欄俯瞰三江水，望闕遙瞻萬里天。松老茯苓凝紫玉，山高瀑布瀉冰弦。丹房祇在雕簾外，笙鶴時聞過石田。

那時他結識了浙東詩人劉仁本。仁本字德玄，曾官江浙行省左右司郎中，或許與他做過同僚。《永樂大典》卷一四三八之寄字韻引《南遊寓興寄劉德玄知己》詩，他以知己呼之，可見二人交誼之深。以上諸詩當是官江浙行省左丞時作。至官淮東廉訪副使，或尚在官江浙行省前。萬曆《宿州志》（卷十三）引金元素《書宿州惠義堂》詩，此詩又引見《元詩選·癸集》（惟不注出處），詩云：

> 空城落落柳依依，州是符離舊縣基。山勢西來連汴泗，河流東下接徐邳。扶疏亭畔多荒草，惠義堂前有斷碑。官府不須頻賦歛，鄉民比屋正號饑。

《宿州志》稱元素官廉訪僉事，可知《澹遊集》稱廉訪副使未免誇大了！

　　　　　　　　　民國三十六年七月廿五日初稿

（原載《華北日報·俗文學》第五期，1947 年 8 月 1 日）

散曲的歷史觀

（一）

　　從晚唐到南宋，整整四百年，長短句的曲子詞，統制了那時候的文壇。周邦彥在宋徽宗政和六年奉命就大晟府提舉之職，目的在鞏固曲子詞的壁壘。一時幫他忙的人，如晁次膺、万俟詠、田不伐，都是慢詞的新作家。自仁宗以來，曲子詞的核心早已由小令，傾向到慢詞。慢詞的進展，影響到整個曲子詞在樂府史裏的地位。但万俟詠輩按月製腔的時候以東京爲中心，孔三傳一派的諸宮調勢力，早已具體化了。女真民族崛興，兩河一帶淪爲戰場，諸宮調的新樂曲，隨著北人南徙。然諸宮調在北方之勢力，並未削減，且有繼續增長之勢。從比較版本學上，確定了《劉知遠傳諸宮調》是南宋中期金章宗前後平陽書肆的產物，《董解元西廂記》在結構上看來成書的時代尚在其後，這都是諸宮調盛行於北方的確證。我們雖然得不到諸宮調南渡以來的真正標本，但從傳世最古的戲文《張協狀元》裏的家門，有“占斷東甌盛事，諸宮調唱出來因，厮羅響”一段話，知道《夢粱錄》所載諸宮調在臨安游藝場裏活動的情形，決非虛語。但南方愛好諸宮調者，究不敵戲文之多。戲文是溫州鄉土戲，在本地早已有很久的歷史，但從溫州進展到政治中心都市臨安來，恰與諸宮調南渡相同時。戲文的勢力，在南方加速度地膨脹，諸宮調與院本，一種是靜的說唱，一種是動的表演，也一樣在北方大都市裏活動。因爲方言和其他客觀環境有種種不同之點，不久就形成了兩個對峙的文體，就是南曲與北曲。

　　南北曲在南北雙方同時進展，使貴族化的曲子詞，感到一種尖銳的威脅。雖然南渡後，經過貴族和文人如曹勛、張掄、姜夔、吳文英輩向曲子詞裏注射了好些新血液。宮調體系統制下的《樂府混成集》，也在臨安修內司正式雕版。至多不過使慢詞格外規律化，於曲子詞整個生命線的延長，無補於萬一。曲子詞流轉於貴族文人、舞女歌童之口者，意境逐漸僵化，行文逐漸古典化。新興的南北樂曲，因爲已儘量使用當地方言、成語，盡量採用民間神話故事，予聽衆以好感，曲子詞的弱點遂日益暴露而趨於滅亡之道。曲子詞到了南渡以後，除了少數詞同化於南北曲，如《風入松》之類外，其餘唱法譜法，一概失傳。連吳夢窗自度的《西子妝慢》，到了元初張玉田按譜填詞時，有不能倚聲而歌之嘆。其他古老的詞調，楊朝英編《陽春白雪》時，祇餘十種，尚可付之歌場。這十個詞調名之曰大曲，與宋人所謂大曲，界說完全不同，以示別於新興樂曲。最初努力於新興樂曲的作家，大抵是無名氏和勾欄中人，到了上層的文人學士醉心於新興樂曲而染指於創業時，舊日長短句的曲子詞從此便如唐代通行的近體詩曲一樣，形成一種案頭文藝，永遠脫離歌場。想起當年以《花間》、《尊前》爲名，以號召於一般讀者前時，真不勝今昔之感！這個關鍵，完全繫於散曲之普遍化上面。換言之，消滅曲子詞最有效的工具是散曲，尤其是北散曲，而非劇曲。

（二）

　　長短句的曲子詞，除了少數大曲，是用同樣詞調，連做若干支，自成一套外，大多數在各宮調裏的詞調，是祇許各個單獨活動的。換言之，在曲子詞裏同一宮或同一調下的各個詞調，本無相互間的關係。其有相互間的關係，可以自由結爲小組織，聯成套數，則始於諸宮調和南方通行的戲文聯套的運動，從試驗到成功，一定經過了相當的時間。這是曲子詞在時代樂府裏落伍的原因之一。

然曲子詞最大的勁敵則在散曲而不在劇曲。散曲的格調意境，與曲子詞相同。其抒寫性靈不寓故事，亦與曲子詞無異。曲子詞在中唐初期，不過民間新興的一種長短不齊的歌曲，到了晚唐逐漸擡頭，爲文人學士所注意。散曲不知起於何時，元以前一定有許多無名作家，繼續不斷地在南北同時創作著，和劇曲一齊向上進展，與唐代長短句暴興的光景一樣。但是那時的文人學士，方留連於代表前一個時代的樂府，約言之可分三派。在北方女真民族境內，則有以蘇辛爲標榜的元遺山，和得元遺山教澤最深的白仁甫。這一派的典型作品，是一部《中州樂府》。在女真民族北境，受著蒙古民族新興勢力所威脅的燕京一帶，有一派全真教主如丘長春和他們的門弟子們，曾一度利用曲子詞作爲宣傳宗教麻醉民衆的工具，不久耶律楚材利用政治勢力來消滅全真教，曾起了一次激烈的宗教鬪爭。曲子詞也跟著失去了宣傳作用。在南方南宋政治沒落的時候，少數有民族意識的文人，在江南一帶，填詞以見志，如王沂孫、張炎、劉辰翁、趙文等，都是曲子詞、樂府史裏最後的繼承者。

等到文人學士同情於新興樂曲時，他們對於散曲的興趣，反高於劇曲。他們承認散曲是一種抒情歌曲，和曲子詞性質格調相同。他們以爲劇曲，究非高貴的文人學士所應爲。祇有散曲，不妨隨衆附和，一試身手。所以像姚牧庵、盧疏齋一類的大文豪，於北散曲頗有述作。但他們還未能忘情於舊日的曲子詞，一如宋人填詞以外，還能做詩。這壁廂趨時，那壁廂復古，自來文人大抵如此，毫不足怪。姚牧庵、盧疏齋的曲子詞，收在《永樂大典》裏很多，這就是一個顯明的例證。此外華化很深的西域人如楚蘭芳，畏吾兒人如貫雲石，都是努力於北散曲的有力分子，那時北散曲流行之速且廣可知。元時南人對於北曲的信念很淺，張可久是慶元路人，專心從事於小令套數，這是一個例外。後來元末湯舜民，也從事於北散曲，有一部新發現的《筆花集》可證。但所作無不清新華贍，與曲子詞意境相差祇一間耳，和關漢卿、馬致遠作品比較起來，顯然有剛柔之別。總之自元初入主中原以來，北方純正的曲家於劇曲外專擅散曲者，比比皆是，固不足奇。即一般超時代的文人學士，雖然不屑寫劇曲，但對於散曲是要染指的。

散曲流行於貴族社會，舊日的曲子詞的唱法和譜法，從此就逐漸失傳，以至於全部消滅，相差不過半世紀的時間。那時候一般文人學士，雖然是有時寫散曲來陶情悅性，但逢到編刻全集時，則所作散曲必在摒棄之列，是不屑與詩、古文、詞並列的。張養浩在元文宗時，官拜陝西行臺中丞，著有《歸田類稿》二十四卷，我曾見一部元刻本，與《四庫》著錄的《永樂大典》本大體相同，然於所作散曲一概不收。姚牧庵、盧疏齋全集雖亡，然引入《永樂大典》者，亦無散曲。張可久《北曲聯樂府》，我曾見一部汲古閣影元鈔本，觀其版式自係坊本。這與北宋人對於曲子詞的觀念一樣。蘇東坡是曲子詞中縛不住者，但南宋浙、蜀、贛刻本全集，連《和陶詩》都收入，於所作曲子詞，絕不提及。此外北宋詞人的集子，如係北宋編刻的，決不收曲子詞，幾乎成爲一條普遍的原則。北宋人詞集，大都是南宋坊間據傳聞搜輯得來的。所以同樣一首秦觀淮海詞，有的紀載以爲張子野作；同樣一首歐陽修詞，有的記載以爲是馮正中作的。曲子詞在北宋時，已經朝野公認爲時代的樂曲，一般人尚且以爲格調塵下，不能與詩、古文同樣看待。這無怪元代大文豪的全集裏不收散曲，而散曲的選本如《太平樂府》、《陽春白雪》之類，無一而非投機性質的坊本了。

（三）

北劇曲雖說是北方的產物，然在蒙古帝國最盛的時期，北劇曲跟著政治勢力到南方文化都市來繁殖，是不可避免的事實。所以杭州書肆裏，居然也大批翻刻北方曲家的名作。那時南方的戲文，組織和技巧兩方面，固已成熟，且不亞於北曲，然其勢力，在北方實無伸足的餘地。元人北劇裏，間有採用一二支南曲，然不能視爲南曲勢力進展到北方去的一種證明。

不久神州光復，蒙古帝國退到長城以外，南曲始有北展的機會。所以宋元人所編的戲文，除了元末明初的幾種以外，徐文長《宋元舊編》和《永樂大典》戲字韻所著錄的，大都是無名氏作的。就是南散曲收在《雍熙樂府》和《南九宮詞》裏，竟無一首可以確指爲元人所作。那時一般文人學士的心目中，對於北曲較南曲爲重。他們對於北散曲有很深的修養，對於南散曲是不過問的。

可是自從南曲勢力北漸以後，北曲的勢力漸次消沉，寧獻王朱權在洪武年間，替北曲編了一部《太和正音譜》，這就是北曲快要衰落的象徵。我們讀陳所聞編的《北宮詞紀》，知道明人所作散曲，數不在少，但是這和明人做北劇曲差不多，有肉而無骨，未必悉能被之管絃，登之歌場，不過是南散曲的附庸罷了，那有什麼意思呢？

（四）

南曲有許多優點，也可以說是有許多缺點。例如集曲之加多，和贈板之產生。此外關於律的修正，越到後來越完整，這不是好現象。一種樂府在自由往前發展文人學士不加青睞的當兒，是不必有譜，且不必有律的。譜與律的淺顯事實，是當時曲家人人會心的。拿後來整理改造過的律，以繩前人所作的劇曲或散曲，說那處合律，那處不合律，這都是明末人厚誣古人的話。像元初人的劇曲，同一套數中同一曲調，固然句法長短不齊，可以說是襯字不定的緣故，但是爲什麼除去了襯字剩下的正字相互間的句法四聲和叶韻與否，以及每句的所謂務頭，都是很不劃一呢？不僅是北曲較初期的作品是如此，就是南曲也不能例外，這和中唐曲子詞誕生時情形無異。試觀敦煌唐寫本的《鵲踏枝》，何等流利明快，和五代馮正中的典型作品，句法大不相同，就是一個極好的例證。曲子詞到了南渡後，確有遵守前人四聲，或句末要用去上或去平上的律例出來，箝制文人的意識。但決沒有南曲那樣的。

南北曲是曲子詞的當然繼承者，在北曲裏公開地可以隨便多加襯字，除了句中須就力之所及，多用去上或上去，有所謂務頭外，其他方面，事實上比宋人的曲子詞的律還寬。這是北曲和南曲比曲子詞受人歡迎的原因。決不能如明以來曲譜所說那樣的嚴，這是後來的曲家作繭自縛的政策。沈璟在萬曆年間，修了一部《南九宮譜》，祇和宋時《樂府混成集》一樣，是一種樂府快要沒落的象徵，是某項新興樂曲進攻到都市裏來快要擡頭的一種反應。

南劇曲在明朝的勢力，是駕乎北劇而上之的，及到後來，文人學士和貴族們過分提倡，離開一般民衆娛樂的水準過遠，並且曲律日趨嚴密，這是南曲的致命傷。清代的傳奇劇本，祇有《長生殿》，可算最合律，直是無懈可擊，律之難解，可想而知了。鄉土戲在民間勢力逐漸推廣，到了乾隆以後，南劇曲一瀉千里，日趨衰落與滅亡之途，除了少數名劇到現在還保留一點點輪廓，可以供給歷史家以資觀摩外，大多數終成《廣陵散》了。這幾幕新陳代謝的悲劇，具有時代的必然性。劇曲如此，就是散曲也不能逃此公例。

沈德符《萬曆野獲編》裏有一段話，說得最明白：

> 元人小令行於燕趙，後浸淫日盛，自宣正至成弘後，中原又行《鎖南枝》、《傍妝臺》、《山坡羊》之屬。李崆峒先生初自慶陽徙居汴梁，聞之以爲可繼《國風》之後。何大復繼至，亦酷愛之。今所傳《泥捏人》及《鞋打卦》、《熬鬏髻》三闋，爲牌名之冠，故不虛也。自兹以後，又有

《耍孩兒》、《駐雲飛》、《醉太平》諸曲，然不如三曲之盛。嘉隆間乃興《鬧五更》、《寄生草》、《羅江怨》、《哭皇天》、《乾荷葉》、《粉紅蓮》、《桐城歌》、《銀紐絲》之屬，自兩淮以至江南，漸與詞曲相遠，不過寫淫媟情態，略具抑揚而已。比年以來，又有《打棗竿》、《掛枝兒》二曲，其腔調約略相似。則不問南北，不問男女，不問老幼良賤，人人習之，亦人人喜聽之，以至刊布成帙，舉世傳誦，沁入心腑，其譜不知從何來，真可駭歎！又《山坡羊》者，李何二公所喜，今南北詞俱有此名，但北方惟盛《愛數落山坡羊》，其曲自宣、大、遼東三鎮傳來。今京師妓女慣以此充絃索北調，其語穢褻鄙淺，並桑濮之音，亦離去已遠，而羈人遊壻，嗜之獨深，丙夜開樽，爭先招致。

這就可知道雜曲在明代流行之廣了。考其源流，雖是與北曲為一家子弟，然早已分化成為另一系統。《野獲編》所說成弘間流行的《駐雲飛》，我曾訪得明成化七年金臺魯氏刻本《駐雲飛》唱本三種，其一名喚《新編太平時賽賽駐雲飛》，其二名喚《四季五更駐雲飛》，其三名喚《新編題西廂記詠十二月賽駐雲飛》，那是詠《西廂記》故事居多。金臺是明代北平書肆中心區域的總稱。金臺書肆傳刻大批《駐雲飛》，可以推測《駐雲飛》在民間的勢力了。現在鈔幾首在下面，以見一斑：

> 初鼓纔敲，正是黃昏人靜悄。悶把欄杆靠，禱告靈神廟。嗏，心急好難熬。每夜燒香，只把青天告。早早團圓交我有下梢，早早團圓交我有下梢。

> 月下星前，拜罷燒香只靠天。但得重相見，稱了平生願。嗏，動歲又經年。淚漣漣，若得成雙，方稱于飛願，早早團圓答謝天。

> 悶對銀缸，坐想行思只為郎。寂寞銷金帳。懶把幃屏傍。嗏，交奴細思量。自參詳，便把情人望。一回尋思愁斷腸，一回尋思愁斷腸。

手撚花枝，悶悶無言自散思。又沒閑傳示，訴不盡心間事。嗏，辜負少年姿。一時思，倘若來時，說卻從前志。一任交他心上思，一任交他心上思。

此外也有詠故事的，和趙德麟《商調蝶戀花》詠《西廂記》故事差不多。這一類時曲，《雍熙樂府》收著不少，成化本《駐雲飛》也有好幾段：

雙漸還鄉，未會蘇卿心意忙。來把虔婆望，將我虛謙讓。嗏，俊俏在何方。入蘭房，塵鎖妝臺，空掛紅羅帳。止不住腮邊淚兩行，止不住腮邊淚兩行。

上的驊騮，來到長江古渡頭。勒馬停時候，去把商船就。嗏，顧隻小偏舟。浪波流，正遇秋天，兩岸蘆花瘦。意急忙心不自由，意急忙心不自由。

囑咐梢公，順水行船趁好風。不覓張騫共，不戀遊仙夢。嗏，扯起五合蓬。望江東，甚日何年，會了鸞和鳳。仔細思量愁更濃，仔細思量愁更濃。

意不俄延，跳上張帆下水船。恰似流星現，不若離弦箭。嗏，急遞馬加鞭。望江天，舉目遙觀，見座琉璃殿。禮拜伽藍求聖籤，禮拜伽藍求聖籤。

拜罷金容，問有何人至寺中。法座僧人動，堦下忙陪奉。嗏，遊玩梵王宮。禮禪宗，意急心忙，交我情尤重。無計支吾蕭寺空，無計支吾蕭寺空。

行者來迎，報與東君側耳聞。休的心中悶，與你通音信。嗏，見個俏佳人。淚紛紛，伴著茶商，對我閒評論。走向回廊書下文，走向回廊書下文。

聽說心忙，急出僧房轉過廊。舉目睜睛望，離恨題牆上。嗏，怨恨兩三行。訴衷腸，無限相思，交我心不放。甚日登臨過大江，甚日登臨過大江。

看罷端的，就喚梢公莫要遲。恨不得騰雲內，早到江南地。嗏，不避苦禁持。爲嬌媚，想像行容，留戀別無計。怎得青霄跨鳳飛，怎得青霄跨鳳飛。

水路難行，是等來人問好音。若有姻緣分，勝似權州印。嗏，來到豫章城。日西沉，玉兔東升，慢把船兒趁。彩鳳求鸞何處尋，彩鳳求鸞何處尋。

意不肯停，只聽江樓打二更。夜永人幽靜，交我心不硬。嗏，辜負舊恩情。意無寧，膝上橫琴，絃撥相思令。雁杳魚沉信不憑，雁杳魚沉信不憑。

蘇氏心驚，走向船頭側耳聽。恍惚心不定，月下尋芳逕。嗏，恰似俏書生。把絃鳴，這弄琴聲，正是雙縣令。句句分明音韻清，句句分明音韻清。

會合江州，兩下相思一筆勾。展放眉尖皺，歡喜還依舊。嗏，急急上歸舟。意難留，匹配夫妻，休把風聲漏。撇下馮魁村剉牛，撇下馮魁村剉牛。

《金瓶梅詞話》裏，就有一個很好的例證。第十一回第四十四回引了幾支《駐雲飛》，都是那時妓女唱的。此外《野獲編》所說的《鎖南枝》、《傍妝臺》、《耍孩兒》、《羅江怨》等時曲，《金瓶梅詞話》和明刻《銷釋印空實際寶卷》裏也有記載。《傍妝臺》明人做的不少，此外《羅江怨》之類的雜曲，文人學士做的並不多。這固然可以證明《金瓶梅》這一部社會小說，不是很後的產物；也可以據以說明南散曲在當時社會裏，未必能抵得過這一類時曲的潛勢力。

至於《掛枝兒》之類的時曲，流行尚遠在《駐雲飛》之後，我搜集這一類文學史料，也有好幾種。尚有《夾竹桃》和《吳歌》，在明末江南一帶也很風行。馮夢龍在天啓崇禎間，對於這一類時曲，很表同情。他是一位時曲創作家，他所作南散曲如《江兒水》，也很有《掛枝兒》、《夾竹桃》的風味：

郎莫開船者，西風又大了些，不如依舊還奴舍。郎要東西和奴說，郎身若冷奴身熱。且受用而今這一夜，明日風和，便去也奴心安帖。

到了清初，這一類的時曲，在北方還有相當的勢力。例如康熙年間廣川韓允嘉《榖貽山房集》裏，這一類作品最多。中有《邊關調》詠失驢，最爲別致有趣：

　　那人兒有驢時總不到，無了驢你就来了。有了驢一溜煙伴著人家同歡笑，俺那驢兒作何勾消。你雖有了，依舊沒了。你思從来思，俺饒卻不饒。俺就是恭敬了也，尋一個可賞的道。

　　那猛骨俺到底也還要，要来了作個出稍。撒土人休迷了這旁人的竅。有驢的癡来，無驢的焦。無驢的淨了，有驢的惱。何不著你跑，盡著你各處找。各處找，找不著，回了家裏，一屋裏鬧。

　　這驢兒偷的妙，偷驢的人兒忒也蹊蹺。省的那瞎主人時時掛念長呼叫。山裏的草兒，也吃勾了。閑得極了，不如跑了。老婆亂嘈嘈，兒子絮叨叨。絮叨叨，只落的碎了碗，摔了箸，打了鍋，棄了瓢。不吃飯，不做活，還上一個不睡覺。

　　忽傳得先生到，慌忙的接出相交。但見你臉黃腳亂無著落，有甚麼風火事兒來的早，你說来我與你剖。我那驢不見了，坑死我誰憐著。誰憐著，你與我撒下招。許下賞，察了賊，定了罰，找了来，你還替我出錢和鈔。

　　我聽見欣欣的笑，你的驢怎麼偷了。無了驢你騎著甚麼，你到是無驢来的好。有驢時何曾走遭，仍然有一驢付與你騎了。你騎了，但見你打一鞭，放一彎，各處溜，別處走，圖些錢，還要騙些草和料。

　　我的驢兒強哉矯，二兩二也還覺。你的驢就是百金那裏撈，思量起銀子，錢也是虛矯。騙了人的人，也偷了等子稱的牢。拍拍心要知道，要知道我與你斟酌著，商量著，顛倒著，乘除著。完了銀，你騎著方享你的安和樂。

此外《醉太平》時曲，韓先生也做得不少。自此以後，時曲在民間非常活躍，漸漸脫離了宮調體系下的曲調束縛，而自成一種幽美的音律。《霓裳續譜》和《白雪遺音》全部，就是這時代的標準作品。時曲的日趨發達，影響到南劇曲相依爲命的南散曲在歌場上的地位，由搖動而趨於滅亡之途。除了少數文人，偶而用做詩填詞的方式，學做幾支套數、小令，聊以解嘲之外，在時代的樂曲的園地裏，已無它的地盤了。

（原載《文學》1934 年第 2 卷第 6 號）

談談振鐸同志搜集和收藏的戲曲書

　　已故文化部副部長鄭振鐸同志是五四運動以後著名的作家、文學活動家、卓有成就的中國文學史的研究工作者，并且是一位名聞中外的藏書家。他的藏書方面很廣，其中古典戲曲書籍，不僅數量非常可觀，而且在全國私藏範圍內，質量也居首位。

　　遠在三十多年前，那時振鐸同志正在北平燕京大學和清華大學教書，曾將自藏戲曲書籍爲中國文學系同學舉辦了一個中國古典戲曲書籍展覽會，會上最吸引人的要算明代劉龍田刻本《西廂記》和玩虎軒刻本《琵琶記》。振鐸同志對劉龍田刻的《西廂記》看成是個嘉靖年間刻本，因此自認爲這是流傳到現在的最早的刻本《西廂記》（那時弘治十一年北京刻本《西廂記》尚未發現），其實這話未必可靠。劉龍田書肆的活動時期約在明萬曆中期，他家刻的《三國志傳》、《胤産全書》、《千家姓》、《古今玄相》、《詩經發穎集注》、《文房備覽天下難字》、《傷寒活人指掌》、《傷寒論》等書數十種，無一不是萬曆年間刻本，《西廂記》似乎不可能是例外。玩虎軒是明代後期徽州人汪光華開設的書鋪，除了《琵琶記》，還刻有曲選《徽歌集》和其他通俗文藝書籍。玩虎軒本《琵琶記》中的插圖，精美異常，"南浦送別"等幅，工緻妍麗，尤爲動人。這部書，大家公認爲圖文並茂的徽派版畫的代表作。

　　振鐸同志對搜集元明雜劇資料方面最巨大的功績，要數他在1938年中國人民最艱苦的歲月裏，他在上海克服了無數障礙，搶救了一部明代趙清常鈔校本《古今雜劇》，終於使它全數脫險。原書七十二冊，現存本缺少八冊，僅存六十四冊。其中收著元明雜劇二百四十二種，包括元人關漢卿、王實甫、馬致遠、白仁甫、高文秀、鄭德輝、李文蔚、秦簡夫、孟漢卿、戴善夫、鄭廷玉，明人賈仲名、楊文奎、朱有燉、康海、楊慎等著名戲曲家的作品，和元明兩朝佚名作家的歷史劇和神仙劇多種。其中一半以上是外間未經流傳的僅有本子。這一發現，轟動了當時整個戲曲界和文藝界。商務印書館特地根據此書精選了一百四十四種，編印爲《孤本元明雜劇》一書，可惜其中某些內容爲王季烈等改易，失去了真相。1957 年振鐸同志爲了糾正商務印書館印本的缺點，又把它重新影印出版。這就是大家見到的《古本戲曲叢刊》第四集的《古今雜劇》了。

　　1938 年振鐸同志收得明鈔本《古今雜劇》後不久，就把原書送到那時北京圖書館上海辦事處保存。直到現在，這部書就成爲北京圖書館所藏古典戲曲中最寶貴的善本，永遠屬於人民所有。我們摩挲陳編，緬懷過去，不能不對振鐸同志表示無限的敬意。

　　振鐸同志對明清曲本的搜集工作，成績也相當可觀。除了《琵琶記》、《牡丹亭》、《燕子箋》、《長生殿》、《桃花扇》等等著名曲本的各種版本，有見必收，詳細著錄外，他如施惠的《幽閨記》、朱權的《荊釵記》、薛近兗的《繡襦記》、蘇復之的《金印記》、徐復祚的《紅梨記》、周復俊的《紅梅記》、湯顯祖的《紫簫記》、高濂的《玉簪記》、金懷玉的《桃花記》、陸江樓的《玉釵記》、孟稱舜的《嬌江記》、《貞文記》、孫仁孺的《東郭記》、史槃的《宋璟鶼釵記》等等，都有外間罕見的藏本。這些藏本，多數是明朝後期南京書坊和蘇州、杭州、徽州、吳興等地書坊刻印的。明朝萬曆年間南京三山街一帶書坊刻印的曲本，風行南北，銷路遠及國外。刻印量最大的書坊有五家：唐氏富春堂、文林閣、世德堂、廣慶堂和陳氏繼志齋。陳氏繼志齋主人名大來，他家刻印的元明雜劇和明代傳奇最多，還廣選元明散曲編爲《南北宮詞紀》一書。振鐸同志藏的《南北宮詞紀》，初印、完整、缺葉少，書中還附有木刻畫若干葉。這些特點，是他家藏本所罕有的。

17 世紀中葉，正當明清之際，民族矛盾和階級矛盾非常尖銳。那時以蘇州爲中心，許多職業劇作家從實際生活和鬪爭中吸取營養，從歷史故事和傳說中遴選題材。他們之中多數劇作家跳出了玉茗堂煉辭琢句的藩籬，不在字面上下功夫。其中李玉的作品，思想性最强，他一共寫作了三十多個傳奇，現在能够見到的刻本，有《一捧雪》、《人獸關》、《永團圓》、《占花魁》、《兩鬚眉》、《清忠譜》、《眉山秀》等七種。振鐸同志在《古本戲曲叢刊》第三集的序言裏，對這一時期這些作品推許備至。他寫道：

這部三集所收傳奇，以明清易代之際的十八位大作家的劇本爲主。李玉他們，像關漢卿、高文秀、鄭德輝，是以寫作劇本供應劇團的演出爲生的。他們的創作力，極爲充沛，取材極爲廣泛。在他們的手裏，任何內容的題材，都運用得生動活潑，深入淺出。他們寫繡戶傳嬌的情事，也寫熱鬧非凡的大戲。沒有比這個時代這些作家們的劇本，更受梨園子弟們的歡迎的了。這些作家們大多數是蘇州人，用的是水磨調的崑山腔，對白還用的是蘇州話，但照樣流行於全中國。

振鐸同志平時在談論中甚至把李玉他們的創作活動和元初以大都（北京）爲中心關漢卿、王實甫爲首的創作活動相比擬。按照政治標準第一、藝術標準第二這一基本原則來衡量當時蘇州派劇作家的作品，我們覺得振鐸同志這一科學的評價，是有其獨到的見地的。

遠在二十七八年前，振鐸同志曾在蘇州發現百種手鈔曲本，其中一部分就是梨園行流傳下來的蘇州派劇作家的作品。振鐸同志重價收得後，如獲異寶，特地寫了《鈔本百種傳奇的發現》一文來引起人們注意（《中國文學研究》中冊六一七頁）。其中外間罕見的作品有李玉的《千鍾祿》、《太平錢》，葉時章的《英雄概》、《漁家樂》、《艷雲亭》、《乾坤嘯》，朱素臣的《朝陽

鳳》、《十五貫》、《未央天》、《聚寶盆》、《翡翠園》，畢萬侯的
《竹葉舟》，丘園的《幻緣箱》、《一合相》，張大復的《醉菩
提》、《吉祥兆》、《重重喜》，陳二百的《稱人心》等等傳奇。
由於振鐸同志的大力發掘，以後在北京藏書家和梅氏綴玉軒、程
氏玉霜簃的藏曲中，又續有發現。現在印入《古本戲曲叢刊》
第三集的十多家的曲本，就是現存的這一時期這些作品最大的
結集。

　　總之，振鐸同志一生所搜集和收藏的古典戲曲書籍，名目繁
多，限於篇幅，不能一一備舉。今後全國文學藝術界，在黨的
"百花齊放、百家爭鳴"方針的指引下，一定會從這批文化遺產
中吸取養料，推陳出新，在社會主義文化建設中發揮它們應有的
作用。

　　　　　　　　　　　　　（原載《圖書館》1961 年第 3 期）

記長樂鄭氏影印明刻《新編南九宮詞》

　　鄭振鐸君近出其所藏明刻《新編南九宮詞》影印行世。鄭君並有跋文，附於卷末。跋云："《六如居士集》引《三徑詞選》，未知即此書否？勾吳圻山山人有《新刻三徑閒題》，自當別係一書。毗陵蔣孝曾編《南九宮譜》，爲沈璟《南譜》所本，書雖不存，序文猶在。《南詞新譜》，其書爲曲譜，且譜刊於嘉靖己酉，與此迥別也。"案：君說非是。《三徑詞選》實即《三徑閒題》，余所見《明三徑閒題》下卷有唐寅散曲，正與《六如居士集》合，可證也。此書題曰"新編"者，實對《舊編南九宮譜》言之。《舊編南九宮譜》題三徑草堂刊，與此舊題曰三徑草堂編者正同。余嘗於平中友人案頭見之。據其卷首序文，知即蔣孝《南曲譜》。蔣譜明季已罕見，徐天池《南詞敍錄》中敍之甚明。今乃知其明代有重刻本，且尚有此書與之輔翼而行，至可喜也。此書每半葉十二行，行二十四字，與蔣譜行款不同，然其刊工體勢固無稍異。三徑草堂未詳爲何人別署，据舊編序文"友人蔣君盈甫手錄《南九宮詞》"一語觀之，似此書即盈甫所輯。鄭君舉蔣之翹所刻書題三徑草堂，謂此書乃蔣姓所編，至此始得其證矣。

（原載《國立北平圖書館館刊》第四卷第四號，1930 年 8 月）

金石學綱目

（一）序論
　　（甲）金石學之使命
　　（乙）自宋以來金石學之流變
　　（丙）今後之展望
　　（丁）與其他學科之關係
　　（戊）參考書舉要
（二）金屬器
　　（甲）殷周之禮器
　　（乙）殷周之樂器
　　（丙）兩漢之服御器
　　（丁）古兵器
　　（戊）歷代錢幣
　　（己）歷代度量衡（非金屬者附）
　　（庚）歷代璽印（非金屬者及封泥附）
（三）石刻
　　（甲）石經
　　（乙）碑碣
　　（丙）冢墓遺文（非石刻者附）
　　（丁）畫像
　　（戊）造像
　　（己）題名
　　（庚）其他
（四）陶器

（甲）古陶器

（乙）明器

（丙）瓦當

（丁）專

（五）玉器

（六）漆器

（七）瓷器

（八）竹木

（九）不屬於前列範圍之器物

（甲）甲骨

（乙）唐代服御器

（丙）古絲織物

（丁）壁畫

（十）餘論

廿五年九月擬

（據國立清華大學 1936 年印行講義整理）

北魏江陽王元繼墓誌跋

　　誌高營造尺一尺九寸許，寬二尺一寸許。真書，共三十行，行三十字。首行題"大魏丞相江陽王墓誌銘"。誌敍王出繼江陽王根後爲皇興二年，時年十八，《魏書》本傳未敍及，此誌較本傳爲詳者。本傳云繼永安二年薨，《魏書・孝莊紀》繼薨在永安元年十月壬子，與《傳》作二年不合。據誌，則《紀》是而《傳》非，蓋字之訛也。《傳》云繼薨贈假黃鉞，都督雍華涇邠秦岐河梁益九州諸軍事，誌則云都督雒涇岐華四州諸軍事，未知孰是。此誌文字爾雅，書法亦秀縟有度。去歲洛中出土後，即爲人輦至燕市，轉輾得致一墨本，爲揭之於此，以告世之留意冢墓遺文者。舜盦學人記。

（原載《北平北海圖書館月刊》第二卷第五號卷
首插圖"魏江陽王繼墓誌銘"之下，1929 年 5 月）

元龍墓誌跋

　　誌出洛陽，誌敘龍於太和景明間，頗有戰功，與史文互證多合。《孝文紀》：延興二年蠕蠕犯塞，詔諸將討之，虜遁走。閏六月，蠕蠕寇敦煌鎮。三年七月，蠕蠕寇敦煌，鎮將樂洛生擊破之（又見《蠕蠕傳》）。此後蠕蠕頻遣使朝貢，至太和初復叛。《紀》又云：太和三年十一月，蠕蠕率騎十餘萬南寇，至塞而還。誌所謂"太和之初，北虜寇邊，乃假君寧朔將軍，襲行北討"者，即指是年事。《紀》不言遣將北討，賴誌知之。此一事也。

　　《孝文紀》：太和四年十月，詔昌黎王馮熙爲西道都督，與征南將軍桓誕出義陽。五月，南征諸軍擊破蕭道成軍於淮陽。與誌云"大軍南伐，師指義陽"者正合。此二事也。

　　《獻文六王傳》：太和中車駕南伐，以趙郡王幹爲使持節車騎大將軍都督關右諸軍事。《本紀》：幹徙封趙郡在太和十八年。車駕南討，亦在是年之冬。誌所謂"趙王以帝弟之尊，作蕃列岳"，又謂"鑾駕親戎，問罪南服"者，均見《紀》、《傳》。此三事也。

　　《孝文紀》：太和二十一年八月車駕南討，十一月大破賊軍於沔北。十二月車駕臨沔，巡沔北。二十二年二月，行幸樊城，觀兵襄沔，耀武而還。誌云"沔陽即序，江右未賓"，"復以驍騎將軍，扈駕南討"者，亦與《紀》合。此四事也。

　　《李崇傳》：荆州蠻樊安聚衆於龍山，蕭衍共爲脣齒，遣兵應之，乃以崇爲使持節散騎常侍都督征蠻諸軍事，進號鎮南將軍，率步騎以討之。崇分遣諸將，攻擊賊壘，連戰尅捷，生擒樊安，進討西荊，諸蠻悉降。據《本紀》知爲景明四年事。誌云：
"復以荆蠻蠢動，將毁王略……以龍驤將軍秉麾南伐。"龍又預
征蠻之役，此五事也。

《世宗紀》：正始元年八月，元英破蕭衍將馬仙琕於義陽，
亦見《中山王元英傳》。衍將蔡恩及義陽太守馮道要均被執。誌
所謂"義陽尚阻，南師競進"者，即指此數年事。此六事也。

英破蕭衍軍，事在正始元年八月，而龍之卒，即在是年之
冬，蓋終其身在行陣中，龍不愧爲魏之藎臣矣。

誌稱夫人下邳皮氏，祖豹淮陽王，父欣廣川公。案《魏
書·皮豹子傳》：豹子漁陽人，卒，道明襲，道明第八弟喜，封
廣川公。誌之欣，即《傳》之喜，《高祖本紀》作皮懽喜，與誌
又小異。北朝人稱名無定字，此一例也。

誌又稱夫人洛陽紇干氏，祖和突南部尚書新城侯，父萇命代
郡尹，於史俱無徵。《官氏志》：紇干氏後改爲干氏，此從舊稱，
故不稱干氏矣。

（原載《益世報·讀書週刊》第三十期，1935 年 12 月 26 日）

彭城王元勰妃李瑗華墓誌銘

此彭城武宣王元勰妃李瑗華墓誌，與勰誌同出一兆。案：妃薨於正光五年，春秋四十有二。方武宣王遇害時，妃年僅二十有六。以元勰墓誌勰以永平元年薨年三十有六推之，知勰長於妃凡十歲，頗疑妃爲勰之繼室也。《魏書・彭城王傳》稱：勰被召時，妃方産。及載屍歸第，妃號哭大言曰：高肇枉理殺人，還當惡死。肇後果以罪見殺。今以始平王元子正墓誌證之，子正年二十一，以建義元年四月被害於河陰。由建義元年上推至永平紀元彭城王被難時，中間適得二十一年。則《傳》云“妃方産”者，乃産始平王矣。

誌首歷敍祖父以下名位妃匹，以校《魏書》，有足匡史氏之失者。如《魏書・鄭羲傳》載羲從父兄德玄，顯祖初自淮南內附，拜滎陽太守。據誌知德玄字文通，宋散騎常侍，魏使持節冠軍將軍豫州刺史陽武靖侯，《傳》俱失載。此一事也。

誌稱妃父沖；兄延實；弟休纂，故太子舍人；延考，今太尉外兵參軍。案：延實見《魏書・外戚傳》，沖別自爲傳，至休纂、延考之名，則沖與延實傳俱失書，賴誌補之。此二事也。

妃長子劭，字子訥，莊帝時尊爲無上皇，亦附見《彭城王傳》。誌云子訥字令言，今彭城郡王，與《傳》不合。又《莊帝紀》稱帝諱子攸，而不及其字，據誌知子攸字彥遠。此三事也。

誌稱女季瑤適李延實子彧。案：《李延實傳》稱彧字子文，尚莊帝姊豐亭公主。豐亭公主當即季瑤，史不載其名。此四事也。

誌又載妃長姊長妃適滎陽鄭道昭（道昭附見其父鄭羲傳），

次姊仲玉適鄭洪建（洪建乃德玄之孫，亦附見義傳），三姊令妃適范陽盧道裕（道裕附見盧玄傳，乃玄之曾孫。《傳》稱道裕尚顯祖女樂浪長公主，據誌知又娶李沖女爲室，殆事在尚主之後矣），妹稚妃適清河崔勗（勗附見其父崔光傳）。所適皆中原顯族，北朝門閥之盛，可於斯覘之矣。

（原載《益世報·讀書週刊》第三十期，1935 年 12 月 26 日）

洛陽新出爾朱敞父子墓誌考證

近歲洛陽城北三十里張凹村鄉人掘地得隋初爾朱敞父子墓誌，其人史有專傳。郭君玉堂以初拓本見貽，因於暇日與舊史相印證，爲之詮釋如左，並世方雅，幸裁正之。

（一）爾朱敞墓誌

（開皇十一年十一月二十四日）

誌高 68.8 釐米，廣 70 釐米。三十二行，行三十二字。分書。敞《隋書》、《北史》俱有傳。《傳》敍歷官甚略，其詳於誌者，僅幼時匿居長孫氏家、微服入關二事耳。

誌稱："祖，假黃鉞靜王尚書令太師司空公；考，博陵王錄尚書太傅司徒公。"以《魏書》爾朱彥伯及彥伯弟世隆傳證之，靜王謂買珍，博陵則彥伯也。《爾朱世隆傳》："前廢帝贈其父使持節侍中相國錄尚書事，都督定、相、青、齊、濟五州諸軍事，大司空，定州刺史。"不言有諡，亦不云"太師司空公"。近出爾朱紹、爾朱襲二誌稱買珍諡孝惠，蓋莊帝所頒，與此云靜王又異。靜王之諡，當在長廣王或前廢帝時矣。

誌又稱："年十八，拜都督大行臺郎中，封靈壽縣開國伯，尋加車騎將軍、左光祿大夫、通直散騎常侍。大統初，加車騎大將軍。七（"七"上衍"十"字，今刪）年，轉大都督。九年，遷儀同三司，進爵爲侯。保定（誌奪"保定"二字，今逕增）四年，加驃騎大將軍，開府儀同三司。"《傳》則但云："拜大都督行臺郎中，封靈壽縣伯，遷通直散騎常侍，轉車騎大將軍、儀同三司，保定中驃騎大將軍”而已。

又《傳》稱：“天和中歷信、臨、熊、潼四州刺史，進爵爲公，進位上開府，除南光州刺史，入爲護軍大將軍，轉膠州刺史，高祖受禪，改封邊城郡公，拜金州總管，轉徐州總管。”據誌則：“天和元年除使持節都督信州諸軍事信州刺史，其年轉都督臨州諸軍事臨州刺史。建德元年進爲公，任蕃部尚書，除使持節熊州諸軍事熊州刺史。四年，除潼州諸軍事潼州刺史。宣政元年，轉開府儀同大將軍，都督南光州諸軍事南光州刺史。二年，除隴州諸軍事隴州刺史。大成元年，除護軍大將軍申州諸軍事申州刺史。大象二年，遷上開府都督膠州諸軍事膠州刺史①。開皇元年，遷都督金、洵、直、上、羅、遷、綏、井八州②諸軍事，金州總管，金州刺史。二年，改封邊城郡開國公，都督徐、邳、兖、沂、泗、海、楚、宋八州③八鎮諸軍事，徐州總管。”《傳》誌互校，誌詳於《傳》多矣。《高祖紀》：“開皇元年十二月，以申州刺史爾朱敞爲金州總管④。二年六月，以上柱國爾朱敞爲徐州總管。”是敞刺申州亦見於《紀》，特本傳遺之耳。

《文苑英華》卷九百六十四引楊炯《彭城公夫人爾朱氏墓誌》，彭城公不知何許人，夫人乃敞嗣子休最女，稱：“祖敞，隋岐、同、金、申、信、臨、徐七州總管，兵部尚書，金城郡開國公。”《英華》文多譌奪，以校此誌，“兵部”當作“蕃部”，“金城”當作“邊城”，“七州總管”當作“信、臨、熊、潼、隴、申、膠、光八州刺史，金、徐二州總管。”又敞之孫、休最之子名義琛者，與彭城夫人爲同父姊妹，近亦有誌石出土。稱：“祖敞，隋藩部尚書，申、隴、信、臨、熊、潼、光、膠八州刺史，金、徐二州總管，邊城郡公。”與此合，而與彭城夫人誌異。案：彭城夫人墓誌作於唐高宗上元三年十月，僅後於琛誌五日，敍夫人先德名位不容有誤，以是知《英華》原文當與敞、琛二誌合符，今本蓋周益公輩校勘不慎因而致譌，固彰彰甚明也。《英華》載敞官申州，與《隋紀》合，猶可據以補《傳》。

至官隴州，則《紀》、《傳》、《英華》俱失書，今僅賴此與琛誌知之矣。

《傳》又稱：“年老上表乞骸骨，歸河內，卒於家，年七十二。”隋初河內屬懷州，與誌云“開皇十年四月薨於懷州”亦合。唯《傳》不載卒之年月，又當以誌爲正耳。

又考歐陽修《集古錄跋尾》卷五有開皇五年（當是“十年”之誤）爾朱敞碑跋，略稱：“《傳》字乾羅而碑云天羅，《傳》云爲金州總管，而碑又爲徐州總管。”以見碑之可貴。蓋碑至汴宋猶存，故歐公與趙德父撰金石錄目時均得見之。今驗之誌文，則敞字乾羅，固明明與《傳》合，而碑云天羅者，“天”、“乾”二字以音義俱近通用，或敞有二字，碑與誌、《傳》，各舉其一也。至官徐州總管，《隋書》紀傳載之，而《北史》失載，歐公但據《北史》爲說，可謂失之眉睫矣。敞葬於開皇十一年一月二十四日，據長術是月己卯朔，二十四日值壬寅，誌作庚寅，誤。

（二）　爾朱端墓誌

（開皇十一年十一月二十四日）

誌高 43.6 釐米，廣亦如之。二十五行，行二十五字。分書。與敞誌同出一兆。

誌稱：“祖彥，太傅司徒公；父敞，徐州總管邊城公。”是端爲敞子。案《隋書·爾朱敞傳》：“敞卒，子最嗣。”而不及端。端，周封歸化郡公，入隋未膺顯職，故《傳》略之耶？

敞卒於開皇十年，逾年端亦卒，父子同日葬，二誌書體亦相似，殆出一手矣。

《文苑英華》卷九百六十四引楊炯《彭城夫人墓誌》，夫人乃端之猶女，稱：“父休最，隋左千牛備身齊王府司馬，襲爵金城公。”洛中近出最子義琛及義琛子旻二誌，舉其父祖之名，亦作休最，與《彭城夫人墓誌》合。以“端字休侃”例之，疑《傳》脫休字，或名最而字休最也。

誌又稱：“公長子義莊。”其名以義爲行，與休最子名義琛亦合。義琛、義莊，《傳》並不載，亦賴誌知之。

誌又稱：“妻母崔氏皇姨。”案《洛陽伽藍記》卷三：“秦太師公東寺，皇姨所建。”安陽近出竇泰妻婁黑女墓誌亦稱黑女爲皇姨，是皇姨之稱魏齊間已有之。其稱“崔氏皇姨”者，考《隋書·獨孤羅傳》：“父信入關後娶二妻，崔氏生獻皇后。”又《獨孤皇后傳》：“大都督崔長仁，后之中外兄弟。”端妻之母殆與獻皇后母氏爲近族，或逕與長仁同行輩。惜史無他證，今無由詳考耳。

爾朱氏世爲河朔梟雄，天寶吐萬，挾汗馬之勞，遂傾魏祚，一時族姓滿布中外，多擁兵爲暴，韓陵戰後不數年間，殄滅殆盡。敞以孑遺之身間道入關，得免誅戮，而歷任兩朝，頗稱賢明，孟子所謂“小人之澤，五世而斬”，其敞之謂歟！

近年敞之姑叱列延慶妻爾朱元靜墓誌出漳濱，其叔爾朱弼、爾朱襲誌出芒洛，合敞四世誌石共得七誌，爾朱氏魏周以降世次得以考見，亦讀史者所當稱快也。

注釋：

① 按：信、臨、熊、潼、光、隴、申、膠八州，以《隋書·地理志》考之，信州即巴東郡，臨州即臨江縣，熊州即宜陽縣，潼州即金山郡，隴州即汧源縣，申州即義陽郡，膠州即高密郡，惟無南光州。南光州，當即《魏書·地形志》之光州，《隋志》謂“弋陽郡梁置光州”者是也。當時別無北光州，而云南光，未詳其故。又考《太平寰宇記》卷三十二：“西魏大統十七年改東秦州爲隴州，周武帝天和五年省入岐州，宣帝大象二年復置。”誌敘官隴州刺史於宣政二年，在大象前，與《寰宇記》異。周之宣政無二年，是年正月朔改元大成，二月改元大象，則誌云二年亦誤。

② 按：金、洵、直、上、羅、遷、綏、井八州，考之《隋志》，金州即

西城郡，洵州即清化郡，直州即安康縣，上州即上津縣，羅州即竹山縣，遷州即房陵郡，惟綏、井二州未詳。

③　按：徐、邳、兗、沂、泗、海、楚、宋八州，考之《隋志》，徐州即彭城郡，邳州即下邳縣，兗州即魯郡，沂州即瑯琊郡，泗州即下邳郡，楚州北齊謂西楚州，即鍾離郡，宋州即夏丘縣，惟周隋之際有海州，《地理志》無明文。《周書·李景傳》："孝閔帝踐阼，景出爲海州刺史。"此周有海州之證。《周書·李和傳》："開皇二年薨，贈徐、兗、邳、沂、海、泗六州刺史。"《太平寰宇記》卷二十二："武定七年改青、冀二州爲海州，大樂三年罷州爲郡。"此隋有海州之證。《隋志》："東海郡，梁置南北二青州，東魏改海州。"不言廢於何時，當是省文耳。

④　《周書·靜帝紀》："大象二年八月，廢金州總管。"據《隋書·高帝紀》及此誌，似周末未廢，當是廢於開皇二年，故敞於是年改徐州總管。《隋書·地理志》："開皇初府廢。"較得其實。

（原載《天津民國日報·圖書週刊》第十九期，1946 年 11 月 29 日；又以《跋爾朱敞父子墓誌》爲題，載於《圖書季刊》新第九卷第一、二期合刊，1948 年 6 月）

跋館藏盧文構李月相夫婦墓誌

　　盧誌近年出涿縣，誌稱文構字子康，漢侍中植君之十三世孫。以《魏志·盧毓傳》注、《晉書·盧諶傳》、《魏書·盧玄傳》及《唐書·宰相世系表》考之，知植生毓，毓生珽，珽生志，志生諶，諶生偃，偃生邈，邈生玄，玄生度世，度世生敏，敏生義僖，義僖生懃之，懃之生文構。自植下數至文構，適得十三世，與誌合。誌又稱王父義僖，儀同孝簡公；顯考懃之，贈郢州刺史。案《魏書·盧玄傳》：曾孫義僖，興和初卒，贈大將軍、儀同三司、瀛州刺史，諡孝簡；子遜之（當作懃之），武定中太尉記室參軍。《北齊書·盧潛傳》：從祖兄懃之，魏尚書義僖子，卒於司徒記室參軍。誌敍義僖官諡與《傳》合，惟懃之卒贈郢州及文構之名，《傳》俱不及耳。《唐表》載懃之子三，文構、文壽、文挹，視《傳》爲詳，然表亦失載諸子仕歷。據誌知文構齊皇建初參廣業王（《北齊書》無廣業王，俟考。案《地形志》有兩廣業郡，一屬南岐州，一屬東益州，均非高齊轄境，則廣業王係遙領甚明）開府軍事，行司州廣宗、廣年二縣（《地形志》廣宗屬廣宗郡，廣年屬廣平郡，均隸司州，與誌合）令。入周，除汾州定陽郡（即《隋志》文城郡之吉陽縣。《地形志》汾州、南汾州並有定陽郡，當是齊周沿魏之舊，至開皇初郡廢）丞。隋初，授衛州（即《隋志》之汲郡。大業三年改州爲郡，唐武德元年復）司兵參軍事，除徐州安陽縣（即《隋志》梁郡之碭山縣，開皇十年改名。《地形志》隸徐州碭郡，當是後魏置，齊周仍之，開皇初廢碭郡，以縣屬徐州）令，遷息州長陵縣（《隋志》汝南郡褒信縣舊有長陵郡，後齊廢爲縣，據此則隋初長陵屬息州）令，開皇十八年終於曹州冤句縣（《元和郡縣圖志》十一、《太平寰宇記十三》：開皇三年罷濟陰郡，以冤句縣屬曹州）廨。敍文構歷官最備，可裨《唐表》之闕。

李誌與盧文構誌同出一兆。略稱：曾祖韶，魏侍中吏部尚書贈司空文宗公；祖瑾，魏通直散騎侍郎齊州刺史；父產之，齊散騎侍郎。夫人春秋八十有四，以大業十四年十月終於東都，唐武德八年十二月廿五日合葬於幽州范陽縣永福鄉安陽府君之墓。又稱：子君胤，陝東道大行臺尚書膳部郎中，思勒銘於大夜，庶流芳於千祀。是誌文乃君胤作。考《北史·序傳》李寶子承，承子韶，除吏部尚書，卒贈侍中司空公，謚文恭；韶次子瑾，通直散騎常侍，於河陰遇害，贈齊州刺史；瑾長子產之（《北齊書·李璵傳》作彥之，誤），位北豫州司馬（《魏書·李寶傳》不載產之官豫州司馬，餘同《北史》）。《傳》敍韶、瑾贈官與誌合，惟韶謚文恭，誌則云文宗，又《傳》不載產之散騎侍郎爲異耳。《序傳》又稱產之撫訓諸弟，愛友篤至，其舅盧道將稱之曰：此兒風調足爲李公家孫。產之弟行之，風素夷坦，爲士友所稱。其舅子盧思道贈詩云：水衡稱逸人，潘揚有世親。形骸預冠蓋，心思出囂塵。時人以爲實錄（詩又見《北齊書·李璵傳》）。可知盧李通婚，由來已久（案：盧李通婚自盧伯源始。《盧玄傳》：孫伯源與李沖友善，沖重伯源門風，伯源私沖才官，故結爲婚姻。可證）。以行輩推之，思道乃道將猶子，產之既稱道將爲舅，則產之、行之與思道當爲中表兄弟。又據《盧玄傳》，道將與文構祖義僖爲同祖昆弟，則義僖子愻之又當與思道同行輩，其與產之亦誼屬中表也。是文構與月相，一爲愻之子，一爲產之女，二人行輩正合，其結爲夫婦亦宜。范陽之盧與隴西之李皆中原顯族，門第相當，故互申婚姻，累世不絕（《北史·序傳》李瑾與尚書郎盧觀同修儀注，盧即瑾之外兄；又李曉自河陰家禍後，無復宦情，外兄范陽盧叔彪勸令出仕；元魏妃李瑗華墓誌姊令妃適范陽盧道裕。皆盧李世通婚媾之證）。《盧潛傳》稱從祖兄懷仁著《中表實錄》二十卷，意其家與李氏通婚事亦當在此實錄中。惜其書不傳，今僅賴史誌見其崖略耳。《唐表》稱文構子君胤忠州刺史。據誌則君胤武德末位行臺屬官，時行臺爲秦王世民，而《表》不及，《表》蓋舉最後之官或贈官也。又《表》載文構子四，君胤外尚有君肅、處實、君亮，此三人度非夫人所出，故誌略之矣。

（原載《圖書季刊》新第七卷第三、四期合刊，1946 年 12 月）

古誌新證

高虯墓誌（仁壽元年二月十八日）

右誌近年出洛陽北邙山。二十三行，行二十三字。分書。

誌稱：“虯字龍叉，渤海蓚人。祖長威，魏侍中、儀同三司、青州刺史。父子固，開府儀同三司、左僕射、簡武公。”知虯乃高齊族人。誌又稱：“武平四年官給事黃門侍郎，隋初除河南道行臺膳部侍郎，尋除尚書膳部侍郎，又轉功部侍郎，加通直散騎常侍，判太府少卿，副將作大監檢校營造事。”是虯於齊亡入隋後，仍歷顯位。考《北齊書·長樂太守靈山傳》：“靈山卒，文宣帝以靈山從父兄齊州刺史建國子伏護爲後，卒，建國侯孫乂襲。乂少謹，武平末給事黃門侍郎，隋開皇中爲太府少卿，坐事卒。”敘乂歷官與誌合，其爲一人無疑。惟《傳》稱其名爲“乂”，誌作“字龍叉”，當是《傳》脫“龍”字，又譌“叉”爲“乂”。《傳》云“建國侯孫”，“侯孫”二字語不可曉，疑“從孫”之誤。證之近出高建墓誌，建國蓋名建而字興國，《傳》合其名與字之一字爲名，固誤；《魏書·高湖傳》作“達”，則又“建”之譌矣。據此誌及《靈山傳》，建與長威非同父即同祖昆弟，然於《高湖傳》無可徵，當是《傳》有脫誤。此二事史與誌異耳。

又《靈山傳》稱“乂坐事卒”，而不詳其本末。以誌云“薨於開皇二十年十月十三日”考之，是年十月爲丁巳朔，十三日值己巳。《隋書·高祖紀》：“開皇二十年十月己巳殺左衛大將軍五原郡公元旻。”是虯與旻同日死，旻以黨太子勇獲罪，則虯亦勇之黨矣。檢《房陵王勇傳》載高祖詔文，有“副將作大匠高龍叉，豫追番丁，輒配東宮使役，營造亭舍，進入春坊。率更令晉文建，通直散騎侍郎、判司農少卿事元衡，料度之外，私自出給，虛破丁功，擅割園地。並處盡”等語，果得其罪狀。其人名龍叉，而官副將作大匠，與誌吻合。《靈山傳》所云“坐事”，觀於此，始恍然矣。

《隋書》不爲虬立傳，可考者如是而已。

斛斯樞專誌（大業七年四月二十一日）

右誌近年出洛陽。六行，行七字。正書。

誌稱：“樞字孝辯，少保新蔡公第三子，以大業七年四月十六日薨於東都。”考《隋書·斛斯政傳》：“祖椿，太保、尚書令。父恢，散騎常侍、新蔡郡公。”則樞爲恢之子、政之弟，無疑也。恢官少保（疑贈官）而《傳》不及，今賴此誌知之。政以與楊玄感通謀奔高麗，後高麗執之至京師，大業十年卒爲煬帝支解於金光門外，時樞已先卒，得免誅戮，抑亦幸矣。

（原載《天津民國日報·圖書副刊》第二十七期，1947 年 1 月 24 日）

馮邕妻元氏墓誌（正光三年十月二十五日）

右誌於民國十五年六月洛陽城西東陡溝村出土。二十六行，行二十六字，正書。蓋及誌之四緣，均雕飛禽走獸之狀，有哈峨、拓仰、攫天、拓遠、烏攫、辭電、長舌、捔遠、迴光、嚙石、發走、挾石、挈電、懽憘、壽福諸名，不知何所取義，殆亦形家厭勝之術耳。

夫人爲常山康王長孫、司空文憲王元女，以《魏書·昭成子孫傳》及近出元暉墓誌證之，蓋暉之女也。暉之卒在神龜二年九月，越三載夫人以哀毀卒，故誌云："服制既除，療疚溫湯，無效如還，中路彌甚。"其孝行有足多者。

夫人嬪於長樂馮邕。邕史無專傳，當是馮熙之裔。《魏書·外戚傳》久佚，後人以《北史》補之，其有罣漏亦宜。

案：邕名雖不見《魏書》，然他史則兩見其名。《北齊書·堯雄傳》："周文帝遣韋孝寬等攻豫州，執刺史馮邕，并家屬及部下千餘口。"《周書·韋孝寬傳》亦云："孝寬下豫州，獲刺史馮邕。"疑即其人。《文帝紀》繫孝寬陷東魏豫州於天統三十年，上據夫人之卒已十五年，爾時關東西兵連禍結，邕卒於關西，度未能歸骨於洛。此誌固瑰麗清整，而壙中獨無邕誌，職是故歟？

高湛墓誌（元象二年十月十七日）

右誌於乾隆十四年出土於德州第三屯運河東岸，歸同邑封氏。今原石久佚，拓本亦不易遘，第二行"遏流"二字未泐者，尤為罕見。其文錢大昕、王昶、洪頤煊諸家考之已詳，茲補其未備如左：

錢洪諸家謂湛乃高飈之孫，高肇之子，其說頗核。清康熙間高植墓誌出德縣運河岸，稍後此誌及高貞碑亦出其地，光緒二十三年又出高慶碑，諸石出土處蓋高氏家塋。植乃肇子，貞乃肇侄，慶乃貞弟。誌稱："父司徒、侍中、尚書令。"與《魏書·高肇傳》贈官合（惟官司徒不見於史），則湛為肇子植弟無疑矣。

誌稱："湛除南荊州刺史，於時僞賊陳慶率旅攻圍，孤城獨守，載離寒暑，終能克保邊隍，全帖民境。"考《北齊書·堯雄傳》："梁司州刺史陳慶之圍南荊州，雄曰：白苟堆（案梁置西淮州於白苟堆），梁之北面重鎮，因其空虛，攻之必克，彼若聞難，荊圍自解，此所謂機不可失也。遂率衆攻之，慶之果棄荊州。"《魏書·靜帝紀》繫慶之入寇於天平二年二月，與誌云

"天平之初，襄城阻命"亦合，是"陳慶"即"陳慶之"。湛守南荆，得保州境者，賴有堯雄之師耳。此誌前人考證已詳，而於舊史漫不一檢，何耶？

　　誌又稱："除大都督，行廣州事。元象元年正月卒於家。"又載孝靜帝詔有"臨難殉軀，奄從非命"之文，是湛非善終，亦如于景被殺於懷荒鎮，明見《魏書·于栗磾傳》，而洛中近出于景墓誌稱終於洛陽之比。誌例固當如此，不必曲爲之解也。寇奉叔墓誌稱"廣州立義，帥民割地，並入關右"，亦其一證。《地形志》"武定中廣州自魯城徙治襄城"，亦因是時魯城已非東魏所有，或已夷爲平地，明乎此，則天平元象間情勢，略可想見矣。

　　　　　　　　（原載《天津民國日報·圖書副刊》
　　第二十八期，1947 年 1 月 31 日）

元寶月墓誌（北魏孝昌元年十二月三日）

　　右誌於民國十八年出洛陽城東北馬坡村。二十九行，行三十字。正書。

　　誌稱："寶月字子煥，高祖孝文皇帝之孫，臨洮王愉之元子。……皇妣楊氏，恒農人。"又稱："七齡喪考，八歲妣薨，率由毀瘠，哀過乎禮。"案：寶月卒於正光五年，年二十三，上推至永平元年，年七歲，是歲考薨，與《魏書·世祖紀》愉以永平元年八月叛、九月兵敗死正合。誌云"七齡喪考，八歲妣薨"，則楊妃當卒於愉死之次年，初未與愉同誅。《崔光傳》："永平元年秋，將刑元愉妾李氏，群官无敢言者。敕光爲詔，光逡巡不作，奏曰：'伏聞當刑元愉妾李，加之屠割。妖惑煽亂，誠合此罪。但外人竊云李今懷妊，例待分產。且臣尋諸舊典，兼推近事，戮至刳胎，謂之虐刑，桀紂之主，乃行斯事。君舉必書，義無隱昧，酷而乖法，何以示後？'世宗納之。"李氏蓋指楊妃。《李恃顯傳》（附《李順傳》）："恃顯養京兆王愉妾楊氏爲女，愉改楊妃爲李，以紀念恃顯。"又《京兆王愉傳》："愉在徐州納妾李氏，本姓楊，欲進貴之，託右中郎將趙郡李恃顯爲之養父。"皆可爲證。是楊妃不與愉同死，以有孕故，逾年產子，仍不免於誅戮，此誌所以云"八歲姙薨"也。至妃最後所產之子爲誰，書闕有間，不可考矣。

（原載《天津民國日報·圖書副刊》第二十九期，1947 年 2 月 7 日）

李挺墓誌（東魏興和三年十二月十三日）

誌於民國二十六年出安陽磁縣間漳水之濱。三十七行，行三十七字。正書。

挺字神儁，以字行，事蹟附見《魏書·李寶傳》及《北史·序傳》。《魏書》以字爲名，《序傳》出自李氏家牒，故名與字並舉，與誌合。以《傳》與誌文互校多異，兹枚舉之：

誌稱"高祖涼武昭王，曾祖酒泉公，祖侍中、使持節、征西大將軍、開府儀同三司、沙州牧、并州刺史、敦煌宣公，父尚書昭侯"而不名，據《傳》，則武昭王謂西涼主李暠，酒泉公謂暠子酒泉太守翻，宣公謂翻子寶，昭侯則第四子佐也。《傳》稱"寶鎮西大將軍"，不云"征西"。佐，世宗初拜都官尚書，卒諡曰莊，亦不云"昭侯"。一也。

誌又稱："以功封千乘縣侯，徵入拜司農少卿，莊皇纂統，拜散騎常侍，領殿中尚書。"則拜千乘於前，兼尚書於後，一在孝明末，一在孝莊初，甚明。《傳》則云："莊帝以神儁外戚之望，拜殿中尚書，追論守荆州功，封千乘縣侯。"與誌先後各異，又並書其事於莊帝時，亦未爲得。二也。

《傳》稱："神雋喪二妻，又欲娶從甥鄭嚴祖妹，盧元明亦將爲婚，二家鬩於嚴祖之門。鄭卒歸元明，神雋惆悵不已。"據誌，神雋元妻爲文貞公彭城劉芳第二女幼妃，未期而亡；又娶江陽王繼第三女阿妙，卒於穰城。《傳》云"喪二妻"，當指劉女與江陽王女言之。誌又云"娶清河文獻王懌第三女季聰"，當是鄭氏女已歸盧門，遂又娶靜帝姑爲室。神雋卒時，清河王女尚健在也。又《傳》僅稱"神雋少以才學知名，爲太常劉芳所賞"，不言芳以女嫁之。此皆《傳》略而誌詳者。三也。

神雋卒於興和三年六月，《傳》誤二年。四也。

然如官荊州時，與梁將曹敬宗相距，神雋有守城功。誌則隱約其辭，泛云"水軍飄銳，事均關於之來；舊甎生電，不異趙衰之急"。又當以《傳》爲正矣。

此誌字體寬博遒勁，與高翻、高盛二碑，元寶建墓誌相似，近出東魏誌石無與匹者。文累千三百餘言，典麗喬皇，非溫魏諸公不辦，惜無由知爲誰氏作矣。

（原載《天津民國日報·圖書副刊》
第三十一期，1947 年 2 月 21 日）

徐智竦墓誌（隋大業八年三月二十一日）

右誌於民國前一年春出土於廣州城北鎮海樓後岡，首圓趾方，尚存漢碑之式。十八行，行二十九字；陰十六行，行亦二十九字。正書。

誌稱："總管趙訥，遠聞徽猷，□□□建州刺史。"總管者，廣州總管之省。《隋書·譙國夫人傳》："時番州（案番州即廣州，仁壽二年避太子廣諱改廣州爲番州）總管趙訥貪虐，諸俚獠多有亡叛。夫人遣長史張融上封事，論安撫之宜，並言訥罪狀，不可以招懷遠人。上遣推訥，得其贓賄，竟致於法。"此訥事蹟之見於史者。《元和姓纂》七：“趙懷訥，廣州刺史、總管、懷化公。”則涉下文“壞化公”衍一“懷”字。

玩誌文，智竦之官建州，蓋出訥所薦舉，及訥以罪伏法，智竦亦解職北行。誌又稱：“雙僮遽逼，萬古便侵，大業六年十一月於江都□逝。”案《煬帝紀》：“大業六年三月幸江都，七年三月自江都入通濟渠，幸涿郡。”是六年冬煬帝尚在江都。疑智竦即於是年以訥黨坐誅，故誌云：“昊天不憖，殲此哲人，痛心疾首，行路悲悽。”又云：“淚將花墮，鳥共聲哀，孝子欲養，慈親不在。”辭意隱婉，有非楮墨所能宣者。一如高虯以坐廢太子勇黨誅死，而誌云“光景不留，溘先朝露”之比。誌例當如此，惜史無他證，今無由確知耳。《譙國夫人傳》稱夫人卒於仁壽初，其上疏劾訥，當在開皇末。南海距京師遼遠，故至大業初訥之案始定讞；或訥之伏法在前，而窮治智竦罪在後，皆未可知。

《隋書·地理志》：“永熙郡安遂縣，梁置建州廣熙郡，尋廢郡，大業初廢州。”又《太平寰宇記》一百六十四引《南越志》：“梁大同中分廣熙置建州，又分建州立雙州，隋煬帝初廢州置永熙郡。”是開皇仁壽間尚有建州，與誌合。汪景吾《廣州新出隋碑三種考》跋此誌謂“《新唐志》唐武德四年置建州”，又謂“可據誌以訂歐誌之失”，而不援《隋志》爲說，誠失之眉睫矣。

（原載《天津民國日報·圖書副刊》
第三十六期，1947 年 3 月 28 日）

羊瑋墓誌（大業六年九月十五日）

誌於二十年前出洛陽。二十七行，行二十七字。正書。

誌稱：“曾祖雄，梁天監十三年除給事冠軍將軍，通直散騎常侍，西衡州刺史。”案梁初有衡州，《梁書·武帝紀》：“天監六年四月分湘廣二州置衡州。”至元帝時置東衡州。《陳書·歐

陽顏傳》："梁元帝承制，以始興郡爲東衡州。"其後遂稱衡州爲
西衡州，以別於治曲江之東衡州。《錢道戢傳》："天嘉中都督東
西三衡州諸軍事、衡州刺史。"《宣帝紀》："太建五年三月西衡
州獻馬生角。"皆可爲證。雄刺衡州時，尚無東衡州，而稱西衡
州者，則是從後追書之耳。

　　誌又稱："祖磊，梁太清元年智武將軍、通直散騎常侍、梁
興軍開國侯、南司州刺史，性曉天運，鸞飛魏國，永熙二年除車
騎大將軍、南司定光三州諸軍事、南司州刺史。"是瑋先世仕江
表，至磊始懷貳降魏。計其入魏之年，當在武定末，不當在永
熙。誌文鶻突甚矣。

　　梁之南司州治安陸。《梁書·陳慶之傳》："表省南司州，復
安陸郡。"案：慶之卒於大同五年。《羊鴉仁傳》："大同七年除
都督南北司豫楚四州諸軍事、北司州刺史。"則其時尚有南司州
（參楊安敬說）。據誌，知太清初州尚未廢。此梁之南司也。東
魏之南司州治義陽，正始初爲郢州，後入於梁，梁謂之北司州。
梁末喪亂，復屬於魏，以鄴中已有司州，故加南字以別之（參
錢大昕說）。此魏之南司州也。磊前後俱官南司州，原非一地甚
明。至誌之定州，當是《魏書·地形志》之南定州，與南司州、
光州合稱三州，正以此三州東西毗鄰故耳。誌又稱："大業五年
除瑋爲右禦衛東陽府鷹揚郎將。"案：傳世隋虎符右禦衛僅有
"永昌"、"美政"二府，合"東陽"數之，隋之右禦衛府名，
今得其三矣。

（原載《天津民國日報·圖書副刊》第三十
八期，1947年4月11日）

楊秀墓誌（大業六年十月八日）

　　誌亦出洛陽。二十八行，行二十九字。分書。

誌稱：“秀，漢司空起之後。”考漢季司空無名起者，惟太尉楊震字伯起，疑起即伯起之省，然震亦未官司空，不知誌所云何指也。

誌又稱：“授任城王皇子國治書，會周武入齊，弔民伐罪，王以公神略不群，才堪主將，奏授儀同三司，與領軍尉永貴捉冀州城，宣威冀邑，運策漳濱。”案《北齊書·任城王湝傳》：“湝與廣寧王孝珩於冀州召募四萬餘人拒周軍。周齊王憲來伐，先遣送書並赦詔，湝並沉諸井。戰敗，俱被擒。”是誌之任城王謂湝。湝起義師於冀州，秀有守城功，及湝被執入關，秀亦不復出仕。誌以夷齊巢許，頌彼人臣之節，可知春秋筆伐，後世自見。以視陽休之、袁聿修輩，固有閒矣。尉永貴無考，《張保洛傳》有尉相貴、尉相願，永貴其近族或昆弟行歟？

王袞暨夫人蕭氏墓誌（大業十一年二月二十一日）

誌於民國十五年五月出洛陽。三十一行，行三十一字。正書。

誌稱：“曾祖暕，梁侍中、尚書左僕射、中書令；祖稺，梁侍中、左光祿大夫、駙馬都尉；考誦，梁侍中、中書令、護軍將軍、大將軍。”考《梁書·王暕傳》，暕有四子，訓、承、稺、訏。知稺爲第三子。《傳》不載稺仕歷及誦之名，故袞亦未及。《隋書·蕭詧傳》：“蕭巋纂業，親貴並用，外戚則王凝、王誦。”誦之名蓋見於此。至誦子袞，及誦爲何人子，史從省略，今賴誌知之。

袞乃晉丞相導之裔，自導下數至袞，則導爲一世，洽爲二世，珣爲三世，曇首爲四世，僧綽爲五世，儉爲六世，暕爲七世，稺爲八世，誦爲九世，袞爲十世。誌稱“晉始興公導之十世孫”，證之《南史·王弘傳》、《王曇首傳》正合。

袞尚後梁明帝元女晉安郡公主，公主蓋隋煬帝蕭后姊，是袞

在梁爲帝婿，在隋爲國戚。明帝嫡母王氏，疑亦近族。故誌有
"以鼎族之貴，居帝舅之尊"語。戚里之榮已極，無愧爲天下盛
門（此東魏廣陽王妃王令媛墓誌中語）矣。誌稱："梁祚告終，
例從貶降，及內宮正位，咸加禮秩，公主以伯姊之尊，策授任城
夫人。"內宮謂蕭后，公主於易代之後，仍受殊禮，蓋以蕭后
故耳。

　　誌首題"著作郎攝起居舍人事濟陽蔡允恭撰"，允恭乃蕭詧
舊臣蕭大業子，《周書》附見《蕭詧傳》，兩《唐書》爲立專
傳，其人至貞觀間尚存。史稱"允恭仕隋歷著作佐郎、起居舍
人"，與誌亦合。

（原載《天津民國日報·圖書副刊》
第四十期，1947 年 4 月 25 日）

跋洛陽近出陳叔明墓誌

　　民國二十五年七月，洛陽楊臼村北鄉人掘得石誌一方，題曰
"隋故禮部侍郎通議大夫陳府君之墓誌銘"。近郭君玉堂自洛寄
初拓本至，因以半日之力爲之考釋，並錄其文如左，俾與世之治
隋唐之際史事者共觀賞焉。

　　君諱叔明，字慈尚，吳興長城人也。出自帝舜之後，胡
公滿食菜於陳，因而賜姓。源與潁川同祖，漢太丘長寔之支
子鈞，徙家長城。若夫三君比駕，遠映德星；二子連環，高
談旦月。汝潁人物，許洛名流，世蘊奇偉，時標秀傑。金山
鵝響，嶽峻不褰；銅柱魚遊，淵澄無底。應東南之王氣，拯
淮海之橫流。王后在天，四帝丕緒。君，前陳武皇帝之孫，
孝宣皇帝之第六子。太建七年，策封宜都郡王，時年十二。
潤漸天潢，表河房之宿；華分日幹，拂扶陽之景。君共第四
兄長沙王叔賢同產，宣皇命貴妃袁氏養之，禮貫群蕃，恩深
諸子。八年，授宣惠將軍。九年，授衛尉卿，其年改授智武
將軍。十年，出授東揚州刺史，將軍如故。十二年，進授散
騎常侍南徐州刺史。十三年，授使持節都督吳興太守。十四
年，加誠武將軍。至德元年，徵授侍內秘書監。二年，改授
侍內左衛將軍。三年，授內書令。真明元年，冊拜司空公。
上爵曲島，地擬應韓，近衛鉤陳，寄深王傅。畿輔北門之
要，枌榆東戶之重。豐珥左右，徽章內外。陟六符而聳轡，
歷三階而振策。真明三年，百六運拒，庚子數終，與青蓋而
同入，渡滄江而不反。東陵廢侯，空想種瓜之地；南冠縶
者，徒操懷土之音。曹志亡國之餘，特降收採；張錫歸朝已

後，方蒙召見。大業二年，散官未廢，詔授正五品朝散大
夫。四年，兼鴻臚少卿。六年，守禮部侍郎。七年東巡，檢
校右禦衛虎賁郎將。八年，授朝散大夫，其年以臨遼勳例授
通議大夫，尋攝判吏部侍郎事。九年，檢校左屯衛鷹揚郎
將。卿寺增輝，郎曹切務。越遼（下一字泐）而陛侍，奉
旌門而轂丘。大業七年，凱旋西斾，禮畢東轅，其年十二月
二十七日，還屆洛川，奄然暴殞。終於河南縣思順里之宅，
春秋五十三，荏苒波瀾，儵忽泉夜。未輟罇酒，便嗟古今。
君幼稟純孝，早尚風格。容止可觀，折旋有度。新知久要，
不絕賓筵。秋夕春朝，無棄光景。達生達命，善始善終。以
十一年正月二十八日辛酉，卜宅於雒陽縣安山里鳳臺原。永
恨他鄉，徒感蘇韶之夢；長悲異縣，豈恤孫嘉之言。敬勒玄
陰，式傳不朽。陳太建十年，娶仁威將軍黃門郎駙馬都尉到
郁第三女爲妃，去大業元年先薨，今便同壙。（銘文從略）。
案：叔明爲陳宣帝第六子，後主之異母弟。以誌校史多異。
誌稱“字慈尚”，《陳書·高宗二十九王傳》則作“子昭”，當
是入隋後避煬帝子元德太子諱改名，與叔明同產兄長沙王叔堅避
隋高祖諱改堅爲賢者同例。此一事也。
　　《傳》稱：“太建五年，立爲宜都王，尋授宣威將軍。七年，
授東揚州刺史，尋爲輕車將軍衛尉卿。十三年，出爲使持節雲麾
將軍南徐州刺史，又爲侍中翊右將軍。至德四年，進號安右將
軍。”誌則云：“太建七年，策封宜都郡王，時年十二（案：叔
明卒於大業七年，年五十三，上推至太建七年，當年十七，誌云
十二，蓋誤）。……八年，授宣惠將軍。九年，授衛尉卿，其年改
授智武將軍。十年，出授東揚州刺史，將軍如故。十二年，進授
散騎常侍南徐州刺史。十三年，授使持節都督吳興太守。十四年，
加誠武將軍。至德元年，徵授侍內秘書監。二年，改授侍內左衛
將軍。三年，授內書令（案：侍內即侍中，內書令即中書令，隋
時避隋高祖父嫌名改）。真明元年（案：陳後主年號禎明，而誌作

真明者，蓋因隋高祖之祖名禎，故改禎爲真耳），冊拜司空公。”
《傳》以太建七年封宜都王爲五年事，十年授東揚州刺史爲七年
事，十二年進授南徐州刺史爲十三年事，繫年與誌異而與《陳
書·宣帝紀》則合，未知孰是孰否。其他出守吳興，入爲秘書監、
中書令、司空，《傳》俱失書，可據誌以裨史闕。此二事也。

　　《傳》舉入關後歷官，僅稱：“大業初爲鴻臚少卿”。據誌：
“大業二年，散官未廢，詔授正五品朝散大夫。四年，兼鴻臚少
卿。六年，守禮部侍郎。七年東巡，檢校右禦衛虎賁郎將。八
年，授朝散大夫，其年以臨遼勳例授通議大夫，尋攝判吏部侍郎
事。九年，檢校左屯衛鷹揚郎將。”　《傳》、誌互校，誌詳於
《傳》多矣。叔明入隋，當在開皇九年。自是迄於大業初，閱一
十六年，未膺顯職。至大業二年，始授官，當因煬帝寵幸宣華夫
人後，澤及夫人昆弟，與後梁子姓因内宮蕭后得蒙禮遇者，事出
一揆。此三事也。

　　誌又稱：“太建十年，娶仁威將軍黃門郎駙馬都尉到郁第三
女爲妃。”考《陳書·到仲舉傳》：“子郁，尚文帝妹信義長公
主，仲舉父子以罪賜死，郁諸男女及帝甥獲免。”不言曾官仁威
將軍黃門郎，亦不及郁女嬪於宣帝子。案：郁之賜死在光大元
年，下距大建十年逾十年，則《傳》云“帝甥獲免”，不僅免於
死，且重與帝室爲婚矣。此四事也。

　　叔明卒於大業七年十二月，年五十三。自是上推至陳亡時，
年已逾而立。《傳》不及卒之年，今賴誌知之。此五事也。

　　此誌文字隱秀峻潔，隋誌中所罕見。敍叔明陳亡入隋，客死
異國事，一則曰：“東陵廢侯，空想種瓜之地；南冠繫者，徒操
懷土之音。”再則曰：“永恨他鄉，徒感蘇韶之夢；長悲異縣，
豈恤孫嘉之言。”弦外之音自見，非江表舊臣深於黍離麥秀之思
者不辨，惜無由知爲誰氏作矣。

（原載《圖書季刊》新第八卷第三、四期合刊，1947 年 12 月）

俄境伊爾庫次克所出唐鏡二品跋

　　唐鏡二品，其一作小孩持花葉狀，其一有銘識八言，曰
"清曉雪河，橫皎月波"。十五年夏，西伯利亞貝加爾湖北岸古
丁令地出土。駐伊爾庫茨克總領事張君（瑋）見之，亟令人錘
拓，即此本是也。傳世唐鏡如此者甚罕，爰爲製版，以公同好。
聞當時出土尚有銅器十餘事，今並藏布拉特司基博物館。舜盦學
人記。

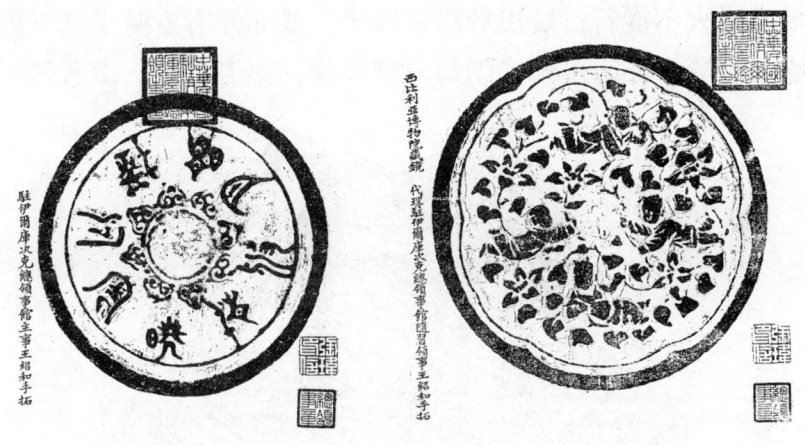

（原載《國立北平圖書館月刊》第三
卷第五號卷首，1929 年 11 月）

洛陽出土古象棋盤

　　洛陽新出土磚製古象棋盤一具，成六角形，分爲三方。每方具將一、仕象馬車斿炮火各二、卒三，共十八子。案：吾國象棋，在隋唐以前其式與今行者殊科。孟心史先生以爲與今日歐洲通行之象棋相近，大致可信也。現行象棋之逐漸形成爲三十二子二人對弈，其時間最早不能出北宋。至南渡初，乃有文獻可徵。此局三人對弈，蓋仿溫公七國象棋格局爲之，易七國爲三國。觀於炮字從火不從石，疑出於南宋以後。或亦受有當時平話方面說三國之影響，亦未可知。謂爲漢魏間物，似過早也。編者識。

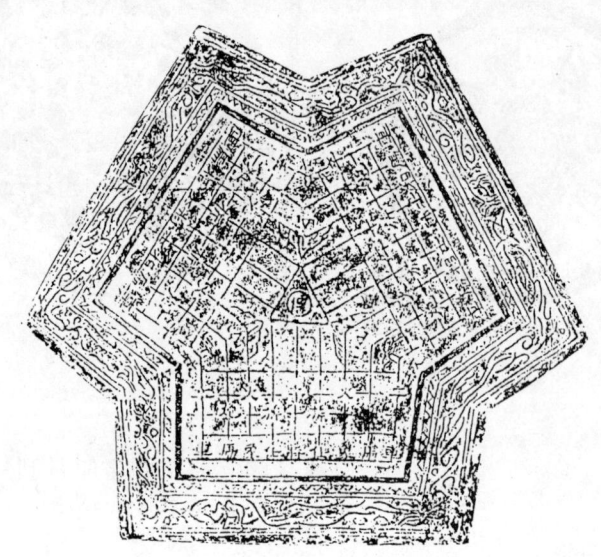

（原載《國立北平圖書館館刊》第六卷第二號，1932 年 4 月）

《校輯宋金元人詞》序

長短句爲宋世樂府之正聲，當時名工鉅製，難以數計。書林乘機繙刻，今可得而考者凡三地焉。一曰長沙坊刻詞。《直齋書錄解題》（二十一）歌詞類全錄其目。自《南唐二主詞》迄郭應祥《笑笑詞》，凡百家。嘉定元年滕仲因跋《笑笑詞》云，"昔聞張于湖一傳而得吳敬齋，再傳而得郭遜齋，長沙劉氏書坊既以二公之詞鋟諸木，而遜齋《笑笑詞》獨家塾有本，一日，予叩遜齋，願並刊之"云云。案：張孝祥《于湖詞》、吳鎰《敬齋詞》，直齋所記並有之，知《百家詞》乃劉氏書坊所刻矣。二曰《典雅詞》。朱彝尊輯《詞綜》時，於文淵閣及他處共得六冊。《曝書亭集》（四十三）有跋記之。其略曰："《典雅詞》不知凡幾十冊，予未通籍時，得一冊於慈仁寺集，牋皆羅紋，惟書法潦草，蓋宋日胥吏所鈔南渡以後諸公詞。後分纂《一統志》。崑山徐尚書請於朝，權發文淵閣書，用資考證。中亦有《典雅詞》一冊，始知是編爲中秘所儲也。既而工部郎靈壽傅君以家藏鈔本詞四冊貽予，則尺度題牋與予曩所購無異，考正統中《文淵閣書目》止著諸家詞三十九冊，而無"典雅"之名（案：《文淵閣書目》載諸家宴喜詞三十冊，與竹垞所云不合），疑即是書，著錄者未之詳爾。"據此知"典雅"乃宋世舊題，故杭世駿補本《千頃堂書目》、倪燦《宋史藝文志補》並著於錄。然僅列姚述堯《簫臺公餘詞》、倪偁《綺川詞》、邱崈《文定公詞》三種。合以江陰繆氏傳鈔汲古閣本陳允平《西麓繼周集》、曹冠《燕喜詞》、趙磻老《拙庵詞》、李好古《碎錦詞》、馮取洽《雙溪詞》、袁去華《宣卿詞》、程大昌

《文簡公詞》、胡銓《澹庵長短句》、失名《章華詞》、劉子寰《篁嵊詞》、阮閱《巢令君阮戶部詞》、黃公度《知稼翁詞》、陳亮《龍川詞》、侯寘《孄窟詞》（《藝風藏書續記》七著錄），共得十有七種，與朱氏所跋之六冊，自當爲一家眷屬，或即係一書。勞巽卿曾見朱氏藏本，嘗以校歐良《撫掌詞》、張輯《東澤綺語債》，則傳世《典雅詞》至少亦當有十九種矣。更以江陰繆氏藏本行款推之，半葉十行，行十八字，與汲古閣影宋陳氏書棚本趙以夫《虛齋樂府》、許棐《梅屋詩餘》、戴復古《石屏長短句》均合，平闕之式亦有同者。與毛氏影宋本《知稼翁詞》和《石湖詞》、《辛稼軒詞》亦無不合。殆均爲陳氏書棚所刻，其性質初與《群賢小集》無異。此雖屬假設之辭，然於事實必不相遠。考宋人樂章輒以雅相尚，傳世有張安國《紫微雅詞》、趙彥端《寶文雅詞》、曾慥《樂府雅詞》，《宋史·藝文志》有《書舟雅詞》，《歲時廣記》引《復雅歌詞》，此書以典雅名，亦足覘南渡後風尚矣。三曰《琴趣外篇》，乃閩中書肆所刻。毛子晉有影宋寫本歐陽修《醉翁琴趣》、晁元禮《閒齋琴趣》、晁無咎《晁氏琴趣》各六卷。此外毛斧季校本《淮海詞》亦時引《琴趣》，知尚有《淮海琴趣》。合以《四庫提要》所舉之葉夢得《石林琴趣》、吳門汪氏舊藏之趙彥端《介庵琴趣》、唐棲勞氏所校之黃庭堅《山谷琴趣》，共得七種，然其總數當不止此。今惟《山谷琴趣》全帙及《醉翁琴趣》上冊尚存海鹽張氏。去秋於滬上見之，始知前人謂爲閩刻不謬。此宋世書林刊詞之大略也（張炎《詞源》下云舊有刊本《六十家詞》，未詳爲何地所刊）。余校輯宋金元人詞，於《永樂大典》殘帙搜得蔡枏《浩歌集》、張孝忠《野逸堂長短句》，疑即出長沙本；於《典雅詞》得到劉子寰《篁嵊詞》；而《閒齋琴趣》余所見趙輯寧星鳳閣鈔本乃全帙，尤爲快意。因詳著宋世湘浙閩各地刊詞始末，以弁其首，俾世人知彙刻宋人樂章，以長沙百家詞始，至余此編乃告一段落，蓋所由來者遠矣。二十年二月海寧趙萬里書。

（原載趙萬里編《校輯宋金元人詞》，國立中央研究院歷史語言研究所 1931 年出版）

《校輯宋金元人詞》跋

此書校印既畢，覆檢群書，其足訂前說者：《宋景文公長短句》附錄《玉漏遲》一首，《花草粹編》（九）載之，有附注一則，云：“韓魏公子都尉嘉彥，才質清秀，頗有豪氣。因言語間與公主參商，安置鄧州。洎春來感懷作此詞，都下盛傳。因教池開，公主出遊教池，李師師獻此詞以侑觴，聲韻悽惋。公主問辭之所由，師師具道其意，公主因緣感疾，帝乃遣使速召嘉彥還都。”（疑出楊偍《古今詞話》）則非宋作明矣。此其一。康與之《順庵樂府》附錄《菩薩蠻》“南軒面對芙蓉浦”一闋，見《歷代詩餘》（九），他書無引作康詞者，實出陳與義《無住詞》，此其二。李氏《花萼集》，《水調歌頭》“危樓雲雨上”一闋，《絕妙好詞箋》引《夷堅志》不記卷數，今細檢原書，知出《三志》己集八。此其三。吳激《東山樂府》，《木蘭花慢》實出《吳禮部詩話》，下疊“奈佳期動是隔年看”句，“奈”作“數”，較《詞品》爲長。此其四。此四事者，當時俱失之眉睫。又《去華山人詞·沁園春》云：“農桑豐年，擊壤西東，千倉腐紅。”余初疑“腐紅”與下文“紛”、“辰”、“精”諸字通押似有誤，胡適之先生謂“腐紅”可通，暗用《漢書·食貨志》太倉之粟陳陳相因，充溢露積於外，腐敗不可食之意。“紅”、“精”同是－ng收音，與－n諸字通押。說至精確，茲並記之，以告讀是書者。萬里識。二十年五月。

（原載趙萬里編《校輯宋金元人詞》，國立中央研究院歷史語言研究所 1931 年出版）

《漢魏南北朝墓誌集釋》序

　　前人著錄古冢墓遺文，蓋肇於趙宋之世。歐陽永叔《集古錄》首考宋宗愨母夫人、南齊海陵王二誌，以補益史傳。沈存中《夢溪筆談》、黄伯思《東觀餘論》亦詳載海陵王誌出土始末。知宋人留意於前代薶幽之文，亦與三代彝器、兩京碑刻無異。自後趙德父撰《金石錄》，著錄漸廣，孫蔚、拓跋吐度真、普六如忠諸誌，皆歐公所未見。陳思《寶刻叢編》引《復齋碑錄》、《京兆石刻錄》，但記誌主姓名、葬日、書撰人、出土地，此後世《天下金石志》、《寰宇訪碑錄》之體之所由昉。視歐趙徵文考獻，孳孳惟恐不足，固有間矣。顧歐趙考證雖密，然未錄誌文，使人無由窺豹，終爲憾事。元末陶南邨迻錄梁永陽王妃等誌文於《古刻叢鈔》，然考證獨闕。以是知二者得兼如洪氏《隸釋》、《隸續》之不易遘也。近世金石之學，凌越前代。青浦王蘭泉《萃編》一書，有鑿空之功，合歐、趙、南邨之學爲一，斯學大昌，如日中天。然拓墨僅據一本，編校出於衆手，紕繆孔多，讀者惑焉。厥後陸劭聞《續編》、陸星農《補正》，踵事增華，得失參半。光緒間宜都楊惺吾遴選石墨，爲《寰宇貞石圖》，不煩鈔胥之勞，可覘廬山之面。近年地不愛寶，誌石踵出，數已數十倍於曩昔。爰於暇日，就南北藏家借讀，更益以洛中友人所寄，積久漸多，整比需時，乃先取自漢迄隋墓誌、墓記、神坐、柩銘等新舊拓本六百又九通，釐爲十卷，又補遺一卷，顔曰“漢魏南北朝墓誌集釋”，守青浦之成規，兼宜都之新法，茌苒經年，始克蕆事。謹述編例，用代弁言，並世方雅，幸裁正之。

編　例

一、此編上起東漢，下迄楊隋，以墓誌、墓記、椁銘、神坐、柩銘等得見新舊拓本者爲限。墓前碑表、神道非壙內物，當別爲一書，以與此編輔行，茲不攔入。近出晉虎牙將軍王君墓表，高廣僅及建初尺之半，當爲壙內物，以編時未見拓本，當以留待後編。

二、此編所收，力求整紙初拓足拓本，如司馬元興墓誌，係繆藝風舊藏本；元公、姬氏、董美人、蘇順諸誌，係劉燕庭舊藏本；常醜奴墓誌，係龔孝拱舊藏本，均是。或損字較少之本，如賈武仲妻馬姜墓記，係"惟永平東侯"五字未損本；高湛墓誌，係"退流"二字未損本，均是。至原石久佚無整紙舊拓可據者，如崔敬邕、張玄二誌，今依坊間新印本重印。事非得已，閱者諒之。

三、此編於石誌有見必錄，專誌十不存一，僅選文字精好易於製版或誌文有關史事者印之。篋藏專誌拓本及《萬里遺文目錄》所載約百餘通，率字多譌別，真贋難辨。又行文簡略，無裨考史。如與石誌錯綜並列，轉爲贅疣，茲從刪落，理或當然。至寶華盦舊藏漢恒農郡徒役專誌及近年西域出土高昌諸志，以有《恒農冢墓遺文》、《恒農專錄》、《高昌專集》等書在，不再輯述，以省篇幅。

四、此編所收拓本，歷時數載，遍訪南北藏家，期臻完善。然自愧譾陋，遺珠之憾，仍未能免。如北魏楊祖興（出潼關，見《關中金石文字存佚考》八引《潼關新志》）、崔纂、崔約、崔纘、崔重和、崔含（均出博野，見光緒《畿輔通志》一百四十二《金石志》）、西魏杜何拔（見《山右金石記》一）、北齊高陽王湜（出磁縣，錢大昕《潛研堂文集》三十二、任兆麟《有竹居文集》十二俱有跋）、隋伊璣（出安縣，見光緒《畿輔通志》一百四十二《金石志》）、陳夫人王氏（出番禺，見汪兆鏞《廣州新出土隋碑三種考》）、馮原（出高陽，見光緒《畿輔通志》一百四十二《金石志》)、李寶（出屯留，見《山右金石記》二）等誌，今皆未見拓本。近年洛陽出土徐義（元康九年）、元曄（孝昌三年）、元躍（太昌元年）、張夫人侯氏（正始四年）、董敬（大業二年）、劉達（大業三年）、王德（大業七年）、蔣慶（大業十一年）等誌，漳濱出土薛廣（河清四年）、吳遷（武平元年）、崔大苟（開皇三年）、蘇巖（開皇十三年）等誌，咸陽出土獨孤信（周閔帝元年）、宇文儉妻步六孤須蜜多（庾信文，建德元年）、段威（開皇十五年）、獨孤羅（開皇二十年）等誌，景縣出土封魔奴（正光二年）、封延之（興和三年）、封子繪（河清四年）等誌，以得見拓本稍遲，未能編入。又梁永陽王蕭敷夫婦墓誌，全文見嚴可均《全梁文》、方履籛《金石萃編補正》，傳世宋拓本今藏吳縣吳湖帆家。以湖帆珍襲備至，未允借影。附識於此，以俟將伯之助。

五、前人著錄，間雜贋品，如晉房宣、張盛、和國仁，梁楊公則，魏周哲等誌，字體率矯揉造作，或平弱無力，兹皆不收。近年洛陽北魏墓誌大出，嗜古者珍逾拱璧，碑賈乘機私造，以牟重利。或竊改唐誌年號以充隋誌，如《賈玄贊殯記》，不一而足。然一驗文采書體，立竿見影，真贋自明。大抵晉誌承炎漢之餘，古風未泯，分書豐厚圓潤，上者可與正始石經、咸寧辟雍碑抗衡，下者亦與郭休、任城孫夫人碑相近。北魏則太和景明，遷洛未久，書體厚重，氣象盛大。正光以降，漸趨秀整。漳濱所出東魏北齊墓誌，體勢寬博，文字多存隸古，視高長恭、高盛、高翻諸碑及磁縣響堂諸石刻，如出一轍。隋誌則俊爽遒麗，別具風格。兹所甄錄，悉經鑒定。世有摭拾遊談，傅會耳食，以真爲贋，如繆藝風之疑高百年，陳可莊之疑蘇孝慈；或以贋爲真，如楊惺吾、端陶齋之信房宣，則非吾所敢知矣。

六、此編於誌主衹書姓名，不冠仕歷。婦人則稱某某妻某，或某夫人某氏。夫婦合葬，於夫誌中著其婦之姓氏卒年者，則稱某某暨妻某氏。夫婦各勒一誌，則儷婦誌於夫誌後，不依葬日爲次，以便檢尋。

七、北魏宗室墓誌，依《魏書·宗室傳》世系爲次，不依葬日。北齊墓誌亦仿北魏例，以宗室冠首。

八、此編迻錄前人及時人題跋，以有關史事及原石出土流轉始末爲限。其專論書法工拙，概置不錄。

九、此編所記高廣尺度，均據拓本測定，以較原石，容有參差。

十、此編經始於 1933 年，中更艱屯，屢作屢輟。1953 年中國科學院考古研究所特予協助，並提出修正意見，舊稿得以粗定。私衷感荷，匪可言宣。二十年來辱承吳興徐森玉先生、鄞縣馬叔平先生、洛陽郭玉堂先生惠借拓本，並承教益。又至德周氏、武進陶氏、固始許氏藏拓亦曾選影。謹此致謝。

1953 年 12 月

（原載趙萬里撰《漢魏南北朝墓誌集釋》，科學出版社 1956 年出版）

《薛仁貴征遼事略》後記

右《薛仁貴征遼事略》，明《文淵閣書目》著錄。原書明以後久佚。余從英國牛津大學圖書館所藏《永樂大典》卷五千二百四十四遼字韻（據影片）輯出，付上海古典文學出版社印行。《大典》中有戲文，有雜劇。現存宋元戲文《小孫屠》、《張協狀元》、《宦門子弟錯立身》等三本，即從《大典》傳錄。至《大典》中發現整部話本，則自此書始。《永樂大典目錄》話字韻共收宋元評話二十六卷，此書疑亦其中一種，尚冀他日能繼是發現也。

薛仁貴征遼事蹟，詳見兩《唐書》薛仁貴傳。舊書薛傳云：

薛仁貴，絳州龍門人。貞觀末，太宗親征遼東。仁貴謁將軍張士貴應募，請從行。至安地，有郎將劉君昂為賊所圍，仁貴往救之，躍馬徑前，手斬賊將，賊皆懾服，仁貴遂知名。及大軍攻安地城，高麗莫離支遣將高延壽、高惠真率兵二十五萬來距戰，依山結營，太宗分命諸將四面擊之。仁貴自恃驍勇，欲立奇功，乃異其服色，著白衣，握戟腰鞬張弓，大呼先入，所向無前，賊盡披靡。大軍乘之，賊大潰。太宗遙望見之，問先鋒白衣者為誰。引見，賜馬兩匹、絹四十匹，擢游擊將軍、雲泉府果毅。

舊傳又稱：

高宗時九姓突厥有眾十餘萬，令驍健數十人逆來挑戰，仁貴發三矢，射殺三人，自餘下馬請降。仁貴更就磧北安撫餘眾，擒其偽葉護兄弟三人而還。軍中歌曰：將軍三箭定天山，戰士長歌入漢關。

　　和話本內容比較，事實大致相合。惟稱征遼時仁貴軍功爲張士貴副將劉君昂冒領，事發，張士貴、劉君昂共謀背唐奔高麗，中途爲尉遲恭等追回，士貴遞流海島，劉君昂受戮。劉君昂當即《舊唐書·薛仁貴傳》之劉君昂（《新書·薛仁貴傳》作劉君卬）。案：此事全屬子虛。兩《唐書》張士貴傳：“士貴以軍功累遷左領軍大將軍，封虢國公。高宗顯慶初卒，陪葬昭陵。”自無“遞流海島”之事。話本又稱：“莫離支借天山軍頡利可罕領元龍、元虎、元鳳兼大兵三萬來助高麗，被仁貴兩箭一戟將元龍等打下馬來。”則是把高宗朝仁貴領兵擊九姓突厥於天山一事和太宗征遼事混爲一談。話本既是小說，其中事實自可東搬西湊，任意捏造，固無足怪矣。

　　後來《說唐後傳》，又捏造薛仁貴本名薛禮，張士貴本名張環，仁貴戰功爲士貴之婿何宗憲所掩，事發，張士貴、何宗憲等俱誅死。和話本內容，似是一脈相承。不過把劉君昂換了何宗憲，事情又趨向複雜化、演義化而已。

　　此書文辭古樸簡率之處，和至治新刊平話五種相似，當是宋元間說話人手筆。其敍仁貴引兵至安地嶺，至一高峰，發現一座宮觀。仁貴下馬，令衆兵排門而入，忽於正殿轉過一個婦人。話本形容這個婦人生得十分美貌，有如“芙蓉城下，子高適會瓊姬；洛水隄邊，鄭子初逢龍女”。案：芙蓉城下故事，蘇軾《芙蓉城》詩引首詠其事。施元之《注東坡詩》引胡微之《王子高芙蓉城傳》，詳載子高與周瑤英遇合本末。趙彥衛《雲麓漫鈔》卷十、王實父《韓彩雲絲竹芙蓉亭》雜劇“王子高不好色，周瓊姬忒分外”，則女主角周瑤英改稱周瓊姬，與此書同。宋元戲文中有《王子高》戲文，殘文引見《九宮正始》。元以後文學作品中，此故事已罕見稱引（事詳《中山大學語言歷史學研究所週刊》拙撰《王子高芙蓉城故事考》，和錢南揚先生《宋元戲文輯佚》“王子高”條），此書隨手拈來，便成故實。可知此書寫作時代，當在王子高故事流傳正盛時。據此推斷，知非南宋時或元初不可矣。

此書又稱"秦懷玉領兵出陣,便似掛孝關平也"。案:關平與父關羽同時被殺,明見於史。此事本無問題,但在《至治新刊三國志平話》卷下"劉禪即位"、"諸葛七擒孟獲"、"諸葛造木牛流馬"三節中,均有關平出場。可知說話人心目中關羽被殺時,關平並未同死,與此書稱"掛孝關平"若合符節。據此推斷,此書寫作時代當與《三國志平話》寫作時代相距不遠。事或然乎?

書中譌別之字,如"吶喊"作"納喊","蕭銑"作"肖銑","慌忙"作"荒忙","鐵鐧"作"鐵簡","睜目"作"爭目","正走"做"盛走","甫能"作"付能","縱馬"作"從馬","可汗"作"可罕",疑《永樂大典》所據底本如此,重印時不予改正。附誌於此,以告讀者。

1957 年 6 月 30 日

(原載趙萬里編注《薛仁貴征遼事略》,古典文學出版社 1957 年出版)

《元一統志》前言

　　元代官修全國地理書，始於元世祖至元二十二年，至三十一年成書。稍後得《雲南圖志》、《甘肅圖志》、《遼陽圖志》，因倡議重修，由孛蘭肹、岳鉉等主其事。元成宗大德七年纂修成書，凡一千三百卷（焦竑《國史經籍志》作一千卷，錢大昕《元史藝文志》同，茲從《秘書監志》），定名爲《大元大一統志》。元順帝至正六年由杭州刻版，今所見殘元本即是杭州本。元代政府對此書編製經過十分重視，特詳載本末於王士點《秘書監志》中，茲不贅引。

　　《大元大一統志》簡稱《元一統志》。書中於各路各州各縣史蹟，繼承唐代《元和郡縣圖志》，宋代《太平寰宇記》、《輿地紀勝》等書成例，歸納爲建置沿革、坊郭鄉鎮、里至、山川、地產、風俗、形勢、古蹟、宦蹟、人物、仙釋等部門。所引資料，凡大江以南各行省大半取材於《輿地紀勝》和宋、元舊志，北方等省則取材於《元和郡縣圖志》、《太平寰宇記》和金、元舊志居多。今宋、元舊志十亡八九，金志全佚，而《元和郡縣圖志》、《太平寰宇記》、《輿地紀勝》等書今傳本俱有缺葉缺卷，正賴此書得以訂補。此書存，則無數宋、金、元舊志俱隨之而存，此書亡，則宋、金、元舊志亦隨之而亡。此書學術上之重要性，於此可見一斑。

　　《元一統志》明以後久無全本。近年內閣大庫出元至正刻本殘帙七卷，計合州二卷，灌州、眉州、海鹽州、崇德州、常州路各一卷。其中眉州一卷，1930 年友人徐中舒先生爲我鈔得之，原書現不知流轉何所。餘卷多爲公私藏家收藏，亦倩人次第鈔得。此外常熟瞿氏舊藏鈔本九卷：鄜州二卷，葭州三卷，均州、房州、巨津州、通安州各一卷。別有嘉慶間吳縣袁廷檮家鈔本三十五卷，除均州、房州、鄜州、葭州等七卷見於瞿本外，袁本溢出瞿本者二十八卷：南陽府、裕州各三卷，孟州、鄭州、襄陽路、峽州路、延安路各二卷，嵩州、江陵路、洋州、金州、成州、蘭州、會州、西和州、平江路、瑞州路、新昌州、撫州路各一卷。錢大昕《潛研堂文集》二九所稱南濠朱氏藏本，實即袁本之祖本。至吳騫《愚谷文存》四稱四川一省彭州、威州、茂州、簡州、眉州、沔州、蓬州、達州、重慶路、夔州路諸殘帙，則自來未見著錄，恐早已亡佚無存。

《元一統志》除上舉元至正刻本殘帙與瞿本、袁本外，《永樂大典》引用最多。明代官修地理書《寰宇通志》、《明一統志》亦間加引用。《明一統志》中所引“元志”，以《寰宇通志》與他書查對，知是《元一統志》簡稱。《嘉定鎮江志》、《壽昌乘》原出《永樂大典》，其夾注中引《元一統志》，自出《大典》無疑。《熱河志》、《盛京通志》、《東昌府志》、《滿洲源流考》、《日下舊聞考》所引《元一統志》，疑皆前人從《永樂大典》轉錄。《四川通志》引《元一統志》，則似出吳騫舊藏元刻殘帙，書闕有間，今無由詳考矣。

今試以《元史·地理志》爲綱，將元刻殘帙、瞿本、袁本與群書所引彙輯爲一書。始於 1944 年，荏苒二十年，至 1965 年始克藏事。他日續有所得，當再補輯，以竟全業。

《元一統志》所引事蹟，如敍大都寺觀之壯麗、古蹟之紛繁，多他書所未見。延安路石油條，鄜州石脂、石油等條，可補沈括《夢溪筆談》之遺。延安路范雍、計用章、龐籍、狄青、韓琦、薛奎、王溫恭、夏安期、李師中、李若谷、王庶等人事蹟均出《宋史》，但與今本《宋史》多不合，蓋《元一統志》所據乃元初纂修本，今所見乃脫脫纂修本，故兩本不同如此。

《元一統志》乃元代官書，其纂修出自封建統治階級之手，因此帶有濃厚的封建正統觀念。一方面承歷代史書之遺，極度尊重漢、晉、唐、宋等正統王朝，而對當時的四圍少數民族則加以蔑視，甚至採用侮辱性稱呼，如太原路郅都條稱匈奴爲賊，延安路麟州舊壤條稱匈奴爲戎人，葭蘆川、屈野川、永洛故城、范仲淹、程戡、沈括、趙卨、劉平、史吉等條均稱西夏爲賊、爲夏賊，成州孔奮條稱氐人爲賊，虞詡條稱羌人爲賊，嘉定府路蘇元老條稱茂州少數民族爲蠻、爲賊，容州王翊條稱嶺南少數民族爲賊等均是。對古代少數民族還有漢裳蠻、烏蠻、白蠻、絳蠻、聶些蠻、儸蠻、鹿蠻、凌蠻、三王蠻、磨蠻、些蠻、施蠻等稱。對歷代統治階級鎮壓少數民族的殘酷戰爭，均稱爲征討、討伐等等。另一方面對人民群衆反壓迫反剝削的正義鬥爭，如南陽府魯陽關，襄陽路王煥，高郵府三湖，安西路淳化故城，汀州路寧化縣、清流縣、潭飛礫等條，則誣之爲賊、爲寇、爲盜賊、爲摽盜、爲蕃賊、爲草寇、爲暴亂、爲犯法等等。這些情況，在古蹟、宦蹟、人物門中，顯示的最爲突出。這一意識形態，乃封建時代之脊骨，直到解放後纔被徹底糾正。此外仙釋門，除某些神話性的故事外，餘皆荒誕不經的迷信之談。宦蹟、人物門中又雜有宣揚宿命論的封建思想，和忠君、貞節等封建道德觀念。以上各點，希望讀者在利用此書時，能予以嚴正的批判。

1966 年 5 月 15 日

（原載趙萬里校輯《元一統志》，中華書局 1966 年出版）

《元明樂府套數舉略》序

　　秋浦周志輔先生，擅音律，精劇曲，於元明傳奇、雜劇、套數嗜之尤篤。嘗輯錄元明樂府套數格式爲《舉略》一書，余受而讀之，竊歎其用力之勤，網羅之富，自沈寧庵撰《南詞譜》、李玄玉撰《北詞廣正譜》以來未之有也。考自來南北詞宮譜雖多注明宮調格式，然率略而不備，不足爲初學者準則。試舉北黃鐘宮、南正宮言之，《醉花陰》、《喜遷鶯》、《出隊子》、《刮地風》、《四門子》、《水仙子》、《尾聲》，因爲北黃鐘通用正格，然如白仁甫散套以《醉花陰》、《喜遷鶯》、《六么令》、《九條龍》、《尾聲》成套，關漢卿散套以《侍香金童》、《降黃龍袞》、《出隊子》、《神仗兒》、《煞》成套。元明間人亦多用之。今此書所載乃增至二十四式，以是知李玄玉輩所舉者未爲備也。《錦纏道》、《普天樂》、《古輪臺》、《尾聲》，固爲南正宮通用格式；然四支同牌者，《玉芙蓉》、《雙鸂鶒》之類，概可省尾。明人以《傾杯賞芙蓉》、《刷子玉芙蓉》、《錦芙蓉》、《雁芙蓉》、《小桃映芙蓉》、《普天賞芙蓉》、《朱奴插芙蓉》諸集曲加尾成套者，尤爲別開生面之式。今此書所載乃增至五十五格，而集曲之例尚未盡焉。以是知沈寧庵、沈自晉輩所舉實百無一二，而君於此學有探驪得珠之妙。世之治斯學者，得此書提綱挈領，如讀千百古人劇曲，其爲便可勝道哉。他日君更用此法兼錄元明雜劇、傳奇、套曲令式，與此書相發明，驗其變化之跡與劇情角色間相互之關係，各宮調四聲陰陽必守之定則，觀其會通，勒爲定譜，則斯學之昌明可立而待。吾知君必將有事乎此也。然則此書之作，殆其嚆矢也與。

（原載 1932 年石印本周明泰選輯《元明樂府套數舉略》）

《西諦書目》序

　　西諦同志離開我們快近五周年了。他的全部藏書在他墜機遇難以後不久，即由高君箴同志遵照他的遺志獻給中華人民共和國文化部，轉送北京圖書館庋藏。《西諦書目》五卷、《題跋》一卷，今年10月將由文物出版社排印出版。文物出版社認爲我和西諦在搜訪、整理、探討祖國文化遺產方面，是多年在一起的，對於他的藏書內容比較熟悉一些，特地要我寫一篇序文。我辭不獲命，因把他的藏書特點就個人見到的擇要寫在下面，以就正於讀者。

　　西諦藏書的主要類別，有歷代詩文別集、總集、詞曲、小說、彈詞、寶卷、版畫和各種政治經濟史料等，範圍十分廣泛。除去外文書打算另編專目，通行常見的舊版書和新版書暫不列入外，總達七千七百四十種。其中明清版居多數，手寫本次之，宋元版最少，僅陶集、杜詩、佛經等數種。就數量和質量論，在當代私家藏書中，可算是屈指可數的。

　　西諦對於歷代文學作品，總是按照中國文學發展過程，大力進行搜訪工作。從《詩經》、《楚辭》，到戲曲、小說、彈詞、寶卷，面面俱到，齊頭並進，四十年如一日。他不但重視作家的別集，還特別強調總集和地方藝文類書籍所起的作用。他認爲總集類書籍不但可和各家別集互相比勘，取長補短，而且還可看出各個歷史時期文學流派的特色和選家對文學批評的傾向。在解答具體問題時，兩者之間更有著千絲萬縷的關係。例如漢魏六朝文學，除了各家別集和薛應旂、汪士賢、張燮、張溥等編校的各家別集叢書，還兼收《昭明文選》各種版本三十三種、《玉臺新

詠》各種版本八種和明人馮惟訥、劉成德、張之象、張謙、曹
學佺等編選的總集。唐代文學除廣收各家別集和朱警、黃貫曾、
許自昌、毛晉、席啓寓、劉雲份等編校的各家別集叢書，還兼收
唐宋人選唐詩和明清人卓明卿、吳琯、吳勉學、胡震亨、曹學
佺、季振宜等編選的總集。對宋以後和近代文學作品也是如此。
他特別留意地方藝文類書籍，前後收得的達二百多種。其中不少
是長期被人們忽視的，經他發掘出來，遂得重見著錄。

　　西諦收藏的明清人詩文集，數量也相當可觀，其中較大的一
部分是僻書。他保存這些僻書的目的，是爲了不讓它默默無聞地
被大家遺忘掉，以便去蕪存菁，做到古爲今用。此外，他對於畫
家的集子如沈周的《石田集》、陳淳的《白陽集》、董其昌的
《容臺集》、吳歷的《墨井詩鈔》、金農的《冬心先生集》；戲曲
家的集子如《水滸記》、《橘浦記》作者許自昌的《臥雲稿》，
《四豔記》作者葉憲祖的《青錦園文集選》，藏改“四夢”和
《元曲選》編輯者臧懋循的《負苞堂文集》，《桃花扇》作者孔
尚任的《湖海集》，《玉湖樓傳奇》作者裘璉的《橫山詩文鈔》，
非常重視，都是他經常向人津津樂道的。他對曾遭禁毀的明遺民
的著作，也一向留意搜訪，如方以智的《浮山文集》、李確的
《潛夫先生遺文》、杜濬的《變雅堂詩集》、葛芝的《臥龍山人
集》，內容都很有史料價值。

　　西諦很早就開始收集唐宋以來詞人的著作。記得 1930 年夏
天，我在他上海虹口東寶興路寓所中，看到他新收的天一閣舊藏
的幾種明版詞集。中有明人夏言的《桂洲詞》、夏暘的《葵軒
詞》、陳德文的《建安詩餘》，紙墨俱佳，十分漂亮，但作品功
力不深，風格不高，值得一讀的寥寥無幾。引得我注意的，倒是
那厚厚的一冊明嘉靖間四川嘉定九峰書院刻本元遺山編的《中
州樂府》，字大如錢，刻工於粗獷中寓有質樸氣息，後來毛氏汲
古閣本、朱氏《彊村叢書》本都以此爲祖本。解放後，他又在
北京收得明代石村書屋藍格鈔本《宋元明三十三家詞》，前後有

清初浙派詞人朱彝尊竹垞老人藏印，又有竹垞親筆題識和眉端評語。竹垞和汪晉賢合編的《詞綜》，就是依據這些資料爲素材的。這兩種書，用他的話來講，是他詞藏中的兩朵燦燦發光的奇葩。此外他爲了全面評介明清人詞，採取雙管齊下辦法，除了搜集孫默編的留松閣《名家詩餘》、聶先和曾王孫合編的《百家名詞》、龔祥麟編的《浙西六家詞》和《詩餘廣選》、《倚聲初集》、《瑤華集》、《清平初選》、《今詞初集》、《衆香詞》等總集外，又廣收明清人詞別集。其中有獨到成就的名家如汪氏環翠堂刊本陳大聲的《草堂餘意》、康熙間初刊本納蘭成德的《飲水詞集》、道光間初刊本項鴻祚的《憶雲詞》、龔孝拱手寫本龔自珍的《定盦詞》，都因本子罕見，惹人注目。

　　西諦藏曲，可分兩個時期。1939 年以前爲第一期，1939 年起直到全國解放後爲第二期。他曾經把第一期藏曲中的精本，編爲《西諦藏曲目》寫刻出版。劉龍田本《西廂記》、玩虎軒本《琵琶記》、浣月軒本《藍橋玉杵記》和孟稱舜編定的《酹江》、《柳枝》二集，是其中白眉。抗日戰爭期間，爲了解決生活問題，他把這批藏曲的一部分作價售去，去書之日，心情非常難過。稍後又重整旗鼓，大事補充。那時從徽州、蘇州、揚州、浙東等地流到上海的雜劇傳奇中的精本，十之六七都歸西諦所有。除了《西廂》、《琵琶》、“四夢”等等著名曲本不嫌重複，有見必收外，它如施惠的《幽閨記》、蘇復之的《金印記》、姚茂良的《雙忠記》、高濂的《玉簪記》、梁辰魚的《浣紗記》、徐霖的《繡襦記》、周朝俊的《紅梅記》、張鳳翼的《紅拂記》、屠隆的《曇花記》、沈鯨的《易鞋記》、金懷玉的《合襟桃花記》、徐復祚的《紅梨記》、史槃的《鷫釵記》和無名氏的《破窰》、《鸚鵡》、《四美》、《異夢》等記，都有版式精美、插圖工緻的明刻本。

　　西諦對於散曲的搜集，也非常努力。天一閣舊藏明鈔本《張小山樂府》、汪廷訥校刊本《陳大聲樂府》、嘉靖間刊本秦時雍的《秦詞正譌》和楊廷和的《樂府餘音》、楊慎的《陶情樂府》、王九思的《碧山樂府》、殷士儋的《明農軒樂府》，以及金鑾、王磐、梁辰魚、馮惟敏等四詞宗樂府，他所收藏的本子，不但是很有名的，而且是非常罕見的。

　　除了戲曲與散曲，西諦還是提倡搜集和研究俗曲的第一人。三十多年前，他從周氏言言齋發現華廣生編選的《白雪遺音》，從那裏鈔出了一些內容比較清新健康的作品，出版了《白雪遺音選》一書。不久有人在徽州一帶得到了馮夢龍編選的《山歌》，這是中國俗曲寶藏中一個新奇的發現，中有不少戀歌，可和《國風》、《子夜歌》、《讀曲歌》等媲美。他不但慫恿書主排版重印，還把原書作價收歸己有。他又在招子庸的《粵謳》和乾隆末年王廷紹編選的《霓裳續譜》等書裏發現了不少思婦懷人之曲和其他描寫婦女堅強意志的作品，給中國俗文學增添了許多光輝的篇幅。

　　西諦很早就研究三言二拍等平話體小說和《三國志》、《水滸傳》、《西遊記》、《岳傳》等故事源流，寫了很多文章。那時他收藏的歷代短篇小說和長篇小說還不夠多，後來逐步發展，遂成爲一個比較有系統的專藏。其中明版《忠義水滸傳》最負盛名。記得1931年8月，我們同到寧波訪書，偶然在林集虛大酉山房的書架上發現棉紙印本《忠義水滸傳》殘本八回，西諦大喜過望，認爲這就是嘉靖年間武定侯郭勳的校刊本，在現存《水滸傳》版刻中，再沒有比它更早的了，是一個新的重大的發現。當時我就表示異議，覺得嘉靖刊本是十分可能的，但武定侯郭勳刊的可能性並不大，因爲它和郭勳刊的《元次山文集》、《白樂天文集》字形和版式都不相同，和嘉靖本《雍熙樂府》比較，也有顯著的差別。過了幾年，西諦在書友郭石麒的幫助下買到了其中的五回，但其他三回，卻爲一個五金商人豪奪而去。直到1958年，纔由北京圖書館從上海購回，大家多年來的願望，終於得到實現。

西諦在青年時代就對寶卷、彈詞、鼓詞等講唱文學發生濃厚的興趣，他曾經編了一個自藏的彈詞目錄，登入《小說月報》中國文學專號。還編了寶卷和鼓詞的目錄。"一·二八"敵機肆虐，這些書籍被炸毀了一部分，不久又續有增益。寶卷中有明寫彩繪本《目連救母出離地獄生天寶卷》和嘉靖刊本《藥師本願功德寶卷》，他認爲這是流傳最早的兩個寶卷。彈詞中名作尤多，吳語文學《三笑姻緣》、《玉蜻蜓》、《珍珠塔》等，西諦都有藏本。由於作者把人物的形象和個性精雕細琢得十分生動，描寫生活瑣事以細緻具體見長，備受群衆歡迎。以後就出現了彈詞婦女作家。最有名的，當推陶貞懷的《天雨花》、邱心如的《筆生花》。對婦女們所遭受的封建壓迫，提出了強烈的控訴。這是他所藏彈詞中壓卷之作。鼓詞中也有不少內容比較健康的作品。外邊罕見的有福州本《荔枝陳三歌全傳》、《潘必正陳妙常村歌》、潮州本《雙白燕》等。還有各種南音和時調唱本。這些民間藝人文學創作，如果沒有他大力進行搜訪和發掘，怕早就湮沒無聞了。

西諦對於歷代版畫書籍，有豐富的收藏和深邃的研究，這是人所共知的。他早年留意徽派版畫，從明朝歙縣虹村諸黃如黃德時、黃應光、黃一楷、黃一彬、黃伯符等著名木刻家雕製的插圖書，直到清初徽派殿軍鮑承勳父子的木刻畫，他都有獨特的藏品。稍後又廣收宗教畫。他藏的宋版《陀羅尼經》、元版《磧砂藏》的扉畫，以及明初北京出版的帶有圖像的佛教宣傳小冊子，線條剛柔兼施，刀法明快流利，代表著各個不同時地的藝術風格。此外上圖下文的通俗小說，附有插圖的雜劇傳奇和科學技術用書，各種靜物寫生和富有生活氣息的故事畫，凡是木版書中有插圖的，都在他刻意搜求之列，前後得書甚多。進入他的書齋，如百卉逢春，花團錦簇，令人目不暇接。

明代和明清之際，許多著名畫家爲木刻家創作的畫稿，如丁雲鵬爲黃鏻、黃應泰等畫的《程氏墨苑》，陳老蓮爲黃子立和其他木刻家畫的《博古葉子》和《水滸葉子》，蕭尺木爲湯尚、湯義、劉榮畫的《太平山水圖畫》，除了老蓮的《博古葉子》，西諦都有刻印絕精的本子。他藏的那部彩色印本《程氏墨苑》，一部分圖版是把幾種顏色塗在一塊板上印的，絢麗奪目，開後來餖版法的先河。《水滸葉子》著墨不多，卻能深刻而傳神地勾勒出梁山英雄們鮮明的個性和大無畏的反抗精神，是一部現實主義傑作。《太平山水圖畫》畫面峻秀奇拔，刀法變化莫測，把祖國雄偉富麗的山川景色刻劃得超神入化，百觀不厭。

西諦還藏有明末胡正言編印的《十竹齋畫譜》和《箋譜》，這是中國古代版畫藝術舉世聞名的劃時代的傑出作品。它巧妙地運用了當時流行的餖版、拱花二法，把彩色木刻畫印刷術推向新的高峰。書中春風楊柳、秋日芙蓉、碧樹凝煙、寒梢籠月、松下聽濤、籬邊訪菊等富有詩意的圖像，和一草一木、一拳一石等彩色木刻畫，都用餖版法來顯示畫面的深淺濃淡和陰陽向背的痕跡，他如山際行雲、江上流水、禽類羽毛、花朵輪廓等則兼用拱花法，此後王著等編印的《芥子園畫傳》，文美齋主人編印的《百華詩箋譜》，用餖版而不用拱花，他也有十分精美的藏本。

西諦對於政治經濟史料，也經常留意搜集。如劉錫玄的《黔牘偶存》，是明代萬曆末年統治階級殘酷鎮壓貴州少數民族農民起義的血淚記錄。程任卿的《絲絹全書》，是反映明代上層統治者通過實物徵收對徽州地區農民進行剝削壓榨的文獻彙編。它如明崇禎朝《縉紳便覽》、《北新關商稅則例》、《閩海關則例》、《淮鹽分類新編》，同治間廣和號刊《丸散膏丹集錄》，和明代坊本《萬事不求人》、《四民備觀翰府錦囊》等書，都是比較罕見的參考資料。名目繁多，不一一列舉了。

西諦一生節衣縮食，費盡心力，爲國家爲人民積累了這麼多的精神財富，對我國學術研究和社會主義文化建設事業無疑將作出重要的貢獻。喝水不忘鑿井人，我們摩挲陳編，緬懷過去，不能不對他表示無限的欽敬和感激的心情。

　　這部書目是由北京圖書館王樹偉、朱家濂、馮寶琳、冀淑英四位同志合力編成的。分類上的失當和著錄上的不妥之處，在所難免。希望讀者們多予指正。

1963 年 6 月

　　　　　　　　　（原載《西諦書目》，文物出版社 1963 年出版）

《太平清調迦陵音》跋

　　《太平清調迦陵音》一卷，明曲皁葉華輯。自明刊本《青蓮露》內摘出。《青蓮露》者，葉氏所撰雜著也。華字茂原，事蹟無考。但知其與陳繼儒、費元祿輩友善，蓋亦一風雅士也。此乃所編散曲集，凡套數十五，重頭、小令各二。明人散曲側艷語居多，而茂原此作獨悠然有出世之想。然其中不盡爲己作，如"百歲光陰"一套乃馬致遠所製，葉氏錄之，或以其性質相近耳。前附《迦陵音指迷十六觀》，則錄自張炎《詞源》卷下，葉氏於每則後僅加"製曲者當作此觀"一句，竟攘爲己作，未免有掠美之誚。《詞源》一書係後出，故前人均爲所蒙。明衛泳《枕中秘》、清曹溶《學海類編》均據以入錄。《學海》本題"元顧瑛撰"，不知何據。《枕中秘》則逕題"明茂原葉華著"。以是例之，則《迦陵音》或竟迻錄元明人所作爲之，未可知也。今所傳刻本《詞源》譌字頗多，以此本校之，當有所獲，茲不具書。十九年五月海寧趙萬里跋。

（原載故宮博物院圖書館 1930 年影印《太平清調迦陵音》）

宋刻《淮海居士長短句》跋

　　《淮海居士長短句》三卷，附刻宋本《淮海集後集》後。以諱字及刊工筆勢觀之，當係乾道中浙中刊本，其版至明季猶存（張綖序重刻《淮海集》云：北監舊有集版。疑"北監"乃"南監"之誤。然不見於黃佐《南雍志·經籍考》，蓋至嘉靖間監中已無存矣）。故傳世此本以後印者爲習見，宋及元初印本則希如星鳳矣。並世公私藏家，如常熟之瞿、德化之李、吳興之蔣及北平圖書館所藏殘帙，均不附長短句（潘氏《滂喜齋藏書志》有宋本《淮海居士長短句》三卷，今未知存亡）。此本長短句赫然具在，雖間有鈔補，亦足寶也。持校明嘉靖間南湖張綖校刻《淮海集》附刻本，此本即張刻所自出，合者固十之八九，然亦有足訂張刻誤者。如：《望海潮》"茂草臺荒"，張本"臺荒"作"荒臺"；《水龍吟》"水樓連遠橫空"，張本"遠"作"苑"，"疏簾半捲"，"疏"作"朱"；《滿庭芳》"寒鴉萬點"，張本"萬"作"數"；《一落索》"楊花終日飛空舞"，張本"飛空"作"空飛"。《阮郎歸》"身有恨"，張本"身"作"更"，又"那堪腸已憮"，張本"已"作"也"；《滿庭芳》"驟雨才過還晴，古臺芳榭"，張本"才"作"方"，"古"作"高"，又"開餅試一品香泉"，張本"餅"作"尊"；《調笑令》詩，"越公萬騎鳴簫鼓"，張本"簫"作"笳"，曲子"舊歡新愛誰是主"，張本"是"作"爲"；《虞美人》"綠荷多少斜陽中"，張本"斜"作"夕"；《臨江仙》"獨倚危檣情悄悄"，張本"檣"作"樓"等均是。其他《廣陵懷古》、《越州懷古》、《別意春思》諸題，宋本皆無之。張刻殆涉諸選本而誤，並當據以刪。昔歸安朱氏校刊《淮海詞》，據松江韓氏讀有用書齋藏黃堯圃校鈔本入錄，欲求宋槧一校，苦不可得，且並張綖刊本亦未迻校。今此本出，亦足彌朱氏之缺憾矣！

傳世秦詞以毛氏汲古閣本爲最劣。其底本亦當自三卷本出，惟前後倒置，又妄據他書增入《如夢令》等十闋。除《喜春來》或確係淮海佚詞外，餘率據《類編草堂詩餘》及明人所輯《續草堂詩餘》、《古今詞統》內錄出，實則均非秦作。其誤與毛氏所刻蘇子瞻、周美成、李清照詞均同，實無足怪也。試於宋人載籍中求淮海佚詞，則僅於《陽春白雪》（卷一）得《木蘭花慢》一首，《苕谿漁隱叢話》（前集卷五十）引《冷齋夜話》（今本《夜話》無此文）及《全芳備祖》（前集卷七海棠門）得《喜春來》一首而已。《喜春來》毛本已收之，而《木蘭花慢》緣《陽春白雪》一書乃晚出（明萬曆間陳耀文輯《花草粹編》、清康熙間朱彝尊輯《詞綜》時俱未見），故諸本並未及。然氣弱不似他作，姑附以存疑可也。至《直齋書錄》所載長沙坊刻百家詞有《淮海詞集》一卷，乃宋時秦詞之別本，與三卷本有無異同則不可知矣。十九年五月海寧趙萬里跋。

（原載故宮博物院圖書館 1930 年影印《淮海居士長短句》）

宋槧《周禮鄭注》跋

　　《周官》一書，向以吳縣黃氏士禮居刊本爲最善。黃本自明覆宋本出，顧以相臺岳氏本校之，黃本實未能盡饜人意，茲姑舉《天官》上下卷爲例：如太宰注"疾病相扶持"，黃本脫"持"字。小宰注"屬其六紃"，黃本"紃"作"引"；"要會謂計最之簿書"，黃本"謂"譌"諸"（明覆宋本亦作"謂"）；"腊人經賓客喪紀共其脯"，"腊"黃本脫其字。醫師注"身傷曰瘍"，黃本"傷"譌"瘍"。瘍醫注"劀刮去膿血"，黃本"劀"譌"刮"。此皆岳勝於黃本處。此本半葉十行，刊工體勢勁厚古拔，一望而知爲南渡後建安書肆風氣。凡岳本之勝於黃本或明覆宋本者，此本十九皆與之合，然則此本可與岳本相逕庭矣。顧岳本傳世無全帙，明時亦有覆本《考工記》二卷，歧誤百出，疑當時別據一本補之，故前後雜出不倫。此本完好無缺，足正明覆岳本《考工記》誤者不一而足，則此本殆又出明覆岳本上矣。考兩宋胄監勘書最謹嚴有度，故於字之顯然誤者亦仍之。黃本所從出之明覆宋本與南北宋監本爲一家子姓，故校字亦如其舊。至據諸本以觀其會通，則昉自建本、蜀本，或其他私家刊本。相臺岳氏本後出，遂奄有諸本之勝，實則受建本影響最深。《沿革例》中所謂建本有音釋注疏，皆此類也。《周官》舊本最罕見，黃復翁所據校之紹興間集古堂董氏雕本久佚，其自藏之《秋官》二卷蜀大字本亦流入海外，不復有珠還之望。余嘗見南渡初葉婺州市門巷唐宅雕本，及半葉十一行附釋音本，均殘脫不完。至互注本世尚有之，然格調塵下，無足道。世無南北宋監中經注本，而蜀本、婺本復多斷佚，則此本終當推甲觀矣。然則此本之刊傳又豈可已哉。王君晉卿篤志好古，於建本、浙本之流別，言之不爽毫髮，蓋今之陶蘊輝、錢景開也。有鑒於《周官》舊本之難覯，將以此本付諸寫影，余亦得摩挲研翫、眼明心快者累日。因略識此本與岳本之源流以示晉卿，並以告世人此本得復傳於世，實晉卿力也。海寧趙萬里甲戌仲夏。

（原載北平文祿堂 1934 年影印《周禮鄭注》）

明本《野菜博錄》跋

　　明人所著植物圖譜，通行者得四書焉：一曰周定王朱橚之《救荒本草》，二曰王磐之《野菜譜》，三曰周履靖之《茹草編》，四曰鮑山之《野菜博錄》，而以鮑氏書最晚出。《四庫全書》農家類著錄本亦從天啓刊本《博錄》，惟所據本闕去中卷，故《提要》謂"實得二百六十二種，與自序不同"云，以護其失。又割裂上卷野苗香以下爲第二卷，下卷藤花菜以下爲第四卷，一若明時別有一四卷本者，可謂巧於作僞矣。庫本於卷一首葉改大藍爲蘘荷，而《提要》仍稱此卷自大藍始，殊不可解。又，庫本於刀豆苗後，忽出懶翠蒿、秋水角苗二種，庵摩勒後忽出老兒樹一種，檢明本未得，疑皆後補之葉，今一併附印此本後，俾覽者詳焉。涵芬樓舊有藏本，今歸北平圖書館云。海寧趙萬里。

（原載《四部叢刊》三編本《野菜博錄》，商務印書館 1936 年影印出版；又載《大公報·圖書副刊》第 119 期，1936 年 2 月 27 日）

明萬曆本《華陽集》跋

　　張章簡《華陽集》四十卷，紹興間嘗刊版於秋浦郡齋，洪景盧爲之序，原本世久無傳。此本乃萬曆丁酉金壇于文熙覆刻本，平闕之式甚古，遇宋諱輒注"御名"云云，當從宋槧出也。以校文津閣《四庫全書》本，優劣自見。庫本因囿於清高宗諭旨，既刪卷三十青詞全卷，又慮卷數與原書不合，遂割裂卷二十九《賀方敷文冬啓》以下至《回王運使啓》五文，以補青詞之闕，然並其前《賀都統劉太尉到任啓》、《賀趙直閣年啓》、《賀都統劉太尉年啓》三文亦全刪，殊難索解。此其一。此本闕葉十六（卷三第三、第四葉，卷六第三、第四葉，卷十七第八葉，卷二十四第五、第六葉，卷二十六第四葉，卷三十第九葉，卷三十二第三、第四葉，卷三十四第五、第六葉，卷三十八第九葉，卷四十第十九、第二十葉），庫本亦闕十三（卷三、卷十七俱不闕，餘卷闕番相同），惟庫本必於闕處巧爲彌縫，一若其本未闕者。此其二。

　　［例一］卷二十六第四葉原闕，庫本刪第三葉末行"賀呂相啓"四字，又刪第五葉前三行。

　　［例二］卷三十二第三葉、第四葉原闕，庫本於第二葉末行"實我考妣積德"下添一"獲"字，以銜接第五葉首行之文。

　　［例三］卷三十四第五葉、第六葉原闕，庫本刪第四葉末行"右壽星"三字及第七葉首行。

　　［例四］卷三十八第九葉原闕，庫本改第八葉"堅所生母李氏安人挽詞五首"爲"四首"，又刪末行五字。

　　又庫本卷十三《欽宗乾隆節功德疏》之第六章與《乾隆節

滿散道場文》銜接爲一篇，與此本異。又卷二十六庫本刪卷首
《賀中書啓》一文，而以卷二十七《與詔使啓》提補，亦未詳其
故。此其三。庫本有此三失，則此本之善不待言矣。此本世極罕
見，莫友芝、邵位西書目中俱未著錄。嘗於廠肆見海源閣舊藏殘
帙，得補此本闕葉凡七。近從常熟瞿氏鐵琴銅劍樓借校影宋鈔
本，又補得闕葉七番。尚闕兩葉（卷二十六第四葉，卷三十八
第九葉），諸本俱脫，無由校補矣。海寧趙萬里。

（原載《四部叢刊》三編本《華陽集》，商務印
書館 1936 年影印出版；又載《大公報·圖書副刊》
第 119 期，1936 年 2 月 27 日）

影宋鈔本《默堂先生文集》跋

　　右《默堂先生文集》二十二卷，宋陳淵撰。淵字知默，沙縣人，紹興七年詔舉直言敢諫之士，以胡安國薦除御史，官至宗正少卿。嘗牓其室曰"默堂"，門人沈度爲編次其詩文，因以名其集。《直齋書錄解題》載淵集卷數與此本合，《宋史·藝文志》則稱二十六卷，詞三卷。此本有詩無詞，宋志所載蓋別本也。此本首葉有"影寫崑山徐氏傳是樓所藏宋槧本"一行，知從舊本傳錄。卷二十二第十葉因原本字跡模糊，故脫去《楊補之所藏了齋書佛語》一文共三十七行。檢《四庫全書》所錄鮑士恭家進呈本亦闕然。庫本並第九葉《書蕭茂德楚詞後》及第十二葉《書了齋筆供養發願文》亦闕而不載，則尤在此本下矣。此本有"東郡楊氏宋存書室珍藏"、"東郡楊紹和字彥合藏書之印"、"彥合珍存"諸印，知是海源閣故物。繭紙精寫，乃康乾間人手跡，彌可珍也。海寧趙萬里。

（原載《四部叢刊》三編本《默堂先生文集》，商務印書館 1936 年影印出版）

明嘉靖本《莆陽黃仲元四如先生文稿》跋

　　右《莆陽黃仲元四如先生文稿》四卷，明嘉靖刻本，乃四明范氏天一閣故物，今歸北平圖書館。考仲元擢咸淳辛未進士，與陸秀夫交善。德祐之變，秀夫促仲元赴行都，充益王府撰述官，及兼福建路招捕使司都參議官等職，皆辭不就。宋社既屋，歸隱山林，以濂洛關閩之說教於學者。其子汀州路總管府知事梓，分輯記序、墓銘、字訓之屬爲五卷刊之。然遺文流落於外者尚多，其曾孫至又裒爲十卷，再刊之。嘉靖辛卯，八代孫鉞及其子文炳等輯刻爲四卷，即此本也。蓋至是其集凡三付剞劂矣。今五卷本、十卷本均佚，傳世者當以此爲最古最備之本。《四庫全書》本卷數與此本同，惟割裂第一卷《自得齋記》以下至《韻鄉記》爲第二卷，又合卷二、卷三兩卷爲第三卷爲異耳。仲元別著《四如講稿》六卷，有嘉靖丙午刻本，版式與此本略同，他日當別謀印之。海寧趙萬里。

　　　　　　　　（原載《四部叢刊》三編本《莆陽黃仲元四如先
　　　　　　　生文稿》，商務印書館 1936 年影印出版）

明永樂本《蚓竅集》跋

　　右永樂中楚府刻本管時敏《蚓竅集》十卷，半葉十行，行二十字。詩以古今體類次前後，有"土風精喜"、"越谿艸堂"、"文水道人"諸印，審是義門何氏故物。卷六第六葉、第二十葉義門據別本摹寫，持以校《四庫全書》著錄本，實遠出庫本上。如卷三《從征古州蠻廻途紀驛》二十三首，此本大題後繫以小題，如"右發靖州"、"右洪江"、"右安江"等，皆小題也，蓋刊時先詩後題，故以"右"字識之。庫本既悉刪右字，而原詩序次仍而未改，於是前首之題未有不誤爲後一首者，此一事也。卷十《重九呈兄勉翁》詩，此本三首俱全，庫本脫第二首。又《初度日復呈兄勉翁》詩三首，庫本全脫。此外二本詩題亦時有出入，如卷五之《患足行》庫本改作《折足行》之類，未易僂指。此二事也。《提要》稱：丁鶴年與時敏皆爲楚王所禮重，故並其評語刻之。又云：時敏又有《秋香百詠》、《還鄉紀行》，見周子冶所作《全庵記》。知所據本有評語，又有《全庵記》，與此本同。庫本無之者，則館臣之過矣。此三事也。觀於此三事，則此本之善不待煩言而解。時敏初名訥，後以字行，華亭人。與袁海叟交善，俱以詩名。洪武九年徵拜楚王府紀善，進右長史。丁鶴年是時亦客居武昌，嘗有詩送時敏云："楚王獨數蘇從諫，齊士誰過管仲才。"（見《海巢集》卷四）其推重如此。此集亦出海巢評騭，彼二人之交誼，可於此覘之矣。海寧趙萬里。

（原載《四部叢刊》三編本《蚓竅集》，商務印書館 1936 年影印出版；又載《大公報·圖書副刊》第 118 期，1936 年 2 月 20 日）

稿本《今樂考證》跋

（一）

　　這是鎮海姚梅伯（燮）所著《今樂考證》的原稿。雖然他所謂“今樂”二字的界說，似乎不限於雜劇與傳奇。從第一册緣起裏，知道一切民間唱本曲詞與文人雅士所欣賞的雜劇傳奇，都可等量齊觀。但他事實上所收集到的材料，雜劇和傳奇幾乎佔了整個的篇幅，此外僅有花部名目九十餘本，聊以充數而已。

　　這部書雖薄薄的祇有五册，但可以爲近代劇曲史料的一個總結集。在戲曲史的立場看來，其重要性不亞於鍾嗣成、賈仲名的正續《錄鬼簿》和徐渭的《南詞敘錄》。《錄鬼簿》是總結元代和元明之間北雜劇的總帳而作的，《南詞敘錄》是總結明中葉以前南戲的總帳而作的。自《南詞敘錄》行世以後，約過了二百五十年，又有姚氏出來結元、明、清三代劇曲的總帳。規模之大，遠在鍾、徐二家之上。這真是空前的傑作，和靜安先生在宣統初年編纂《曲錄》時的動機和背景完全一樣。

　　靜安先生編輯《曲錄》時，實未知五十年前姚氏已有此書。姚氏所根據的基本材料，如《武林舊事》裏的官本雜劇段數，《輟耕錄》裏的院本名目，《錄鬼簿》、《太和正音譜》、《也是園書目》裏的元明雜劇名目，《揚州畫舫錄》裏元明傳奇名目，後來靜安先生也同樣據以採入《曲錄》。彼此所見的材料既略相似，因此部居劇曲的次序和所用的方法，也大體相同。所不同者，《曲錄》對於散曲、曲律、曲譜及劇曲選集、總集之類，有見必錄；此則除了純正的雜劇和傳奇之外，別的大多不收爲異耳。

現將此書與《曲錄》所收劇曲名目（宋之官本雜劇、金之院本除外）及作家人數，列成一表，以資比較。如下：

	今樂考證		曲錄	
元雜劇	八十三家	六百九十一本（内無名氏一百本）	六十五家	四百七十四本
明清雜劇	一百十七家	三百五十二本（内無名氏八本）	四十家	四百五十九本（内無名氏二百六十六本）
明及明以前傳奇	一百十六家	三百零一本（内無名氏六十一本）	四十八家	二百九十八本（内無名氏一百二十本）
清傳奇	一百九十六家	七百二十二本（内無名氏二百五十本）	五十五家	七百四十本（内無名氏三百七十八本）

據上表所列，知此書所著錄的劇曲和作家的數量，無一不比《曲錄》爲多，這可見姚氏搜輯之勤。然有時亦不免草率將事，例如姚氏自藏的明清刻本劇曲，見於他自編的《大梅山館藏書目錄》卷十二裏的，比較此書，時有出入。他自藏的劇曲資料，尚未能悉數引用，則此外之有漏略可知。然則姚氏爲何匆匆忙忙要編此書呢。

我以爲姚氏之編此書，與他所纂輯的《今樂府選》有連帶關係。《今樂府選》一共有五百卷之多，可算是元、明以來規模最大的劇曲大選集，遠非《群音類選》、《歌林拾翠》、《綴白裘》之類可比。舉凡古今著名的劇曲，無不收入。姚氏在乾嘉以降狹義的經史考據學的氣氛裏，居然開發了一個老師宿儒所不屑去且不能去的文學史料的新園地，真叫人欽佩無已。《今樂考證》，不過是《今樂府選》未完成以前的初步統計工作；這好比靜安先生之輯《曲錄》，事實上不過爲寫《古劇腳色考》、《宋元戲曲史》時的參考而已。

（二）

此書所收劇曲，其序次有前後倒置者，如徐渭《南詞敍錄》所載宋元舊編名目，例應置於《荊》、《劉》、《拜》、《殺》之前，而反屈居明人院本之末；又如葉憲祖的《四艷記》，即是《夭桃紈扇》、《碧蓮繡符》、《丹桂鈿合》、《素梅玉蟾》的總名，著錄六裏又別出《四艷記》，可見姚氏誤認爲傳奇了。洪昉思之《四嬋娟》，蓋仿《四聲猿》而作，與《長生殿》體例大不相同，姚氏置諸國朝院本之列，亦是一誤。王曇的《萬花緣》、《十香傳》、《魚龍爨》，書雖不傳，然據張鳴珂序《㿗㿗圖回文詩》，知是傳奇而非雜劇，姚氏置諸國朝雜劇之列，這都是應當代他改正的。

此書所列劇曲作家，多未能徧考各書，詳其字里仕履。且稱名稱字稱號互混，亦非妥善之道。有僅著其別號，而失書其本名者，如陳太乙之名汝元，劉東生之名兌，王澹翁之名澹，黃石牧之名兆森，黃方印之名方胤，稽留山之名永仁，邵文明之名宏治，周夷玉之名朝俊，周螺冠之名履靖，胡全庵之名文煥，朱素臣之名㿿，范香令之名文若，馬亘生之名佶人，薛既揚之名旦，朱良卿之名佐朝，姚氏皆未能深考。此外如若耶野老即徐翽，他山老人即查慎行，花韻庵主人即石韞玉，漏略歧誤，不一而足，是在讀者善於體會矣。

總之，目前我們所聞所見的資料，比姚氏時有增無減，如一一持以衡量此書之實質，當然有不少應當闕疑修正的地方。但此書所舉示我們的新知識，也數不在少。如《南詞敍錄》現在通行刻本，眉端列有批注，向不知何人所作。據此書著錄七裏所載，知出何義門手。此雖細事，然於南戲之研究裨益至大。讀者如以此書與《曲錄》逐篇逐段比較一下，便知二書頗有互相發明之處。爲省篇幅起見，恕不詳舉了。

（三）

我最早得知此書原委，是老友平湖錢南揚先生貽書告我的。那是民國十八年的事，南揚在寧波竹洲女子中學教書，課暇輒往當地資格最老的舊書肆大酉山房巡視，在店主人林集虛處，得見此書手稿，驚爲奇蹟。即就肆中節鈔一些目錄以歸，但知其部居與《曲錄》相似，未能質言其得失也。二十年夏，我和鄭西諦先生從上海迂道赴寧波，作四明訪書之遊。那時馬隅卿先生正在原籍養痾。我們三人志同道合，想用整個力量將《曲錄》重新加以修正。因此想起南揚的話，同赴林集虛處訪問此書下落。五冊毛裝藍格的《今樂考證》，頓時呈現於我們眼前。纔知道這是一部未曾完工的稿子，體例不盡邃密，所收劇曲的類別未必能多於《曲錄》，但頗有《曲錄》所失收的。隅卿與西諦即時有問鼎之意。林集虛表示，這不是尋常營業品，非千兒八百的善價，決不輕易脫手，我們揩大聞之，頓時氣沮。後來朱鄼卿先生出來調停，說可設法傳錄一部，以供我們參考。這一次在寧波，無意中發現了鍾嗣成的原本《錄鬼簿》和賈仲名的《續錄鬼簿》，這都是從來不見著錄的，於元明戲曲史的研究關係至大。新資料的不斷發現，使我們愈覺得《曲錄》有從速改編的必要了。

那時西諦的情緒最緊張，最熱烈，又邀我們到鎮江和任中敏先生會面。中敏致力於北雜劇與北散曲，歷有所年，自號曰"二北"以見志。曾在《國聞週報》發表過一篇《曲錄補遺》，重編《曲錄》的呼聲，可算是中敏首先提出的，因此我們有和他商榷合作的必要。隅卿因故留在蘇州獨逛虎丘，祇有我和西諦同行。那晚正是新秋天氣，下了火車，踏著月色，到了中敏寓舍。彼此交換意見的結果，中敏願把全部稿子送給我們做參考。

相約等到《今樂考證》不論正本副本到手時，大家便可開始做排比材料的初步工作。

　　暑假過後，我和西諦都在北平，隅卿仍留滯故鄉。一日忽來書謂林集虛有將《今樂考證》出讓的意思，惟須我們替他找到宋刻《廣韻》爲先決條件。這話太離奇了，《廣韻》與《今樂考證》真是風馬牛不相及。原來那林集虛生平有一弘願，費了半世工力，想把《康熙字典》加以修正出版，這是不可思議的事，所以牽連到宋本《廣韻》上去。事有湊巧，我那時正籌備做點校勘《廣韻》的工作，從江安傅先生處借到半部宋刻《廣韻》，就順手晒了一卷寄去，聊以塞責。這回隅卿在寧波，一因《廣韻》晒片發生了神秘的效力，二因朱鸑卿先生代爲疏通，居然以三百圓的代價，全書歸於隅卿。西諦提議此書應由我們三人公有，後來終於由隅卿一人承受。不登大雅文庫（隅卿藏書之處）頓時爲之生色不少。

　　廿三年秋間，隅卿纔由原籍返平。行篋中攜有此書，幾次想設法將它出版，終於因循未果。那時隅卿和我重編《曲錄》的興趣，還是相當濃厚。隅卿在到平後的一年裏，編了一部原本《錄鬼簿》的校注。我也收集了不少明清散曲的新資料，又把隅卿所發現的湯舜民《筆花集》細細校勘補輯一過。工作始終沒有停頓著。不幸的很，隅卿竟於北返後的第二年——即廿四年——二月十九日，以腦溢血症病歿於協和醫院。隅卿畢生的精力，大家都知道他全部寄託在戲曲小說的史料堆裏。豈料著述未成，遽歸長夜。國立北京大學爲悼念他起見，特將他的遺書中通俗文學的一部分購歸公有，《今樂考證》從此就進了北大的圖書館。因爲幼漁先生和鄭毅生、魏天行兩位先生的提倡，得由北京大學影印出版。可惜隅卿已作古人，看不見這椿盛舉了！

　　影印既竣，蒙幼漁先生不棄，要我寫一篇後跋。諝陋如我，實不足以衡量此書之得失。惟念隅卿生前和我交誼較深，且隅卿購置此書的一段歷史亦惟我知之最詳，遂不辭而爲之跋，兼以爲隅卿逝世週年之紀念。隅卿有知，或不以爲忤乎！

1936 年 2 月 15 日

（原載國立北京大學出版組 1936 年影印清
姚燮《今樂考證》；又載《大公報·圖書副刊》
第 122 期，1936 年 3 月 19 日）

元延祐刻《東坡樂府》跋

　　右元延祐七年葉曾雲間南阜草堂刻本《東坡樂府》，爲今日所見坡詞最古刻本。迭經黃丕烈士禮居、汪士鐘藝芸精舍、楊紹和海源閣收藏。海源閣書散，歸天津周叔弢先生。1952 年叔弢先生藏書捐獻政府，此書與元大德三年廣信書院刻本《稼軒長短句》同歸北京圖書館。清光緒間臨桂王鵬運曾從楊氏借來刻入《四印齋刻詞》，雖行款未易，而原書面貌不可復見。今據原本影印，使世人得見元本真相，當亦爲治古典文學者所樂聞也。

　　案：東坡詞自來全集均未收。陳振孫《直齋書錄解題》有二卷本。其本疑即明人吳訥《四朝名賢詞》本，今在天津圖書館。又有黃氏士禮居舊藏毛氏汲古閣影宋鈔本，編次與吳訥本同。二卷本卷末附拾遺詞，目後有曾慥跋文：

　　　　東坡先生長短句既鏤版，復得張賓老所編並載於蜀本者，悉收之。江山麗秀之句，樽俎戲劇之詞，搜羅幾盡矣。傳之無窮，想像豪放風流之不可及也。紹興辛未孟冬至遊居士曾慥題。

　　據此知東坡詞南宋初有曾慥刻本。慥又輯《樂府雅詞》，錄北宋與南宋初年名家詞殆遍，但未及東坡詞。當因東坡詞曾氏別有專刊，故《雅詞》中不收。曾氏又據張賓老所編並見於蜀本者補詞四十一首，爲拾遺詞，殿於卷末。此本分上下卷，但後無拾遺詞。余疑此本原亦有拾遺詞。何以知之？考毛氏汲古閣刻本東坡詞，凡毛氏注“元刻逸”或“元刻不載”諸作，如《好事近》“煙外倚危樓”一闋，《玉樓春》“元宵似是歡遊好”等三闋，《臨江仙》“昨夜渡江何處宿”一闋，《蝶戀花》“記得畫屏初會遇”等五闋,《漁家傲》“臨水縱橫回晚鞚”一闋,《江城子》“膩紅勻臉襯檀脣”一闋,《意難忘》“花擁鴛房”一闋(案:此是程垓《書舟詞》),《雨中花慢》“邃院重簾”等二闋,《水龍吟》“小溝東接長江”等二闋,此本均未收,知毛氏所謂元本當即此本。曾編拾遺詞四十一首,毛本除《江城子》“南來飛燕北歸鴻”一闋係秦淮海作不複出外,其餘四十首毛氏散編各調下,均未注明“元本逸”或“元本不載”。可見毛氏所見元本,當有此拾遺四十一首,而此本則因年久失去,固非不可能也。細檢毛氏所據元本,間有與此本不符處,如《虞美人》“歸心正似三春草”一闋,毛本題云“元刻述懷”。案:此本無“述懷”二字,與毛舉元刻不同。又《江城子》“鳳凰山下雨初晴”一闋,毛本題云“元刻江景”。案:此本題作“湖上與張先同賦”,曾慥本則作“江景”。凡此疑皆毛氏刊書時校訂疏漏,未據元本覆勘之故,似非毛氏所據元本如此。

　　吾人據此本校毛本,據朱孝臧先生統計,除去《浣溪沙》“風壓輕雲貼水飛”一闋係李後主詞不重出外,此本有而毛本無者得《減字木蘭花》等八闋,此本無而毛本有者得《浪淘沙》等五十九闋。如此參差不齊,蓋亦有因。毛本所據之底本,據毛晉自跋,原出金陵本子。案:此金陵本子,疑即焦竑所編《東坡二妙集》本。焦本《東坡先生詩餘》原出曾慥本,更益以某本(此本現已失傳,疑是宋元時坊本),按調名類次混合編成。凡毛本有此本無者五十九闋,除《浣溪沙》“晚菊花前斂翠蛾”一闋,《永遇樂》“天末山橫”一闋外,皆備於焦本,文字亦幾全同。此本有毛本無者八闋,則不見於焦本,可見焦氏實未見此本。毛氏編刊時,未將此本細細對看,僅於少數詞調下,記明“元本逸”或“元本失載”字樣,以自詡其本之善。其他異同,未遑從事比勘,疏誤百出,與毛刻他書情況正同。由此觀之,此本與曾慥本實爲傳世坡詞兩個最重要的本子。《東坡二妙集》本也有參考價值,其中有些作品可能是後人贗作。至於毛本,則自鄲以下，不足道矣。

　　此本有黃丕烈跋尾。跋云："錢遵王已云宋本殊不足觀⋯⋯似宋刻即毛鈔所自出，而此刻戚氏下，無此注釋，大概錢所云穿鑿附會者也。"案：此說實誤。錢遵王《讀書敏求記》云："《東坡樂府》刻於延祐庚申。舊藏注釋宋本，穿鑿蕪陋，殊不足觀。"所謂注釋宋本，實指宋人傅榦注坡詞，其書十二卷，《直齋書錄解題》誤作二卷。二十年前，余於上海徐積餘先生處得見新鈔本，從范氏天一閣藏明鈔本傳錄，注釋淺陋，誠有如遵王所譏者。黃氏以毛氏影宋鈔本當之，可謂失之眉睫矣。

　　錢遵王所藏延祐庚申刻本與毛晉據校之元本，余疑皆即此本。此本前有"季振宜藏書"一印，知曾入《延令書目》。遵王晚年斥所藏宋元本及鈔本書，歸諸季氏，此書疑亦隨同出售。又遵王與隱湖毛氏往還甚密，毛晉父子嘗從遵王假讀，亦固其所。或疑此本前後無遵王印記，謂非遵王藏本。案：遵王藏書未鈐印即斥售者，數不在少，如脈望館鈔本《古今雜劇》亦無遵王印記，由此可知。明末迄今，年逾三紀，一脈相承，僅見此本。治坡詞者，自當以球璧視之矣。

　　東坡天才橫溢，熱情奔放。其詞於抒情寫景外，有時發點議論，以散文句法入詞，別開生面。宋人謂坡詞乃曲子內縛不住者。又謂坡詞絕去筆墨畦徑，直造古今不到處，即指此等處。此本詞題清俊隱秀，自然典雅，較曾本有很大不同。並世不乏知音，當能鑒我言也。

　　　　（原載古典文學出版社 1957 年影印《東坡樂府　稼軒長短句》）

元大德刻《稼軒長短句》跋

辛稼軒詞，宋元舊本可考者有二：

一、甲乙丙丁四卷本。見馬端臨《文獻通考·經籍考》。傳世有吳訥《四朝名賢詞》本，又有毛氏汲古閣影宋鈔本。毛氏鈔本半葉十行，行十八字，疑從宋時臨安陳氏經籍鋪刻本錄出。近年武進陶湘曾據毛鈔本甲乙丙三集刻入《涉園影刊宋人詞》，而缺其丁集。後上海涵芬樓從常熟趙氏舊山樓散出書中購得丁集，合舊藏甲乙丙集，原係一書而兩析者，乃重付影印。四卷本梁任公先生謂編次有編年意味。今細按之，甲集皆稼軒四十九歲以前作，乙丙丁集所載，則淳熙十五年以後作居多。要之，稼軒生存時，四卷本已編行矣。

二、信州刻十二卷本。見《直齋書錄解題》、《宋史·藝文志》。宋本已佚，今有元大德三年廣信書院覆刻本。此本流行最廣，明嘉靖十五年王詔刻之，二十四年何孟倫再刻之。清光緒間臨桂王鵬運從楊氏海源閣借得大德原刻本，刊入《四印齋刻詞》中。明末毛氏汲古閣刻《六十名家詞》，其中《稼軒詞》雖併爲四卷，然編次與信州本同，文字謬誤與嘉靖本合，蓋即據嘉靖本覆刻。是上述諸本實係一家眷屬。

稼軒南渡後，居鉛山、上饒最久，開禧三年卒於鉛山。鉛山期思渡有稼軒書院，原名瓢泉書院，乃稼軒故居。又上饒城北靈山門外有帶湖書院，淳熙間稼軒讀書於此，後燬於火，乃遷於鉛山之期思渡。此云廣信書院，疑即鉛山之稼軒書院。鉛山、上饒，宋時俱屬信州，信州刊印稼軒詞，自不足異。此本酬和贈送范先之詞前後共十首，四卷本中八首俱作廓之，餘二首題中不著姓名。案：范先之原名當作廓之。四卷本刊於宋寧宗趙擴即位前，故用本名。信州本則刊於寧宗朝，或已在稼軒身後，故刊時避寧宗諱嫌名，改廓之爲先之。《劉後村大全集》卷九十八有《辛稼軒集序》，序中盛稱其詞"橫絕六合，掃空萬古，穠纖綿密，不在小晏、秦郎下"。是宋時辛集詩文外必兼載其詞。又稱"公嗣子故京西憲□欲以序見屬，未遣書而卒，其子肅具言先志，始述其梗概"。知稼軒卒後，其子裔曾刊行其集。疑信州本稼軒詞即據當時集本別行，或即其集之一部分。時移代遠，今已無從質言矣。

　　此本卷一第一葉版心下方有"信鉛暢叔仁刊"六字，"信鉛"者，宋時信州鉛山縣之簡稱。元至元二十九年升鉛山縣爲州，直隸江浙行省。此云"信鉛"，蓋仍前朝舊稱。此書原爲清初吳縣朱之赤藏書，嘉慶間流入黃丕烈士禮居。時顧廣圻館黃氏家，因據黃氏別藏毛氏汲古閣鈔本補鈔卷四第十六葉、卷六第十葉、卷十一第四之五葉，共三葉。於是此本復全。此本刻工體勢純乎元人風格，筆墨飛舞，如龍蛇際空，捉摸不定。在元刊書中，可稱別開生面之作。今據以影印，想亦爲治辛詞者所共許乎。

　　　　（原載古典文學出版社 1957 年影印《東坡樂府　稼軒長短句》）

元適適子本《董解元西廂記》跋

今年 2 月，我和葉楓、王程偉兩同志奉中央文化部委派前往安徽徽州地區進行訪書和調查工作。我們在績溪縣一個收藏家的手裏，買到了一部八卷本的古本《董解元西廂記》，就是這次訪書中比較重要的收獲。

這部《董西廂》，開首有一篇嘉靖三十六年張羽的序文。序文原缺，後人按照另一足本迻錄，頗有影寫的意味。寫書人似太大意了，竟錯寫了兩個字：第二葉後七行"渼陂黃公"，"黃"當"王"；第五葉前三行"三橋文君爲余君"，"君"當作"言"。疑原本或非如此作。

此書卷一題"海陽風逸散人適適子重校梓"。海陽是休寧古名，適適子不知何人。由此可知，休寧適適子實據張羽刻本重梓。按照此書版式和刻工體勢看來，當是嘉靖、隆慶之間或萬曆初年刻本。在目前各地所見《董西廂》中，要算最古的刻本了。

張羽序文現存《董西廂》各本大都不收，僅節錄刻入屠隆評本卷首。第二葉後五行末三字"而先輩"起至第三葉後一行首六字"君一時交往皆"止共一百三十五字，又序末"明嘉靖丁巳秋八月"八字，屠隆評本皆刪落不存。這二段文字非常重要，可以窺見張羽交遊聲氣之廣，和他刻書的正確年月。我們因此推測，張羽大概是江南人，或竟是蘇州人。據序文，張羽先曾校刻王實甫、關漢卿《西廂記》，後鑑於《董西廂》無傳本，因文彭（三橋）介紹，從西山汪氏借錄元刻本。元刻本"首尾俱缺，舛謬殊甚"，又從何良俊借得楊循吉舊藏鈔本"修補遺脫，董書復完"。從這裏，我們得知：

一、《董西廂》在張羽刻版前，似乎明代沒有刻過。

二、明代中葉，蘇州西山汪氏尚藏有元刻本，而這部元刻本有很多"舛謬"，大概是個書坊刻本。

三、張羽刻本據元刻本和鈔本參互校訂，所以自稱爲"古本"。

以上三點，對於研究《董西廂》版本源流來說，是很重要的資料。

這部《董西廂》共分八卷，和他本分四卷或二卷不同。"引辭"至"老夫人鶯鶯做道場"爲卷一，"孫飛虎率衆圍普救寺"至"張生獻解圍策"爲卷二，"白馬將軍來援"至"紅娘請張生鼓琴"爲卷三，"張生鼓琴"至"跳牆受責歸舍悶臥"爲卷四，"張生夢見鶯鶯"至"酬簡幽會"爲卷五，"老夫人拷問紅娘"至"張生廷試及第"爲卷六，"張生賦詩報喜"至"鄭恒離間張生來會"爲卷七，"張生覩物興悲"至"崔張團圓"爲卷八。這和《劉知遠諸宮調》分十二題情況相似。諸宮調原是宋金元時代民間說唱曲子，像《水滸傳》白秀英演唱《豫章城雙漸趕蘇卿》那樣，藝人邊說邊唱，每次篇幅不宜過長。《劉知遠》分十二題，《董西廂》分八卷，就是暗示藝人們可分十二次或八次說唱。到了明朝，諸宮調說唱已經失傳，《董西廂》成了案頭文藝。《董西廂》的翻刻家誤認卷數多爲不合理，遂合併爲四卷或二卷。這和董解元創作原意，可謂"失之毫釐，謬以千里"矣。

卷中文字，有他本誤而此本不誤者，如卷一第二葉後三行"比前賢樂府不中聽"，"前賢"他本皆作"前覽"，實不可通；此作"前賢"，則文從字順矣。古人云"一字千金"，即指此等處。但也有此本誤而他本不誤者，例子不多，各卷中都有。可見嘉靖以後的《董西廂》，不斷有人反覆尋究，對於舊本，有改得很正確的，也有校改了還是有問題的，如何處理，要看讀者是否善於抉擇了。

此本卷八原缺最後第十二葉尾聲和"君瑞鶯鶯美滿團圓，

還都上任"一段。這一段中引用蓬萊劉泐題詩。"題"字，明人
屠隆評本、湯顯祖評本和近刻劉氏暖紅室本俱誤作"顯"，僅明
末黃嘉惠刻本和閔麗五《六幻西廂》本不誤。《六幻》本通行已
久，黃嘉惠本世不多見，今據黃本補照，配成全帙。

　　古典文學出版社影印此書既蕆事，囑寫一文說明此書發現經
過和其他有關問題，因略抒己見，以就正於讀者。

1957 年 11 月 7 日

　　　　　（原載古典文學出版社 1957 年影印《古本董解元西廂記》）

明鈔本《錄鬼簿》跋

事情已經過去整整三十年了。現在回想起來，還恍如目前。

1931 年夏天，我計劃去寧波參觀范氏天一閣的藏書，並會晤那時在原籍養病的馬隅卿先生。約鄭西諦先生同行，西諦一諾無辭。我們乘了一輛大汽車從杭州對岸西興直開曹娥，再轉火車去寧波。到後，就和西諦同寓隅卿月湖老宅東廂房中，良友重逢，歡喜逾常。其時我別西諦已一年，別隅卿且二年矣。一日，往訪孫祥熊先生，孫先生正在庭前曝書，我們在書堆中發現《錄鬼簿》和《續錄鬼簿》一冊，明鈔藍格，一望而知爲范氏天一閣故物。借歸以校康熙間曹楝亭刻本，始知無名氏編《錄鬼簿續編》確爲孤本，向所未見，並發現明鈔本《錄鬼簿》之特點有三：

一、兩本人數多寡不一。明鈔本卷上前輩名公四十五人，曹本四十一人；明鈔本卷下方今才人五十一人，曹本則增至五十五人。

二、卷下方今才人《凌波仙》弔曲，曹本僅有宮天挺等十九人，明鈔本弔曲不缺。《凌波仙》，就是北雙調《水仙子》曲牌的別名。

三、兩本著錄不僅雜劇多寡、名稱、序次不同，文字亦多不同。例如王實甫名德信，曹本就脫去“名德信”三字。劇目下題目正名，非常重要，曹本全脫。

粗粗對校一過，我們很快就發現了這些特點，大家高興得跳起來。隅卿特地叫人在樓下裝了一隻一百支光的大燈泡，我們三人立即動手影鈔，我鈔上卷，西諦鈔下卷，隅卿鈔《錄鬼簿續編》，費了一夜和一個上午的時間，終於鈔成了。那一次我們在寧波，除了鈔得明鈔本《錄鬼簿》外，還在林集虛大酉山房發現姚梅伯手稿《今樂考證》六冊。這二書，都是研究中國戲曲史的重要參考文獻。

1937年5月，距隅卿去世已經兩年多，北京大學爲了悼念他，特地把《錄鬼簿》影印出來，這就是我們三人合鈔的本子。

1946年10月，明鈔本《錄鬼簿》從寧波孫祥熊先生家散出，西諦舉債得之，大喜過望，寫信給我報告這件事，我覆信爲他得一奇書致賀，並云願爲一跋以記我三人訪書因緣。1949年，西諦北來，行篋中攜有此書，我們朝夕聚首，晴窗展讀，其樂無窮。

去年10月，正屆西諦墜機遇難一周年，我和徐森玉先生聯名向中華書局上海編輯所建議將此書影印流通，供研究古典戲曲工作者參考，並對西諦示悼念之意。今書已套印竣工，因記此書流傳始末，以告世人之得讀此書者。

1960年2月10日

（原載中華書局1960年影印《天一閣藍格寫本正續錄鬼簿》）

宋司馬光《通鑑》手稿跋

司馬光《通鑑》手稿，計二十九行，四百六十餘字。從東晉元帝永昌元年（322）正月王敦將作亂起，至同年十二月慕容廆遣子皝入令支而還止。每段史事文義不連貫，但寫開端一、二字或四、五字，以下便接"云云"二字。史稱《通鑑》初名《通志》，僅八卷，宋英宗時置局秘閣，重新編輯，書成，神宗趙頊給它取名叫《資治通鑑》。因此，我們推測這是作者根據多種史料構成完整體制的最初形式。這個卷子，如果不是《通志》，就是《通鑑》的初稿了。

這個卷子的最後一段，作者利用范純仁寫給作者和他的長兄司馬旦二人的書札，作寫稿紙，把原札文字用墨筆抹去，但字跡仍可全數辨認。范純仁的書札，據明人汪砢玉《珊瑚網》所錄，全文如下：

> 純仁再拜，近人回曾上狀，必計通呈。比來伏維尊候萬福，伯康必更痊平。純仁勉強苟祿，自取疲耗，無足念者。日企軒馭之來，以釋傾渴。天氣計寒，必已倦出，應且盤桓過冬。伯康初山（？）諒難離去，咫尺無由往見，豈勝思仰之情。更祈以時倍加保重，其他書不能盡。純仁頓首上伯康君實二兄坐前。九月十一日。

從"純仁再拜"至"自取疲耗"一段，都夾在最後幾行文內。以下"無足"二字，當在末行"下邳云云"字旁，連同"念者"以下七十九字，清初已經割去（見故宮博物院印本《宋人法書》第一冊）。范純仁的書札雖然殘缺，但《通鑑》原稿卻未遭割裂。卷後柳貫跋稱"四百五十三字"，與此卷字數大致相合，這就可以證明元代柳貫作跋時所見的原稿面貌，和現在是完全相同的。

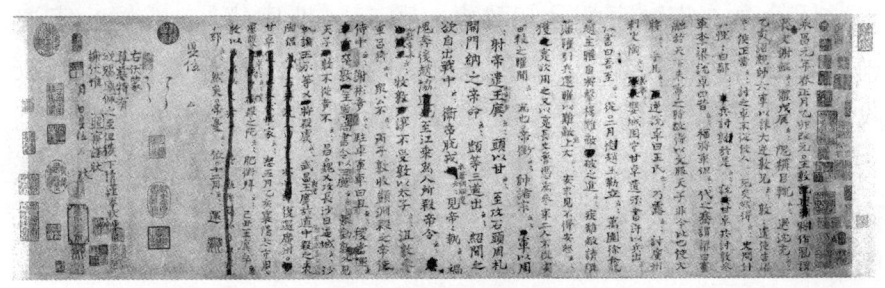

司馬光《資治通鑑》殘稿

後面陳謝狀，也是司馬光的手稿，這和司馬光的《兩淮帖》，卞永譽《式古堂書畫彙考》都有著錄。

卷後前人題跋有宋人任希夷、趙汝述、葛洪、程玹、趙崇穌，元人柳貫、黃溍、宇文公諒、朱德潤、鄭元祐等人。據《珊瑚網》和《式古堂書畫彙考》所記，尚有韓性、吳萊、甘立三跋，乾隆間《石渠寶笈》著錄時，即已遺失。原文如下：

温公被命爲《通鑑》，給筆札，辟僚屬，其事至重。其以牘背起草，可以見其儉。字必端謹，可以見其誠。比事而書，該以一二字，可以見其博。紙尾謝狀稿，此尋常之事，亦出於手書，可以見其遇事之不苟也。方公作此時，其料其爲後世之傳。由今傳之，盛德之蘊，自然而形見，蓋有不可勝言者。敬慕不已，謹題卷末。韓性。

司馬公編《通鑑》，用范忠宣公手帖起草。方晉之東遷，南海多事。《晉書》多引小書世說語論之類，極叢冗。此載永昌之初一年，或加之以潤色之辭矣。公嘗自言編閱舊史，旁採小說，豈果爲晉史故耶？此則未之見也。至順二年秋八月朔浦江吳萊謹跋。

司馬公作《通鑑長編》，范忠宣實與共事，大綱領處皆公手自筆削。而元祐名臣漢唐以下人物，非所倫也。故其相繼爲相，使四夷懷畏，人莫敢有議者。今觀此卷，一時典刑猶在，若冠冕而立殿陛之下，展玩惟有景慕。甘立敬題。

任希夷，宋寧宗朝參知政事，著有《斯庵集》。韓性，宋遺民，著有《五雲漫稿》。二書久佚，均引見《永樂大典》。柳跋收入《柳待制文集》，集本開首多“餘姚徐氏藏司馬文正公即范忠宣手帖修《通鑑》稿一紙凡”二十三字。朱跋收入《存復齋文集》，除有脫文異字二三處外，文字全同。此外吳萊、黃溍、鄭元祐跋文，三人文集均未見。

《通鑑》是我國歷史上最富有史料價值的編年體史書，宋元以來一直爲歷史學家所推重，影響甚大。由於時代局限，這部歷史名著已不能滿足我們目前的要求；但司馬光和他的助手們在徵集史料、校訂史實、安排體例、剪裁文字等方面，都有很大的勞績，費了十九年的時間，纔完成這部巨編。我們從這卷手稿裏，可看到他的鉤稽史料、臨事不苟的精神。因此，我們把它影印出來，對於歷史學家們還是有參考價值的。

1960 年 10 月 18 日

（原載文物出版社 1961 年影印《宋司馬光通鑑稿》）

宋龍舒本《王文公文集》題記

　　王荆公詩文，宋徽宗時由薛昂等編爲一集，這是荆公文集有傳本之始。南渡後，杭州、龍舒、臨川、麻沙等地，都有刻版。但流傳到現在的，祇有杭州和龍舒兩個刻本。

　　兩本中比較通行易見的，當推杭州本。原書標題"臨川先生文集"，宋高宗紹興二十一年（1151）荆公曾孫王珏任職兩浙西路轉運司時所刻。元時吳澄在《王文公文集》序文中提到的浙西本，就是這一本。其版迭經元、明兩朝修補，近代公私收藏，幾乎全是明季印本。明世宗嘉靖年間，應雲鷟、何遷兩刻本起而代之，杭本遂告廢置，無人過問。應、何兩本都直接或間接據杭本重刻，以後各本和《四庫全書》本，一脈相承，也都源出杭本。因此，我們可以斷言，荆公詩文在過去八百年間，杭本實居獨佔地位。

　　荆公詩文集傳世除杭本外，還有另一宋刻本，就是龍舒本。原書標題"王文公文集"，前後序跋都缺。版心下端刻有孫右、施光、阮宗、江清、陳伸、胡右、林選、余全、章旼、吳全等三十多人姓名，他們都是南宋初期活動於金陵、當塗、宣城、無爲、舒州一帶的刻字工人。其中章旼、陳伸二人，紹興年間又刻建康郡齋本《花間集》、江東漕司本《後漢書》，我們不能因此就認爲王集也是金陵刻本。如果王集確是金陵本，《景定建康志》書版門不應不見著錄。建康郡齋本《花間集》、建康府學本《杜工部集》，均見《建康志》。祇有《後漢書》雖刻於金陵，但刻成後不久即移送杭州國子監，因此，《景定建康志》編纂時，就不再著錄了。至於元時吳澄在王集序文中提到的金陵舊本，據《建康志》知是《半山老人絕句》，而不是這一本。

龍舒即今安徽舒城，宋時屬淮南西路廬州，南境與舒州接壤。南渡後文化發達，刻書不少，曾刻賈思勰《齊民要術》（見原書葛祐之後跋）、趙明誠《金石錄》（見洪邁《容齋四筆》）等書。《金石錄》刻工胡珏、胡剛、徐亮三人，淳熙三年又刻舒州公使庫本曾穜《大易粹言》；而《大易粹言》刻工吳全、余全、胡右三人在他們青年時代又刻過王集。據此推論，王集刻於龍舒的可能性是存在的。杭本王珏跋文稱"比年龍舒版行，尚循舊本"，足證龍舒在紹興年間確曾刻印王集，刻時還在杭本前，這就是現在所見的龍舒本了。

龍舒本《王文公文集》，現時國內外僅存兩個殘帙。一帙原藏清季內閣大庫，光緒年間轉入寶應劉启瑞氏食舊德齋。存卷一至三，卷八至三十六，卷四十八至六十，卷七十至一百，共七十六卷。蝶裝廣幅，紙瑩墨潤，字體雅近歐陽率更。除十數卷外，餘卷紙背全是宋人書簡手劄真蹟，飛鳧舞鶴，各極其致。宋時公庫常用故紙廢牘印書，陸放翁《劍南詩稿》紙用宋人詩稿，《三國志·魏志》紙用乾道淳熙兩朝官牘，情況與此正相似。簡劄中有名适者，疑是洪盤洲；有名義問者，疑是葉義問，二人《宋史》都有傳。此外偰、去彼、臨、廣問、沟、釿、運、世明、若川等人，都無可考（當時照存十二通，今用珂瓃版附印全書之後）。另一帙現藏日本東京宮內省圖書寮，原爲日本金澤文庫藏書。森立之《經籍訪古志》、《圖書寮漢籍善本書目》、金澤文庫本圖錄並有解題。存卷一至七十，共七十卷。兩殘帙，除去重卷，恰可得一完書。

龍舒本凡百卷，卷數與杭本同，詩文都按體分類編次。卷一至八書、卷九宣詔、卷十至十四制誥、卷十五至二十一表、卷二十二至二十四啓、卷二十五傳、卷二十六至三十三雜著、卷三十四至三十五記、卷三十六序、卷三十七至五十一古詩、卷五十二至七十七律詩、卷七十八挽辭、卷七十九集句詩、卷八十集句歌曲、卷八十一至八十二祭文、卷八十三至八十五神道碑、卷八十六墓表、卷八十七至一百墓誌，與杭本先詩後文編次迥異。龍舒本內容和薛昂初編本比較接近，在編法上有其獨特之處。古詩中五、七言古詩，律詩中各體律詩和絕句，都雜廁在一起；杭本則經過一番加工，整齊劃一，絕無上舉現象，但由此也產生了一些缺點。例如龍舒本卷七十五《即事》十五首、《半山即事》十首、《無題》二首、《回文》三首、《雜詠絕句》十五首、《絕句》九首，杭本除個別幾首外，均摘首句首二字爲題，巧立名目，大失詩人旨意，不如改從龍舒本，於義爲長。

　　兩本互勘，除篇題和字句間的異文層見疊出，應細加抉別，擇善而從，或兩存外，還有以下兩種情況：

　　一、兩本脫文可互爲校補。例如杭本卷六十七"夫子賢於堯舜"一文，脫去開頭一段：

　　　　孟子曰："可欲之謂善，有諸己謂信，充實之謂美，充實而有光輝之謂大，大而化之之謂聖，聖而不可知之謂神。"聖之爲稱德之極，神之爲名道之至。故凡古之所謂聖人者，於道德無所不盡也。於道德無所不盡，則若明之於日月，尊之於上帝，莫之或加矣。《易》曰："大人者，與日月合其德，與天地合其明，與四時合其序，與鬼神合其吉凶。"此之謂也。由此觀之，則自傳記以來，凡所謂聖人者，宜無以相尚而其所知宜同。

此文又引見蜀刻本《二百家名賢文粹》，與龍舒本全合。杭本脫文正賴龍舒本和《名賢文粹》補足。又如龍舒本卷七十四《召赴資政殿聽讀詩義感事》詩，吳沖卿原作後脫去荆公和作：

　　　　周南麟趾聖人風，未見騶虞繫召公。雅頌兼陳爲四始，笙歌合奏以三終。討論詔使成書上，休瀚恩容著籍通。牆面豈能知奧義，延陵聽賞自爲聰。

又卷七十五《偶成》第二首，脫去前後四句，全詩應是：

　　　　懷抱難開醉易醒，曉歌悲壯動秋城。年（龍舒本作風）

光斷送朱顏去，世事栽培白髮生。三畝未成幽處宅，一身還逐眾人行。可憐蝸角能多少，獨與區區觸事爭。

以上所舉龍舒本脫文，又賴杭本補足。總之，兩本互有短長，不可偏廢任何一本。

二、兩本佚篇可互爲輯補。杭本佚篇，前人曾據日本宮内省圖書寮藏龍舒本前七十卷輯爲《臨川集拾遺》一書。但中有誤收之作，如《西去》一詩，明見杭本卷二十五，惟題作"初去臨川"爲異。外制十二篇，除《沈德妃姪授監簿制》、《覃恩轉官二制》、《吳省副轉官制》、《土度支轉官制》等五篇確爲杭本佚篇，其餘七篇並見杭本。此外佚篇還有漏去未輯的，這一比勘工作，需要我們仔細地進行。後三十卷中杭本佚篇，如卷七十一《松江》"宛宛虹霓墮半空"一首，卷七十二《春怨》"掃地待花落"一首、《晚春》"春殘葉密花枝少"一首，卷七十三《子貢》"一來齊境助姦臣"一首，卷七十四《憶江西》"城南城北萬株花"一首，卷七十五《雜詠》"百年禮樂逢休運"一首，卷七十六《西帥》"吾君英睿超光武"一首、《到家》"五年羈旅倦風埃"一首、《宮詞》"六宅新妝促錦"一首，卷八十《雨霖鈴》"孜孜矻矻"一闋，卷八十一《祭先聖文》一篇、《祭先師文》一篇，卷九十五《屯田員外郎虞君墓誌銘》一篇，除詩九首別見荆公詩李壁注本，《雨霖鈴》引見曾慥《樂府雅詞》，《祭先聖文》、《祭先師文》引見魏齊賢、葉棻《五百家播芳大全文粹》外，衹有《屯田員外郎虞君墓誌銘》確是前所未見的。至於龍舒本佚篇可據杭本輯補，數量更多，在此不再列舉了。

龍舒本《王文公文集》，宋以後未見翻版，傳本幾絕。1959年中華書局上海編輯所根據徐森玉先生倡議，先將傅沅叔先生生前從國内藏本拍攝的玻璃片製版影印，尚缺二十四卷，恰巧北京圖書館從日本東洋文庫得到前七十卷影片，中華書局上海編輯所因向北京圖書館轉借補印，延津劍合，全書告成（現在僅總目卷上缺第一至四葉，卷九十三缺第八葉、第九葉，卷九十四缺首葉）。

　　現在，全書即將出版，中華書局上海編輯所要我寫文說明這部書的特點和版刻源流，因不辭譾陋，就個人看法略加闡發。時間倉促，舛誤難免，尚祈國內外讀者予以指正。

1962 年 5 月 25 日

（原載中華書局 1962 年影印《王文公文集》）

《四部叢刊》影印明弘治刻本
《秋澗先生大全集》跋

　　戊辰閏二月，假海鹽朱氏校慈谿馮氏醉經閣藏舊鈔本臨校一過，補脫文數千字，秋澗之文庶幾可讀矣。朱氏於《中堂事記》、《烏臺筆補》、《玉堂嘉話》及碑、傳均詳加勘正，餘篇僅補缺字，安得以元刊原本補之，俾成善本耶。萬里記。

（據原跋整理）

金刻版畫跋

　　此金刻版畫，俄國哥得洛夫大佐於西夏黑水城古址掘得，現歸聖彼得堡博物館。日本狩野博士（直喜）西遊時，得影本揭之大正五年《藝文雜誌》第三號。今復自《藝文雜誌》轉載於此。考傳世古雕版之有圖像者，莫先於敦煌石室所出晉開運四年刻本之《毘沙天王像》，然較之南渡後臨安府賈舍人宅所印之《佛國禪師文殊指南圖讚》，其繪刻工拙之別何止天壤。今觀此本繪刻工緻，與元至治間建安虞氏所刊《全相平話三國志》及明刊傳奇中所附繪圖相伯仲，此種版畫或當與其時院本雜劇相輔行。《錄鬼簿》載元時北方雜劇家除大都外，以平陽爲最多，而

平陽在金元間爲河北一大重鎭，此中消息固可推而知矣。1928年9月海寧趙萬里識。

（原載《北京圖書館月刊》第一卷第四號，1928年8月）

跋向滈《樂齋詞》

　　向豐之《樂齋詞》，舊惟有謙牧堂舊藏毛子晉家鈔本，已刊入江氏《宋元名家詞》中，此外無傳焉。江本目錄於《西江月》下注云"五調"，而書中僅載其四，向疑其有殘脫。頃見《永樂大典》卷一四三八一寄字韻中引《向滈詞》有《西江月》"寄舊"一闋，適爲江本所未載，亟據以補全。又刻本《清平樂》"次韻王武子寄還"一闋，以《大典》本勘之，如"瘦盡玉肌情徹骨"，刻本"情"譌"清"；"蹙損兩眉修綠"，刻本"修"譌"秀"；"笑將髻子偎人"，刻本"偎"字空缺。以上所舉，均以《大典》本爲長。惜《大典》所引祇此及《阮郎歸》一闋，其餘刻本譌奪已無由校補矣。戊辰十月朔萬里識。

　　西江月　寄舊　（《永樂大典》寄字韻引）
　　別後千思萬想，眼前一日三秋。小街欄檻記追遊，料得新妝依舊。　自笑非常蒂殢，爲他無限閑愁。莫將離恨寄郎州，聞道腰肢愈瘦。

（原載《北平北海圖書館月刊》第一卷第五號，1928 年 10 月）

古寫本《戰國策》殘卷跋

　　右《戰國策》殘紙，長二十六釐米，樓蘭出土，爲瑞典考古家司文赫定氏所得。其影本揭於 August Conrady：*Die Chinesischen Handschriften – und Sonstigen Kleinfunde Sven Hedins In Lou – Lan* 中。驗其書跡，猶存古隸遺意，與其他出土諸簡牘不類，殆非晉以後物也。以今本校之，前章乃《楚策》，後章乃《燕策》。雖所存無多，然可與斯坦因爵士所得之《史記·滑稽傳》殘簡同爲傳世經籍寫本之最古者。如日本大谷光瑞所得之《孫子》殘紙，及近出之《三國志·陸績傳》，書體皆豐肥，蓋又出此殘紙後矣。茲寫爲釋文如左，庶覽者詳焉。海寧趙萬里識。

　　釋文：

　　　於是遂□（"遂"下一字不可知，今本乃"不救"二字）燕而攻魏雍（今本雝）丘取之以與宋三國懼乃罷兵魏軍其西齊軍其東楚軍欲還不可得也景陽乃開西和門晝以車騎暮以燭通使於魏齊師怪之以爲（今本下有"燕"字）楚與魏謀之乃引兵而去齊兵已去魏失其與國無與共擊楚乃夜遁楚師乃還（《戰國策》卷五《楚策》）

　　　張丑爲質於燕燕王殺之走且出竟（今本"境"，下同）竟吏得丑丑曰燕王所（今本下有"爲"字）將殺我者又有言我有寶珠也王欲得之今我已亡之矣而燕（今本下有"王"字）不我信今子且致我（"我"下爛缺，今本重一"我"字）且言子之奪我（今本下有"珠"字）而吞之燕王必將

殺子刳子之 $\boxed{腹及子之腸矣}$ 夫欲得之君不可語（今本下有

"以利"二字）吾要且（今本下有"死"字）子腸亦且寸

絕竟吏恐而放（今本"赦"）之（《戰國策》卷九《楚策》）

（原載《北平北海圖書館月刊》第二卷

第一號卷首，1929 年 1 月）

陳元靚《歲時廣記》跋

　　吳縣曹氏校輯《宋徽宗詞》，據《花草粹編》載入《雪明鵁鶒夜》一闋。玩其詞意，不似御製，似臣下應制之作。然遍考宋人說集，絕無引及者，苦不得《粹編》所本。嗣余校輯《楊文公談苑》，偶繙陳元靚《歲時廣記》，見卷十一引《復雅歌詞》，載此詞爲万俟雅言所作，蓋《大聲集》之佚篇也。於是前疑始冰釋。考《復雅歌詞》五十卷，《直齋書錄解題》歌詞類著於錄，云：“題鮦陽居士序，不著姓名，末卷言宮詞音律頗詳，然多有調而無曲。”是直齋已不詳此書爲何時何人所著（徐光溥《自號錄》中亦無鮦陽居士之名，蓋不可考矣）。覆檢《廣記》前後引此書僅得六事，已不及全書百之一。觀其體制，與楊元素《本事曲》及《本事詞》、《古今詞話》等同，可爲最古之詞林紀事。然今日並其名亦幾不傳，獨留此戔戔者於陳氏書中，殘縑零簡，至可矜貴，余特表而出之，俾世之談藝者得以覘其概焉。己巳人日。

　　《復雅歌詞》：熙寧八年乙卯，楊繪在翰林，十二月立春日肆筵設滴酥花。陳汝義即席賦《減字木蘭花》云：“纖纖素手，盤裏酥花新點就。對葉雙心，別有東風意思深。瓊霙粉綴，消得玉堂留客醉。試嗅清芳，別有紅蘿巧袖香。”（《歲時廣記》卷八引）

　　《復雅歌詞》：景龍樓先賞，自十二月十五日便放燈直至上元，謂之預賞。万俟雅言作《雪明鵁鶒夜慢》云：“望五雲多處春深，開閬苑別就蓬島。正梅雪韻清，桂月光皎。鳳帳龍簾縈嫩風，御座深翠金間繞。半天中，香泛千花，燈

掛百寶。　聖時觀風重臘，有蕭鼓沸空，錦繡匝道。競呼
盧，氣貫調懽笑。暗裏金錢擲下，來侍燕歌，太平睿藻。願
年年如此際，迎春不老。"（《歲時廣記》卷十一引）

　　《復雅歌詞》：万俟雅言作《鳳皇枝令》，憶景龍先賞，
序曰："景龍門，古酸棗門也。自左披門之東爲夾城南北
道，北抵景龍門。自臘月十五日放燈，縱都人夜游，婦人游
者，珠簾下邀住，飲以金甌酒。有婦人飲酒畢，輒懷金甌，
左右呼之，婦人曰：'妾之夫性嚴。今帶酒可容，何以自
明？懷此金甌爲證耳。'隔簾聞笑聲，曰：'與之。'"其詞
曰："人間天上，端樓龍鳳燈先賞。傾城粉黛月明中，春思
蕩，醉金甌仙釀。　一從鸞輅北向，舊時寶座應蛛網。遊人
此際客江鄉，空悵望，夢連昌清唱。"（《歲時廣記》卷十一
引）

　　《復雅歌詞》：七夕故事，大抵祖述張華《博物志》、吳
均《齊諧記》。夫二星之在天爲二十八舍，自占星者觀之，
此爲經星，有常次而不動。詩人謂"睆彼牽牛，不以服箱。
跂彼織女，終日七襄。雖則七襄，不成報章"者，以比爲
臣而不職也。夫爲臣不職，用人者之責也，此詩所以爲刺
也。凡小說好怪，誕妄不終，往往類此。天雖去人遠矣，而
垂象粲然，可驗而知，不可誣也。詞章家者流，務以文力相
高，徒欲飛英妙之聲於尊俎間，詩人之細也夫。（《歲時廣
記》卷二十六引）

　　《復雅歌詞》："明月幾時有？把酒問青天。不知天上宮
闕，今夕是何年。我欲乘風歸去，又恐瓊樓玉宇，高處不勝
寒。起舞弄清影，何似在人間。　轉朱閣，低綺户，照孤
眠。不應有恨，何事長向別時圓？人有悲歡離合，月有陰晴
圓缺，此事古難全。但願人長久，千里共嬋娟。"是詞乃東
坡居士以丙辰中秋，懽飲達旦，大醉，作《水調歌頭》兼
懷子由。時丙辰熙寧九年也。元豐七年都下傳唱此詞，神宗

問內侍外面新行小詞，內侍錄此進呈。讀至"又恐瓊樓玉宇，高處不勝寒"，上曰："蘇軾終是愛君。"乃命量移汝州。（《歲時廣記》卷三十一引）

《復雅歌詞》：宣和間，万俟雅言中秋應制作《明月照高樓慢》云："平分素商。四垂翠幕，斜界銀潢。顥氣通建章。正煙澄練色，露洗水光。明映波融太液，影隨簾掛披香。樓觀壯麗，附霽雲耀紺碧相望。　宮妝，三千從赭黃，萬年世代，一部笙簧。夜宴花漏長，乍鶯歌斷續，燕舞廻翔。玉座頻燃絳蠟，素娥重按霓裳。還是共唱御製詞，送御觴。"（《歲時廣記》卷三十一引）

（原載《北平北海圖書館月刊》第二卷第二號，1929 年 2 月）

記明如韋館刻本《硯箋》

　　前稿已付手民，忽於故宮圖書館檢得明如韋館刻本《硯箋》。取校棟亭本及江安先生所校之明鈔本，頗有違異。其勝處有出諸本上者：如卷一第八葉李商隱節後有小注"見南野聞居錄"六字，諸本俱奪去；第九葉"唐陸魯望硯"，諸本奪"陸"字；又同葉"兩君胡盧爲絕倒"，諸本"胡盧"互倒；卷三第四葉"吳興青石圓硯"，諸本奪"硯"字。然卷一《硯說》所脫之十八行，此本亦無之，是所據尚未爲善本。每半葉九行，行十八字。題"宋渤海高似孫修，明滎陽潘膺社校"，尾卷後有"甲寅歲如韋館藏板"一行。觀其版式，乃萬曆間所刊，則甲寅歲乃萬曆四十二年也。此本諸家書目未見著錄，與同時得見之萬曆本李廷美《墨譜》可稱雙絕。惜校記已印成，不及增補，姑略記大凡於此，以俟後日寫定焉。

（原載《國立北平圖書館月刊》第三卷第一號，1929 年 7 月）

《澠水燕談錄佚文輯補》序

　　王闢之《澠水燕談錄》無善本久矣。世所傳黃蕘圃校宋本與知不足齋刊本無大出入，疑黃氏所據非實，或所據乃宋末坊本。余嘗據頌芬室刊本江少虞《皇朝事實類苑》、元刊本《事文類聚》、影宋本《朱子三朝言行錄》、校明鈔本《詩話總龜》、《道藏》本《三洞群仙錄》、嘉靖本《錦繡萬花谷》、《百川學海》本《厚德錄》及蜀本《分門古今類事》、《苕溪漁隱叢話》諸書所引勘之，全書改訂凡萬餘字，而前後錯落尚不在內。舉其犖犖大者，如卷二名臣門"孫明復退居太山"節"榮貴莫大於此"句下，據《事文類聚》後集十四所引，知脫"石介与其群弟子進曰：公卿不下士久矣，今丞不以先生貧賤而欲託以子，是高先生行義也"三十七字。卷四忠孝門"妖賊王則"節"遂度終不能聽"句下，據《類苑》卷五十三所引，知脫"乃復白曰：公有密旨，願屏左右以語。賊令左右引避"二十字。卷五官制門"真宗御筆六事"節"三曰提點刑獄"句下，據《類苑》卷廿五引，知脫"支收一人制之，開拆衙門一人判之，憑由理欠一人判之，可"二十三字。第九雜錄門"淮浙（今本誤西）大饑"節"多造紙襖"句下，據《類苑》卷七十三引知脫"以衣貧民。提舉司印牓，招諭富民布施錢以種福田，大取識者嗤笑。安撫至通州，勸富民出米麥以食饑者。或對曰：安撫勿卹東南饑民，冒口以開。有紙襖"五十九字。又一"江南一縣"節"削者"下，據《類苑》七十三引，知脫"如期而往，方入寺，閽者歐之曰：羅漢亡杖已半年，乃爾盜耶。削者"二十五字。其他譌誤之處，不勝枚舉。

其失殆與俗本《冷齋夜話》、《龍川別志》、《涑水紀聞》無異，然舛謡則有過之。今《夜話》有元刊本及日本五山本，《別志》有江安傅氏校宋本、《紀聞》有明鈔本可訂校，而此書獨無善本可校，幸賴宋元人書得以詳加訂補，亦可謂不幸中之大幸矣。諸書以江氏《類苑》引用爲最多，凡他書之引用此書者，大抵與《類苑》合，而與今本迥異，知此書南渡後尚完善無缺，其竄亂蓋在宋以後矣。佚文二十二則，校錄如左。丙寅暮春海寧趙萬里書於清華園寓廬。

（原載《國立北平圖書館月刊》第三卷第一號趙萬里
《澠水燕談錄佚文輯補》之前，1929 年 7 月）

《貴陽陳氏書目》跋

　　貴陽陳松山（田）給諫撰《明詩紀事》，刻未竣而辛亥事
起，給諫倉皇出都，以其版及所藏書爲質於廠肆文友堂。文友堂
留其版，而以其藏書轉售於日本東京文求堂田中氏，僅值三千五
百金，以視近年書價，直不可同日而語，然在當日，固已爲善價
矣。時上虞羅叔言丈僑居西京，聞之，慨然以巨貲購歸。後又轉
入吳興蔣氏密韻樓，今蔣氏書散，大半歸上海涵芬樓。給諫舊藏
書，未知尚存否？此目乃當時底簿，前後無序次，從文友堂估人
處假來，亟爲印行，而志其始末於此。海寧趙萬里。

（原載《國立北平圖書館館刊》第三卷第五號
《貴陽陳氏書目》之後，1929 年 11 月）

明鈔本《晁氏寶文堂書目》跋

　　右明鈔本《寶文堂分類書目》三卷，明晁瑮撰。瑮字君石，號春陵，開州人。宋太子太傅迥之後。嘉靖辛丑進士，官至國子監司業。其子東吳，字叔權，嘉靖癸丑進士，選翰林院庶吉士。父子皆喜藏書。今所傳嘉靖刊《法藏碎金錄》、《具茨集》版心上方有“寶文堂”三字者，皆晁氏所刻也。此目以御製諸書冠首，上卷分總經、五經、四書、性理、史、子、文集、詩詞等十二目，中卷分類書、子雜、樂府、四六、經濟、舉業等六目，下卷分韻書、政書、兵書、刑書、陰陽、醫書、農圃、藝譜、算法、圖誌、年譜、姓氏、儒藏、道藏、法帖等十五目。其中子雜、樂府二門所收元明話本小說、雜劇傳奇至多，爲明代書目中所僅見，至可貴也。此本舊爲貴池劉氏藏書，有“大明貴池劉氏藏書”、“鎦城鑑藏”二印。城字伯宗，明季諸生，入清不仕，著有《嶧桐集》。萬里記。

（原載《國立北平圖書館館刊》第三卷第六號
《晁氏寶文堂書目》之後，1929 年 12 月）

胡適舊藏磧砂藏本《大般涅槃經》
卷第二十九跋

　　此平江磧砂藏本《大般涅槃經》殘卷，每開六行，行十七字，與元刊河西字藏經、普寧寺藏經行款均同。經始於宋理宗紹定四年（西紀1231），斷手於元武宗至大二年（1309），前後歷八十載，始克成書。自天字號《大般若波羅蜜多經》起，至合字號《大般涅槃經》止，凡一千四百三十二部，五千八百五十七卷。今《昭和法寶目錄》所載全藏目錄即止於此。然余所見殘帙元釋明本之《中峰語錄》，亦預與校刊之列。考《中峰語錄》初不入藏，元統二年（1334）宣政院下杭州普寧寺住持劄文云：“奉聖旨教刊版入藏經裏，如今依先例，將這文字但有藏經印板處教刊板入藏經。”是廣錄入藏已在元末，其刊入磧砂藏，亦當與元統三年普寧藏本相前後。則此書全藏之刊，實與元代相終始，不得謂其止於至大初也。蓋終元之世，磧砂藏與杭州南山之普寧藏並行於南北行省，與行於西陲之河西字藏經先後輝映。洪武中，金陵之南藏繼起，於是諸藏盡廢。盧熊、王鏊輩所纂《蘇州志》，均未詳此書刊板始末，是明季人已罕知有此藏矣。元釋圓至曾撰《磧砂延聖院記》記其事，見《牧潛集》。今原書存於長安古剎者非全帙。他如日本南禪寺所藏，亦殘佚過半。此雖戔戔短帙，亦可寶也。此書刊於南宋之末，尚遵用宋本《千字文》舊式。此卷編號爲“輔九”，以“輔”字代“匡”字，蓋避宋太祖諱。《三希堂法帖》載宋高宗御書《千字文》，“桓公匡合”作“輔合”，其明證也。二十一年初夏，於適之先生書齋見此帙，假歸讀一過，謹書數語於卷尾，以誌眼福。惟適

胡適舊藏磧砂藏本《大般涅槃經》卷第二十九趙萬里跋

之先生教之。二十二年五月趙萬里。

（據原跋整理）

跋明鈔本《糖霜譜》

右脈望館鈔本《糖霜譜》。卷末有趙琦美手跋：

萬曆丁未七月十三日黎明閱此卷，王華岡原本。清常道
人題。

知從王華岡本出，淵源有自，無怪其勝於俗本也。以校曹棟
亭刻本，曹本譌脫數十事，賴此本正之。錄爲校記如下：

原委第一

而顆碎色淺　曹本脫“顆”字。

非最異物也　曹本脫“最”字。

即書寸紙繫錢緡　曹本“寸”譌“付”，脫“緡”字。

汝未知因蔗糖爲霜　曹本“因”作“窨”。

或望見繖山者　曹本脫“見”字。

而白驢者師子也　曹本“師”作“獅”。

眉陽水秀閬中山秀普慈石秀　曹本脫“閬中山秀”四字。

第二

曝成飴謂之石蜜　曹本“飴”作“餳”。

本草亦云煉糖和乳爲石蜜是也其後又爲蔗酒通典赤土國甘蔗
作酒雜以紫爪根是也　曹本脫“其後又……”以下二十二字。

按集韻酢笮柞醶釀通用　曹本脫“柞”字。

搜羅殆遍　曹本“遍”作“盡”。

實始二公　曹本“始”譌“於”。

亦起近世耳　曹本脫“近”字。

第三

繖山在小溪縣北　曹本脫“北”字。

摩勞之令熟如麵　曹本"之"字、"麵"字並脫。

又蓋土嘗使露芽　曹本脫"又"字。

糖霜盛處　曹本"盛"譌"成"。

山下曰禮佛塸　曹本"塸"作"壩"，下同。

就賣山前諸家　曹本脫"就"字。

第四

曰蔗削以削蔗皮如破竹　曹本脫"以削蔗皮"四字。

曰蔗鎌以剗蔗　曹本"剗"譌"削"。

駕牛碾已剗之蔗　曹本"已"譌"所"，"牛"下有"以"字。

編當年嫩慈竹爲之　曹本脫"嫩"字。

碾舂訖　曹本脫"舂"字。

權收入甕　曹本脫"收"字。

（注）過期則酸　曹本"酸"譌"釀"。

搜竹稍徧　曹本脫"稍"字。

簸箕覆之　曹本"簸"譌"籔"，下同。

第五

或十斤二十斤　曹本"十斤"下有"或"字。

號曰含沙凡霜性易銷化　曹本"沙"字誤植"凡"字下。

第六

未甚損也　曹本"未"上衍"亦"字。

其得霜者　曹本"霜"作"糖"。

則復化爲水　曹本脫"復"字。

無以應也　曹本"也"譌"矣"。

近歲絕不作　曹本脫"絕"字。

第七

別研吳氏龍涎香七八餅和之　曹本"八"作"分"。

各隨意云　曹本脫"云"字。

跋

偶獲七篇之譜　曹本脱“之譜”二字。

甲戌紹興二十四年　曹本作“紹興二十四年甲戌”。

雲臥庵守元書　曹本“雲臥”作“臥雲”。

臥雲庵守元後序前，此本有晦叔自序，曹本全脱。晦叔曰：

> 郭景純注蟲魚，或者小之。糖霜有無，不計世利害，吾詳記如此，又出景純下矣。嘗走四方，或問：子家遂寧，糖霜云何？直視莫知答。因暇日瑣碎採掇著於篇。陳軫謂犀首曰：公何好飲也？犀首曰：無事也。今吾疲心微物，亦犀首飲耳。

此文不見於乾道刊《頤堂集》，緣今所傳宋槧本乃殘帙，有詩無文（詩亦不全），當據此文以補其闕，亦快事也。前後有“平江黄氏圖書”、“德均所藏”、“松江讀有用書齋金山守山閣兩後人韓德均錢潤文夫婦之印”諸印。

余前觀松江韓氏藏書，見此本乃三百年前舊帙，亟假出，以一夕之力移校曹刻一過，近始録爲校記，以貽《季刊》。歲月如流，忽忽已八年矣。今秋自淞滬返舊京。忽有人持海源閣藏黄復翁校本《糖霜譜》求售。其書後附《都城紀勝》、《釣磯立談》二種，皆曹刻也。《紀勝》黄以舊鈔校過，《立談》則何小山校毛氏鈔本，尤爲精美。至此書黄以自藏趙本校改，所校悉與余合。前後有題跋二則，備録於此。

> 向余收此册，因有小山校本《釣磯立談》也，《糖霜譜》二種特附存未忍去爾。項五柳主人攜示《糖霜譜》舊鈔本爲清常手校者，取勘曹刻，實多補正，遂手校於上。可知書以舊本爲佳不謬也。復翁丁卯午月午日記，是日丙午。

> 嘉慶丁卯夏五月五日，獲見述古堂藏趙清常校舊鈔本，手勘一過。

黄校本爲《楹書隅録》所失載，其跋文亦不見於諸家所輯《蕘圃題識》。據跋文知趙本曾歸述古堂，乃原書並無錢氏印記，

跋湯舜民《筆花集》

右湯舜民所作散曲《筆花集》。舜民名式，號菊莊，象山人。元明間補本縣吏，後落魄江湖。嘗侍明成祖於燕邸，至永樂中尚存。有《瑞仙亭》、《嬌紅記》雜劇，今佚。事蹟無考，僅略見賈仲明《續錄鬼簿》。原書黑格繭紙寫本，紙墨俱古，乃正嘉間人手跡。民國二十年夏間，余返浙過甬，與吾友平妖堂主人薄遊市肆，主人得之冷攤者。舊爲范氏天一閣藏書，阮薛二目及其他明清公私書目俱未著錄，僅見於宋漫堂家鈔本及《玉簡齋叢書》本《天一閣書目》，蓋久佚之祕籍也。序跋及總目俱缺，前後題尚存，前題後第二行題“菊莊湯舜民著”。紙敝綫脫，篇什零亂，版心又不著葉數，余與主人爲之排比整理，始可卒讀。全書計套數四十有四，重頭小令一百六十有六。今詳加審閱，第一葉第二葉間曲文不銜接，以《雍熙樂府》卷二、陳所聞《北宮詞紀》卷四校補，知所缺乃《雙調夜行船·送楊景言回武林》“花柳鄉中自在仙”套中前三曲。第三葉前亦缺失數行，據《北宮詞紀》卷六校讀，知是《商調集賢賓·友人愛姬爲權豪所奪復有跨海征進之行故作此以書其懷》“鶯花寨近來誰戰討”套中前二曲。而第二葉後半葉《賦鳳臺春》一題“沉醉春風”後，文義不完，據《北宮詞紀》卷五、《彩筆情詞》卷二校讀，所缺乃“沉醉春風”後數語及《離亭宴帶歇拍煞》全闋。其他各曲，譌文脫字幾如風庭落葉，不勝枚舉。余以《盛世新聲》、《詞林摘艷》、《北曲拾遺》、《樂府群珠》、《雍熙樂府》、《北宮詞紀》、《彩筆情詞》、《詞林白雪》及《北詞廣正譜》、《北九宮大成譜》諸書迻校，補缺正譌，居然條整可誦。《雍熙樂府》引舜民《南

呂一枝花》套曲最多，除《贈美人》“緣底事謫離方丈臺”一
套，《言志》“自憐王粲狂”一套，《贈教坊張韶舞善吹簫》“露
溥溥萬籟沉”一套外，無不徵引，然悉不署作者姓名，非以此
書對勘，無由知爲舜民作也。《樂府群珠》今所傳明鈔殘帙眉端
例標一單字，以暗示所引用之書名，如引《樂府群玉》，注一
“玉”字；引《太平樂府》，注一“太”字；引《雲莊樂府》，
注一“雲”字；引《梨園雅調》，注一“梨”字；引《陽春白
雪》，注一“陽”字；其引舜民之曲，則注一“筆”字，此即
《筆花集》三字之省。知明人輯《群珠》時，此書尚盛行也。

《群珠》引《普天樂·送丁起東回陝》一曲，其眉端亦注一
“筆”字，當亦出《筆花集》。文曰：

　　玉立照青春，金匱消白日。調和內景，運化玄機。雖無
膠漆情，還有醇醪味。執手河梁君須記，再相逢何處追隨。
知他在華陽武夷？知他在丹山赤水？知他在玄圃瑤池？

此本失收，是所據本實較此本爲善。此本共計五十七葉，細
檢之，第一葉、第二葉、第二十七葉後均有闕葉。故他書徵引，
頗有出此本外者。茲就平時瀏覽所及，錄目如左：

（一）《正宮端正好·元日朝賀》“一聲鶯報上林春”套，
見《雍熙樂府》卷二第二十八葉、《北宮詞紀》卷一第九葉引。

（二）《正宮端正好·題梧月堂》“向朝陽春長鳳枝新”套，
見《雍熙樂府》卷二第四十五葉、《北宮詞紀》卷四第四十六
葉引。

（三）《正宮塞鴻秋·憶美》“一會家想多情教我傷懷抱”
套，見《雍熙樂府》卷二第十七葉、《彩筆情詞》卷十一第十二
葉引。

（四）《商調集賢賓·客窗值雪》“倚龍泉一聲長歡息”套，
見《雍熙樂府》卷十四第二十葉、《北宮詞紀》卷四第三十
葉引。

（五）《雙調風入松·題馬氏吳山景卷》“十年蹤跡走塵霾”

套，見《北宮詞紀》卷四第四十四葉引。

（六）《雙調新水令·送王姬往錢塘》“十年無夢到京師”套，見《雍熙樂府》卷十二第四十七葉、《北宮詞紀》卷六第七十五葉、《彩筆情詞》卷七第二十五葉引。

（七）《雙調新水令·秋夜夢回有感》“鳳臺空無伴品鸞簫”套，見《雍熙樂府》卷十一第十七葉、《北宮詞紀》卷六第七十六葉引。

（八）《雙調新水令·秋懷》“碧天風露怯青衫”套，見《雍熙樂府》卷十一第二十一葉、《北宮詞紀》卷六第七十八葉、《彩筆情詞》卷九第九葉引。

（九）《雙調蟾宮曲》“冷清清人在西廂”，見《北詞廣正譜》雙調第九葉引。

（十）《南吕一枝花·送車文卿歸隱》“輕帆灩澦堆”套，見《雍熙樂府》卷八第二十葉、《北宮詞紀》卷三第二十九葉引。

（十一）《南吕一枝花·贈會稽吕周臣》“三千丈蕭蕭白髮生”套，見《雍熙樂府》卷八第十葉、《北宮詞紀》卷三第三十葉引。

（十二）《南吕一枝花·贈錢唐鑷者》“三萬六千日有限期”套，見《北宮詞紀》卷三第三十一葉引。

（十三）《南吕一枝花·旅中自遣》“錦囊寬閑鳳琴”套，見《雍熙樂府》卷十第十四葉、《北宮詞紀》卷四第二十四葉引。

（十四）《南吕一枝花·題白梅深處》“羅浮山接渺茫”套，見《雍熙樂府》卷八第十二葉、《北宮詞紀》卷四第四十葉引。

（十五）《南吕一枝花·題崇明顧彦昇洲上居》“潮生玉馬來”套，見《雍熙樂府》卷八第十七葉、《北宮詞紀》卷四第五十二葉引。

（十六）《南吕一枝花·檜軒爲越中沙子正賦》“得指教三遷

好住居”套，見《雍熙樂府》卷八第十一葉、《北宮詞紀》卷四第五十三葉引。

（十七）《南呂一枝花·題雲巢》“攬將天上雲”套，見《雍熙樂府》卷八第十八葉、《北宮詞紀》卷四第五十三葉引。

（十八）《南呂一枝花·贈王觀音奴》“出西方自在天”套，見《北宮詞紀》卷五第十五葉、《彩筆情詞》卷一第三十葉、《詞林白雪》卷四引。

（十九）《南呂一枝花·贈王善才》“手曾將千眼佛綠柳瓶”套，見《北宮詞紀》卷五第十六葉、《彩筆情詞》卷一第三十一葉、《詞林白雪》卷四引。

（二十）《南呂一枝花·贈妓宋湘雲》“送飛瓊下九天”套，見《北宮詞紀》卷五第十八葉、《彩筆情詞》卷一第三十二葉引。又引見《詞林白雪》卷四，但誤題顧均澤作曲，與他書異。

（二十一）《南呂一枝花·贈妓素蘭》“散清芬煙月中”套，見《北宮詞紀》卷五第二十一葉、《彩筆情詞》卷二第二葉引。

（二十二）《南呂一枝花·冬景題情》“一輪寒日沉”套，見《北宮詞紀》卷六第四十九葉、《詞林白雪》卷二引。

（二十三）《仙呂賞花時·送人回鎮淮安》“鐵甕金墉壯九關”套，見《北宮詞紀》卷四第三葉引。

以上共搜得套數二十有二（《雙調蟾宮曲》係小令，故未計入），約當此本所收套曲之半，其散佚之多，殆出想像外也。

舜民樂府，元明之際頗著聲譽。《太和正音譜》卷首稱其詞如“錦屏春風”，《續錄鬼簿》亦稱“所作套數小令極多，語皆工巧，江湖盛傳之”，均極推重。今觀其詞，已開明人“堆垛”、“餖飣”之習，去盛元“清麗嫵媚”格調漸遠。然視同時作者劉東生、楊景賢輩，則以所存尚多，究勝一籌。至後此之周王誠齋亦以北樂府名於時，而陳言腐語，了無生氣，與此書較，又有虎賁中郎之別，不可同日語矣。

二十三年仲夏，假平妖堂藏本手錄一過，並以旬日之力爲之讎校，漫書其後。越十二年，今年三月，硯友盧君冀野自陪都來書，索閱此文，用備參考。因據《詞林白雪》及他書重加釐訂，以就正於冀野，並慰冀野旅居岑寂之思焉。三十五年四月記。

（原載《圖書季刊》新第八卷第三、四期合刊，1947 年；初稿《校筆花集跋》載於《大公報·圖書副刊》第 139 期，1936 年 7 月 16 日）

校勘學綱要

（甲）材料論

　　（一）論古彝器文字之有裨於比勘詩書

　　（二）論近世出土之碑銘石刻之有裨於校勘及輯逸書

　　（三）論類書之有裨於校勘及輯逸書

　　（四）述歷代石經之沿革

　　（五）述校訂諸經注疏之新材料

　　（六）述校訂諸史之新材料

　　（七）述校訂先秦諸子之新材料

　　（八）述校訂唐人詩集之新材料

　　（九）述校訂元曲之新材料

　　（十）述搜輯元明散曲之新材料

　　（十一）論輯逸書之新開展及前人輯逸書之優劣

（乙）方法論

　　（一）死校

　　（二）活校

（據國立清華大學印行講義整理）

唐寫本《文心雕龍》殘卷校記

敦煌所出唐人草書《文心雕龍》殘卷，今藏英京博物館之東方圖書室。起《徵聖篇》，訖《雜文篇》，《原道篇》存"讚曰"末十三字，《諧讔篇》僅見篇題，餘均亡佚。每葉二十行至二十二行不等。卷中"淵"字、"世"字、"民"字均闕筆。筆勢遒勁，蓋出中唐學士大夫所書，西陲所出古卷軸，未能或之先也。據以迻校嘉靖本，其勝處殆不可勝數，又與《太平御覽》所引及黃注本所改輒合，而黃本妄訂臆改之處亦得據以取正。彥和一書傳誦於人世者殆遍，然未有如此卷之完善者也。去年秋，余既假友人容君校本臨寫一過，以其有遺漏也，復假原影本重勘之，其見於《御覽》者亦附著焉。即以三夕之力，彙錄成校記一卷，序而刊之，以質並世之讀彥和書者。丙寅花朝日記。

徵聖第二（唐寫本篇名均頂格寫）

則聖人之情見乎文辭矣（正文依嘉靖本①）　唐寫本②無"文"字。案：今本有"文"字，蓋涉上下文而衍，當據刪。

先王聖化　"聖化"作"聲教"。

夫子風采　"風采"作"文章"。

以多方舉禮　"方"作"文"。案：黃注本依孫校改"方"

"績"。

　"，"而"作"以"。案：黃

正合。

　　"作"乃"。

書契斷決以象夬　"斷決"作"決斷","夬"譌"史"。

文章昭晰以象離　"象"作"効"。

五例微辭以婉晦　"以"作"而"。

故知繁略殊形　"形"作"制"。

變通會適　"會適"作"適會"。案：上云"抑引隨時"，與此句相對成文，則以作"適會"爲是，當據唐本乙。

是以政論文必徵於聖必宗於經　作"是以論文必徵於聖，窺聖必宗於經"。案：唐本是也，黃本依楊校，"政"上補"子"字，"必宗於經"句下補"稚圭勸學"四字，臆說非是。

弗惟好異　"弗"作"不"，"惟"作"唯"。

故知正言所以立辯　"辯"作"辨"。

辭成無好異之尤　"成"下有"則"字。案："則"字當據補。

辯立有斷辭之義　"立"下有"則"字，"義"作"美"。案："則"字當據補。

雖欲此言聖　"此言"作"訾"。案：黃本改作"訾"，與唐本正同。

弗可得已　"弗"作"不"，"已"作"也"。

猶或鑽仰　"猶"作"且"。

胡寧勿思　"胡寧"作"寧曰"。

若徵聖立言　無"若"字。

贊曰　"贊"作"讚"。此下各篇均同。

宗經第三

其書言經　"言"作"曰"。案：《太平御覽》六百八引"言"亦作"曰"，與唐本正合。

洞性靈之奧區　"奧區"作"區奧"。

自夫子刊述而大寶咸耀　"刊"作"刪"，"咸"作"啓"。案：《御覽》六百八引此文正與唐本合，黃校一本"咸"作"啓"，當據改。

義既極乎性情　"極"作"挺"。案：《御覽》六百八引作
"埏"，以下文"辭亦匠於文理"句例之，則作"埏"是也。唐
本作"挺"，即"埏"字之譌。

辭亦匠於文理　"於"作"乎"。

聖謀卓絕　"謀"作"謨"。案：黃本"謀"作"謨"，與
唐本正合。

S. 5478 唐寫本《文心雕龍》殘本

而吐納自深　無"而"字。案：唐本是也，今本即涉上文
而衍。

夫易惟談人神致用　"談"下有"天"字，"人"作"入"。案：《御覽》六百八所引均與唐本合，當據訂。

固哲人之驪淵也　"固"作"故"。

而訓詁茫昧　"訓詁"作"詁訓"，"茫"作"芒"。

昭昭若日月之明離離如星辰之行　"明"上有"代"字，"行"上有"錯"字。案：今本誤脫，當據補。

言昭灼也　"昭"作"照"。

詩主言志　"主"作"之"。

敢最附深衷矣　無"敢"字。案："敢"即"最"之譌而衍者。《御覽》六百八引亦無"敢"字，黃本改作"故"，非是。

禮記立體　"記"作"以"。案：《御覽》六百八引與唐本合，當據改。

據事剬範　"剬"作"制"。

章條纖曲　此下有"執而後顯，採掇片言，莫非寶也，春秋辨理"十六字。案：《御覽》六百八引亦有此文，黃本已據《御覽》增，惟"片"字誤作"生"。

諒以邃矣　"以"作"已"。

此聖人之殊致　"人"作"文"。案：作"文"義較長。

至根柢槃深　"至"下有"於"字，"槃深"作"盤固"。

是以往者雖舊餘味日新　"雖"作"唯"，"餘"上有"而"字。案："而"字今本脫，當據補。

後進追取而非曉　"曉"作"晚"。案：黃本"曉"改"晚"，與唐本正合。

前修文用而未先　"文"作"久"。案：唐本作"久"是，"先"疑即"完"字之譌。

紀傳銘檄則春秋爲根　"紀"作"記"，"銘"作"盟"。案：唐本作"盟"是，黃本引朱云"銘當作移"，臆說未安。

終入環內者也　"者也"二字無。

若稟經以製式　“製”作“制”。

是仰山而鑄銅煮海而爲鹽也　“仰”作“即”，“也”上有“者”字。案：“者”字今本脫，當據補。

四則義直而不回　“直”作“貞”。

揚子比雕玉以作器　“揚”上有“故”字。案：“故”字今本脫，當據補。

勵德樹聲　“勵”作“邁”。

正末歸本　“正末”作“極正”。

不其懿歟　“歟”作“哉”。

致化歸一　“歸”作“惟”。

正緯第四

斯之謂也　“之”作“其”。

好生矯誕　“誕”作“託”。

孝論昭晢　“晢”作“晳”。案：黃本依許校改“晢”作“晳”，與唐本正合。

按經驗緯　“按”作“酌”。

倍摛千里　“摛”作“摘”。

經顯聖訓也緯隱神教也　“聖”作“世”（下同），兩“也”字無。

而今緯多於經　“今”字無。

商周以前　“以”作“已”。

圖籙頻見　“圖籙”作“綠圖”。

緯何豫焉　“豫”作“預”。

原夫圖籙之見　“原”字無，“圖籙”作“綠圖”。

故知前世符命　“世”作“聖”。

於是伎數之士　“伎”作“技”。

謂起哀平　“謂”下有“偽”字。案：“偽”字今本脫，當據補。

至於光武之世　“於”字無。

曹褒撰讖以定禮　"撰"作"選"。

尹敏戲其深瑕　"深瑕"作"浮假"。案：此文與上句"桓譚疾其虛僞"相對成文，則唐本作"浮假"是也。

荀悅明其詭誕　"誕"作"託"。

論之精矣　"論"字無。

白魚赤鳥之符　"鳥"作"雀"。

黃金紫玉之理　"金"作"銀"，"理"作"瑞"。案：黃本依孫校改"理"爲"瑞"，與唐本正合。

是以後來辭人　"後"作"古"。

採摭英華　"採"作"捃"。

平子恐其迷學　"恐"作"慮"。

榮河溫洛　"榮"譌"采"。

糅其雕蔚　"糅"作"採"。

辨騷第五

小雅怨謗而不亂　"謗"作"誹"。案：黃本依許校改"謗"作"誹"，與唐本正合。

可謂兼之　"兼之"二字無。案：唐本是也，此文即承下文"蟬蛻穢濁之中，浮游塵埃之外"爲句，"兼之"二字當是後人妄加。

崑崙懸圃　"懸"作"玄"。案：黃校引一本亦作"玄"，與唐本正合。"懸"、"玄"古通，《楚辭·天問》、《淮南·地形訓》均作"懸圃"，自以作"懸"爲是。

然其文辭麗雅　"辭"字無。

以爲皆合經術　"術"作"傳"。

揚雄諷味　"諷"作"談"。

可謂鑒而弗精翫而未覈者也　"弗"作"不"，"也"作"矣"。

稱湯武之祗敬　"湯武"作"禹湯"。

典誥之體也譏桀紂之猖披傷羿澆之顛隕規諷之旨也　此四句脫。

同於風雅者也　"於"作"乎"。

豐隆求宓妃　"豐"上有"駕"字。案：此處上下文均三字爲句，"駕"字當據唐本補。

鴆鳥媒娥女　"鴆"上有"憑"字，"娥"作"娀"。案：唐本是也，今本有脫誤，當據訂。

康回傾地　"康"譌"秉"。

夷羿蔽日　"蔽"作"斃"。案：唐本是也，黃本依孫校改"蔽"爲"彈"，臆說未安。

木天九首　"天"作"夫"。案：黃本依謝校據《招魂》改"天"作"夫"，與唐本正合。

土伯三足　"足"作"目"。案：黃本依朱校據《招魂》改"足"作"目"，與唐本正合。

摘此四事　"摘"作"指"。

異乎經典者也　"乎"作"於"。

語其本誕則如此　"本"作"誇"。案：唐本是也，當據訂。

體憲於三代而風雅於戰國　"雅"作"雜"。案：唐本是也，今本即涉下文"乃雅頌之博徒"而誤。

雖取鎔經意　"意"作"旨"。

亦自鑄偉辭　"偉"作"緯"。案：唐本是也，"緯辭"與上句"經意"相對成文，"緯"譌作"偉"，則文不成義矣。

故騷經九章　"故"字無。

九歌九辯　"辯"作"辨"。

綺靡以傷情　"綺靡"作"靡妙"。

瓌詭而惠巧　"惠"作"慧"。

招魂招隱　"招隱"作"大招"。案：唐本是也，黃本引馮校，與唐本正合。

耀豔而深華　"深"作"採"。

故能氣性作轢古　"性"作"往"。案：唐本是也，當據改。

自九懷以下　"以"作"已"。

遽躐其跡　"跡"作"迹"。

故才高者菀其鴻裁　"菀"作"苑"。案：唐本是也。"苑"與"蘊"通。《廣雅》云："蘊，聚也。"是其義。

酌奇而不失其真　"其真"譌作"居真"。

不有屈原　"原"作"平"。

壯志煙高　"志"作"采"。案：作"采"於義爲長。

絕益稱豪　作"豔逸錙毫"。案：黃本引朱校據宋本《楚辭》改作"豔溢錙毫"，與唐本正合，惟"逸"作"溢"，乃聲近之譌。

明詩第六

聖謨所析　"謨"作"謩"。案：唐本是也，本書"謨"、"謩"多形近互譌。

詩者持也　"詩"上有"故"字。案：今本脫"故"字，當據補。

有符焉爾　"有"上有"信"字。案：此文疑當作"信有符焉"，"爾"字衍。

昔葛天氏樂辭云玄鳥在曲　"天"字、"氏"字、"云"字均無。案：此文疑當作"昔葛天樂詞，玄鳥在曲"，方與下文"黃帝雲門，理不空綺"相對成文。今本衍"氏"字、"云"字，唐本奪"天"字，均有誤，然終以唐本近是。

黃帝雲門理不空綺　"綺"作"絃"。案：唐本是也，黃本引朱校"'綺'當作'絃'"，與唐本正合。

至堯有大唐之歌　"唐"作"章"。案：《御覽》五百八十六引作"唐"，黃校引一本作"章"，與唐本正合，"章"、"唐"古通用。

及大禹成功　"功"字無。

五子咸怨　"怨"作"諷"。案：作"諷"義較長，《御覽》五百八十六引亦作"諷"，與唐本正合。

子夏監絢素之章　"監"作"鑑"。案：唐本作"鑑"，與

《御覽》五百八十六引合。

可與言詩 “詩”下有“矣”字。案：今本脱“矣”字，當據補。

風人輟采 “輟”作“掇”，“采”作“彩”。

酬酢以爲賓榮 “爲”作“成”。

所以李陵班婕好見疑於後代也 “好”字無。案：“好”字可省，《御覽》五百八十六引亦無“好”字，與唐本正合。

按召南行露 “召”作“邵”。案：《御覽》五百八十六引亦作“邵”，與唐本正合。

閱時取證 “證”作“徵”。案：黄校引一本及《御覽》五百八十六引均作“徵”，與唐本正合。

比采而推 “采”作“彩”。

兩漢之作乎 “兩”上有“故”字，“乎”作“也”。案：《御覽》五百八十六引“兩”上有“固”字，“固”、“故”音近而譌。疑此文當作“固兩漢之作也”，今本有脱誤。

至於張衡怨篇 “於”作“如”。

清曲可味 “曲”作“典”。案：黄校改“曲”作“典”，與唐本及《御覽》五百八十六引均合。

暨建安初 “安”下有“之”字。案：唐本是也，與黄本正合。

五言騰踴 “踴”作“躍”。

唯稽旨清峻 “旨”作“志”。案：唐本是也，與黄本正合。

乃應璩百一 “一”作“壹”。

張潘左陸 作“張左潘陸”。案：唐本是也，與《御覽》五百八十六引合，今本誤倒，當據乙。

或析文以爲妙 “枏”作“析”。

嗤笑徇務之志 “嗤”作“羞”，“徇”作“侚”。案：《御覽》五百八十六引“嗤”亦作“羞”，與唐本正合。

崇盛亡機之談 “亡”作“忘”。案：唐本是也，與《御覽》五百八十六引合。

　　而辭趣一揆　"辭"作"輒"。

　　莫與爭雄　"與"作"能"。

　　挺拔而爲俊矣　"俊"作"儁"。案：唐本作"儁"，與《御覽》五百八十六引合。

　　莊老告退而山水方滋　"莊"作"嚴"。案：《御覽》五百八十六引亦作"嚴"，與唐本正合。

　　而情變之數可監　"監"作"鑒"。案：《御覽》五百八十六引亦作"鑒"，與唐本正合。

　　若夫四言正體雅潤爲本五言流調清麗居宗　"雅"上、"清"上均有"則"字。案：《御覽》五百八十六引亦有兩"則"字，與唐本正合，當據補。

　　叔夜含其潤　"含"作"合"。案：《御覽》五百八十六引亦作"合"，與唐本同。

　　茂先凝其清　"凝"作"擬"。案：《御覽》五百八十六引亦作"擬"，與唐本正合。

　　景陽振其麗　"振"作"震"。

　　鮮能通圓　"通圓"作"圓通"。案：唐本是也，與《御覽》五百八十六引合，今本誤倒，當據乙。

　　忽之爲易　"之"作"以"。案：《御覽》五百八十六引亦作"以"，與唐本合。

　　離合之發　"離合"作"合離"。

　　則明於圖讖　"則"下有"亦"字，"明"作"萌"。案：《御覽》五百八十六引亦作"萌"，與唐本正合，當據改。

　　回文所興　"回"作"廻"。

　　樂府第七

　　既其上帝　"既"作"暨"。

　　葛天八闋　"闋"作"闋"。案：唐本是也，與黃本合。

　　自咸英以降　"以"作"已"。

殷氂思於西河西音以興　"氂"作"釐"。案:《呂氏春秋·音初篇》云:"殷整甲徙宅西河,猶思故處,實始作爲西音。"此文當本《呂覽》,自以作"整"爲是,"整"、"氂"、"釐"均形近致譌。

音聲推移　"音"作"心"。

及夫庶婦　"及"下有"匹"字。案:唐本是也,當據補。黃本依許校改"及"作"匹",非是。

詩官採言　"採"作"采"。

樂育被律　"育"作"胥"。案:唐本是也,當據改。一本作"盲",非是。

志感絲篁氣變金石　"篁"作"簧","石"作"竹"。

精之至也　"至"作"志"。

制氏紀其鑑鏘　"鑑"作"鏗"。案:唐本是也,與黃本正合。

叔孫定其容與　"與"作"典"。

於是武德興乎高祖　"乎"作"於"。

暨武帝崇禮　"禮"作"祀"。案:《漢書·禮樂志》云"武帝定郊祀之禮,乃立樂府",則當以作"祀"於義爲長。

朱馬以騷體製歌　"製"作"制"。

河間薦雅而罕御　"薦"作"篇"。

至宣帝雅頌詩效鹿鳴　"頌"字無,"詩"下有"頗"字。案:唐本是也,當據訂。

逮及元成　"逮"作"逯"。

暨後郊廟惟雜雅章　"後"下有"漢"字,"雜"作"新"。案:唐本是也,當據訂。

觀其兆上衆引　"兆"作"北"。案:唐本是也,與黃本正同。

苟最改懸　"最"作"勗"。案:唐本是也,與黃本正同。

聲節哀急　"哀"作"稍"。

故阮咸譏其離聲　"聲"譌"磬"。

和樂精妙　"樂"下有"之"字。案：唐本是也，當據補。

晉風所以稱遠　"遠"作"吳"。

若夫豔歌婉孌　"孌"作"戀"。

怨志訣絕　作"宛詩訣絕"。案：唐本近是，疑此文當作"怨詩訣絕"，與上句相對成文。

自此階矣　"階"作"偕"。

詩聲曰歌　"詩"作"詠"。

故陳思稱李延年閑於增損古辭　"李"作"左"。案：唐本是也。左延年，魏時之善歌者。見《魏志・杜夔傳》。

觀高祖之詠大風　"觀"作"覩"。

咸有佳篇　"咸"作"亟"。

至於斬伎鼓吹　"斬伎"作"軒歧"。案：唐本是也，當據訂。

而並總入樂府　"並"字無。案：唐本是也，當據刪。

繆襲所致　"襲"作"朱"。

故略具樂篇以標區界　"具"作"序"，"界"下有"也"字。案：唐本是也，當據訂。

詮賦第八

鋪采摛文　"采"作"彩"。

昔邵公稱公卿獻詩師箴賦　"卿"字無，"箴"下有"瞽"字。案：《御覽》五百八十七引"箴"下亦有"瞽"字。《周語》云："天子聽政，使公卿至於列士獻詩，瞽獻典，史獻書，師箴，瞍賦，矇頌，百工諫。"據此則"瞽"字當從唐本及《御覽》訂。

劉向云明不歌而頌　"劉"上有"故"字，"云"字無。案：《御覽》五百八十七引唐本正合，今本有脫誤，當據二書訂。

結言捖韻　"捖"作"短"。

然賦也者受命於詩人招字於楚辭也　"然"下有"則"字，"人"下有"而"字，"招"字作"拓"字。案：唐本是也，《御覽》五百八十七引此文"辭"下有"者"字，餘均與唐本正合，今本有脫誤，當從二書訂補。

宋玉風鈞　"鈞"誤"均"。案：當依黃本作"風釣"。

遂客至以首引　"至"作"主"，"首"作"守"。案：《御覽》五百八十七引"至"亦作"主"，與黃校及唐本均合，當據改。

極貌以窮文　"貌"上有"形"字。案：唐本是也，當據補。黃本依曹校於"貌"上補"聲"字，與《御覽》五百八十七引雖合，似未可據訂。

順流而作　"順"作"循"。案：唐本是也，與《御覽》五百八十七引合。

枚馬同其風　"同"作"播"。案：《御覽》五百八十七引作"洞"，又與唐本異。

皋翔已下　"翔"作"朔"。案：唐本是也，與《御覽》五百八十七及黃本引曹校均合。

夫京殿苑獵述行序志　"夫"上有"若"字，"序"作"敍"。案：唐本是也，與《御覽》五百八十七引合，當據補。

辭以理篇　"辭"作"亂"。案：唐本是也，與黃本同，《御覽》五百八十七引作"詞"，與嘉靖本同誤。

迻致文契　作"寫送文勢"。案：《御覽》五百八十七引此文，與唐本正合。

閔言稱亂　"言"作"馬"。案：唐本是也，與《魯語》正合。

故知殷人輯頌　"輯"作"緝"。

斯並鴻裁之寰域　"寰"作"環"。

鹿品雜類　"鹿"作"庶"。案：唐本是也，與黃本引曹校正合。

則觸發致情　"致"作"置"。

斯又小制之區畛　"制"作"製"。

宋發巧談　"巧"作"誇"。案：作"誇"義較長，《御覽》五百八十七引亦作"誇"。

枚乘菟園　"菟"作"兔"。案：《御覽》五百八十七所引與唐本正合。

賈誼鵩鳥致辨於情理　"鵩鳥"作"畏服"，"理"作"衷"。

朋約以雅瞻　"朋約"作"明絢"。案：唐本是也，與《御覽》五百八十七引正合。

構深瑋之風　"瑋"作"偉"。案：唐本是也，與《御覽》五百八十七引正合。

合飛動之勢　"合"作"含"。案：唐本是，與《御覽》五百八十七所引及黃本均同。

並辭賦之流也　作"並詞賦之英傑也"。案：唐本是，與《御覽》五百八十七所引及黃本均同。

發端必遒　"端"作"篇"。案：《御覽》五百八十七所引與唐本正合。

彥伯梗槩　"梗槩"作"槩梗"。

故義以明雅　"以"作"必"。案：唐本是也，與《御覽》五百八十七所引及黃本均合。

物以情觀　"觀"作"覩"。案：《御覽》五百八十七引與唐本合，作"覩"義較長。

文雖新而有質　"新"作"雜"。

色雖糅而有本　"本"作"義"。案：作"義"是也，《御覽》五百八十七所引及黃校引一本均作"儀"，亦其證。

無貴風軌　"貴"作"實"。

此揚子所以追悔雕蟲貽誚於霧縠者也　"悔"下有"於"字。案：唐本是，與《御覽》五百八十七引及黃本均合。

分歧異派　作"異流分派"。

枡滯必楊　"枡"作"抑"，"楊"作"揚"。案：唐本是，當據改。

言庸無溢　"庸"作"曠"。

辭剪美稗　作"辭剪稊稗"。案：唐本是也，當據訂。

頌讚第九

咸墨爲頌　"墨"作"黑"。案：唐本是也，《呂氏春秋·古樂篇》云："帝嚳命咸黑作爲聲歌。"是其證。

以歌九韶　"韶"作"招"。案：唐本是也，《御覽》五百八十八所引及《呂氏春秋·古樂篇》均作"招"，與唐本正合。

自頌已下　"頌"上有"商"字。案：唐本是也，當據補，與《御覽》五百八十八引合。

容告神明謂之頌　"容"上有"雅"字，"明"字無。

風雅序人事兼變正頌主告神義必純美　"事"上、"義"上均有"故"字。案：《御覽》五百八十八引此文正與唐本合，今本有脫字，當據補。

魯人以公旦次編商人以前王追錄　兩"人"字無。案：唐本是也，《御覽》五百八十八所引正與唐本同，當據刪。

斯乃宗廟之正歌　"正"作"政"。

非譙饗之常詠也　"譙饗"作"饗譙"，"常"作"恒"。案：《御覽》五百八十八引此文與唐本合。

晉興之稱原田　"興"作"輿"。案：唐本是也。黃本依曹校改"興"作"輿"，與唐本正合。

直言不詠　"言不"作"不言"。

丘明子高並謀爲誦斯則野頌之變體浸被乎人事矣　"誦"均作"頌"，"乎"作"於"。

情采芬芳　"情采"作"辭采"。案：唐本義較長。

又覃及細物矣　"又"作"乃"，"及"下有"乎"字。

至於秦政刻文　"於"作"乎"。

史岑之述僖後　"僖"作"燕"。案：唐本亦誤，"僖"當作"熹"，"燕"即"熹"字之譌。

或範垌那　"垌"作"駉"。案：唐本是也，《御覽》五百八十八所引正與唐本合，黃本亦同。

至於班傅之北征西逝　"逝"作"征"。案：唐本是也。傅毅有《西征頌》，《御覽》卷三百五十一引之。

豈不襃過而謬體哉　"過"作"通"。

而不變旨趣　"變"作"辨"。

及魏晉辨頌　"辨"作"雜"。

原夫人頌惟典雅　"雅"作"懿"。案：《御覽》五百八十八引此文正與唐本合。

唯纖曲巧致　"唯"作"雖"，"曲巧"作"巧曲"。案：唐本是也，《御覽》五百八十八引此文正與唐本合。

與情而變　"與"作"興"。

其大體所底　"底"作"弘"。案：唐本是也，《御覽》五百八十八引作"宏"，"底"即"宏"字之譌。

讚者明也　"明也"下有"助也"二字。案：黃本從《御覽》五百八十八引補"助也"二字，與唐本正合。

及益讚於禹　"讚"作"贊"。案：《御覽》五百八十八所引與唐本正合。

嗟歎以助辭也　"也"字無。

及史班固書　"固"作"因"。

頌體以論辭　作"頌體而論詞也"。案：《御覽》五百八十八引"以"亦作"而"，與唐本正同。

又紀傳侈評　"侈"作"後"。案：黃本依朱校據《御覽》改"侈"爲"後"，與唐本正同。

及景純注雅　"注"下有"爾"字。案：唐本是也，當據補。

義兼美惡　"義"作"事"。案：《御覽》五百八十八引作"讚"，與唐本又異。

然其爲義　"然"下有"本"字。案：唐本是也，黄本據《御覽》於"然"下增"本"字，與唐本正合。

昭灼以送文　"昭"作"照"。

容體底頌　"體"作"德"。

鏤影摛文　"文"作"聲"。案：唐本是也，黄本作"鏤彩摛文"，非是。

聲理有爛　"聲"作"文"。案：唐本是也，當據改。

年積逾遠　"積"作"迹"。

祝盟第十

祀徧群臣　"祀"作"禮"，"臣"作"神"。案：唐本是也，當據改。

是生黍稷　"黍稷"作"稷黍"。

資乎文辭　"乎"作"於"。

昔伊祈始蠟　"祈"作"耆"。案：唐本是也，黄本依柳校改"祈"作"耆"，與唐本正同。

土及其宅　"及"作"反"。案：唐本是也，黄本依許校改"及"作"反"，與唐本正同。

愛在兹矣　"愛"作"曖"。

舜之祠田云荷此長耜耕彼南畝四海俱有　"四"上有"與"字。案：唐本是也，"與"字當據補。《御覽》八十一引《尸子》云："舜兼愛百姓，務利天下，其田歷山也，荷彼耒耜，耕彼南畝，與四海俱有其利。"觀《路史·後紀》十二注及王應麟《困學紀聞》十，即彦和此文所本，是其證。

即郊禋之祠也　"祠"作"辭"。

則雩榮之文也　"則"作"即"。

掌六祀之辭　"祀"作"祝"。案：唐本是也，與黄本正合。

夙興夜處言於祔廟之祝　"處"作"寐"，"祔"作"駙"，"祝"作"祀"。

多福無疆　"疆"作"彊"。

所以寅處於神祇嚴恭於宗廟也　"處"作"虔"。案：唐本是也，當據改。

春秋已下　"春"上有"自"字。案：唐本是也，當據補。

祀幣史辭　"祀"作"祝"，"幣"作"弊"。

至於張老成室致善於歌哭之禱　"於"作"如"，"成"作"賀"，"善"作"美"。案：唐本是也，《檀弓》下云："晉獻文子成室、晉大夫發焉，張老曰：'美哉輪焉，美哉奐焉，歌於斯，哭於斯，聚國族於斯。'"即此文所出，當據唐本訂正。

獲佑於筋骨之請　"佑"作"祐"。

可謂祝辭之組纚也　"纚"作"麗"，"也"上有"者"字。案："者"字當據唐本補。

漢之群祀　"漢"上有"逮"字，"之"作"氏"。案："逮"字當據唐本補。

肅其旨禮　"旨"作"百"。案：唐本是也，與黃校所引一本合。

既總碩儒之儀　"儀"作"義"。

異於成湯之心　"於"作"乎"。

侲子歐疾　"侲"作"振"，"疾"作"疫"。案：作"疫"是也，與黃本依王氏校改正合。《後漢書·禮儀志》云："大儺謂之逐疫，選中黃門子弟十歲以上十二以下百二十人爲侲子。"是其證。

同乎越巫之祝　"乎"作"於"，"祝"作"說"。

至如黃帝有祝邪之文　"祝邪"作"呪耶"。

唯陳思誥　"誥"下有"咎"字。案：唐本是也，陳思王有《誥咎文》。

若乃禮之祭祀　"祀"作"祝"。

祭而兼讚　"讚"作"贊"。

蓋引神而作也　"而"作"之"。

然則策本書贈因哀而爲文也　"贈"作"賵"，"而"字無。

誄首而哀末　"首"作"體"。

頌體而呪儀　"呪"作"祝"。

太史所作之讚因周之祝文也　作"太祝所讀固祝之文者也"。

凡群言發華而降神務實　"發"作"務"。

在於無媿　"媿"作"愧"。

班固之祀濛山　"祀濛山"作"祀涿山"。案：唐本是也，《文選·顏延之〈曲水詩序〉》注、王儉《褚淵碑文》注、虞義《詠霍將軍北伐詩》注、《宣德皇后令》注、丘遲《與陳伯之書》注均引班固《涿邪山祝文》，今本謁"涿"爲"濛"，遂使後人無從考索矣。

奠祭之恭哀也　"奠祭"作"祭奠"。

駹毛白馬　"毛"作"旄"。案：唐本是也，"駹旄"出《左》襄十年傳，當據改。

以及要契　"以"作"弊"，"契"作"劫"。

崇替在人　"替"作"替"。案：唐本是也，與黃本正同。

呪何預焉　作"祝何豫焉"。

若夫臧洪歃辭氣截雲蜺　"歃辭"作"唾血"，"氣"作"辭"。

而無補於晉漢　"晉漢"作"漢晉"，"而"字無。案："晉漢"當據唐本乙。

反爲仇讎　"反"上有"而"字。

故知信不由衷　"不由"作"由不"。

獎忠孝　"獎"下有"乎"字。

共存亡戮心力　作"存亡戮力"。

宜在殷鑒　"在"作"存"。

愍祀欽明　作"愍祀唾血"。

銘箴第十一

大禹勒筍簴而招訓　"筍"作"簴"，"而"作"以"。案：

《御覽》五百九十引"而"亦作"以"。

武王戶席題必戒之訓　"戒"作"誡"。案：《御覽》五百九十所引正與唐本合。

則先聖鑒戒　"則"字無，"先"作"列"。案：唐本是也，《御覽》五百九十所引正與唐本合。

故銘者名也　無"故"字。

觀器必也正名審用貴乎盛德　"必也"作"必名焉"，"盛"作"慎"。案：《御覽》五百九十引"盛"亦作"慎"，與唐本合，今本疑出宋人所改。又，據唐本則此文當於"焉"字、"用"字處斷句，又與今本異。

蓋臧武仲之論銘也　"武"字無。

曰天子令德諸侯計功大夫稱伐　此三句脫。

夏鑄九牧之金鼎周勒肅慎之楛矢　"鼎"字、"矢"字均無。案：《御覽》五百九十所引與唐本正合。

魏顆紀勳於景銘　"銘"作"鍾"。案：唐本是也，與《晉語》七及《御覽》五百七十所引均合。

孔悝表勒於衛鼎　"勒"作"勤"。案：唐本是也，與《御覽》五百九十所引正合，黃本同。

靈公有蒿里之謚　"蒿"作"舊"。案：《莊子·則陽篇》及張華《博物志》均有衛靈公葬得石槨文。

吁可怪矣　作"噫可怪也"。案：《御覽》五百九十所引與唐本正合。

趙靈勒跡於番禺　"跡"作"迹"，"番禺"作"潘吾"。案：唐本是也，《御覽》五百九十引此文亦作"番吾"，張榜本《韓子·外儲說左上》正作"潘吾"，與唐本合。"番"、"潘"古通用。

秦昭刻傳於華山　"傳"作"博"。案：唐本是也，與《御覽》五百九十所引合，黃本依朱氏校改同。

吁可茂也　"茂"作"笑"。案：唐本是也，與《御覽》五百九十所引合，黃校同。

亦有疏通之美也　"有"作"其"。

若班固燕然之勒　"若"字無。

張昶華陰之碣　"昶"作"旭"。

僑公之箴吐納典謨　"僑"作"橋"，"箴"作"鍼"，"吐"上有"則"字。案：唐本是也，與《御覽》五百九十引合（《御覽》引作"箴"，與今本同）。

準犪戒銘　"戒"作"武"。案：唐本是也，當據改。

而居博弈之中　"中"作"下"。案：《御覽》五百九十所引與唐本正合。

而在臼杵之末　"臼杵"作"杵臼"。案：《御覽》五百九十所引與唐本正合。

唯張采劍閣　"采"作"載"。案：唐本是也，《御覽》五百九十所引正與唐本合，黃本依謝氏校改同。

其才清采　作"清采其才"。案：此處"其才"與"清采"相對成文，則其殆"奇"字之誤。

勒銘岷漢　"勒銘"作"詔勒"。案：《御覽》五百九十所引正與唐本合。

箴者　下有"針也"二字。案：唐本是也，當據補。

斯文興　"文"下有"之"字。案：唐本是也，《御覽》五百八十八引同。

及周之辛甲百官箴一篇體義備焉　"及"字無，"箴"下有"闕唯虞箴"四字。案：唐本是也，《御覽》五百八十八引同。《左》襄四年傳曰："昔周辛甲之爲大史也，命百官箴王闕，於虞人之箴曰：'芒芒禹跡，畫爲九州，經啓九道，民有寢廟，（中略）獸臣司原，敢告僕夫。'"即此文所出，各本俱脫，當據唐本補訂。

楚子訓民於在勤　"民"作"人"。案：與《御覽》五百八十八所引合。

箴文委絶　"委"作"萎"。案：與《御覽》五百八十八所引合。

聲鑑可徵　"可"作"有"。案：唐本是也，《御覽》五百八十八引同。

信所謂追清風於前古攀辛甲於後代者也　"所"作"可"，"信"字無。案：唐本是也，《御覽》五百八十八引同。

溫嶠傅臣　"傅"作"侍"。案：唐本是也，《御覽》五百八十八引同。《晉書·溫嶠傳》云："嶠在東宮，數陳規諷，獻《侍臣箴》。"是其證。

引廣事雜　作"引多而事寡"。案：唐本是也，與《御覽》五百八十八及黃校引一本均合。

義正體蕪　"正"下有"而"字。案：唐本是也，當據補。

乃實巾履　"履"作"屨"。

得其戒慎而失其所施　"戒"作"誡"，"所"字無。

憲章戒銘　"戒"作"武"。案：唐本是也，與《御覽》五百八十八引合。

名目雖異　"目"作"用"。

故文質確切　"質"作"資"，"確"作"确"。案：唐本是也，與《御覽》五百八十八引合，黃本依朱改同。

所以箴銘異用　"異"作"寡"。

罕施代　"施"下有"後"字。案：唐本是也，與《御覽》五百八十八引合，黃本"施"下有"於"字，即"後"字之譌。

唯乘文君子酌宜其遠大焉　"乘"作"秉"，"大"下有"者"字。案：唐本是也，當據訂。

銘實表器　"表器"作"器表"。案：唐本是也，"器表"與下句"德軌"相儷見義。

敬言乎履　作"警乎立履"。案：唐本是也，當據訂。

誄碑第十二

其詳靡聞　"詳"作"詞"。案：唐本是也，當據改。

在萬乘　"在"上有"其"字。案：唐本是也，當據補。

逮尼父卒　"父"下有"之"字。案：唐本是也，與《御覽》五百九十六引同。

觀其愁遺之切　"切"作"辭"。

至柳妻之誄惠子　"妻"作"娶"。

暨乎漢世　"乎"作"於"。

文實煩穢　"煩"作"繁"。

沙麓撮其要而摯疑成篇　"麓"作"鹿"，"摯"作"執"，"其"字無。案：明鈔本《御覽》五百九十六引此文有其字，餘與唐本同。孫仲容疑"摯疑"當作"摯虞"，是也。

孝山崔瑗　"孝山"作"蘇順"。案：孝山乃蘇順字，此處不當稱字，當從唐本訂改。

觀序如傳　"觀"下有"其"字，"序"下有"事"字。案：唐本是也，與黃本同。

潘岳構意　"意"作"思"。

能徵厥聲者也　"徵"作"徵"。

文皇誄末旨言自陳　"末"誤"未"，"旨"作"百"，"言"下有"而"字。

若夫殷臣誄湯　"誄"作"詠"。案：唐本是也，當據改。

始序致惑　"惑"作"感"。案：唐本是也，與《御覽》五百九十六所引合。

景而效者　"景"作"影"。

道其哀也悽焉如可傷　"道"作"述"，"如"作"其"。

碑者埤也　"埤"作"裨"。案：與《御覽》五百八十九所引同。

上古帝皇　"皇"作"王"。案：與《御覽》五百八十九所引同。

始號封禪　"始"作"紀"。案：與《御覽》五百八十九所引同，當據改。

樹石埤嶽　"埤"作"裨"。案：與《御覽》五百八十九所引同。

亦石碑之意也　"石"字無。

事正麗牲　"正"作"止"。案：唐本是也，與《御覽》五百八十九所引及黃校均合。

自後漢以來　"以"作"已"。

周乎衆碑莫非清允　"乎"作"胡"。案：唐本是也，與《御覽》五百八十九引合。《蔡中郎文集》有《汝南周勰碑》、《陳晉太守胡碩碑》、《太傅胡廣碑》。今本"胡"譌作"乎"，則文義殊乖矣。

自然而至　"至"下有"矣"字。案：唐本是也，與《御覽》五百八十九引合。

有慕伯喈　"慕"作"摹"。

志在碑誄　作"志在於碑"。案：《御覽》五百八十九引"在"下亦有"於"字。

溫王郜庾　"郜"作"郗"。案：郗即郗鑒。唐本是也，與《御覽》五百八十九引合。

最爲辨裁　"裁"下有"矣"字。案：唐本是也，與《御覽》五百八十九引合。

此碑之制也　"制"作"致"。案：唐本是也，與《御覽》五百八十九引合。

事光於誄　"光"作"先"。案：唐本是也，與《御覽》五百八十九引合。

是以勒石讚勳者　"石"作"器"。案：與《御覽》五百八十九引同。

樹碑述已者　"已"作"亡"。案：作"亡"義較長。

写實追虛　"實"作"遠"。

銘德慕行　"慕"作"纂"。案：作"纂"義較長。

文采允集　"文采"作"光彩"。

賴影豈忒　"忒"作"戜"。

哀弔第十三

事均夭橫　"橫"作"枉"。案：與《御覽》五百九十六引合。

而霍侯暴亡　"侯"作"嬗"。案：與黃校引一本及明鈔《御覽》五百九十六引均合。

及後漢　"及"上有"降"字。案：唐本是也，與《御覽》五百九十六引合。

始變前戒　"戒"作"式"。案：唐本是也，與《御覽》五百九十六引合，黃本據謝氏校改同。

亦仿佛乎漢武也　作"亦髣髴乎漢式也"。

至於蘇慎張昇　"慎"作"順"。案：唐本是也，與《御覽》五百九十六引合。

雖發其情華而未極心實　"情"字無，"極"下有"其"字。案：明鈔《御覽》五百九十六引亦無"情"字，疑此文當作"雖發其華而未極其實"。

實踵其美　"踵"作"鍾"。

觀其慮善辭變　"善"作"瞻"。案：與明鈔《御覽》五百九十六引合。

情洞悲苦　"悲"作"哀"。

莫之或繼也　"也"字無。

故譽止於察惠　"於"作"乎"。

觀文而屬心則體奢奢體爲辭則雖麗不哀　"奢"均作"誇"。

言神至也　"神"下有"之"字。

及晉築虎臺　"虎"作"虒"。案：唐本是也，與《御覽》五百九十六引合，黃本據孫氏校改同。

使蘇秦　作"史趙蘇秦"。案：唐本是也，與《御覽》五百九十六引合，黃本孫補同。

或驕貴而殞身　"而"作"以"。

或狷忿以乖道　“以”作“而”。

或美才而兼累　“美才”作“行美”。

及平章要切　“平”作“卒”。案：《御覽》五百九十六引及黃校引一本均與唐本合。

意深文略　“文略”作“反騷”。

並敏於致語　“語”作“詰”。案：唐本是也，當據改。

褒而無聞　“聞”作“間”。

各志也　“各”下有“其”字。案：唐本是也，與《御覽》五百九十六合。

降斯以下　“以”作“已”。案：與《御覽》五百九十六合。

辭定所表　“定”作“之”，“表”作“哀”。

迷方告控　“告”作“失”。案：與黃校所引一本合。

雜文第十四

辭盈乎氣　“辭”作“辨”。

故日新殊致　“新”下有“而”字。

氣實使之　“之”作“文”。案：唐本是也，當據改。

本麗風駭　“本”作“誇”。案：與《御覽》五百九十引合，唐本是也。

始雅末正　“雅”作“邪”。案：唐本是也，與《御覽》五百九十引合。

揚雄覃思文閣　“覃”作“淡”。

其辭雖小　“其”上有“珠連”二字。

凡此三者　作“凡三此文誤”。

暇豫之末道也　“豫”作“預”。

自對問以後　“以”作“已”。

雜以諧謔　“謔”作“調”。

吐典言之裁　“裁”作“式”。

張衡應間　“間”誤“問”。

景純客傲　“景純”作“郭璞”。案：唐本是也，當據改。

庾凱客咨　“凱”作“敳”，“咨”作“諮”。案：唐本是也，黃本據欽校改“凱”爲“敳”，與唐本正合。

意榮而文粹　“粹”作“悴”。案：唐本是也，與黃本所據朱校合。

無所取裁矣　“裁”作“才”。

原茲文之設　“原”下有“夫”字。

乃發憤以表志　“以”作“而”。

此立本之大要也　“本”作“體”。

自七發以下　“以”作“已”。

入博雅之巧　“博雅”作“雅博”。

植義純正　“植”作“指”。

自桓麟七說以下左思七諷以上　“以”均作“已”。

壯語畋獵　“畋”作“田”。案：與《御覽》五百九十引合。

窮瓌奇之服饌　“瓌”作“瑰”。

甘意搖骨體　“體”作“髓”。案：唐本是也，與《御覽》五百九十引合，黃本引楊校同。

豔詞動魂識　“動”作“洞”。案：與《御覽》五百九十引合。嘉靖本作“洞”。

而終之以居正　“終”上無“而”字。案：與《御覽》五百九十引合。

然諷以觀百　“以”作“一”。案：唐本是也，與《御覽》五百九十引及黃本均合。

子雲所謂先騁鄭衛之聲　“先”字、“衛”字、“之”字均無。案：與《御覽》五百九十引合，疑古本如此。

唯七厲敍賢　“厲”作“例”。

里配捧心　“配”作“醜”。案：唐本是也，與《御覽》五百九十引同，黃本謝氏校改同。

唯士衡運思理新文敏　"運"字、"理"字均無。

豈慕珠仲四寸之璠乎　"仲"作"中"。

磊磊自轉　"磊磊"作"落落"。

或典語誓問　"語"作"誥"。案：唐本是也，與黃本同。

各人討論之或　"或"作"域"。案：唐本是也，與黃本同。

故不曲述　"述"下有"也"字。

學堅多飽　"多"作"才"。案：唐本是也，當據改。

嘒若參昴　"嘒"作"彗"。

慕嚬之心於焉祇撓　"之"下有"徒"字，"於"字無。

案：唐本是也，當據訂。

注釋：

① 　即《四部叢刊》所影印之本。

② 　以下校語句首"唐寫本"三字均從省。

（原載《清華學報》第三卷第一期，1926 年 6 月）

《說苑》斠補

（依《四部叢刊》影明鈔本）

君道篇

齊宣王謂尹文曰

案：《御覽》引《尹文子》佚文有尹文對齊王語。則此文當亦《尹文子》佚文矣。

聖人寡爲而天下理矣

案："理"當作"治"。此避唐諱而尚未改回者。

孔子對曰惡惡道不能甚（至）則百姓之親之也亦不能甚

案：《禮記·禮運》正義云："劉向《說苑》'能'字皆作'而'。"今《說苑》無有作"而"者，皆後人所改也。

有一人寒則曰此我寒之也

盧文弨曰："'人'當作'民'。"案：盧說是也。《群書治要》正引作"民"。《賈子·修政語》上篇亦作"一民或寒"。

先恕而後教

案：《賈子》"教"作"行"。《御覽》八十引作"先生而後殺"，與今本異。

禹出見罪人下車問而泣之

案：《後漢書·陳蕃傳》注引作"泣而問之"，於義爲長。

堯舜之人皆以堯舜之心爲心

　　案：《治要》，《御覽》八十二、四百八十七、六百四十
　一，《類聚》三十五引“人”均作“民”，當據正。

今寡人爲君也百姓各自以其心爲心

　　案：“自”字衍文，《御覽》、《類聚》、《意林》引無
　“自”字，是其證。

帝者之臣其名臣也其實師也

　　案：《御覽》四百五引“師”作“友”。

霸者之臣其名臣也其實賓也

　　案：《御覽》四百五、四百七十四引“賓”均作
　“僕”，疑所據本異。

其君下君也而群臣又莫若君者亡

　　案：“若”下曾依《賈子·先醒篇》刪“君”字，
　“君”即“若”之羨文，又涉上諸“君”字而衍。

於是使人持三足鼎祝山川

　　案：“祝”當作“祀”，蓋涉下文“教之祝曰”而譌。
　《後漢書·寇榮傳》注，《類聚》七十三、一百，《御覽》
　八百七十九引作“祀”，均其證。

政不節耶使人疾耶苞苴行耶讒夫昌耶宮室營耶女謁盛耶

　　案：《後漢書》注引作“政不節邪，包苴行邪，讒夫
　昌邪，宮室崇邪，女謁盛邪，使人疾邪”，序次與今本
　略殊。

文侯謂左右曰爲人臣而撞其君其罪如何

　　案：《治要》引“謂”上有“顧”字，當據增。

臣可一言而死乎

　　案：“可”下脫“得”字，當據《治要》引增。

未嘗聞吾過不善

　　案：“過”與“不善”文義嫌複。《御覽》九百三十五
　及《治要》引《晏子》均無“過”字，當據刪。

公以五十乘賜弦章歸

　　盧文弨曰："'弦章'二字當重。"案:《御覽·人事部》六七引《晏子》正重"弦章"二字。

伐無道刑有罪一動天下正其事正矣

　　案:下"正"字當依《家語·致思篇》作"成",涉上文五"正"字而譌。

春致其時萬物皆及生君致其道萬人皆及治

　　案:《家語·致思篇》作"春秋致其時而萬物皆及,王者致其道而萬民皆治"。疑此文"春"下脱"秋"字,"生"與"王"、"君"與"者"均爲字之譌,下"及"字涉上而衍,"人"當作"民",均當據彼文爲正。

周公戴己而天下順之

　　案:"己"下《家語》有"行化"二字。

臣術篇

昭然獨見存亡之幾

　　案:"幾"當依《臣軌·公正章》、《輔行記》卷二之五、《長短經·臣行篇》及《治要》引作"機"。

預禁乎不然之前

　　案:《臣軌》、《治要》、《長短經》、《北堂書鈔》二十九引"不"均作"未",是也,當據訂。

如此者良臣也

　　案:"良臣"唐本《説苑》作"大臣"。觀《臣軌》、《治要》、《輔行記》、《長短經》所引可證。

數稱往於古之德行事以屬主意庶幾有益以安國家社稷宗廟如此者忠臣也。

　　盧文弨曰:"當從《初學記》十七所引刪,祇作'數稱往古以屬主意,以安國家',餘均衍文,凡衍文皆不古。"

案：盧說近是。《治要》引作"數稱於往古之行事以屬主
意，如此者忠臣也"；《輔行記》引作"稱古行事以勵主意，
名爲忠臣"；《長短經》引作"數稱往古之行事，以屬主
意"。均與盧引《初學記》略同。惟"往古"下均有"行
事"二字，足證"行事"非衍文也。《臣軌》引作"數稱
於往古行事以勵主意，庶幾有益，以安國家"，則已經後人
竄改矣。

飲食節儉

案："飲食"《治要》、《臣軌》、《長短經》引作"食
飲"，疑古本如是。

六曰國家昏亂所爲不諫然而敢犯主之顔面言主之過失

案："諫"爲"諛"之譌，"然而"二字衍文，"顔"
上脱"嚴"字，"面"字屬下爲句。當據《治要》、《臣
軌》、《長短經》、《輔行記》引訂。

以快主耳目

案："主"下當依《臣軌》、《治要》、《長短經》補
"之"字。

外容貌小謹

案："容"字衍文。上下文均四字爲句，《臣軌》、《長
短經》、《治要》引均無"容"字。

五曰專權擅勢持扲國事以爲輕重於私門成黨以富其家

案："於"字及"持扲國事"四字均爲衍文，"以爲輕
重"當作"以輕爲重"，"專權擅勢，以輕爲重"與"私門
成黨，以富其家"相對成文。《治要》及《長短經》引正無
此五字，是其證。《臣軌》作"持操國事"，則後人已據今
本《說苑》亂之矣。

以自貴顯

案："貴顯"當依《治要》、《長短經》所引作"顯
貴"。

六曰諂主以邪墜主不義

案：《長短經》引“主”下有“於”字，《治要》同。
“邪”上有“佞”字。疑古本如此。“諂主以佞邪，墜主於
不義”相對成文。

九卿者不失四時通於溝渠修堤防樹五穀通於地理者也

案：“於”字衍文。“樹五穀”《御覽》二百二十八及
《書鈔》五十三兩引均作“種樹木美五穀”，疑今本有脫文，
當據訂。“美”疑“藝”字之譌。

翟黃至而覿其子方也

案：“其”字衍文。

秦穆公使賈人載鹽

案：《書鈔》一百四十六引“鹽”下有“於衞”二字。

晏子侍於景公朝寒請進熱食

案：依下文文例，“朝寒”下當依《晏子春秋·雜篇》
補“公曰”二字。

對曰嬰非田澤之臣也

案：依上文文例，“非”下當有“君”字。

對曰社稷之臣也

案：“社”上脫“嬰”字，當據《晏子》訂。

辨上下之宜使得其理制百官之序使得其宜

案：上“宜”字當依晏子作“義”，蓋涉下“宜”字
而譌。

吾有難不死

盧文弨曰：“‘吾’疑‘君’。”案：盧說是也。《晏子》
卷三、《新序·雜事篇》及《論衡·定賢篇》均作“君”，
是其證。

諫而見從終身不亡臣何送焉

案：“諫而見從”當作“諫而見從”。下文曰“諫而不
見從”，即承此文而言。《新序》、《論衡》亦作“諫”。今

本《晏子》謁"諫"爲"謀"，與《說苑》同，但《治要》
及《御覽》六百二十一《魏徵論治道疏》引《晏子》作
"諫"，均其證。

夫子之祿寡耶何乘不任之甚也

　　　盧文弨曰："'任'《御覽》七百七十四作'佼'。古巧
切。"案：作"佼"是也。《治要》引《晏子》亦作"佼"，
說見王氏念孫《讀晏子雜志》。

晏子不飽使者返言之景公

　　　案：《晏子·雜篇下》云"使者不飽晏子亦不飽"，此
有脫文，當據補。

嬰聞之厚取之君而厚施之人代君爲君也

　　　案："人"當作"民"（下節云"以先齊國之人"，
"人"亦當作"民"）。"代君"上脫"是"字，當據《晏
子》訂。

君有過不諫諍

　　　案：《臣軌·匡諫章》引"過"下有"失"字，"不"
上有"而"字，當據補。

將危國殞社稷也

　　　案："國"下《臣軌》引有"家"字，與《荀子·臣
道篇》合，當據補。

用則留之不用則去之

　　　案：兩"之"字涉上下文諸"之"字而衍。《臣軌》
及《御覽》卷四百五十五引均無"之"字，《荀子》同，
是其證。

立節篇

今陳脩門者不行一於此

　　　案：《韓詩外傳》卷一"者"下有"雖衆"二字，

“不”下有“能”字，文義較完。

曾子曰臣聞之受人者畏人予人者驕人

　　　案：此二語又見《尸子·明堂篇》（《治要》引）及
《家語·在厄篇》，與此略異。

易而言則生不易而言則死

　　　案：下“而言”二字疑涉上文而衍。《御覽》四百二十
一、四百五十五兩引均無“而言”二字，是其證。

楚莊王獵於雲夢射科雉得之

　　　盧文弨曰：“《呂氏·至忠篇》‘科雉’作‘隨兕’。”
案：“兕”與“雉”古通。《史記·齊世家》“蒼兕”，徐廣
曰：本或作“蒼雉”。《管蔡世家》“曹惠伯兕”，《十二諸
侯年表》“兕”作“雉”。故《集韻》云：兕，或作“雉”。
均其證。

孔子以三代之道教導於後世繼嗣至今不絕者有隱行也

　　　案：“後”字當在下句“繼嗣”二字上，又脫“其”
字。當從《淮南子·人間訓》作“教導於世其後繼嗣至今
不絕者”。

使養之

　　　案：《晏子·雜上篇》“使”下有“吏”字，此脫，當
據補。

喟然歎曰令吏養之

　　　案：“歎曰”二字衍文，說詳王氏念孫《讀晏子雜志》。

　　　　　　復恩篇

行三賞而不及陶叔狐

　　　案：此本下文云“三行賞之後”，與《韓詩外傳》卷三
及《治要》引合。此文“行三賞”，《治要》亦作“三行
賞”，當據訂。

防我以禮

　　案：如上下文例，“防”上當有“夫”字。

周內史叔興聞之曰

　　案：《治要》引“叔興”作“叔興”，與《呂覽·當賞篇》合。

妾援得其冠纓持之

　　案：“之”下《治要》有“矣”字，當據補。

趣火來上

　　案：“來”即“火”之羨文。《治要》引作“促上火”，是其證。敦煌本古類書引《韓子》亦作“促上火而照之”。

北郭騷踵見晏子曰

　　案：“踵”下當據《呂覽·士節篇》、《晏子·雜篇》補“門”字。

今子之所樹者蒺藜也非桃李也

　　盧文弨曰：“《御覽》引有‘非桃李也’四字。”案：《治要》引與《御覽》同，並與此本合。黃蕘圃云：北宋本《說苑》有此句。今考南宋本、元本、程榮本均無此文，則此本祖本當爲北宋槧本矣。（又案：此本勝處頗有與盧校合者。如《貴德篇》“正始受命之統”各本脫“命”字。盧校云：《漢書》“受”下有“命”字。又此文上文云“朝廷之吏親危臣於法”各本“法”譌“衆”。盧校云：《御覽》九百九十七“衆”作“法”。均其例。）

子夏曰春秋者記君不君臣不臣父不父子不子者也此非一日之事也有漸以至焉

　　案：《韓子·外儲說右上》云：“春秋之記臣殺君、子殺父者，以十數矣。皆非一日之積也，有漸而以至矣。”與此略異。

政理篇

則莫不慕義禮之榮而惡貪亂之恥

　　案："則"下《治要》有"下"字，當據補。

先其刑而後德

　　案："後"下當據《治要》補"其"字。

水濁則魚困令苛則民亂

　　案："困"當作"喝"。《說文》："喝，魚口上見也。"
《韓詩外傳》一作"水濁則魚喝"，是其證。或作"噞"。
《淮南子·主術》、《繆稱》、《說山》諸篇均作"水濁則魚
噞"。左思《吳都賦》云"噞喝沈浮"，則"噞喝"爲連綿
字。劉逵注：噞喝，魚在水中群出口貌。若今本作"水濁
則魚困"，則頗費索解矣。

情行合而民副之

　　案："民"當依《外傳》、《淮南》作"名"，與上"名
過其實者削"文氣正合。

不齊之所治者小也不齊所治者大其與堯舜繼矣

　　案：上"不齊"上《治要》引有"惜也"二字，與
《家語·辨政篇》、《外傳》八作"惜乎"合，當據補。下
"不齊"疑涉上文而衍，當據《治要》刪。

齊桓公問於管仲曰國何患

　　案：《晏子春秋·問上篇》及《韓詩外傳》卷七均作
"景公問於晏子曰"，此與《韓子·外儲說右上》均作"桓
公問於管仲"。又案："國"上當依《晏子》、《韓子》補
"治"字。

誅之則爲人主所察據腹而有之

　　案："察"字當依《治要》及王楙《野客叢書》卷四
引作"案"。《晏子》亦作"案"，《韓子》作"安"，

"安"、"案"古通。"案據"二字連文，屬上爲句。"腹而有之"，"腹"疑"覆"之假，"有"借作"宥"，謂覆而宥之使不得誅也。《方言》云："據，定也。"僖五年《左氏傳》注："據猶安也。""案據"謂安定也。

此酒所以酸不售之故也

案："之故"二字衍文。《晏子》無，是其證。

有道術之士欲明萬乘之主

案："明"字不可曉，疑"干"字之誤。《外傳》作"白"，此文作"干"，後人注"白"字於"干"字之側，妄人不察，譌爲"明"字矣。《晏子》正作"欲干萬乘之主"，是其證。

而用事者迎而齕之

案："齕"當從《晏子》及《治要》引作"齗"。

善言進則不善無由入矣不進善言則善無由入矣

案："不進善言"當作"不善言進"。《治要》作"不善進"，是其證。

猶懸牛首於門而求買馬肉也

案："買"當依《晏子》作"賣"。

自今以來魯人不復贖矣

案：《淮南·道應訓》、《家語·致思篇》並作"魯人不復贖人於諸侯矣"，文義較完。

尊賢篇

百里奚道之於路

案：《文選·鄒陽〈獄中上書自明〉》注引"道之"作"乞食"，與盧校引《御覽》合，當據改。

威王以齊強於天下而湣王以弒死於廟梁

案：《賈子·胎教篇》作"而簡公以弒於檀臺"。彼文威王，蓋指桓公而言。此文則指戰國時之威王，兩不相涉也。

鮑叔以爲賢於己而進之爲相

案："進之爲相"當依《賈子》作"進之桓公"。下文云："委國政，乃始爲相。"鮑氏惡能即進管仲爲相？於下句文義不合。"桓"誤爲"相"，又脫去"公"字。校者不案上下文，而臆加"爲"字，遂有此譌。

周公旦白屋之士所下者七十人

案：《御覽》四百七十五引作"周公一日白屋之士所下者凡七十人"，疑今本"旦"字乃"一日"二字之譌。

執贄所師見者十二人

案：此處有脫誤。《治要》引作"執贄而所師見者十人，所友見者十二人"，當據補。

九九何足以見乎

案："何"字衍。《治要》引無，與盧校引《御覽》合（案：此節凡盧校引《御覽》訂者，《治要》多與之合，茲不更舉）。

趙簡子游於河而樂之

案：黃朝英《靖康緗素雜記》卷七引"河"上有"西"字，與盧校合，當據補。

古者驊騮騏驥

盧文弨曰："'者'下脫'有'字。"案：盧校是也。《治要》及《長短經·論士篇》引正有"有"字。

王必將待堯有舜禹湯之士而後好

案："好"下當依《治要》、《長短經》引補"之"字。

介子推行年十五而相荊

案：原本《書鈔》卷四十九引作"荊公子年十五而相荊"，與《家語·六本篇》合，今本疑經後人竄改。

疏不能制親

案：原本《書鈔》卷五十三引作"疏不能威近"，《御

覽》卷二百二十八引作"成近","成"即"威"之譌,則
古本《說苑》不作"制親"矣。

簡主聞之絕食而歎

案:原本《書鈔》卷四十九引"絕"作"綴",與俞
蔭甫說合,當據改。

正諫篇

君樂治海上而六月不歸

案:《事類賦注》卷六及《御覽》卷六十、卷四百六十
八引均作"君樂治海,不樂治國",當據改。今本蓋涉上文
而誤。

隱臣竊顧昧死御

盧文弨曰:"'顧'疑'願'。"案:《御覽》四五六引
正作"願",盧校是也。

則懷操彈於後園

案:《御覽》四五六引"懷"下有"丸"字,"彈"下
有"遊"字,"園"作"圃",與今本有異。

子來何苦沾衣如此

案:《事類賦注》卷三引"苦"作"露",與盧校引
《初學記》校合。又《御覽》十二引"苦"下有"露"字。

乃罷其兵

案:"其"字疑即"兵"之羨文。《御覽》四百五十
六、《事類賦注》三十引無"其"字,是其證。

楚莊王欲伐陽夏師久而不罷

案:"欲"字疑涉下文"群臣欲諫而莫敢"而衍,《御
覽》四百五十六引無"欲"字。

取皇太后遷之於萯陽宮

案:《御覽》一百三十五引"萯"作"棫"。《史記·

始皇本紀》云“迎太后於雍”，則當依《御覽》作“棫陽”
爲是。下同。

步馬十里引轡而止曰

　　案：“步馬”上當依《渚宮舊事》卷二補“子西”二字。

君不勝欲爲臺

　　案：此處文義未足。疑當作“君不勝欲，既爲臺矣”。
“既爲臺矣”與下文“今復欲爲鐘”文義相貫。《晏子·諫
下篇》不誤，當據正。

民之哀矣

　　案：“之”字《晏子》作“必”。此涉下文“歛民之
哀”而譌。

晏子曰燭雛有罪

　　案：《御覽》四百五十五引作“燭鄒”，與《晏子》
合。《外傳》九作“顏鄧聚”，“鄧”字疑誤。

於是乃召燭雛而數之晏公前

　　案：“乃”字乃“召”之羨文。《晏子》無，當據刪。

寡人以天子大夫之賜

　　案：“天”字衍文。《治要》引《晏子》無“天”字，
是其證。

今棄萬乘之位而從布衣之士飲酒

　　案：“今”上《文選·東都賦》注引有“君”字，當
據補。

敬慎篇（《治要》作“法誡”）

夫穀陽之進酒也非以妬子反

　　案：“妬”當從《淮南·人間訓》作“禍”，字之誤
也，《韓子·十過篇》作“讎”，義與“禍”亦相近。

善說篇

父老皆拜閭丘先生不拜

案：《治要》引"不"上有"獨"字，當據補。

立於遊水之上

案：《水經·汝水》注及《秘府略》殘卷繡部引"遊"均作"流"，與《御覽》五百七十二引同，當據改。

張翠蓋

案：原本《書鈔》一百三十七引"翠"下有"羽之"二字，與盧校引《御覽》、孫校引《玉臺新詠》合。

今夕何夕兮搴中洲流

案：《秘府略》殘卷及《樂府詩集》卷八十三引作"搴洲中流"，近確。原本《書鈔》卷一百六兩引作"搴舟中流"，與《玉臺新詠》合，當據正。

倡優侏儒處前

案：原本《書鈔》一百一十二引作"俳優在前，諂諛侍側"，與今本略異。

切終而成曲

案：此文無義。當依原本《書鈔》一百零九引作"曲終而切歎"。

孟嘗君涕浪汗

案：原本《書鈔》一百零九兩引作"涕泣增哀"，唐本如此，今本不知所謂，當據正。

奉使篇

明君之使人也

案：原本《書鈔》卷四十引"明君"上有"臣聞"二

字，當據補。

君何不遣人使大國乎

案：原本《書鈔》四十兩引此文，均作“君何以不遣人使大君”。疑古本《說苑》作“大君”。

權謀篇

莒其亡乎

案：《晏子·問下篇》“其”下有“先”字，當據補。

師行數十里

案：“數十里”《御覽》四百五十引作“數千里”，未知孰是。

乃仰而曰

案：“而”當依《御覽》四百五十引作“面”。

遷桀南巢氏焉

案：《御覽》四百五十引無“氏”字。“氏”字當删。

至公篇

齊景公嘗賞賜及後宮

案：“嘗”即“賞”之羡文。《晏子·外篇》無，是其證。

由君之意自樂之心

案：“之意”二字衍文。

楚莊王有茅門者法

案：“茅門”當作“弟門”，字之誤也。弟門即雉門。《說文》：“雉古文作鮷。”或省作弟。《史記·魯世家》“築茅闕門”即《春秋》定二年之經“雉門兩觀”，是其證。此文本於《韓子·外儲說右上》篇，今本《韓子》亦譌作

"茅"，《御覽》六百三十八引《韓子》正作"弟"，是也。
又案："者"字當依《韓子》作"之"，蓋涉下文而譌。

指武篇

子不如敦處而篤行之

案："敦處"無義。"處"當依《淮南·道應訓》作
"愛"，字之譌也。

士卒無生之氣

案：原本《書鈔》二十五引"氣"下有"是以克之"
一句，當據補。

孔子爲魯司寇七日而誅少正卯於東觀之下

案：此事又見《荀子·宥坐篇》、《尹文子·聖人篇》、
《史記·孔子世家》、《家語·始誅篇》、《劉子·心隱篇》，
與此文頗有異同。又《淮南子·氾論訓》、《白虎通·誅伐
篇》、《論衡·講瑞篇》亦略述之。

談叢篇

一言不急

案：《鄧析子·轉辭篇》作"一言而惡"，當據改。

聖人以心導耳目小人以耳導心

案：此語出《子思子》（《意林》引），《家語·好生
篇》襲之，"聖人"作"君子"。

雜言篇

子居艘楫之間

案：原本《書鈔》四十九引作"巨川長楫之間"，無上

"子"字，與孫校合。

賁於言者華也奮於行者伐也

案：《韓詩外傳》卷三作"慎於言者不譁，慎於行者不伐"。此文"華"即"譁"之省文。"賁"（《家語·三恕篇》"賁"亦作"奮"）與"奮"皆"沓"字之誤，即古之"慎"字也。下又脫兩"不"字，遂文不成義。《荀子》、《家語》與此同誤，賴《外傳》正之。

辨物篇

易曰仰以觀於天文

盧文弨曰："元本提行，宋本在上二句提行起。"案：今考咸淳本《說苑》提行與此本同，盧說不知何據。

度量權衡以黍生之爲一分

案：《秘府略》殘卷粟部、《廣韻》去聲二十六慁"寸"字及入聲二十二昔"尺"字下注引"黍"作"粟"，"之"下有"十粟"二字（"寸"字下引作"說文"，依段懋堂校改）。《宋書·律志》同，與盧校合，當據訂。

稷負五種託株而從天下

案：《秘府略》殘卷稷部引"稷"上有"昔"字，當據增。

故殺之斷其首而葬之

案："殺之"二字衍文，說見王氏念孫《讀晏子雜志》。

修文篇

齊景公登射

案："登射"《書鈔》八十引作"登酌"，《御覽》五百二十三及《玉海》七十三引作"登酢"，是也。景公登酢，猶《左氏傳》之"嘗酎"矣。

使王近於民

　　案："民"當作"仁"，與下文"遠於佞，嗇於時，惠
於財"相對成文。《治要》引正作"仁"，是其證。

反質篇

　　案：《渭南文集》卷二十七《跋說苑》曰："李德芻云：
館中《說苑》二十卷，而闕《反質》一卷。曾鞏乃分《修
文》爲上下，以足二十卷。後高麗進一卷，遂足。"據此，
則宋本以下有此卷，殆出於高麗本也。

國貧窮者爲姦邪而富足者爲淫泆

　　案：《治要》引"國"下有"貧民侈則"四字，與上
文緊接，當據增。

人主不塞其本而替其末

　　案：《治要》引"替"作"督"，於義較長。

既醉以酒既飽以德

　　案：二句衍文。說詳王氏念孫《讀晏子雜志》。

（原載《國學論叢》第一卷第四號，1928年）

唐寫本《說苑·反質篇》讀後記

　　唐寫本《說苑·反質篇》殘卷，出敦煌莫高窟石室，今藏蘭州圖書館。從第六段"秦始皇帝既兼天下"起，至卷末後題"說苑反質第廿"止，共存一百八十五行，每行二十字至二十三字不等。書體古樸凝重，唐太宗名諱"民"字不缺筆，當是初唐人寫本。取校明萬曆年間程榮《漢魏叢書》刻本，程本文字脫誤累累，多賴唐寫本諟正。但唐寫本也有脫誤處。現把唐寫本一部分優點歷舉如次：

　　（1）第六段"秦始皇既兼天下"節，唐寫本"皇"下有"帝"字。

　　（2）同上"大侈靡"，唐寫本"靡"下有"泰"字。

　　（3）同上"天下畏罪持祿"，唐寫本無"天"字，和上文"上樂以刑殺爲威"相對爲文正合。

　　（4）同上"嚴威克下"，唐寫本"克"作"刻"。

　　（5）同上"恐言之無益也而自取死"，唐寫本無"也"字，"自"下有"爲"字。

　　（6）第七段"魏文侯問李克"節，"李克曰"，唐寫本"克"下有"對"字。

　　（7）同上"淫泆者久饑之詭也"，唐寫本"久饑之詭"作"文飾之耗"。

　　（8）同上"錦繡纂組"，唐寫本"錦"作"文"。

　　（9）同上"國貧窮者爲奸邪"，唐寫本作"國貧民侈則貧窮者爲奸邪"，今本脫四字。

　　（10）同上"人主不塞其本而替其末"，唐寫本"替"作

"督"。

（11）同上"傷國之道乎"，唐寫本"乎"作"也"。

（12）第十三段"季文子相魯"節，"文子曰然乎"，唐寫本無"乎"字。

以上十二條，唐寫本《說苑》和唐人魏徵編輯的《群書治要》卷四十三引《說苑》並合。

（13）第九段"經侯往適魏太子"節，唐寫本"適"作"過"。

（14）第十四段"趙簡子乘弊車腹馬"節，"狐白之裘溫且輕"，唐寫本"白"作"豹"。

以上兩條，唐寫本《說苑》和唐初虞世南在隋時編輯的《北堂書鈔》卷一百二十八、一百二十九引《說苑》並合。《北堂書鈔》引"狐白"作"狐貉"，"貉"字當是"豹"字誤文，足證隋唐時《說苑》不作"狐白"。

（15）第九段"經侯往適魏太子"節，"百姓上戴"，唐寫本"上戴"作"載上"。案："載上"即"戴上"，"戴"、"載"古通用。

（16）第十六段"衛叔孫文子問於王孫夏"節，唐寫本無"叔"字。

以上兩條，唐寫本《說苑》和宋初李昉等編輯的《太平御覽》卷一百四十六、五百三十二引《說苑》並合。《太平御覽》引用群書中絕大部分材料，都是從唐人類書如《文思博要》或北朝人類書如《修文殿御覽》鈔襲來的。所以，這些異文都可看成是唐初本或唐以前本《說苑》的特點。

（17）第十四段"趙簡子乘弊車腹馬"節，唐寫本"腹"作"臒"。"臒"即"癯"字，"臒馬"就是"瘦馬"的意思。

上條引見《太平御覽》卷七百七十三，正作"癯馬"。元刻本《說苑》作"瘦馬"，明鈔本同，"瘦馬"當是"癯馬"誤文。

（18）第十八段"晏子飲景公酒"節，"以其家貧善寡人"，唐寫本"貧善"作"貨養"。

（19）第二十一段"晏子病將死"節，"斷楹內書焉"，唐寫本"斷"作"鑿"，"內"作"納"。

以上兩條，唐寫本《說苑》和今本《晏子春秋‧雜篇》卷上並合。

（20）第十九段"楊王孫病且死"節，"且夫死者終生之化而物之歸者"，唐寫本"者"下有"也"字。

（21）同上"厚葬以矯真"，唐寫本"矯"作"鬲"。案："鬲"、"隔"古通用。

（22）同上"是使物各失其然也"，唐寫本"然"作"所"。

以上三條，唐寫本《說苑》和今本《漢書‧楊王孫傳》並合。

（23）第二十二段"仲尼問老聃"節，"委質以當世之君"，唐寫本"以"下有"求"字。

（24）同上"夫說者流於聽，言者亂於辭"，唐寫本"聽"作"辨"，"言"作"聽"。

以上兩條，唐寫本《說苑》和今本《孔子家語‧觀周篇》並合。

綜上所述，唐寫本《說苑》不僅是校訂明刻本《說苑》的重要資料；同時，也是校訂《晏子春秋‧雜篇》、《漢書‧楊王孫傳》、《孔子家語‧觀周篇》等書的輔助資料。因爲它和這幾種書之間，有著直接的（如《晏子春秋》）或間接的（如《漢書》、《孔子家語》）血緣關係。如果我們運用"他校"法，進行互校，一定可以有不少收獲。

今本《說苑‧反質篇》，還有下列四處脫文，可據唐寫本訂補：

（1）第十段"晉平公爲馳逐之車"節："平公作色大怒問田差：爾三過而不一顧，何爲也？"唐寫本作："平公作色大怒曰：

寡人爲此車三年，題（據上文"題金千鎰"，此處疑脫"金"字）千鎰，車成，立之殿下，令群臣得（疑"往"之誤文）觀焉，今子三過而不一觀，何也？"較今本多二十四字。

（2）第十五段"魯築郞囿"節："無囿尚可乎？"唐寫本作："無囿尚可，無民其可乎？"較今本多四字。

（3）第二十四段"公明宣學於曾子"節："公明宣曰：安敢不學。"唐寫本作："公明宣對曰：安敢不學而居夫子之門乎？"較今本多八字。

（4）第二十五段"魯人身善織屨"節："越人徒跣剪髮，游不用之國。"唐寫本作："越人跣行，縞爲冠，而越人被髮，以子之所長，游於不用之國。"較今本多十四字。

其他文字歧異，約三百多條，因限於篇幅，不備舉。

《說苑》一書，北宋政府藏本僅存"君道"至"修文"，凡十九篇，獨《反質篇》亡失不傳。曾鞏校書秘閣時，分《修文篇》爲上下兩篇，湊成二十卷之數。稍後有人從高麗本補足，遂成完書。說詳陸游《渭南文集》卷二十七《說苑》跋文。據此，今本《反質篇》實出高麗本。我們推測，高麗本《反質篇》曾經唐以後人傳寫失真，刪易內容，這就難怪唐寫本和明刻本之間有這樣多的異文了。

（原載《文物》1961 年第 3 期）

《李孝美墨譜》校記

（校《四庫全書》本）

[序二] 膚理堅瘦　庫本"瘦"作"凝"，是也。

欲使天下皆知爲墨之　庫本"之"下有"法"字，當據增。

東平李元膺序　案：曾慥《樂府雅詞》載元膺詞八首，當即此人。

[卷上採松圖] 採古松之肥闊者　庫本作"右採松之肥潤者"。案：以下文例之，庫本"採"上有"右"字是也，此本"古"字蓋即"右"字之誤而倒置於下者。

[造窯圖]〔注〕角突窯病大小　庫本"窯病"二字在下文"燃火有礙"上，當據正。

〔注〕事後復閉之　庫本"後"作"訖"。

至六步爲火巷　庫本"火"作"大"，是也。

火堂下安臺　庫本"火"作"大"。

〔注〕一池以備堆灰　庫本"堆"作"積"。

[發火圖] 右窯相並三四眼　庫本此上別出一節，此本全脫，當據補：

> 發火要活不用多，然後死灰多則墨不黑也。庭珪墨所以妙，正緣此。此造法第一關也。大韶云：造墨何須火力堅，火微煙重自然研。

[取煤圖] 右燒煤　庫本此上別出一節，此本全脫，當據補：

> 煤貴陳宿，隔旬日尤佳。又一種柏煤，出終南，蒲大韶多用之，李欣父子用之尤妙。柏煤薄，取最不易。

〔和製圖〕右用好醇煤　庫本此上別出一節，此本全脫，當據補：

　　　入膠水等分，復用真煙發之，遲二日入套板，俟稍乾，微火薰五七刻，冷後加明膠，佳。蒲大韶和製與李氏異，見宣靖錄方。

潼浴見風日解　庫本"浴"作"溶"，與今本《齊民要術》卷九"合墨法"條合，當據改。又今本《齊民要術》"日"作"自"，是也。

碎重不過三兩　庫本"不"下有"得"字，與《齊民要術》合，當據增。

〔入灰圖〕右用好柴炭　庫本此上別出一節，此本全脫，當據補：

　　　不入灰，性燥，不用久，用多則色白，此尤難事。

灰令密　庫本"令"作"冷"。

麥稻皆可　庫本此四字作小注。

〔出灰圖〕右墨出灰池　庫本此上別出一節，此本全脫，當據補：

　　　微火薰一晝夜，細擊之，其滓自落。廷珪法不同，見後。

〔磨試圖〕右研墨要涼　庫本此上別出一節，此本全脫，當據補：

　　　用舊紫石研新水，不著力磨二刻，試佳。磨重則濟，易剝，色澤不匀，是蒲墨用柏煙，尤不堪重宣和試。墨方甚備，今採摘其說。

〔卷中李超墨〕其面式有特龍者　庫本"式"作"或"，是也。

亦至其精觕　庫本"至"作"互"，是也。

〔不知名氏墨〕漫日細煤臺黑龍跡　庫本"臺"作"煙"。

〔卷下膠〕〔注〕不可作餅　庫本"不可"作"無膠"。

匕頭鐵刀　庫本"刀"作"刃"，是也。

令免狗鼠　庫本"令"上有"摘"字，與今本《齊民要術》卷九"煮膠法"條合，當據增。

並扞霜露　庫本"扞"作"扞"，是也。《齊民要術》亦作"扞"。

〔注〕損難乾燥　庫本"損"作"復"，是也。《齊民要術》亦作"復"。

〔注〕不長消釋　庫本"長"作"畏"，是也。《齊民要術》亦作"畏"。

四五日絕絕時　庫本"絕絕"作"浥浥"，是也。《齊民要術》亦作"浥浥"。

〔膠二〕不住手攪至溫　庫本"溫"作"濕"。

〔減膠〕乘熱入臼　庫本"臼"下有"中"字。

次入浸者膠　庫本"者"作"鹿"，是也。

〔仲將墨〕〔注〕溫筠庭云　庫本"筠庭"作"庭筠"，是也。

〔注〕墨苑作真酥　庫本"酥"作"珠"，是也。

〔注〕真朱　庫本"朱"作"珠"，是也。

〔注〕恐是傳寫之謬　庫本"謬"下有"也"字。

〔庭珪墨〕取汁一升　庫本"升"作"斤"。

〔古墨二〕更入熟漆一字　庫本"字"作"兩"，是也。

〔油煙墨五〕三面闇吵道　庫本"闇"作"開"，是也。

〔敍葉〕〔注〕江南焚雞木也　庫本"雞"作"鸕"。

〔注〕上黨碧松煙　庫本"碧"作"赤"。

〔注〕譜法未見入用　庫本"譜"作"諸"。

此明萬曆間歙縣潘膺祉如韋館刻本《李孝美墨譜》，余檢書於故宮圖書館始見之。以校《四庫全書》本，頗有異同，而文淵閣與文津閣二本間又互有違異。文津閣本《提要》云："上卷八圖，圖各有說。"今惟"採松"、"造窰"有圖說，餘皆有說而佚其圖（刻本《提要》同），與文淵閣本之圖說並存者異，其《提要》中亦無此數語。而文淵閣本所圖者與此本亦迥殊，當出館臣臆補，其所據之祖本之天一閣本固無此六圖也。以閣本勘此本，"發火"以下六圖後，閣本別出數十字不等，其文應列在圖前，而"採松"、"造窰"二圖前後獨無之，蓋各本俱脫矣。此本出焦弱侯家藏本，與閣本之稱"墨譜法式"者異源，故互有優劣，茲取閣本之勝於此本者錄爲校記如右。潘氏如韋館所刻書此外尚有高似孫《硯箋》一書，版式與此本同，並爲著錄家所罕聞，因附書之。海寧趙萬里，十九年一月。

（原載故宫博物院圖書館 1930 年影印《李孝美墨譜》）

《淮南子》札記

（文依莊刻）

原道訓

鬼出電入龍興鸞集

里案：此文"龍興"與"鸞集"，"鬼出"與"電入"均相對成文。"龍"與"鸞"相偶見義，"鬼"與"電"似有誤文，"電"蓋涉上文"雷聲雨降"雷字而誤。正文"電"字當作"神"，《文選·新刻漏銘》注正引作"鬼出神入"，是其證。

獸胎不贕鳥卵不毈

汪氏文臺云："《雲笈七籤》一引'贕'作'殰'。"今考《文子·道原篇》亦作"殰"（"毈"作"敗"），與《雲笈七籤》合（"贕"、"殰"古通）。

虹蜺不出賊星不行

案："出"乃"見"字之誤。"見"讀去聲，《文子·道原篇》正作"見"。

待而後生莫之知德待之後死莫之能怨

案：下"待之後死"句"之"字當作"而"，與上文"待而後生"文例同。

夫峭法刻誅者非霸王之業也

案：《治要》引許注"峭，峻也"，與《文選·西征賦》注引同。陶氏《異同詁》、劉氏《集解》均未引。

離朱之明察箴末於百步之外不能見淵中之魚

案：以下文文例例之，“不能”上當有“而”字，《治要》有，當據補。

澹然無治也而無不治也

劉氏臺拱云：“‘無治也’，‘也’字衍。”今案：劉說是。《文子·道原篇》正作“無治而無不治也”。

是何也則内有以通於天機

案：上文屢云“是何則”，則此文“也”字爲衍文無疑。劉氏《集證》刪“則”字，非是。

不利貨財不貪勢名

案：“不貪勢名”疑當作“不貪勢位”。高注云：“勢位，爵號之名也。”是其明證。今本作“名”，即注文而誤。且此文“財”、“位”爲韻，若改作“名”，則又失其韻矣。

一失位則三者傷矣

王氏《雜志》謂“三”當作“二”，今考景宋本正作“二”，與道藏本、朱本同。

故夫形者非其所安也而處之則廢

里案：以下文例之，“也”字衍文。

則精神日以耗而彌遠久淫而不還

里案：“日以耗”，“以”字衍文（宋本有注云：耗，禿也。莊本脫）。

俶真訓

而群生莫不顒顒然仰其德以和順

里案：《文選·勸進表》注引“顒顒”作“喁喁”，與《御覽》七十七引同（《集解》引）。

嗜欲連於物聰明誘於外而性命失其得

里案：“性命失其得”當依《文子·上禮篇》作“性命失其真”。故高注云：“性命之本也。”“得”、“真”形近，因以致誤。

能有名譽者必無以趨行求者也

　　　　里案：下"者"字衍文。

天文訓

是以月虛而魚腦減

　　　　案：《歲華紀麗》卷三引"虛"作"蝕"。

虎嘯而谷風至

　　　　案：《歲華紀麗》卷二引"至"作"生"，與《白帖》
二引同，疑唐本"至"作"生"。

南方曰炎天

　　　　案：《五行大義·論九官數篇》："《淮南子》云：火性
炎上，故曰炎天。"當是高注，今本脫。

東方爲田南方爲司馬西方爲理北方爲司空中央爲都

　　　　俞氏《平議》云："'都'上疑脫'官'字。'官都'，
官名。"引《管子·問篇》爲證。今案：俞說是也。蕭吉
《五行大義·論諸官篇》引作"都官"，雖"都官"二字誤倒，
然足證隋本《淮南》未脫"官"字；又引"理"作"大理"。

太微者主朱雀

　　　　案："雀"當依宋本作"鳥"。上文"其獸朱鳥"，高
注云："朱鳥，朱雀也。"是其證。

日冬至峻狼之山

　　　　里案：原本《玉篇》山部峎字下引此文，作"日冬至
入於峻狼（今本《玉篇》引作駿峎）之山"。蓋許高本之異
也。今本"至"下脫"入於"二字。

東北爲報德之維也

　　　　里案："也"字衍。

燥故炭輕溼故炭重

里案：《續漢志·律曆志上》注引"炭"並作"灰"。

加十五日指甲則雷驚蟄音比林鐘

里案："雷"字涉下文而衍。

女夷鼓歌以司天和以長百穀禽鳥草木

王氏念孫據《類聚》、《御覽》謂"禽鳥"當作"禽獸"。今考《歲華紀麗》卷一、《事類賦注》四亦引作"禽獸"。《歲華紀麗》又引"夷"作"彝"，古通用。

登於扶桑

案：《事類賦》卷一引句下有"之下"二字，又引注曰："扶桑，東方之野。"並與《類聚》一、《初學記·天部上》、《御覽》三合，當據補。

是謂朏明

案：李石《續博物志》卷一引"朏"下有"舊音云音斐"，與《初學記·天部上》、《御覽》三同，劉氏《集解》引之。

至於曲阿

案：《事類賦注》引云："曲阿，山谷也。""谷"字誤，當依《初學記》、《御覽》作"山名"。今本脫此注，當據補。

是謂旦明

里案："旦明"當作"朝明"。《事類賦注》一、李石《續博物志》引"旦"作"朝"，與《類聚》、《御覽》、《初學記》合。今本即涉注文"平旦"而誤。

至於曾泉

案：《博物志》、《事類賦注》"至"作"臨"，與《類聚》、《御覽》、《初學記》合，當據改。又《事類賦注》引注云："曾，重也。早食時在東方多水之地，故曰曾泉。"與《初學記》、《御覽》同，當據補。

至於桑野

案：《續博物志》、《事類賦注》"至"引作"次"，與《類聚》、《御覽》、《初學記》合，當據改。

至於衡陽

里案：《博物志》、《事類賦注》引"至"作"臻"，與《類聚》、《御覽》、《初學記》均合。（《後漢書·馮異傳》注引與今本同，蓋經後人改，故不足據。）

是謂隅中

案：《續博物志》、《事類賦注》引"隅"作"禺"，與《類聚》、《御覽》、《初學記》合。

至於昆吾

里案：《續博物志》、《事類賦注》引"至"作"對"，與《類聚》、《御覽》、《初學記》均合，當據改。

至於鳥次

案：《續博物志》、《事類賦注》引"至"作"靡"，與《類聚》、《御覽》、《初學記》合，當據改。（《詩·王風》"行邁靡靡"傳云："猶遲遲也。"此"靡"字即其義。）

是謂餔時

案：《續博物志》、《事類賦注》引"餔"作"晡"，與《類聚》、《御覽》、《初學記》合。《玉篇·日部》云："晡，申時也。"義較"餔"長，當據訂。

至於女紀

案：《續博物志》、《事類賦注》引"至"作"廻"，與《類聚》、《御覽》、《初學記》引合，當據改。又《御覽》、《事類賦注》引注並作"西方陰地"，今本"西方"誤作"西北"，當據改。

是謂大還

王氏念孫云："'還'當作'遷'。"今考《事類賦注》引"還"亦作"遷"。

至於淵虞

王氏念孫云：“‘淵虞’當作‘淵隅’。”今案：王說是也。《續博物志》、《事類賦注》引作“經於泉隅”，《事類賦注》誤倒作“隅泉”（“泉”字乃避唐高祖諱改），與《類聚》、《御覽》、《初學記》合，“經”字當據改。

至於連石

案：《續博物志》、《事類賦注》引“至”作“頓”，與《御覽》、《類聚》、《初學記》合，當據改。

主於悲泉爰止其女爰息其馬是謂縣車

里案：《事類賦注》引此四句作“爰止羲和，爰息六螭，是謂懸車”，與《御覽》、《初學記》合。又引注云：“六螭即六龍也。日乘車，駕以六龍，羲和御之，薄於虞泉而廻也。”《御覽》亦有“即六龍也”四字，並與今本異。疑諸書所引此節文字仍係許本許注，此篇雖係高注，亦雜入之，故注文亦多脫誤。

至於虞淵

里案：《續博物志》、《事類賦注》引作“薄於虞泉”，與《類聚》、《初學記》、《御覽》均合，“薄”字當據改。

至於蒙谷

案：《續博物志》、《事類賦注》引“至”作“淪”，與《御覽》、《類聚》、《初學記》合，當據改。

日入於虞淵之汜曙於蒙谷之浦

案：此有脫字。《續博物志》、《事類賦注》引作：“日入崦嵫（落棠山），經（《初學記》‘經’下有‘於’字，《御覽》與此同）細柳入虞泉（當作‘虞淵’。《白帖》一、《歲華紀麗》四亦作‘虞泉’，謬與此同）之汜（‘汜’《事類賦注》作‘地’，《初學記》、《御覽》作‘池’），蒙谷之浦，日西垂（《續博物志》奪‘日西’二字），景在樹端，謂之桑榆。”與《初學記·天部上》所引略同。又《事類賦注》引注云：“崦嵫，音淹茲。”“亦曰落棠山。”“細柳，

西方之野也。”“蒙谷，濛汜之水也。”與《初學記》、《御
覽》並合，當據補訂。

日減一斗

王氏引之云：“‘斗’當作‘升’。”今案：王說是也。
《玉燭寶典》十一引“斗”正作“升”，與《御覽·時序
部》所引合。

大荒落之歲

注：“荒，大也。方萬物熾盛而大出霍然落落大布散。”里
案：注文有誤。《五行大義》卷一引作：“言萬物熾盛而大出落
落而不散也。”今本“方”字當作“言”，下“大”字衍文。

地形訓

八殥之外而有八紘

里案：《後漢書·馮衍傳》注、《事類賦注》卷六引
“而”作“乃”，是也。

衍氣多仁陵氣多貪

里案：張華《博物志》曰：“平衍氣仁，高陵氣犯。”
與此稍異。

是故鍊土生木鍊木生火鍊火生雲鍊雲生水鍊水反土

里案：下云：“是以水和土，以土和火，以火化金，以
金治木，木復反土，五行相治，所以成器用。”則此文
“雲”字當作“金”明甚，“雲”、“金”因隸書相似而誤。
高注云：“雲，金氣所生也。”疑後人附加。

時則訓

侯雁北

注：“是月時候之應，雁從彭蠡來。”里案：“應”字衍

文，“時候”當作“候時”。當從高注《呂覽》訂。

命太尉贊傑俊

　　　楊氏樹達云：“《呂覽》注云：‘千人爲俊，萬人爲傑。’此文高注云：‘才過千人爲傑。’當有脫文。”今按：楊說是也。本書《氾論訓》“天下雄儁豪英暴露於野澤”高注云：“才過千人爲儁（與‘俊’同），百人爲豪，萬人曰英。”彼文高注“儁”、“豪”、“英”並有釋文，則此文之有脫字，更可知矣。

其樹檪

　　　注：“亦應除氣也。”案：“除”當作“陰”，當據《玉燭寶典》十二引改。

覽冥訓

人民保命而不夭

　　　案：“人”字衍文。下文“歲時孰而不凶”之句與此文相對，則此句不得有“人”字明甚。《文子·精誠篇》正作“民保命而不夭”，是其證。

譬若羿請不死之藥於西王母姮娥竊以奔月

　　　案：古類書殘卷閨情類引《淮南子》云：“羿於西王母求不死之藥，其妻姮娥竊服之而奔月。”與此詞稍異。

精神訓

若吹呴呼吸吐故內新熊經鳥伸鳧浴蝯躩鴟視虎顧是養形之人也

　　　里案：“熊經鳥伸”本在“鳧浴蝯躩”之上，蓋此文以“新”、“伸”、“人”三字間句爲韻，若如今本，則於韻例乖矣。又“鳧浴”應作“鳧游”，故注云“游，行也”。“浴”字不當訓行，則爲“游”字之誤明甚。

而尚猶不拘於物又況無爲者矣

　　　里案：此文“尚”字衍文，“矣”當作“乎”。

未嘗非爲非欲也

　　　里案：“欲”上“非”字衍文。

本經訓

流黃出而朱草生

　　　案：上下文均三字爲句，此文“而”字衍文。

天地之合和陰陽之陶化萬物皆乘人氣者也

　　　里案：此句疑當作：“天地合和陰陽，陶化萬物，皆乘
一氣（《文子·下德篇》作‘乘一氣’，是也）者也。”注
云：“天地合和其氣，故生陰陽，陶化萬物。”則本文二
“之”字皆屬衍文無疑。

是故上下離心氣乃上蒸君臣不和五穀不爲

　　　里案：“五穀不爲”本作“五穀不登”，注文亦當作
“不登，不成也”。此後人依《天文訓》“菽不爲麥不爲”
之例改之，不知彼文自作“爲”，與此無涉也。蓋此文以
“蒸”、“登”爲韻，若作“爲”，則韻例乖矣。《爾雅·釋
詁》、《詩·崧高》毛傳均云“登，成”，高注所本《文子
·下德篇》正作“五穀不登”，是其證。

天地宇宙一人之身也六合之内一人之制也

　　　里案：“天地”、“宇宙”於文爲複，上下文無言“宇
宙”者，則此文當作“天地之間”，與下“天地之内”相對
成文。《文子·下德篇》正作“天地之間”。

仁鄙不齊比周朋黨設詐諝懷機械巧故之心而性失矣

　　　里案：“心”下當有“生”字，今本脫。

掉羽武象不知樂也

　　　里案：上云“毛嬙西施之色，不知說也”，則此文當作

"掉羽武象之樂，不知樂也"，正相對成文。《原道訓》曰："目觀掉羽武象之樂。"句例正與此同。

釋其要而索之於詳

里案："索之於詳"當作"索其詳"。

雷霆之聲可以鼓鐘寫也

里案：《文子·下德篇》"寫"作"象"，義較長。

上射十日而下殺猰貐

里案：《後漢書·趙壹傳》注引《淮南子》曰："堯時十日並出，命羿仲射十日，中其九烏皆死，墮其羽翼。"《歲華紀麗》卷四注引《淮南子》云："堯時有十日並出，羿射九烏死焉。"均與《書鈔》百四十九、《藝文類聚》一所引略同，今本《淮南》無此文，疑是許注。

不知道之所一體德之所總要

里案："一體"當作"體一"，與"總要"相對成文。《文子·精誠篇》正作"體一"。

則目明而不以視耳聰而不以聽心條達而不以思慮

里案："耳聰而不以聽"下本有"口當而不以言"一句，而今本脫之。上文"閉四關"高注云："四關，耳目心口也。"故此文即以目耳心口並言。而下文"精泄於目則其視明，在於耳則其聽聰，留於口則其言當，集於心則其慮通"四句，又承此文而言。若此文奪"口當而不以言"一句，則下文"留於口則言當"一句不知所屬矣。《文子·下德篇》正有"口當而不以言"一句，當據補。

大廈曾加擬於崑崙

里案："曾"乃"層"之假字，"加"乃"架"之假字，"曾加"即"層架"也。

有不行王道者暴虐萬民爭地侵壤亂政犯禁

里案："者"字當依《治要》移置"犯禁"下。

主術訓

行爲儀表於天下

> 俞氏《平議》以“於天下”三字爲衍文。今案：俞說
> 是也。《文子·自然篇》正無此三字。

知故不載焉

> 里案：上文云“智不載焉”，則此文當作“知不載焉”，
> “故”字即高注而誤。《文子·下德篇》無“故”字。《意
> 林》引作“智有不周”，亦無“故”字。均其證。

無罪者而死亡行直而被刑

> 里案：“者”字涉上下文諸“者”字而衍。“直”又
> “德”之誤，“直”、“德”隸書相似，遂以致誤。“無罪而
> 死亡，行德而被刑”，正相對成文，極言賞罰之不公。故下
> 文云：“則修身者不勸善，而爲邪者輕犯上矣。”蓋與此文
> 相承。

守職分明以立成功也

> 里案：“分明”當依《文子·上義篇》作“明分”，
> “明分”與“守職”對文，“分”讀去聲。

人莫得自恣則道勝道勝而理達矣

> 里案：“道勝”當衍其一。

上下離心而君臣相怨也

> 里案：“君臣”似當作“群臣”。《治要》引《文子》
> （《上仁篇》）正作“群臣”。

是故十圍之木持千鈞之屋五寸之鍵制開闔之門豈其材之巨小足哉
　所居要也

> 里案：此文有誤，當依《文子·上義篇》訂補。原文
> 云：“十圍之木，持千鈞之屋，得所勢也；五寸之鍵，能制
> 開闔，居所要也。豈其材之巨小足哉。”今本脫“得所勢

也”一句。上文云：“得勢之利者，所持甚小，所任甚大，所守甚約，所制甚廣。”此文即承上文而言。

暴者非盡害海內之衆也

  案：上文云“義者非能徧利天下之民也”，則此文“非”下亦當補“能”字。《文子·上義篇》正有“能”字。

上因天時下盡地財

  里案：“地財”當作“地利”，字之誤也。《泰族訓》曰：“天不一時，地不一利，人不一事。”是其證。

孔子之通智過於萇弘

  里案：“通”字即“過”之譌而衍者。

物之若耕織者始初甚勞終必利也。

  里案：“始甚勞，終必利”相對成文，“初”字不當有。

國無義雖大必亡人無善志雖勇必傷

  里案：“志”字衍文。

繆稱訓

三月嬰兒未知利害也而慈母之愛諭焉者情也

  里案：此文有誤。“而慈母之愛諭焉者”當作“而慈母之愛愈篤者”。“愈”、“諭”古字通，“焉”、“篤”形近而誤。若如今本，義不可通矣。《文子·精誠篇》正作“而慈母之愛愈篤者”，是其證。俞氏蔭甫《讀文子》云當據《淮南》以改《文子》，似非。

恩心之藏於中而不能達其難也

  里案：“之”字衍。

故怨人不如自怨求諸人不如求諸己得也

  里案：“得”字無義，當是兩“諸”字之譌而衍者。《文子·上德篇》正無“得”字。

以貴爲聖乎則聖者衆矣以賤爲仁乎則賤者多矣何聖仁之寡也

　　里案："則賤者多矣"句，"賤"當作"仁"。

華誣生於矜

　　里案：宋本有"注云：矜，貪功也"一句，莊本脫。

春女思秋士悲

　　里案：《歲華紀麗》卷一引此文作"春女悲，秋士哀"，與《書鈔》百五十四、《類聚》三引合。《文選·謝惠連〈秋懷詩〉》注亦引作"秋士哀"也，疑許高本之異。

人以義愛以黨群以群強

　　里案：此文有誤，當作"人以義愛，黨以群強"。二句相對成文。今本衍"以"、"群"二字，則文不成義矣。《文子·微明篇》正作"人以義愛，黨以群強"，是其證。

水濁者魚噞令苛者民亂城峭者必崩岸崝者必陀

　　里案：四"者"字均不可通。本作"水濁則魚噞，令苛則民亂，城峭則必崩，岸崝則必陀"。"者"與"則"古書率多互譌。《韓詩外傳》一、《說苑·政理篇》均有此文，"者"亦作"則"，是其證。

昔二皇鳳皇至於庭

　　王氏念孫云："'皇'字衍文。"今考宋本正無上"皇"字。

齊俗訓

故高下之相傾也短修之相形也亦明矣

　　里案："短修"當乙。

制樂足以合歡宣意而已

　　里案：以上下文例之，句首當有一"故"字。

瞽師之放意相物寫神愈舞而形乎絃者兄不能以喻弟

　　里案：瞽師何能愈舞，且"愈舞"連語，亦費解。當依《文子·自然篇》作"論變"，形近致誤。

是故農與農言力士與士言行

里案：下文云"士無遺行，農無廢功"，似此文當作"農與農言功"，作"力"者誤也。

各有所宜而人性齊矣

劉氏文典云："《群書治要》引'所宜'作'所以'。"今考天明七年刊本《治要》引《淮南》亦作"所宜"，劉校不知何據（劉校失據錯譌之處不可勝數，余另有專篇評語）。

因所有而竝用之

里案：《治要》引此文作"因其所有而遂用之也"，文義較完。

爭爲詭辯久稽而不訣無益於治

里案：下文云："工爲奇器，歷歲而後成，不周於用。"與此文正相對成文。此文"爭"字本當作"士"，涉上文"爭難得以爲寶"而誤。《治要》引《淮南》已譌"士"作"爭"。《文子·下德篇》正作"士"，是其證。

道應訓

襄子方將食而有憂色

里案："方將食"三字甚爲不辭，"將"字衍文。《呂氏春秋·慎大篇》、《列子·說符篇》均無"將"字，是也。今本衍"將"字，蓋校者以晉語作"襄子將食"，遂注"將"字於"方"字下，後人不察，寫入正文，遂不可通矣。

勝非其難也持之者其難也

里案：《治要》作"持之其難者也"，今本"者"字互倒在上，當據乙。

故人與驥逐走則不勝驥驥託於車上則驥不能勝人

  里案："則不勝驥"句，"則"下當依《呂覽·審今篇》、《文子·上仁篇》補一"人"字。

蛩蛩駏驉必負而走

  里案：《新論·審名篇》云："蛩蛩巨虛，其實一獸。因其詞煩，分而爲二。"即此文之的解。《穆天子傳》一亦云："蛩蛩距虛走百里。"足證蛩蛩巨虛之善走。

甯越欲干齊桓公困窮無以自達於是爲商旅將任車以商於齊暮宿於郭門之外

  里案：此文"將"字即"旅"字之譌而衍者；"商於齊"句"商"字與上複，當是"適"字之誤。《後漢書·蔡邕傳》注引此文正作"爲商旅任車以適於齊"，與《新序·難事篇》相合，是其證。《呂氏春秋·舉難篇》"商"亦作"適"，惟"任"上亦衍"將"字，亦當據《新序》刪正。

晉公子重耳出亡過曹無禮焉

  里案："無禮焉"三字，句不成義。當依許注，"無"上補"曹共公"三字。

毛物牝牡弗能知

  里案："弗"上當依《列子·說符篇》、《三國志·郤正傳》注補"尚"字。

馬至而果千里之馬

  里案："千里之馬"當作"天下之馬"。上下兩言"天下之馬"，此文即承上文而言。《郤正傳》注、《列子·說符篇》均作"天下之馬"，是其證。

公儀休相魯

  里案：《史記·循吏傳》云："公儀休，魯博士也。"與許注正合。《宋書·百官志》云："六國時往往有博士。"當即指公儀休等而言。公儀休即《孟子》書中之公儀子，繆公時爲魯相，時在戰國之初。

使歸之於執事

里案：《蜀志·郤正傳》注引作"使使歸之於執事"，文義較完，今本脫一"使"字。

先王以見大巧之不可也

王氏念孫云："'不可'下脫'爲'字。"今考《文子·精誠篇》正有"爲"字，王說是也。

故慎子曰匠人知爲門能以門所以不知門也故必杜然後能門

里案：此文不見今本《慎子》。錢熙祚守山閣本《慎子輯逸文》曾入之，而未有校釋。孫仲容《札迻》加以訂正，見《集解》。今考《四部叢刊》景印繆藝風鈔藏明本《慎子·外篇》中有此文，一字不易，蓋即明人摭拾群書而成。梁任公謂繆本《慎子》是僞書，信然。

氾論訓

則天下納其貢職者廻也

注云："'廻'或作'固'。固，必也。"今考《後漢書·杜篤傳》引"廻"正作"固"，疑作"固"是許注本。

故狠者類知而非知愚者類仁而非仁戇者類勇而非勇

里案：《〈爾雅·釋草〉疏》、《續博物志》卷七、《群書治要》引兩"仁"字均作"君子"，疑唐宋本《淮南子》作"類君子而非君子"，後人以其句例不符而改竄者。又三句下均當依《〈爾雅·釋草〉疏》、《續博物志》、《治要》補"也"字，文義始足。

故炎帝於火死而爲竈

王氏念孫云："'於'當作'作'。"今案：王說是也。《史記·武帝本紀》索隱引《淮南子》"炎帝作火官，死爲今之竈神"，"於"亦作"作"，足證王說。

詮言訓

道與人競長章人者息道者也人章道息則危不遠矣

　　　里案：此文三“人”字均當作“名”。今本即涉上文而
誤。上文云“名與道不兩明”，此文即重申前義。下文云
“故世有盛名則衰之日至矣”，又承此文而言。改“名”作
“人”，則語意乖矣。《文子·符言篇》作“道息而名章即危
亡”，是其證。

兵略訓

設規慮施蔚伏見用水火出珍怪鼓譟軍所以營其耳也

　　　里案：“見”字衍。

說林訓

鳳皇高翔千仞之上故莫之能致

　　　里案：依上下文例，“故”當作“而”。

脣竭而齒寒

　　　里案：“竭”字與上文“川竭而谷虛”相複，疑當依
《文子·上德篇》作“亡”，今本即涉上文而譌。

人間訓

司馬子反渴而求飲豎陽穀奉酒而進之

　　　里案：“陽穀”當乙。左氏內外傳、《韓非·十過篇飾
邪篇》、《漢書·人表》、《說苑·敬慎篇》並作穀陽，是也。
《史記》晉楚世家誤與《淮南》同。

非求其報於百姓也

　　里案："其"字衍,《說苑·貴德篇》無。

或毀人而乃反以成之

　　里案：依下文訂之,"乃"字衍文,"成"當作"利"。

夫鵲先識歲之多風也

　　王氏念孫云："'鵲'上當有'鳥'字。"今考《歲華
　　紀麗》卷二注引亦有"鳥"字,與《初學記》、《白帖》、
　　《御覽》均合。

田子方見老馬於道

　　里案：此事又見《韓詩外傳》卷八。

泰族訓

法能殺不孝者而不能使人爲孔曾之行

　　里案：下文以孔墨並言,即承此文。今本誤作"孔
　　曾",當依《治要》訂正。

（據手稿整理）

《中吴紀聞》校記

序

亦多文人行　陳本“行”下有“士”字，張本同。

鬼神夢中　陳本“鬼”上有“至於”二字，“中”作“卜”，張本同。

卷一

宋崑山龔明之希仲紀　陳本題“崑山龔明之”。

[許同] 神鎮長在　陳本“神”上有“山”字，張本同。

趕出這老怪　陳本“趕”上有“依前”二字，張本同。

[丁陳范謝] 俱以長者稱　陳本“以”字墨釘，校作“以”。

[陳君子] 煙駕尚徜羊　陳本“尚”作“共”，張本同。

[半夜鐘] 夜半鐘聲到客船　陳本“夜半”作“半夜”，張本同。

[六經閣記] 嚴維之　陳本“維”作“繼”，張本同。

其教不肅而成　陳本“教”作“政”。

[唐郎官題名] 未嘗作楷書　陳本“書”作“字”。

[丁晉公] 公嘗贄文求見　陳本“贄”作“贅”，張本同。

與公之孫德隅遊　陳本“遊”下有“從”字，張本同。

[陸宣公] 改爲由拳　陳本“改”上有“後”字，張本同。

[太一宮] 陳本下有“訖今宮巷之名不改，無稱官前者矣，觀之後河俗呼牛渦浜，乃舊宮浜之譌耳”三十字，張本同。

[孫百篇] 百篇宮體喧金屋　陳本“宮”作“官”。

陸龜蒙亦有云　陳本無“有”字，張本同。

〔蘇子美〕授大理評事　陳本"大"上有"爲"字，張本同。

高閣目生光　陳本"高"作"臺"，"目"作"自"，張本同。

春風吹曉雨　陳本"曉"作"細"，張本同。

誠欲昇未央　陳本"昇"作"叫"，張本同。

朱儒捧一囊　陳本"朱"作"侏"，"捧"作"俸"，張本同。

南遷得夜航　陳本"得"作"浮"，張本同。

薄酒圍邯鄲　陳本"圍"作"病"，張本同。

微歌舞紅裳　陳本"微"作"傲"，張本同。

朱殿院之女　陳本"朱"作"先"，張本同。

〔紅梅閣〕春日群宴　陳本"群"作"郡"，張本同。

其殿丞作此詞贈之　陳本"其"作"吳"，張本同。

〔謝賓客〕至今仁義洽生民　陳本"洽"作"浹"，張本同。

〔丁晉公拜老郁先生〕子嘗從師孟之學　陳本"子"作"予"，無"之"字。張本同。

以兩朱衣掖之　陳本無"衣"字。

〔李璋〕尚隨鄉試已華顛　陳本"試"作"賦"，張本同。

郤歸甫田無三徑　陳本"無"作"爲"，張本同。

嘗於遊嬉之地　陳本"遊嬉"作"嬉遊"，張本同。

〔木蘭堂詩〕太守遊燕之地　陳本"遊燕"作"燕遊"，張本同。

〔智積菩薩〕自西土來　陳本"來"下有"此"字，張本同。

〔王贊運使減租〕均西浙雜稅　陳本"西"作"兩"，張本同。

豈可復徇僞國之制　陳本"徇"作"循"，張本同。

卷二

［姚氏三瑞堂］頗足雅致　陳本無"足"字。

［丁氏賢惠錄］其弟維登進士科　陳本"維"作"繼"，張本同。

其婦娩而沒夫人保其嬰　陳本"娩"作"挽"，"保"作"褓"，張本同。

親加拊視　陳本"拊"作"撫"，張本同。

甚宜家其　陳本"家其"作"其家"。

［張文定公知崑山］大約百一二　陳本"大"作"夫"，上屬爲句。

［曾大父］主杭州仁和簿時　陳本"簿"上有"縣"字，張本同。

美人正席羅絃管　陳本"正"作"帀"，張本同。

倚幄雲屏爐麝暖　陳本"爐麝"作"麝香"，張本同。

養浩時清肅　陳本"肅"作"嘯"，張本同。

星游耿耿寒煙浮　陳本"游"作"河"，張本同。

何處離情充喚起　陳本"充"作"先"，張本同。

萬里征夫眠未成　陳本"夫"作"衣"，"眠"作"成"。

［滄浪亭］清風明月本無價　陳本無"清"字，校增。

［五柳堂］歷主鄆縣簿山陰丞　陳本"歷"作"又"，"簿"下有"又爲"二字。

［由隱堂三老］相與從遊　陳本"從遊"作"游遊"，張本同。

［林氏儒學之盛］陳本下注"槩登景福二年進士禮部第一，官集賢校理"十七字，眉端有"據屯田郎配黄夫人墓誌，二子名槩、欒，諸孫希旦邵顏"二十字，張本同。

嘗爲省試　陳本"省"譌"首"，校"會"，張本亦作"會"。

［國一禪師］既至雙徑　陳本"徑"作"涇"，張本同。

　　〔葉少卿〕葉參字少列　陳本"列"作"卿"，下同，張本亦作"卿"。

　　〔安定先生〕皆稱爲安定先生　陳本無"皆"字，張本同。

　　贈秘書省校書郎　陳本"贈"作"授"，張本同。

　　〔蘇子美飲酒〕遂滿飲一大勺　陳本"勺"作"白"，下同。張本亦作"白"。

　　始自起下邳　陳本"自"作"臣"，張本同。

　　有如此下物　陳本"下"下有"酒"字，張本同。

　　〔張伯玉郎中〕素蘊自沖　陳本"自沖"作"甚充"，張本同。

　　〔上方詩〕閱寺中之詩　陳本"寺中"作"二公"，張本同。

　　一夕和竟二公之詩　陳本無"二公之詩"四字，張本同。

　　霜翰飢更清　陳本"霜"作"露"，張本同。

　　〔陳龍圖使高麗〕且令服所賜金帶又賜金盞　陳本"金"上並有"黄"字，張本同。

　　畫紫袍金帶人　陳本"畫"下有"一"字，張本同。

　　〔海湧山〕虎丘避唐諱　陳本"丘"作"字"，張本同。

　　〔盧通議〕至五分則曰已五分矣　陳本無此句，張本同。

　　〔章守子用皂益〕元豐中章岷之弟　陳本作"章岵岷之弟"，張本同。

　　〔林酒仙〕門前綠樹無啼鳥　陳本"樹"作"柳"，張本同。

　　卷三

　　〔葉道卿〕少列之子　陳本"列"作"卿"，張本同。

　　議論之敏　陳本"敏"下有"者"字，張本同。

　　皆其選也　陳本"其"作"良"，張本同。

　　皆見信任　陳本"信任"作"任信"，張本同。

　　〔三高亭〕鱸鄉亭旁　陳本"亭"下有"之"字，張本同。

　　［蔡君謨題壁］以稱其名之謂　陳本無"之謂"二字，張本同。

　　［范貫之］有經天下之志　陳本"經"下有"綸"字，張本同。

　　願擇賢相　陳本"願"上有"即陳"二字，張本同。

　　大臣居機宥者　陳本"宥"作"密"，張本同。

　　直龍圖閣　陳本"閣"下有"知明州"三字，張本同。

　　［張敏叔］試爲舉似　陳本"試"作"誠"，張本同。

　　［禪月大師］葬於成都　陳本"成"作"城"。

卷四

　　［太公辟地處］楊備郎中　陳本"備"作"修"。

　　［范忠宣公］自慶帥　陳本"帥"作"師"。

　　［雙連堂］詞云美蘭堂　陳本"美"作"木"，張本同。

　　［孫若虛滑稽］襆頭腳上　陳本"腳"作"腰"。

　　［元少保］又皆從系　陳本"系"作"絲"。

　　［仲殊］雲輕三事袖　陳本"袖"作"衲"，張本同。

　　翰墨清且奇　陳本"翰"作"輸"。

　　胡爲□柔詞　陳本□作"幽"，張本同。

　　拂日重光離　陳本"拂"作"佛"，張本同。

　　自經於枇杷下　陳本"杷"下有"樹"字，張本同。

　　［鄭毅夫吳江橋詩］刻於詩前　陳本"刻"作"劉"，張本同。

　　［盧發運］屢賜手詔　陳本"屢"作"特"，張本同。

　　［花客詩］陳本下有"名花十二客"五字，張本同。

　　菊爲香客　陳本"香"作"壽"，張本同。

　　［中吳］又復爲之蘇州　陳本"爲"作"謂"，張本同。

　　［祖姑教子登科］焚之灰爲丸　陳本作"焚灰丸之"，張本同。

　　沙門爲不可及　陳本作"以爲不可及"，張本同。

［范秘丞］歷縣令　陳本"縣"作"陽"，張本同。

至京師論不合　陳本無"師"字，"論"下有"事"字，張本同。

［徐朝議］陳本下有"徐師閔、元絳、閭丘孝終、程師孟、王玩、蘇湜"十六字，張本同。

蘇湜與馬上賦詩爲信　陳本"馬"作"焉"，"上"作"公"，"信"作"倡"，張本同。

年拘皓髮下霜顏　陳本"拘"作"均"，"霜"作"商"，張本同。

昌花美酒疏鐘永　陳本"昌"作"名"，張本同。

金地無人晝閉關　陳本"閉"作"蔽"，校"敞"，張本亦作"敞"。

［李無悔］東坡先生與之遊夜以詩贈之　陳本"遊"下有"從"字，"夜"作"嘗"，張本同。

百年空有好詩名　陳本"詩"作"書"，張本同。

蠶眉鴉鬢縷金衣　陳本"鬢"作"髻"，張本同。

［大本錢王後身］往造其室　陳本"往"作"徑"，張本同。

竊聽之者　陳本"竊"上有"有"字，張本同。

道拂袖而去　陳本"道"下有"人"字，張本同。

［黃姑織女］水湧溢　陳本"水"上有"河"字，張本同。

轉呼爲牽郎耳　陳本"牽"作"索"，張本同。

詩云黃姑織女　陳本"姑"下有"與"字，張本同。

祠中列二像　陳本"中"下有"舊"字，張本同。

持盃珓向之　陳本"盃"作"環"，張本同。

［孫積中］公初岐嶷如成人　陳本"初"作"幼"，張本同。

乾祐不以予民　陳本"祐"下有"獨"字，張本同。

其徒以黍麥博易爲生　陳本"徒"下有"歲"字，張本同。

且法之初　陳本"且"下有"立"字，張本同。

且還其任　陳本"且"作"宜"，張本同。

用薦者　陳本"用"上有"公"字，張本同。

開說其是非　陳本"開"上有"以"字，張本同。

感悟相捨去　陳本"捨"下有"而"字，張本同。

得米一十餘萬斛　陳本無"一"字，張本同。

公平其直使耀　陳本"使"作"便"，張本同。

至不可數計　陳本無"至"字，張本同。

別有十數事　陳本"十數"作"數十"，張本同。

公明常格　陳本"常"作"賞"，張本同。

盜測　陳本"盜"下有"叵"字，張本同。

於是公去嶺五年矣　陳本"嶺"下有"南"字，張本同。

［王主簿］嘗有所受　陳本"受"作"愛"，張本同。

卷五

［唯室先生］著書名步里客談　陳本"著書"作"有詩"，校作"有集"，張本同。

［姑蘇百題詩］楊備郎中　陳本"備"作"循"，張本同。

［張子韶與周煥卿簡］同此一念也　陳本"同"上有"皆"字，張本同。

許以二百千之助　陳本"之"作"足"，張本同。

字紹宗　陳本"宗"作"祖"，張本同。

賣去此物　陳本作"發此物去"，張本同。

［蝦子和尚］陳本"蝦"作"鰕"，下同。

且行食　陳本"行"下有"且"字，張本同。

［郭家朱砂圓］本郡中一小民　陳本"郡"作"城"，張本同。

［陳了翁鱸鄉亭詩］初至吳江簿　陳本"至"作"主"，張本同。

［起隱子］再遷入館八年　陳本"館"下有"在館"二字，

張本同。

此公剛鯁無情□　陳本□作"煞"，張本同。

閑多卷滿折成句　陳本"成"作"題"，張本同。

［寶嚴院］極莊嚴　陳本"莊嚴"作"壯麗"。

［洞庭山］笠澤魚肥人膾玉洞庭柑熟客分金　陳本"魚"作"鱸"，"柑"作"橘"，張本同。

非江水　陳本"水"下有"也"字，張本同。

而未嘗斷也　陳本"而"下有"地脈"二字，張本同。

［范無外］號范家園亭　陳本無"亭"字，張本同。

［綽堆］崑山縣西樓里　陳本"樓"作"數"，張本同。

［陸彥猷］喝名曰　陳本"喝"作"唱"，張本同。

［王學正］聲迹有妻先夢蝶　陳本"夢"校"蔓"。

［章户部］章緯　陳本"緯"作"繹"。

卷六

［崑山學記］請主學者　陳本"請主"作"諸生"。

［顧景繁］陳本眉端有"蕘圃案：顧景繁曾注蘇詩"十字。

［南北章］章氏本建安郇內之裔　陳本"郇"作"鄒"。

［狀元讖］旦視之　陳本"旦"上有墨釘，陳校作"詰"。

［吳江詞］淨洗□塵千里　陳本□作"胡"。

［結帶巾］與□服相類　陳本□作"胡"。

［諧謔］猜護婦人　陳本"護"作"謎"，張本同。

［吳中水利書］陳本下有"先中丞嘗有書上當道，當參考之"十三字，陳校"考"作"看"，張本同。

［盧熊跋］將乘不朽　陳本"乘"作"垂"。

半葉九行，行十八字，黑口，左右雙邊。汲古閣刊本。黃復翁據陳白陽德文校明刻本以墨筆校過，補正譌誤不少，復以張訒菴藏鈔本再勘。二本同出一源，故異同如相埒。陳本卷末有"吳人當知吳事，試讀一過，戊子臘暮道復在五湖田舍記"二十二字。疑亦白陽山人手蹟也。黃所據明刻本疑即弘治七年慈谿楊子器刻本，傳世頗罕見，惟瞿目有之。兹錄陳本異字之勝於毛本者爲校記如左。

　　觀此知毛本實未爲善本。即世傳元刻十一行行二十一字本亦大抵與毛本雷同。毛本之異於元刻者，又大抵出於毛氏私改，故又與此本鑿枘也。有"王鳴盛印"、"西莊居士"、"海源閣"、"宋存書室"、"東郡楊二"、"楊紹和"、"東郡楊紹和彦和珍藏"、"楊氏海原閣鑑藏印"、"臣紹和印"、"紹和築巖"、"彦合珍玩"諸印。

（據手稿整理）

《廣韻》校勘記卷之三

上　聲

一董

［二下四］故名履字天乙　張本"天"譌"太"。段改"天"，與宋小字本合。《史記·殷本紀》云："子天乙立，是爲成湯。"今據正。

［三上四］出酒律　諸本"出"譌"謂"。段改"出"，今據正。

［三上五］心神恍忽貌　宋小字本"忽"作"惚"。

［三上七］嗵大笑也　《說文》同。王仁昫《切韻》"笑"作"聲"，與《玉篇》、《龍龕手鑑》合。

二腫

［三上九］堳塔不安　張本"塔"譌"容"。下文勇紐"塔"字注作"堳塔"，與宋本及王韻均合，今據正。

［三下三］稻稭　宋本"稭"作"稍"。《切韻》、王韻並同。《說文》："稭，麥莖。"張本從《玉篇》改。

［三下九］慫涌勸也　諸本"勸"譌"歡"。段改"勸"，與《方言》十合，今據正。

［四上五］說文作巩恐鞏類並從此　張本"巩"作"摯"。《說文·丮部》云："巩，褎也。"又《手部》云："摯，攣也。從手巩聲。"案："巩"、"摯"一字，大徐俱音居竦切。張據《說文·手部》改"巩"爲"摯"，可謂失之眉睫矣。宋本作"巩"，不誤。今據正。段於"摯"上增"巩"字，亦可通。

［四上六］纈　《切韻》作"纈"，王韻同，《集韻》亦作"纈"，《玉篇》作"纈"。

騜何休云馬搖銜走　案：當作"捶馬銜走"。《公羊》莊八年傳"陽越下取策臨南騜馬"注："捶馬銜走。"校勘記云："鄂本'捶'作'搖'。"與《廣韻》正合。

三講

［四下五］項确也堅受枕之處　諸本"确"譌"硐"。段改"确"，與《釋名·釋形體》合，今據正。

四紙

［四下八］坻隴坂也　諸本"坻"譌"坻"。王韻作"坻"，今據正。

［四下九］枳　王韻作"柢"。

汜水名出拘扶山　宋本"拘"作"枸"，與《切韻》合。《山海經》四《東山經》："水所出曰枸狀之山。""拘扶"作"枸狀"，未詳孰是。

［四下十］坻說文云坻著也　諸本"坻"譌"坻"。段改"坻"，與《說文》及王韻合，今據正。

［五上二］後魏書又有是連是婁是賁三氏　《魏書·官氏志》"是婁"作"是樓"。

氏又支精二音　張本"精"譌"指"，宋本作"精"。下平十四清精紐出"氏"字，云："狋氏，縣名。"是其證，今據正。

［五上四］褆衣服端下　段云："'下'，《玉篇》'正'。"今據正。

［五上八］煬火盛　《切韻》無"盛"字，王韻同。《集韻》亦云："煬，火也。"

［五下五］既姽嫿於幽靜　諸本"嫿"譌"嫿"。段改"嫿"，與《文選·神女賦》合，今據正。

［五下七］雟越雟郡　諸本"雟"譌"雟"。段改"雟"，云："原作'雟'，乃郭恕先之謬。"案：段說是也，今據正。

霾靡草木弱皃　《切韻》作“身弱貌”。

[五下八] 說文曰絫坺土爲牆壁　張本“坺”譌“坂”，宋本“坺”與《說文》合，今據正。

[五下九] 旖　王韻作“䗚”。

[六上一] 庋　《切韻》云：“食閣。”王韻同。《集韻》亦云：“閣藏食物也。”《廣韻》此處脫文。

[六上三] 憸急也　宋本“急”作“意”。《玉篇》：“憸㤉，憸急。”又：“憸意也。”《集韻》亦作“憸意”，本書下平二十四鹽出“憸”字，注云：“憸㤉，意不安也。”似仍以作“意”於義爲長。

[六上七] 鄩地名　王韻下有“在鄭”二字。

[六上九] 茈　諸本“茈”譌“茈”。段改“茈”，與《說文》合，今據正。

[六下二] 說文云獸長晉行豸豸然欲有所司殺　張本“晉”譌“晉”，宋本“晉”與《說文》及段校合，今據正。又張本“司”譌“伺”。宋本作“司”，與《說文》合，今據正。張據大徐“讀若伺候之伺”改，非是。

[六下三] 枻　王韻作“柂”。

[六下六] 袘　《切韻》作“袉”，王韻同。
衣中袖也　《切韻》作“中衣袖”，王韻同。

[六下七] 扡　《切韻》作“拖”，王韻同。

[七上二] 纖細似龍須　宋本“須”作“鬚”。

[七上八] 國語日俠溝而廖我　張本“俠”譌“狹”。段改“俠”，與《說文》合，今據正。《國語·吳語》云：“吳既敗矣，將夾溝而𤞤我。”案：“夾”、“俠”古通。

[七下一] 㕙窳也　王韻云：“㕙，弱。”《漢書》云：“㕙窳偷生。”此訓“窳也”，出《說文》。

[七下四] 出則有兵　“出”王韻作“見”，《切韻》作“現”。

　　[七下六] 皴枝析　"枝析"諸本譌作"枝折"。《切韻》作"被折"，王韻作"披折"，疑當作"柀析"。《類篇》云："柀，析也。"是其證。段改"折"作"析"，今據正。

　　苡　張本"苡"改"莜"。宋本"苡"，《切韻》、王韻並同。《廣雅·釋草》："苡芡，雞頭也。"張據《玉篇》改"莜"，非《廣韻》之舊矣。

　　雞頭也　張本據《方言》三下增"北燕謂之苡"五字。宋本無，今據刪。

　　[七下七] 又撞　張本"撞"下衍"也"字。宋本無，今據刪。

　　才捶切　諸本"捶"譌"棰"。《切韻》"捶"，王韻同，今據正。

　　[七下八] 去弭切　諸本"去"譌"丘"。《切韻》"去"，王韻同。今據正。

五旨

　　[八上七] 痞病也　"病"當作"痛"。《說文》："痞，痛也。"下文否紐又出"痞"字，云："腹内結痛。"均其證。

　　[八下二] 秭千億也　《切韻》作"萬億"，王韻同。段云："郭注《爾雅》作'十億'。"案：《詩·周頌》兩言"萬億及秭"，毛傳："數億至萬曰秭。"《說文》同。此《切韻》所本。下文引《風俗通》云："億生兆，兆生京，京生秭。"則秭當爲千億。亦見《五經算術》。此《廣韻》所本。兩說皆可通。

　　[八下五] 沘水名出廬江灊縣入芍陂今謂之淠水也　諸本"淠"譌"渒"。段改"淠"，與《水經注》三十二合。今據正。

　　[八下九] 黇黃色　《說文》："黇，青黃色也。"《切韻》作"黃白"，王韻作"黃白色"，與《說文》殊。

　　[九上十] 痞腹内結痛　《切韻》"痛"作"病"，王韻同，《集韻》亦云："腸中結病。"《說文》："痞，痛也。"此《廣韻》所本。

［九下一］仳離也又芳比切　宋本"芳"作"方"。《切韻》下有"仳傶，醜女"句，《廣韻》奪。

［九下二］秠　王韻作"秙"，與《集韻》或體合。

六止

［十上三］日側而市　段云："'側'《周禮》作'昃'。"

［十上八］薏苡蓮實也　段云："'蓮'字衍。"《說文》目字下曰："意苢，實也。""意苢"即"薏苡"。

［十一上二］偫　諸本"偫"譌"待"。段改"偫"，與《說文》合。《玉篇》、《集韻》、《切韻》、王韻並同，今據正。

畤儲　諸本"畤"譌"時"。王韻"畤"，與《玉篇》合，今據正。

［十一上三］邔縣名在南郡　諸本"邔"譌"邟"。段改"邔"，與《說文》合，兩《漢書·地理志》並同，今據正。

［十一上七］又音祈七　諸本"七"譌"十"，今正。

［十一下七］伈秦人呼傍人之稱玉篇云尒也　張本"玉篇云"五字脫，據宋小字本補。

七尾

［十一下九］鄭大夫蔡觤也　段云："恐即'己爲釐尾'之誤。"案：段說是也。《國語》、《左氏傳》無此文。

［十二上二］又既稀切　宋本"稀"作"狶"。

幾鬼俗吳人曰鬼越人曰幾　"鬼俗"下《切韻》有"案淮南傳曰"五字。案：《切韻》是也。《說文》："幾，鬼俗也。《淮南傳》曰：'吳人鬼，越人幾。'"此《切韻》所本，《淮南傳》即《淮南鴻烈解》（此《淮南·人間訓》文）。王韻刪此五字，《廣韻》同。

［十二上四］易曰匪寇婚媾　張本"寇"譌"冦"。宋本"寇"，與段改合，今據正。

方曰筐圓曰筐　案：《召南·採蘋》毛傳云："方曰筐，圓曰筥。”與此文合。應劭《漢書注》：“棐，竹器也。方曰箱，隋曰棐。”此《廣韻》所本。“棐”、“筐”互通。段改“圓”作“隋”，即本《漢書音義》）。

〔十二上五〕爾雅云蚩蠦蜰即負盤蟲　宋小字本“蜰”下有“郭璞云”三字。

〔十二上九〕楚人呼猪　宋小字本“猪”作“豬”。

〔十二上十〕磈硊石山皃　《切韻》“山”作“出”。

〔十二下一〕蠐螬別名又符沸切　宋小字本“符”作“扶”。

八語

〔十二下五〕藥蘽　王韻“蘽”作“欚”，與《集韻》、《類篇》合。字書無“蘽”字

〔十二下六〕十三　張本“三”譌“二”。據宋小字本正。

〔十二下七〕梋端連綿木名　諸本“梋”譌“桶”。段改“梋”，與《切韻》、王韻並合，今據正。

〔十三上一〕說文曰亨也亨普庚切　宋小字本“亨”作“烹”。

〔十三上六〕世本曰雝父作杵臼　諸本“雝”譌“羅”。段改“雝”，與《御覽》八百二十九引《世本》合，下文有部舅紐出“臼”字，注：“《世本》曰：‘雝父作臼。’”今據正。

〔十三下一〕禮記曰女者如也如男子之教　段云：“此《大戴禮·本命篇》文。”

〔十三下四〕新字解訓曰粔籹膏環　案：“環”當作“糫”。段云：“環，刪韻作音糫。”

〔十三下五〕苣蕂　《切韻》“蕂”作“藕”，王韻同。

〔十四上三〕簾飤牛筐　宋本“飤”作“飲”，與《說文》合。《玉篇》亦作“飤”。

〔十四上四〕昦共輿貌　諸本“昦”譌“昻”。影宋本《集韻》“昦”，與王韻合，今據正。又王韻“輿”作“舉”，與

《說文》合，王韻、《集韻》並同。

〔十四上五〕基緒　宋本"基"作"由"。

〔十四上八〕𥿄皴𥿄皮裂　張本"𥿄"譌"𥿄"。段改"𥿄"，與宋小字本合，《廣雅·釋言》亦作"𥿄"，今據正。

〔十四上九〕哎咀修藥也　宋本"修"作"清"。

九麌

〔十五上五〕自白馬氏地　諸本"氏"譌"互"。《漢書·地理志》武都郡集解引應劭曰："故白馬氏羌。"段改"氏"，與《漢志》合，今據正。

〔十五上九〕山海經曰帝俊八子始爲舞　諸本"俊"譌"後"。段改"俊"。《海內西經》云："帝俊有子八人，是始爲歌舞。"與段校合，今據正。

〔十五下一〕曡　王韻作"羀"。

〔十五下六〕弣弓弝中也　《切韻》"弝"作"把"，王韻同，與《集韻》、《類篇》合。

〔十五下七〕䯓　王韻作"䯔"，與《集韻》或作合。

〔十五下十〕本火于切　宋小字本"本"作"又"。

〔十六上五〕華陽國志曰　諸本脫"陽"字，據段校增。

說文曰宗廟室祏　諸本"祏"譌"祐"。段改"祏"，與《說文》合，今據正。

〔十六上六〕齒病　《切韻》"病"作"痛"。

〔十六下二〕嬴陵縣名　張本"嬴"譌"贏"（《切韻》作"嬴"，王韻同，與《漢志》合）。段改"嬴"，與宋本合，今據正。本書下平聲一先出"嬴"字，云："嬴，縣名。"

十姥

〔十六下六〕鈷鏻　《切韻》下有"燒器"二字，王韻同，《集韻》作"溫器"。

〔十六下八〕又虜三字姓二氏　張本"二"譌"三"，據宋小字本正。

　　［十七上二］都似細辛而氣小異　張本"都"譌"味"。宋本"都"，與《名醫別錄》陶注合，今據正。

　　［十七上五］枡木名可染繒　諸本"枡"譌"梈"。段改"枡"。上平聲十一模盧紐下出"枡"字，注："黃枡木，可染也。"與段說合，今據正。

　　［十七上七］㞦美石　諸本"㞦"譌"㞦"。段改"㞦"，與《說文》合，《玉篇》、《集韻》並同，今據正。（下文戶紐出"㞦"字，不誤。）

　　［十七上八］晵梁公子名仉晵　案："晵"當從《集韻》、《類篇》作"晵"。晵，省視也。見《說文》。與"督"字有別。

　　［十七下三］兆甕蔽　諸本"兆"譌"兄"。王韻作"兆"，與《說文》合，今據正。

　　［十七下七］珇珪上起　段云："'起'下當有'璪'字。"案：段說近是。《說文》云："璪，玉之璪。"乃段校所本。

　　［十七下九］鄗地名　諸本"鄗"譌"郮"。王韻"鄗"，與《說文》合，今據正。

　　［十八上一］鄔縣名又姓鄔大夫司馬彌牟之後因以爲氏　諸本譌作："鄔，郡名。又姓，鄔郡太守司馬牟之後，因以爲氏。"案：古無鄔郡。《說文》："鄔，太原縣。"兩《漢書‧地理志》同。故《切韻》亦云："鄔，縣名，在太原。"（王韻同）《漢志》又云："鄔，晉大夫司馬彌牟邑。"案：彌牟爲晉大夫，見昭二十八年《左氏傳》。今本《廣韻》"大夫"譌作"太守"，"縣名"譌作"郡名"，"牟"上又奪"彌"字，文義鶻突殊甚。疑此文《唐韻》已誤，故《廣韻》據以爲說。今據《切韻》、《左氏傳》、《漢志》一一訂正，亦一快事也。

　　［十八上二］潕水潕　王韻作"水名"，與《集韻》、《類篇》並合。

十一薺

　　［十八下五］蠹　王韻作"蠡"，與《集韻》或體合。

艐小船補也 張本作"大舟也"，今改從宋本。《切韻》亦云"小船"，王韻同。案：《方言》九云："南楚江湘凡船大者謂之舸，小舸謂之艖；東南丹陽會稽之間謂艖爲艐。"此《廣韻》"艐"訓"小船"所自出（"補"字疑即"船"之羨文，當據《切韻》刪）。"艐"或作"麗"。《莊子·人間世篇》："宋有荆氏者，宜楸柏桑，三圍四圍，求高名之麗者斬之。"陸氏《釋文》引司馬彪注："麗，小船也。"又作"欐"。《莊子·秋水篇》"梁麗"《列子·湯問篇》作"梁欐"（下文"欐"字注"小船"），"艐"、"欐"、"麗"古通用。張氏從《玉篇》改訓"大舟"，非是。

［十八下七］檻江中大舩名 張本名下有"亦作艐"三字。宋本無，今據刪。《廣韻》據《方言》以"小船"訓"艐"，又據《說文》以"江中大舩"訓"檻"，明"檻"、"艐"非一字。張既改"艐"字，注又於"檻"字下增"亦作艐"三字（《集韻》亦合"檻"、"艐"爲一），殊背《廣韻》原旨。

［十九上一］卵事之制也 諸本"卵"譌"夘"。段改"卵"，與《說文》合，今據正。

［十九上五］嫚楚人呼母 《切韻》"楚"作"夷"。

［十九上七］鞞䩸垂 王韻作"靮"，與《玉篇》合。

［十九上九］啓說文云雨而晝姓也 張本"姓"改作"晴"。宋本"姓"，與《說文》合，今據正。

［十九上十］膌肥腸 《玉篇》同。段改"腓腸"，與《說文》合。案：段說是也。《廣雅》："腓，膌也。"亦出《說文》。

十二蟹

［十九下九］蕒吳人呼苦蕒 《切韻》"蕒"作"苣"。

潰水名 《切韻》下有"出（原譌"在"，今正）豫章"三字，與《說文》合。

芌 宋本作"芎"，《切韻》同。

［十九下十］獐犬短脛 諸本"脛"譌"頸"。段改"脛"。

《說文》云："短頸狗也。"今據正。

　　［二十上五］筊　《集韻》作"筊"，《類篇》同。

　　十三駭

　　［二十上七］駴駴擊　王韻作"擊鼓"，與《玉篇》合。案：王韻是也。《周官·夏官·大司馬》："鼓皆駴車徒皆噪。"是其證。

　　十四賄

　　［二十上十］腲膗肥皃　《切韻》作"肥弱病"，王韻同。

　　［二十上一］磥　《切韻》作"礧"。

　　［二十下二］耒陽鄉名　《切韻》"鄉"作"縣"。案：作"縣"是也。與《說文》、《漢志》合，《集韻》亦作"縣名"。

　　［二十下四］鑞　王韻作"鏑"。

　　［二十下七］聭頧癡瘨貌　《切韻》"瘨"作"頭"，王韻同。

　　［二十下九］說文云中止也又胡對切　張本譌作"《說文》胡對切，中止也。"據宋小字本正。

　　［二十一上三］說文音瀆癡頟不聰明也　"頟"宋本作"頭"，張本"顛"。段改"頟"，與《玉篇》合，今據正。（今本《說文》亦奪"頟"字。）

　　十五海

　　［二十一上八］呼改切三　張本"三"譌"二"，據宋本正。

　　［二十一下二］又音臺十一　張本脫"一"字，據宋本補。

　　［二十一下五］戰國策晉有亥唐　段云："'戰國策'當云'孟子'。"案：段說是也。《孟子·萬章篇》："晉平公之於亥唐也，入云則入，坐云則坐，食云則食。"

　　佲　王韻作"賅"。

　　竪竑神人　諸本"竪"譌"堅"。段改"竪"，與《山海經·海外東經》合，今據正。

[二十一下九] 欽相然詹也 《切韻》"詹"作"辭"，王韻同。

十六軫

[二十二上五] 眕目有所恨而止 案：此本《說文》（王韻同）。《切韻》云："眕，安也。"《春秋》："憾而能眕。"見《春秋》隱三年《左氏傳》，與《廣韻》注異。

[二十二上六] 駗馬色 說文云："馬載重難也。"《玉篇》、《集韻》並同。此云馬色，未知何據。

[二十二下二] 胗脣瘍也 案：此出《說文》。《切韻》"瘍"作"瘡"，王韻同，並非。

[二十二下三] 曲禮曰虛坐盡後食坐盡前 諸本脫"後食坐盡"四字。段據《曲禮》增，今據訂。

[二十二下四] 笉七忍切 張本"七"譌"士"。宋本"七"，今據正。

[二十二下八] 捵申布也 諸本譌作"伸又布也"。《玉篇》作"申布也"。《集韻》同，今據正。

[二十三上三] 輴車軨免下輀也 案："輴"即《說文》車部之"轜"。《說文》云："䡅，古文婚。"故亦從昏作"輴"。又"車軨免下輀"當據《說文》作"車伏免下革"，於義爲長。

十七準

[二十三上十] 筍子篧以捕鳥 宋本無"以捕鳥"三字，張據《玉篇》增入。

[二十三下三] 朐漢朐䏰縣名在巴東郡地下濕多朐䏰蟲 宋小字本"朐"作"胸"，與《說文》新附字合。案：此出《十三州志》，《後漢書·吳漢傳》注亦作"朐䏰"。"朐"、"䏰"疊韻，若作"胸䏰"，則失其音矣。

十八吻

[二十三下九] 房吻切十四 張本"四"譌"三"。據宋小字本正。

〔二十三下十〕字林云地中行鼠百勞所化　宋小字本"化"作"作"，與《說文》合（段注《說文》，據《廣韻》以改《說文》，《說文》"作"字"化"字之誤）。

〔二十四上四〕搵拄也　南宋監本"拄"譌"沒"，張本同。宋小字本作"拄"，與《廣雅》、王韻合，今據正。《說文》："搵，沒也。"此南宋本所本。

十九隱

〔二十四上八〕檃說文括也　諸本"檃"譌"檃"，據《說文》正。

濦水名　王韻下有"出汝南"三字。

〔二十四上九〕居隱十一　南宋監本脫，一本、張本同。據宋小字本增。

〔二十四上十〕졸以瓢爲酒器婚禮用之也졸上同　諸本"졸"譌"졸"。段改"졸"，與《說文》、《玉篇》、《切韻》、王韻均合，今據正。又案：《切韻》云："졸，瓢，酒器，婚禮用。"蓋本《士昏禮》"四爵合졸"之義。然《說文》於豆部"졸"下注云"蠡也"，匏部則云："瓢，蠡也。"是其字當從豆作"졸"。故王韻於"졸"下駁之云："瓢，酒器，婚禮所用。陸訓졸敬字爲졸瓢字，俗行大誤（原鈔作'夫'，今正）。"蓋王韻別"졸"、"졸"二字爲同音異訓，與《說文》合。其訓"졸"爲"敬"，即出《說文》"謹身有所承也"之義（《玉篇》"謹"作"敬"），實較《切韻》爲長（實則"졸"從烝省聲，"졸"從丞聲，二字固可通）。《切韻》於"졸"下失書本義，《廣韻》承之，此《廣韻》之疏也。王韻自號"刊謬補缺"者，此之謂也。

二十阮

〔二十四下七〕湲水名　《切韻》下有"出南郡"三字，王韻同，與《集韻》合。

〔二十四下九〕齗　王韻作"齗"，與《說文》合。

［二十五上七］裫 王韻作"裷"。

［二十五上十］軬車軬 《切韻》"車"作"軬"。案："軬"、"蓬"一字。

二十一混

［二十五下二］頭面形顒也 宋本"顒"作"圓"。《說文》："顒，面色顒顒皃。"（《玉篇》"皃"作"也"）此張刻所本。

［二十五下四］本末又始也 張本"始"譌"治"（南宋監本同）。宋小字本"始"，與《廣雅·釋詁》一、《莊子·庚桑楚篇》釋文、《淮南·本經》注合，今據正。

［二十五下七］稛蹂穀聚 諸本"蹂"譌"持"。段改"蹂"，與《說文》、王韻合，今據正（《切韻》作"治"）。

［二十五下九］幠酳也 諸本"酳"譌"貯"。《說文·巾部》："幠，載米酳也。"又《宁部》："酳，幠也。"今據正。

尚書本作緄 張本"緄"譌"緄"（南宋監本同）。宋小字本作"緄"，與《尚書·堯典》合，今據正。

［二十六上四］碖硱石落皃 張本"硱"譌"硱"。據宋本正，與上文合。

楯車弓 諸本"楯"譌"捨"。王韻作"楯"，與《玉篇》、王韻合，今據正。

二十二很

［二十六上七］很很戾也俗作狠 案：此注非也。《說文·言部》："詪，很戾也。"又《彳部》："很，不聽從也。"《廣韻》"詪"下注："難語也。""難語"義與"不聽從"相近，"很"、"詪"二注當互易。又宋本"狠"作"佷"，與《切韻》、王韻合。

墾 諸本"墾"譌"墾"。段改"墾"，與《說文》、《切韻》、王韻合，今據正。

懇 諸本"懇"譌"懇"。段改"懇"，與《說文》、《切韻》、王韻合，今據正。

二十三旱

〔二十六上九〕亶多穀也俗作亶　宋本"亶"作"亶"。諸本多下衍"也"字。《說文》云："亶，多穀也。"今據正。

〔二十六下二〕饊饊飯　說文："饊，熬稻粻程也。"《切韻》"餅"，王韻同，無"饊飯"之訓。

〔二十六下三〕歡又思旰切　張本"旰"譌"盺"。宋小字本"旰"，今據正（去聲翰韻繖紐"蘇旰切"，是其證。南宋監本作"肝"，亦誤）。

〔二十六下五〕潬水中沙爲潬　《切韻》作"河中沙出"，王韻同。《爾雅·釋水》："潬，沙出。"疑《廣韻》"沙"下脫"出"字。

二十四緩

〔二十六下十〕又羌複姓有罕幵氏　諸本"幵"譌"井"。據段校正。

〔二十七上七〕脘胃府　王韻"脘"作"脘"。《說文》："脘，胃脯也。"《廣雅·釋器》："脘，脯也。"《漢書·貨殖傳》："濁氏以胃脯連騎。"小徐本《說文》作"胃府"（《切韻》同），《廣韻》承之，非是。

〔二十七上十〕鐅鐅縫　諸本"縫"譌"鐘"。段改"縫"，與《切韻》合。案：《匡繆正俗》（六）云，"今宦曹文案於紙縫上署記，謂之鐅縫者，何也？答曰：此語言元出魏晉律令，《字林》本作'鐅，刻也'。古未有紙之時，所有簿領皆用簡牘，其編連之處恐有改動，故於縫上刻記之，承前已來，呼爲鐅縫。今於紙縫上署名，猶取舊語，呼爲鐅縫耳"云云。此段氏所本，今據正。

〔二十七下四〕鋼金　張本"金"下衍"精"字。據宋本刪，與《玉篇》合。《集韻》"金精謂之鋼"，《類篇》同，此張刻所本。

[二十七下五] 甌牝瓦也　諸本"牝"譌"牡"。《玉篇》、《切韻》、王韻、《集韻》均作"牝"，今據正。《說文》："瓬，屋牝瓦也。""瓬"、"甌"聲近互通。《漢書·昌邑王傳》"以屋版瓦覆"，"版瓦"即"甌瓦"。

昄均大也又扶板布綰二切　宋本無"又扶板布綰二切"七字。張據下文二十五潸增入。

二十五潸

[二十七下八] 赧慙而面赤俗作赧　諸本"赧"譌"赧"。《說文》大徐本作"赧"，今據正。《切韻》作"赧"，王韻同。

[二十七下九] 䝒猛也　諸本"䝒"譌"獝"。段改"䝒"。《方言》（二）："䝒，猛也。晉魏之間曰䝒。"此段改所本，今據正。

[二十七下十] 䗉黃蒸子也　張本子下衍"玉篇餅"三字，宋本無，今據刪。

二十六產

[二十八下二] 㦒初綰切　產韻無"綰"字，此切有誤。

二十七銑

[二十八下七] 䁝富　宋小字本"䁝"作"腆"。

[二十九上六] 編緒　諸本"緒"譌"綃"。段改"緒"。案：《廣雅·釋器》："編緒，條也。"《說文》："條，扁緒也。"《急就篇》注云："條，一名偏諸，織絲縷爲之。""扁緒"、"偏諸"、"編緒"一聲之轉。此段改所本，今據正。《切韻》"緒"作"絹"，王韻同。

[二十九下一] 汱爾雅墜也　張本"雅"下衍"云"字。宋本無，今據正。

二十八獮

[二十九下十] 跣又視戰切　《切韻》同，宋本"視"作"祝"。

[三十上四] 報　諸本"報"譌"報"，今正，說見下。

　　戹柔弱　諸本"戹"譌"戹"。段改"戹"，與《切韻》合。《廣雅·釋詁》："戹，弱也。"今據正。

　　淺七演切　諸本"七"譌"士"。《切韻》"七"，今據正。

　　［三十上八］搴取也攐上同　諸本"攐"譌"攓"。段改"攐"。案：《方言》（十）："攐，取也。楚謂之攐。"今據正。

　　［三十上九］善說文作譱吉也　張本"吉"譌"言"。宋本"吉"，與《說文》合，今據正。

　　［三十上十］墠除墠地名　此文不可通，當作"除地曰墠"。《禮記·祭法》"一壇一墠"注："除地曰墠。"（《逸周書·王會解》"墠上張赤帝陰雨"注、《漢書·韋元成傳》"壇墠則歲貢"注、《續漢書·祭祀志》上"禪祭地於梁陰"注引服虔曰並同）《書·金滕》傳："墠，除地也。"均其證。宋本《廣韻》"除墠"作"除壇"，張本改"壇"作"墠"，均失之。《切韻》云："壇，墠。"

　　［三十下二］剪勤也　張本"勤"譌"勒"。宋本"勤"與《爾雅·釋詁》、《玉篇》並合，今據正。

　　［三十下九］晉俗　諸本"晉"譌"瞀"。段改"晉"。《魏書·江式傳》："巧言爲辨。"今據正。

　　［三十一下一］恨　諸本"恨"譌"恨"，今正。

　　戹弱也　諸本"戹"譌"戹"，今正。

　　［三十一下二］氂又作氂見經典　宋本"經"作"正"。段云："氂字見《考工記》注。"

　　［三十一下九］一名子子　"子子"諸本譌作"孑子"。段改"孑子"，與《爾雅·釋魚》注合。

　　［三十一下十］扁又辮篇二音　張本"辮"譌"辨"（南宋監本同）。宋小字本"辮"，與上文銑韻辮紐下"扁"字合今據正。

　　［三十二上三］延安步行也　諸本"也"譌"之"。《說文》："延，安步延延也。"今據正。

［三十二上三］鵗披免切　張本"披"譌"被"。宋本"披"，今據正。

二十九篠

［三十二上七］攑打也　宋本"也"作"名"。

［三十二下四］偠儦好貌　切韻"好"上有"身弱"二字。

勓賖長而不勁　《玉篇》"賖"作"賖"，《集韻》同。《淮南・齊俗訓》："沙地宜賖。"

［三十二下六］嬲　諸本"嬲"譌"嬲"。《玉篇》作"嬲"，王韻、《集韻》並同，今據正。

三十小

［三十三下六］敲盾也　段改"繫盾也"。案：《尚書・費誓》"敿乃干"鄭注："敿猶繫也。"《說文》："敿，繫連也。"此段氏所本。

［三十三下九］陂矯切　張本"矯"譌"嬌"。宋本"矯"，今據正。

［三十四上一］舀抌　諸本譌作"舀抌"。段改"舀抌"，與宋本合。案《說文》："舀，或從手穴，或從臼穴。"今據正。

三十一巧

［三十四下六］炥交然木也　諸本"交"譌"炥"。段改"交"，與王韻合。案《說文》："交木然也。"《玉篇》："交木然之以祭柴天也。"今據正。

敿上同　諸本"敿"譌"敩"。段改"敿"。案《說文》："交灼木也。從火，教省聲。"《玉篇》："敿，同炥。"此《唐韻》所本，今據正。

三十二晧

［三十五上五］齐說文放也异天字從此　張本"天"作"冪"。"冪"字雖見《說文・齐部》，然《廣韻》失收，張氏臆改，非是。今從宋本正。

［三十五上七］獠西南夷名　《切韻》"西"上有"狐獠"

二字，王韻同。

［三十五下一］㘅頭㘅　諸本“㘅”譌“㘨”。段改“㘅”，與《說文》合，今據正。

［三十五下七］蚤又古借爲早暮字　諸本“早”譌“蚤”。段改“早”，今據正。

璪玉名　《切韻》“名”作“飾”，王韻同。案：《說文》：“璪，玉飾如水藻之文。”此作“玉名”，涉上文“鱳魚名”之“名”而誤。

［三十六上一］槀木藥名　張本脫“名”字（南宋監本同），據宋小字本增。案：《荀子·大略篇》：“蘭茝槀木，漸於蜜醴，一佩易之。”此《廣韻》所本。《集韻》：“藁，本藥艸。”

［三十六上四］呂氏春秋云楚有保申爲文王傅　張本“傅”譌“傳”，據宋本正（《姓解》二楚有文王傳保甲）。案：《呂氏春秋·直諫篇》載葆吉諫荊文王事，不言爲文王傅，“保”作“葆”，與《廣韻》略異。《說苑·正諫篇》、《漢書·古今人表》並作“保吉”，《淮南·說山訓》作“鮑吉”，“保”、“葆”、“鮑”一聲之轉。

三十三哿

［三十六下七］硪硪山高貌　段云：“硪（五合）硪（我破）見《江賦》。”

［三十六下八］曤　張本“曤”譌“曤”。宋本“曤”，與《集韻》合。（下果韻麼紐出“曤”字，注：“曤曤，日無色。”今據正。）

［三十六下九］俗言邢事本音儺　段云：“唐詩多平聲。”

［三十七上四］趙有左師觸龍　諸本“趙”譌“秦”。段改“趙”。案：左師觸龍見《國策·趙策》、《史記·趙世家》，今據正。

三十四果

［三十七下三］垜亦作陊　宋本“陊”作“垜”。

［三十七下四］鐯又犂鍩出玉篇　張本“鍩”譌“錧”。宋本“鍩”，與《玉篇》合，今據正。

［三十七下六］隓山皃　諸本“隓”譌“墮”。《説文》“隓”，今據正。

三十五馬

［三十八下一］説文曰楚烏也一名鷽一名卑居　宋小字本“卑居”作“鵯鶋”。

［三十八下五］啞不言也　《切韻》“不”下有“能”字，王韻同。

［三十八下六］䵉墁污也　宋本作：“䵉，慢汙也。”《集韻》、《玉篇》、《類篇》均無“䵉”字，未詳孰是。

三十六養

［三十九下四］滉瀁水貌　諸本“滉”譌“混”。《切韻》“滉”，王韻同。下文三十七蕩晃紐出“滉”字，亦云：“滉瀁，水貌。”今據正。

［三十九下九］又漢複姓漢有曲陽令蔣匠熙　《姓解》同。案：“蔣匠”當作“將匠”。將匠者，將作大匠之省。傳世漢印有“將匠氏印”，其證也。此文當移入下平十陽將紐下。

［四十上二］㔵迫也　張本“迫”譌“追”。段改“迫”，與宋本合。《説文》：“㔵，迫也。”今據正。

［四十上三］又姓前秦録有將軍强求　《姓解》二前燕有强求，未知孰是。

［四十上五］漺淨也　諸本“淨”譌“淨”。段改“淨”，與敦煌本、王韻合。李文授本《方言》（十三）：“漺，淨也。”今據正。

［四十上七］漺淨也　諸本“淨”譌“淨”，今正。

［四十上十］䟫踞也　諸本“䟫”譌“𧾷”。王韻作“䟫”，與《玉篇》合（《玉篇》作“蹚”），今據正。

［四十下一］博物志云襁織縷爲之廣八寸長二尺　孫奭《孟

子音義》（下）引《博物志》：“長一尺二寸。”未知孰是。

說苑曰十尺爲丈　《說苑·辨物篇》：“十尺爲一丈。”此脫“一”字。

［四十一上一］蓋摶埴之工　宋本“摶”作“埏”。《說文》：“瓽，周家摶埴之工也。”此張刻所本。

三十七蕩

［四十一上七］崵山名漢高鳳隱處　張本“鳳”作“帝”。宋本“鳳”。考《史》、《漢》並云“高帝隱芒碭山澤間”，字從石作“碭”，與“崵”字有別。張改非是。案：《後漢書·高鳳傳》云：“乃教授於西唐山中。”“崵”、“唐”一聲之轉。此《唐韻》所本，今據正（疑所據乃謝承、華嶠諸家《後漢書》，與范書殊）。

［四十一上八］又洗潒也　段云：“‘洗’當作‘潎’。”不知何據。案：“洗潒”當作“洸潒”。《文選·西京賦》“滄池漭沆”薛綜注：“漭沆，猶洸潒，亦寬文也。”是其證。

［四十一上九］暢持米精也　《切韻》“持”作“治”。此作“持”者，避唐高宗諱改。

［四十一下四］臁朦月不明也　張本“朦”譌“臁”。宋本“朦”，與下文合，今據正。

［四十一下十］坱塵埃也　《切韻》下有“吳人云”三字，王韻同。

醠　《切韻》作“酭”，王韻同。

［四十二上五］懭慌　諸本譌作“慌懭”。《切韻》“懭慌”，王韻同，與上文合，今據正。

［四十二上八］廎　諸本“廎”譌“廮”，今正。

三十八梗

［四十二下二］又姓漢書有秉漢　宋本無“姓”字。王先生曰：“《漢書》有‘邴漢’，無‘秉漢’，見《龔勝傳》。”疑此文當入上文“邴”字注。

［四十三上四］卋呼營切　宋本"呼"作"乎"。

三十九耿

四十靜

［四十三下一］琤亭安　諸本"亭"譌"停"。段改"亭"，與《說文》、《切韻》合，今據正。

［四十三下四］涇玉篇云寒也　諸本"涇"譌"涇"。段改"涇"，與《廣雅》、《玉篇》合，今據正。

［四十三下六］柃木名可染　《切韻》"名"下有"灰"字。

衿禮左執領　宋小字本"禮"下有"云"字。

［四十三下十］又廮陶縣名在趙州　《切韻》作："地名，在鉅鹿。"

［四十四上三］徎丈井切二　諸本"二"譌"一"，今正。

埕通也　諸本"埕"譌"埕"。《玉篇》"埕"，今據正。

四十一迥

［四十四上五］炅見也　諸本"見"譌"光"。《說文》："炅，見也。"《玉篇》同，今據正。

睅目驚皃　諸本"睅"譌"臾"。《集韻》"睅"，今據改。《說文》："睅，舉目驚睅然也。"本書去聲七遇屨紐"睅"字注："目驚睅睅然。出《埤蒼》。"均其證。

［四十四上十］浭涇寒　諸本"涇"譌"涇"，今正。

珽說文曰大圭長三尺抒上終葵首　段改"抒"作"杼"，與《周禮·玉人》合，《說文》作"抒"。

［四十四下四］鋋似鐘而長　《切韻》"鐘"作"鍾"。

［四十四下七］前趙錄有徐州刺史冷道字安義　《姓解》（一）作"前燕錄"。

［四十四下八］妖小兒　"妖"當作"婞"。《集韻》云："婞娗，小兒。"是其證。

四十二拯

四十三等

四十四有

［四十五下一］莊藺實亦作菹　宋本"莊"作"菰"，"菰"作"莊"，王韻同。案：宋本是也。《爾雅·釋草》："藺，鹿藿，其實菹。"此《廣韻》所本。

［四十五下四］列子秦穆公時九方皐一名歂善相馬也　宋本"歂"作"甄"。

［四十五下七］西秦錄有下將軍醜門于第　《姓解》（三）作"醜門干"。

［四十六上一］缶瓦器盆也　張本"盆"譌"鉢"，宋小字本作"盆"。《爾雅·釋器》"盎謂之缶"注"盆也"，今據正。

［四十六上四］孟子曰舜飯糗茹草　宋本作"糗飯茹菜"。

［四十六上五］粗粖粗　諸本"粖"譌"粽"。據段校改。下文感韻糒紐出"粖"字，宋本譌作"粽"，此"粽"、"粖"二字互譌之例。

［四十六下二］茜上同　諸本"茜"譌"栖"。段改與宋小字本合。《說文》"欙"亦作"茜"，王韻同，今據正。

［四十六下四］醋醋酒　諸本"醋"譌"釃"。段改"醋"，與《玉篇》合，今據正。

茇水名　字書無"茇"字。《集韻》作"㳠"，是也。《玉篇》："㳠，水也。餘九切。"是其證。

［四十六下五］楚考烈王自陳徙都壽春號曰郢　諸本"考"譌"孝"，"郢"譌"郡"。宋小字本作"郢"，與《史記·楚世家》合，今據正。

［四十六下八］颸瀏　張本"瀏"譌"颸"。宋本"瀏"，王韻同，《文選·吳都賦》"颸瀏飇䬃"注："颸瀏，風聲也。"此《廣韻》所本，今據正。

四十五厚

［四十七上八］踇踇偶山名踇行皃　案：此文有誤。《玉篇》："踇，踇偶，山。""踇，大踇指。"《集韻》："踇，行皃。"

"蹒，足將指。"《類篇》同。疑《廣韻》此文當作："蹒，蹒偶，山名。又行皃。蹒，大蹒指。"今本有脫誤，遂不可通耳。上文"拇"字注"大拇指"，則此文"蹒"字當作"大蹒指"明矣（王韻亦云"大指"）。

[四十七上九] 犗又牛頭短　"頭短"二字不辭，疑當據《切韻》、王韻作"牛短頭"。《玉篇》："犗，短頭牛。"《集韻》："牛短首謂之犗。"均其證。

[四十八上二] 斟斟兵奪人物出字書　案："字書"當依《集韻》作"字林"。

[四十八上七] 邖鄉名　王韻下有"在藍田"三字，與《說文》合。

四十六黝

[四十八上十] 颰瀏風聲　諸本"瀏"誤"颰"。宋本"瀏"，今據正。說見上。

蚴　王韻作"蟉"。

[四十八下二] 闤鬮取也　諸本"鬮"誤"闤"，王韻"鬮"，《說文》："闤，鬮取也。"今據正。

四十七寑

[四十八下五] 艃　諸本"艃"誤"舣"。據《說文》正。

縢魚名似鰕赤文出廣雅　案：《廣雅》無此文。《山海經》："半石之山，合水出焉，其陰多縢魚，其狀如鱖（居遠），蒼文赤尾。"此《廣韻》所本，疑"似鰕赤文"當作"似鱖赤尾"，"廣雅"當作"山海經"。

[四十八下十] 鈺鐕鈺　張本"鐕鈺"誤"鑃鈺"。據宋小字本正。

[四十九上二] 式荏切　諸本"荏"誤"任"。據段校改。

四十八感

[四十九下五] 鹽方言云箱類　段云："《方言》無。"

[五十上二] 劖劋劖　張本"劋"誤"劋"。宋小字本作

"刐"，本書下平聲九麻叉紐出"刐"字，注云"劙物"，今據正。

　　憯憯戚也　宋本"憯戚"作"憾戚"。

　　[五十上九] 媕害惡性也　諸本"性"譌"姓"。《切韻》"性"，王韻同，今據正。

　　[五十下二] 眈虎視　諸本"眈"譌"耽"。段改"耽"，與《切韻》、王韻、《易·頤卦》傳並合，今據正。

　　[五十下四] 顋　段云："此即《說文》'顲'。"

四十九敢

　　[五十下六] 澉饗無味　《切韻》"無"上有"食"字，王韻同。

　　[五十下十] 鸎應禍鳥名　諸本"禍"譌"福"。段改"禍"。案：《山海經·海外西經》"鴬鳥，鸎鳥，其色青黃，所經國亡"注"應禍之鳥"。此《廣韻》所本，今據正。

　　[五十一上二] 嵅鄉名在河東猗氏縣　諸本"猗"譌"綺"。《切韻》"猗"，王韻同，與兩《漢志》合，今據正。

五十琰

　　[五十一上七] 燅憥户牡　諸本"牡"譌"壯"。據段校改。

　　[五十一下二] 預頷不平　段云："預"當作"頯"。

　　[五十一下八] 周禮染人掌染絲帛　張本"絲"譌"綏"。宋小字本"絲"，與《周禮·天官·染人》合，今據正。

五十一忝

　　[五十二上十] 耇老人面黑子　《切韻》"面"下有"有"字。

　　[五十二下二] 瀸薄水　張本"水"譌"冰"。宋本"水"，與大徐《說文》合。本書下平聲添部鬑紐出"瀸"字，注引《說文》亦作"薄水"，今據正。

五十二儼

　　[五十二下四] 儼魚掩切　張本"魚"譌"魯"。宋本

"魚"，與段校合，今據正。

五十三豏

［五十二下八］憸悑意不安也　諸本"悑"譌"憸"。下文紙部綺紐出"悑"字，注"憸悑"，今據正。

［五十三上二］醶酢味　宋本"酢"作"醋"。

五十四檻

［五十三上五］玃　《切韻》作"玁"，王韻同。

［五十三上六］黃黬人名　《切韻》："董黬，出《孝子傳》。"王韻同。疑"黃"當作"董"。

五十五范

［五十三上八］防鋄切　《切韻》云："無反語，取凡之上聲。"王韻同。

（據手稿整理，此稿現僅存卷三）

《蘭亭續考》校記

《蘭亭續考》二卷　宋刻本　吳山俞松

存三十三葉（序二葉，卷一第一葉至三十一葉）

淳祐壬寅小寒節後五日蜀人李心傳序（半葉八行行十四字）

半葉九行，行十八至二十一字不等。白口，左右雙邊。版心下方間有刊工姓名（曹冠英、曹元德），白麻紙初印。宋諱遇"貞"字缺末筆，筆勢飛舞。蓋據俞氏手蹟上版，殆浙刻也。以校鮑氏知不足齋刻本，異字如左：

[一下六] 以爲元玉　宋本"元"作"玄"。

[三下九] 獨嶺海之外　宋本"嶺"作"領"。

[五下一] 嘗聞之　宋本"嘗"作"昔"。

[六上二] 妙處一間　宋本"間"作"開"。

[六下六] 真蹟後入昭陵　宋本"後"作"復"。

[七上七] 右本藏越僧處　宋本無"本"字。

[十上一] 各有精麤　宋本"麤"作"粗"。

[十一下九] 工不勝拙　宋本無"不"字。

當時無復見右軍大成矣　宋本"時"作"之"。

[十三下七] 朝士喜藏金石刻　宋本"喜"作"素"。

[十四下九] 恨臣無陛下法爾　宋本"爾"作"耶"。

[十六上五] 至今此帖尚如新　宋本"帖"作"紙"。

[十七上六] 嘗從使北　宋本"北"作"虜"。

[十八上八] 爲定武者無疑　宋本無"者"字，"無"作"毋"。

[十八下五] 敵騎焚維揚　宋本"敵"作"虜"。

　　〔十九上七〕辨才尤祕重　宋本"辨"作"辯"，下同。

　　〔十九上八〕託言墮戎兵　宋本"言"作"官"。

　　〔二十下一〕何繇望群英　宋本"繇"作"由"。

　　〔廿一上二〕至今邊塞猶知慕　宋本"邊塞"作"胡虜"。

　　〔廿一上三〕時將一二餽北使　宋本"北"作"虜"。

　　〔廿三下七〕夏孟六日　宋本"夏孟"作"孟夏"。

　　〔廿五上二〕借榻不還後果死　宋本"還"作"從"，"後"
作"索"。

　　〔廿八上二〕二石　宋本"二"上有"其"字。

　　〔廿八上四〕殺虎林　宋本"虎"作"胡"。

　　〔廿九上一〕若有神明呵禁之爲者　宋本無"爲"字。

　　〔廿九下一〕所謂數者　宋本"所"上有"前"字。

　　〔三十下二〕天若有晉　宋本"有"作"右"。

　　〔卅一上九〕謂右軍之字勢　宋本無"之"字，"右"上有
"王"字。

　　〔卅一下一〕虎臥鳳闕　宋本"闕"作"閣"。

　　鮑本從姚舜咨藏宋大字本出，故款式與此本略同。惜宋本行
字參差，鮑本未能遵之耳。鮑本有勝於宋本處，似又據《四庫
全書》本校過。《四庫》本頗有改易，非以此本勘之不能知也。
此本僅至卷一"姜夔堯章書蕭千巖所藏本"一段止，雖是殘帙，
然世無其正，亦宋槧中之星鳳矣。有"趙印微雲"、"濟來氏"、
"壹是堂讀書記"、"安樂堂藏書記"、"海源閣"、"東郡宋存書
室珍藏"、"儀晉觀堂鑒藏甲品"、"東郡楊紹和字彥合藏書之印"
諸印。

（據稿本整理）

《常建詩集》校記

　　《常建詩集》二卷，海淵閣藏書。十行，行十八字。白口，左右雙邊。卷上後有"臨安府棚北大街睦親坊南陳宅刊印"一行。校毛氏汲古閣本。毛本自云據宋本校而異字如此，何耶？

　　卷一

　　〔送陸權〕宋本卷上第八首。

　　聖代多才俊（一作秀）　宋本"俊"作"秀"，與一作合。

　　陸生何考槃　宋本"槃"作"盤"。

　　殷勤歎孤鳳　宋本"殷勤"作"慇懃"。

　　〔送李十一尉臨溪〕宋本卷上第九首。

　　〔江山琴興〕宋本卷上第十二首。

　　萬木澄幽陰（一作音）　宋本無小注。

　　始知梧（一作枯）桐枝　宋本無小注。

　　〔湖中晚霽〕宋本卷上第二首。

　　〔宿王昌齡隱居〕宋本卷上第五首。

　　清溪深不測（一作極）　宋本"清"作"青"，無小注。

　　茅亭宿花影　宋本"亭"作"庭"。

　　〔送楚十少府〕宋本卷上第七首。

　　寒影明（一作流）前除　宋本"寒"作"塞"；又"明"作"流"，與一作合。

　　〔張山人彈琴〕宋本卷上第十一首。

　　出嶺聞清（一作幽）音了然雲霞氣（一作意）　宋本無小注。

　　改弦扣（一作和）高聲　宋本無小注。

永矣（一作以）投吾簪　　宋本無小注。

［白湖寺後溪宿雲門］宋本卷上第十三首。

［閑齋臥病行藥至山館稍次湖亭二首］宋本卷上第十四、十五首。

主人門外（一作山門）綠　　宋本“門外”作“山門”，與一作合。

［塞上曲］宋本卷上第十六首。

來間太原卒　　宋本“間”作“問”。

［仙谷遇毛女意知是秦宮人］宋本卷上第十九首。

垂嶺（一作竹）枝嫋嫋　　宋本無小注。

前流（一作臨）殊未窮　　宋本“流”作“臨”，與一作合。

［夢太白西峰］宋本卷上第廿一首。

遺我太白峰　　宋本“遺”作“貴”。

宴林閉氤氳策楹覆餘翠　　宋本“氤”作“氛”，“覆”作“付”。

時往溪水（一作谷）間　　宋本無小注。

［鄂渚招王昌齡張僨］

午日逐蛟（一作蛇）龍　　宋本無小注。

溪澗花（一作何）氤氳　　宋本“氤”作“氛”，無小注。

［春詞二首］宋本卷上第廿三四首。

倚對（一作樹）春光（一作風）遲　　宋本無小注。

非但畏（一作爲）蠶飢　　宋本無小注。

［張公子行（一作古意）］宋本卷上第廿五首，又無小注。

［晦日馬鐙曲稍次中流作］宋本卷上第廿六首。

秦（一作晴）天無纖翳　　宋本無小注。

因（一作同）唱滄浪吟　　宋本無小注。

［古意］宋本卷下第三首。

卷二

［宿五度谿仙人得道處］宋本卷上第三首。

〔西山〕宋本卷下第四首。

冷然夜遂深白露霑人衣　宋本"冷"作"泠"，"衣"作
"袂"。

〔春詞〕宋本卷下第五首。

〔題三侍御〕宋本卷下第六首。

明君錯甚（一作任）才　宋本無小注。

固知非天地　宋本"非"作"飛"。

〔第三峰〕宋本卷下第七首。

〔古興〕宋本卷下第八首。

〔高樓夜彈箏〕宋本卷下第十一首。

〔客有自燕而歸哀其老而贈之〕宋本卷下第十二首。

〔百龍窟泛舟寄天台學道者〕宋本卷下第十三首。

〔張天師草堂〕宋本卷下第十四首。

心化便（更）無影　宋本無小注。

忽而與（舉）霄漢　宋本無小注。

〔古意三首〕宋本卷下第十五至十七首。

〔漁浦〕宋本卷下第十八首。

〔空靈山應田叟〕宋本卷下第十九首。

土俗不尚農　宋本"土"作"士"。

空山滿哮（一作咆）哮　宋本無小注。

〔太公哀晚遇〕

匹馬令（一作今）致辭　宋本無小注。

倏悲（一作忽）天地人　宋本無小注。

〔昭君墓〕宋本卷上第一首。

〔弔王將軍墓〕宋本卷下第三首。

深入強（一作幾）千里　宋本無小注。

嘗聞（一作言）漢飛將　宋本無小注。

卷三

〔題破山寺後禪院〕宋本卷上第四首。

初日照（一作朗）高林　宋本“照”作“朗”，與一作合。

[送李大都護]　宋本卷上第十七首。

[潭州留別]　宋本卷上第十八首。

[聽琴秋夜贈寇尊師]　宋本卷上第廿八首。

寒蟲臨砌默（一作急）　宋本無小注。

[泊舟盱眙]　宋本卷上第卅一首。

[江行]　宋本卷下第九首。

[譙居]　宋本卷下第十首。

[古意]　宋本卷上第六首。

[古興]　宋本卷上第廿首。

織女（一作成）錦衾當爲誰　宋本無小注。

[送宇文六]　宋本卷上第十首。

[落第長安]　宋本卷上第廿六首。

家園好在（一作住上）尚留秦　宋本無小注。

[塞下]　宋本卷上第廿七首。

左賢未遁兵（一作斬旃）竿折　宋本無小注。

[題法院]　宋本卷上第廿九首。

皓（一作素）月殿中三度磬　宋本無小注。

水晶宮裏一僧禪　宋本“晶”作“精”。

[嶺猿]　宋本卷上第三十首。

杳杳裏（一作淒）裏清且切　宋本無小注。

[三日尋李九莊]　宋本卷上第三十三至三十六首。

[塞上曲四首]　宋本卷上第廿六首。

[戲題湖上]　宋本卷下第二首。

湖上老人坐磯（一作島）頭　宋本無小注。

（據手稿整理）

重整范氏天一閣藏書記略

（一）

　　民國二十年的夏天，我從北平去上海。目的在訪問廬江劉晦之先生，預備跟著我的朋友容希白、徐中舒先生，一同去參觀劉先生自藏的青銅器。及至到了上海，結果和我預定的計劃完全相反。在商務印書館遇見鄭振鐸先生，無意中談起天一閣。我提議乘著朋友們未到上海的當兒，不妨先赴寧波一遊。立時決定了應走的路線，從杭州渡江，乘公路汽車出發。那時馬隅卿先生正在原籍休假，我們到了寧波，馬先生歡迎我們到他家裏去住。在寧波勾留了一星期，天一閣去了兩次。閣前一泓清水，有小橋可通前後假山。青藤和不知名的羊齒類植物，蔭蓋著全部的山石。石上小亭搖搖欲墜。回視閣的全部，僅有五樓五底的容積。西邊一間，有梯可達閣之上層；東邊一間，租給閒人住著，炊煙正從窗縫裏吹向閣的上空，那時住家的媳婦正在預備晚餐。閣的東西柱上，懸著薛叔耘的對聯。旁外的柱上，掛著范氏傳統的戒條，"不准子孫無故開門入閣，罰不與祭"等等條例。樓上的窗戶，關的像鐵桶一般的嚴緊。細察閣的建築方式，和其他寧波住宅並無多少不同之點。所用材料，簡陋非凡。消防設備，簡直等於零。和藏《四庫全書》的文淵閣規模相比，真有天淵之別了。我不信文淵閣是模仿著天一閣蓋的。我們本想直奔閣上參觀，因爲范氏族長不在，無人負責招待而罷。後來請鄞縣縣長陳冠靈先生和小學校長范鹿其先生交涉，又因范氏族中主事者到鄉下收租去了，一時不得回來，我們急於離甬，參觀閣書之議遂無形擱置。這一次到甬的成績，除了在一位新認識的朋友家發現了一部天一閣舊藏明藍格鈔本鍾嗣成原本《錄鬼簿》和賈仲名《續錄鬼簿》，合隅卿、振鐸和我三個人的力量，以二日一夜之力，鈔了一部副本以外，沒有其他驚人的發現可以值得稱道。

天一閣主人范欽畫像（摄於 1933 年）

去年 7 月初旬，我又從北平去上海，在四馬路振華旅館邂逅了馬隅卿先生，那時他正從寧波到上海來醫宿疾。我們見面以後，無非談些關於小說戲曲書和其他書本的問題。忽而又提到天一閣，很想去替天一閣作一次徹底的整理工作。我們鼓著勇氣，同船去寧波。幾經接洽，由鄞縣縣長陳冠靈先生、鄞縣文獻委員會長馮孟顓先生，和范氏族中成立了一種諒解。相約 7 月 25 日起，以一星期爲限，開閣觀書。在此期間，所有監視我們的范氏族人的伙食費，都由我負責籌款擔任。但須向鄞縣縣政府補遞一封公函，以便據以備案。我於是又回到上海，用中央研究院和北平圖書館雙方特派的名義，面請蔡子民先生署名，發函給鄞縣縣政府，請求予以方便。公函備好了，我於 25 日黎明又在寧波登

岸，那天寒暑表在百度左右，正是實行開閣的第一天。聞訊來觀
光的人，紛至沓來，把一個小小的閣樓，擠得水洩不通。那前清
乾隆御賜的毛裝的殘本《圖書集成》放在正中間五個櫃子裏。
所謂《歷代帝王名賢圖》鈔本，早已成了贗鼎，比北平廊房頭
條三等貨還不如。范文正的墨蹟，也是後人偽造的。而范氏族人
珍之如拱璧，豈不可笑。此外東西二間共有十個大櫃，裏面足足
裝了兩千多種破的、爛的、完整的、殘缺的種種不同時代的書，
這是我十幾年來夢想神遊的目標之一。我最注意的，是明代方志
和一切明朝官書。孟頵、隅卿二位先生，和大律師朱鄮卿先生、
竹洲女子中學校長楊菊庭先生，都來帮忙。又在法院裏請來了幾
位書記，來做謄寫的工作。北京大學史學系同學張美餘先生看了
日報，知道我在寧波，也趕到閣裏來幫著編目。我一個人負全部
提調之責，旁人整理過的書籍，總得經我審查一次纔算完事。我
從上午六時起到閣工作，下午七時纔出閣休息。晚上如無應酬，
也得和隅卿或其他熟人，乘風涼閒談。所以每天睡眠時間，最多
不過五小時，但是精神並不覺得疲倦。這兩千多種的書，到現在
我還能默憶出大部分來。我們整理的步驟，是用預定的一種較精
密的統計法。無論行款、邊口、版心大小，屬於機械方面的，固
非一一記載不可。就是序跋和內容的特點，也得在極短時間內縮
寫下來，以便日後作書志時參考。我們發現好幾個櫃子裏都有蠹
蟲，因此對於傳統的保存閣書的秘訣，發生疑問。故老相傳閣裏
的書全都夾著芸草，可以防蠹；櫃子下鎮著浮石，可以吸收水
分。這完全是神話。其實天一閣所謂芸草，乃是白花除蟲菊的別
名，是一種菊科植物，早已失去了它的除蟲的作用。浮石不知從
郭外哪個山裏搬來的一種水成巖的碎塊，並無什麼吸收空中水分
的能力。現在閣裏的書，遭蟲蛀的數不在少。東邊一個櫃子裏，
裝著六部不全的成化本《宋史》，沒有一部不遭蟲蛀。所以科學
防蠹的工作，實是今後保存閣書最要的一著。到了第七天，我們
想瞻仰閣主人范東明的遺像，特地請縣長陳冠靈先生來一同舉行

公祭，並攝影以留紀念。編製書目的工作，即於次日完成。一共發現了二百多種書超出阮、薛二目之外，這是我們引爲最快意的。

天一閣（攝於 1933 年）

（二）

天一閣現存的書，以史部佔最多數。兹約略述之如次：

1. 地理類的志書　天一閣藏明代方志，在全國可算首屈一指，誰也比不過它。現存的二百四十種，其中十之八九，在他處我敢擔保絕對找不到同樣的第二部。萬曆刻本佔最少數，大部分是嘉靖或是正德弘治間修的。紙墨精湛，觸手如新，且作包背裝，令人愛不忍釋。現在隨意舉幾個例子在下面，以見一斑。如《上海縣志》，我的朋友周越然先生藏有嘉靖刻本，自然可貴之至。但天一閣裏有比嘉靖本更古的弘治本，周先生見了，一定要驚訝不止。又如《武康縣志》，在全浙志書裏是最罕見名貴的，天一閣居然有一部駱文盛所修的嘉靖本。又如正嘉間楊循吉所修的《吳邑志》，乾隆間修《吳門補乘》時已經找不到，天一閣居然有一部散裝未訂的初印本。又如宋季朱長文的《吳郡圖經續記》，黄丕烈題跋説有明刻本，我訪問了許多藏書家都不理會。天一閣裏居然出現一部，原來是隆慶間龍宗武從錢叔寶家藏宋本付雕，無怪黃堯翁會忘不了它。又如正德間周季鳳所修的《雲南志》，在李元陽纂修本之前半世紀，前年我在涵芬樓看見李元陽本，後來又在常熟瞿氏見到景泰本，而正德本又在天一閣裏發現，一連見到三部明修的《雲南志》，真是巧極了。又如正德《建陽縣志》裏，有一葉建陽書坊圖，正是我做建本考的好材料，裏面又有一卷坊刻書目，和康熙修本《建陽志》比較，內容大異。我託人完全鈔下來，以便暇時考訂周弘祖《古今書刻》之用。至於其他陝西沿邊各縣志書裏，包藏著不少明代邊政的史料；四川、雲貴僻省的志書裏，包藏著不少民族史的材料，這都是不言而喻的。記得有一部《隆慶志》，隆慶地在居庸關外，在明季屢失屢復。天一閣裏藏的，是嘉靖二十七年謝庭桂所修，算它是孤本總不會錯。這些志書裏各項史料的豐富，可供多方面學者作參考書，當然不用我來細說。然而它和五百年來的學術界，從來沒有接觸過，連裝潢也都保持著它的處女美。本來中國地方性史書最爲發達，普通習慣有了新修的，舊的就無人過問，漸漸的就會失傳。所以宋元舊志著錄於《四庫全書》者，聊聊可數。僅少數江浙通都大邑，有幾部舊志點綴著。杭州是南宋的政治中心，咸淳間修的《臨安志》，至今還短五卷。至於咸淳以前所修的乾道、淳祐二志，更是殘缺不全，杭州尚如此，其他更不必問。惟有寧波的宋元六志流傳獨多，即楊寔成化志、張時徹嘉靖志，至今也未嘗絕跡，這不能不說是天一閣保存之力。我很想據平時在公私藏家所見的明代方志和天一閣所藏的全部，案《明史·地理志》的次序來排列，結一個現存明志的總帳，看看究竟有多少種。大約少則八百，多則一千，總是可能的。哪一個有志氣的書店，能夠借來影印一次，這真是學術界空前的盛舉，值得我們提倡的。

　　2. 傳記類的登科鄉試等錄　天一閣藏明代登科錄，在明朝已經赫赫有名。嘉靖中錫山俞憲輯《皇明進士登科考》，序裏說："各科有缺略，不能銜接，或謂四明范氏藏錄最多，盍就詢之，輾轉乞假，果得補全。"據此可知明代登科錄在明中葉已罕見。現在閣裏尚有洪武永樂以下各朝的登科錄，這不能不欽佩范東明搜輯之勤。我想范氏搜輯這許多當代的史料，必有深意在內。我在一個未上鎖的櫃子裏，發現一本亂稿，内記歷朝科甲人名字不少。我因在上海友人家見過范東明《古謠諺》的手稿，證明這也是他的手蹟，大略這就是東明老先生未竟之業。明朝的登科錄，和宋朝的大同小異。宋時的著小名小字及一舉二舉字樣，而明則無之，然大致尚與宋同。宋季登科錄傳世者，僅有朱熹登科的《紹興十八年同年小錄》和文天祥登科的《寶祐四年登科錄》二種而已。而現在的天一閣所藏明錄，竟幾十倍於傳世的宋錄，合已經散出閣外的算起來，其總數猶當倍蓰於此。除了登科錄以外，尚有各省會試鄉試武舉等錄，約有一千二百餘種。無論是哪一省哪一科所刊，都是半葉十行，有一定的款式。此外尚有進士三代履歷十餘册，皆萬曆朝坊本，許多不甚知名的文學作家的身世，藉此考見不少。記得嘉慶間法梧門在翰林院裏得到了《順治進士三代履歷》三册，上面有王士禛兄弟的履歷，一時翰苑諸彥，題字的題字，考據的考據，忙得不亦樂乎，後來傳爲佳話。如以天一閣所藏相比，真是小巫見大巫，法梧門輩太可笑了。登科錄等等，可算是最直接的傳記體史料。除了天一閣，別處很難見到，在黃河流域各省舊家的祠堂裏，容或有之，此外無發現的可能了。

　　上舉兩類的書以外，零璣斷璧，往往而有。如明銅活字本唐人集子，南北所見的至多不過四十種，閣裏多至三十餘册八十餘種，這真是"下宋本一等"的奇書。又如《淮南居士長短句》，閣裏忽有一正德單刊本，與南宋高郵郡齋刻本編次略同。又如《國朝英烈傳》，閣裏有藍格大字本，用對字句作章回標目。以審查明代鈔本的有效方法觀察，至遲當是嘉靖時人手筆，還在傳世崇禎刊本之前。凡此都是新鮮玩意兒，例子正多，不再細舉。當年范東明選書的標準，與同時蘇州派藏書家，完全採用兩個不同的方式，他是"取法乎下"的。明以前刊本書籍，很少受他收容，除了吳興張氏藏的宋小字本《歐陽文忠公集》是天一閣舊藏外，很少有此例外。惟其如此，明人著述和明代所刊的明以前古籍，因他保存了不少。換言之，天一閣之所以偉大，就在能保存朱明一代的直接史料。除了乾隆修《四庫全書》時，天一閣和貴族的學術界一度接觸以外，至今二百餘年，學術界沒有受到他一點影響。這一個奇異的洞府，幾時可以容我們作前度劉郎再去訪問一次，這是我天天想望的。

（三）

我現在正努力編製這一次整理天一閣藏書的全部報告。每一部書，在可能範圍內，都給它一個簡短的提要。所用方法似乎比阮目、薛目繁密得多。舉個例子如下：

詩學梯航一卷　　明鈔本

正統十三年戊辰之歲夏五南京翰林侍讲學士奉訓大夫前兼修國史兼經筵官吉水周叙序

正統十三年夏六月朔日承事鳳陽府臨淮縣知縣渝川彭光後序

半葉十行，行十二字。白口，四周單邊。藍格。此吉水周鳴所著。鳴字岐鳳，洪武中以經明行修薦爲桐城訓導。永樂初，授國子學正，預修《永樂大典》。仁宗時陞國子博士，官至職方員外郎。故其子叙序此書，謂之職方府君。事蹟見《吉水縣志·宦業傳》。此書體裁，略似傅與礪《詩法源流》。爲類六：曰叙詩，曰辨格，曰命題，曰述作，曰品藻，曰通論。《千頃堂書目》載此書，注云宣宗命學士周叙等編，則失之矣。

兩千多種巨量的書，非經過相當的時間，目錄不能完成。這一個重整天一閣現存書目，我預備叫它作內篇。此外還有一個外篇附在內篇之後，外篇是將歷次散落在閣外的書，作一次總結帳。說到閣書外散的原因，一言難盡，約有：

1. 由於修《四庫全書》，閣書奉命進呈因而散落的　乾隆三十八年浙江巡撫三寶，從范懋柱手裏提去了不少的書，據《四庫全書提要》及《浙江採集遺書總錄》計算起來，共有六百三十八部。這一類的書上，有一個客觀的標識，封皮下方正中，有一長方形朱記，文曰：“乾隆三十八年十一月浙江巡撫三寶，送到范懋柱家藏某某書壹部，計書幾本。”開卷又有翰林院大方印，封皮上的朱記有時爲妄人割去，至大方印則時時可以遇到。《四庫全書》完成後，庫本所據之底本並未發還范氏，仍舊藏在翰林院裏。日久爲翰林學士拿還家去的，爲數不少。前有法梧門，後有錢犀盦，都是不告而取的健者。轉輾流入廠肆，爲公私藏家收得。我見過的此類天一閣書，約有五十餘種。

2. 由於乾隆後當地散落出去的　閣書在乾隆以後，雖有阮雲臺學使出來編目替它捧場，然同時閣書頗有流落閣外者。盧氏抱經樓爲前清一代四明藏書家後起之秀，他的藏書裏最著名的一批鈔本《明實錄》，就是天一閣的舊物。此外寧波二三等的藏書家，如徐時棟、姚梅伯之流，以及到過寧波做過官的，如吳引孫有福讀書齋、沈德壽抱經樓，都有天一閣的細胞在他們藏書裏稱霸著。就是現在幾位寧波本地的藏書家，也都有少數天一閣的種子分佈著。我可以說凡是寧波舊的書肆裏遇著皙白乾淨的明刻白棉紙書，十之八九都是天一閣的遺產。天一閣的書很少有印記的；但是無論它改了裝，我們能辨別這本書是不是天一閣的故物。所以如此說來，無怪以阮目與《玉簡齋叢書》裏的代表最早的天一閣書目較，則玉簡齋本目完密多了。以薛目與阮目和我所藏的一本阮薛之間無名氏所編的天一閣目較，則薛目更簡陋多了。天一閣書在過去三百年間流落外間者，真不少哩！

3. 由於民國初年爲巨盜薛某竊去的　這一次是天一閣空前的損失，至少總有一千種書散落到閣外。閣中集部書無論宋元明，損失最多。即明季雜史一項，所失亦不在少。登科錄和地方志，去了約有一百餘部。轉輾由上海幾個舊書店，陸續售歸南方藏書家，當時以吳興蔣氏收得最多。號稱孤本的明鈔《宋刑統》就在裏頭。現在蔣氏書散，整批明別集流歸北平圖書館。其他登科錄及明季史料書則歸商務印書館，在“一·二八”滬戰起時，作了日本飛機队的犧牲品。此外我所認識的上海、蘇州幾位藏書家，也都有少數天一閣的遺藏分佈著。在我日記簿裏載下來的，此類書已經超過了五百種。

　　根據上述幾個原因，編輯天一閣閣外現存書目，是刻不容緩的事。我打算外篇與內篇一同印行，我希望各處的藏書家，都能幫助我實現這一個弘願。

　　　　　　　　　　（原載《大公報·圖書副刊》第 12 期，
　　　　　1934 年 2 月 3 日；轉載於《國立北平圖書館館
　　　　　刊》第八卷第一號，1934 年 2 月）

從天一閣說到東方圖書館

　　1930 年的盛夏，蒙張菊生先生熱誠的招待，在上海寶山路商務印書館東方圖書館涵芬樓參觀兩個整天的書。涵芬樓要算當時江南惟一的大藏書庫，方面之廣，質量之多，無論宋元舊槧明清舊鈔，足足塞滿了幾十個大木櫃子。雖然其中名貴的已經盛了幾十個大衣箱，運到租界裏金城銀行內庫避風火去了，剩下的一部分，據我看來，還是值得羡慕。事實上商務印書館藏書庫，並無涵芬樓其名。所謂涵芬樓大約就是東方圖書館第三層樓上的一角。那天我就在這樓中做了七小時以上的工作。祇是累了那招待我的館員某君，將書搬上搬下忙個不了。他曾對我說：這是他進館以來招待外人看舊書的第一遭，以前很少有此一例，就是底下編譯所裏的先生們，也不能輕易進來看書或借書。當時我聽了這話，非常驚奇。我現在把當時記錄下來的明季史料屬於天一閣舊藏的摘要鈔在下面，以供留意四明文獻和明季史料的同志參考。

　　（一）屬於傳記類的

　　（1）虛菴李公奉使錄一卷　明李實撰。九行，行十九字。明成化刻本。此正統北狩後，禮部給事中李實奉命探視英宗之作。述英宗在北虜情事極詳，問答辭概用當時土語。

　　（2）王氏家乘一卷　明王梴輯。八行，行十九字。明嘉靖刻本。輯錄梴父渙個人的墓誌碑傳，間及其先世事。渙嘗見忤於劉瑾，以鯁直見稱。傳世明本譜諜，大都是徽州一帶大族居多，徽州以外絕少。此書和《姚氏家乘》、《曾氏家乘》都是天一閣的遺物。可稱爲家譜中傳世之最早者，我都見過。

　　（3）楚昭王行實一卷　明楚王繼埌撰。九行，行十九字。

明正統刻。

（4）定遠忠敬王行狀一卷　明豐疇撰，十行，行十八字。明嘉靖刻本。

（5）先考奉國公年表一卷　明宗室朱睦㰂撰。十行，行十八字。明隆萬間刻本。此睦㰂爲其父奉國將軍所作年表。

（6）宋氏傳芳錄八卷　題明潘璋輯。十行，行二十字。明成化刻本。紀宋景濂事蹟。前有洪武十二年方孝孺序。

（7）忠烈編十卷　明孫堪等撰。十一行，行二十字。明嘉靖刻本。正德間宸濠舉兵，巡撫餘姚孫燧死之。此記其死節事實。《四庫》入存目。

（8）金姬傳一卷　明楊儀撰。八行，行十六字。明嘉靖刻本。這是一篇富於情感的作品。後來潘之恒編《亘史外記》時，完全據以錄入。後附別記一篇，所載詩詞與亡宋舊宮人詩詞中王昭儀贈汪水雲之作相同，可作亡宋舊宮人詩詞是明人僞作的一個旁證。

（9）臨江先哲言行錄二卷　明龔守愚撰。九行，行十九字。明弘正間刻本。錄南唐迄朱明臨江先哲事蹟，得四十四人。體例如蘇天爵《名臣事略》，頗有條理。

（10）建寧人物傳四卷　明李默撰。九行，行二十二字。明嘉靖刻本。記建寧人物，自唐末迄明景泰間得四百十七人。《四庫》入存目。

（二）屬於邊防類的

（1）海防錄一卷　九行，行十八字。明嘉靖刻本。此翁大立議禦倭之作。

（2）禦虜安邊策一卷　明張鉉撰。十行，行二十字。明嘉靖刻本。此嘉靖三十年倭寇犯境，鉉居京都所上策。卷後附上大司馬趙某書一通。

（3）日本國考略一卷補遺一卷　明薛俊撰。十行，行二十字。明嘉靖刻本。嘉靖二年日本遣使來貢，抵寧波，未幾宋素卿等亦至，互爭真偽，自相殘殺。所過沿海州縣大肆焚掠。俊因輯此書言防禦事。定海知事王文光爲增補刊行，實爲研究明季中日外交史事最好的材料。別有《得月簃叢書》本。但此爲原刊，且有補遺出王文光手，與叢書本不同。

（4）山海關志八卷　明詹榮撰。八行，行十八字。明嘉靖刻本。記山海關至黃花鎮當時駐兵處及兵額至詳。前有圖說，與康熙重修本不同。康熙本亦極罕見，何況此書！

（三）屬於地志類的（政書附）

（1）隆慶銅梁縣志四卷　明高啓愚纂修。九行，行十六字。明隆慶刻本。

（2）嘉靖貴州通志十二卷　明張道纂修。八行，行二十三字。明嘉靖刻本。此謝東山按視貴州時所修。我曾在黃陂陳氏遺藏裏見過與此本同樣的一部，有翰林院方印，惜經改裝，不及此本初印精美多矣。

（3）嘉靖仙遊縣志八卷　明林大年纂修。九行，行二十字。明嘉靖刻本。

（4）成化新編嘉祥縣志六卷　明周詔纂修。十一行，行二十二字。有嘉靖末年增入之葉。

（5）蘭州志三卷　不著纂修人姓名。十一行，行二十一字。明嘉隆間刻本。

（6）後湖志十二卷　明趙官原輯，嘉靖中重修。十行，行十八字。明嘉靖刻本。後湖即玄武湖，爲明代藏黃册之所。此志非志後湖，實志一代版籍。前三卷事蹟，後七卷皆事例，事例至嘉靖四十一年止。爲研究明季經濟史社會史最有用的原料。其後有萬曆重修本，嘗於滬上見過，似不及此本詳贍。後湖黃册至清初廢燬一空，說詳談遷《北遊錄》。

（7）滇略十卷　明謝肇淛撰。九行，行十八字。明萬曆刻本。此書著錄入《四庫全書》，惜多竄改。明刻本極罕見，故近刻《雲南叢書》亦未收入。其中《夷略志·苗族》、《俗略志·

風俗》二章，於研究民族學最有用。

（8）通惠河志二卷　明吳仲撰。九行，行十九字。通惠河即元郭守敬所鑿的通州運河，明初湮廢。吳仲以御史巡按直隸，疏請重浚。工成遂著此書。可補《明史·河渠志》之略。《四庫》入存目。

（9）北新關志十六卷　明王廷榦撰。十行，行二十字。明嘉靖刻本。關在杭州武林門北，明以戶部員外郎一人主之，北關権百貨，南關権竹木，此紀北關沿革。乾隆間有重修本，亦罕見。

（10）河東鹽池錄四卷　明李鑑撰。九行，行二十字。明弘治刻本。

（11）鄞縣丈量田總一卷　明齊禹臣撰。九行，行二十字。明嘉靖刻本。此嘉靖初寧波府照磨齊禹臣奉命丈量鄞縣大界時所上冊籍，在寧波人看來當然是一部最可寶貴的地方史料書。

（12）長蘆運司志七卷　明郭司常等撰。十行，行二十字。明嘉靖刻本。

以上摘記之書，爲《副刊》篇幅所限，不過二十六種。除極少數外，無一非絕無僅有的秘笈。此外如明代登科鄉試諸錄，至少也有七八十種。當時匆匆祇鈔名目，未錄內容及序跋，至今引以爲恨。除了史部各書，最引人注意者，尚有類書類明人吳琯所編藍格鈔本《三才廣記》一書，共存四百九十六卷，八十三冊。原書卷數達一千一百八十四，比《太平御覽》還多。在涵芬樓僅有三分之一。現在天一閣者尚有百冊左右，合起來雖不完全，實已過全書之半。自從 1932 年 1 月 28 日經過日本飛機隊轟炸以後，一律化爲灰燼，除了我日記簿上一些痕跡以外，什麼都看不見了。我在涵芬樓觀書北返後，曾向友人建議，此項富有史料性的紙上材料，似乎在北方有留一冊副本的必要。我祇是一種泛論，所要傳鈔的，不單是涵芬樓的天一閣遺書，凡是天一閣以外的書，無論屬於誰的，如認爲罕見而富有史料價值者，都應當在請求傳鈔之列。此項建議當然沒有人起來反對，但總以爲這是不急之務，三四年後再辦，也無關緊要。哪裏知道不測之禍，公然降生於兩年前的今日。涵芬樓東方圖書館，就整個犧牲在這次空前的國難裏。涵芬樓到今日，在藏書界尚未失掉它的尊嚴與價值。但剩下的，祇是一些版本性質的書，像上面所舉的，縱有千金萬金也找不到同樣的一葉半葉。我謝謝張菊生先生和其他當時招待我的幾位先生，到今天我還能寫這篇稿子，都是他們給我的。

"一·二八" 第二週年紀念日之夜

（原載《大公報·圖書副刊》第 12 期，1934年 2 月 3 日；轉載於《國立北平圖書館館刊》第八卷第一號，1934 年 2 月）

談談北京的古舊書業

　　北京古舊書業的歷史悠久。据記載，從明朝以來，北京的古書業就非常發達。許多京朝大官和文人學士，都以到琉璃廠買書引爲樂事。李文藻寫的《琉璃廠書肆記》和繆荃孫寫的《琉璃廠書肆續記》反映了十八世紀中葉到十九世紀琉璃廠古書業的歷史面貌。那時交易繁盛，書肆衆多，遠非現在可及。近幾十年來，琉璃廠和隆福寺的古書業不如以前興旺了。但東西城一帶，經營近代出版品的舊書店却多起來。總的說來，現在北京舊書業的家數人數，比過去任何時期，都顯得活躍了。

　　古舊書店的經理和從業人員們，大多有一定的文化程度，他們都是知識分子，對於古書的版本、目錄和主要内容，也有一定的認識。書業中老一輩人，能參考張之洞的《書目答問》、邵懿辰的《四庫简明目錄標注》、莫友芝的《郘亭書目》，進行業務學習。他們要記住幾百個乃至一二千個書名的所屬門類，纔能從事工作。他們的業務知識是從多方面吸取來的，由於天天有機會和讀者接觸，不斷聯繫實際，一個年紀很輕的學徒，很快就能掌握基本知識。他們能夠適應一般學者的需要，設法供應稀有的和有重要參考價值的資料。例如有一個時期，有不少人和圖書館爲了研究明、清之間的歷史，尋找第一手資料，都歡喜搜集乾隆年間公布的禁書，他們也跟著搬出許多禁書來，而且能夠區別其中主要的和次要的、易見的和罕見的。沒有列入禁書書目的《籌遼碩畫》、《遼變會議始末》，其重要性不亞於著錄的禁書，他們也能設法搜集和介紹給讀者。又如有一個時期，許多朋友包括我也在内，熱衷於搜集歷代版畫和古典小說戲曲資料。他們就紛紛到山西、河南等省和徽州、休寧等地搜訪，得到很多成績。有一個名叫張修德的，在山西祁縣買到一部明刻棉紙印本《金瓶梅詞話》，這是小說史上一個極重要的發現。近年鄭振鐸主編的《古本戲曲叢刊》，其中大部分底本，就是當時南北古書業對這方面的重要貢獻。

古舊書業的從業人員們，不僅努力於古典文化遺産的搜集和整理工作，對於革命文獻、近代史料，也因各地讀者和圖書館的需要，進行過一些調查工作。他們對於《向導》、《新青年》、《東方雜誌》、《小說月報》等等著名期刊的出版時代、期數、流傳情況，如果有人問到，他們也能夠背誦一套。這些，都是他們自己摸索出來的。三年前，寧波某地發現了兩册遠在 1922 年前後巴黎油印出版的《少年雜誌》，這是中國人研究馬克思主義的早期刊物。他們派人前去高價買來，售給國家圖書館。這對學術研究工作是有一定貢獻的。

他們中間老一輩人，也有富於鑽研精神，稱得起專家學者的。例如北京通學齋經理孫殿起，他對於清人著作相當熟悉。他著有《販書偶記》二十卷，出版於 1936 年。我認爲這部書的學術價值，同清初黃虞稷編的《千頃堂書目》相類似。《千頃堂書目》就是《明史·藝文志》的前身，我們不能想像孫殿起的《販書偶記》和《清史·藝文志》有什麼關係，但《販書偶記》無異於替清代藝文作了一次總結，那是可以肯定的。而且《販書偶記》中各書，都注明各種版本，對於讀者非常便利，這一點要比《千頃堂書目》高明得多。最近十幾年來孫殿起又陸續加以修正和補充，將來再版時內容將更見充實，那是可以預期的。又如前群玉齋經理張俊傑，原是肆雅堂的徒弟。過去肆雅堂以善於裝修書籍出名，許多著名的裝書技術工人，多是肆雅堂出身，張俊傑就是其中之一。他不僅有一副裝書的好手藝，對於明清兩代著作，尤其是清代漢學家的著作非常熟悉。某種書刻了多少次，收在哪類叢書裏，各種版本之間有些什麼不同，在這些問題上，能說出一套道理來。前些天我拿了一册嚴可均著的《說文類考》給他看，他一見就說這是嚴可均未刻的稿本。孫殿起和張俊傑在實際工作中長期積累起來的書本知識，是比較正確的，因而是很值得寶貴的。他們事實上都是目錄學的專家。此外北京古舊書業中還有不少的人，有很好的工作經驗和很多的專業知識，其中有些人都是南北古舊書業中第一流人才。在今天社會主義改造和建設的偉大事業中，應該充分發揮他們的力量，來爲科學研究採獲更多的文獻和資料。

　　古舊書業中有不少從業人員有裝修古舊書籍的特殊技術。他們不僅能夠"整舊如新"，更重要的還能"整舊如舊"，恢復到"宋裝"、"明裝"、"清初裝"，代表著中國書各個不同時期的裝訂形式。裝書不是簡單的技術，需要名師傳授和耐心細緻地學習。現在年老的從業人員，大部分還能裝書。三十歲以下的，因爲缺乏鍛煉，多數已經不會裝書了。根据全國圖書館工作會議中各方面反映：各大圖書館的古舊書刊，因爲近年借閱人次大量增加，有很多書刊已經到了"粉身碎骨、形將消滅"的最後關頭。這是個嚴重問題。補救的辦法，除了應該向閱覽人員加強愛護圖書的宣傳工作，把一部分罕見本和紙質脆薄容易破損的書刊照成顯微縮影，代替閱覽以外，更重要的是加強裝修工作。所以目前裝修技工不是嫌其多，而是嫌其少。我建議：各地已經成立裝修部的圖書館，例如北京圖書館、南京圖書館，在現有基礎上，應該繼續加強裝修工作。沒有成立裝修部的圖書館，如上海圖書館、天津圖書館，應該立即吸收裝修技工成立裝修部。因爲這些圖書館有成千上万的書刊，迫切需要裝修。

　　根据上述情況，有關領導機關首先應該依靠群衆，做好北京古舊書業從業人員的調查研究工作。對於少數有版本目錄知識的專家，可以吸收到文化部門或國家圖書館從事工作，以便得到進一步提高的機會。據瞭解，現在北京、南京、上海各地圖書館積壓未編的書刊達一千萬册左右。這些大量被積壓的書刊，在短期間如果要設法整理出來爲科學研究服務，必須利用古舊書業中一部分優秀從業人員的力量。各級文化部門應該重視這個工作，促其儘快實現。北京國營中國書店目前力量較弱，應該從公私合營書店中抽調一部分工作能力強的人員來加強業務，在新的基礎上建立起和公私合營書店的領導關係。同業中應即開動腦筋，大力展開業務競賽，多買多賣。積極派人到各地去採購圖書，要到大城市去，也要到中小城市和鄉間去，廣爲宣傳，防止各地有價值的書刊流入造紙廠或製爆竹的作坊中去。各地文化機關對於書業採購工作人員應大力予以支持和協助。現在個別地區的文化機關缺乏整體觀念，不但不協助他們，反而留難他們，這是不對的，文化部門要迅速予以制止。新購進的書刊，應該通過同業公開議價再行發賣。對於少數有價值的罕見的版本，不管買價多少，應該評高些，相反，可以低些。如果偏高偏低，有人提出異議，可以重評。有關領導機關在現階段內，對於古舊書店的各項工作，尤其是採購工作，應該多鼓勵，儘量發揮從業人員的工作積極性，以便他們更多地爲社會主義文化建設和科學研究服務。

　　我提出這些零碎意見，供有關方面參考。

（原載 1956 年 11 月 23 日《人民日報》）

皖南訪書記

殘雪未消、春寒猶厲的 2 月下旬，我爲了進行訪書，到皖南徽州地區旅行了二十天。

從蕪湖坐汽車經過宣城、寧國、績溪、歙縣，最後到達終點站屯溪市。過寧國後，一路山明水秀，千巖萬壑，如入山陰道上，應接不暇。汽車有時疾馳在常綠樹林中，有時爬行在懸崖陡坡上。山邊水涯，野梅紅紅白白，明艷照人。春風拂來，覺得春意盎然，身上的厚棉襖有點穿不住了。

我們到屯溪，住在屯溪最有名的黃山旅館。我住的一間在二樓上，下臨新安江。推窗一望，但見天淡雲閑，沙平渚淺，遠山橫黛，一水奔流，真是美極了。

屯溪的新華書店古籍門市部，開辦纔四五個月，已經收購了古書五六萬冊。樓上書庫堆得重重疊疊，滿坑滿谷。從早晨到晚上，來此賣書的真是絡繹不絕。他們有的挾著書包，有的挑著擔子。也有一些小販，從婺源鄉間翻過幾條大嶺，跋涉數十里，趕來屯溪出賣古書。這些人在門市部門口一忽兒就排成長長的隊，等候叫號。啊！這是一大冊明譜，白皮紙，弘治版。"要多少錢？"五十元就賣！最後折中爲三十元成交了。短短幾分鐘時間，門市部就買到了一部絕無僅有的明朝弘治版家譜。

説到家譜，在漫長的封建社會裏很早就有了。《世説新語》劉孝標注常常引到索氏譜、阮氏譜、殷氏譜，歷代史志也大量收著譜牒。從前徽州地區封建勢力特別強大，地主、官僚和巨商大賈相結合，世世代代剝削農民。大姓如汪氏、程氏、黃氏、江氏、詹氏、胡氏、戴氏、查氏、方氏，都有家譜或族譜。他們每隔幾代就重修一次。現在徽州地區宋元舊譜很少流傳了，最早的要數明代洪武年間的幾個譜。之後，宣德、正統、弘治、嘉靖、隆慶、萬曆的譜，越來越多。抗戰期間雖然毀了不少，但保存的還相當多。屯溪新華書店古籍門市部有時一天可以收到一二十個譜，從明代到近代，從全的到殘的，從木版到鉛印，形形式式，都是歷史學家認爲參考價值較高的第一手資料。

翻翻各家家譜，時常有意想不到的收穫。例如元朝初期有一個系出旺古族的武將名叫汪德臣，忽必烈叫他帶了軍隊攻打四川，燒殺淫掠，胡作非爲，建立了許多功勛。這個人在《元史》上附見其父汪世顯傳，但在汪氏家譜裏却收著一篇中統二年翰林學士王鶚寫的《龍西忠烈公神道碑銘》，文長二千五百餘字。所謂龍西忠烈公就是汪德臣，《元史·汪德臣傳》大約就是壓縮這篇碑文寫成的。我們參考王鶚碑文，對汪德臣的歷史，可以瞭解得更清楚些，對於宋史和元史的研究是有較多的幫助的。

家譜裏還收著許多古代文學作品。這些作品，絕大多數是別的地方找不到的。例如我在這次訪書工作中發現的那部明弘治版《黃氏會通譜·文獻錄》裏，就找到了元朝張起巖、歐陽玄、孛木魯翀、鮮于樞、貫雲石的詩文多篇。張起巖、歐陽玄和孛木魯翀都是當時知名的文學家。鮮于樞是詩人而兼書法家。貫雲石就是貫酸齋，是詩人而兼作曲家。他們的作品多數已經散亡了，或者已經殘缺了，但是保存在《黃氏文獻錄》中還有一些。元朝有一個徽州人名叫程文，元史稱他"作文明潔而精深"。其實程文是個散文家，也是個有名的詩人。他的古近體詩清新雅潔，別具風格。顧嗣立編《元詩選》的時候沒有提到他，是一件憾事。我曾在《新安文獻志》、《新安文粹》、《詩淵》和其他明人著作裏，找到程文的詩文三百多篇。想不到《黃氏文獻錄》也收著他的詩文，可稱是意外收穫了。

屯溪新華書店古籍門市部，有一部道光年間編輯的《黃氏宗譜》，在這部宗譜裏，我發現了許多奇迹。原來徽州一帶在南宋中葉，還沒有形成一個雕版中心區域。1204 年（宋嘉泰四年）徽州知府沈有開在徽州開雕的《宋文鑑》，刻字人都是當時杭州著名的刻工，應該説是杭州開雕的。到了南宋末年，魏了翁《九經古義》在徽州開雕，刻的比較粗糙，和那時浙江、江西兩個先進地區相比，大有天淵之別，可見徽州地區在宋朝末年雕版印刷事業還不十分發達。直到明朝，纔由於大量製墨，而間接得到發展。因爲製墨用的墨模，要用徽州特産的柘樂樹，由良工雕製。他們侵晨起來，集中全力雕製（過了早晨一個時候，就不能工作了）。在一小塊狹長的木頭上，十分細緻地雕刻著一連串的人物山水，樓臺亭閣。這工作照例不能剜改掉換，如果有了半點差錯，就要全功盡棄，所以工人們必須目不轉睛地全力以赴。現在歙縣胡開文墨莊還保存著不少塊乾隆、嘉慶年間遺留下來的墨模，其中乾隆年雕的黄山十景，今天還能繼續利用來印製新墨。由於徽州人善於雕製墨模，積累了幾百年的工作經驗，使版畫藝術也受了影響，逐漸在古書裏發展起來。

　　歙縣虬村黄氏，聚族而居，世世代代以刻書爲業。那些依靠雙手創造精神財富的勞動人民，他們的名字在《黄氏宗譜》裏都有條不紊地排列著。流傳到今的許多古典文學名著和其他書籍的刻版時代，根據這本宗譜，大部分可以正確地予以推定。這不是奇迹嗎？

　　舉幾個例子來説吧！《西廂記》的刻書人黄一彬，從虬村居遷杭州。一彬的兒子建中，刻陳老蓮的《博古葉子》，一彬的弟弟一中，刻老蓮的《水滸葉子》。據家譜："一中字肇初，萬曆三十九年生。"那末，老蓮的《水滸葉子》，應該是明清之際刻版的。還有黄一鳳、黄一楷二人同刻《浣溪記》，一鳳就是黄鳴岐，他還和黄德修（字吉甫）同刻顧曲齋編的《元雜劇》。顧曲齋本《元雜劇》，有王伯良序文，不著年月。據家譜："黄一鳳萬曆十一年生，黄德修萬曆八年生。"因此推定顧曲齋本《元雜劇》刻於萬曆後期或天啓初年，想來不會有錯。我最喜愛《唐明皇秋夜梧桐雨》雜劇中黃一鳳刻的那幅楊玉環霓裳羽衣舞的版畫。在新秋黃昏的宮廷裏，楊妃在錦茵上蹁躚起舞，那神態真是美極了。參考家譜，我們纔知道黃一鳳和黃一彬是昆仲，和刻《博古葉子》的黃建中是嫡親叔侄。他們一家人，沒有一位不是當時版畫藝術的大創作家。

我這次在各地看到的早期徽派版畫的大型傑作，要數合肥安徽省博物館藏的《武威石氏忠良報國圖》最爲特出。這幅圖原藏歙縣石家祠堂，爲一族公有，過去保存在一個圓長的竹筒中，近年石家纔把它獻給安徽省博物館。我個人看法，大概是明朝成化、嘉靖年間徽州刻的。版匡高約二百公分，長約一百八十公分。鋪在地上，斑斑駮駮，活像一方已經變了色的地毯。作者從諸葛亮的老友石廣元到趙匡胤時的開國元勛石守信，一律認做石家的祖宗，這倒不算離奇。奇怪的是連斷送燕雲十六州的民族敗類石敬瑭，也是“忠良報國”，未免太駭人聽聞了。在這個題材下一共替石敬瑭刻了四五個圖，都是數百人以上的戰爭場面。其中“晉王割地謝契丹受唐禪”、“唐明宗城觀敬瑭勝彥章”兩段，規模尤爲龐大。這幅圖，如果不從思想方面批判，單從藝術角度來衡量，倒是一個相當重要的傑作。

上海博物館新從歙縣某地搞來了一幅《胡氏忠良報國圖》，體裁和《石氏忠良報國圖》相似，大概也是成化嘉靖間刻的。這兩幅圖，綫條有粗有細，而且有棱角，代表著明代早期徽派版畫的特色。

徽州地區的版畫，遠在十六世紀（明嘉靖年間）以前，已經有了良好的基礎。從十六世紀中葉直到十七世紀（明隆慶到清康熙年間），因爲主要受了墨模的影響，加速度地向前發展，達到了前所未有的高峰。胡正言就是明、清之間的徽州人，他家從徽州搬到南京，是一位雕刻“拱花”和“餖版”的最出色的版畫藝術家。衆所周知的《十竹齋箋譜》和《畫譜》，就是他的偉大的藝術創作。這些徽派版畫，技巧上和風格上，不僅和雕製墨模有血肉不可分的關係；而且和徽州地區其他姊妹藝術如石雕、磚雕、木雕等，也互爲影響的。

我曾到屯溪附近約三華里的率口鎮參觀十六世紀中葉（明嘉靖年間）建造的程氏宗祠的石牌樓，牌樓頂上和四周有很多立體雕刻。人物故事，山水花卉，多到五、六層，少的也有二、三層。說它是玲瓏剔透，鬼斧神工，也不爲過。我們徘徊其下，欣賞讚嘆，不忍離去。這地方現在是一個防治吸血蟲病的醫療站。

3月初旬我們在屯溪到黃山的途中經過歙縣潛口鎮，特地下車參觀了明末建造的汪氏宗祠和它門首的石牌樓。牌樓四周的人物、花卉，都是平面雕刻，圖案異常精美。以上說的兩個石牌樓，雖經長時間的風雨剝蝕，到現在還巍巍地矗立著。我們希望當地文化部門趕快采取措施來保護它，因爲這兩個石建築都是很罕見的古代勞動人民創造的偉大藝術結晶啊！

屯溪一帶民用建築，幾乎每一家都有各種各樣的磚雕，一般都玲瓏精巧，令人觀賞不置。有的人家，還有木雕。婺源縣城一些比較古老的建築，真的是雕樑畫棟，各種木雕，包括柱飾、窗飾和樑上的立體雕刻，豐富多彩，名目繁多。由此可見徽州地區的手工業藝術家們，從各方面發展他們的藝術天才，是有很大的成績的，而版畫藝術不過是其中一端罷了。

皖南的地方文獻，除了明、清兩朝的版畫和家譜、族譜以外，還發現了大批地契和魚鱗册。

我們在屯溪看到了大批明代地契和契尾，從洪武到崇禎，朝朝都有，而且每朝有很多份。3月下旬，我從南昌到上海，又在幾個書商手裏，見到嘉定、淳祐、咸淳等三張宋契，又見到幾張元契。這些宋元地契，蓋著水印，簽著花押，古色斑斕，大多數是歙縣、休寧、祁門一帶農村中發現的。魚鱗册就是古代登記和丈量土地的底册。它把一家一家的土地劃分地段，畫成地圖，記明四至，以供檢查之用。這些地契和魚鱗册，都是研究封建土地制度的重要資料。

　　我們在屯溪和附近各縣進行了二十天的訪書工作，所見所聞，相當豐富，但采獲的數量，卻非常有限。希望今後到這塊寶地去尋找資料的人們，能有更多更好的發現。

　　　　　　　　　　　　　　　（原載《旅行家》1957 年第 9 期）

南行日記

　　1961 年 11 月我到浙東、閩北、閩東南一帶，進行圖書文物調查工作，歷時兩個多月，1962 年 1 月底纔回到上海。春節後又到鎮江、無錫、蘇州、嘉興等地繼續工作。由於各地領導同志和文物管理委員會、圖書館、博物館、文化館工作同志的指導和幫助，看到了不少實物，學習了很多東西，使我萬分感謝。現就見聞所及，按日記錄。"走馬看花"，遺漏錯誤之處，在所難免，希望各地有關同志和讀者們多予指正。

　　1961 年 11 月 14 日，星期二，晴

　　上午十時許偕浙江圖書館陸京安同志乘火車離杭州去紹興，十一時許到達，住龍山招待所。招待所位在龍山下。所內小橋流水，游魚可數，山光樹影，別饒幽趣。

　　下午訪紹興市古籍書店，看到明萬曆三十九年書林周近泉刻本《歷朝尺牘大全》十二卷，太倉王錫爵選錄，豫章李國憲序次，金陵周近泉督刻。清中葉活字印本《宮室圖説》一卷，東陽何濟川撰，濟川字遠堂，嘉慶間禮學家。餘無可記。晚觀紹劇《紫金鞭》、《女弔》、《男弔》等劇。

　　11 月 15 日，星期三，陰雨

　　上午參觀魯迅紀念館，見《秘傳花鏡》一冊，魯迅手自校訂，蠅頭小字絕精。紀念館隔壁爲紹興市文物管理委員會，又去文物管理委員會參觀。藏書約七萬多冊，頗有佳本，如元末建陽小字坊本《諸儒箋解古文真寶前後集》，存前集卷五至十，後集卷一至五，共十一卷。半葉十一行，行二十一字。此書各家書目未見著錄，罕見可貴。明刻本《金丹正理大全諸真玄奧集成》，存前三卷，題紫賢真人薛道光撰，紫霞山人涵蟾子輯。半葉十行，行二十一字。書中談氣功原理和方法甚詳，爲氣功中一大宗派，值得深入研究。明嘉靖刻本《説苑》、《新序》三十卷，明末理學家劉宗周用藍筆批讀一過，王紹蘭手跋。紹蘭字南陔，山陰人，嘉慶間樸學名家，著述甚多。明萬曆刻本《蜀中神仙記》一册，原爲曹學佺《蜀中廣記》中一種，傳本罕見。明黑口小字本王十朋《會稽三賦》一卷，題剡谿周世則注，郡人史鑄增注。似據宋大字本翻刻，就原書刀法、版式看，當是成化弘治間刻本。又清人顔鼎受撰《初陽山人漁歌曲》一卷，鼎受字孝嘉，桐鄉人。曲調有《耍孩兒》、《西江月》、《浪淘沙》等，乾隆間秀水盛百二作跋，推許備至。晚觀紹劇《雌雄鞭》。

11 月 16 日，星期四，陰雨

上午再到文物管理委員會參觀。徐文長手卷，劉宗周《紹興府儒學記》，陶望齡一門尺牘，李慈銘、趙之謙等書札，福州西鄉雪峯寺唐天祐二年枯木庵木碑拓本，有傅以禮手跋，均佳。繼冒雨訪陸放翁沈園故址。放翁集中所云禹迹寺南沈氏園，放翁曾賦《釵頭鳳》詞，即是此處。放翁晚年又過是園，時園已易主，賦詩有"夢斷香消四十年，沈園柳老不吹綿"句。今壁間置近郊平水出土陸子坦夫婦墓誌二方。子坦字文度，放翁第三子，紹興二十六年生，生時放翁年已三十二。錢大昕作放翁年譜，不載子坦生年及仕歷，可據此誌訂補。

下午乘車至近郊訪問禹陵、蘭亭，舊時碑刻遍尋不得，僅明清碑刻點綴壁間。歸途訪秋瑾故居、徐文長故居青藤書屋。

11 月 17 日，星期五，晴

有人送閲明鈔本《文湖州集詞》一册，藍格大字，題"文林郎雙門吟隱拜校"。元人喬夢符散曲，今作文湖州，原因未詳。曾見丁氏善本書室藏鈔本，紙墨遠遜此本。晚觀越劇《雙下山》、《珍珠塔》。

11 月 18 日，星期六，陰雨

上午十一時乘火車離紹興去寧波，下午二時許到達，住專區交際處鎮明招待所。

11 月 20 日，星期一，陰雨

上午參觀范氏天一閣，閱明刻本《淮海居士長短句》，首正德辛巳馬一麟序，書凡三卷，與他本同，惟馬序他本未見。又閱明嚴嵩纂修《正德袁州府志》，邵有道纂修《嘉靖汀州府志》，王瓚纂修《弘治溫州府志》，盛儀纂修《維揚志》，姚昺纂修《弘治永州府志》，黃璿纂修《景泰建陽縣志》，唐胄纂修《正德瓊臺志》，棉紙明裝，皆希世孤本。繼又從《嘉靖建陽縣志》內摘錄刊工姓名葉文輝、劉臣、周存、陳住郎、施崇、施永興、劉自心、余生福、余稿、余本立、楊北斗、葉恩、王貴、陸文進、王長、江得成、吳賜、虞妳員、黃順富、陳佛應、張錢等三十三人，爲審查建本時代標準資料。

下午到孝聞街問候馮孟顒老先生，老先生痰喘正劇，稍談即出。時正爲天一閣編輯閣書散佚在外地的目錄，即所謂天一閣"外編"目錄，爲此事交換了一些意見。繼冒大雨訪朱鄞卿老先生，鄞卿先生名鼎煦，藏書甚富，爲寧波市一大藏家。藏書以毛氏汲古閣影宋鈔本《集韻》最有名。半葉十一行，行字不等。卷後有乾隆五十九年段玉裁手寫題記，段氏曾據曹棟亭刻本校過，改正曹本誤字不少。段校本外間時有監校副本，方成珪《集韻校正》即據段校增補成書。原書刊工朱諒、方成、洪悅、施薀、施章、陳高、蔣暉、朱因、陳文、洪明，及重刊重開人楊昌、陳俊、陳真、方祐、方迪、方師顏、旋俊、梁濟、洪乘、丁珪，與南宋初明州本《六臣注文選》、越州本諸經注疏刻工多同，當是紹興間明州（即今寧波）一帶官刻本。原書匡高 24.5 釐米，寬 17.3 釐米。前後有"仲離故國人家"、"虞山汲古閣毛子晉圖書"、"海虞毛晉子晉圖書記"、"汲古得修綆"、"毛宸之印"等印。又觀明北監本《儀禮注疏》，顧廣圻據宋刻《儀禮》

單疏等書手自精校。影元鈔本洪适《隸續》亦佳，和瞿氏鐵琴銅劍樓舊藏影元鈔本鈔工相似。最後出明隆慶刻本《于忠肅公集》，卷帙無多，不知視他本異同如何。

11 月 21 日，星期二，大風，晴冷

上午去天一閣觀近年新收雜書，中有弋陽腔《蟠桃會》一冊，譜宋太祖雪中訪趙普故事。五色精寫，似係宮廷鈔本。又《鏡裏花傳奇》前後兩卷，舊鈔本，題"壬子春暮緱山樵道人題於都城福春局新寓"，不知何人作。晚觀甬劇《打樓窗》、《田螺姑娘》等劇。

11 月 22 日，星期三，晴冷

上午八時許乘吉普車離寧波，九時十五分到達奉化。參觀文化館，在書堆中發現鈔本鮮于樞《困學齋雜錄》一冊，源出鮑廷博家知不足齋藏本。又有《黃石公潤經》舊鈔本，餘無可記。

午飯後至近郊岳林寺參觀，進門有唐磚塔二，中嵌唐大中年碑記，字多殘損，但時代與書撰人姓名，尚可辨認。三時許乘車離奉化，遵海南去，車行一小時許到達寧海，住縣人民委員會招待所。

11 月 23 日，星期四，晴冷有風

上午參觀寧海文化館，有明玉蘭草堂本《輟耕錄》、稿本羅以智《七十二候表》、清活字印本《天台治理》等書。又看字畫，徐俟齋山水中堂最佳。下午到平調象山劇院觀平調劇本，鈔本，不舊，似是清人作。

11 月 24 日，星期五，晴

上午八時許訪問柔石（趙平復）故居，匾額許廣平書。柔石夫人和他的大女兒出來招待。紀念室三間在左邊樓上，陳列著手稿、日記和其他文稿多種。筆硯用具和皮椅、床鋪等，一如生前布置。魯迅在柔石被難後寄來的兩封信，也陳列在鏡框內。憑窗遠眺，一抹山翠盡收眼底。主人出柔石生前出版的新詩集

《瘋人》一冊相贈，盛意可感。辭出，行數十步爲方正學祠，方
正學即方孝孺。

　　九時半乘吉普車離寧海，一路山明水秀，景色絶佳。翻過三
條大嶺，南行到高機鎮稍息。轉西行，十二時半到達天台縣人民
委員會。下午訪問天台縣文化館，見明拓《玄祕塔》一冊，又
參觀天台縣博物館。

　　四時半乘車訪天台山國清寺，行七華里，疏林晚照，一塔迎
人，直抵寺門石橋前下車，住迎塔樓賓館。寺爲隋煬帝師智顗大
師駐地，又爲佛教天台宗發祥地，規模弘大，共有五百多間房
子。大雄寶殿雍正年改建，前有巨柏巨樟各二株，大可數圍。殿
内金佛三尊，法相莊嚴，香火甚盛。方丈澹玄和尚導觀隋梅，老
幹槎枒，云智者大師手植。繼參觀殿左文物陳列室，共七大間，
袈裟銅鉢等，亦云智者大師遺物，實係僞託。又有南宋初年元超
和尚手寫佛經四冊，書法遒美，有元超手跋。封面均用薄木板鐫
飛天象，金漆彩描，疑亦宋時物。

11 月 25 日，星期六，晴

　　上午八時半乘車登山，盤旋而上，二十五公里抵天台縣林藥
場。其地爲華頂寺，寺門前有明以前巨柏二，可盈三、四人抱。
峰迴路轉，松林遍野，白山茶花迎風盛開，蜂蝶喧鬧，宛似陽春
景色。步行四華里，最後上一陡坡，直達峰頂，有碑鐫"天台
第一峰"五字。壘石爲門，門内一佛殿，題"智者大師講經
臺"。僧人煮山中雲霧茶享客，清醇可口。旁一石塔，1933 年
建。倚塔四望，千巖萬壑，盡在腳下。有人指點正南雲霧中青山
隱隱，即是北雁蕩山，爲之神往。山中阡陌相望，行歌互答，行
人熙來攘往，一點也不寂寞。天台自古爲神仙窟宅，名勝古迹甚
多，歷代詩人賦客，題詠殆遍。今日到此，巖壑幽美，果然名不
虛傳。下山已十二時半。飯後訪清心亭，亭前一泓清水，游魚可
數。三時乘吉普車離寺東南行，山高路仄，五時半到達臨海，住
縣人民委員會招待所。

11 月 26 日，星期日，晴

八時訪問前台州府學內臨海縣圖書館，看到嘉道間臨海學者洪頤煊遺藏一批：

（1）倦舫老人往還書剳：倦舫老人即洪頤煊晚年自號。首洪氏小像，後阮元、王引之、翁方綱、徐養灝、吳榮光、朱錫旋、陳壽祺、孔昭虔、王紹蘭（二通）、陳用光、湯金釗、端木國瑚、周彥、于克襄、郝懿行、胡承珙、吳嵩梁、姚元之、顧廣圻（二通）、汪繼培、蔣因培、孫均、翁樹崑、葉志詵、金應城、許宗彥、馬瑞辰、姚東之、胡森、宋翔鳳（四通）、馮登府（四通）、胡培翬、劉喜海（二通）、汪喜孫（四通）、劉逢祿（二通）、阮常生、阮福、周仲墀、黃安濤、廖金城等四十人論學書剳，裝一巨冊。

（2）扇面書畫二十多開：裝一冊，洪頤煊上款，阮元、馮登府、陳壽祺等人法書，葉志詵等人畫。

（3）金石彝器款識五冊：阮元、僧達受手拓銅器銘文，甚精。

（4）牂柯生借書圖：王士禛題首，許承宣、李天馥、王日高、王日藻、李基和、宋犖、徐乾學等人題詩，前後有“蘭雪軒”、“洪印頤煊”、“筠軒收藏圖書”等印。

（5）唐昭宗賜吳越錢武肅王鐵券摹本：吳廷康、僧達受為頤煊子瞻墉（字小筠）題籤，楊孫芝、劉喜海等題詩。

（6）劉喜海、僧達受等數十人與洪瞻墉往還書剳一巨冊。

同時還看到黃瑞手稿一批。黃瑞字子珍，同治間臨海學者，著有述思齋叢書，生前多未刊行。在書堆中匆匆檢尋，有《台州書畫識》十卷（同治十年自序）、《宋太府卿王清叔先生年譜》（清叔名卿月，台州人）、《明國史翰林院編修晉府長史伯賢朱先生年譜》（伯賢名右，臨海人，明初學者，著有《白雲稿》）、《康熙六十年以來府屬官總集》、《康熙臨海志校勘記》、《臨海古迹記》、《台岳鴻泥集》、《愛日草堂家言》、《臨海著錄考》（原四卷，存卷二至四）、《同治臨海志擬稿》、《台考》（四冊，臨海何柏章、梁器續輯，黄瑞校錄）、《赤城三集》（七冊）、《台州金石錄》、《台海叢書》、《補正天一閣碑目》、《黄氏世譜》、《臨海西嶼陳氏世系表》、《水倚雲山館真迹日劄》、《日運百甓齋甎文》、《傳經樓藏書錄目》、《快雲軒隨筆》、《秋籟閣詩略》（八卷，述思齋叢書二十四之一）、《金鰲山集》（馮賡雪輯，黄瑞校訂）、《舊學齋示兒編》（黄育撰。育字明星，黄瑞父）等二十多種。

此外有操齋公手劄：天台范理道濟題識，齊召南手跋。張太素侍郎自著年譜稿本：太素名文鬱，天台人，天啓二年進士，魯王監國，起工部尚書，著有《度予亭集》，今佚。《焚草十章》：黄道周手稿，崇禎辛未四年三月作。《詞林摘艷》：嘉靖間刻本，半葉八行，行十八字。存七集，題"吴江張祿詳校刊行"。裱本宋拓道因法師碑：唐李儼文，歐陽通書。

繼訪問城内芝麻園十五號洪頤煊故居，石臺門，三合院，樓上供有洪氏遺像。又去巾子山下參觀千佛塔，高七級，頽破特甚，但形式很古。

午後縣委邀開座談會，會上談到臨海文物豐富，但濱海多風，希望在保管和整理工作上，加強領導，采取措施，以策萬全。二時乘車渡靈江去黄巖，翻過三座大山，遠望濃綠叢中，一簇白色房子，就是黄巖城區。車子沿著公路在高山上如流水般一瀉而下，須臾到達平地，穿過大片橘林，抵縣人民委員會，已四時矣。住縣人民委員會招待所。

晚觀越劇《趙氏孤兒》，飾孤兒的小演員年僅十五，演技精采動人。

11 月 27 日，星期一，晴

上午八時半參觀黄巖縣圖書館，古書五萬多冊，貯藏在一排木樓上。有明成化刻黑口本《赤城詩集》，明謝鐸、黄孔昭輯；明鈔本《東瀛遺稿》，存三卷。又有清同光間黄巖學者王棻手稿一批：《文史通義節駁》、《校讎通義節駁》、《柔橋詩集》、《方城遺獻》、《台詩四錄》、《賴軒初稿》、《隨手錄》、《台詩待訪錄補正》等。在書堆中，又發現王棻的祖先和其他黃巖文獻多種。別有《畫簾緒論》一冊，宋人胡太初作，王棻手校，甚精。

十時許乘車繞過橘林，訪近郊九峰書院。其地民國初年原有小型圖書館，今爲幹部訓練班。這一帶林木葱鬱，泉石幽美，是黃巖人民假日遊覽勝地。山際瀑布從水庫中流出，下注水電站。繼回城區訪慶善寺塔，塔原名安寧，晉永和元年建，宋紹興間改名。據推斷，塔可能建於紹興間，距今已八百多年，1958年修理加固。

午後和縣委座談，對古書安全問題，希望加強措施。縣委以大批黃巖蜜橘餉客，分有核、無核兩種，無核者個大，汁多且甜。

二時許乘吉普車離黃巖南去，三時許過白溪，訪雁蕩山合掌峰觀音洞，登七層樓喝茶。停留一小時繼續前進，六時過樂清，七時許繞過大山，抵甌江北岸，冒雨擺渡，船行四十多分鐘，到達南岸，抵溫州專區交際處，已九時矣。

11月28日，星期二，晴

上午渡甌江到江心寺溫州市文物管理委員會調查龍泉三大塔出土文物情況。江心寺位在甌江中心孤嶼中部，東西兩塔對峙，風景絕佳，唐宋詩人過此，題詠甚盛，爲溫州市遊覽勝地。

1956年1月間，龍泉城區三塔毀壞，出土文物甚多。據溫州市文物管理委員會主任方仁堪同志調查，其中兩座即"金鰲叢林"平林塔，建於唐代，坐落城區東大寺山門內大殿前，東西對峙，高七級。從塔基中挖出石函兩具，背鐫"熙寧丙辰正月　日重修"，及"清政耆練文盛諧妻胡氏一娘母□氏□娘捨資重修甲寅"等字。甲寅爲北宋神宗熙寧七年，丙辰爲九年，因此得知此兩塔在熙寧間曾加固重修。

據當地群衆反映，當場拆出開元通寶、太平通寶等唐宋銅錢六七十斤，小銀塔、鎏金古錢、水晶珠等。同時還在兩具石函內發現寫本佛經、木版佛經，以及絹本佛像、經卷等一百多件。現存北宋刻本（也有人認爲晚唐刻本）《妙法蓮華經》卷二、寫本佛經十數卷、宋宣和五年蓮座銀牌兩塊及泉幣等零星物品。

　　另一華嚴塔，坐落龍泉水南四里許金沙寺旁菜圃中。金沙寺又名崇仁寺，據《龍泉縣志》記載，寺建於五代，最上一層有北宋時邑人何執中題詩。當時拆出寫經並繪畫等兩大箱。

　　經溫州市文物管理委員會在當地詳細調查，費了很大力量，纔把未遭毀壞的經卷物品從民間搜集起來，運到溫州市集中保管，除送杭州浙江省文物管理委員會少量經卷和繪畫外，餘數均存江心寺。各種佛經文物名單如下：

龍泉三塔出土文物登記表（據溫州市文物管理委員會提供資料改編）

名　稱	形　狀	高低長短	時　代	附　注
太上洞玄靈寶無量度人上品妙經殘卷	長卷，寫本	長約 4.92 米闊 26.9 釐米	唐乾寧四年	前殘缺，尾有乾寧四年諸葛福題記，出金沙塔。
妙法蓮華經第十二殘卷	長卷，刻本	長 10.49 米闊 29.2 釐米	北宋（一說晚唐）	前殘缺。
佛經殘卷	長斷片，刻本	長 45 釐米闊 29 釐米	北宋	破損，送省文管會，出東大寺雙塔。
金光明經卷三散脂鬼神品	長卷，寫本	長 8.17 米闊 27.6 釐米	唐	完整，有朱漆軸，出金沙塔。
佛經殘卷	長卷，寫本	未量	唐	出金沙塔，送省文管會。
妙法蓮華經信解品第四	長卷，瓷青金字寫本	長 1.545 米闊 29 釐米	宋	前缺，一小學生送還，送省文管會一段，還有一段留溫州市文管會。

名　　　稱	形　　狀	高低長短	時　代	附　　注
妙法蓮華經提婆達多品第十二	長卷，寫本	長 3.53 米 闊 28 釐米	唐	前後缺。
金光明經卷二	長卷，寫本	長未量 闊 29.9 釐米	唐	前缺。
慈悲道場懺第九	長卷，寫本	長 9.30 米 闊 29 釐米	唐	前後缺。
大般涅槃經菩薩品第十六	長卷，寫本	長 7.77 米 闊 27.5 釐米	唐	前後缺。
菩薩戒一卷	長卷，寫本	長 6.23 米 闊 27.2 釐米	唐	前缺。
佛名經卷四	長卷，寫本	長 14.95 米 闊 32.5 釐米	唐	前缺，出金沙塔。
佛說佛名經第九	長卷，寫本	長 5.75 米 闊 29.8 釐米	唐	前缺。
佛說佛名經第二十	長卷，寫本	長 5.90 米 闊 29.7 釐米	唐	前缺。
佛說佛名經	長卷，寫本	長 1.28 米 闊 27.5 釐米	唐	前後缺。
佛經殘卷	長卷，寫本	未量	未詳	送省文管會。
佛經殘卷	長卷，寫本	未量	未詳	送省文管會。
地藏菩薩本願經	長卷，寫本	未量	未詳	送省文管會。
繪畫附寫經	長方形	長 40 釐米 闊 35 釐米	唐	彩色佛教畫，通過展覽，群衆送還，稍有破損，送省文管會。
佛經殘卷	長卷，寫本	未量	未詳	通過展覽，群衆送還，送省文管會。
佛經殘卷	長卷，寫本	未量	未詳	通過展覽，群衆送還，送省文管會。

名　　稱	形　　狀	高低長短	時　代	附　　注
泥塑佛坐像	表面黑色		似宋	
泥塑達摩坐像	表面黑色		似宋	
泥塑蓮臺	黑色圓形單瓣	高 17.9 釐米 腰徑 12.3 釐米	似宋	表面有"林安舍"字樣。
泥塑蓮臺	黑色圓形單瓣	同上	似宋	
泥塑蓮臺	黑色圓形單瓣	同上	似宋	送省文管會。
泥塑蓮臺	黑色圓形單瓣	同上	似宋	送省文管會。
開元通寶	圓形方孔		唐	群衆送還。
開元通寶	圓形方孔		唐	群衆送還。
元豐通寶	圓形方孔		北宋	群衆送還。
元豐通寶	圓形方孔		北宋	群衆送還。
紹聖通寶	圓形方孔		北宋	群衆送還。
太平通寶	圓形方孔		北宋	群衆送還。
太平通寶	圓形方孔		北宋	群衆送還。
太平通寶	圓形方孔		北宋	群衆送還。
太平通寶	圓形方孔		北宋	群衆送還。
銅鏡	圓形小鈕素地	直徑 9 釐米	宋	質薄，邊緣稍厚，出金沙塔。
木板箱	長方立體	高 20.8 釐米 長 41 釐米 闊 25.5 釐米	未詳	缺蓋，但上有洋釘，大可研究，出金沙塔。
鐵方匣	方形立體	高 15.3 釐米 闊 17.3 釐米	未詳	無蓋，銹蝕嚴重。
泥塑佛坐像		高 23.2 釐米 腰徑 12.3 釐米	未詳	頭已破壞，雕刻粗劣，出金沙塔。
磁破碗		高 5.1 釐米 口徑 6.5 釐米	未詳	白磁，質粗，口破，出金沙塔。

續表

名　　稱	形　　狀	高 低 長 短	時　代	附　　注
磁質小佛像	立像	高 3.3 釐米 腹徑 5 釐米	似宋	塑型生動，從群衆中收來。
寫經殘片	被剪爲長條斷片		唐	從群衆中收來。
彩色繪畫碎片			似唐	絹質，大小不一。
太平通寶	圓形方孔		北宋	在雙塔基附近搜集到。
元豐通寶	圓形方孔		北宋	在雙塔基附近搜集到。
宣和五年銀牌	長方形，上端削邊，有孔。	長 7.5 釐米 闊 2.8 釐米	北宋	上刻四十三字。
宣和五年銀牌	已折斷	長 7.1 釐米 闊 2.5 釐米	北宋	上刻五十九字。
鐵釘	釘頭圓扁	長 15.6 釐米	似宋	
銅小佛像	坐像	高 8 釐米 腹徑 3.2 釐米	似宋	
泥塑佛像	立像	高 16.7 釐米 腹徑 12 釐米	似宋	缺下段。
石灰雕捏獅子	橫臥姿勢	高 19.5 釐米 腹徑 31 釐米	似宋	金沙塔附近群衆送來。
石匣拓片	長方	長 57 釐米	北宋	從雙塔基石匣蓋上拓下，鐫"熙寧丙辰正月日復成塔"十字。

　　晚觀永嘉昆劇團楊銀友（蔡伯喈）、周雲娟（趙五娘）、孫采鳳（牛丞相女）等演全本《琵琶記》。

11 月 29 日，星期三，雨

　　上午去江心寺文物管理委員會再度調查龍泉三塔所出寫經和

其他文物情況：

　　刻本《妙法蓮華經》卷二殘卷：前缺兩版多，有後題。現存五百六十三行，每版二十六行，行十七字。朱漆木軸，出龍泉東大寺雙塔內。"世"字不缺筆，"愍"字缺筆作"愍"，但不能因此就斷爲唐刻本。宋版佛經"愍"字有時也作"愍"，臨安府賈官人經書鋪刻的《妙法蓮華經》就是如此。但由於許多特點，字體既凝重有度，又剛勁有力，柳筋歐骨，和《開寶藏》字體大不相同。而且同時出土的，多數都是中唐或晚唐寫經，所以有人認爲這也是晚唐刻本。總之，這卷殘經對中世紀雕版史研究上，是一個非常重要的發現。

　　唐寫本《太上洞玄靈寶無量度人上品妙經》（道經）殘卷：前缺數行，行十七字。烏木軸。紙潤墨鮮，和我過去在上海見到的唐會昌三年蘇州虎丘山藏寫本《出三藏記集錄》近似。字體厚重，朱絲欄，又和北宋海鹽金粟山大藏經，有相似的地方。這是晚唐江南寫經獨特風格，和敦煌寫經迥不相同。卷後題記四行：

　　　　乾寧四年丁巳歲七月十日鎮海軍節度左押衙銀青光祿大夫檢校工部尚書兼御史大夫上柱國諸葛福奉爲母親朱氏捨淨財敬造此經四十卷，《本際經》一部十卷，入通玄觀藏轉讀。

　　唐寫本《大般涅槃經》菩薩品第十六殘卷：前後缺。出東大寺雙塔內。烏絲欄，行十七字，就字體看，疑是唐中葉寫本。

　　唐寫本《妙法蓮華經》卷第四殘卷：前後缺，出東大寺雙塔內。就字體看，疑是晚唐寫本。

　　寫本《菩薩戒》殘卷：前缺，行十七字。有後軸。出東大寺雙塔內。就字體看，疑是中唐寫本。後題後有題記二行：

　　　　處（原脫州字）龍泉開悟寺知大殿功德寺沙門紹疑錄，信佛法師水墨僧口受持此戒經古記。

　　宣和五年蓮座銀牌兩塊：出東大寺雙塔內，刻鏤甚精。正面鐫題記各五行：

　　　弟子季啓賢同妻張九娘捨錢一貫助造塔，並隨年錢，願
生生世世所集殊利，成無上道。宣和癸卯七月　日謹題。

　　　女弟子季三大娘捨錢一貫沃（？）助造塔，寫《金剛
經》一分，並隨年錢所集，殊利今生，報盡來世，轉女成
男，早明心地，發菩提心，成無上道。宣和癸卯七月　日。

又在江心寺看到明黑格鈔本《東嘉英橋王氏族譜》十卷六
冊，題"八世孫澈輯，五世孫叔果、叔杲重輯"。王叔果字育
德；弟叔杲字陽德，《溫州府志》、《永嘉縣志》俱有傳。此書孫
詒讓《溫州經籍志》未見著錄。

正午因患感冒，未外出。晚冒雨往觀永嘉昆劇團《長生殿》
"驚變"、"埋玉"，《荊釵記》"見娘"和全部《殺金記》。

11月30日，星期四，雨

上午因感冒未愈，在寓所休息。

下午去滄橋河下溫州市圖書館參觀，館長梅冷生老先生親自
招待。梅老先生高年碩學，記誦淵博，親自開樟木箱搬書，熱情
可感。溫州市圖書館藏古書達二十多萬冊，其中地方文獻不少。
這次看到的計有：

《萬曆溫州府志》十八卷：明萬曆三十三年刻本，湯日照、
王光蘊纂修。半葉九行，行十九字。缺前序。分輿地、建置、兵
戎、秩官、祠祀、食貨、治行、選舉、人物、藝文、雜誌等十一
門。棉紙初印，爲國內僅存之本。

《隆慶樂清志》七卷：孫氏玉海樓藏舊鈔本，侯一元纂修。
分壤地、廨宇、財用、秩祀、官師、人物、志餘七門。孫詒讓墨
筆批校。

《康熙青田縣志》十二卷：康熙二十五年刻本，雍正六年增
訂。張皇輔、錢喜選纂修。

《雁山志》四卷：孫氏遜學齋鈔本，明胡汝寧撰。雁山即雁
蕩山。明萬曆中據朱諫舊志重修，傳本罕見。孫詒讓據翰林院舊

藏明刻本倩人重寫，遂傳於世。《四庫全書》入地理類存目。

《仙巖志》十卷：明崇禎刻本，明李璨箕撰。仙巖山在瑞安縣境。李璨箕任瑞安知縣時據王應辰舊志重修。

晚到戲曲學校觀溫州亂彈戲《花園比槍》和《浪子踢球》。《花園比槍》由青年學員陳玉蓮飾高懷德，洪永娟飾趙美蓉，並由陳麗娜、朱秋霞分飾大小丫環。陳玉蓮嗓音洪亮，繞樑三匝，精采之至。《浪子踢球》由老藝人朱寶貴飾韓世忠，曹陳龍飾梁紅玉。二人相對踢球時，舞蹈動作優美。此劇疑輾轉從宋元南戲改編，需要進一步瞭解研究。

12 月 2 日，星期六，晴

溫州市圖書館收藏著不少地方文獻和歷史資料。如《蜀有聞》八卷：舊鈔本，清初金之翰撰。之翰字公藩，鎮海人。記四川形勝掌故甚詳。《新鐫增補宋岳鄂武穆王精忠匯編》十四卷：明萬曆刻本，明武林高應科編輯，永嘉陳有孚校正，三衢徐瑞鰲助梓。輯岳武穆事迹和後人懷古悼念之作。《通漕類編》：明刻本，明王在晉撰。記明代漕運史料。《蝴蝶夢傳奇》，舊鈔本，明末陳一球撰。一球，樂清人。題“雁蕩非我道人、孤嶼丹丘道人編次”。《漁邨記》：乾隆刻本，韓錫祚撰。錫祚字湘巖。題“河千妙有山人漫筆，青田湘巖居士評點”。書都罕見，紀之備忘。

晚觀永嘉昆劇團楊永棠（張羽）、楊銀友（柳毅）、周雲娟（舜華）、孫采鳳（瓊蓮）等演全本《蜃中樓》。

12 月 7 日，星期四，晴

溫州市圖書館藏明弘治間刻本《東甌詩集》八卷，《續集》八卷，明趙諫編輯。這是一部地方詩文總集，流傳絕少。中引《琵琶記》作者高則誠詩二十五首，目次如下：

和趙丞旨題岳王韻　積雨書懷　送徐方舟之岳陽　採蓮曲送越中吳本中　和李別駕賞牡丹　題畫　次韻酬高應文　宿先公房曉起偶成　夏夜獨坐簡胡無逸二首　楊季常約至山中既而不果因

以詩寄三首　題蘭　賦幽慵齋　送張從善　題明妃出塞圖　桶底圖歌　西湖葛嶺瑪瑙寺僧芳洲有古琴二一名石上枯一名蕤賓鐵爲賦詩二首　題畫　題畫龍　題畫虎　題蕭翼賺蘭亭圖　白紵篇送顧仲明

《東甌詩集》中又引宋人周行己詩一首、許景衡詩三首、趙汝回詩十首，有幾首詩可補《四庫》輯本周氏《浮沚集》、許氏《橫塘集》，與《江湖後集》內趙汝回詩之缺，亦一併鈔出。

晚觀永嘉昆劇團演全本《風箏誤》。

12 月 10 日，星期日，晴

瑞安閭巷陳氏爲高則誠外祖家。其家家譜後附《清潁一源集》二卷，中引高則誠詩二十六首，與《東甌詩集》多複，疑《東甌詩集》所引詩即從《清潁一源集》轉引。因推斷，明中葉時，高則誠《柔克齋集》在溫州一帶已不易得見全書矣。《清潁一源集》有傳鈔本存溫州市圖書館，中有高氏傳記，逐錄如下：

> 高天錫號南軒，長子俊甫名彥，號梅莊。次子功甫，亦二子，長高明字則誠，次高誠字則明。南軒爲吾杏所公半子，梅莊視吾則翁公爲舅父，而少垣公又妻則誠以女，居又同里，故其詩從前附刊《清潁一源》。今從殘缺中得二十六首，另行刷印，名曰《高氏家編》。

又從明人李燦箕《仙巖志》中鈔出高則誠《重遊仙巖寺》詩一首。我從事高氏《柔克齋集》校輯工作已多年，因見聞有限，未能畢工。今來溫州，得讀未見之書，爲之大快。

晚觀永嘉昆劇團楊永棠（鄭元和）、周雲娟（李亞仙）等演全本《繡襦記》。

12 月 12 日，星期二，晴

江心寺文物管理委員會除藏有龍泉三塔遺物外，還陳列著近年溫州一帶出土的大批石刻碑版，擇要調查如下：

晉朱曼妻薛買地券：咸康四年二月立。篆書。1903 年出平陽南鄉鯨頭村。字體與"天發神讖碑"相近。近年石已斷爲兩塊，但未損字。羅振玉《地券徵存》著錄。

宋吳煇墓誌：崇寧二年十月立。張商英撰文，鄧洵武書丹，吳伯舉篆蓋。出永嘉暘奧鎮。

宋薛叔似墓誌：嘉定十四年十一月立。1915 年出土，解放後移置江心寺。叔似永嘉人，官至端明殿學士，嘉定十四年五月卒，《宋史》有傳。志載遷拜各官年月特詳，與《中興館閣續錄》等書所載，微有差別。末鐫“王師安刻”四字，其名又見孫詒讓《東甌金石志》蘇景仁壙記，與明嘉靖間黃氏文始堂鈔本薛師石《瓜廬詩》。師安以石工兼木刻工，同例他處未見。

宋葉適墓誌：墨書三行，文爲“大宋吏部侍郎葉文定公之墓，淳祐十年吉立”十八字。外護綠釉，光彩耀目，審是龍泉窯燒製品。《宋史》本傳稱適諡“忠武”，據志知當作“文定”。1940 年出市區慈山墓地，出土時斷爲兩段，幸未傷字。

謝師護等捨佛像塔灰題記：出溫州市區，宋嘉祐四年十一月。

婁琯妻薛氏墓誌：出溫州市區，宋紹聖三年十一月。

妙果院造塔題名：妙果院塔內出土，宋政和元年九月。

吳煇妻祝氏墓誌：與吳煇墓誌同時出土，宋政和三年十二月。

陳鎬妻劉氏墓誌：出永嘉郊區，宋紹興元年七月。

林克誠磚誌：出永嘉郊區，約宋淳熙年間。

朱義明妻沈氏壙誌：宋淳熙八年十月。

徐時義妻黃氏壙誌：宋淳熙十六年四月。

趙昌裔壙誌：宋淳熙十五年十一月。

趙昌裔妻沈氏壙誌：宋嘉定十五年二月。

徐德寶造墓告神文：宋寶慶二年。

陳世庠壙誌：宋紹定三年三月。

林方正妻鄭氏墓碣：宋端平二年十月。

葉德安壙誌：出永嘉仁王山，宋寶祐四年十二月。

戴炳壙誌：出瑞安帆遊鄉，宋景定二年十月。

鄭應先妻陳至寧壙誌：宋咸淳四年正月。

項璉墓誌：出瑞安西鄉，宋咸淳十年十二月。

馮道寧壙誌：宋德祐二年四月。

項珂妻蔡體淑壙誌：宋祥興二年八月。

項則祖妻林氏壙誌：元至元二十一年十一月。

項珂壙誌：出瑞安西鄉，元大德七年十月。

上舉石刻文字，除徐德寶造墓告神文，收入孫詒讓《東甌金石志》外，餘皆近年出土。這些碑刻，對研究宋元史事和溫州掌故，都是第一手資料。

12 月 16 日，星期六，陰雨

上午地委張書記、閻專員和地委宣傳部董副部長邀開座談會。會上談到江心寺房屋矮小，且係木結構。溫州秋季多風，江水上漲，水火堪虞。關於文物安全問題，希望加強領導，采取措施。張書記、董副部長對此項意見表示接受，並立即行動，以策萬全。

下午到溫州戲院觀青年學員演亂彈戲《高機與吳三春》中"訂情"一段。又觀永嘉昆劇團楊銀友、周雲娟演《獅吼記》"梳妝"、"跪池"兩出。此記輟演已多年，演來仍是絲絲入扣，動人心弦。

12 月 17 日，星期日，晴

上午八時半乘車去瑞安，九時半到達。瑞安地濱靈飛江，物產富饒。氣溫比溫州約高兩度，陽光照在臉上，有點焦辣辣的感覺。街上適有集市，大花生、橘子、香蕉、雞鴨蛋滿街都是。我們一行六人在孫氏玉海樓前下車。玉海樓坐落瑞安城關金帶橋三號，現為瑞安縣文物管理委員會。

玉海樓中廳楹聯題"閣上著書劉向臥，門前修刺孔融來"。廂房楹聯題"衛鼎梁磚百世物，周經漢注六官篇"。又題"千秋墨學明兼愛，滿架甌聞示敬容"。都是孫仲容先生或其父衣言先生遺物，讀後可想見前輩風度。

樓下文物室陳列著近年瑞安四郊焦石、陶山、西岙等地出土的新石器，城北三十里桐溪水庫出土的漢六朝墓葬遺存。還有郊區出土的宋、明墓誌二十三方，也陳列在東西墙兩旁。

解放後從各處集中來的圖書約三四萬冊，都在二樓，其中頗有佳本。如《字鑑》五卷：瑞安學者方成珪校訂，道光二十四年自跋。《吳氏家乘》：明黑格鈔本，殘存一冊。《萬曆永嘉縣志》：明萬曆二十八年刻本，邑人王光蘊纂修，存卷八至十一，僅四卷，傳本絕罕，孫詒讓編《溫州經籍志》時稱未見。《榕鄉風味》：清鈔本，清林喬蔭著。《溫州海島圖》：清繪本。《淮南鴻烈解》二十一卷：明萬曆十年茅一桂刻本，孫詒讓硃筆據陳奐校宋本詳校並作跋（陳奐校本，舊存上海涵芬樓，現藏北京圖書館）。《證治寶鑑》：存上卷，明刻本，題"直聖濟殿太醫院院判古汴俞橋子木著"，傳本罕見。《説郛》：明藍格棉紙鈔本，殘存十九厚冊。《霽山先生白石樵唱》六卷《文集》四卷：清鈔本，宋詩人林景熙撰，前人據明嘉靖十年馮彬刻本迻錄，乾隆三十四年鮑廷博硃筆精校，《知不足齋叢書》本即據此本重刊。《黃文簡公介庵集》十一卷：清鈔本，明黃淮撰。淮字宗豫，永嘉人，洪武丁丑進士，官至武英殿大學士，《明史》有傳。孫詒讓據明刻本校過。《妙法蓮華經見寶塔品第十一》：唐寫本，存四十六行，1939 年平陽縣錢倉三塔圮其一，出《妙法蓮華經》、《金光明經》若干卷，此即其中一段。《溫州經籍志》約六卷，《墨子閒詁》卷十，皆孫詒讓手稿。

下午忽下小雨，氣候轉涼。四時乘原車回溫州。

晚觀永嘉昆劇團楊銀友、周雲娟等演全本《八義記》。

12 月 19 日，星期二，陰

侵晨七時十分，乘公路早班車離溫州，沿甌江西上，青山如黛江似帶，風景之佳，筆難盡述。過青田，遠望山際，有劉伯溫祠廟。俄轉西北行，兩山夾峙，路漸陡，車行較緩。此地氣溫比溫州約低四、五度，北風吹來，漸有寒冷感覺。經麗水、縉雲，路漸平坦。到永康，停車修理，誤點兩小時。換車開抵金華市，已晚上八時許。住專區交際處招待所。

12 月 20 日，星期三，陰雨

上午去八詠樓參觀圖書文物。八詠樓原名玄暢樓，齊梁時太守沈約創建，有八詠詩，北宋至道間因改今名。現爲金華市文物圖書保管處。古書有明刻本《古今絕句》（許乃普跋）、天啓刻本徐昭慶《檀弓通》、萬曆刻本安世鳳《詩批譯》，並堂策檻本《五雅》等。字畫以《賓月樓卷》最名貴。賓月樓乃宋理宗朝參知政事陳韡福州故居。原圖已佚，後人爲補繪一圖。明、清兩朝楊曤（永樂丁酉）、林枝（宣德八年）、林志、羅震、嚴貞、周益簡、林寵、高棣、謝肇淛、陳介夫、徐煬、梁章鉅等題詠甚富。又有明人張瑞圖《崇禎壬申詩卷》，清人錢籜石《仿王元章墨梅卷》，趙撝叔《芙蓉芭蕉卷》，洪亮吉、王文治尺牘，皆佳。

下午乘車訪冰壺洞、黃龍洞，洞在金華北山，車子盤山而上，抵一座設備完善的招待所前下車。冰壺洞深一百四十米，拾級而下，泉水從洞底噴射，水花四濺，蔚爲奇觀。黃龍洞洞中有洞，乘小舟側臥進第二洞，洞內有照明設備，巖石瑰奇，不可方物。外洞壁間有明、清人摩崖題詩。歸途遇雨，抵寓所已五時許。

晚觀戲曲學校小學生演婺劇《東吳招親》、《僧尼會》、《三堂會審》等劇。

12 月 21 日，星期四，陰

上午赴金華市師範學校觀太平天國侍王府彩畫和盤龍石雕。

下午三時到車站送陸京安同志回杭州。臨別，除向他致謝外，並請他向浙江圖書館領導同志代達謝意。七時乘滬閩通車離金華去福州。

12 月 22 日，星期五，晴

天剛亮，火車已過邵武，正沿著閩江上游富屯溪蜿蜒東下。

滿山竹木葱翠，沿江數百里，一望無際。江中沙淺灘多，浪花四
濺。風景之佳，如置身畫廊，描繪不盡。上午十時左右，過南
平。下午三時四十分到達福州，省博物館館長何必然同志乘車來
接，盛情可感。住西湖省人民委員會招待所。招待所爲清末福州
藏書家龔少文大通樓改建。所內錦色斑斕，花事甚盛，溪邊梅樹
正含苞待放，龍眼荔枝樹綠蔭如蓋。八閩風光，畢竟不凡。

12 月 23 日，星期六，晴

上午省圖書館館長薩兆寅同志來訪，偕往省圖書館參觀。二
樓福建文獻資料庫藏書豐富。明版書有何喬遠《閩書》，丁繼
嗣、陳儒修等纂修《萬曆建寧府志》，李本固纂修《萬曆汝南
志》，朱衡《道南源委錄》，鄭大郁《經國雄略》等。鈔本書有
謝肇淛《小草齋滇文》、《長溪瑣語》等，皆罕見。別有明成化
刻本《事物紀原集類》，後有明崇禎間徐興公手跋：

> 此書國朝正統間趙祭酒始傳之，門人南昌閻敬梓而行
> 之，逸作者姓名。予細玩篇中述事至宋仁宗而止，仁宗之後
> 殿閣原始不載，乃有神宗熙寧太一宮，則熙寧中人所著也。
> 崇禎庚辰仲夏七十一翁興公書。

興公名㶿，字惟起，閩縣人。萬曆間與曹學佺同主閩中詞
盟，稱興公詩派。居鼇峰，刊《淳熙三山志》。著有《鼇峰集》、
《桐陰新檢》、《徐氏筆精》、《鼓山志》、《雪峰志》、《紅雨樓書
目》等。藏書甚富，積五萬餘卷，卒後多歸鄭傑注韓居。此書
題識猶新，名賢手澤，可寶也。

下午偕薩館長參觀福建師範學院圖書館，藏書以本省文獻資
料最富。明正德刻本林庭㭿纂修的《福州府志》稱甲選。惜缺
首冊，明人鈔配，徐興公手跋，跋文鄭傑輯《紅雨樓題跋》
未收。

12 月 24 日，星期日，陰雨

上午省文化局盧令和副局長來訪，安排行程，決定先去建
陽、建甌，回福州，再去閩南。

下午到省圖書館看書。地方文獻有楊雪滄《冠悔堂金石題跋》、葉大壯《閩中金石志》、林輅《清源（泉州）文獻纂續合編》、謝章鋌《賭棋山莊書目》，他處皆罕見。

12 月 25 日，星期一，陰雨

下午參觀西湖公園內省博物館，展品豐富，觀後得益不少。解放後福建省各縣山地、江邊和平地的高阜上多發現新石器。閩侯曇石山遺址堆積層厚達兩米，出土的陶器有黑皮磨光陶、紅磨光陶和綵繪陶等。福州市出土的紀年塼有東晉永和、南齊永明兩種。各地宋元墓葬中出土的銅器、瓷器、石俑和墓誌等也不少。福州市明代兵部右侍郎張海墓葬中出土的床、桌、椅、架、盆、桶等一套錫製小傢具，雕製精工，尤爲別致。

12 月 26 日，星期二，陰，下午有小雨

上午到省文化局禮堂作報告，談"建本源流及其影響"。

下午偕薩館長乘車訪西禪寺。西禪寺位在西郊怡山麓，佔地百餘畝，全寺有大小建築物四十多座。唐時初名清禪，又改延壽，宋景祐間敕號怡山長壽禪寺。寺內古迹文物有唐荔、宋荔、唐咸通八年古井等。1953 年附近楞伽山出土石刻一方，首題"唐福州延壽禪院故延聖大師塔內真身記"，現已移至寺內保管。師名大安，係本寺開山祖師。

又訪慶城寺閩王王審知忠懿王祠，觀琅琊王德政碑、忠懿王廟碑銘。德政碑唐天祐三年立，于兢撰。忠懿王碑銘，宋開寶七年立，錢昱撰。螭首龜趺，文字除個別外都完好如新。德政碑全文，又見吳任臣《十國春秋》、馮登府《閩中金石志》。繼訪烏山下無垢淨光石塔，俗稱烏塔。唐貞元間建，七層檐，八角形，現正加固重修。塔頂葫蘆內曾發現鎏金銅佛、玉環、銅牌等物，銅牌鎸"侯官縣文興鋪募緣首王晉重修寶塔"等字，似宋代物，現存省博物館。

閩王王審知墓在福州北門外二十里西室山。原有唐同光四年張文寶撰墓誌，久佚不傳。近在《閩忠懿王族譜》中發現全文，爲研究五代史和海外交通史重要資料。《閩王族譜》有鈔本，又有清道光重刻本，現藏福州市王鐵藩同志處。

12 月 27 日，星期三，上午晴，下午有小雨

上午七時半偕薩館長和劉基固、柯秀桐、林志鴻三同志同乘吉普車離福州去建陽。沿閩江北岸傍山西上，俄轉西北行，進入閩北山區。層巒疊嶂，綿延不絕，一片蔥蔥鬱鬱，盡是林海。繞古田水庫南岸，穿過攔河壩，十二時半到達古田新城區。飯後繼續西進，越過一千四百米高的籌嶺，雲霧迷漫，視度極低，到建甌已下午七時許。沿建溪西行，九時半抵建陽第一招待所。從福州到建陽，行程三百五十公里。

12 月 28 日，星期四，晴

上午拜會縣委張書記，稍談即同往大街看鐵井欄，形制古拙，似明時物。又到文化館，看蔡氏《九倫書》版片，紅梨木雕。又看黃道周寫刻的"此中世外"扁額，和崇禎十四年余光彩、余天傑等捐田給寺院的碑記。

下午沿建溪西行五華里訪考亭書院，宋時朱熹聚生徒講學於此。門前有明嘉靖十年蔣詔和張儉建立的兩座石牌坊，雕製精美。院內有元建寧路考亭書院記石刻一座，熊禾撰，張仲儀書丹，賈仁篆額。碑文又見熊禾《勿齋集》，《建寧府志》和《建陽縣志》均著錄。惟碑陰洪武四年黃從義、李泂鑿款數行，府縣志未提及。第四進爲考亭，高三層，登高四望，蔬菜和豆類作物一片碧綠，真是豐產現象。

據瞭解：宋建窰窰址在蘆花坪、牛皮壠一帶，近年時有殘片出土。東北鄉崇雄有宋慈墓，墓前有碑記，現爲省級文物保護單位。慈字惠父，宋淳祐間人，著有《洗冤錄》。

建陽爲宋時東南文化中心，建本行銷四方，遠及高麗、日本。清初朱竹垞詩云："得觀靈谷山頭水，恣讀麻沙里下書。"查初白詩云："西江估客建陽來，不載蘭花與藥材。點綴溪山真不俗，麻沙村裏販書回。"當時書業活躍情況，可以想見。康熙

後書業日趨衰落，又屢遭火災，昔年冊府，今成陳迹矣。

12 月 29 日，星期五，晴

上午乘車循建溪西行三十五公里，到達麻沙。從水南過橋到水北，參觀西江會館萬壽宮、黃氏宗祠、九峰書院。又訪橫渠書院，内有洪武二十二年"宋儒邵國獻公張橫渠書院記"石刻一方。回到麻沙公社辦事處休息。公社藏活字本《劉氏宗譜》一巨冊，劉氏在唐末已是麻沙大族，水南渡口有唐樟，大可五、六人抱，相傳即其家唐時所植。據統計，麻沙劉、黃、余三姓戶數較多，虞姓僅兩戶。山地遍生竹子，是造紙原料。又産樟、楠，附近莒口、書坊兩鎮梨樹最多。這些樹木，以前都可刻書。

下午乘車西南行，十二公里到達書坊鎮。訪墨池、書坊門兩遺址。墨池是個方形水潭，面積不大，爲過去書坊印通書時取水之所。民間傳説書坊工人用池水印書，可使書籍色澤特別鮮潔。書坊門在小山坡上，從山坡到平地，這一帶過去都是書肆作坊，早已焚燬無餘矣。最後在書坊公社書坊大隊余咸清同志家發現《書林余氏重修宗譜》十二冊，譜爲余振豪、余兆陽纂修，光緒丙申新安堂活字印本，前有元至正間劉齡之序文。余姓唐末從揚州遷來，世爲書林大族，是宋元時刻印書籍較多的一家。六時許乘車回到建陽。

12 月 30 日，星期六，雨雪

晨起大雪。八時半乘車東返，十時許到建甌招待所。建甌宋爲建寧府，元爲建寧路，明清復爲建寧府。宋元以來文化發達，人文極盛，也是刻書出版中心。

下午雪勢愈大，泥濘載道。冒雪參觀文廟，石刻十多塊，"元建寧路重修儒學記"書法最佳。又訪文化館，墻角有石刻建寧府地圖，和清代禁止商販設私秤進行交易的碑記。又在殘破書堆中發現康熙乾隆間契紙兩大冊，都是很重要的歷史資料。

12 月 31 日，星期日，微雨轉晴

大雪封山，四鄉交通斷絶，不得已於下午四時折回建陽度歲。

1962 年 1 月 2 日，星期二，晴

上午七時許乘車離建陽，下午六時半回到福州，仍在西湖招待所。

1 月 3 日，星期三，晴

上午八時許，吳利珍同志邀游鼓山，同車前往。進湧泉寺，循靈源洞喝水巖拾級而上，兩旁宋元以來石刻如林。到藏經殿，觀徑山方冊藏。相傳寺有元延祐二年建陽後山報恩萬壽堂陳覺琳刻的毘盧大藏殘帙，未見到。

鼓山位在福州市東南郊，離市區約十二公里。重巒疊翠，林木參天。山巔有巨石，形狀如鼓，因以為名。山中摩崖石刻多數集中在靈源洞一帶，宋刻石最多。龍飛鳳翥，各極其致。石刻中紀年最早的，要數"邵去華、蘇才翁、郭世濟、蔡君謨慶曆丙戌孟秋八日游靈源洞"二十四字那一塊，字徑達六十釐米，蔡君謨（襄）書，刻在蹴鼇橋東面石壁上，惹人注目。喝水巖下石洞中大"壽"字，正書，高約八米，廣約三米，傳是朱熹手筆，為摩崖石刻中最大的一個字。還有朱熹寫的"天風海濤"四字，刻在㠀嶼峰大石上。此外宋人高郵孫覺、延平黃冕、邵武李綱、長樂張元幹、餘干趙汝愚、龍泉何澹、襄陽王之望、眉山李鑰、浦城真德秀、莆田陳宓、福清林希逸、元人金陵楊剛中等，也都有題名。

1 月 4 日，星期四，晴

省圖書館收藏本省地志最多。山志有蕭震的《道山紀略》，郭柏蒼的《烏石山志》，僧元賢的《鼓山志》，魏傑的《九峰志》，徐𤊶的《雪峰志》，潘守正的《雪峰山志》，謝肇淛的《方廣巖志》、《太姥山志》，楊浚的《清水巖志》、《白樵志略》，詹繼良的《屏山志》，翁國梁的《洞天巖志》等。水志有姚循義的《西湖志》、劉家鎮的《小西湖志略》、陳池養的《莆陽水利志》、黃天全的《九鯉湖志》等。鄉志有失名的《洪塘小志》、白花洲漁的《螺洲志》、楊浚的《湄洲嶼志略》、詹繼良的《五夫子里志》等。雜志有鄭傑的《閩中錄》、彭光斗的《閩瑣記》、施鴻保的《閩什記》、陳雲程的《閩中摭聞》、海外散人的《榕城紀聞》、凌登明的《榕城隨筆》、林春溥的《榕城纂要》、王紫華的《榕郡名勝輯要》、林楓的《榕城考古略》、黃海的《續莆陽比事》、林登名的《莆輿紀勝》、楊瀾的《臨汀掌故》、劉家謀的《鶴場漫志》等。外省都罕見，記之備查。

1月5日，星期五，晴

上午十一時偕省博物館何必然館長和劉景鑣、林志鴻兩同志乘火車去廈門，下午五時過南平，九時過三明，午夜過戴山，山高風大，天氣驟冷。

1月6日，星期六，晴

天剛亮，火車正沿著海堤駛向廈門市近郊。七時許到達廈門站，住廈門市交際處招待所。招待所位在小山坡上，住房用花崗石、紅磚砌成，美觀堅固。院內木瓜樹結實累累，水仙、月季、玫瑰花正盛開，幽香四溢。還有許多亞熱帶花艸，都不知名。

下午參觀市圖書館，中文舊書四萬多冊，中有鈔本宋人郭印《雲溪集》、李處權《崧庵集》、李正民《大隱集》，乾隆間從《永樂大典》輯出，開卷有淡紅色"翰林院印"一印，是第一次謄清的《四庫》底本。原爲張鞠園藏書。張名祥雲，晉江人。嘉慶間官廬州知府，藏書多佳本，黃丕烈藏的殘宋本《輿地廣記》，即其家遺物。此三書紙敝墨渝，已無法翻閱。又有明萬曆刻本何喬遠《名山藏》殘本，亦破損待修。

1月7日，星期日，陰

上午參觀廈門大學人類博物館，重要展品有龍巖、長汀、武平、永春等地出土的新石器，閩侯曇石山、福清東張鎮和廈門等地出土的彩陶，泉州瑞風嶺出土的五代時朱雀、玄武、青龍、白虎花磚，鄭成功抗清遺物練膽石刻、國姓瓶（火藥瓶）和晉江白沙島采集的鐵盔甲片，閩東和浙南平陽發現的畬族勅書和泉州的畲族《雷氏族譜》等。還有一幅臺灣大地圖，縮尺約六萬分之一，下端南鳳山以下稍缺，圖中諸羅縣尚未改稱嘉義，繪製時期約在清乾隆十年林爽文起義前。

下午歸途訪南普陀，壁間有乾隆五十三年碑文，文字完好。登藏經樓，觀崇禎十七年雲麓寺女尼通戒血書《妙法蓮華經》。大殿前檳榔、菩提、芒果樹枝葉茂盛，綠蔭如蓋，非常美觀。步至半山，相思樹、觀音竹翠色宜人，白山茶、夜來香正盛開。眺望大海，在石亭前小憩，遍觀摩崖石刻。

1月8日，星期一，晴

上午九時乘車穿過海堤，訪鼇園，一行在集美解放紀念碑前攝影留念。

下午參觀集美學校圖書館，黃道周七絕詩三十首立軸，最佳。又有宋寶祐間刻《通鑑紀事本末》，明南監印本，書非罕見，但在此地可算第一珍本矣。

晚觀戲曲學校小學生公演梨園戲《陳三五娘》、《公主別》、《太保奏》和高甲戲《白蛇傳》。

1月9日，星期二，晴

上午到鼓浪嶼，訪鄭成功紀念館和鄭成功水操臺故址，石築塞門。登日光巖絕頂，俯瞰全島，山光水色，風景絕佳。下山循菽莊花園四十四橋，渡海，回到廈門市。

下午二時到廈門大學爲閩南圖書館工作人員學習班做報告。晚觀廈門市歌舞團演出，節目新穎，有臺灣高山族和印度尼西亞舞蹈、雨傘舞等。

1月10日，星期三，晴

從市圖書館借閱林樹梅著《歗雲詩文鈔》。樹梅字瘦雲，金門人，道光間曾參加和策劃抗英戰爭，到過臺灣兩次，是一位富有正義感的愛國志士。文鈔中有下列諸文，錄之備查：

卷一　論臺灣水利書　論鳳山水利書

卷二　論徵臺穀書　與巽夫茂才論金門志書

卷三　鳳山縣新舊二城論

卷四　渡臺灣記　再渡臺灣記　臺郡四邑記程

卷五　嘉義陣亡將士祠墓碑記　前明魯王墓圖記　前明寧靖王祠墓記

卷六　廣東水師提督李公傳　江南提督忠愍陳公傳　福建布政司經歷朱公傳

卷十　閩海扼要圖説　海道説　巡哨説　占測説　戰艦説　剿捕説

卷十一　從軍紀略

卷十二　全閩備海六策　廈金二島防禦策　補陳戰守八策　海澄刺嶼尾置戍策　金廈沿海事宜策　漳廈安民禦寇狀

又借讀明人盧若騰著《島噫集》，1931 年鉛印本。若騰字閑之，同安人。崇禎中進士，後入鄭成功幕，策劃抗清。詩篇感時傷事，頗有佳作。此小冊據道光間林樹梅藏本付印，他處未見。

據市圖書館方文圖同志談：道光間富陽人周凱纂修的《廈門志》和周凱《內自訟齋文集》、呂世宜《古今文字通釋》，此三書版片原存廈門市內，抗戰期間燬於戰火，非常可惜。《廈門志》刊工多是泉州人，咸同間泉州有一村，男女都以刻書爲業。《金門志》較《廈門志》少見，市圖書館有一本。1858 年廈門洋人投資成立萃經堂，開始以鉛字印書。1902 年廈門大火，書坊盡燬。明代抗倭名將俞大猷的《洗海近事》，道光間廈門有刻本。英文《廈門志》，聞在市博物館。文圖同志博學洽聞，記之備查。

晚觀薌劇《火燒樓》，演劉月英、王三福戀愛故事。

1 月 11 日，星期四，晴

上午十時，乘車離開廈門，過九龍江大橋，穿過大片龍眼荔枝林，十一時半到達漳州市，住龍溪專署交際處。

下午參觀市圖書館，古書堆置一室，殘破居多，且遭水濕，正在清理中。又參觀市博物館，有鎮守福建、金門等處地方總兵官陳龍墓誌，密行細字，由青石四塊拼成。龍字麟長，漳州人，卒於康熙三十八年，曾參加清初東南沿海戰事。又五代陶俑數品，1961年漳州北門外三公里處出土。繼訪文廟，見元延祐五年"漳州路儒學大成碑記"，莆田林雨撰，書法甚佳，惜歲久石裂，碎爲兩塊矣。

1 月 13 日，星期六，晴

上午八時許乘車訪問漳浦縣，路旁荔枝、龍眼、香蕉林特多，山坡上遍植菠蘿，這一帶可稱閩南水果之鄉。九時半到達。休息後即往虎山訪黃道周暨其妻蔡玉卿墓。墓地面積不大，除墓碑外，並無其他建築物。

下午參觀縣博物館，見紙本宋代帝王像一大冊，從宋太祖至度宗，凡十五帝，後附魏王廷美一幀，出趙家城趙姓家。又有康熙間統轄臺澎水陸官諡襄敏號荊璞藍公墓誌，用墨石四塊拼成，密行小字，形制與陳龍墓誌同。

繼往城關公社石齋大隊訪問黃道周紀念館，原爲黃道周講學處，即黃氏明誠堂故址。入門，月季、薔薇、胭脂花紅紫相間，龍眼樹綠蔭滿地，環境顯得十分幽靜。院內置石雕天文盤，俗名天地盤。黃道周創製此盤，和他的《三易洞璣》等書寫作有關。又有蔡玉卿夫人手寫黃母侯太孺人遺詩長卷，林、蔡二夫人遺像，朱國楨撰黃道周寫的劉愛泉暨二夫人遺像，朱國楨撰黃道周寫的劉愛泉暨夫人陳氏墓誌。墓誌字口嶄新，近年出土後似未拓過。中廳楹聯題"人從剝復後，始見天地之心；我在畎畝中，猶樂堯舜之道"。這位民族英雄的志節抱負，於此可見。又從鄰近黃氏後裔家借來舊鈔本《黃氏宗譜》、《石齋年譜》和《詠業詩鈔》三書。宗譜內容簡略，當是節本。年譜有刻本，附見全集。詩鈔疑從《詠業近集》選錄。閱後還之。

下午四時乘車返漳州。過木棉庵，即宋鄭虎臣誅誤國大姦賈似道處，下車巡視，寂無一人，壁間有乾隆十三年陳應天立的"木棉庵立界碑記"一方。五時許返抵寓所。

晚觀薌劇《水仙花》。薌劇的前身，就是流行於臺灣的"歌仔戲"。曲調充滿悲劇氣氛，哭調很多，例如漳州薌劇團紀招治主演的《孟姜女》和《安安認母》兩劇，就有七字仔哭、賣藥哭調等多種。後來專業藝人從錦歌、南曲、潮曲和京戲西皮二簧中吸收了一些樂曲，形成現在的"七字調"。劇目共有五六百個，常演的有三十多個。梁山伯祝英臺、陳三五娘、呂蒙正等，都是八大劇中著名劇目。劇情多反映民間生活，也反映家庭生活，很受群衆歡迎。因其流行於龍溪專區一帶，龍溪即九龍江，又名薌江，故名薌劇。《水仙花》是漳州薌劇團新編的神話故事劇，由副團長陳瑪玲主演。

1 月 17 日，星期三，晴

上午八時半乘車離漳州去泉州。中途參觀安平橋，俗名五里橋，宋紹興八年僧人祖派等創建，紹興二十一年續修，年餘始落成。橋長五華里，站在南岸，海霧迷漫，白茫茫一片，一眼望不到北岸。從晉江縣安海市跨海，與北岸南安縣的水頭鎮相接。橋墩三百多座，全用花崗石築成。工程浩大，是古代閩南勞動人民的偉大創造，也是世界橋梁史上的奇迹。十一時半到達，住晉江專署交際處。

下午二時到開元寺參觀泉州市海外交通史博物館。展品異常豐富，有宋元明泉州窑各種瓷器，明代雕塑家何朝宗的作品白瓷觀音，宋以前煉鐵場出土的鐵渣，明代泉緞和其他絲織品，伊斯蘭教、婆羅門教、景教、摩尼教的各種石刻，阿剌伯商人的墓碑石，以及東西塔、清淨寺、聖墓、鄭和下西洋過泉州行香石刻、南安九日山宋元祈風石刻等照片、拓本，連同文獻資料、模型等，達數百件。

開元寺爲閩南著名古刹，佔地五十畝，始建於唐垂拱二年，初名蓮花寺。開元六年詔天下諸州各建一寺以紀年爲名，改名開元寺。元至元間賜名大開元萬壽禪寺，那時僧徒衆多，食常萬指。元末被災，明洪武二十二年重建，崇禎十七年重修，這就是

現在的規模。正中爲山門、大雄寶殿、甘露戒壇、藏經閣，共四
進。兩旁東西塔對峙，氣派雄偉。解放後兩次加工修葺，煥然
一新。

　　大雄寶殿，又名紫雲大殿，殿內斗拱做法特殊，附有手持樂
器的伎樂和飛天。殿左壁間嵌有明萬曆十八年黃鳳翔撰的“重
修開元寺碑記”、崇禎間“南安伯飛虹鄭公生祠碑記”和嘉慶十
年“白玉德重修碑記”三方。殿後甘露戒壇頂部藻井，結構複
雜，斗拱上也有伎樂飛天。此壇木構部分係清初重建，但形制仍
仿宋式。壇下的生靈座石臺，尚是宋代遺物。

　　東塔名鎮國塔，唐咸通六年創建時爲木塔，宋紹興間改磚
塔，嘉熙二年再改石塔，歷十二年至淳祐十年始建成。八角式，
五層檐，全高約四十八米。塔基須彌座青石浮雕，刻佛出家故
事。每層開四門，設四龕。明萬曆間重修，塔內有萬曆丙午
“開元寺重修東塔記”碑文。西塔名仁壽塔，梁貞明二年閩王王
審知創建時也是木塔，宋宣和間改磚塔，寶慶中再改石塔，先東
塔十年建成。除須彌座不設浮雕外，規制和東塔全同。這兩座石
塔氣魄雄偉，結構精嚴，充分表現了我國石構建築的民族風格和
古代石雕藝術的高度成就。近年兩次進行整修，設立石欄，開闢
花圃，成爲全市人民遊覽勝地。

　　晚觀梨園戲《陳三五娘》劇。梨園戲是泉州一帶地方劇種
之一，劇目甚多，分上路、下南、小梨園三大派。上路所演劇
目，除宋元南戲劇目，如《王十朋》即《荊釵記》、《孫榮》即
《殺狗記》、《蔡伯喈》即《琵琶記》、《王魁》即《焚香記》等
外，還有從弋陽腔翻改的劇目和福建方言的劇目。下南除一些基
本劇目外，還有較短的劇目如《武松殺嫂》即《義俠記》、《秦
雪梅》即《三元記》等等。小梨園的劇目，如《高文舉》即
《珍珠記》、《劉智遠》即《白兔記》、《董永別妻》即《織錦
記》、《陳妙常》即《玉簪記》、《郭華》即《胭脂記》，都是弋
陽腔常見的劇目。今晚演唱的《陳三五娘》即《荔鏡記》，也是

小梨園一派中常見的劇目之一。

《陳三五娘》演泉州人陳三與潮州人黃五娘的戀愛故事，依靠丫環益春從中撮合幫助，經過鬥爭，終於結爲夫婦。這一故事，在莆仙戲、梨園戲和薌劇幾個劇種中，普遍演唱，幾於家喻戶曉。故事來源很早，英國牛津大學圖書館藏明版《荔鏡記》，就是陳三五娘故事演爲地方戲的傳世最早刻本。泉州市梨園戲劇團有坊刻《荔枝記》一小冊，情節和《荔鏡記》相近，茲摘鈔回目如下：

送兄餞行	五娘賞春	林大邀朋	益春請李姐
元宵賞燈	士女答歌	林大托媒	黃門求親
林門納聘	五娘責媒	命婆訓女	訓女就婚
五娘投井	別兄回潮	遇宿李公	伯卿遊街
偶揀荔枝	求藝李公	伯卿磨鏡	設計爲奴
伯卿掃厝	代捧盆水	五娘賞花	月下自歎
安童尋主	益春留傘	巧繡孤鸞	五娘私約
林大催親	益春退約	私會佳期	益春送花
上莊收租	三人私奔	阿媽尋五娘	小七報亞公
黃門討親	林大告狀	公差鎖拿	鞠審姦情
五娘探牢	公差送解	發配崖州	遣送封書
小七送書	途遇家童	遇兄榮歸	五娘思君
提革知州	送聘成親	合家團圓	

1 月 19 日，星期五，晴

上午參觀市圖書館，有明嘉靖刻本《徐積孝集》，鈔本《清音五空管曲琵琶指法》二書。又去民間樂團看鈔本南曲。南曲是一種包括宋、元曲調和泉州、潮州一帶山歌民謠的民間樂曲。主要樂器有琵琶、三弦和洞簫。曲調有疊，有滾，有潮調，有綿答絮、駐雲飛、節節高等。

下午乘車訪東門外三里靈山聖墓。唐武德中伊斯蘭教傳教士三賢、四賢來泉州傳教，卒葬此山。石廊外有阿剌伯式石棺二座，即是三賢、四賢墓。石廊內右側有鄭和出使西洋過泉州行香碑，文云："欽差總兵太監鄭和前往西洋忽魯謨厮等國公幹，永樂十五年五月十六日於此行香，望靈聖庇福祐。鎮撫蒲和日記立。"共三行。案"忽魯謨厮"即《元史》之"忽魯模思"，又作"忽魯模子"，今屬伊朗。下山途中觀風動石，又名碧玉毯，石上刻"嘉靖癸亥天然機妙"等字。

歸途訪元妙觀老子祠，壁間嵌入道光二十二年、二十三年泉州各行業醵錢演戲酬神各種賬目石刻數十塊，完好如新。文中涉及綫戲、梨園戲、正音戲及城廂內外米鋪二百二十八處等記載，都是很重要的歷史資料。

又訪清淨寺，觀拱門和露天禮拜壇。據《泉州府志》，宋紹興元年伊斯蘭教徒茲喜魯丁來泉州時所建。拱門內外有至正十年"重修清淨寺碑"（吳鑒撰），萬曆三十七年重修碑記，並"永樂皇帝敕諭"碑文三方。禮拜堂壁間刻《可蘭經》文，原有屋頂，早毀，今四周石墻及窗口俱存。

1 月 20 日，星期六，晴

上午冒風訪南安豐州鎮葵山麓晚唐詩人韓偓墓，墓前有牌坊、墓碑並翁仲、石羊等。又到金雞村登九日山，宋、元時泉州市舶司爲遠洋船舶祈風禱祝，即在此地舉行典禮。歷代摩崖石刻，從五代到元代不下百處，其中南宋時祈風石刻，約略數之得九條：

淳熙元年趙德季等一條

淳熙十年司馬伋等一條

淳熙戊申（十五年）趙公迴、胡長卿等一條

嘉泰辛酉（元年）倪思等一條

嘉定癸未（十六年）章楳等一條

淳祐癸卯（三年）顏頤仲、劉克遜等一條

淳祐丁未（七年）趙師耕一條

寶祐丁巳（五年）趙師濤等一條

寶祐戊午（六年）方澄孫等一條

這是非常重要的海外交通史資料。滿山相思樹，綠葉扶疏，搖曳可愛。遠望晉江如帶，蜿蜒西去。山頂有石佛亭，因風大體弱，未攀登。下山訪閩南古刹延福寺，此寺爲宋、元時官僚們祈風後談饌之所，現存大殿和經幢兩座，餘已倒圮。

下午因風大天寒，未外出。晚觀梨園戲劇團演《金印記》"蘇秦"、《金芬女》"劉永"和《陳三五娘》"睇燈"折。旦角走蹀步，純照老路子演出。

1月21日，星期日，晴

上午到北門外南臺山觀老子石雕坐像。此地原有老君祠，祠久廢。像高約4.7米，寬6米，濃眉大耳，形象奇古，疑宋時物。歸途過譙樓，參觀歷史人物紀念館。蔡襄、蘇頌、何朝宗、李卓吾、俞大猷、鄭成功、丘二娘等人畫像、小傳和實物、照片等，皆分室分櫃陳列，重點突出，有條不紊。何朝宗，明中葉德化人。德化爲産瓷名地，他善於塑造白瓷人物，是有名的雕塑家。丘二娘，晉江河市人。窮苦農民出身，清咸豐初年領導河市和惠安農民起義，屢挫官軍，五年兵敗被害。李卓吾陳列室內有霞漪閣校訂、李卓吾評纂的《史綱評要》三十三卷，明萬曆間刻本，此書他處罕見。繼訪開元寺文物管理委員會，有"泉州重修州學碑記"，宋張讀撰，李邴書，趙奇篆額。又有"溫陵書院記"、"重修威遠樓記"，皆清刻石。

下午林志鴻同志從元初蒲壽庚後裔家借來《蒲氏族譜》鈔本一冊。首蒲氏家言。次壽庚三子：師文字章甫號立庵，師斯字理甫號篤庵，均文字平甫號道復，元時俱官顯職。又次元、明以降世系，頗簡略，似係節本。閱後還之。

晚到民間樂團聽王素英等清唱南曲。南曲有四大名曲：四時景、梅花操、八駿馬、百鳥歸巢。曲文典雅，音調柔媚動聽。九時許散場。

1月22日，星期一，晴

上午八時許乘車離泉州去莆田。過洛陽橋時，下車參觀，並訪蔡忠惠祠。洛陽橋位於晉江、惠安兩縣交界的洛陽江入海處，宋時名萬安渡石橋。北宋皇祐五年狀元蔡襄創建此橋，歷時七年始落成，《蔡忠惠集》有《萬安橋記》，詳載此橋施工始末。橋北岸有歷代重修的碑記十五座，靠近海邊的石壁上有"萬安橋"、"萬古安瀾"、"亘海長虹"等大字摩崖。一行在北岸停留片刻後，繼續前進。十時過惠安，十一時到達莆田，住莆田招待所荔城賓館。莆田爲明、清興化府首縣，盛産荔枝、龍眼、枇杷果，故又名荔城。

下午參觀縣圖書館。有周瑛的《翠渠漫稿》、朱淛的《天馬山房遺稿》、林俊的《見素集》、鄭郏的《皆山集》和《弘治興化府志》、《莆田水利志》等書，多數皆本省文獻。又有三朝版《魏書》整帙，書非罕有，但此時此地，可推爲甲觀矣。

繼往訪元妙觀三清殿，斗拱、石礎和部分木構，尚是宋代遺制，現爲莆田師範學校學生飯廳。殿旁有宋徽宗御書"神霄玉清碑"，高 3.5 米，寬 1.25 米，蔡絛題額，譚積梁師成上石。案《宋史·林靈素傳》："靈素言天有九霄，神霄爲最高。神霄玉清，上帝之長子，主南方。帝心喜其事，建上清寶籙宮，詔天下皆建神霄萬壽宮。"所説與碑文合。碑建於宣和元年，明年靈素貶死，道教遂廢。是此碑當時各地都摹勒立石，並非莆田一地獨有。碑文瘦金書，書法遒美，神采獨絶，現爲省級文物保護單位。

晚觀莆仙戲劇團小學生陳妹英（鶯鶯）、林慧如（紅娘）、陳先鎬（張生）、童愛琳（老夫人）等演全本《西廂記》。

1 月 24 日，星期三，晴

上午訪莆仙戲劇團資料庫。庫中收藏傳統劇目全本或單折達五千種，除重複，得三千五百多種，都是清道光迄民國初年戲班內部手鈔本。這是一個非常驚人的數字。莆仙戲又名興化戲，過去祇流行於莆田、仙遊兩縣，解放後改名莆仙戲。早年祇有七種角色，因稱七子班。它和南宋雜劇、宋元南戲關係非常密切。有不少劇目從南戲中脫胎而來。《永樂大曲》戲字韻引《張協狀元》，以前莆仙戲中也有此劇目，可惜後來就失傳了。

下午乘車到南山廣化寺參觀石塔。塔爲南宋乾道間修建。原有東西二塔，西塔早圮，僅留東塔。五層檐，八角形，高約三十五米，每層設四門四龕。最下層石柱上鐫"淳熙乙巳（十二年）歲承議郎通判興化軍兼管內勸農事賜緋魚袋趙師匡（？）謹施財一百貫"等字，和宋時其他施財人姓名。氣魄雄偉，結構精嚴，和泉州東西塔不相上下。現爲縣級文物保護單位。

又到城西南參觀木蘭陂水利工程，北宋熙寧間長樂錢氏女和林從進先後築堤，最後由李宏建成。它把從仙遊來的木蘭溪水攔住，灌溉著莆田南北平原十多萬畝土地，造福人民。陂頭有錢氏祠、李長者祠及歷代重修碑記十六座。現爲省級文物保護單位。

1 月 26 日，星期五，晴

上午十時乘車離莆田。十二時渡烏龍江，十二時半回到福州，仍住西湖招待所。

1 月 27 日，星期六，晴

上午到福建省文化局向陳弘局長、盧令和副局長匯報工作，並向各級領導同志和工作同志給予的指導和幫助，表示深切謝意。

下午五時三十五分乘滬閩通車回杭州，第二天下午六時到達，住湖濱華僑飯店。

1 月 29 日，星期一，晴冷

上午假座華僑飯店會議室向浙江省委宣傳部商副部長、省文化局張英田副局長匯報工作，並向各級領導同志和工作同志給予的指導和幫助，表示謝意。

下午至浙江省文物管理委員會，調查龍泉何澹墓出土文物，並看何偁、何澹、何處仁祖孫三代墓誌拓片，和金華出土的王淮墓誌拓片。何澹字自然，宋寧宗朝參知政事；王淮字季海，孝宗朝名臣。二人《宋史》都有傳。

第二天上午乘火車回到上海。

　　　*　　　　　　　*　　　　　　　*

2 月 12 日，星期一，晴

上午八時許偕南京圖書館潘天禎同志乘火車到鎮江，住湖濱招待所。

下午參觀市圖書館。原有古書四千多冊，近年增至七萬多冊，其中一部分是康有爲、葉玉森遺藏。還有葉玉森藏金石拓本一批。匆匆檢尋，僅看到元皇慶間余氏勤有堂刻本杜詩殘帙數冊。

2 月 13 日，星期二，上午雨雪　下午轉晴

上午九時冒風雪登金山，江天攬勝，精神爲之一振。訪鎮江市文物管理委員會，參觀北固山鐵塔塔基中出土文物。有瘞藏長干寺舍利用的唐銀槨和小金棺，遍體布滿精細雕刻。兩側刻羽人像，高髻，人手鳥腳，手持花果盤，或合掌，或作張開狀。銀槨頂部刻飛天像，裸上身，戴瓔珞，四周有行雲和花朵。刻劃生動，姿態美麗。這兩件小器物，可稱古代金銀雕刻中藝術精品。同時出土的，還有宋銀函和唐長慶五年李德裕"重瘞長干寺阿育王塔舍利記"、太和三年"重瘞禪衆寺舍利題記"、宋元豐元年僧務周"潤州甘露寺重瘞舍利塔記"等石刻，因另藏他處，未看到。

又觀字畫。謝廷循《杏園雅集圖卷》：三楊、王直、陳循等題詩，翁方綱長跋。禹之鼎《蒹葭書屋圖卷》：潘耒、魏坤、查慎行、錢名世、戴震、吳暻、顧嗣立、顧圖河、張大受等題詩。楊繼盛臨唐李思訓雲麾將軍碑殘卷和詩卷：詩五首，均見全集，梁同書、翁方綱、阮元等跋尾。周宗建疏稿長卷：據孫衣言後跋，第一、三、五疏見全集，其餘二疏及雜文十三篇集中未收。1959 年從焦山定慧寺移來。名賢手跡，可寶之至。

下午循伯先公園，登雲臺山，訪紹宗樓，參觀文物管理委員會藏書。其中頗有佳本，如《錢氏私志》：明萬曆刻本，題"宋錢愐纂輯，明錢達道授梓"，記錢氏一族降宋後雜事。《嘉靖倭亂備鈔》：乾隆鈔本，不著撰人。記嘉靖時日本入貢至倭亂平戢止。開卷有"翰林院印"一印，封面有乾隆三十八年李質穎進呈書籍朱記，《四庫》入雜史類存目，此即存目底本。《夷齊志》：乾隆鈔本，明白瑜撰。記盧龍孤竹古城夷齊廟祀典及題詠詩文。開卷有"翰林院印"一印，《四庫》入地理類存目，此即存目底本。《辨惑編》：萬曆間活字印本，題"毘陵謝應芳編，新安潘巒校"，後序後有"益藩活字印"一行。《雌伏亭叢記》：萬曆刻本，明黃光施撰。都從未見過，錄之備查。晚觀常州市錫劇團演《十三妹》。

2月14日，星期三，晴有風

上午九時乘車到江邊象山下，坐帆船擺渡，幾分鐘後，抵焦山定慧寺前登岸。進山門，有萬曆五年鎮江府知府張經等建立的石牌坊，製作精美。登華嚴閣喝茶，從山後上山，觀石壁上宋人陸務觀（游）、韓无咎（元吉）等摩崖題名。到半山別峰庵小憩，旋登絕頂吸江樓，俗稱四角亭，眺望江景，極目四顧，氣象萬千。下山參觀焦山博物館，有同治十三年廖筠《焦山圖》，光緒三年湯雨生《焦山圖》和程庭鷺、梁章鉅等題詩的《玉帶還山圖》。又觀壁間顏魯公《瘞鶴銘》，楊一清、楊椒山、阮大鋮等遊焦山詩，吳偉業等《瘞鶴銘》題跋等石刻。歸途循太史慈墓後小徑，登北固山，訪甘露寺鐵塔。原爲石塔，唐長慶五年李德裕官潤州刺史時建塔以瘞長干寺舍利。太和三年禪衆寺又出土舍利，也埋藏在塔下。到北宋熙寧二年，其地大興土木，挖出了李德裕瘞葬的舍利等物。爲了重瘞這批遺物，並加入一些新的東西，遂由焦巽出錢二百萬建塔。熙寧九年五月開工，元豐元年四月落成，這就是現在的鐵塔。原有七級，現連底層須彌座，祇有五級。最上兩級爲明代補修，鑄有文字、菩薩像和斗拱、腰檐、飛檐等。圖案優美，綫條有力，是古代勞動人民智慧的結晶，現爲省級文物保護單位。再進至江天第一亭，俗稱孫夫人祭江亭，小憩。登多景樓，景色如畫，辛稼軒曾到此賦《南鄉子》詞。經走馬澗，循西道下山。返寓已下午五時許。

2月15日，星期四，晴

上午八時半乘火車去無錫，十一時到達，住無錫飯店。

下午參觀市圖書館。中文舊書十八萬多冊，内有近年榮家捐獻書五萬多冊，明版書不少，匆匆檢閱，有趙世卿的《司農奏草》、顧秉謙的《存閣疏草》、黃廷用的《少村先生集》、嚴果的《天隱子遺稿》、郭孔建的《垂楊館集》等，比較罕見。晚觀青年演員梅蘭珍、張桂芬等演錫劇《珍珠塔》，唱腔優美，深受群衆歡迎。

2月16日，星期五，晴

上午到錫惠公園内市博物館參觀，有無錫仙蠡墩、葛埭橋、新瀆丁庵、梁谿許巷、錫山南麓等地出土的新石器和印紋陶器。還有近年太湖南岸嶂山元初錢裕墓中出土的銀器頭飾、盂、匜、筷、盤和漆器、絲織品等一批，都非常重要。即同時出土的有錢裕夫婦墓誌兩方，惜未見。此外展品顧憲成家書、明鈔膠山安鎮魚鱗冊，都是很好的歷史資料。

2月17日，星期六，晴

上午八時半到市文化局觀字畫。有五代楊凝式《韭花帖》卷子，原爲溥儀賞溥傑的"東北貨"，日本投降後從長春散出，爲無錫薛某購去，解放後收歸公有。此帖《宣和書譜》著錄，聞傳世有三本，此卷疑是宋人摹本，後有元大德八年張晏題跋，刊入《三希堂法帖》，即是此本。同時還看到董其昌臨寫《韭花帖》卷子，董有長跋，極精，與此帖有珠聯璧合、相得益彰之妙。又觀北宋寫本《大方廣佛華嚴經》卷六十六長卷，前題下千字文編號已剷去。末有明初宋濂跋，稱宋復古書。宋迪字復古，爲北宋著名山水畫家。此跋實係僞作。又羅兩峰《嫩寒清曉圖》，有棕亭金兆燕和韻詩，亦佳。十時半辭出，直奔車站，十一時乘火車去蘇州，午刻到達，住蘇州飯店。

2月18日，星期日，晴

上午參觀市圖書館，綫裝書二十多萬冊，據館長許培基同志談，其中善本約一萬五千多冊。匆匆檢閱，有《元和郡縣圖志》：孫星衍平津館刻本，沈欽韓批校。《崑山縣志》：董正位纂修，清初鈔本，潘道根校。《亳州牡丹史》：薛鳳翔著，明萬曆刻本，有盧氏抱經樓藏印。辭出，順道訪怡園。園本明吳寬住宅，面積不大，建築物不多，小巧玲瓏，顯得疏朗宜人。有玉延亭、拜石軒、湛露堂、鎖綠軒、金粟亭、小滄浪諸勝。

下午出閶門，訪戒幢律寺西園文物陳列室，見蒙古中統三年刻本《華嚴經》卷五十七，梵夾裝，末鎸陝西京兆延安鳳翔三路也可達魯花赤胡夫人題記。元至元刻本《大般涅槃經》卷一，梵夾裝，末有彭州舟景山乾符大乘禪寺比丘宗順刻經題記，下署"丁亥孟秋"。彭州即今四川彭縣，丁亥當是元初至元二十四年。此二書都有時代和地區的代表性，值得重視。順道訪虎丘，循千人石、劍池登山，步至雲巖塔前，眺望山景。梅花、山茶盛開，春光滿眼，遊人雲集。停留片刻後，下山觀至正七年"雲巖禪寺興造碑記"，黃潛撰文；永樂二十二年"雲巖禪寺修造記"，楊士奇撰文；景泰四年"藏經閣記"等石刻，字有殘泐，大體尚完整可誦。回飯店後，市文化局副局長周良、錢瑛兩同志來訪，談蘇劇近年發展情況，並安排日程。

2月19日，星期一，晴

上午訪文物管理委員會，看到好書不少。有《唐劉禹錫詩》，康熙刻本，存二冊。《元豐類稿》，明隆慶間邵廉刻本，存前二十一卷。二書都經何義門硃筆批校，極精。《元豐類稿》尤佳，據傳是據宋本校過，宋本久佚，天壤間僅留此校本。又顧沅編輯的然松書屋鈔本《吳郡文編》，二百四十六卷，八十冊，洋洋巨製，比鄭虎臣《吳都文粹》、錢穀《吳都文粹續集》擴大了好幾倍，這是一部地方詩文總集，爲究心三吳文獻者重要資料。

還有明刻本趙宦光妻陸卿子的《玄芝集》、陳仁錫的《堯峰山志》，稿本鈕樹玉的《說文新附考》，鈔本徐鳴時的《橫谿錄》、柳商賢的《橫金志》。這些地方文獻，外間都很罕見。又潘鍾瑞《香禪日記稿》六冊，洪鈞《出使俄、德、奧日記稿》五冊，潘世恩《日記稿》一冊，都是十分重要的歷史資料。繼訪隔壁獅子林，元末至正間天如禪師創建，乾隆時改稱畫禪寺。園內假山洞壑多至數十處，有很多石峰排列在一起，很像獅子，因名獅子林。爲蘇州著名園林之一。

　　下午參觀市博物館，有虎丘靈巖寺塔內出土的檀木經盒，盒底有宋人墨書"建隆二年"字樣。盒內金字《妙法蓮華經》七卷，則早已變成炭棒了，非常可惜。祝允明手寫《興寧志》四卷，共四十葉，兩冊。據傳：此書在清末曾有人影鈔了一部，加上原書前人題跋，裝成一帙，作爲禮品贈與常熟相國翁同龢。所以現時原書前後並無任何"披掛"。又觀錢良右詩卷，文徵明寫小字《落花詩》卷，唐寅詩軸畫軸，文休承《垂虹亭圖》，文伯仁《石湖草堂圖》，都是銘心絕品，可寶之至。辭出，訪隔壁拙政園，園爲明嘉靖時王獻臣創建，文徵明爲作《拙政園記》。清初歸吾鄉陳之遴，其妻徐燦爲清初著名女詞人，有《拙政園詩餘》。乾隆時歸蔣誦先，改稱復園。太平天國時爲忠王李秀成王府的一部分。園內建築物多數臨水，平淡疏朗，別具風格。有遠香堂、小飛虹、見山樓、卅六鴛鴦館、芙蓉榭、涵香閣諸勝。晚到評彈遊藝場聽魏含英唱《二度梅》，曹漢昌唱《後岳傳》，徐志雲、王鷹唱《三笑》。

2月20日，星期二，晴

　　上午八時乘車出胥門訪靈巖山靈巖寺。車行十五公里到達山麓，緩步登山。滿山松樹遮天蔽日，蒼翠可愛。南望太湖，風帆出沒，景色如畫。登山頂藏經樓。觀康有爲舊藏元初刻本普寧寺大藏，現存一千四百多冊，這是一個相當大的數字，現除太原崇善寺藏有全藏外，此爲最富矣。繼參觀文物陳列室，有北宋熙寧間寫本金粟山大藏殘葉，旁有張廷濟等跋語；北宋崇寧三年吳江邵育血書《普門品》長卷，出吳江華嚴塔。唐寅、文徵明詩畫册頁，雪浪和尚行書扇面，八大山人畫册和康熙間廣州長壽禪寺大汕和尚白描《文殊問疾圖卷》，都是精品。歸途擬訪韓世忠墓，因道路生疏作罷。

下午二時半到西園文物陳列室，觀宋寶祐三年江陵李安檜刻本《華嚴經》；蒙古憲宗時陝西京兆龍興院刻本《華嚴經》，皆范成和尚遺物。又觀《法螺秋色》卷，高麗畫，宋犖父子、錢大昕等題詩。晚到蘇昆劇團觀青年演員演蘇劇《醉歸》、《出獵回獵》，和昆曲《思凡》。蘇劇是蘇州的地方戲，它的前身是蘇灘，曲調豐富，唱腔婉轉動聽。解放後正式搬上舞臺，發展很快，極受群衆歡迎。

2 月 21 日，星期三，晴

上午八時半到戲曲研究所觀新收明刻本《吳騷二集》，圖精，初印，十分難得。就在研究所，向周良、錢瑛兩局長道謝作別。潘天禎同志送我去車站。幾天來，天禎同志對我工作上幫助，生活上照顧，真是無微不至。上車前，除向他致謝外，並請他回到南京後，向江蘇省文化局周邨局長，南京圖書館汪長炳館長、陳毅人副館長代達謝意。下午一時四十分回到上海，住錦江飯店。

2 月 22 日，星期四，晴

上午八時到上海博物館訪晤徐森老，長談各地見聞，森老非常高興，並出示金泰和六年刻本《三昧華鮮經》，末有"玉田縣大泉村忠武校尉見通州稅務都監李彪舍財重鏤"二行。東晉後期敦煌寫本《阿恕伽王經》卷十一，末有"一校已，清信女張榮貴所寫，供養"一行。唐人草書窺基《法華玄贊》卷六，有董其昌跋語。相與觀賞。

下午三時到上海圖書館參觀敦煌卷子，有北魏神龜元年寫《維摩詰經》殘卷，西魏大統十六年寫《大涅槃經》殘卷，隋開皇十七年寫《華嚴經》卷十四殘卷，和唐寫《有相夫人昇天變文》，都是珍品。又觀常熟瞿氏舊藏《曹子建集》，就版式、字體、刀法等角度審視，瞿目定爲宋本，大致可信。

2 月 23 日，星期五，晴，下午有雨

上午八時乘火車到嘉興，市圖書館館長史念同志在站迎候，偕往圖書館參觀，頗有好書，如鈔本鄭鳳鏘的《新塍瑣志》、許良謨的《花溪志補遺》、祝定國的《花溪備忘錄》；稿本鄭之章的《小鄭蠶譜》，沈濤的《九曲漁莊詞》，沈銘彝的《濼源問答》、《孟廬札記》，都是嘉興、海寧一帶地方文獻。又袁國祥纂修的《嘉興府志》康熙二十年刻本、黃爵滋的《仙屏書屋初集詩錄後錄》道光二十七年涇縣翟西園家泥活字印本，都罕見。

下午到南湖煙雨樓參觀嘉興博物館字畫展覽。煙雨樓建築在南湖中小洲上。南湖又名鴛鴦湖，朱竹垞詩"自從湖有鴛鴦目，水鳥飛來定自雙"，即指此湖。中國共產黨第一次代表大會，就在湖中舉行，今闢有紀念室。登樓縱觀，全是清嘉道後各地中小名家作品，除張廷濟字軸疑是後人仿製外，其餘錢鏡塘捐獻品，無一不精。最後到對岸公園轉了一圈，回到車站候車。因火車晚點，延至午夜十二時回到上海。大雨滂沱，衣履盡濕。

2 月 24 日，星期六，晴

上午八時半到上海博物館向森老辭行，談半小時，返飯店整理行裝。下午二時四十五分乘京滬特快車離開上海，第二天下午七時回到北京。

（原載《文物》1962 年第 9 期）

古刻名鈔待訪記

　　最近兩個世紀以來，由於蘇州派藏書家和各地藏書家的努力收集，很多古代刻本鈔本書籍被重新發現。同時由於內閣大庫被打開，不少宋元蝶裝舊本重見天日。全國解放以後，這些書籍絕大多數已由國家保存，分別庋藏在北京圖書館、北京大學圖書館、上海圖書館、南京圖書館和其他各地圖書館內。但也有一些古代的重要文獻資料，在多年以前就已下落不明，現在就記憶所及，擇要條記於後，以供文物工作者在進行文物普查、復查時參考。

　　唐人九經單疏和宋人《爾雅》、《論語》、《孝經》三經單疏，北宋刻本早已亡失，南宋重刻本傳世僅有《周易》、《爾雅》單疏和《公羊》單疏殘本七卷。此外，《尚書》單疏和《毛詩》、《禮記》單疏殘本，中國已無傳本，現在日本尚存有宋刻本（宋刻本約在宋代或元代時流入日本，現有日本玻璃版影印本）。至於《儀禮》單疏殘宋本四十四卷，十九世紀初期爲蘇州黃丕烈士禮居所有，後來又歸汪士鐘，公元 1830 年（清道光十年）曾影刻出版，這就是現我們見到的《儀禮》單疏汪氏藝芸精舍刻本。同時黃氏也曾請人把這一《儀禮》單疏殘宋本影寫過，原版補版一一注明，原本面貌略可窺見，這一本現在藏北京圖書館。此外黃氏士禮居還藏有宋代嚴州刻本《儀禮》鄭注十七卷，因爲它的特點和張淳《儀禮識誤》所說的嚴州本大致相合，而且版心刻工如方通、楊思、徐宗等人，又見於公元 1175 年（宋淳熙二年）嚴州州學刻的《通鑑紀事本末》，所以說它是嚴州刻本當無問題。這一《儀禮》鄭注，黃氏曾摹刻入《士禮居叢書》，原本後來也歸汪士鐘。汪氏書散，殘宋本《儀禮》單疏和宋嚴州刻本《儀禮》鄭注，都下落不明，這是今天應該注意訪求的。

　　宋時蜀刻本唐人詩文集，有半葉十行和十二行兩種不同的版式。十行本大約刻於南宋初期，傳世祇有李白的《李太白集》、駱賓王的《駱賓王集》、王維的《王右丞集》三種。其中《李太白集》1717 年（清康熙五十六年）蘇州繆曰芑有影宋刻本，《駱賓王集》1816 年（清嘉慶二十一年）江都秦恩復有翻刻本。十二行本，大約刻於南宋中期，傳世全本有孟浩然的《孟浩然集》、張籍的《張文昌集》、歐陽詹的《歐陽行周集》、李賀的《李長吉集》、許渾的《許用晦集》、鄭谷的《鄭守愚集》、張祜的《張承吉集》、孫樵的《孫可之集》、皇甫湜的《皇甫持正集》、司空圖的《司空一鳴集》等十種。殘本有劉長卿的《劉文房集》、劉禹錫的《劉夢得集》、韓愈的《韓昌黎集》、陸贄的《陸宣公集》、孟郊的《孟東野集》、元稹的《元微之集》、權德輿的《權載之集》、姚合的《姚少監集》等八種。其中除《歐陽行周集》1939 年左右由北京琉璃廠書商從山東諸城購來，售給南京中央圖書館，南京解放前夕運往臺灣；《張承吉集》（共十卷，和明刻二卷本、五卷本多寡懸殊）1935 年左右北京隆福寺街書商從諸城購來，售給上海某私家外，其餘八個全本、八個殘本，現在都由國家保存。

　　以上諸書，我們推測都是南宋政府藏書，元兵破杭州時，被劫往大都（即今北京），後來送到翰林國史院貯藏，現在各書卷後都鈐有元代“翰林國史院官書”朱文長印，可以證明。這些蜀刻十二行本唐人集，到了清初有很大一部分輾轉流入劉體仁家，十九世紀初期歸劉燕庭所有，劉燕庭是山東諸城人，所以諸城一帶時常發現蜀刻唐人集。像李賀、孫樵、皇甫湜、司空圖、張籍、許渾、鄭谷、陸贄等集，都是四十多年前這一帶發現的，1955 年還有人從諸城鄉間獲得宋刻本《元微之集》的零葉，可見諸城一帶直到現在仍有發現。希望當地有關部門注意宣傳和搜集，以免遭受損失。

　　宋人陳振孫《直齋書錄解題》，常提到"川本"唐人集，所謂"川本"，應該就是上面所説的十行或十二行蜀刻本。根據有關材料來推斷，宋以後蜀本唐人集散失很多，有的還曾見於近人著錄，而現在已下落不明，例如：（一）蜀刻本張説的《張説之集》（共三十卷，卷數與《唐書·藝文志》、晁陳二目都合，比明刻二十五卷本多後五卷），原藏朱筠椒花吟舫，後歸劉燕庭，道光末年劉氏書散，不知下落。（二）蜀刻本王績的《王無功集》（五卷，和明刻三卷本文字多寡大異，比《全唐文》多賦六首、祭文一首、贊六首），此書孫星衍岱南閣有刻本，原本下落也已不明。（三）蜀刻本杜荀鶴的《杜荀鶴文集》（三卷，比通行本多《和吳太守罷郡山村偶題》二首、《送人遇亂歸吳中》一首），原爲毛氏汲古閣藏書，同治光緒年間爲朱氏結一廬所有，結一廬書目曾經著錄過。以上三個蜀本唐人集，除王無功、張説之二集因時間相隔較久恐已亡失外，《杜荀鶴文集》仍有發現的可能。

　　杭州朱氏結一廬藏書，爲同治光緒年間巨擘。主人朱修伯死後，重要藏書歸他的女婿張幼樵所有，後來張氏的後人移居上海。1952 年春天，上海來青閣書店從張氏獲得結一廬舊藏宋刻本《周易本義》、《周禮疏》、《六甲天元氣運鈴》、《花間集》等四種，其中《六甲天元氣運鈴》係術數類書，自來很少有人稱引，其餘三書對古典文學和歷史科學的研究，都有參考價值（以上四書，現藏北京圖書館）。1958 年 10 月，上海古籍書店又從張氏獲得結一廬舊藏古代刻本鈔本書一百零二種，現藏上海圖書館，其中宋刻小字本《藝文類聚》就非常重要，書中收著大量漢魏六朝古典文學資料。根據以上情況來看，結一廬舊藏決不止此，可能還會有第三批、第四批書出現。試把《結一廬書目》重溫一下，目前尚未發現的書除前面提到的蜀本《杜荀鶴文集》

外，還有下列各種：

《才調集》十卷（韋縠）　　宋刻本

《皇朝編年備要》三十卷（陳均）　　宋刻本

《西漢會要》七十卷（徐天麟）　　宋刻本

《東漢會要》四十卷（徐天麟）　　宋刻本

《文心雕龍》十卷（劉勰）　　元至正十五年刻本

《樂章集》九卷（柳永）　　元刻本

以上各書，以元刻本《文心雕龍》和《樂章集》最引人注意，這些書如果尚未亡失的話，是有希望早日發現的。

　　楊氏海源閣和瞿氏鐵琴銅劍樓藏書，解放後絶大部分已歸國家保存，惟瞿目中宋刻本《公羊經傳解詁》、《穀梁傳集解》、《曹子建集》、《九家集注杜工部詩》等四種；以及楊目中宋刻本《東南進取輿地通鑑》、《甲乙集》，元人鈔本洪皓《鄱陽集》、趙聞禮《陽春白雪》等四種，還沒有找到。按《九家集注杜工部詩》是宋人郭知運編的，爲研究杜詩者所必讀，公元 1225 年（宋寶慶元年）刻於廣東漕司，可算是宋代粵中刻書的代表作（該書除《四庫全書》本和上舉瞿藏宋刻本外，祇有日本靜嘉堂文庫藏的宋刻殘本六卷）。楊氏舊藏元人鈔本洪皓《鄱陽集》原出宋本。《四庫全書》本從《永樂大典》輯出，詩文都有殘缺。《陽春白雪》是宋詞的總集，楊藏元鈔本和秦恩復《詞學叢書》本的內容頗有異同，可見這幾種現在還未找到的宋元舊本，對於古典文學的研究工作是有很多幫助的。

　　此外如葉德輝《書林清話》曾提到光緒年間醴陵文氏以五百元購得宋人李壁《雁湖集》。三十年來我訪問了很多人，都不知道有此事。按李壁的《王安石詩注》，現在傳本很多，《雁湖集》是他的詩文集，《四庫》不收，僅引見《永樂大典》。這部至今還沒找到的宋本《雁湖集》，可能就是明代文淵閣的藏書，也就是《永樂大典》所據的祖本，這些推斷現已無法證實。又如商務印書館影印的《續古逸叢書》，其中趙岐的《孟子注》

（又影入《四部叢刊》）、劉敞的《公是先生七經小傳》、張詠的
《乖崖集》、謝邁的《謝幼槃集》，都是根據宋刻本影印的，現在
都已不知下落。《孟子注》是南宋中期蜀刻本，它和故宮天祿琳
琅的《禮記注》、上海圖書館的《春秋經傳集解》殘本、日本靜
嘉堂文庫的《周禮注》（秋官二卷）殘本，行款版式全同，當是
同時同地所刻，前人所稱"蜀大字本"，就是指的此等書。這本
《孟子注》聽説原爲一奉系政客所有，後來轉贈給張作霖，九一
八事變後，遂告失蹤。《張乖崖集》、《謝幼槃集》都是潘氏滂喜
齋舊藏，聽説近年爲一姓孫的人得到，不知確否。總之，這些書
我們一定要探尋它的下落，不能聽其流散，造成損失。

　　希望大家都注意這個問題，以便讓更多的古代重要文獻資料
能夠早日被發掘出來爲科學研究服務，這是我們所懇切盼望的。

（原載《文物》1959 年第 3 期）

莆田藏書家述概

——福建書林漫話之一

談起福建各地藏書，應當首先說莆田。遠在宋代的時候，莆田的藏書已經馳名全國了。《朝野繫年要錄》載："紹興十五年（1145）二月，兵部郎中葉庭珪轉對言：陛下比者專尚文德，然芸省書籍未富，竊見閩中不經殘破之郡，士大夫藏書之家，宛如平時。如興化之方、臨漳之吳，所藏尤富，悉皆善本。望下逐州搜訪鈔錄。從之。"這裏所說的興化方氏就是莆田方漸，他曾做梅州的官，積書數千卷，皆經手自竄定。他的屋子裏四向的牆壁都闢做書閣，用以藏書，榜題做"富文"。臨漳吳氏是漳州的吳與，別字可權，他的家很窮，官做得也不大，但一生做學問至老不休，所得的書，多世間所少見的。宋朝中央館閣收集遺書，要來到福建的莆田和漳州這兩家來鈔錄，莆田藏書的名貴可想而知了。

在宋朝那時候，莆田遂有一個學問極博又善於記憶的學者鄭樵，住在夾漈山，苦學著書，也曾到過這兩家借宿勤讀。鄭樵"立志集天下之書爲一書"，著成了一部流傳至今稱爲重要的《通志》二百卷，除由這兩家借書參考外，還向李氏、陳氏借書。《通志·校讎略》說："莆田李氏曾守和州，頗多歷陽沈氏之書；同邑陳氏嘗爲湖北監軍，或有荊州田氏之書。"

鄭樵的姪子鄭僑有一個兒子鄭寅，藏書也很豐富，鄭寅和宋代有名的目錄學家陳振孫是要好的朋友。陳振孫著有《直齋書錄解題》，曾說他把藏書編爲《七略》，分經、史、子、藝、方技、文、類七類。據周密《齊東野語》說，陳振孫這一部名著

《直齋書錄解題》，就是在莆田做官時，傳錄了莆田鄭氏、方氏、林氏、吳氏藏書而成的，多至五萬一千一百八十餘卷。從這裏說明了宋代莆田藏書是多麼豐富。

宋元以後，莆田歷明清兩代，藏書還是很多。如明代時候，彭甫字原卡，積書數萬卷；郭良翰字道憲，築有萬卷書堂；林銘兒字祖丹，構北村別墅以藏書；謝天駒字山了，也置書有數千卷。清代時候，有鄭志字成卿，聚書數萬卷，人稱爲"陸氏書巢"；林文豺字亦山，鈔錄異本，連笥累筐；陳雲章字秋門，家建清遠樓藏書；陳學田好收藏殘篇斷簡。此外，還有鄭吾臣字慎人、陳椿齡字荔農、蘇之琨字聚孚、劉尚文字淡齋，都是有名的藏書家。

莆田自宋至清，藏書家雖然繩武相承，但中經倭寇之亂，喪失殆盡，餘存的和續收的，又歷時既久，人事變遷，圖書聚散無常，有的厄於水火蠹蟲，有的鬻售外地，現在即目求書，已經難於鈎稽了。

但近五十年來，莆田藏書家繼起的仍不乏人。最著者有張琴和康爵兩家。張琴字治如，號石匏，清光緒三十年進士，授翰林院編修，民國時期曾爲國會議員。康爵字修其，職業律師，曾創辦涵江私立圖書館，尤勤於搜購輯錄。

張琴的藏書現歸莆田縣圖書館，約有一千餘部，其中明刻本鈔本約有百數十種。明清刊本如《白榆詩文集》、《枡櫚集》、《剖匏存稿》、《天馬山房集》、《絅齋集》、《黃御史集詩》等，鈔本如《興安風雅》、《莆興紀勝》、《瑤荔山房集》、《皆山詩》等都是珍本。莆田縣圖書館曾編古典綫裝書及善本書目一冊，可惜著錄疏簡，錯誤很多，必須覆校重編。

康爵藏書一大部分歸福建省圖書館，其中明刻本有林俊撰《見素集》、林文撰《談軒集》、姚旅撰《露書》、郭良翰撰《問奇類林》、鄭岳撰《莆陽文獻》、彭韶撰《彭惠安集》、鄭賢撰《人物論》、林富撰《兩廣疏略》、黃如金撰《古文會編》、陳臣忠撰《尺牘雋言》等；舊鈔本有周瑛撰《翠渠續稿》，周嬰撰《遠遊論》，周華撰《遊洋志》，林潤撰《林中丞集》、《願治疏稿》等。以上皆明代人著作，此外還有宋陳均撰的《皇朝編年備要》，也是鈔本。

這兩家藏書的特點是以收集莆田地方文獻和莆田人著作為主，而且互相傳鈔，所以對於重要地方文獻多留複本。康爵生前把藏書編為《莆賢著作書目》。據統計，莆人著述收入《四庫全書總目》的約有四十二部，康爵藏有三十一部；收入《四庫》存目的約五十部，康爵藏有一十七部。未收《四庫》目錄或成書在《四庫》收書後的，康爵藏有一百四十餘部，可謂大觀。

康爵藏書中有關莆田史料屬於稿本鈔本，足以整理刊印的頗多，舉其重要的如余颺撰的《莆變紀事》、陳鴻撰的《清初莆變小乘》和《熙朝莆靖小紀》、清關陳謩撰的《倭寇志》、清黃海撰的《續莆陽比事》等。

據康爵《莆賢著作書目》檢查，有很多鈔本屬於罕傳孤本，如陳昂《白雲集》，林達《自考集》，周如盤《隆志齋集》，葉甲、林簡、方琮、周聞等合撰《寄樓合選》，廖必琦《荔莊詩集》等未收藏在省圖書館，不知展轉何處。

最近莆田縣志編委會出版了《莆田人著述及版本存佚》上下兩冊，對於莆人著作版本的存佚作了全面調查，這是對保存地方文獻有很大的貢獻的。

（據稿本整理）

泉州藏書家述概

——福建書林漫話之二

　　泉州有福建文化的搖籃的稱號，藏書的豐富不亞於莆田。過去藏書家情況，龔顯曾在《亦園勝牘》中曾有一篇簡介：

　　《嘉定鎮江志》卷二十一載："蘇丞相頌家藏書萬卷，秘閣所傳居多。頌自維揚拜中太一宮使歸鄉里，是時葉夢得爲丹徒尉，頗許其假借傳寫，夢得每對士大夫言親炙之幸。"又國朝晉江黃俞邰徵君虞稷先人海鶴先生居中，官南監丞，居江寧千頃堂中，聚書七萬餘卷，著有書目。朱竹垞、黃漁洋諸公時借其書。二公皆吾郡人，積書擁富，而皆宦寓江南。安溪李文貞公家儲亦富，多宋元明舊傳本，無近刻也。乾嘉以來，吾邑收藏之富，無過於張鞠園觀察祥雲，觀察居晉江鏡湖，出守盧州，時延顧千里授其子弟讀書，顧方與孫淵如、黃蕘圃諸公往來校訂異書，往往爲之搜致傳寫，又時從閣本錄副，故多手鈔未刻書，及明刻印綿繭紙本。洪穉存《更生齋集》中有《蕪湖喜晤張太守祥雲》詩云："暫移五馬駐雄關，意外相逢遞往還。同輩漸如秋後葉，異書高比屋頭山。人傳海上魚龍橫，我共江干鷗鷺閒。闊別十年重握手，喜君青鬢不曾斑。"鞠園所蓄書俱有"溫陵張氏藏書"及"鞠園藏書"二印，今京師廠肆及吾郡舊家尚多見其舊本也。又嘗刻《包孝肅奏議》、《余青陽集》行世。歸田後與鄉人爭海壖瘐死，未再傳而藏帙盡矣。同安李潤堂襲伯家自以書畫爲多，書籍插架者頗稀，偶有一二種舊版及精刻本，僅作舊董供玩。陳頌南師、杜焦林觀察、許徵甫師家皆有萬卷羅列，而尚不如黃氏之"一六淵海"也。
"一六淵海"為黃壽臣先生庋書之地。先生在京師時，攜囊
金入書肆，窮搜廣購，不下數萬卷，余猶及趨陪目覩，今尚
巍然不蠹，中惟叢書及大部書居多。吾郡收藏之家大略可舉
者如此。

從這篇的敍述，泉州過去藏書的情況，約略可知。《亦園勝
牘》的作者龔顯曾，自己也是泉州一個大藏書家。他是同治癸
亥進士，選翰林院庶吉士，在京師每得秘冊，不惜典衣減飱。和
他同時的還有陳榮仁，字戟門，又號鐵香，也是喜歡聚書的，自
四部以及海西政藝諸學無不鈎索鈔纂。輓近泉州談藏書的亦必推
龔陳兩氏。此外泉州藏書見於著錄的，還有蔣氏心矩齋、徐居敬
字簡之、許祖澇字徵甫等，但解放後碩果僅存的祇有蘇大山了。
蘇大山的藏書有十數大櫥，其中善本有外間罕見的頗多，例如刻
本中有丁自申《三陵稿》，蘇濬《三餘錄》，李光縉《景璧集》，
蔡獻臣《清白堂集》，蘇茂相《正氣編》，史繼偕《越章錄》、
《雲亭藏稿》，李淑元《鹿巢集》，曾化龍《作術堂集》，王幾
《樗全集》，蔣德璟《敬日堂集》，林欲楫《平菴志》，黃景昉
《宣夢錄》、《甌安館集》，蔡侃、蘇璇《運甓齋集》，林胤昌
《筍堤集》，莊際昌《霞栖藏稿》，黃文炤《道南一脈》，何九雲
《荷野存稿》；鈔本有《全芳備祖》前後集四十冊、何喬遠《何
氏家集》四冊等，蘇大山逝世後有一部分書捐入泉州市圖書館。

泉州市數年來還不斷發現珍貴的版本，如泉州歷史人物博物
館近曾收得明版《百川學海》。這都說明了泉州藏書是值得重
視的。

泉州近邑的惠安，岑頭村陳念庭和埔塘村孫經世、小後殿村
江照陸，也是藏書豐富的。陳家和孫家的圖書也全部捐獻政府，
分別收藏在福建省圖書館和惠安縣圖書館了。

（據稿本整理）

福州藏書家述概

——福建書林漫話之三

　　福州是福建的省會，人文薈萃所在，藏書家比其他各縣特別多。但最盛時期，還是始自明季。清鄭傑撰的《紅雨樓題跋》說："吾閩藏書之富，前朝洪永間無從參稽，嘉靖以後始乃歷歷可數。陳方伯公暹、馬恭敏公森、林方伯公燫和、王太史公應鍾，炳炳麟麟，先後媲美。乃馬公季子能讀父書；陳公後昆寖微，散爲雲煙；林、王二公捐館未幾，書盡亡失。雖丹黃批點，句讀俱在，而全書飄蕩四方者不少，吾閩先輩間有得者，珍若拱璧。厥後，如陳一齋季立、鄧參政汝高、謝方伯在杭、曹觀察能始、徐興公惟起，皆有書嗜。……惟興公先生蒐討爲最也。"這一段記載，對福州明代以前藏書情況作了概括的敍述，使後人有了大體的瞭解。

　　大凡每一個地方和每一個時期藏書的興替，不但要有嗜書的人，更重要的是有藏書活動的中心人物。例如在上述福州的明季許多藏書家中，最主要人物是徐興公，徐興公名㷹，字惟起。當時福建首郡人才極盛，葉向高，翁正春，曹學佺，陳價夫、薦夫，謝肇淛之倫，莫不宏獎風流，飛染文藻，皆和徐興公爲親厚的朋友。價夫是他的親戚，肇淛是他的外甥。興公對同時諸人的著作，無論存沒，都是惓惓關懷，贊助傳佈，自己又善鉤稽古籍，譌舛考證精覈。在他所著的《筆精》裏就有這樣的自述："予友鄧參知原岳、謝方伯肇淛、曹觀察學佺，皆有書嗜。鄧則裝潢齊整，觸手如新；謝則銳意搜羅，不施批點；曹則丹鉛滿卷，枕籍沈酣。三君各自有癖，然多得秘本則三君又不能窺予籬也。"可見他藏書的特點在於諸家之上。他的父親徐𤊑、兄徐熥家世積累已多,他自己又廣交遊,勤搜輯。他自己說:"撮其要者購之,因其未備者補之,更有罕覯難得之書或即類以求,或因人而乞,或有朋舊見貽,或借故家鈔錄。"他所居屋在鰲峰麓,構有汗竹巢、綠玉齋、宛羽樓、紅雨樓爲藏書所。客從竹間入,雖然感到環堵蕭然,可是"牙籤四圍,縹緗之富,卿侯都不能比擬的"。

福州到了清代以後,藏書家也甚多,如李馥字鹿山、林佶字吉人、陳微芝字蘭鄰、鄭傑字昌英,以至陳壽祺字恭甫、薩玉衡字檀河、楊俊字雪滄、林壽圖字歐齋、謝章鍵字枚如等,大小名家,不下數十人。但在清初藏書家中,要以鄭傑的注韓居爲中心。鄭傑對於保存閩中文獻和先輩存書功績最偉,他的藏書中就得有徐興公氏的汗竹巢、綠玉齋、宛羽樓、紅雨樓藏本什之二三,至今福州遺留的許多善本,大多是曾經注韓居珍藏的。

咸同以後,福州藏書的中心推移到楊俊的冠悔堂和謝章鍵的賭棋山莊了。兩氏對藏書既有搜集保存,又有考訂介紹。楊俊曾於後街設群玉齋書肆,收集善本。謝章鍵在《賭棋山莊筆記》中敍述了鈔校的圖書,繼往開來,也是作了很大的貢獻。可是他的藏書,在清末就已散出了。

近數十年來,福州藏書家保存較好的當以龔易圖的大通樓、陳寶琛的滄趣樓爲巨擘。龔易圖大通樓所藏來源除購自海寧陳氏三千餘種外,頗多紅雨樓和注韓居的舊藏,他的珍貴在於元明以前刊本和舊鈔本。他於光緒三年臘月檢校藏書編次既竣,錄詩兩首爲識云:"捨此他無術可嬉,貧兒驟富便成癡。搬薑無用將憐鼠,還酒從今不借鷗。高閣料應終日束,名山已悔十年遲。封侯食肉尋常事,得作書傭亦大奇。""便願將身化蠹魚,鯨吞鼉作食吾餘。埋頭自分甘沈湎,結習何生與被除。未必聱牙常詰屈,但能過眼亦軒渠。收藏豈僅兒孫計,有志都教讀此書。"解放後,大通樓藏書由龔家後人捐獻人民政府,現庋藏福建省圖書館，真正達到使有志的人都可以讀到此書的目的了。

陳寶琛滄趣樓藏書是由他的世代積儲下來的。遠在道光年間，他的祖父陳延霖字望坡就在浙江購書數萬卷，並借鈔文瀾閣秘本。望坡曾致書陳壽祺說，替他搜集的都是何如海（治運）出的力量，信中說："購書難於得其地得其人。古杭多藏書家，得其地矣；如海淹博群書，得其人矣。自愧少而淺陋，老更遷疏，兒孫幼稚，未敢望其能讀書。竊謂榕城藏書巨室半皆散失，且內有數十種如海屢稱爲省垣所未覩，是以親囑如海廣爲搜羅，他時移家省會，並可公諸同好。"陳寶琛自己又收集了許多書，後來他的書也分批先後捐藏省內各大學圖書館和省圖書館，也做到集中省會、公諸同好了。

福州輓近藏書除龔陳外，又有異軍突起的林宗澤和林鈞兩氏。而且林宗澤可說是近數十年的中心人物。他的藏書以地方文獻爲特點，稿本、罕傳本較多。福建省會目前各圖書館能保存了不少地方志書，多半是由他珍藏下來的。林逝世後，大部分書歸於沈祖牟，小部分散在私人家中，解放後都漸集中到省圖書館來了。

林鈞藏書以金石爲主，也有很多名人批校本，現歸於中央科學院歷史研究所，他自編有《篋書剩影錄》，把他的藏書作了回憶。陳叔通、葉遐庵都作了題字。

此外，福州零星的藏書家還有不少，各有一些珍貴的藏本，如李作梅、郭伯晹、陳文濤等，一部分也歸省圖書館，另一部分流出省外。

今天省圖書館善本書庫，插架琳瑯，就是在原有基礎上更增益了龔、陳、林、沈的收藏，更加生色。福建省圖書館正在編輯的善本書目，就有很多是全國罕見的傳本。

（據稿本整理）

閩南閩西各地藏書述概

——福建書林漫話之四

閩南藏書以漳州爲最盛，宋代吳與就是最早的一個。吳與字可權，元豐五年進士，歷官七任，悉以俸餘市書，所藏至三萬餘卷，著有《吳氏書目》四卷。鄭樵稱海內藏書者四家，以與所藏爲最善。又云古之書籍，有三代所無，而出於今民間者。"古文《尚書》立，唐、宋並無，今出於漳浦之吳氏，其書目自算術一家有數種，又《師春》二卷，《甘氏星經》二卷，《漢宮典儀》十卷，《京房易鈔》一卷，今世所傳俱出吳氏，皆三館四庫所無也。"

吳與之後，明代漳州藏書有林梅字魁春、李懋檜字克蒼、陳遷字大益、張盤字鍾坦、吳霞字戊華，外間知道的不多。到了清代，據《五百石洞天揮麈》記述："在同治以前，郡人藏書已盛，海澄葉浜田孝廉文載、詔安葉雲谷拔貢觀海、龍溪鄭雲麓都轉開禧各十數萬卷，焚燬無遺，實一大厄。"漳州藏書在太平天國時期，由於戰事的影響，損失甚大。近五十年來漳州藏書，搜殘補缺，雖不乏人，如王履亨等都做了輯佚工作，又如永春的鄭翹松臥雲也有收羅，但和莆田、泉州比，就差遜了。

福建的閩西藏書雖然見於記述的不多，但也不是沒有名家的。明代永定陳上陞，林居多聚書，手自校讎。清流王若字柏如，家富藏書。校刊《北西廂記》的福清何璧，曾以事亡命，匿處王若的家裏，盡讀他的藏書。又清代寧化伊朝棟、伊秉綬父子，都喜藏書，而且能讀書。以今天來說，閩西革命老區根據地，對於革命的文獻發掘更多，就不是其他各地所能倫比的了。

（據稿本整理）

閩東閩北的藏書家述概

——福建書林漫話之五

　　僻在閩東一隅的福寧府屬，藏書歷史載籍上很少記述，抗日戰爭時期有福鼎郭曾嘉先生寫了一部《面城精舍書談》說：“每歎福寧前修隕落，欲詢書林掌故，無可與共者，乃就少時得諸前輩所論，及頻歲聞見所及者拉雜筆之於書。”後來聽說郭逝世，這部《面城精舍書談》稿本也不知流落何處。祇記得其中有一則這樣的記載：“福寧藏書，宋元以前載籍無考，勝清一朝，當推吳壽坤（字儀臣，霞浦人）、李枝青（字蔄園，福鼎人）為巨擘。吳任涿鹿知縣時，載書萬卷以從，某廉訪初疑為苞苴物，及啓視，悉係縹緗舊帙，因歎曰：‘不圖風塵試吏中，尚有讀書種子，吾其淺識君矣。’先是吳應合肥李鴻章聘，在畿輔志局（即蓮池書院，為北方講學重地）時已有藏弆，至是所得益夥。辛亥革命時，先生病歿燕京，原書悉遷回上海，寄藏三山會館。其後書出，一部分為涵芬樓吸收，霞邑人士有謀釀金運回福寧者，尋亦不果。”又云：“道咸之際，吾閩宦浙雅好收藏者閩縣陳徵芝大令外，當時李為首屈一指，顧陳書身後，其子早經編定目錄。李書當運回時，遭海艘沈浸數十篋，運回後又分房藏弆，蟲絲蟬屑，又損大半，亦書林一厄也。先是先生宦浙時，有勸置田宅者，不之應。常曰：‘子孫未必賢，他日以至鬻人，玷吾清名，不如置書便。’是以清俸所入，悉付書坊。先生嘗繪有《消夏檢書圖》，徐鐵孫司馬題云：‘半載間緣消九夏，一篇循吏傳千秋。’又嘗手訂有《讀騷山房書目》一卷。”

　　從《面城精舍書談》的記載，也略略地稽見了閩東藏書情況。《書談》中又有數則提到福寧除吳李二氏外，有胡氏荷池書屋、雙峰馮氏流一堂和陳氏尺璧齋的藏書，並且說陳氏尺璧齋所藏的有明刻《慢亭集》和王漁洋《千金譜》、紀曉嵐硃批《帶經堂詩集》等。這些都是珍貴的。也說明了天涯何處無芳草，閩東不是沒有藏好書的。

　　閩北爲麻沙刻書坊所在地，自宋代開始一直至明代，四部巨帙都由此鋟版以達四方，藏書的風氣，自比全省各地特別流行，如果翻翻《中國藏書家考略》和葉昌熾《藏書紀事詩》，還可以看出建安的吳祕，浦城的楊徽之、黃晞，邵武的黃伯思、廖瑩中、謝兆申，是佔了福建藏書史上主要的一頁，陳壽祺《左海文集》有《留書室說》："留書室者，浦城祝東巇郡守藏書之所也。嘉慶庚午辛未間，東巇與同里祖侍郎（全望）校刻邑中遺書，延長樂梁茝鄰儀曹佐其事。"浦城祝、祖的兩家藏書，至解放後還有遺存，現在也都收集在浦城縣圖書館中了。

（據稿本整理）

從新發現的鈔本《紅樓夢》說到楊繼振的收藏

　　最近發現的一百二十回鈔本《紅樓夢》，扉葉上有楊繼振題字"蘭墅太史手定紅樓夢稿一百二十卷"兩行。一時南北盛傳，高鶚的《紅樓夢》手稿忽然在北京中國書店中被發現了，這是一個令人興奮的好消息。

　　這部《紅樓夢》的鈔寫時代，我們在原書裏找不到一點直接可靠的標記，但結合紙色、墨氣和書體看來，大概夠得上乾隆後期鈔本，也就是高鶚進行寫作的那個時代，但這部書卻不能說是高鶚的手定稿本。

　　乾隆五十六年活字排印的程甲本《紅樓夢》和五十七年改排的程乙本《紅樓夢》，開首都有高鶚序文。這篇序文如果不是別人替高鶚代寫，該是根據高鶚手跡上版的。我們把《紅樓夢》序文和鈔本《紅樓夢》對比了幾葉，在書法上看不出有什麼相同之點，因此可以推測，這部鈔本《紅樓夢》在沒有發現新的可靠的論據以前，說是高鶚手定稿本未免言之過早。

　　我們再檢查一下楊繼振這個收藏家的歷史，看看"蘭墅太史手定紅樓夢稿"的可靠性到什麼程度。

　　楊繼振，字幼雲，前清同治光緒年間漢軍旗人，是一個"有書可讀、有田可耕"的官僚地主階級。歡喜收藏古泉幣，編了《古泉彙》、《古泉喜神譜》、《竹渦兩宋泉類》等書。他所搜集的古泉幣，有人認為一部分是假古董。楊繼振對於古泉幣的學識，遠遠不如他的朋友鮑子年那樣豐富。鮑子年確是一位收藏和研究古泉幣的专門名家，但和楊繼振相比，顯然有上下牀之別了。

楊繼振又喜歡收藏古書，自比前輩翁方綱。翁方綱因爲买了揆敍舊藏的宋時施元之注的《蘇東坡詩》的宋刻本，所以自號"蘇齋"。楊繼振因爲收藏了一部宋末麻沙坊刻的《王狀元集百家注蘇詩》，自號"弘農蘇齋"。弘農是楊氏的郡望，"蘇齋"之上多加了"弘農"二字，目的在於使人們不致誤認他是翁氏蘇齋。其實麻沙坊本《王狀元集注蘇詩》各家著錄不下六、七本，原書裏面刻錯的字也不少，和施注蘇詩決不能相提並論。

楊繼振收藏的麻沙坊本《王狀元集注蘇東坡詩》，不知何時有人刻了一個"泉州提舉市舶司東吳阿老書籍鋪印"的木記，印在目錄後面，占據了大半行。這是這部《王狀元集注蘇詩》一大缺點。楊繼振不了解這個木記是後人僞造的假古董，竟然引用了《宋史·職官志》，大事考證，最後也沒有作出什麼結論來。這和瞿氏鐵琴銅劍樓舊藏的《經史證類大全本草》，原是元代大德六年宗文書堂刻本，後人異想天開刻了一個"貞祐二年嵩州福昌縣夏氏書籍鋪"的木記來頂替元代宗文書堂的牌子，情況相同。葉德輝《書林清話》"金時平水刻書之盛"一節，把嵩州福昌縣（葉氏又把"縣"字誤寫作"孫"字）夏氏書籍鋪也統計在內，竟受其欺。這都是過去書賈們不擇手段來達到提高書價的鬼把戲。在鑒定古文物水平這一點上，楊繼振和葉德輝可稱難兄難弟了。

"蘭墅太史手定紅樓夢稿"的可靠性，我看是非常值得懷疑的，希望以後有機會時大家把原書細細比對研究一番，再作結論。

（原載 1959 年 7 月 22 日《文匯報》）

展覽《趙城藏》的說明

《趙城藏》是金代所刻的一部大藏經，因爲原來保存在山西趙城縣的廣勝寺，爲方便起見，大家就稱之爲"趙城藏"。這是金代一位篤信佛教的女子崔法珍，用個人的力量募刻的，據說費了三十年的工夫，現存的本子早的到金熙宗皇統九年（即南宋高宗紹興十九年），遲的到金世宗大定十三年（即南宋孝宗乾道九年，西元後 1149—1173）。因其刻於金代，又稱爲《金藏》。

中國佛經的雕版始於唐代，而整部大藏經之雕版印行則始於宋太祖開寶時候（西元後 968—975）。開寶時刻的藏經，後世稱爲《開寶藏》，這是後來一切藏經的祖本。《開寶藏》傳世甚少，《金藏》就是直接以《開寶藏》爲底本翻刻的一部藏經，而元初的《弘法藏》又據《金藏》重修，所以在大藏經雕版史上，《金藏》是有繼往開來的地位的。其次，金代平水刻書之風甚盛，然金刻本流傳後世頗爲稀少。《金藏》的雕版，正在金代的平水以南地方，從現存《金藏》上也可以看出金刻本的面貌來。因此在中國印刷術的歷史上，現存《金藏》也是極其珍貴的標本。

趙城縣廣勝寺的《金藏》也不知湮沒了多少年，到民國二十二年八月，經如皋范成法師發見，纔爲學術界所重視。後來借到北平，即在本館內展覽一次，並且抽出一部分古佚的經典，由三時學會影印成爲《宋藏遺珍》一書。原本隨又送回廣勝寺收藏。大約從此以後，便有若干卷流出到市上，本館當時所收和其他公私各處收買的，總數約有二百多卷。唐人寫經以及刻經多作卷子形，《開寶藏》、《高麗藏》以及《金藏》俱是卷子，還保存了唐代書籍的形式，和大藏經北系雕版的系統。

　　二十六年七月中日戰事爆發，山西全省幾於全部淪陷，趙城縣也在日寇的魔掌之下。自《趙城藏》發現以後，日本的學術界也在那裏眼紅。三十一年日本強盜便打主意想搶廣勝寺的《金藏》。廣勝寺的老和尚慌了，報告給在趙城周圍打游擊的八路軍。那時指揮游擊隊的就是今中共中央華北局書記薄一波同志，當即派隊將《金藏》搶救出來，游擊隊因此曾犧牲了幾位戰士。《金藏》搶救出來以後還經過若干波折，最後交由太行行署保管。

　　今年二月北平解放，始由文化接管委員會文物部請示華北局及華北政府，經薄一波同志批准，華北人民政府同意，遂電令太行行署送到北平，交由國立北平圖書館保管。四月三十日運到本館，一共裝成四十二箱，凡存四千三百三十卷，又九大包。自人民公敵蔣介石凶殘統治中國以來，又加上了日本強盜的侵掠，不用說國家人民受多大的災難，就是一部藏經也受盡了顛連困苦。一直等到人民翻了身，打垮了帝國主義強盜和人民公敵，這部《趙城藏》纔算是找到了安身立命之所。這部藏經染上了不少的人民戰士的血花，但是這些血不是白流的！反動派造謠說共產黨"不要文化"，這部藏經的保存，也就是最響亮的駁斥！

　　我們現在將裝潢好的《金藏》，分作經、律、論、目錄、傳記及入藏著述兩部分，擇尤展覽，並將宋元明三朝刻的南系大藏經樣本也同時陳列，以便比較研究。希望愛好這部藏經而來參觀的先生們，對於這部《金藏》處理的辦法，如有高見，千萬勿吝指示！

1949 年 9 月

（1949 年 9 月國立北平圖書館印行）

一部稀世典籍的真實故事

——《趙城金藏》獲救記

4月21日"旅游列車"版刊登了南同蒲綫的廣勝寺飛虹塔照。廣勝寺是全國重點文物保護單位，飛虹塔是現存最完美的琉璃塔。更爲有意義的是，抗日戰爭時期，廣勝寺飛虹塔下，曾發生過一段革命軍隊保護經卷的動人故事。

廣勝寺創建於漢建和元年（147），古名育王塔院，立於霍山脚下霍泉之旁的稱下寺，雄踞山腰的稱上寺。兩座禪院上下呼應，渾然一體，巍峨凝重，氣勢恢弘。山下，霍泉涌處，一泓秀水，山影怡然；山上，飛虹塔金碧輝煌，直插藍天。

南宋時，附近有一佛名法珍的年輕尼姑，斷臂盟誓，決心刻印一部大藏經。她奔波三十載，化得巨資，延請高師，在解州天寧寺精刻二十五個寒暑纔告完工，共計七千餘卷。之後，此經藏於廣勝寺，稱爲《趙城金藏》（當時北方屬金朝，廣勝寺舊歸趙城縣）。以後由於朝代更迭，廣勝寺幾經興衰，這部工程浩繁的佛經漸被湮没。直到本世紀三十年代初，江南僧人范成雲遊到此，纔發現了這部珍經的價值。不久，南京支那內學院的蔣唯心專程到廣勝寺考察了這部經，於1935年1月出版《金藏雕印始末考》一書。從此，《趙城金藏》爲世人所矚目。

我國歷代刻印的大藏經中，北宋開寶四年（971）的《開寶藏》爲時較早，工藝頗精，包羅甚廣，很受推崇，可惜僅存爲數極少的幾卷。《趙城金藏》以《開寶藏》爲主要藍本，因而頗具《開寶藏》特色。可貴的是，至1934年廣勝寺尚存近五千卷。不惟如此，這部《趙城金藏》的內容，有幾十種爲其他大

藏經所沒有。因而它是研究我國印刷史和佛學史十分重要的
典籍。

趙城金藏本《大般若波羅蜜多經》

　　1941 年，正是抗戰最艱苦的年月，我黨在趙城縣建立的抗
日民主政權，要同日、蔣、閻三方進行鬥爭。當時的縣委書記吳
誠、縣長楊澤生、縣公安局長劉騫等人，經常在夜間來到廣勝
寺，團結上層和尚共同抗日。當時《趙城金藏》藏於上寺，寺
院住持力空法師是個有愛國心的人，對該經十分愛惜。這年年
底，敵人大掃蕩之後，我方得到情報，日寇企圖掠奪這部國粹。
趙城縣委立即就此事向地委寫了報告。1942 年春，地委指示，
要不惜代價、不惜犧牲救出這部珍貴的佛經。當時山下的村莊裏
就有日偽軍駐紮，山上的行動很容易暴露。爲了保證運經計劃實
現，縣委選擇了大路和小路兩條路線。4 月初的一天深夜，由太
岳軍區正規軍和趙城縣地方部隊共四百多人組成的運經隊伍，從
二十里外的興旺峪出發，趕到廣勝寺，將四千多卷佛經背運一
空。由於事先計劃周密，行動迅速，敵人絲毫沒有發覺。當時部
隊給養極缺，戰士體質很差，不少人還患著病，但個個鬥志昂
揚，沒有一個人肯少背。爲了保護力空法師免受日本人追究，我
方爲廣勝寺留下借據，並要力空在我軍走後向日本人報告此事。

經卷背到興旺峪，部隊雇了幾十條牲口，運到沁源縣崇山中一個煤窯裏隱蔽起來。

以後，《趙城金藏》一部分在煤窯中受潮，又被轉移到河北涉縣，並派張文教同志（現爲中國歷史博物館病休幹部）進行管理。1949 年建國前夕，他奉命將這部珍貴的典籍專程護送到京，交給了北京圖書館。北京圖書館爲此召開了一次展覽會，參觀的人深爲我黨保護古代文化遺產的努力所感動，不少知名人士，如李濟深先生和佛教界的巨贊法師都自願爲整復工作出力。不久，北京圖書館組織四位揭裱工匠，將受潮糟朽的經卷精心修補，用了十餘年時間，終於使這部珍品完好如初。祇留一卷未加修復，用做對比。

解放後，國家撥款修葺了廣勝寺。力空法師一直受到黨和人民的尊敬，歷任山西省政協委員，省佛教協會秘書長、副主席，幾年前圓寂了。

每年農曆三月十八日，是廣勝寺傳統的廟會，霍山腳下人山人海，熱鬧非常，上寺和下寺的禪院裏，滿是來自遠近八方的人群。人們從《趙城金藏》八百年的滄桑歷史和我們黨的護經故事中，禁不住喚起熱愛祖國和珍惜文物的美好感情。

（原載《人民鐵道報》1982 年 5 月 5 日第四版）

論商務印書館出版之《四部叢刊》

今世我國書店資本最雄厚、刊物最豐富，厥惟上海商務印書館，蓋隱然以書店托辣斯自居矣。然其於學術界之功罪亦參半，教科書之膚淺庸劣，譯書之荒謬棘目，均影響於全國學風至巨。爲得爲失，明眼人自能知之。然其影印舊本書，使數百載以來未通行之珍籍，得人手一編，此其功至不可沒者。正統《道藏》昔人有據之以校子部書者，藏書家得之，珍如拱璧，其求之不易如此，今則全書已印行矣。他如日本續藏經、《學津討原》等亦次第重刊，繼又有《續古逸叢書》之輯，雖所收各書大都古而不逸，然如宋本《嘯堂集古錄》、《頤堂集》及翰林國史院舊藏之宋本唐人集，均爲希世奇珍，學術界之盛事似無過於此矣。顧該館最足以自傲者，實爲影印《四部叢刊》。舉凡宋槧舊鈔近刻，一一薈萃其間，且有自宋無第二刊本之秘籍（如楊萬里《誠齋集》）。一次預約之不足，更選印單行本，近又以二次預約聞矣，可知其銷數之多。其印行原啓中盛言其有七善而無一弊，宇內藏書家悉數署名於下，大有不可一世之概。夫四部之書浩如煙海，今乃以四年之力出此二千一百冊之大叢書，其毅力似有大過人者。嘉惠藝林，當亦不在長塘鮑氏、海虞張氏下。余不敏，居嘗繙閱一過，頗有不可解者，聊申一得之愚，以當芻蕘之獻。舉其大要，約有五端：

（一）所選各書之未足云備也

經部中既選印陳彭年本《玉篇》，何不重印宜都楊氏、上虞

羅氏所印之《原本玉篇》？《廣韻》既有宋刊矣，何獨捨敦煌本
之《切韻》、棟亭本之《集韻》？史部中關於歷代制度之書如唐
之《六典》、宋之《會要》（聞吳興劉氏藏有徐星伯輯本）、元
之《典章》、明之制書，地理書如樂史《太平寰宇記》、李吉甫
《元和郡縣志》及《大元一統志》（瞿氏有殘本），古志書如景
定《建康志》、嘉泰《會稽志》、嘉定《鎮江志》等，正史外如
《續資治通鑑長編》、《元朝秘史》等，均付闕如，未免無識。子
部中於先秦漢魏之書略可稱備，然唐宋元明四朝書除《酉陽雜
俎》、《群書治要》及釋道、醫書三四種外，並一冊而無之。集
部中於唐則無鄭谷之《雲臺編》、杜荀鶴之《唐風集》，於宋則
無張詠之《乖崖先生集》、楊億之《武夷新集》、余靖之《武溪
集》、韓琦之《安陽集》、蘇頌之《蘇魏公集》、米芾之《寶晉
英光集》、李之儀之《姑溪集》、鄒浩之《道鄉集》、李綱之
《梁谿集》等等，於金則無段氏之《二妙集》，於元則無耶律鑄
之《雙溪醉隱集》、程文海之《雪樓集》，明人如危太樸、姚廣
孝、王世貞、楊升庵、陳臥子之書，其重要或有在所選諸書之
上，而竟未一見。總集中如《唐文粹》、《宋文鑑》、《元文類》、
《明文衡》諸書外聞均有印本，其所據宋本、元本較今本佳處亦
無幾，不如更以《文館詞林》、《文苑英華》、《聖宋文選》、《播
芳大全文粹》及黃宗羲之《明文海》等書較爲難致可貴也。詞
曲書不收專集而收選本，爲計亦得。然既收《花間》、《草堂》、
《樂府雅詞》諸書，而遺《絕妙好詞》、《陽春白雪》、《花草粹
編》，何也？曲則僅有楊朝英《太平樂府》一種，明人選本最大
巨帙若《雍熙樂府》亦無之。詞譜曲律，更無暇顧及。此不可
解者一也。

（二）所選諸書版本之可議也

書錄中於版本之最得意者，則盛道其佳處，然不注明較通行

本究有若何勝處，於次等者則默不置辭。此乃高等廣告之變相，其所云固未足爲據也。正史悉據武英殿本入刊，則因該館原有影印本，以省麻煩，故未便更張。不知武英殿本之有謬誤，三百年來學者均已知之。如《唐書》以上改用宋本，遼金元三史改用元明本，《舊五代史》改用嘉業堂本，各還其舊，更列其與殿本及南北監本異同於校勘記中，庶幾盡善矣。乃不圖此而以武英殿本塞責，何耶？《水經注》用戴東原校本固佳，然戴本人人可有，似不宜入選。不如改用明嘉靖黃省曾刊本，或常熟瞿氏及海鹽朱氏所藏之明鈔本爲出於宋本，俾學者藉知酈書舊本面目。《家語》用嘉靖本，不如用日本寬永本爲出於彼邦古槧也。《鬼谷子》用石研齋依《道藏》本，不如用以述古堂鈔本重刊者，蓋鈔本較此本多出數百字也，或仍據此本而附以校記，更善矣。《意林》用武英殿本，不如用《道藏》。《曹子建集》用明活字本，不如用《續古逸叢書》中之宋本。《張說之集》嘉靖本最劣，有缺葉二三處，譌誤數千字，遠不及《結一廬叢書》繆荃孫校知聖道齋鈔本之善。《岑嘉州集》用正德本未足，不如用明翻書棚本。《杜工部詩集》不如改用烏程蔣氏、常熟瞿氏之《草堂詩箋》宋刊原本（《古逸叢書》本非真面目，詳見傅增湘題跋中）。《元氏長慶集》嘉靖本之荒謬，盧氏《群書拾補》已詳言之，如無其他善本，何不印抱經校記於後？《司空表聖文集》用舊鈔本，何不用《續古逸叢書》中之宋本。《小畜集》用經鉏堂鈔本，譌誤滿目，與《張說之集》不相上下，遠遜粵中近刻本，不如改用他本。《攻媿集》用武英殿本，今宋刊聞在臨清徐氏，與殿本異同甚多，亦當改用宋本。《秋澗大全集》用弘治刊本，墨釘滿紙，何不逕用元刊本，或其他鈔本代之？《玉臺新詠》用五雲溪館活字本，誤字較多，何不逕用南陵徐氏所刊之明寒山趙氏本？此不過就余所知者言之，其他專集似當禁用選本，如陸放翁、王漁洋之詩，豈以其卷帙較夥，故不用全集耶？然使讀者不得窺其全豹，實非所宜也。今二次預約目錄僅於《陸宣公集》、

《洪盤洲集》改用宋本。宋本與非宋本恐亦無甚殊異，而於上所
舉者均無所更發。此不可解者二也。

（三）校勘記及佚文補輯之不可廢也

現行《四部叢刊》，校勘家或好古者視之必甚以爲重，而於
初學者不甚便利。何以言之？宋元刻本較今本勝處固多，然其誤
字亦如之，而尤以活字本、舊鈔本爲最。讀者多見其卷中有缺
葉，葉中有破爛處，行間多誤字及墨釘而已，而未見其勝處也。
非以他本勘之，未足以見其優劣。昔賢如盧抱經、勞季言以丹鉛
終老者，世有幾人。可見知音之不易，何可責之今人，宜其爲淺
學詬病。然欲免此病，則非以校勘或佚文補輯不可矣。印此書者
非不知此也，故於《經典釋文》、《史通》、《世說新語》、《莊
子》、《江文通集》、《亭林詩集》、《中興閒氣集》、《河嶽英靈
集》等均附有校記，然於其他各書則未遑也。而已成之校記大
都出無錫孫毓修氏手，眉目不甚清晰。其最可笑者，如《張說
之集》孫氏據汪小米校本補佚詩數篇，然《同趙侍御乾湖作》
一詩云伍本有闕文，乃所錄與伍本不異一字，何耶？其鹵莽草率
可見。他書之當訂補者，如唐人詩文集凡有舊刻者，如以《文
苑英華》、《唐文粹》或《唐人選唐詩》各書核之，異同甚多。
且有溢出者，如張說之據繆荃孫所輯尚有文數十篇（繆君所輯
亦有以不佚爲佚者），《王子安集》宜據蔣清翊、羅振玉所輯本
補刊佚文，韋莊《浣花集》宜補《秦婦吟》及《金荃集》、《尊
前集》中各詞。宋人集部書頗有佚文散見於選本、史書、地志、
石刻中者，並宜補輯。而舊本之多誤字或墨釘者，當據他本勘
之，爲校記附於後。然亦不可逕行改正，致失原本面目。《秋澗
大全集》據書錄所云，似編者曾見元刊本，然明本墨釘多至數
千，何不據元刊補之。吾固知元刊必不如此，可由武進陶氏影刻
元本《秋澗樂府》證之。古書之不可率爾影印，宜加以整理雖

校，已如此述。今觀二次預約書，僅載明《釋名》補呂序、李賀《歌詩編》補《集外詩》（《集外詩》宋本有之，然《樂府詩集》中《少年樂》、《靜女春曙曲》二詩宋本亦無之，並當收入）二事，其他多未顧及。此不可解者三也。

（四）版本之謬誤宜更正也

李賀《歌詩編》之非金刊，乃蒙古憲宗時刊本，海寧王靜安先生已據《元史·耶律希亮傳》、《秋澗大全集》爲跋文正之矣（見《觀堂別集補編》）。他如張九齡《曲江集》，乃嘉靖中重刊成化邱濬本，非成化原刻也。邱序前原有湛若水序，此本爲估人撕去以充成化本，編者不察，以爲成化原本，誤矣。凡此均宜改正，而二次預約時仍而不改。此不可解者四也。

（五）印刷時多描改致失原本面目也

日本内藤博士嘗疑《四部叢刊》非影印乃寫印者，蓋其與所據原本頗多違失也。今統觀全書，似非寫印，其所以有違異者，蓋舊本不甚明晰，印刷時隨意添改故也。友人嘗言張鼎思本《史通》原本與影印本有異，而影本有據浦起龍《史通通釋》改訂之嫌。此說果確，其妄謬已甚。然以余之所知，尚有他處可議者。如纂圖互注本《禮記》，影本頗有失真處。李賀《歌詩編》第一次預約本與後出單行本亦有一二處微異，原本在罟里瞿氏，無從借校，疑複印者描失也。《小畜集》卷十五《死喪速貧朽論》原鈔有錯簡，後單行本已改正，故與第一次預約本不同，然卷三十《朱府君墓誌》尚有錯簡，則未更正，而所更正者則並未注明。又《王秋澗大全集》文集卷三十一第一葉第一次預約白紙印本與黃紙印本絕異。細考之乃知白紙印本乃弘治原樣，而黃紙印者乃據他本改正，雖所改無誤，然亦不注所出，使人莫知究竟。凡此歧誤，本不易發見，而余個人所知者已有此數端，可知其必有甚於此者在焉。明人刻書而原書多失其面目，不謂當世亦有蹈此弊者。此不可解者五也。

以上限於篇幅，不克詳述。然統觀全書大體，可取處亦殊不少，得失正復相當。子部如《群書治要》，集部如鶴山、後村、誠齋、于湖諸家書，在昔求之數十年不一遇，今則可家藏戶儲矣。他如《說苑》、《論衡》及經部、集部諸書，底本佳者居多。書囊無底，神物時出，固未容深責也。

（原載《大公報·文學副刊》第 12 期，1928 年 3 月 26 日）

《四部叢刊續編》的評價

（一）引子

　　商務印書館在去年冬天，同時發行了兩部國學大叢書——《四庫全書珍本初集》和《四部叢刊續編》。南北報紙廣告版上紛紛登載，充滿了古色古香的意味。最引起我們注意的，最算《四部叢刊續編》了，這是與十幾年前發行的《四部叢刊》相輔而行的。《四部叢刊》在過去圖書界裏赫赫有名，它的使命，是替研究國故的學者，把一部分基本材料書或參考書的標準或準標準本子集中起來，作一次總計算。結果總算履行了這個使命，雖然缺點尚多，但是我們都能諒解它，要盡滿人意是不可能的。自第一集出版後，即準備續出第二集，中經“一・二八”之變，事業停頓了許久，直至去年纔把《續編》發行預約，這在寂寞的出版界裏，不能不算是驚人的盛舉。這部大叢書的成功，完全是張菊生先生一人努力的總和。張先生的學問和辦事精神，向來是無人不欽服的。尤其是《百衲本二十四史》，張先生用力最勤，對於史學界的貢獻是無可比喻的。此次《續編》發行，也是他一人主持，經過無數的困難，卒底於成，這是讀者們應當向他感謝的。至於本書定價的低廉，尚在其次。一部嘉靖本《雍熙樂府》，前年某大學花了五百元纔買到一部，現在影印本祇消花十元零幾毛，便可人手一編。如能全部預約，平均不過三毛錢一冊，比洋裝書固然便宜，和國內學術機關出版品價格相比，也無遜色。不過在農村破產、經濟衰落的今日，無論書價如何低廉，窮學生還是望洋興歎。就是粉條生涯的教師，也是清苦的多，春天剛去，煩悶季節又來到了，有閒錢閒情買書的究屬少數。於是這一類書的出路，不能不乞靈於巨宦富紳和銀行界老闆們，說起來真是可憐。僥幸還有單行本可以換換空氣，零整批發，在所不拘。像《四庫珍本》非整部出售不可，那祇好門可羅雀了。現在且把我個人對於《續編》的管見整理出來，以就正於張先生和本刊讀者們。

（二）　本書的優點

全書種數，計第一期經部二十三種、史部二十四種、子部三十一種、集部三十四種，共一百十二種。第二期經部十八種、史部二十四種、子部二十二種、集部三十七種，共一百一種。就量的方面說，似駕乎正編以上；就質的方面說，也勝過正編不少。正編中廣收清人著作，我們固然不必絕對反對，但這一類的書都是市上容易得到的，和宋、元古本放在一起，未免不倫，不如代以富於材料性的宋、元舊籍較爲妥善。現在搜集《續編》，關於此點確已相當改進。但也有使人不能無疑的，如史部無端收了柯紹忞《新元史》，《新元史》是近人的著述，天津徐氏的木刻本極容易得到，何必在《續編》裏占據了許多重要的篇幅，甚或出版以後引起版權之類的糾紛問題，我以爲將它割愛另易較古的書爲是（聽說孟蒓孫先生也是如此主張）。又如經部收了吳廷華的《三禮疑義》，一共有一百多卷，吳廷華在清代經學史裏是沒有地位的，他的禮學非漢非宋，無甚可取。祇因當年張金吾收它在《貽經堂經解》裏，《貽經堂經解》從未刻過，原稿本存在東方圖書館的大樓上，不幸毀於“一·二八”之役，祇有《三禮疑義》因爲事前我代幾位朋友借到北方來，得免於難，所以痛定思痛，非將他表揚一下不可，實則殊可不必的。總之清人著述有價值而又罕見的，無論在哪一方面，數不在少，《四部叢刊》有限的園地裏是收不勝收的。單收這幾種，一定有許多名落孫山的優秀分子，在暗地裏叫冤。所以《四部叢刊》合理的立場，應儘量多收宋、元以前人的著述，行有餘力，再及明清。這個基本原則，無論影印《四庫全書珍本》或《四部叢刊》，似乎都應當考慮到的。好在目錄裏像吳廷華一類清人著述究屬少數，問題並不嚴重，與全書價值亦不抵觸。茲先將目中各書優點擇要介紹一下：

1.《宋太宗實錄》殘本十二卷（宋錢若水、楊億等撰　宋館閣鈔本　錢大昕、吳大澂跋）

案：此書原有八十卷。張菊生先生自藏的南宋館閣鈔本，棉紙黑格，每卷後都有寫校官吏的題名，大概是宋理宗時緝熙殿的遺物，爲元兵所掠，轉入元明內府，當然可以當得起"海內孤本"的尊號了。這是北宋初期最直接可靠的史料，李燾《資治通鑑長編》太宗一部分，大抵取材於是。不過除了張先生的十二卷外，尚有卷二十六至三十、卷七十六、卷七十九至八十共八卷，有傳鈔本行世，款式並卷後題名和張先生藏本正同，且恰恰銜接著。如向常熟瞿氏借影，定可珠聯璧合。至於鄧秋枚《古學匯刊》所刊的本子，改易行款，絕不可取。

2.《元朝秘史》十五卷（不著撰人　影元鈔本　顧千里跋）

案：《元秘史》自從嘉道以來蒙古學者表揚過後，誰都知道它在蒙古史原料裏的地位是屬於第一等的。但是世所謂元刊本，誰都沒有見過。舊刊本比較近的，要算葉德輝刊本。但以此本勘點，葉本沿誤亦數不在少。此本雖說從元本錄出，元本二字實是欺人之談。書名既叫《元朝秘史》，是不會有元刻本的。我無意從內閣大庫殘葉裏發見了幾十葉洪武年間刊本，證明了顧跋本即轉從洪武本錄出，二本款式固合，即文字亦大抵雷同。真正洪武本既不可全見，則此本可謂下洪武本一等了。

3.《三朝北盟會編》二百五十卷（宋徐夢莘編　明鈔本）

案：此書編者根據檔案和野史來編輯徽欽高三朝喪地辱國的事變經過，年經月緯，真是最詳盡無遺了。近代有川中許氏木刻

本，從彭文勤鈔本出，校以《四庫》本，連“金虜”二字在校
勘記裏屢次說“一本作‘金人’”，豈不可笑。雖然比許本以前
的活字本勝過一籌，但絕對不能算爲標準本子。此本大概是根據
涵芬樓自藏黑格大字明鈔本付印，原本平闕之式極古，自係出於
宋本，我曾在江安傅沅叔先生案頭見過，傅先生曾假來迻校許
刻，校正誤字無數。我願此書出版後，有一位有血性的青年，將
它標點句讀一遍，印成洋裝小本，以便目下當局諸公、愛國志士
人手一編，看看十二三世紀中華民族遭逢國難時的光景和現在有
什麼不同。徐夢莘可算得一個驕子，在那時代能從容大雅，據實
直書，如不幸生在現代，我真替他擔心呢！

4.《嘉慶重修一統志》五百六十卷（清仁宗敕撰　鈔本）

案：清代《一統志》凡三修，祇有最後一次嘉慶修本未經
刊行。寫本舊存清史館，現歸故宮博物院圖書館。這五百多卷不
傳的秘本，印成二百鉅冊，給中國人誇耀誇耀也好。說那時節中
國真了不得，不僅東三省如金甌無缺，絲毫不成問題，即臺灣也
是一行省，此外朝鮮、安南、緬甸都能在《一統志》裏佔著數
十葉以上的篇幅，和現在地理教本校勘起來，大不相同。這無怪
張先生在本書跋語裏要感慨繫之了。

5.《大唐六典》三十卷（唐玄宗撰　宋刻本配明刻本）

案：此書通行有正德刊本，至紹興四年溫州州學刊本則內閣
大庫舊有之，現散入江安傅氏、德化李氏及歷史博物館者，數僅
及半。以較明刻，不唯文字遠勝，且知明本卷三第十八葉中脫去
數百字，正當宋本一葉，亦至可喜。雍正初，日本有家熙者，嘗
以全力勘校此書，所據材料無非正史、《通典》而已。此本出則
家熙本無顏色矣。

6.《太平御覽》一千卷（宋李昉等撰　宋刊本）

案：《御覽》一書，包羅萬象，可以補充宋以前紙上材料之
窮，不僅爲高郵學派的校勘家持爲工具而已。顧自明以來，無論
刊本、活字本，除嘉慶間張海鵬刻本得見真正宋本三百六十六

卷，因此較爲可靠外，如明隆慶銅活字本自稱從宋本出，實則誤字滿紙，去宋遠甚。至於鮑崇城本，則自鄶以下，更不足數矣。張氏所據之殘宋本，以刊工體勢察之，乃南渡後浙刻風氣。舊爲士禮居黃氏故物，現歸日本靜嘉堂文庫。悠悠千載，絕無化鶴歸來之望。菊生先生前年東渡，愍焉傷之，商諸文庫主人，始獲借影之請。而西京東福寺所藏慶元蜀本亦同時發現，遂一併商照，終告成功。嗚呼，此乾嘉以下諸老沒世所不及見者，乃竟獲神物護持，如延津之劍合，豈不奇哉！以校張本，知張本前後章次倒置處不少，蓋張氏所據不盡出宋本故也。從此馬國翰、黃奭、汪文臺諸家煌煌大著，和向以《御覽》爲著書工具者，其書非重新加以審查，不能信任矣。

7.《冊府元龜》一千卷（宋王欽若撰　宋刻本配鈔本）

案：此書之富於材料性，雖亞於《御覽》，然對於史學影響極大。觀邵晉涵輯《舊五代史》、劉文淇校《舊唐書》，幾全憑此書爲材料，從可知矣。顧自元迄於近代，僅賴崇禎間黃國琦刊本以傳，黃本脫落譌誤幾如風庭落葉，不可勝數。世人能見明鈔本卷首標題冠以"新刊監本"字樣者，已將萬幸，何況汴宋舊槧。此本係據北平圖書館、常熟瞿氏及日本靜嘉堂文庫所藏之北宋季年眉山小字十四行本影印，尚缺約三之一，祇得據明鈔本補之。眉山本雖非真宗朝初刊監本，然勝於黃本萬萬，以較"新刊監本"（實乃南宋建本），亦不可同日語。讀者如謂不信，請閱陸心源《儀顧堂題跋》和傅沅叔先生《靜嘉堂觀書記》，便知此言絕非誇大。惟印行此書時應注意兩點：一、眉山本從內閣大庫散出，斷篇零葉散入公私藏家，往往而有，應盡量收羅，以光篇幅。二、此書在明代幾全恃鈔本流傳，故當時書賈曾雇了大批鈔手，以求大量生產，實在是要不得的，故以鈔本配宋本時，應覓一時代早而誤字較少之本爲妥。

除上列所舉，此外優點尚多。如朱子《詩集傳》用宋刊本（想是宋刊七行大字本，即陳仲魚《經籍跋文》所表揚的一本，如用麻沙本，則令人氣短矣），則明經厰本以下諸本可廢。朱震《漢上易傳》用影宋鈔本，則《通志堂經解》本可廢。《群經音辨》用汲古閣（?）影宋鈔本，則澤存堂刻本可廢。《麟臺故事》用明影宋鈔本，則聚珍版本可廢。《法書考》用舊鈔本，則《曹棟亭十二種》本可廢。《容齋隨筆》用宋刻配明活字本，則馬調元刻本可廢。《愧郯錄》用宋刻本，則《知不足齋叢書》本可廢。《揮麈錄》用汲古閣影宋鈔本，則《津逮秘書》本可廢。《契丹國志》用元刻本，則掃葉山房本可廢。《國朝名臣事略》用元刻本，則武英殿聚珍版本可廢，而陸心源《群書拾補》中的校記，從此可無人過問。《西漢會要》、《東漢會要》用宋刻配鈔本，則聚珍版本可廢。《唐律疏議》用宋刻本（此處原目疑有手民之誤，說詳下），則岱南閣刻本可廢。《賓退錄》用宋刻本，則康熙間影宋刻本可廢。《冷齋夜話》用元刻本，與日本五山本內容悉同，則《津逮秘書》本可廢。不僅如此，目中諸書尚有明清以來從未付刻而爲一般學者所渴望者，如孫奭之《律音義》、戴笠之《流寇長編》（此記明末清初農民起義始末，可抵半部《崇禎長編》）、無名氏之《宋大詔令》、祝穆之《方輿勝覽》，皆極有裨史地之學。一旦出版，從此萬本流傳，舊書店無居奇之口實矣。

　　《續編》尚有一奇蹟，少數人以爲詬病，而我以爲正是可取者，即多收殘本書是也。如魏了翁《禮記要義》三十三卷，目中收宋刻本僅得三十一卷；《宋太宗實錄》八十卷，目中收宋鈔本僅得十二卷；唐仲友《帝王經世圖譜》十卷，目中收宋刻本僅得八卷：皆是編者獨到處。正如安陽出土之龜版，整塊極少；敦煌發見之卷子，完本不多。古今一例，則於此目又何怪焉。讀者又謂目中各書，多與該館出版《續古逸叢書》相重複，如《漢雋》、《張子語錄》、《龜山語錄》、《公是先生七經小傳》、《郡齋讀書志》、《嘯堂集古錄》、《鄭守愚文集》，皆曾收入《續古逸叢書》者。此外如《困學紀聞》影元本，該館亦早已出版單行，何必採入《續編》以代篇幅。我以爲關於此點，在商務方面，或另有隱衷，我們可以不問；而在讀者方面，大可不必反對，因爲《續古逸叢書》版心寬大，定價高貴，非窮酸可力致，不如縮小印在《續編》裏，讓我們也來領略一點"古逸"的風味。不過像《漢雋》一類無聊的書，似可不必枉費紙墨，《嘯堂》、《郡齋》是有用的書，當然不能一概而論了。

（三）修正意見的商榷

以上將本書優點表過，真是不盡萬一，遺漏孔多。至於消極方面的修正和質疑，也有二點，略論如次。

從今年正月到四月一共出版了二十多種，所據的底本大抵尚稱滿意。然細閱擬目，令人疑信參半之點亦數不在少。例如蔡邕《獨斷》一卷，下注明弘治刻本。弘治本《獨斷》究竟是單行本或叢書本呢？單刻本則淺學如我，從未見過。我懷疑這就是《百川學海》本。如真用《百川學海》本，爲什麼不用影宋本或真宋本而用弘治翻本呢？這都是要請編者指教的。《獨斷》本子的問題，本來無關痛癢，最使我難以索解的，是目中關於《唐律疏議》採用宋本和吳棫《韻補》採用元本的兩個問題了。《唐律疏議》傳世僅有元本二種。其一半葉十二行行二十字，雖有泰定四年秋七月江西等處儒學提舉柳贇序文，實係建安余氏刻本，孫星衍《岱南閣叢書》裏的本子，即從余本影出。國內國外的藏書家所藏不止一本，並不希罕。其二半葉九行行十八字，字大行疏，宋諱不避，客觀鑒定的結果，認爲是元季江西刻本。無疑的就是江西等處儒學提舉柳贇刻的一本，實即余本的底本，要算本書時代最早的刻本。然從內閣大庫流落到公私藏家不過十卷，恰當全書三之一，此外別無第二帙。我想《續編》所收之本必非此本，十二行的建本可能居多。至於宋刻本呢，我不敢說一準沒有，這些啞謎，祇好聽下回分解罷。最近日人仁井田陞做了一部《唐令拾遺》，將《唐律疏議》兩種碩果僅存的元本書影鄭重地精印在前面，假如確有宋本的話，那真要嚇壞那同文同種的仁井氏呢。至於宋本《韻補》的宋字，無疑是手民之誤（？）。當年常熟瞿氏編書目時，收了宋刻本《韻補》五卷，注云："《韻補》始刻於嘉禾，明人已云罕見，此本譌脫雖甚，觀其行款字畫，尚是宋槧也。"這段話妙不可當，中間兩個"宋"字，也是手民之誤。其實這半葉十行行二十九字的古本《韻補》是元刻而非宋槧，在比較版本學裏早已論定的了。所以我說這是手民之誤，而非編者之過。這部元本《韻補》內容並不見佳，元人刻的任何韻書總是亂七八糟，《韻補》自非例外。真正嘉禾郡齋本的《韻補》雖佚，但影鈔本世尚有存者，何必一定要影印這一部假宋本呢？讀者們不要見怪，這一類例子，正多著呢。例如《四部叢刊》正編裏收了一部元本（實亦建本）史炤《資治通鑑釋文》，硬說它是宋本。這也不是編者之過，鼎鼎大名的陸心源已經如此說了。本來，審定版本的方法，到近幾年纔慢慢地利用比較版本學，確定了幾條客觀的原則。目的不僅要解決時間問題，連空間部分也有長足的進步。這和研究青銅器時代的方法差不多，以前以為漢器的，現在說不定把它提升為戰國時六國的器；以前以為是商器的，現在會把它降到宗周後期或初期。材料越出越多，方法越來越新，前人不合科學的結論，終會有動搖的一日。研究書本時代，不過其中一端罷了。這一類的錯誤，本書編者是不能負責的，是無損於編者絲毫提倡的熱誠的。

本書正編裏，收了不少古本群經舊注，大都是阮芸臺老夫子看不見的。雖然收的建本居多，但也難能可貴了。現在《續編》裏收了好些宋元人經說，無論如何，總敵不過納蘭詞人一部《通志堂經解》。在今古文學派殺得兩敗俱傷的今日，宋元人經說除了少數例外，似可不必再提倡影印了。祇有唐宋二代諸經正義，應當找個標準本子，替它出版一次。這是一般學者所企求的，其意義與影印《百衲本廿四史》一樣重大。講到諸經正義最古的面目，無疑的是單疏。但傳世諸經單疏，《周易》在若存若亡之間；《公羊》僅得七卷，現歸南海潘氏；《儀禮》自嘉慶間汪閬源影刻後，原本早化異物；《毛詩》存在日本西京內藤湖南家者，僅得三十三卷。此外《穀梁》僅憑鈔本流傳，生平但見拜經樓吳氏鈔本，且亦不全；《春秋左氏傳》宋本早佚，日本宗正寺古鈔三十六卷俱全，乃彼邦宋、元間寫本，近已影印行世；《禮記》僅得八卷，日本在不久以前也有影印本。最無問題，要算《尚書》與《爾雅》。《尚書》日本已出版，《爾雅》在中國有好幾部，陸心源的一部他自己在世時已影刻了，泰興劉氏的一部商務印書館借印在《續古逸叢書》裏。此外如《周禮》、《論語》、《孝經》的單疏，海內海外從未聞有傳本，自明以來早已失傳。這一類一律十五行的單疏和十四行本的紀傳體史書，同是北宋監裏的產物。但除了日本所存八卷殘本《禮記》，或者是北宋本在將信將疑之間外，其餘如《尚書》，如《爾雅》，如《周易》，如《公羊》，敢確定都是南渡後紹興監本。至《詩經》則有"紹興府雕造"一行，那更無問題了。所以如此說來，除《孟子》外，要將十二經單疏一律找到付印，是絕對不可能的。老實說我是反對先印或祇印單疏的，理由可分二點說。其一，關於單疏宋刊本或古鈔本，日本近幾年都已先後印出來，得風氣之先的最算西京大學文學部影印《毛詩·秦風》古鈔卷子。就是國內吳興劉承幹氏，也努力將楊守敬從日本將來的古鈔單疏，或國人自藏的如《公羊》單疏殘本之類，次第付刻。雖然改易行款，失去本來面目，然在劉先生所校刊各書中，要算最矜慎的了。因爲當時有繆荃孫一輩典型的校勘學者幫忙作校勘記，爲之生色不少。經過國內國外學者一番提倡以後，早已盡了最大的努力。《四部叢刊》可做之事正多，何必在此趕熱鬧呢。此其一。其二，所謂單疏，根本就不切實用。祇摘錄經注二三字以示起訖，和陸元朗《經典釋文》、司馬貞《史記索隱》體例相似。六朝人做諸經義疏，也是如此，這是傳流下來牢不可破的方式。

換言之，單疏裏經的全文和注的全文是不全收的。無論孔穎達的一百五十卷《五經正義》是如此，賈公彥的《周禮》、《儀禮》正義，楊士勛的《穀梁疏》，徐彥的《公羊疏》，他們都是唐代的產物，當然無疏不單。就是大宋咸平間邢昺主持之下所纂的《孝經》、《論語》、《爾雅》三經正義，亦不錄經注全文。那時單疏統制下的學者，一面讀單疏，一面又要翻出經注本來對照著看，其疲於奔命可知。換句話說，北宋監裏八行系統的經注本和密行細字六朝以來義疏面目的單經本一齊傾銷，生意一定很好，印到後來無法再印，所以南渡以後非重刻不可。可是南宋監本出世以後，遇見了一位大敵，就是合疏於經注的越州本。從此單經本一落千丈，無人過問。等到建陽一帶書店老闆發明了更深一層的附刊釋文的附釋音本，那單疏巨量的書版，存在元朝西湖書院裏，塵封魚蝕，真不勝今昔之感。幾塊頑然的書版，也會時代落伍，真教人有桓大司馬之歎了。祇有《爾雅》因爲在元明之際，附釋音本《十三經注疏》裏忽然短了，於是單疏本曾小小出過一點風頭，這就是《爾雅》單疏傳世最多的惟一原因。《四部叢刊》是給一般學者用的，先印單疏，未免太不切實用。這是我不贊成先印單疏的最大理由。然則不先印單疏，要先印什麼呢？最明顯的答案，是要印越州本。如無越州本，祇好印附釋音本。何謂越州本，就是岳珂《九經三傳沿革例》裏所謂越州舊本注疏。提倡雕造的是孝宗紹熙間兩浙東路茶鹽司黃唐。黃唐在所刊《禮記正義》裏有一篇自白，可以窺見他合疏於經注的宗旨：

> 六經疏義，自京監蜀本，皆省正文及注，又篇章散亂，覽者病焉。本司舊刊《易》、《書》、《周禮》，正經注疏萃見一書，便於披繹，他經獨闕。紹熙辛亥仲冬，唐備員司庾，遂取《毛詩》、《禮記》疏義，如前三經編彙，精加讎正，用鋟諸木，庶廣前人所未備。若《春秋》一經，顧力未暇，姑以貽同志云。

據此知黃唐備官茶鹽司之前，已有人將《易》、《書》、《周禮》刻過。黃唐繼任，衹刻了《毛詩》、《禮記》二經。至《春秋左氏傳》，以卷帙太多，故延至慶元間沈作賓帥越時，始行雕版。然行款版式一如紹熙所刻，半葉八行，用北宋監裏經注本的舊式，故俗稱八行本。自越州本行世，單疏本遂微。茲將越州本存佚列表如左：

《周易注疏》十三卷　存。常熟瞿氏藏。陳鱣《經籍跋文》中曾稱此本之佳。日本足利文庫亦藏一帙，有陸放翁第六子子遹題記。

《尚書正義》二十卷　存。日本足利文庫藏。日本有覆刻本，字體逼真，與原本無異。此外楊守敬從日本攜回一殘宋本，用覆刻本補配，鈎乙滿紙，現在天津李氏。

《毛詩正義》　佚。

《周禮疏》五十卷　存。故宮博物院藏。總算故宮藏書之冠，聽說《天祿琳琅叢書》第二集裏，要將它影印。此外德化李氏也有一帙，約缺三之一。

《禮記正義》七十卷　存。南海潘氏藏，此書世間無第二帙。自惠定宇以來捧它的人不少，所以名望最大。前數年董綬金先生設計影刻，終告成功。但定價太貴，不能普及為憾。

《春秋左氏傳正義》三十六卷　存。上海涵芬樓藏。這部書足以睥睨一世，令人艷羨不止。何義門弟子們也許見過，所以阮芸臺校勘記裏借過光，然原書誰都沒有正式見過。

《論語注疏解經》十卷　殘。歷史博物館、南海潘氏、德化李氏藏。合之約可得十卷，故不如改用眉山本，商務印書館曾出版過，而以此本作校記儷焉，這是上上策。

《孟子注疏解經》十四卷　存。故宮博物院藏。雖然說是邵武士人偽作，然向來放在注疏堆裏，不妨同樣待遇，將它出版。

越州本可考者，不過上列八種。除《毛詩》有問題外，餘可迎刃而解。至於越州所未刻如《儀禮》，如《穀梁》，如《公羊》，如《孝經》，如《爾雅》，或雖刊而失傳者如《詩經》，除

《爾雅》外，不妨採用附釋音本之較早印本。事實上除了採用附
釋音本，也無其他出路可尋。至於《爾雅》，如不屑採用明初配
本或李元陽九行本，則祇有乞靈於單疏本了。現在《續編》擬
目裏最令人驚異的，不借印越州本《禮記正義》而用日本新出
版的《禮記》單疏殘卷八卷本。現在日金落價，花幾元錢就可
買到一部玻璃版精印本，買到了也並無用處，又不能當課本讀，
不過校出幾個無關大要的異文罷了。如果真非印《禮記》的單
疏不可，那附印在越州本後，占去一冊的地位，不失爲兩全其美
之道。爲什麼不直截了當改印越州本呢？又如《春秋正義》三
十六卷，不印商務自藏的八行孤本，而用日本最新出版的宗正寺
古鈔單疏來替代。這也是爲過重單疏一念所誤，我以爲也應當改
良的。菊生先生早想印一部古本《十三經注疏》，所以從宋版孫
家裏將越州本《春秋左傳》賈來。此類越州本注疏，將來要單
獨出版，和百衲本《二十四史》一樣，不放在《四部叢刊》裏。
所以在《續編》裏，祇能收單疏。不過爲一般讀者計，最好將
越州本提早出版。時不再來，此後是否能讓我們再度那“稽古
右文”曼妙的生活，是不可預知的。所以我不揣愚昧，提出這
一個最低度的請求。

　　此外關於擬目，消極的修正意見，還有一點。就是所用底
本，應在可能範圍內設法改善。如《漢上易傳》應改用宋刻本
配汲古閣鈔本；《切韻指掌圖》應廢影宋鈔本而用真宋本；《劉
子新論》應廢明覆宋本用黄丕烈校宋本；《北山小集》宋本尚存
一卷，可與影宋鈔本合印；《寶刻叢編》應改用宋鈔本配明鈔
本；《東觀餘論》應改用宋刻本配明刻；《夢溪筆談》應改用
元大德刻本；《寇忠愍公詩集》明嘉靖本不足，應改用明謝在杭
小草齋鈔本；《周益公文集》應改用宋刻本配鈔本；《蟻術詩選》
明隆慶時與《詞選》四卷合刻，不應廢詞存詩；《南唐二主詞》
用鈔本，想是常熟瞿氏藏本，内容並不甚佳，不如改用萬曆單刻
本。以上隨手所舉，都要達到目的，是不可能的。藏書家大多

（也許是少數）不願將所藏珍本公開出來給大家瞧；就是公家所藏，商務書館去商借時，也未必都能如願以償。我在此地說某書應換某本時，所謂某本，究竟是何人何地所藏，我也未便在日報上明說，其他可知了。編者明知有最善的本子，而在擬目裏祇能注上次善的徐圖改良，這是編者所感到最痛苦的一點。我們讀者不應吹毛求疵，應當予以同情的。

擬目裏有幾種書，似乎可以刪去不印。如明天啓刻金尼閣《西儒耳目資》，北京大學已經影印了，定價甚廉，《續編》裏何必再收。又如正德本汪藻《浮溪文粹》，康熙間有覆刻本，和正德本一字不差；況且《正編》裏早已印過聚珍版《浮溪集》，《浮溪集》縱與《浮溪文粹》有少數異同，然亦無關弘旨。又如謝翱《晞髮集》，清陸大業刊本並不難得，亦可不印。此外如明本《文始真經關尹子》，所謂明本，不知何本。《關尹子》是僞書，處今之世，不必再替它宣傳了。

（四）　關於選書的意見

一般人對於《四部叢刊續編》的批評，總以爲材料性的名著太少，這部書未必能適當一般學者的需求，也許是專爲刻了幾個黑底藍地大字，安置在大廳上裝場面用的。我以爲這話也未必盡然，卻也未可厚非。例如《梅亭四六》，底本雖好，但是有何用處？梅亭先生的四六在宋四六裏是沒有地位的，他沒有當過外交官或中央政務官，所以披沙檢金，決無什麼史料可尋。徐天麟的《東西漢會要》，所用材料無非班、范兩書，比不得王溥的《唐會要》、《五代會要》，我們當它直接材料看侍，駕正史而上之。雖然用的底本甚佳，可以打倒聚珍版本而有餘，但是這一類阿斗式古舊的書，有何用處呢？卑之無甚高論，我在此提出幾部最普通極有用的書名，而《正編》《續編》裏都不收的，和大家商榷，且看大家意見如何。

1.《太平廣記》五百卷　這部書的價值與《太平御覽》不相上下，用不著我來廢話。通行的巾箱小本，不堪入目，盡人知之。宋本不可得見，最早的版本，要算嘉靖中談愷刻本，其後活字本、許自昌本都自談本出而略加修正。所以影印這部書起見，非用談本不可。我不解《續編》裏，竟會失收了這樣一部好書。

2.《文苑英華》一千卷　這部書的重要和許敬宗《文館詞林》差不多。《文館詞林》早已零落殆盡，而此書因爲經南渡後周必大重新校定，到現在完全無恙。自宋迄於現代，祇有明隆慶間刻過一次。隆慶本脫文有至千數字者，其荒唐可知。宇內所存宋刻共有一百四十卷，皆內閣大庫遺物，還是當年周必大的進呈本。其餘所缺，不妨採用明鈔本。明鈔本曾見一部，與宋本內容無異，可以配補宋本之缺。宋本的大部分，商務方面曾借來照過，底本放在北平京華印書局的四層樓上，不知道爲何不想出版。

3.《通典》二百卷　此書所有明刻，如李元陽，如方獻夫，祇見元本，未見北宋原本。現在海外所存北宋本有二，如可借到，與延祐本《文獻通考》、大德本《通志》合印一部古本三通，在一般學者，人人可得一善本，在商務必不至於虧本。從此武英殿本、浙江書局本的三通，無人過問，豈不甚好。

4.《寰宇通志》一百十九卷　這部書是景泰七年文淵閣大學士陳循所主修，在英宗復辟後天順五年所修《一統志》之前。何以前後僅隔五年，一定要重修呢？這是含有政治作用，與原書好壞無關。天順《一統志》幾經翻刻，而《寰宇通志》如無《水東日記》爲之介紹，恐知之更少。陳循當時得見《大元一統志》，這是本書惟一特色。現在北平圖書館和四明天一閣都有殘本，可以配全。《續編》裏既有印《嘉慶一統志》的魄力，爲什麼不印《寰宇通志》呢？至天順《一統志》，經廠本尚不難得，至後來寧壽堂坊刻本更多，可毋庸再印矣。

5.《一切經音義》一百卷　這指的是唐釋慧琳的書。書中所收兩漢六朝以來古訓、古義、古字書、古韻書之多，誰都知道。自從高麗伽耶山海印寺大藏經本發印以來，這部書纔有標準本子可讀。現在海印寺本不易購得，如能縮小出版，和玄應《一切經音義》合印尤好。玄應《音義》，孫星衍輩校刻本和宋藏校起來，異文甚多，不如改用福州藏本。

　　6.《集韻》十卷　　此書康熙曹刻，後來姚刻，都不可靠。如用日本帝室圖書寮所藏淳熙重刻蜀本影印，真是大快人心的事。音韻學者所想望而不可得見的，希望《續編》來努力實現。

　　這一類富於材料性的書有的是，如因《宋文鑑》想到《五百家播芳文粹》（涵芬樓有此書宋刻殘本，爲何不印）；因《東西漢會要》想到《唐會要》、《五代會要》，尤其要想到徐星伯編的《宋會要》；因《太平樂府》想到元本《樂府新聲》；因《雍熙樂府》想到《詞林摘豔》和《盛世新聲》。我不是說次要的書可以不印，我是主張要先印材料性的書，在某一部分學科裏確有不可磨滅的價值的書。像現在擬目裏，有幾種是材料書，大多數還是供給我們參考用的，祇因是古，所以要印，別無其他理由。我們希望第二次發行續約時，要儘量考慮到這一點。

（原載《大公報·圖書副刊》第 23、
24 期，1934 年 4 月 21、28 日）

評《叢書書目彙編》

《叢書書目彙編》，武進沈乾一編，上海梅白格路一二一號醫學書局出版。分裝四冊。每部預約價三元。據其緒言所云，則此書乃編纂諸家彙刻書目及李之鼎氏《叢書舉要》，又益以新出諸書目而成。其序次以首字筆畫多寡爲判，閱者一檢即得，視《舉要》以書之性質時代爲別者自較簡易。吾人匆匆檢閱一過，殊爲失望者約有三點，茲一一論之如左：

（一）叢書之定義未明致多奇異之刺謬也

叢書之名，昉於陸龜蒙之《笠澤叢書》，乃文集之別署，與今之叢書性質大異。自來官私書籍之係叢書性質者，除明代程榮《漢魏叢書》等一二種及清代大多數外，如號稱叢書鼻祖之《儒學警悟》、《百川學海》及明之《古今逸史》、《古今說海》、《山居雜誌》、《澹生堂餘苑》等，絕少以"叢書"二字標題。雖其性質範圍互異，然其所收者各自爲書，絕不相關，自一種至數十百種，則各家叢書無有越此例者。故凡書之分前後集或上下編，及卷帙稍繁之類書，概不得謂之叢書。而各家詩文集中無其他專著者，亦不得以自著叢書例之。顧氏、羅氏書目尚能準此繩墨，至李氏之《叢書舉要》，始自亂其例。李氏本不足道，今沈君爲丁福保氏之高弟，乃依李氏體例，仿而不改，且雜湊前人之成書，不悟其有重出之弊，草率淺陋，實已兼而有之。今略摘其目中各書原不可謂之叢書者舉之。計有《八旗通志初集》、《三朝北盟會編》、《山谷集注》、《大越史記》、《王右丞集注》、《王會

新編》、《王氏玉海》、《古今圖書集成》、《古今源流至論》、《白
香山詩集》、《勾曲外史集》、《西山讀書記》、《合璧事類》、《考
古圖》、《圭塘小稿》、《列朝詩集》、《明儒學案》、《事文類聚》、
《翰墨新書》、《癸辛雜識》、《居家必用》、《皇明制書》、《苕谿
漁隱叢話》、《禹貢論》、《郡齋讀書志》、《耆獻類徵》、《山堂考
索》、《堅瓠集》、《雲笈七籤》、《惠山古今考》、《詩林廣記》、
《詩紀》、《詩話總編》、《路史》、《溫飛卿集箋注》、《蒼潤軒碑
跋》、《錦繡萬花谷》、《顏魯公文集》、《事林廣記》、《說文解字
詁林》、《三魚堂集》、《小謨觴館集》、《王文靖集》、《丹淵集》、
《挈經室集》、《韓昌黎集》等等，與叢書性質體例直無絲毫關係
可言。若以其書多一附錄，增一補遺，或分全書爲上下前後集，
或前後部目略異者，或如《敬業堂集》卷中名目較多者，均得
謂之叢書，則史部之《二十四史》及《通典》、《通志》，各省
志、府志，無一而非叢書。而集部中之可視爲叢書，更何止車載
斗量。如此，則盈中國之書其不可謂爲叢書者幾希矣。他如梅鼎
祚之《文紀》、顧嗣立之《元詩選》、陳田之《明詩紀事》，與
叢書性質相差尚遠。《墨林星鳳》性質與法帖或彝器款識相近，
似不得入選。此外類此者甚多。閱者如吾例求之，不難索得。然
尚有一奇異之事實，請爲閱者告，即編中收陳簡莊著述、周耕厓
著述、瑞安孫氏遺書、拜經未刻各書及湖北書局、廣雅書局刊書
目錄等是也。吾非謂此等統計式書目之不當用力採輯，乃謂與其
他叢書相雜糅則大可不必。此蓋襲李書之誤而不知修正者，何編
者鹵莽而不加思考一至於此。如欲作古來著述家之著述目錄不同
存佚一律採輯，或作大書局刻書統計，均不妨彙列附錄於全卷之
後，乃獨厚於陳周孫吳諸公，且於其他浙江、金陵、思賢等官書
局亦未能道及隻字，何耶？又，李氏原輯本多疏忽，如吳兔牀未
刻各書內列《陳乾初年譜》，今明有《雪堂叢書》本，然沈君逑
錄時未能改訂。此例正多，不能徧舉，茲從略。

（二） 編中所收各書細目時有脫略或且有複出也

編中所收各書目，吾人無暇與原書爲之一一核對，其脫略之顯而易見者，可舉七例以明之：（1）《彊村叢書》則奪《雲謠集雜曲子》一種；（2）《音古圖錄》實有十種，此僅三目；（3）周松靄遺書滬上書肆收得一部，較各本多《爾雅補注》刻本一種；（4）廣雅書局所刻書吾人所知者尚有趙一清《三國志補注》一種，版已漫滅，故今之《廣雅叢書》中無之；（5）鉛印本《適園叢書》共有二集，此失載其一；（6）羊復禮《海昌叢載》有二集，此失載其第二集；（7）黃燮清《倚晴樓全集》失載《鴛鴦鏡》傳奇數種。他例尚多，限於篇幅，不能徧舉。又書目前後常有一書兩名而兩見者，兹舉數例以明之：（1）繆荃孫《雲自在龕群書校補》，即《藝風堂讀書記》；（2）《鄰蘇老人地理叢書》與《觀海堂歷代輿地圖》內容實同，惟多數種未刊書耳；（3）丁謙《蓬萊軒地學叢書》即《浙江圖書館叢書》等，均是。一書兩名，均當注明來歷，其不注明者，可知編者之尚未悟此也。此外，大叢書中有小叢書，此小叢書即大叢書之濫觴，或即自大叢書中別出單行者。此例甚多，如董氏所刻宋元詞，後即歸入吳氏雙照樓刻詞，而雙照樓刻詞後又歸武進陶氏；彊村所刻詞後擴充爲《彊村叢書》；繆氏之《對雨樓叢書》後歸吳興張氏，擴充爲《擇是居叢書》；王樹枏《文莫堂叢書》後擴充爲《陶廬叢刻》；蔣氏之《斠補隅錄》即出於《梓聞涉舊》；《海昌龍則》即出於《拜經樓叢書》；《秋浦雙忠集》、《貴池二妙集》即出於《貴池先哲遺書》；《萬載李氏遺書》即出於《豫章叢書》等，均是。自甲而赴乙，由小而化大，編者均未注明其源流，以是知編者於目錄學甚欠識也。其他各書撰輯人姓氏、時代及細目之卷數漏略，不知凡幾。而魯魚亥豕之誤，又觸目紛如。閱者舉一反三，無煩吾人之喋喋矣。

（三）書名之漏略而未編入者尚有待於補輯也

　　吾人居常瀏覽所及此時尚能憶及之書爲編中所未見者，計有《悉曇三書》、《流沙墜簡》、《天馬山房叢著》、《高郵王氏遺書》、《陸庵叢書》、《清風室叢書》、《嘉禾古志合刊》、《又滿樓叢書》、《續中州名賢文表》、《適園叢書》、《敦煌遺書》（日人所輯）、《容安軒舊書四種》、《密韻樓叢書》、《義州李氏叢刻》、《經典集林》、《三怡堂叢書》、《蒙古史料四種校注》、《天發神讖碑考釋四種》、《豫章叢書》、《原本說郛》、《廣德壽重光集》、《明刻鄭端簡公家集》、《北澤草堂集》、《永豐鄉人稿》、《宋金七家詞》、《古柏堂傳奇》、《章氏遺書》（劉氏刊本）、《黔南叢書》、《日本京都大學影印古寫本三種》、《歌林拾翠二集》、《寫心雜劇》、《海浮山堂詞稿》等等，而其他集部書及新出未完之書如《大正新修大藏經》、《王觀堂先生遺書》等尚不在內。吾人頗疑編者僅據前人之成書及滬上各舊書店書目，持剪刀膠水爲惟一工具以成此空前之巨著，而於原書及新出各書多未窺其窔奧，又何能爲精詳之統計或考證乎？深願編者於再版時重加訂正，庶不負閱者之厚望焉。

　　　　　　　（原載《大公報·文學副刊》第 16 期，1928 年 4 月 23 日）

《叢書集成初編》樣本觀後感

（一）

最近上海商務印書館在各報大登廣告，發售《叢書集成》預約券。其中包含宋以來著名叢書一百部，總計得書約六千種，二萬七千餘卷。汰其重複，實存約四千一百種二萬卷。以非國產之上等道林紙印成袖珍本，可得四千冊，取便攜帶檢閱。預約價本月內每部國幣五百元。如多人合購，聽說尚有優待辦法，如此則四百數十元足矣。雖在私人或粉筆生涯之同志視之，猶以爲太昂。然以冊數平均之，則每冊僅值一毛左右，實不能說貴。竊嘗推原其體恤寒素，所以不太貴之故有三：印行古書決無人來要求抽版稅，一也；插圖不多，較時下新書容易排版，二也；現時銀貴金賤，道林紙價格低落，三也。有此三因，每冊定價縱落到一毛以下，亦決不賠本，可斷言矣。

中外人士研究中國學術，輒奉叢書爲萬能工具，蓋中國夙以叢書之多聞於世。故公私圖書館居常以收購叢書爲當務之急，收藏叢書之多寡恒引爲圖書館界之談資，其重視叢書也可知。於是叢書書目彙編也，叢書子目索引也，無不先後應運而出。在近三百年出版界，謂之叢書高於一切，亦不爲過。商務印書館有鑒於此，竟實行叢書集團統制，而有《叢書集成》之刊。從今以後，上海四馬路、北平琉璃廠諸大舊書店欲以名貴叢書爲牟利之對象，恐海枯石爛亦在不可能之列矣。

（二）

本《集成》所收叢書，析言之有普通叢書八十部、專科叢書十二部、地方叢書八部，琳琅滿目，美不勝收，故亦不克備舉。王雲五氏序言有警句云：“去取之際，以實用與罕見爲準。”然細加審閱，頗有名不副實之處。天啓左右出版之《天學初函》（尚有二函，那是真罕見），現在正走紅運，每部可值三四百金，何以不收，一也。阮元之《正經解》，王先謙之《續經解》，偌大的二大叢書，雖非罕見，頗稱實用，竟見黜於專科叢書之列，二也。《史學叢書》本從《廣雅叢書》中一部分脫胎而出，編者捨本務末，棄《廣雅》而收《史學》，三也。專科叢書僅得十二種，未免太嫌寂寞，詩詞曲純文學叢書行世不下數十種，竟一律留待於二編，二編不出，天喪斯文，四也。而見收之叢書號稱罕見價貴，如《百陵學山》、《古今逸史》、《子彙》、《三代遺書》、《夷門廣牘》等，除了以罕見（實非罕見）二字爲其可貴之惟一理由外，尚有什麼？至《寶顏堂秘笈》、《唐宋叢書》，因其割裂古書、巧立名目之處太多，原無可取，乃亦禍梨災棗，擠於名貴叢書之列。陳繼儒（《寶顏堂秘笈》原不能算陳眉公一人所輯，余別有說）、鍾人傑輩有知，當深拜本《集成》知遇之感矣。

近六十年來，士大夫好事者輒以流通古籍爲職志，故叢書之多直開空前紀錄。其中關鍵，實在江陰繆荃孫一人。在繆氏指導下完成之巨帙，如南陵之徐、武進之盛、吳興之張與劉，所刊叢書均爲士林推重。本《集成》重古而遺今，於新刊叢書多被擯不列。想編者亦當計及，其所以佯爲不知者，蓋各家書版尚在人世，不願引起版權之類糾紛，如商以條件，又恐別生枝節，故寧守夫子闕如之訓。其不收《廣雅叢書》等，蓋亦類此。如有人以此意質之，則編者可以“初編”二字爲護符。嗚呼，世變方亟，二編三編，俟河之清，未知何日，此吾人所引爲深憾也。

（三）

目前中國出版界，如欲速求國家現代化，大規模印行古籍，等於自掘墳墓，本非切要。而費時二三年，斥資數十萬，以籌印本《集成》，在時間與經濟兩方面觀察，實爲浪費，假如出版界暫時感到非印行古籍不能達到吸收通流資本之目的，則我個人有一個自信比較合理的辦法，願盡蒭蕘之獻。

商務主事諸公不妨按各種學術單位，將中國古書分成若干門類，再分成若干目，登報公開徵求各門類所必要或次要之工具書或參考書目錄。然後再延聘各部分專門名家，詳加審查。除各省通志、各府州縣志或可按某種原則，一律覆印外，其他各門類之書，可擇其材料性較直接或較豐富者，不論罕見易見，是叢書本或單刊本，一律精校標點印行。結果必較任何叢書爲精博而切實。

商務印書館在現時可稱執出版界之牛耳，應當愛惜時光與實力，如能循此邁進，則勝於印行本《集成》萬萬矣。區區之見如此，未知本《集成》編者與讀者以爲何如也。

（原載《益世報·讀書週刊》第三期，1935 年 6 月 20 日）

評《夢坡室獲古叢編》

　　近頃出版之《夢坡室獲古叢編》，每部十二冊，實價廿四元。寄售處天津大綸綢緞號、集文齋南紙局及上海蟫隱廬、中國書店、西泠印社、晨風廬。是編爲吳興周廢雲（夢坡）氏所藏古器物墨本之總集。編之者誰，即前在上海廣倉學窘纂《藝術叢編》之海寧鄒安（景叔）氏也。邇來金石之書所出殊少，吾人初覩廣告，甚屬望於此編。及得書翻閱，不禁大驚。蓋此編所收僞器贋品占全書十之六七以上，不啻爲僞器開一盛大之展覽會。藏器者好慕風雅，未必特具學識，而編撰者亦未能選擇甄別，反巧辭遁說以明其非僞，是不啻爲估人造護身符。影響所及，殊不忍言。且編者鄒安氏與褚禮堂氏固皆金石名家，鄒氏曾爲西人哈同氏編《周金文存》，褚氏曾爲 C. T. Loo 氏編 *Bronzes Antiques de la Chine*（1924），採用僞器爲數不鮮，然均不及今書之多。學術界之不幸實無逾於此者。至其考釋之穿鑿，印刷之草率，又其次焉。茲一一申論之如次：

（一）編中僞器贋器之歷歷可數也

　　［第一冊禮器上］商屋虎魚形父乙鼎、周盂鼎、漢湝公鼎、商子持貝父丁鬲、周王宜人甗、周師田敦蓋、周繼伯敦、商伯戌彝、周岑妃彝蓋、周宋雱尊、商祖丁罍、周周章鑑、商匿享尊、商尸形父癸盉蓋、周虢叔豆。

　　［第二冊禮器下］商魚母乙卣、商木伯己卣蓋、商立戈形觚、商子孫觚、商己子丁觚、商析子孫父己觶、商尸上爵、周潁

爵、漢建元龍勺、周叔龜作父丙鐙、漢天鳳璧。

[第三冊樂器] 周仲俌父鐘、周仲姬鐘、周邿公脛小編鐘、周冀鐸、周益陽鐸、周井伯鐸、周夌叔搖鈴。

[第四冊實用器上] 周趠伯鼎、周芮太子鼎、周絲駒父鼎、周魯公鬲、周太僕敦、周京叔簠、周魯伯厚父盤第二器、周妝盉、周螺杯、周車杠、周齊田文車杠、周邻王車杠、周亦車轅。

[第五冊實用器下] 周呂望幕耑、漢魏其侯奩、漢慮俿斗、漢永元小行鐙、漢建安甲素圈、漢兔形書鎮、商孫舟鉤、周畢卯鉤、周樂鉤、周鈢鉤、漢魯始印鉤、唐仿古鑑。

[第六冊制定器上] 此冊除秦權四五、官纍權、至大權、至正權、洪武權、建文權、秦量、秦詔版諸器真偽待考外，其餘皆偽。

[第七冊制定器下] 此冊除新莽注水匜可決爲偽器外，其餘錢範、玉符等等偽者居多，須視原器而定。

[第八冊明器] 此冊周單茭生鐙、漢成山宮行餅可決爲偽外（買地券四品十之七八恐偽），餘皆疑莫能明。

[第九十兩冊兵器] 此二冊偽器居十之七八，如商宋國趾末、秉仲斧尤爲偽妄。

[第十一冊像飾] 冊中多可疑者，須見原器方能定。魏始平公造像必偽無疑。

[第十一冊雜器] 此冊除末一日本器可商外，餘均偽。

以上所舉之器，均由其文字、花紋及形製三方面觀之，可灼然知其爲偽也。而其他各器，如王陵柳柱、梁佛院鐙盞等，均尚在存疑之列。古鏡造像及漢代小器，亦大有贗品雜糅其間。由是而觀，則冊中可確知爲真品者十不遇一二。自宋以來之金石書，著錄偽器之夥，此爲獨步，其事實已無可諱言。推其致誤之由，亦有說焉。考傳世彝器曾著錄於宋人之書者，除趠鼎及兮甲盤外，餘率爲後人偽造。如此書第四冊之絲駒父鼎，《宣和博古圖》、薛尚功《鐘鼎款識法帖》及《嘯堂集古錄》均已著錄，爲此鼎所本。顧編者未嘗一檢宋人之書，故其考釋中有一段奇異之文字曰，"此鼎文字雖不精，確係舊鑿，器亦淳古，允宜登錄。近人每以文字優劣定古器之真僞，余極不謂然。古有草篆，阮文達錄乙亥鼎引《論語》裨諶草創之，屈原屬草稾爲證。前於鈢鼎亦曾言及，此亦其類。凡鑿字邊多隆起，與僞刻絕不相似。夢公收此鼎，真能愛古者，高出時下鑒家矣"云云，既云文字不精，又云與僞刻絕不相似，前後語調已覺矛盾。又引阮文達之說以明此器亦如乙亥鼎爲邃古草篆之僅存者，可謂想入非非，乙亥鼎即襲晉姜鼎而僞，此編者未嘗知也。以僞證僞，令人發噱。又其他僞器其銘辭均各有所本，而未見有本者亦作僞者雜據彝器銘文杜撰成之。其本於宋人之書（如《博古圖》、《嘯堂集古錄》、薛氏《鐘鼎款識法帖》、《紹興內府古器評》及《王復齋鐘鼎款識》等）者，如周仲偁父鐘之襲仲偁父鼎、周亦車轙之襲弈單觚、商己子丁觚之襲己丁敦、周虢叔豆之襲虢叔彝、周宗雿尊（觀其形製是匝而非尊，此器名之誤者）之襲司寇匝、周單炎生鐙之襲單疑生豆、新莽注水匜之襲注水匜、商祖丁匜之襲合孫祖丁觚（但增一斧字於上）等均是。其本於近代各家彝器款識者，如漢兔形書鎮之襲羊□、魏其侯奩之襲魏其侯盆、叔龜作父丙鐙之襲叔龜敦、漢慮俿斗之襲漢慮俿尺、周宋國跙末之襲商距末、新莽詔版之襲莽量、周綟左軍鉤之襲綟左軍戈等均是。或全襲其文，或略加減易，視作僞者之聰明才力而定。然一加覆案，臟證全出，凡稍具金石學常識者尚可心領意會。乃編者竟爲其瞞過，且揄揚之不遺餘力，故一則曰"朱碧入骨，古味盎然，文不甚精而在腹內，決難僞爲"（商匿享尊）；再則曰"書法似拙而實厚，刀法似參差而實貫串"（漢永元小行鐙）；三則曰"文字雄厚，猶存東海之遺風"（漢魯始建國印鉤）；四則曰"文字韶秀，有疑後刻者，今細審視，正以韶秀，決非近人所能僞爲"（秦釜）。編中此類語尚多，茲僅舉四例。他如秦規及大詔版諸案語，尤屬荒誕不經。欲蓋彌彰，益知編者於古器物古文字之學所造至淺。其最足驚人者，潘氏之大盂鼎，作僞者竟大膽全襲其文，僅易南公爲惠公，編者遂謂惠公爲南公之譌，可謂囈語。使編者一爲比勘，或可如夢初覺。或謂此中僞器亦有本爲編者自藏而後歸於周氏者，此說果確，如編者不悟其爲僞耶，則尚爲學識上問題；如知爲僞而逕售之，故編纂時不便加以更正，則又牽及道德上問題。吾人於此不敢多所論列，世之明眼人想能洞鑒之也。惟當世承學之士方以整理或辨證古史爲事，若據此中僞器以甄別補充一切紙上之材料，遂謂宗周有惠公其人，不知於古史學又引出若干公案。此其咎又誰任之？然則著錄之道容可忽耶！

（二）　編中考釋每多穿鑿附會之說也

　　冊中僞器，藏者、編者與褚禮堂、陳邦福、陳邦直諸氏均大加考釋，郢書燕說，不煩細論。至於考釋真品，亦有離奇之謬誤。如周諸減（原書誤釋"者減"）編鐘銘釋，文當作"唯正月初吉丁亥工䱷王皮難之子諸減（他器多作滅）自□鐘子子孫孫永保用之"，原器"正"字、"減"字均模糊莫辨，賴丹徒劉氏藏鐘墨本及《西清續鑑》甲編卷十九著錄之十一鐘知之。乃褚氏釋"難"爲"㦷"，"減"作"滅"，且云陳簠齋藏鐘有"者汙"二字，與此器"者減"爲兄弟行，已屬瞽說。而陳邦福氏不明鐘文句讀，妄釋"王皮難"爲"王兄難"，謂即楚威王之兄熊囏，肆其私臆，無所忌憚。至不讀《西清續鑑》，尤足令人發噱。考"工䱷"即"攻吳"之異字，皆句吳之異名。據《續鑑》云，諸鐘出於臨江，尤可爲吳器而非楚器之證。何編者於諸氏之說漫不加察而悉行錄入，遂生此絕大謬譌耶？其他各器考釋，穿鑿居多。昔龔定庵、陳頌南輩箋釋金文，論者謂爲古文之大厄，不謂今日重見之，豈吾人所及料哉。

（三）印刷之欠精良也

今世印行最精美之吉金著錄書，莫如日人之《泉屋清賞》，
羅氏之《夢郼草堂吉金圖》、《雪堂所藏古器物圖》等又其次焉，
即商務印書館之《愙齋集古錄》亦明晰可辨，與斯編之模糊欠
精尚有天淵之別。而器形不據影片入石而據拓本，尤爲無識，蓋
器形拓本有時不能十分真確，而影片則自較明晰也。又石印油墨
不精，文字之神形隨之喪失，遂使真品驟視之亦有僞之現象，而
僞者則愈形其爲僞矣。此著錄金石之首當注意者，願世之君子視
此爲殷鑒可也。

（原載《大公報·文學副刊》第 17 期，1928 年 4 月 30 日）

評陶鴻慶《老莊札記》

　　日人橋川時雄君夙慕風雅，喜尚樸學，既辦《文字同盟》雜誌以溝通中日文人學士之交誼，近更以印行陶鴻慶之《老莊札記》聞。陶君字筱石，江蘇鹽城人。無赫赫名，然其學則淹有經子二學之長，所撰諸子札記凡二十餘種。橋川君所刊者，即首二種之《老莊札記》。當茲國人厭此餖飣之學，好爲瀚大無邊之哲學史、法律史，或某代學術史，或巧立名目爲某氏哲學、某書概說以自號一家言之時，而橋川君乃異邦人，獨以餘力爲此不急之務，其事誠微，其識或有足稱者，故樂道之如次。

　　校勘之學盛於乾嘉而中興於光宣之際，每刊一書，必會萃名家以讐校之。古書一部分之可解可讀，諸先哲之功也。近歲之治此學者，如長沙楊樹達之於《鹽鐵論》，歙縣吳承仕之於《淮南》舊注，鹽城孫人和之於《論衡》、《抱朴子》，杭縣馬敍倫之於《老子》、《鄧析子》，瑞安李笠之於《墨子》、《史記》，所得之夥均足與前人埒。而劉文典之《淮南集解》則草率平庸，要爲例外。陶君獨奮發於窮邑陋巷中，鑽研二十年，成書數十種，壯歲窮經，至老不衰，而避名若浼，沈冥於里閈間，又不與聞人相往還。求之當代人，實難其匹。余昔居南都，於友人處得見其稿本《墨子》、《韓非子》札記，其書於《墨子·備城門》以下諸篇頗多創獲，而《韓子》又多匡王氏《集解》之誤，與余說亦有合者，乃假而錄之。及來京師，又輾轉得見《商君書》、《淮南新書》等札記十餘種，排百事力疾鈔錄，終爲主者索去，不獲全錄，引爲憾事。今得見此帙，怳如舊雨重逢。然非橋川君之表襮，則是書或終不著於學林。書之有幸有不幸，豈易言哉！

　　陶氏之書，僅據上下文注文或本書他篇互證，於訓詁名物則略而不道。而唐宋類書及所據書之古本亦少引以互勘，蓋寒士少書，無處假錄，未可以此責之，故純以臆見爲說，其失與俞氏《平議》同。以視王氏《雜志》、孫氏《札迻》，尚有上下牀之別，然其家法則固宗高郵二王也。讀者試以馬氏《老子覈詁》及諸家校釋蒙莊者勘之，可知其說頗有不可持者在焉。至其中《老子王注勘誤》一卷，則正確恒十居七八，又當分別觀之矣。

　　　　　　（原載《大公報・文學副刊》第 25 期，1928 年 6 月 25 日）

評陳延傑《詩品注》

　　近人治漢魏六朝文學，劉彥和（勰）《文心雕龍》、鍾仲偉（嶸）《詩品》二書必不可廢，此二書爲吾國中古文學批評史中最重要之基本參考書。顧治劉書有黃叔琳之注矣，更有黃季剛（侃）之札記，近又有李審言（詳）之補注，范仲澐（文瀾）之講疏，而敦煌石室又出唐寫本殘卷可供校讐之助，雖未詳之處尚多，而諸家考索之勤於此可見。獨《詩品》尚無人爲之校理。近人江寧陳延傑始有《詩品注》印行問世，每冊實價大洋八角，上海開明書店出版，北京景山社代售。陳君治文學史有新得，嘗見其所撰文於《東方雜誌》中。籀讀此書一過，覺其引證詳覈，創發良多，尚不失爲水平線上之刊物。較之黃叔琳之於《文心雕龍》，雖同屬草創，然未可同日語。管見所及，有三事可爲陳君告者，縷述如左，不以讏言視之也。

　　《詩品》雖爲六朝人書，然自來唐宋類書如《藝文類聚》、《初學記》、《北堂書鈔》、《太平御覽》、《事類賦注》等書中絕不引見，不似《文心雕龍》尚有《太平御覽》採錄一二，可據以讎校也。而《詩品》傳世諸刊本，若毛子晉《津逮秘書》本，若《續百川學海》本，若《漢魏叢書》本，大率同出一源，無甚可述。近吳興張氏《擇是居叢書》影刻一明鈔本，其祖本似出宋槧，以校陳氏注本，頗有異同。如"推其文體"，"體"不作"禮"；"若專用比興，則患在意深；若但用賦體，則患在意浮"四句，均不脫"則"字；"使膏腴子弟"，"腴"不作"衣"；"至乎吟詠情性"，"情性"不作"性情"；"今既不備管弦"，"備"不作"被"；"貞骨凌霜"，"貞"不作"真"；"衣被之有綃縠”，“被”不作“服”；“詞采蔥菁”，“詞”不作“調”；“頗以縠蕪爲累”，“蕪”不作“富”；“則新奇百許篇，率皆鄙直如偶語”，“新奇”不作“所計”，“直”不作“質”；“晉王司徒椽張翰”，“晉”下有“王”字；“想其人德世難其質值”，下五字不脫；“亦稱三祖”，“三”不作“二”；“不逮於王袁”，“王”不作“范”；“是顏公忌照之文”，“照”不作“鮑”，“文”不作“父”；“詩並愛奇崛絕”，“詩”字不脫。以上所舉，頗有較陳本爲勝者。而黃堯圃於明鈔本跋文云：《吟窗雜錄》中有《詩品》佚文。“晉徵士戴逵”後脫品語，當據增“評晏道詩雖嫩弱，有清工之句。裁長補短，袁彥伯之亞乎。逵子顒亦有一時之興”三十一字。而“晉東陽太守殷仲文”下又脫“晉謝琨”三字，遂使今本下列品語失所附麗。如以此例推之，可知今本《詩品》傳寫譌脫，必尚有之。如宋記室何長瑜等詩，品語僅二句，疑上有脫佚，但無由得其確證。《梁書·鍾嶸傳》引《詩品》卷首總敍亦有二三字較今本爲勝。陳君於此等處均漫不加察，是有待於斟補者也。

　　陳君於《詩品》，考證不可謂不詳，但亦有謬誤處。如《總敍》中云：“降及建安，曹公父子，篤好斯文。平原兄弟，鬱爲文棟。劉楨王粲，爲其羽翼。次有攀龍附鳳，自致於屬車者，蓋將百計。彬彬之盛，大備於時矣。爾後陵遲衰微，迄於有晉。太康中三張二陸、兩潘一左，勃爾復興，蹤武前王，風流未沫，亦文章之中興也。”此一段文字本甚明白，不煩細釋。然讀陳君注文，反使人莫明其妙。其於“平原兄弟”下注云“陸機、陸雲”，“二陸”下注云“即平原兄弟”。案：機、雲文名雖盛，安得爲建安中文棟？劉楨、王粲又安得爲其羽翼？揆之文理，必不可通。考《魏志·陳思王傳》，建安十六年封平原侯，則平原兄弟則指子建兄弟言之。其不云陳王者，以建安時子建尚未封陳，自當以平原稱之較當也。陳君不察上下文義，可謂疏矣。他如《詩品》原文有某人之詩源出於某等語，陳君注釋時頗多附會。

此等無憑無證之理想語，自來文人率不免此病，然非有強有力之正面論證，似不必張大其辭。此注釋之有待於修正者也。

《詩品》原文爲陳君所未能詳者，如齊梁諸詩人頗有不見於正史紀傳，倉卒愧無以益陳君。惟《總敘》“蜂腰鶴膝”云云，陳君未加詳注。僅引《詩人玉屑》沈約所云詩之八病爲說。案：日本僧空海《文鏡秘府論》卷五論文有廿八種病，而沈約所云詩病有八即列其首，其言曰：“平頭詩者，五言詩第一字不得與第六字同聲，第二字不得與第七字同聲。同聲者，不得同平上去入四聲。犯者名爲犯平頭。上尾詩者，五言詩中第五字不得與第十字同聲，名爲上尾。蜂腰詩者，五言詩一句之中第二字不得與第五字同聲，言兩頭粗中央細，似蜂腰也。鶴膝詩者，五言詩第五字不得與第十五字同聲，言兩頭細中央粗，似鶴膝也。大韻詩者，五言詩若以‘新’爲韻，上九字中更不得安‘人’、‘津’、‘隣’、‘身’、‘陳’等字。既同其類，名犯大韻。小韻詩者，除韻以外而有迭相犯者，名爲犯小韻病也。旁紐詩者，五言詩一句之中有‘月’字，更不得安‘魚’、‘元’、‘阮’、‘願’等字。此即雙聲，雙聲即犯旁紐。正紐詩者，五言詩‘壬’、‘衽’、‘任’、‘人’四字爲一紐，一句之中有‘壬’字，更不得安‘衽’、‘任’、‘人’等字。如此之類，名爲犯正紐之病也。”原書下引例證甚詳，茲摘錄首數句。案：空海爲日本高僧，嘗入唐求法，著有《入唐求法巡禮行記》，記唐之中葉社會情況、遺聞勝事甚夥。空海又能書善文，今日本所用假字即空海所創造。此書蓋爲詩文聲病而作，故六朝遺說亦得於此中見之。此書中土無傳本，日本尚有刊本，楊惺吾於《日本訪書志》中始詳爲介紹。然知者尚少，特詳誌之如此。

陳氏《詩品注》有一事須特加稱道者，即注釋後附錄諸家詩，極便讀者參考，不必翻閱他書。然不注出處，亦其一病。或陳取材於丁福保《全秦漢三國六朝詩》，故不須深考耶。

（原載《大公報·文學副刊》第 27 期，1928 年 7 月 9 日）

評趙景深《中國文學小史》

《中國文學小史》一冊，趙景深著，民國十七年一月出版，每冊實價七角，上海四馬路光華書局發行。

余草此文之動機有二。（一）以現時坊間印行之文學史，小史也，大綱也，略說也，概論也，名目繁多，至難統計。主觀不同，議論亦隨之互異。學校之掌教此目者，無不編纂一冊，以授生徒。窺其意未始無推陳出新之決心，以遂其大著告成，用之無窮，取之不竭之至願。然究其實，仍多因襲前人成著，顛之倒之，毫無精彩可言。上焉者駢四儷六，下焉者直同點鬼傳、尚友錄，但見若干人名而已。其能爲嚴密的論證、精詳的統計者，千百中不逢一二。（二）以今人所編之文學史，大都限於見聞，絕不見有於可能的範圍內求新出之材料以補充之。此新材料匪特可引證舊材料，且其材料重要實遠出舊材料上。此種材料，在東西洋及國內極少數學者固已籀之熟而知之審矣。而一般國人有志於文學者正忙於創作或迻譯，絕無暇兼習他事。即或有之，大率自一二學者之著述中稗販或鈔襲得來。作者於此道未嘗經歷，故未知甘苦，妄自雌黃，任意甲乙，古人遭殃，識者齒冷。此二弊於近人所著之文學史中在在可以遇之，固非趙君之文學小史爲然。而趙君之書尚非此中不經意之作，而謬點之多與脫漏之彰彰大者已如下述，然則坊間他種出版物出趙書下者蓋可知矣。他山之石，可以攻錯。趙君聞之，或不以爲忤乎。

此書謬點最大者，即純憑作者一人之理想，下肯定不移的斷語，而於其人其事初無絲毫研究或根據。此種制度行之於詩文小說間，尚無大礙。置之文學史，轉覺作者未嘗細心讀書。此例指不勝屈，姑舉六例以明之：

（一）書中第五頁論屈原作品云："《天問》是他神經受了極大激刺，錯亂以後的作品，呵神置鬼，毫無結構，我們大可不讀。"案：《天問》雖經毛奇齡等人箋釋，然至近代始能略通其讀。由殷虛卜辭證之，殷代先王遺事，其中採取不少。古史渺邈，今雖不得其詳，然不能謂爲毫無結構之作。

（二）第十頁云："相如的賦很少表現個性，專喜堆砌詞藻，《子虛賦》幾乎是一部辭典，記山川鳥獸等甚繁，夾雜著許多希奇古怪的字。班固、張衡、左思受了他的影響不少。"吾人於此處得知作者於辭賦學尚欠常識。漢晉大賦其性質原應如此，彼時尚無類書，故搜集材料絕非易事，不似近代辭賦家可隨意獺祭也。自非六朝小賦及蘇東坡前後《赤壁賦》等專以比興爲主者可比。厥後李庚之撰《西都賦》，周邦彥之撰《東都賦》，尚一依張平子、左太冲之舊規。此大賦之體製使然，與散文詩詞不同者即在此。其詞藻豐美，吾人即可據以研究古代連綿字、形容字之發達情狀，烏得謂爲"夾雜著許多希奇古怪的字"。須知欲讀漢魏及漢魏以前之書，第一當先通雅詁。設不先通雅詁，未有能升堂入室者也。

（三）第九九頁論李義山詩云："他的《錦瑟》詩，有人說錦瑟就是錦瑟，又有人說是令孤楚妓，還有人說錦瑟是喻年華的，解者紛紛，莫衷一是。其他寫戀愛的詩大都題作'無題'，但寫女子心理的狠多，仿佛近代無聊文人繪美女月份牌一樣，完全是無中生有，虛妄造作。"案：義山詩刻骨鏤腎，千載以下令人賞翫不止。《錦瑟》一詩，解者紛紛，徒自苦耳。張孟劬（爾田）謂爲悼亡自傷，某女士且爲義山作戀愛史，無非妄作解人。吾人於此等詩直如歐陽永叔、晏同叔等人詞一例視之，但知其有感而發，絕不敢加以穿鑿的論調，謂爲"虛妄造作，無中生有"也。

（四）第一二八頁論東坡詞，謂"回文四季詞最末二句均佳，妙在上句意義和下句相聯，且意不相重。”案：自來文人作《菩薩蠻》回文詞不知多少，坡詞此四首實未必大佳，在坡詞中此爲下乘。傳奇中有“生小是多情，情多是小生”之句，不知作者知之，將如何傾倒。

（五）第一二九頁論周美成詞，祇引《人間詞話》，謂美成以桂華代月，便一筆抹摋。案：《人間詞話》不過引美成《解語花》一詞，以明作詞最好不用代語。雖其深遠之致不及歐秦，然終非南宋姜張吳周諸公所可比擬。慢詞之發達，美成實預有大力。集中蘊藉空靈之作甚多，作者實未嘗夢見。宋元近代詞家無不受美成極大之影響。王靜安《人間詞話》中雖於美成有微詞，然終爲美成作遺事，以詳徵其行事。在詞史中之美成，亦如詩之杜甫，北詞之關馬王白，爲萬世不祧之祖。趙君於美成詞竟未完全讀過，便可搖筆譏議，豈非咄咄怪事。

（六）第一七五頁論明初四大傳奇云：“《劉知遠》一名《白兔記》，是根據至今猶盛行民間的傳說而作的。”案：《白兔記》之本事，宋時已早有傳說。數年前俄人於甘州古塔下得一宋刻曲本，名《劉智遠傳》，蓋即《白兔記》之所自出。亦如王實甫《西廂》之先有董解元《西廂》，吳承恩《西游記》小說前有吳昌齡《唐三藏西天取經》雜劇。此種新出材料，固作者所未知也。

文學史實與文學批評及文學作家評傳不同，第一須考證某種文學之起源及其嬗變之跡。樂府之變爲詞，詞變爲北詞，北詞變爲南詞，南詞又變爲京腔，此中究有若干變化，每種變化後必有二三作家興，可以代表此時代之作風，而後人亦大蒙其影響。凡此種種，均須於文學史中詳之。吾人讀趙君之書，實未能得絲毫史的影象（此不獨趙書爲然）。如以史的眼光以論一切文學，則吳夢窗之詞於近代桂派詞人有絕大影響，不可以其詞藻盛而少之；姜張之詞於乾嘉以後浙派之詞有絕大影響，不可以其空疏少之；明代製藝文字最爲特出，其勢足以牢籠有清一代，趙書何竟一字不提。黃山谷、陳後山於近百年中之詩大有影響，此中消息，極易推尋，趙君亦未能觀其會通。王昭君出塞故事，唐宋間西陲早已演爲唱本，乃後來雜劇、傳奇之先聲。南宋間講演三國志故事之風甚盛，至元時雜劇中採用不少；而至治本《三國志平話》，即羅貫中《三國志演義》之所自出；乾隆時又撰《鼎峙春秋》傳奇，將全部《三國志》完全扮演；今京戲中多《三國志》故事，自蒙其相當影響。《今古奇觀》爲短篇小說之總集，然大都以《喻世明言》、《醒世恒言》（二書中土今尚有明刊本）爲藍本，然其最早之記述，當更於古雜劇、傳奇中求之。凡此種種，均非有翔實的考證未易爲力。趙君所成之文學史，雖自名爲小史，亦不容如此疏略。後之作者，可不勉旃！

所謂新出之材料者，如論唐代筆記小說，張文成《遊仙窟》一書不容忽視；論通俗文字，則敦煌所出之佛曲於文學史亦有重大關係。又舊有之材料各家文學史中尚少徵引者，如陳廷焯《白雨齋詞話》，其識甚銳，論詞者不可不讀；論清代婦女文學，則徐湘蘋、顧太清之詞，似皆有相當造就等，皆是。舉一反三，讀者可以喻矣。

（原載《大公報·文學副刊》第 35 期，1928 年 9 月 3 日）

評朱師轍《清史稿·藝文志》

　　《清史稿》上半部早已出版，本刊第二十期燕君曾爲文論之，頗引起國內多數學者之注意，其下半部迄今尚未正式發售。前曾於清史館編纂官某君處見列傳十數冊，然未付裝訂，無由窺其崖略。空谷足音，竟有《清史稿·藝文志》出現於北平書肆，每部全價三元，爲卷凡四，前後均有“朱師轍印”白文章。而編中於朱君先德之著述著錄無遺，意他人或無此周詳。詢之友人，余說果驗。展讀數過，頗有不能已於言者。因略著拙見如左。

　　朱君於其《敍論》云：“兹志著錄，取則《明史》，斷自清代。”又曰：“前朝群書，例既弗錄。清代輯佚，異乎斯旨，裒纂功深，無殊選述，故附載焉。”是朱君之書，一依《明志》成例，惟著錄輯佚書爲異耳。輯佚書應否收入，俟下節論之。至處距《明史》之成二百數十年後之今日，是否須步其後塵而一無變通，則尚須從長計議者。《明志》蓋本於黄虞稷《千頃堂書目》，然以黄目勘《明志》，或以《明志》與《四庫總目》較，或以《明志》所著錄之書與知見諸刻本較，其卷數、種數之異同直不勝僂指。世人每苦讀《明志》而不得其旨者以此。然自來正史成例，每道其所自得，不注其所自出，其咎原不獨《明史》爲然。即出膠州柯鳳蓀氏之《新元史》，其致力不可謂不深，然吾人視之，決不因有此新史而宋濂等八閱月所成之舊《元史》遂廢，更決不因有此集大成之新史而將魏默深、屠敬山、洪文卿諸家先成之書均置之高閣者，亦以此。兹姑不置論。今此書所著錄，其姓氏固不能盡見諸列傳，故行事之不彰者與史稿中有傳者比例之，劣得其半而有餘，是非一一敍其爵里於正文下如《隋志》、《唐志》例，或所附之考證中，不足以彌列傳之缺。此理之至明者，固無待煩言而解。他如刻本之異同、稿本之存否，並當略加疏記，以示來葉。處今之世，徵文存獻已覺大難，況在後日。此就大體上言之，不可不及早補苴者也。

更就分類上言之，則以吾人之常識準之，似有不能盡從《明志》或《四庫總目》爲矩矱者。小說、戲曲純文學作品在有清一代文學界，實占重大地位，曹雪芹之《紅樓夢》、吳敬梓之《儒林外史》、李汝珍之《鏡花緣》等書，家傳戶曉，其價值不可謂爲絕無。即如蒲松齡之《聊齋志異》，以較此書子部小說家所收褚人穫《堅瓠集》、張潮《虞初新志》、紀昀《閱微草堂筆記》諸書，其價值之高下爲何如。棄珠玉而收敝屣，吾百思不得其解。以性質論，則章回小說與《山海經》、《穆天子傳》等等所謂小說絕異。若爲權宜計，則迻入之，亦未始無說。今朱君既不爲別立部居，又不與《山經》、《穆傳》同科，一概抹摋，實爲偏見，是非謂蹈《明史》之覆轍不可也。其在昔時，固風氣未開，亦由觀念之各異。然在今日，則尚何所憚，是又非謂作者墨守舊規、蔽於古而不察於今不可也。小說如此，戲曲又何獨不然。清代戲曲有奉敕撰者，如《勸善金科》、《鼎峙春秋》、《忠義璇圖》、《昇平寶筏》等均是；有臣下進呈以邀寵者，如《西江祝嘏》是；有專爲扮演而文字未能雅馴者，如李笠翁所作及昇平署舊藏諸脚本是。以上所舉，均未足云卓絕。清初承啓禎之遺緒，范香令、吳石渠、吳梅村、萬紅友諸家所作，均未易判優劣。厥後譜律大行，洪昉思、蔣藏園輩出，作風略異。嘉道以還，舒鐵雲、黃韻珊亦一時作者。而朱竹垞、許穆堂、趙秋舲之散曲，亦可與有元張小山、喬孟符相媲美。外此則黃文暘之曲目，焦理堂之劇說，均斯道之津梁，自不必有軒輊。乃《清史稿・藝文志》一概抹摋，不爲表彰，僅著十數曲話了事。吾人所引爲遺憾者，實無過於此。吾意戲曲一道亦當如詩餘例，分曲

本、曲譜、曲律、曲話等類，擇尤選錄。前人成書具在，固不難
操觚立成。想讀者於此當具同情也。

　　輯佚書自昔有之，惟方法縝密自清代始，而材料上之補充亦
惟近代始臻完善。而清代一派學者專以輯佚爲事者，爲數不鮮，
是非爲精嚴之統計，特別加以表彰不可。則其見收於堂堂國史稿
藝文志，誰曰不宜？然統觀朱君所收，範圍未廣。馬國翰、黃
奭、湯球、汪文臺、張澍、孫馮翼及《四庫》館臣所輯，固得
分別著錄。而獨遺徐松、文廷式、錢保塘、汪榮慶及《麓山精
舍叢書》內所輯，何耶？且不僅此也，《四庫存目》所收輯自
《大典》諸書，其重要原不亞於見於正目者，乃亦不見甄錄，殆
以其不入正目少之。又《四庫》館臣自《大典》輯出之書，有
今日視之未可云佚者，如李冶《敬齋古今黈》、唐太宗《帝範》、
唐仲友《帝王經世圖譜》、辛文房《唐才子傳》等均是，似當刪
去。即收之，亦當分別著其說於下。又古來已佚之書，固可一輯
再輯，然有清三百年間，每有自昔久佚之書一旦復出者，其重要
或更在輯佚書以上，如鳴沙石室所出書及自東瀛珠還者均是。似
宜詳細甄錄，與輯佚書同列，俾後之人得以考驗。因論輯佚書，
附申之於此。

　　清代文獻較難統計而世人尚未充分注意者約有二事：一爲八
旗人之著述，二爲滿文書及其譯書。故《清史稿·藝文志》須
加意纂集而不容草率者，亦必以此二事爲先。至漢人著述，則前
人目錄及成書具在，自不難得一總帳。關乎前者，則盛伯羲
《八旗文經》、楊鍾羲《雪橋詩話三集》中可得大半。讀者觇此，
可知滿人沾受華化之速且盛。關乎後者，似尤爲重大。國人之習
滿文能通其讀者日見少，而滿文書籍流行日見稀，設此時不加搜
輯，則數千百載後必無徵。西夏遼金元事，殷鑒不遠。《清史
稿·藝文志》之必當詳記清代國書者即以此。此事俄人 Alexeiev
等均嘗從事，日人亦嘗於此用力。乃朱君於八旗人著述，已未能
詳加著錄，而於清文亦僅於經部小學類略見十數最普通之字典字

彙，此吾人所引爲絕大之遺憾者也。鄙意除字典字彙外，其他各書亦當如輯佚書例，分類附入。此就大體上言之也。

　　茲再就《藝文志》與《史稿》列傳相互的關係言之。列傳中既有沈曾植、王國維諸傳（此聞之金息侯先生者。至繆荃孫、楊守敬諸人未知列傳中有否。楊氏於民國三年曾入京任參政，疑《清史》不應有傳），則《藝文志》於諸氏之著述不應不收。諸氏雖忠於前朝，而沒於辛亥之後，依《史稿》收顧亭林、黃梨洲、王船山爲清人例，則此諸人著述不見收於《藝文志》亦宜。然既入列傳而缺其著述，將何說？且沈王諸氏所作絕非蕪雜淺陋者可比，則其見摒又將何辭以解？檢史部傳記類獨收繆荃孫《續碑傳集》，而遺繆氏其他著述，最乖體例。如繆氏不入列傳，則並《續碑傳集》不應收。如繆氏列傳中確有之，則《藝風堂讀書志》、《藝風堂文集》諸書何獨遺去？余嘗以此質諸友人，亦不解所謂，姑誌之以存疑。

　　茲再就細目中究之，則頗有多數重要著述爲目中不具者。《藝文志》固不能盡將有清一代人著述掃數收入，此盡人知之，自當曲爲彼諒。然去取之間非有明確標準，不足以昭公允。舉其最普通者，如於陳鱣則遺《簡莊疏記》，於孫承澤則遺《山書》，於孫詒讓則遺《古籀餘論》，於方成珪則遺《韓集舉正》，於彭孫貽則遺《山中聞錄》、《平寇志》，於查慎行則遺《得樹樓雜鈔》，於吳大澂則遺《百家姓印譜》等，均是。此不過就已見著錄諸家之著述略舉三四以示例，至未見著錄者直何可勝數。清代閨秀最特出之王德卿《德風亭集》亦未收，其他可知。他如胡敬所輯之《大元海運記》，實乃元《經世大典》之一種，乃誤書爲胡敬撰。《竹汀日記鈔》凡二見。《石魚文字所見錄》乃錢保塘、姚覲元同撰，書姚而遺錢，當係漏略。凡此小節，不必申論。又如叢書之失收，地志之漏略，在作者或另具體製，而讀者以爲未安，以限於篇幅，不復贅。

　　　　（原載《大公報・文學副刊》第 42 期，1928 年 10 月 20 日）

評《河南金石志圖》第一集

關百益輯，二十三年河南博物館印行

此書首有河南省主席劉峙序言及編者自序，次有凡例十三則。條理精審，頗具規模。全書共分四編。前年出以行世者，僅此首編耳。

首編收金類新鄭古器之一部，二十五葉，及石類墓誌塔銘等墨本八十一葉。新鄭之器，出土後十九歸於河南省立圖書館，即今之河南博物館，故編者得首先利用之。芒洛所出北朝以降墓誌，今多歸三原于氏，轉入河南博物館及洛陽金石保存所者爲數無幾。編者於古誌墨本夙有收集，故此編所載誌石特多，且皆其精好者，具見用力之勤。惟所收大抵限於芒洛一帶所出，他地十九被擯，此在編者或別有會心，然讀者未嘗不引爲憾事也。

除芒洛外，近世河南全省所出古誌石，自當以安陽爲最多。安陽所出，大抵在漳水之濱。東魏及北齊宗室卿相陵寢，皆在其地，土人指爲曹操七十二疑冢者是也。其地介於磁縣（屬河北省）與安陽之間。以地域言之，有時所出，祇能作爲河北金石志裏的好資料，非經實地勘察，不能貿然加入此編。編者有見於此，故於安陽一帶所出誌石，祇收元寶建一種。此編者學識過人處，吾人應首先提出爲讀者解惑者也。

通觀全集，似編者過信金石文字越古越有美術的意味，故詳於北朝誌石，而忽於李唐以後之作。唐誌收五種，宋誌收一種，五代及北宋以降，均付闕如。此則其主觀的解釋有以誤之。吾人如承認一朝之書體各有其時代性之客觀事實，則於北朝書體之勁拔，隋及初唐之緜麗，中唐以降之草率不恭，皆當無間言矣。芒洛所出中唐以降五季及北宋之誌石，頗多名公巨室，有裨於史事處不在北朝誌石之下。乃編者以爲除泉男生墓誌以書誌者爲小歐陽，崔涉墓誌以撰文者爲李北海，崔祐甫墓誌以篆蓋者爲李陽冰，又宋時祖士衡墓誌以撰文者爲邵康節，尚足見重一時，有著錄之必要外，餘則千唐百宋，無一能邀編者一顧。此乃方隅之見，吾人未敢贊同者也。

編中所載附說，以禮經史籍與實物相印證，頗多發明。然容有未安之點，條舉如下，以就教於編者：

（一）金圖第三葉至第十葉，共列周牢鼎圖十六。又金圖第十一葉至第十三葉，共列周陪鼎圖五。案：牢鼎、陪鼎之名，雖見於九家《易》及《周禮‧天官‧膳夫》鄭注，然此等名詞於彝器銘文中無徵，故自來治古器物學者多未沿用，不如省稱周鼎，或以花紋種類別之爲妥。

（二）石圖第六葉下魏始平公元偃墓誌銘。注云："龍門二十品中有始平公象一區，向不知始平公爲誰，據此知始平公即偃也。"案：此說似是實誤。龍門始平公造象作於太和二十二年，雖與偃之卒雖同在一年，然造象稱始平公官使持節光□大夫洛州刺史，與誌及《魏書》景穆十二王傳載偃歷官均不相合。則造象之始平公與誌之偃，固不能認爲一人矣。近出元寧墓誌，稱寧爲冠軍將軍始平公俟尼須之孫。是魏時爵封始平者，決不止一人。據此旁證，可見編者之說不免言之過早。

（三）石圖第九葉魏任城王妃李氏墓誌銘。注云："李氏爲任城王雲之妃。"案：此說亦有待於商榷。李氏當是任城王澄之妃，乃雲之子媳而非雲之妃也。雲妃孟氏（即澄之母），見《魏書‧列女傳》。然此僅爲消極的證明，必待其他積極的確證，而後可釋前疑。余嘗細讀誌文及《魏書‧任城王傳》，得三證焉。任城王澄傳載澄於世宗初改授安西將軍雍州刺史，是澄嘗官雍州刺史。計其時當在景明初，與誌稱"景明二年九月三日雍州刺史任城王妃李氏薨於長安"正合。此一證也。馮令華墓誌稱

“正始三年策拜爲任城國妃”，事在景明二年之後，時李妃已先卒，故又策立馮熙女爲繼室。澄傳云：“子彝爲繼室馮氏所生。”元彝墓誌亦稱“太妃馮氏”。是令華爲澄之繼室無疑。令華既爲繼室，則李妃當爲原配矣。此二證也。雲薨後，謚曰康，見本傳。李氏果爲雲之妃，依文例當稱“康王妃”或稱“任城王太妃”。今誌稱“任城王妃”，明任城王是時尚在人世，則非屬之元澄不可矣。此三證也。編者以元雲爲太和中亦嘗官雍州刺史，而誌文復失載李氏卒年得年若干，遂有此誤，可謂失之眉睫。

（四）石圖第九葉下魏穆亮墓誌銘。注云：“亮與尉夫人合葬，可證史稱其尚中山長公主者誤也。”案：穆亮之妻尉太妃誌確與亮誌同時出土，然不能據以引證史稱尚主之誤。疑亮先尚公主，或公主先卒，而後更娶尉氏爲繼室，其事皆屬可能，注所推論不確。

（五）石圖第十葉下魏雲陽男張整墓誌銘。注云：“《魏書》閹官傳有白整，其出身歷官，並與誌合。豈白整即張整歟？”案：白整即張整，無可疑，白整之名，又見《魏書·后妃傳》、《釋老志》。整以鄉難入官，更姓爲白，事屬可能。誌爲霾幽之文，例應著其本姓，故稱張君耳。

（六）石圖第十九葉下魏元颺妻王夫人墓誌銘。注云：“此與元颺墓誌俱歸日本太倉氏，中土拓本極少。前歲日本地震，石已不存，惜哉！”案：元颺夫婦誌石宣統年出土，初歸武進董授經先生，稍後轉入日本東京太倉氏。聞二石至今尚存，毀於地震云云，恐不確。

（七）石圖第二十七葉魏元斑妻穆玉容墓誌銘。注云：“玉容想出丘穆陵，而三代俱無考。誌中敍其家室姿容，及安定王爲子擇婦之鄭重，皆委婉動聽，想玉容必爲當代絕色。”案：《魏書·穆崇傳》稱：“崇宗人醜善子莫提，從平中原，爲中山太守，除寧南將軍相州刺史。”誌載玉容曾祖堤與傳之莫提官職正同，當爲一人無疑。而一作莫提，一作堤，蓋魏時代人稱名無定字，絕不足異。編者又謂玉容乃當代絕色，亦屬望文生義。

　　（八）石圖第三十二葉下魏齊郡王妃常季繁墓誌蓋。案：此蓋文曰"太保齊郡順王常妃誌銘"，乃齊郡王元簡妃常氏之誌蓋，以元簡墓誌互觀自明。《魏書·文成五王傳》所謂"燕郡公常喜女，文明太后以賜簡"者，是也。此與簡誌，乃近十年間同時出土，均歸三原于氏。常季繁則民國初年所出，與元颺夫婦誌合，今俱入日本太倉氏家。兩不相涉，何能牽連爲一。此誌僅存一蓋，元簡墓誌後半亦殘缺，想出土時早已碎裂矣。

　　以上所舉，乃千慮之一失，不足爲編者病。至全書印刷之精，紙料之佳，裝潢之美，則讀此書者類能言之。在四海困窮之今日，河南省獨能出大力，成此巨帙，誠令人有空谷足音之感矣。

　　　　　　　　　（原載《清華學報》第十一卷第二號，1936 年 4 月）

中國通史綱要

第十九講　九品中正與六朝門閥

（一）九品中正成立的主因

九品中正，是三國迄六朝三百餘年間中央政府銓選官吏惟一的制度。其法於各州郡，設置大小中正。大多數是由各州郡在京官吏兼領，負銓衡本土人物的責任。把一切人物，定爲九等，由司徒付尚書選用。這種新制，代替了漢朝察舉的舊法。它能成立的主因，是：

（甲）由於漢末時局之多故：

《晉書·李重傳》："上疏陳九品曰：九品始於喪亂，軍中之政，非經國不刊之法也。"

《晉書·衛瓘傳》："魏氏承顛覆之運，起喪亂之後，人世流移，考詳無地，故立九品之制，粗具一時送用之本耳。"

《宋書·恩倖傳論》："漢末喪亂，魏武始基，軍中倉卒，權立九品。"

在各處混戰的嚴重局面下，一般智識階級多散而之四方，或集中於大都市。地方官要在本鄉察舉人物，事實上是不可能的。新設的中正官都由在朝的官兼領，由他考察本土人物，比較外籍的守宰，容易得多。所以晉朝李重說："九品是軍中之政，非經國之法。"

（乙）由於當時清議之激烈：

《後漢書·黨錮傳序》："海內希風之士，遂共同標榜，指天下名士爲之稱號，上曰三君，次曰八俊，次曰八顧，次曰八及，次曰八廚。"

《後漢書·許劭傳》："初，劭與兄靖俱有高名，好共品題鄉黨人物，每月輒更其品題，故汝南俗有月旦評焉。"

漢末桓靈之際，宦官專權，清流羞與爲伍，力持正論。士大夫與在野的儒生，都喜歡臧否人物，互相標榜。他們品題人物的考語，社會上都信任他，與後來中正的品狀差不多完全相同。九品中正就在這種空氣中成立了。

（二）九品中正內容研究

九品中正創始於曹魏之陳群，到了東晉，逐漸具體化。那時郡有大中正。

《晉書·華譚傳》："轉丞相軍諮祭酒，領郡大中正。"

又《徐邈傳》："道子以邈爲前衛卒，領郡大中正。"

國亦如之。

《晉書·顧衆傳》："更拜丹陽尹，本國大中正。"

雖縣邑之微，亦有中正或小中正。

《晉書·盛彥傳》："本邑大中正劉頌又舉爲小中正。"

也有一人兼領數州的，這是特別情形。

《晉書·王述傳》："領并冀幽平四州大中正。"

大抵以本地人領之。人選產生的辦法：

（甲）由於司徒的選召。

《晉書·李含傳》："司徒選含領始平中正。"

（乙）由於州郡的薦舉。

《晉書·任旭傳》："州郡舉爲郡中正，固辭歸家。"

（丙）由於大中正的推轂。

《晉書·盛彥傳》："本邑大中正劉頌又舉彥爲小中正。"

其職權先由小中正銓定品第，經大中正核定後，上之司徒，作爲吏部選任官吏之標準。

（三）六朝門閥造成的主因

六朝時社會上有一種特殊階級，叫做門閥。包辦選舉，左右朝儀，把持政治社會上的一切，到唐以後纔漸漸地衰落。其造成的主因，是：

（甲）由九品中正的流弊。

趙翼《二十二史札記》："中正所品高下，全以意爲輕重，真所謂上品無寒門，下品無貴族。高門華閥，有世及之榮；庶姓寒人，無寸進之路。選舉之弊，至此而極。然魏晉及南北朝三四百年，莫有能改之者。蓋當時執政者，即中正高品之人，各自顧其門戶，固不肯變法，且習俗已久，皆視爲固然而無可如何也。"

中正與門閥，是互爲因果的。中正所銓的高品，門寒的不得與選。一切位高官卑，都以家牒爲斷。這是造成門閥最大的主因。

（乙）由中原士族的遷徙。

《宋書·律志序》："自戎狄內侮，有晉東遷，中土遺氓，播徙江外，百郡千城，流寓比屋。人佇鴻雁之歌，士蓄懷本之志，莫不各樹邦邑，思復舊井。"

《新唐書·柳沖傳》："魏氏立九品，置中正，尊世胄，卑寒士，權歸右姓，晉宋因之，始尚姓已。過江則爲僑姓，王謝袁蕭爲大。東南則有吳姓，朱張顧陸爲大。山東則爲郡姓，崔盧李鄭爲大。關中亦號郡姓，韋裴柳薛楊杜首之。代北則爲虜姓，元長孫宇文于陸源寶首之。"

晉受外族侵凌，中原的士族，都過江來依新主。與江東的士族，立時發生政治經濟兩重利害的衝突。大家互相仇視，各結宗黨，這是門閥造成的第二主因。

（四）六朝門閥的影響

六朝門閥，與寒門形成了兩種絕對不同的階級。對於各方面的影響：

（甲）政治。早成了一種世祿之制，重要的官位，都由門閥把持著。

《南齊書·褚淵王儉傳》："自是世祿之盛，習爲舊準；羽儀所隆，人懷美慕。君臣之節，徒致虛名。貴仕素資，皆由門慶。平流進取，坐致公卿。則知殉國之感無因，保家之念宜切。市朝亟榮，寵貴方來，陵闕雖殊，顧盼如一。"

（乙）風俗。養成買賣式婚姻，以財幣爲購買高婚的條件。

《北齊書·馮子琮傳》："又專營婚媾，歷選上門，例以官爵許之，旬月便驗。"

《顏氏家訓》："近世娶嫁，遂有賣女納財，買婦輸絹，比景父祖，計較錙銖，責多還少，市井無異。或猥壻在門，或傲婦擅室，貪榮求利，反招羞恥。"

（丙）思想。合《老》《莊》、《周易》、禪理爲一，形成一種新玄學。

《陳書·馬樞傳》："樞博極群史，尤善佛經，及《周易》、《老子》義。梁邵陵王綸爲南徐州刺史，令樞講《維摩》、《老子》、《周易》，同日發題，道俗聽者二千人。"

（丁）文學。專尚浮華，一切文體受了辭賦的籠罩，都駢儷化了，形成一派浮靡文學。徐陵的《玉臺新詠》，就是這時期裏的出產品。

鍾嶸《詩品序》："今之士俗，斯風熾矣，纔能勝衣，甫就小學，比甘心而馳騖焉。於庸言雜體，各爲家法。至於膏腴子弟，恥文不逮，終朝點綴，分夜呻吟。"

（五）九品中正與六朝門閥的散滅

六朝新興的政權，握在幾個武人手裏。佐命功臣，大都出身微賤。與九品中正產生出來的門閥子弟，各不相下。尤其北方的貴戚功臣，全都是武人。所以隋楊篡周以後，對於以門閥爲高下的九品中正制，即刻廢除，改用鄉貢取士。門閥觀念，纔漸漸地散滅了。

參考書舉要

《九品中正與六朝門閥》　楊筠如著　商務印書館印本

《王謝世家》　明韓昌箕撰　明刻本

《世說新語》　宋劉義慶撰　日本影印宋刻本

第二十四講　宋初中央集權之政治

宋太祖由軍人擁戴而得政權，立懲唐五代之失，用趙普謀，厲行中央集權政治。其重要之設施如下：

（一）罷功臣典禁兵以畫一軍權。

《續資治通鑑長編》二："初，上既誅李筠及重進，一日，召趙普問曰：'天下自唐季以來，數十年間，帝王凡易八姓，戰鬪不息，生民塗地，其故何也？吾欲息天下之兵，爲國家長久計，其道何如？'普曰：'陛下之言及此，天地人神之福也。此非他故，方鎮太重，君弱臣強而已。今所以治之，亦無他奇巧，惟稍奪其權，制其錢穀，收其精兵，則天下自安矣。'語未畢，上曰：'卿無復言，吾已喻矣。'時石守信、王審琦等皆上故人，各典禁衛。普數言於上，請授以他職，上不許。普乘間即言之，上曰：'彼等必不吾叛，卿何憂？'普曰：'臣亦不憂其叛也。然熟觀數人者，皆非統御才，恐不能制伏其下。苟不能制伏其下，則軍伍間萬一有作孽者，彼臨時亦不得自由耳。'上悟，於是召守信等飲，酒酣，屏左右謂曰：'我非爾曹之力，不得至此，念爾曹之德，無有窮盡。然天子亦大艱難，殊不若爲節度使之樂，吾終夕未嘗敢安枕而臥也。'守信等皆曰：'何故？'上曰：'是不難知矣，居此位者，誰不欲爲之。'守信等皆頓首曰：'陛下何爲出此言？今天命已定，誰敢復有異心。'上曰：'不然。汝曹雖無異心，其如麾下之人欲富貴者，一旦以黃袍加汝之身，汝雖欲不爲，其可得乎？'皆頓首涕泣曰：'臣等愚不及此，惟陛下哀矜，指示可生之途。'上曰：'人生如白駒之過隙，所爲好富貴者，不過欲多積金錢，厚自娛樂，使子孫無貧乏耳。爾曹何不釋去兵權，出守大藩，擇便好田宅市之，爲子孫立永遠不可動之業，多置歌兒舞女，日飲酒相懽以終其天年。我且與爾曹約爲婚姻，君臣之間，兩無猜疑，上下相安，不亦善乎！'皆拜謝曰：'陛下念臣等至此，所謂生死而肉骨也。'明日，皆稱疾請罷，上喜，所以慰撫賜賚之甚厚。庚午，以侍衛都指揮使、歸德節度使石守信爲天平節度使，殿前副都點檢、忠武節度使高懷德爲歸德節度使，殿前都指揮使、義成節度使王審琦爲忠正節度使，侍衛都虞候、鎮安節度使張令鐸爲鎮寧節度使，皆罷軍職。獨守信兼侍衛都指揮使如故，其實兵權不在也。"

（二）以文臣知州事，置諸州通判，以重吏治。

《皇朝編年備要》一："乾德元年夏四月，置諸州通判，命文臣知州，分節度使、刺史之權也。或節度使、刺史有闕，則以文臣代之。於是賈琰等通判湖南等州，李昉權衡州。"

《宋史·職官志》一："五代藩鎮專恣，頗用文臣知州，復設通判以貳之。"

又："通判一人。以京朝官充。乾德初，諸州置通判，統治軍、州之政，事得專達，與長吏均禮，大藩或置兩員。戶少事簡有不置者，正刺史以上州知州，雖小處亦特置。"

（三）置諸路轉運使，自是地方財政權亦收歸中央。

《續資治通鑑長編》六："自唐天寶以來，方鎮屯重兵，多以賦入自贍，名曰留使、留州，其上供殊鮮。五代方鎮益強，率令部曲主場院，厚斂以自利。或私納貨賂，名曰貢奉，用冀恩賞。上始即位，猶循前制，牧守來朝，皆有貢奉，及趙普爲相，勸上革去其弊。乾德三年二月，申命諸州度支給費外，凡金帛以助軍實，悉送都下，無得佔留。時方鎮闕帥守命文官權知，所在場院遣京朝官廷臣監臨，又置轉運使，由是利歸公上而外權削矣。”

（四）選諸路兵入補禁衛，立更戍法，以杜軍隊私有之弊。

《宋史·兵志》一：“禁兵者，天子之衛兵也，殿前、侍衛二司總之。太祖鑒前代之失，萃精銳于京師，雖曰增損舊制，而規模宏遠。建隆元年，詔殿前、侍衛二司各閱所掌兵，揀其驍勇升爲上軍，老弱怯懦置剩員以處之。詔諸州長吏選所部兵送都下，以補禁旅之闕。又選強壯卒定爲兵樣，分送諸道。”

同時提高內閣職權。即最高軍事機關之樞密院，其領袖亦以文人任之。二百年來之節度使制，在宋則名存實亡，不似唐五代之專權自恣矣。

第二十五講　王安石變法與新舊黨爭

（一）變法之動機

（甲）鑒於軍隊之惰弱。

宋制，總天下兵集於京師，其籍兵也以募，收中國獷悍失職之民而畜之，其意在絕內亂而非防外患。其邊防要郡，頒兵防守，皆遣自京師。諸鎮之兵，亦皆戍更。兵無常帥，帥無常師，終日遊冶，不親兵革。仁宗朝既敗於契丹，又挫於西夏，軍隊實力之薄弱，於此可見。

（乙）由於國用匱乏。

析言之有三因焉。

（1）歲幣之特增。宋真宗時，苦契丹兵禍，以銀十萬兩、絹二十萬匹充歲幣，始各罷兵。仁宗時，增歲幣銀絹十萬兩匹，邊隘始無事。後又冊立西夏主元昊，歲贈銀絹二萬兩匹，茶三萬斤。較真宗時歲幣約增五之二。此一事也。

（2）兵費支出之無度。《宋史》載仁宗時王堯臣上奏陝西河北河東三路未用兵時及用兵後歲用之數，當時兵多財乏之情形可見。張方平上仁宗疏稱太宗時蓄兵不過四十萬人，真宗增至五十萬人，仁宗時又增置四十萬，通三朝舊兵且百萬。故遇至兵事時，至減皇室用費，以濟匱乏。此二事也。

（3）由於郊祀賚賜之濫支。宋制三歲一親郊，大小各官得蔭子。真宗時郊賜之費，緡錢百餘萬。仁宗時享明堂增至一千二百萬。神宗初著令遞減，宰臣樞密使尚可得銀一千五百兩、絹一千五百匹。類皆於常賦外，取之於民。此外又有公用錢。而俸銀祿米，宋制本優。尚有職錢職田之制，其待士大夫至厚。然國力因之日耗，民力亦日損。此三事也。

安石變法之原因，實紹於此。蓋欲整頓軍政與財政以厚國力耳。時神宗初即位，年少志銳，與安石志同道合，君臣協力合作，遂有熙寧變法之政，自非一朝一夕之故也。

（二）新政之內容

（甲）關於財政者有七。

（1）制置三司條例（熙寧二年二月）。以宰相領之。考三司簿籍，凡一歲用度及郊祀之費，皆編著定式。所裁省冗費，約原數十之四。

（2）農田水利法（同上四月）。分遣諸路常平官，使專領農田水利。自熙寧三年至九年，府界及諸路所興修水田，凡一萬七百九十三處，爲田三十六萬一千一百七十八頃。

（3）均輸法（同上七月）。其法所以通天下之貨，制爲輕重斂散之數，使輸者既便，而有無得以懋遷。試行於江淮，凡上供物皆得徙貴就賤，預知在京倉庫所當辦者，得以便宜蓄買，而制其有無。

（4）青苗法（同上九月）。以諸路常平廣惠倉錢穀，民欲豫借者給之，令出息二分，隨夏秋稅輸納，如遇災傷，許展至穀熟日納。

（5）募役法（三年十二月）。變差役爲募役。計民貧富分五等輸錢，名免役錢。若寺觀、女戶、單丁、未成丁者，亦等第輸錢，名助役錢。凡敷錢先視州縣應用雇直多少，隨戶等均取。又增取二分，以防水旱，名免役寬賸錢，以之募人代役。

（6）市易法（五年三月）。以內藏庫錢帛，置市易務於京師。凡貨不售者，平價市之，願以易官物者聽。若欲市於官者，則度其田宅或金帛爲抵當，而貨之前，半歲輸息十一，及歲倍之，過期不付息，月更加罰錢。

（7）方田均稅法（五年八月）。法以東西南北各千步，當四十一頃六十六畝一百六十步，爲一方。歲縣委令佐辨色丈量之，以地之肥瘠分五等定稅則，此所謂方田也。均稅者，凡奇零之數不稅，不毛之地及山林、陂塘、墳墓亦如之。

（乙）關於軍政警政者五。

（1）汰冗兵（熙寧至元豐之初）。凡州兵不如法者按之。不任禁軍降廂軍，不任廂軍免爲民。又廢倂軍營，增置武衛軍。

（2）改諸路更戍法（熙寧三年十二月）。北宋軍制有禁軍、廂軍、鄉軍、蕃軍之別。時時調防，以弭將卒專橫之禍。是時始部分諸路將兵，總隸禁旅，使兵知其將，將練其士，平居不調防，有事始遣。計擁衛京畿凡三十七將，西北防邊凡四十二將，分戍東南則僅十三將焉。

（3）保甲法（同上）。法以十家爲保，有保長一，五十家爲大保，有大保長一，十大保爲都保，有正副長各一。戶有兩丁以上者，選一爲保丁。每一大保，夜輪五人警盜。保丁皆授弓弩，教戰陣，使漸習爲兵。

（4）保馬法（熙寧五年五月）。官給保甲戶一匹或二匹，使代養之。或官與其值，令自市馬。逐盜賊外，乘越三百里有禁。歲一閱肥瘠，病死補償。

（5）置軍器監（熙寧六年六月）。總內外軍器之政。安石子雱領之。

（丙）關於教育及選舉者有二。

（1）更定科舉法（熙寧四年二月）。罷詩賦、帖經、墨義，士各治《易》、《詩》、《書》、《周禮》、《禮記》一經，兼《論語》、《孟子》。每試四場，初本經，次兼經大義十道，次論一道，次策三道。殿試則專以策，限千字以上，分五等。一二等賜進士及第，三等賜進士出身，四等賜同進士出身，五等賜同學究出身。

（2）立太學三舍法（熙寧四年十月）。定生員爲三等，初入學名外舍，繼升內舍而上舍。上舍員百，內舍二百，外舍七百。人專一經，月考試其業，優者以此遞升。學行卓異者，直講薦之中書，得除官。其年又置京東、京西、河東、河北、陝西五路學。其後諸州府皆立學，學官共五十三人，所教者以經爲主，人專一經。

以上諸法，皆經國之大制。而當時元老如富弼、韓琦，大臣如司馬光、呂公著，侍從如蘇軾，皆反對新法甚烈，演成新舊黨爭。固由舊人不憭新法，激於意氣；亦由主持新法者，未必盡人如安石，違法自利，轉以病民，實非法之過也。觀於鄭俠繪《流民圖》以奏，便知當時政潮之烈矣。

（三）新舊黨爭之經過

當安石執政時，舊臣攻擊新法者皆令致仕，或安置方外。及安石去位，繼其職者如蔡確、王珪等，皆碌碌無成。神宗卒，子哲宗立，年甫十歲，英宗后高氏垂簾聽政。高太后固反對新法者，舊臣因緣時會，得盡排新黨，而復得政權。以元老司馬光、呂公著爲中心，組織第一任舊黨內閣。時哲宗元祐元年也。是年光卒，公著請老，以呂大防、范純仁代之。悉罷安石新法，立他法以代。如改良官制有三省同取旨法，更定選舉有十科舉士法，整理財政，有戶部總財用法及減蔭補恩、裁省冗費諸政，釐訂法政則置理訴所，立縣令課績法，亦以新法爲標榜。稍後舊黨內部復分裂爲洛蜀朔諸目。洛黨以程頤爲首，朱光庭、賈易輔之。蜀黨以蘇軾爲首，呂陶等輔之。朔黨以劉摯、梁燾、王巖叟等爲首，而輔之者尤衆。同時舊黨中堅分子，復互相傾軋，各不相下。呂大防與范純仁與劉摯與蘇頌間，均有鬭爭，使新黨得乘機復起，實舊黨不善自謀故也。

元祐八年，高太后卒，哲宗始親政。新黨楊畏始以講求繼述神宗之道爲請，乃悉罷舊黨，以章惇、蔡卞爲中心，組織第二任新黨內閣。改元紹聖，以示決心。恢復熙寧新法，天下紛擾，轉失本意。惇復引蔡京爲戶部尚書。京固投機分子，曾入司馬光幕，至是遂正式加入新黨。自是迄哲宗之卒，均爲新黨專政時期。

哲宗卒，弟端王佶立，是爲徽宗。皇太后向氏權同聽政，以韓忠彥爲門下侍郞，與新黨曾布合作，組織混合內閣。乘機追復舊黨諸臣官爵，其已死於外郡者，得許其歸葬。無何，太后歸政，改元建中靖國，以示不專一黨之意。是時新舊黨雜進，益無政績可言。會皇太后卒，鄧洵武始昌言：“陛下乃神宗子，今相忠彥乃琦之子，神宗行新法利民，琦論其非，今忠彥更法以繼父志，陛下爲不能也，必欲繼志述事，非用蔡京不可。”疏入，帝以爲然，遂用曾布、蔡京爲相，是爲新黨第三任內閣。改元崇寧，言崇熙寧之政也。

稍後，蔡京復力排曾布，以布與韓忠彥合作爲罪，貶其官。京復詔黨人子弟不得至闕下。以元祐學術聚徒者，罰無赦。毀司馬光、呂公著等景靈宮畫像，及范祖禹、唐鑑、三蘇、黃庭堅、秦觀文集。令州縣立黨人碑，凡三百零九人，雖曾布、章惇亦列入焉。陽托紹述之名，陰行聚斂之政，正士銷聲，豺狼當道，國事益不可爲。安石新法，永爲後人詬病，皆京等之罪也。不數年，金人南侵，卒召靖康之禍，宋社幾屋。政黨政治不健全之罪惡，至此遂暴露無遺，可不戒哉！

茲將新舊黨內閣宰執人名爲表如左：

黨派	次數	宰相	執政	當國年表
新黨第一任	第一次	王安石	王珪	神宗熙寧三年至七年
	第二次	韓絳	呂惠卿	同上七年至八年
	第三次	王安石	韓絳	同上八年至九年
	第四次	吳充、王珪	蔡確、章惇、張璪	同上九年至元豐五年
	第五次	王珪、蔡確	章惇、張璪	元豐五年至八年
	第六次	蔡確、韓縝	章惇	同上八年至元祐元年
舊黨第一任	第一次	文彦博、司馬光、呂公著	韓維、范純仁、呂大防、劉摯	哲宗元祐元年至三年
	第二次	呂大防、范純仁	孫固、劉摯、王存、胡宗愈	同上三年至四年
	第三次	呂大防	孫固、趙瞻、韓忠彦、劉摯、傅堯俞	同上四年至五年
	第四次	呂大防、劉摯	蘇頌、蘇轍、韓忠彦	同上五年至六年
	第五次	呂大防、蘇頌	蘇轍、范百祿、梁燾、鄭雍、韓忠彦	同上七年至八年
	第六次	呂大防、范純仁		同上八年至紹聖元年
新黨第二任	第七次	章惇	安燾、蔡卞	紹聖元年至元符三年
混合內閣		韓忠彦、曾布		元符三年至徽宗崇寧元年
新黨第三次	第八次	蔡京	趙挺之、張簡英、蔡卞	崇寧元年以後

第二十六講　宋代之史學

（一）歷史學在宋代學術史中，占最重要的地位，影響於後世極大。其致此之主因有二：

（甲）雕版事業之發達。

諸史之有刊本，實始於北宋之中葉。由崇文院負責校勘，主其事者皆一時名宿。自《史記》迄宋代所修之《新唐書》，均次第刊行。閩蜀書肆繼起，傳佈益廣。於是人人有得書之機會。

（乙）館閣制度之完密。

宋制，昭文館與史館、集賢院謂之三館，皆寓崇文院。以上相充昭文館大學士，監修國史。別置修撰、直館、校理等職，以處碩學。其所修之史，類別凡四。一曰曆，日曆所任之。二會要，會要所任之。三實錄，四國史，則國史實錄院任之。此四者當時俱未刊行，然任人傳錄。李燾、李心傳、王應麟輩所著書，多於此取材焉。

（二）宋人所著史書，除官修前朝國史《新唐書》、《舊五代史》及日曆、實錄等等外，以性質別之，約有三類：

（甲）通史。編年體以司馬光《資治通鑑》爲代表，紀傳體以鄭樵《通志》爲代表，會要體以王應麟《玉海》爲代表（此雖係類書，實與會要體史書性質無異）。同時朱熹復據《通鑑》，以《春秋》義法別著《通鑑綱目》一書，與《通鑑》相輔而行。元以後史學界，受其支配者垂數百年。此外袁樞又別創紀事本末體，區分名目，詳其起訖，使編年紀傳體史書，貫通爲一，實前古所未見。樞所成者，爲《通鑑紀事本末》四十二卷。厥後楊仲良仿之，成《續資治通鑑紀事本末》，均便學者。

（乙）斷代史。紀傳體有歐陽修之《新五代史》，以褒貶寓意。編年史，有李燾之《續資治通鑑長編》，陳均之《中興兩朝綱目》，劉時舉之《續宋編年資治通鑑》，李心傳之《建炎以來繫年要錄》，徐夢莘之《三朝北盟會編》。會要體則有王溥之《唐會要》、《五代會要》，徐天麟之東西漢《會要》，袁應祥之《西漢貫制叢錄》，均其犖犖大者。

（丙）方志。總志有樂史之《太平寰宇記》，王存之《元豐九域志》，歐陽忞之《輿地廣記》、王象之之《輿地紀勝》等書。

地方志乘著錄於《宋史·藝文志》尤夥，其得傳於今者，如四明、臨安、雲間、毗陵、吳郡、吳興、新安諸志，尚得十餘種。爲元以後一般方志所從出。而研究一代風俗、社會、經濟史，亦靡不於此求正確史料焉。

（三）宋人治史之方法，有可稱道者：

（甲）利用校勘學。傳刊一書，必聚數本以考其流別，如劉攽輩校《漢書》是也。研究史事必聚數書以究其異同，如司馬光著《通鑑考異》是也。

（乙）注意新材料。金石考古之學，宋時大盛。以周漢遺物與古史相印證，其方法雖不及近代繁密，然宋人實肇其端。

此外宋人疑古惑經之風亦盛。思想解放，不蔽於一見。互相論難，必當於理而止。士夫於當代政治不諱言得失，此非元明之世所可及也。

（據北京大學出版組印行講義整理，此稿現僅存四講）

悼内藤虎次郎氏

6月26日，日本京都大學教授文學博士内藤虎次郎氏，病卒於京都寓邸，享年六十八歲。吾人得知此噩耗於日報電訊中，至今尚未有較詳盡之報告，故於内藤氏之行事，不能作有系統之叙述，僅就所知者著於篇。内藤氏於國際學術界素著盛名，在彼邦有《四庫全書》之化身之目，固不煩吾人重言以介紹也。

（一）

内藤氏爲近代日本漢學家之耆宿，教授於京都大學者垂二十年。所著書有單行本行世者凡十二種：

> 近世文學史論（明治三十年一月出版）
>
> 諸葛武侯（明治三十年六月出版）
>
> 淚珠唾珠（同上）
>
> 燕山楚水（明治三十三年六月出版）
>
> 滿洲寫真帖（明治四十一年六月出版）
>
> 清朝衰亡論（明治四十五年三月出版）
>
> 弘法大師之文藝（大正元年十二月出版）
>
> 支那論（大正三年三月出版）
>
> 清朝書畫譜（大正五年七月出版）
>
> 寶左盦文（大正十二年十二月出版）
>
> 日本文化史研究（大正十三年九月出版）
>
> 新支那論（大正十三年九月出版）

至短篇論文散見於《藝文》、《史林》、《歷史與地理》、《支

那學》、《民族與歷史》、《東亞經濟研究》、《龍谷大學論叢》、
《古代織物》、《佛教美術》諸雜誌者，據大正十五年内藤氏還曆
紀念時所統計，約得八十篇，而日報之撰著尚不與焉。昭和三
年，氏又取其平生論著十三篇，輯爲《研几小錄》一書，大抵
爲新出中土古籍之題記與通經之作。越歲又續輯《藝文》、《史
林》兩雜誌所載舊文二十五篇，爲《讀史叢錄》一書，次第由
京都弘文堂出版。《讀史叢錄》皆精到不刊之作，較《研几小
錄》有過之無不及，以視《支那論》、《新支那論》，抹摋客觀事
實，自不可同日語矣。

（二）

　　内藤氏漢學研究的特色，可以一語蔽之，即以新材料引證舊
材料，更以舊材料溶解新材料是也。渠於近世新發現之資料，無
論屬於紙上的或地下的，無論屬於彼邦或屬於中土，見聞所及，
無不發爲啓人以雋永綿密之學術情感。如（一）屬於地下材料
方面：據殷虛卜辭“王亥”之記載，與《山海經》、《楚辭·天
問》等舊材料互相發明，此説雖爲氏之契友海寧王先生所獨創，
然王先生《卜辭中殷先公先王考》一文其時尚未著筆，換言之，
王先生所作與氏固有連鎖的作用在也。樂浪之漢代漆器，於前歲
有大量出土，燦爛之兩京文化得再度羅列於吾人之眼前。氏雖未
參預於實際發掘工作，然於漆器銘文之考釋有鑿空之功。距樂浪
數千里外之漢代惟一國營手工藝集團區域之廣漢郡，銅器與漆器
之製作均運銷於全國各處，即遠處國境東線之樂浪郡，亦得受廣
漢文化之巨量灌溉。氏著此文時，僅就漆器銘文加以説明，未能
與廣漢郡其他工藝出品如銅器之類作比較研究，實爲遺憾。然已
足啓迪後人以一種新知識矣。高麗史事之李唐部分，向惟持
《三國遺事》、《東國通鑑》或中土旧籍如《通典》、新舊《唐
書》、《冊府元龜》、《通鑑》等書，以觀其會通。《讀史叢錄》

中氏有《近獲之二三史料》一文，述及近世洛陽北邙出土之扶餘隆墓誌，及煊赫一時的歐陽通所書之泉男生墓誌。此外武后朝之泉男生及高慈墓誌，亦同時迻錄其全文，並鈎稽諸誌所載之官職名，以與舊史相印證。實則泉氏一族，尚有泉獻誠墓誌，爲氏所未見，然此點絕不足爲此文訬病。氏於考證高麗官制時，曾引及中土久佚之張楚金《翰苑》殘卷，及唐高宗麟德三年太史薩守真所啓修之《天地瑞祥志》。《翰苑》經氏爲之表揚，刊入京都大學出刊之唐寫本古籍第一集中。至《天地瑞祥志》，則吾人前此所未知也。此外高昌、吐蕃史事之新資料，氏亦有所論列，如吐蕃會盟碑之類，尚是習見之物，故兹不再贅。

（二）屬於紙上材料方面：氏於此數十年來刊傳中土古刊書事業，有莫大之熱誠。蓋彼邦所存中土舊籍，自經黎庶昌、楊守敬、羅振玉諸氏拔其尤者刊行後，頗爲彼邦學人所注目。加以近二十年間，彼邦巖谷山林之所出、故家藩室之所儲，亦漸爲世人所重。當羅氏於民國初年旅居彼邦時，與氏過從甚密，羅氏刊傳彼邦古籍凡數十種，得氏之協助者居多。舉其著者，如舊鈔本《大唐三藏玄奘法師表啓》、唐鈔本《王子安集》殘卷、張楚金《翰苑》殘卷，及古鈔本《隸古定尚書》，氏俱有精確之跋尾。此皆與羅氏印書事有關者也。此外如敦煌古佚書存於歐西者，屬於詩歌小說部分，氏俱有所校錄。元代古佚書存於《永樂大典》迄未輯出者，如《憲臺通紀》，氏亦有詳審之解題。近三四年間，彼邦私人學術機關，甚至新聞社，亦頗從事於古佚書之刊傳事業，如影印原本《玉篇》、《五行大義》及各種舊鈔、舊槧群經單疏，似亦受氏之精神的暗示不少。獨惜竹添氏舊藏《毛詩》單疏之南宋監本，歸於氏者經年，至今尚未影印行世，是所望於彼邦後之紹述者矣。

除以上所記外，尚有一事不可不明告世人者，即氏於清代開國史事有獨到之貢獻，彼邦夙以研究清史著名於史學界者，有氏之弟子稻葉君山氏，然稻葉氏殊名不副實，不若氏之從事於搜求直接史料，有特發之覆也。《讀史叢錄》中最精采之篇幅，即爲此項研究。如《明東北疆域辨證附奴兒干永寧寺碑記》、《清朝姓氏考》、《清朝開國期之史料》、《都爾鼻考》、《清朝初期之繼嗣問題》、《奴兒干永寧寺碑補考》諸文皆是。永寧寺碑立於永樂中，爲研究明代滿洲史事最可靠之石刻遺文。遼寧崇謨閣中所存之滿洲老檔，明治三十六年東京市村教授與氏共同全部寫影，並爲文以記之，載於大正元年十一月之《藝文》雜誌，距今已十餘年，時國人尚未知有此項史料也。至《清實錄》之見重於世，在我國亦自近數年故宮文獻館成立後始。然太祖、太宗、世祖三朝實錄，遼寧及彼邦他處尚有傳本。利用此項實錄以作專門研究，則氏於十年前已首創之。此外氏嘗輯有《滿蒙叢書》，雖未竟業，然所收《籌遼碩畫》及《從征日記》，亦頗引起專門學者之注意。在吾人今日，可盡量利用《明實錄》、朝鮮《李朝實錄》或其他新發現明清間史籍，以搜求滿洲開國史跡。於氏所創作之《明代東北疆域辨證》、《清朝姓氏考》諸文，有時覺其立論，頗有動搖之點。然此項研究之途徑，則自氏發之，固不容吾人否認者也。

（三）

此半世紀來，彼邦以京都、東京爲中心，研究漢學空氣之濃厚，特呈空前之現象。內藤氏與同時諸博士如桑原騭藏，如白鳥庫吉，如藤田豐八，所趨之學術途徑或異，內藤氏學博而守約，接受中土多方面之文化，而各有其獨到之認識與修養。其所取之態度，一面欣賞的，一面研究的也。客有造其廬者，悅其收藏之富、鑒賞之精，無不有詞山學海之歎，其精神殆與古賢哲相默契。其於書藝，則推崇晉唐。於畫工，則薄近世粗獷無含蓄之作。於古今體詩亦錚錚獨造，有唐人神味。至治學方法，則服膺於有清一代史學宗師錢宮詹大昕，蓋爲一純正之人文主義之信徒。求之並世中外，殆罕其匹。自茲而降，狹義的考據學，加速度導演於東西洋學術舞臺，而中土亦承其弊。研究所與學會，層出不已，家懷鉛槧而人務識小，研究若有餘，而欣賞則不足。吾人今日悼念此鄰邦之通儒，蓋在此而不在彼，世人達者，當不河漢斯言。

（原載《大公報·圖書副刊》第 34 期，1934 年 7 月 7 日）

跋

　　國家圖書館編輯出版趙萬里先生的文集，這是對趙先生最好的紀念。

　　趙萬里先生在國立北平圖書館、北京圖書館工作五十餘年，擔任善本部主任長達數十年，其間北圖善本書的選購、受贈、庋藏、整理，多由趙先生主持，貢獻良多。趙先生編纂或主編的善本書目錄、圖錄，比如 1933 年的《北平圖書館善本書目》、1959 年的《北京圖書館善本書目》、1961 年的《中國版刻圖錄》，是 20 世紀中葉我國版本目錄學方面最重要的收穫，代表了當時版本目錄學發展的最高水平。

　　20 世紀 30 年代以來，趙先生即於北京大學講授版本學等課程。1945 年北大復校後，圖書館館長毛準教授約請趙萬里先生領導主持編纂《北京大學圖書館藏李盛鐸（木齋）舊藏善本目錄》（該目錄 1948 年刊入《北京大學圖書館善本書錄》，始正式出版）。當時我被安排在這個編目組中，參加撰寫了一部分書錄的底稿。在編纂過程中，領略到先生對古籍瞭解之深廣與識斷之精審，多受教益。

　　在版本目錄學與古文獻整理方面，趙先生是公認的大家，一般學者對趙先生的瞭解，也主要是版本鑒定、目錄編纂、文獻輯佚、校勘及碑刻整理等方面。其實趙先生的治學範圍，遠不止這些領域。他早年受學於吳梅先生，在詞、曲等方面都有很深的造詣，他本人也是一位出色的詞人。趙先生還曾在北大、清華等校講授詞學、戲曲史、金石學，分別編有講義，可惜未曾梓行，因而少爲人知。這次國家圖書館編輯趙先生的文集，把這些未刊稿和講義也都整理出來，彌補了這個遺憾。

　　冀淑英先生生前，曾經初步整理過趙先生的文稿，不過沒能成書。近年國家圖書館的幾位中青年同志，花費多年時間，重新進行編輯整理，如今出版有日。近應編輯同志之約，僅就編輯同志初步輯錄先生工作情況和學術簡歷，勉作跋語，敬附先生文集之末。

宿白

2011 年 6 月 20 日